职业技术·职业资格培训教材

维修电工

WEIXIU DIANGONG

（三级）

第2版 上册

主 编 柴敬镛 王照清
编 者 沈倪勇 仲葆文
主 审 唐顺华

中国劳动社会保障出版社

图书在版编目(CIP)数据

维修电工：三级．上册/人力资源和社会保障部教材办公室组织编写．—2 版．—北京：中国劳动社会保障出版社，2013

职业技术·职业资格培训教材

ISBN 978－7－5167－0273－4

Ⅰ.①维…　Ⅱ.①人…　Ⅲ.①电工-维修-技术培训-教材　Ⅳ.①TM07

中国版本图书馆 CIP 数据核字(2013)第 097308 号

中国劳动社会保障出版社出版发行

（北京市惠新东街1号　邮政编码：100029）

出版人：张梦欣

*

北京市艺辉印刷有限公司印刷装订　新华书店经销

787毫米×1092毫米　16开本　31.25印张　564千字

2013年7月第2版　2023年7月第6次印刷

定价：68.00元

营销中心电话：400-606-6496

出版社网址：http://www.class.com.cn

内容简介

本教材由人力资源和社会保障部教材办公室依据上海维修电工（三级）职业技能鉴定细目组织编写。教材从强化培养操作技能，掌握实用技术的角度出发，较好地体现了当前最新的实用知识与操作技术，对于提高从业人员基本素质，掌握高级维修电工的核心知识与技能有直接的帮助和指导作用。

本教材在编写中根据本职业的工作特点，以能力培养为根本出发点，采用模块化的编写方式。本教材分上、下两册，主要内容包括：电子技术基础、电力电子技术、电气自动控制技术和可编程序控制器应用技术 4 篇共 26 章。

上册内容分为 2 篇共 15 章，第 1 篇电子技术基础部分包括电压放大电路、负反馈放大器、运算放大器及其应用、数字电子技术基础、集成逻辑门电路和组合逻辑电路、触发器和时序逻辑电路、脉冲电路、电子技术操作技能实例等；第 2 篇电力电子技术部分包括电力电子器件与单相可控整流电路、三相可控整流电路、晶闸管触发电路、晶闸管有源逆变电路、变频电路与直流斩波电路、晶闸管交流开关与交流调压、电力电子技术技能操作实例。

本教材由柴敬镛、王照清任主编，由唐顺华主审。参加本教材编写的具体分工为：第 1 章至第 8 章由柴敬镛编写，第 9 章至第 15 章由沈倪勇编写，第 16 章至第 21 章和第 23 章中第 1 节和第 2 节由王照清编写，第 22 章、第 23 章中第 3 节、第 24 章至第 26 章由仲葆文编写。

本教材可作为维修电工职业技能培训与鉴定考核教材，也可供全国中、高等职业院校相关专业师生参考使用，以及本职业从业人员培训使用。

改版说明

2003 年由中国劳动社会保障出版社出版的《1 + X 职业技术 · 职业资格培训教材——维修电工（高级）》已使用了 10 年。在这 10 年中得到了广大教师、学生和读者的充分肯定，也提了不少宝贵的意见。《1 + X 职业技术 · 职业资格培训教材——维修电工（高级）》是根据当时《国家职业标准——维修电工》中三级部分要求和上海维修电工（三级）职业技能鉴定考核细目表编写的。

在这 10 年中，随着科学技术的进步与发展，尤其是微电子与计算机控制技术的发展与应用，自动化水平显著提高，电气设备及自动控制系统越来越先进，如交流变频调速系统和可编程序控制器已经得到广泛应用，而且还在日新月异发展。对于承担电气设备及自动控制系统的安装、调试与维修任务的维修电工来说，所需要掌握与了解的理论知识及技能要求也越来越高。国家职业标准——维修电工中三级部分要求和上海维修电工（三级）职业技能鉴定考核细目表也进行了相应修订。因此，有必要根据新的国家职业标准和职业技能鉴定考核细目表对《1 + X 职业技术 · 职业资格培训教材——维修电工（高级）》进行修改和再版。

第 2 版教材继承了原第 1 版教材的特点，突出应用性、实用性、理论与实际相结合的原则，力求体现三级维修电工所必需的理论知识及操作技能和本职业当前最新的实用知识和操作技能。

第 2 版教材重点增加了交流变频调速系统和可编程序控制器等应用的相关知识和操作技能，同时增加了电子技术、电力电子技术、步进电动机及其驱动电路、软启动器、典型生产设备电气控制电路等相关知识和操作技能内容。

第 2 版教材除了讲述必要的理论知识外，还重点讲述了操作技能实例分析。理论知识部分每章后附有部分模拟测试题，教材最后附有理论知识考核模拟试卷和操作技能考核模拟试卷，供读者检验学习效果时使用。

本教材可作为维修电工（三级）职业资格培训与鉴定考核教材，也可作为维修电工学习先进维修电工技术，或进行岗位培训与技术业务培训参考用书。本教材还对维修电工技师及高级技师层次的培训有很好的学习和使用价值，同时可作为中等、高等职业技术院校相关专业的教学用书。

目　录

第 1 篇　电子技术基础

第 1 章　电压放大电路

第 2 章　负反馈放大器

第 3 章　运算放大器及其应用

第 13 章 变频电路与直流斩波电路

第 14 章 晶闸管交流开关与交流调压

第 15 章 电力电子技术技能操作实例

第 1 篇　电子技术基础

第 1 章

电压放大电路

第1节　放大电路的基本分析方法

一、三极管

1. 三极管的结构

三极管是放大电路的基本元件，是由有两个 PN 结的三层半导体制成的，按结构可分成 NPN 型和 PNP 型两种，其结构和符号如图 1—1 所示。在三层半导体中，中间的一层做得很薄且掺杂浓度很低，称为基区，引出的电极称为基极 B；两边的半导体掺杂浓度是不同的，浓度高的称为发射区，引出的电极称为发射极 E；浓度低的称为集电区，其引出的电极称为集电极 C。两个 PN 结则分别称为发射结和集电结。由于这种管子工作时内部有多数载流子和少数载流子两种载流子参与工作，因此也称为“双极型”三极管。

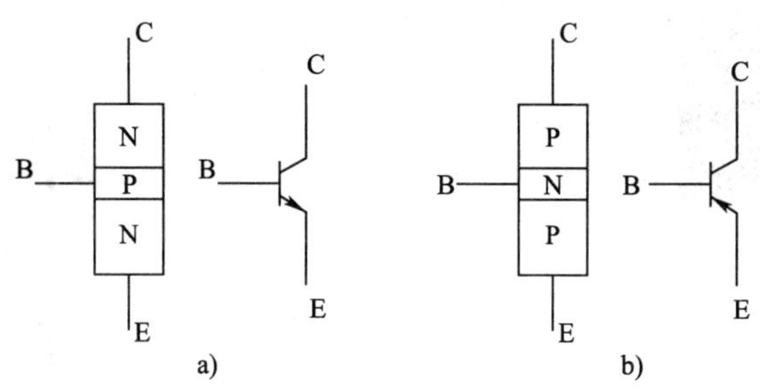

图 1—1　三极管的结构和符号

a）NPN 管　b）PNP 管

2. 三极管的电流放大作用

三极管工作于放大状态时，对于管子的两个 PN 结的接法有一定的要求，即发射结应该加上正向电压，称为正向偏置；集电结应该加上反向电压，称为反向偏置。以 NPN 管为例，通常具体的接法如图 1—2 所示，发射结加上正向电压 U_{BE}。硅 PN 结的正向压降约为 0.7 V，而集电极与发射极之间接上电源 U_{CE}，显然，只要 U_{CE} 大于 0.7 V，就可以使集电极的电位高于基极的电位，也就是说可以使集电结处于反向偏置。这种连接方法称为三极管的共发射极接法。

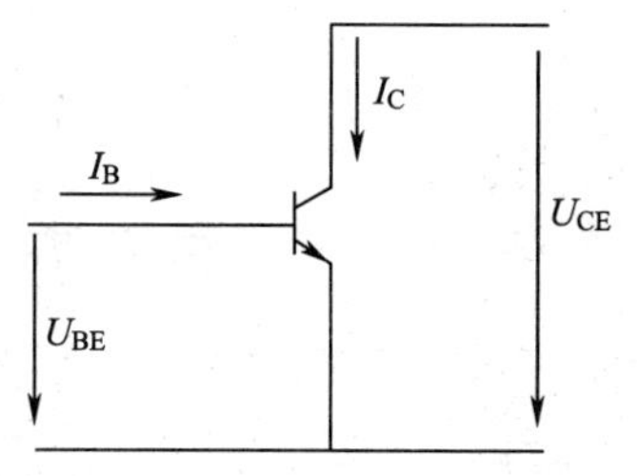

图 1—2　三极管的共发射极接法

当三极管处于共发射极接法时，I_C的大小与U_{CE}的大小基本无关，却与基极电流I_B的大小有很大的关系，或者说I_C的大小受到I_B的控制，二者存在如下关系：

$$I_C = \beta I_B$$

式中，β称为三极管的共发射极电流放大系数，其大小取决于管子的制造工艺，一般为数十到一百多。

对于 PNP 管来说，只要加到管子上的电压、电流都与 NPN 管的极性相反，就能达到同样的放大效果。

3. 三极管的特性曲线

三极管端口上的伏安特性如果只是简单地用$I_C = \beta I_B$来表示是不够完整的，完整的情况应该用特性曲线来加以描述。对于共发射极接法的三极管来说，可以用输入端和输出端的两个伏安特性来表示。

（1）输入特性。输入特性是指当输出端的电压U_{CE}为某一常数时，输入端的伏安特性。图 1—3 所示是某一个硅 NPN 三极管的输入特性，三极管的输入特性曲线和输出端的电压U_{CE}关系不大，与$U_{CE} \geqslant 1$ V 时的曲线基本重合，且仅仅比$U_{CE} = 0$ V 时的曲线稍右移一些。在分析放大电路时，由于三极管总是工作在放大状态，所以实用的输入特性还是$U_{CE} \geqslant 1$ V 的那一条。由图 1—3 可见，输入特性是一条指数曲线，存在约 0.5 V 的死区，正向压降约为 0.7 V。

（2）输出特性。输出特性是指当输入端的电流I_B为某一常数时，输出端的伏安特性。三极管的输出电流$I_C = \beta I_B$这一基本公式反映出理想的输出特性曲线应该是一组水平的、间隔均匀的直线，I_C的大小仅取决于I_B，而与U_{CE}完全无关，但是实际情况并不完全是这样，如图 1—4 所示是某一个β约等于 50 的硅三极管的输出特性，可以看出三极管的输出特性基本上还是反映了集电极电流I_C的恒流特性以及I_C受I_B控制的特点，但特性的略微上翘反映出U_{CE}的大小对I_C还是有一些影响的，U_{CE}增大时I_C略有增大。

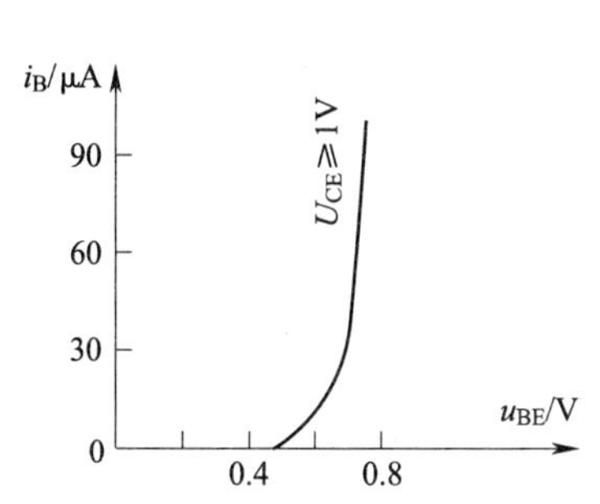

图 1—3　三极管的输入特性

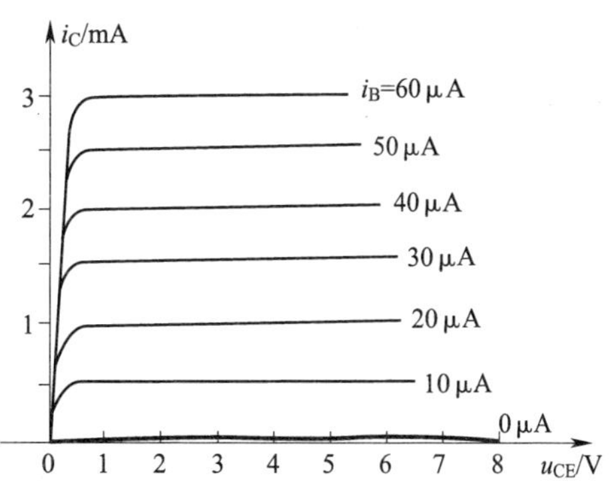

图 1—4　三极管的输出特性

从以上的分析可以看出三极管的输出特性上存在三个工作区：图 1—4 中大部分的区域都是放大区，在放大区中三极管的特性基本上可以用 $I_C=\beta I_B$ 这一关系来表示；在 $I_B=0$ 以下靠近横轴的区域称为截止区，此时三极管的输出端基本上可以认为是处于开路状态，三极管工作于截止区的条件是发射结和集电结都处于反向偏置状态；在 U_{CE} 极小时，也就是特性曲线靠近纵轴的上升部分称为饱和区，这是因为此时 I_B 失去了对 I_C 的控制作用，I_B 的增大不会引起 I_C 的增大，三极管的输出端基本上可以认为处于短路状态，三极管工作在饱和区的条件是发射结和集电结都处于正向偏置状态。在模拟电子技术中，三极管通常作为放大元件工作在放大区；而在数字电子技术中，三极管通常作为一个电子开关工作在饱和区和截止区这两个极端状态。

二、放大电路的图解分析法

1. 用图解法分析放大电路的工作原理

设有一个固定偏置的基本放大电路如图 1—5 所示，三极管的输入特性与输出特性如图 1—6 所示。

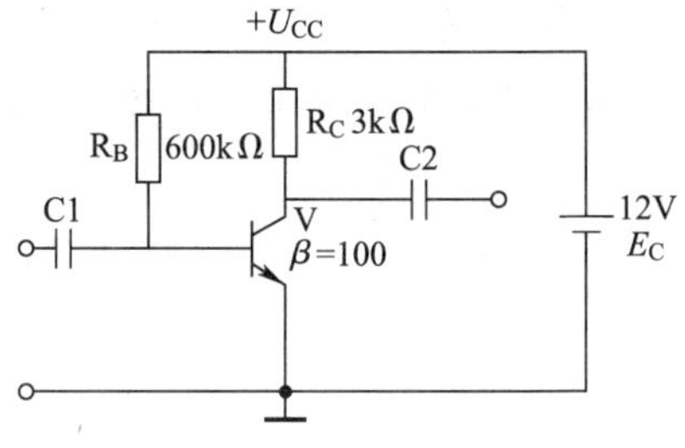

图 1—5　基本放大电路

根据电路的参数，可以求得基极静态电流为：

$$I_B=\frac{U_{CC}-0.7}{R_B}\approx\frac{12}{600\text{k}}=0.02(\text{mA})=20(\mu\text{A})$$

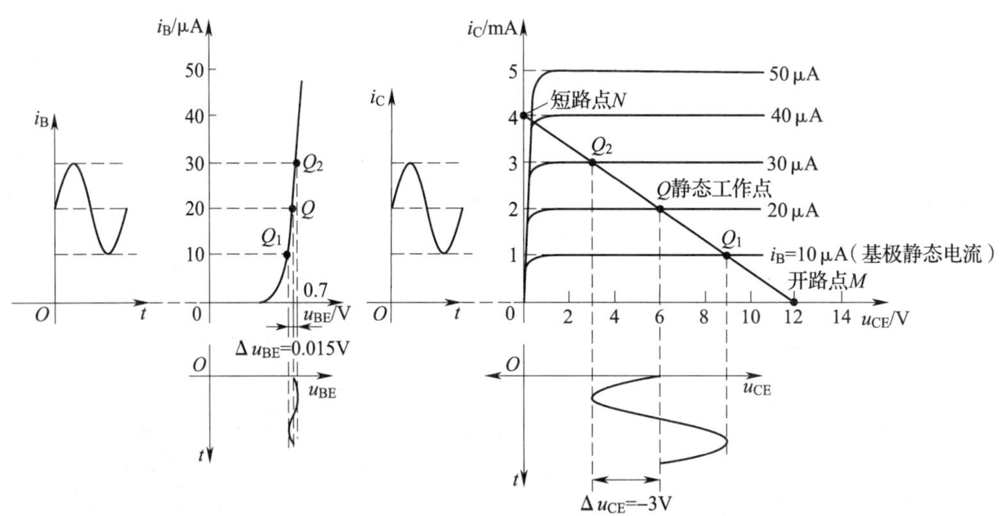

图 1—6　放大电路的图解分析法

对应 $I_B=20\ \mu\text{A}$，在输入特性上可以看到静态工作点为 Q 点，相应的静态电压 $U_{BE}=0.7\ \text{V}$。

在输出特性上，可以画出一条线性含源支路 E_C-R_C 串联支路的伏安特性 $U_{CE}=U_{CC}-I_CR_C$，它是一条直线 MN，称为“直流负载线”，它与三极管输出特性 $i_B=20\ \mu A$ 的那条特性曲线的交点 Q 就是所求的静态工作点。由 Q 点对应的坐标可见三极管输出端的静态电流 $I_C=2$ mA，$U_{CE}=6$ V。

图解法可以用来分析在输入信号电压时电路的放大工作过程。设输入峰值为 15 mV 的正弦信号，三极管输入特性上工作点的变动范围是在 Q_1 与 Q_2 之间，即对应的基极电压 u_{BE} 交直流叠加后的变动范围为（0.7±0.015）V，对应的基极电流 i_B 变动范围由图 1—6 可见是（20±10）μA。在放大电路的输出端，对应的工作点变动范围 Q_1 与 Q_2 在负载线上也很容易找到，可以看到集电极电流 i_C 的变动范围为（2±1）mA，三极管输出端电压 u_{CE} 的变动范围为（6±3）V。从图中还可以看出，三极管上的电压、电流波形都是由直流静态值与交流信号叠加而成，输出电压波形与输入电压的波形是反相的，电路输出的交流信号幅度为 3 V。也就是说，电路把输入信号放大了 3 V÷0.015 V=200 倍。

2. 交流负载线

在放大电路带有负载电阻 R_L 时，其动态工作点不是在直流负载线上移动，而是在交流负载线上移动，交流负载线的作法如图 1—7 所示。

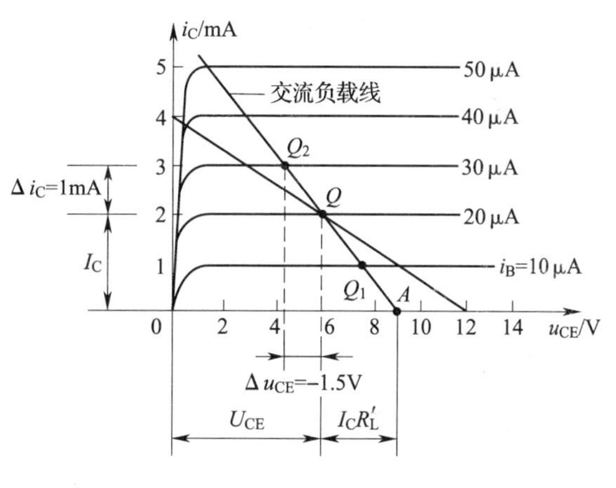

图 1—7　交流负载线

在交流信号为 0 时，电路的工作点就是静态工作点，因此交流负载线应该经过静态工作点 Q，假设本例中的电路带有负载 $R_L=3$ kΩ，则交流负载线与横轴的交点 A 点的坐标应为：

$$A\text{ 点坐标}=U_{CE}+I_CR'_L=6+2\times1.5=9\ (\text{V})$$

式中 R'_L 为集电极电阻与负载电阻的并联值，即：

$$R'_L=R_C\,/\!/\,R_L=3\text{k}\,/\!/\,3\text{k}=1.5(\text{k}\Omega)$$

连接 Q 点与 A 点，就得到交流负载线。

从交流负载线可以分析带负载电阻 R_L 时的动态工作过程。可以看到，在同样大小的 15 mV 的正弦信号作用下，基极电流与集电极电流的变动情况并没有改变，但是输出电压的幅度 Δu_{CE} 减小了一半，由原来的 3 V 减小到 1.5 V。

3. 静态工作点对波形失真情况的影响

静态工作点的位置对于放大电路来说是十分重要的，静态工作点过高或过低都将使放大电路的波形产生失真，使电路不能正常工作。

（1）截止失真。如果放大电路的静态工作点过低（静态电流过小），如图1—8所示，则无论是从输入特性还是输出特性上看，基极电流及集电极电流的波形在负半周工作到截止区，将会使得电流断流而产生底部失真，从而使得输出电压 u_{CE} 的波形出现顶部失真，这种失真情况称为“截止失真”。

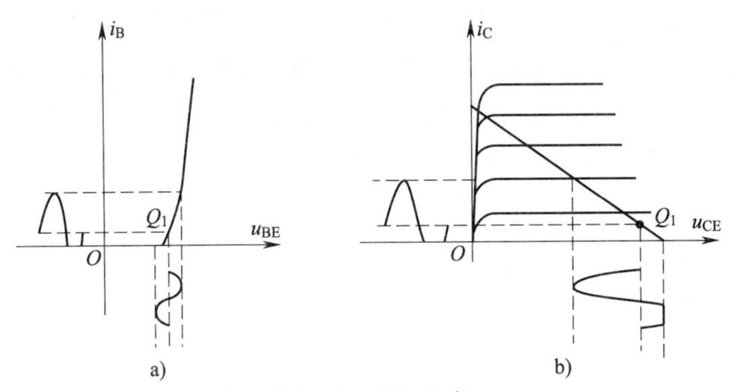

图1—8　截止失真

a）基极电流失真　b）集电极电流及输出电压失真

（2）饱和失真。如果放大电路的静态工作点过高，如图1—9所示，从输出特性看，将使得集电极电流 i_C 的波形在正半周工作到三极管的饱和区，这会使得集电极电流波形产生顶部失真，而输出电压 u_{CE} 的波形将出现底部失真。这是因为此时三极管已经工作在接近短路的状态，输出电压 u_{CE} 最低只能接近于0而不可能为负值，这种失真情况称为“饱和失真”。

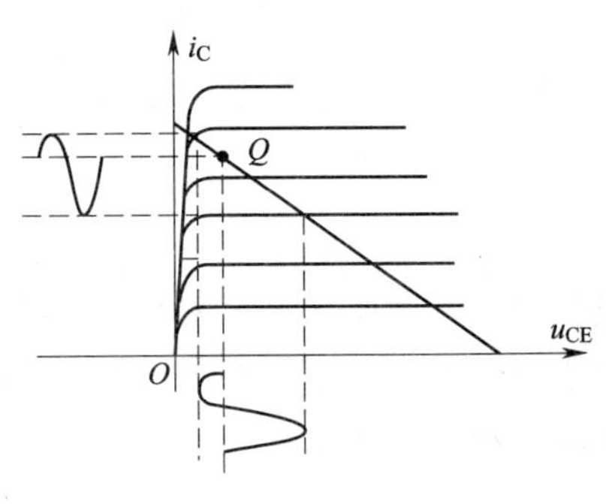

图1—9　饱和失真

上述失真情况都是在不带负载电阻、交流负载线与直流负载线重合的情况下分析的，如果带上负载，则失真情况应该在交流负载线上分析。

三、放大电路的微变等效电路分析法

利用图解法来分析放大电路的动态工作过程及失真情况是比较清楚的，但不能用来计算电路的电压放大倍数、输入电阻、输出电阻等主要的技术指标，计算放大电路的主要技术指标可以采用微变等效电路分析法。所谓微变等效电路是考虑到三极管在工作时，信号变动的幅度比较微小，可以用一段直线来近似代替三极管工作的那一段特性曲线，三极管就可以近似用线性元件来等效代替，从而使三极管放大电路成为线性电路，动态分析时电路就可以采用线性电路的分析方法。

放大电路在工作时，电路中同时存在直流分量（静态工作点）与交流分量（信号），那么按照线性电路的叠加原理，就可以对直流分量与交流分量分别进行计算，这样一来，分析三极管电路就变得方便多了。

1. 直流通路与交流通路

计算直流分量时，应该把交流信号电压看成为零电压（即应该把交流输入端短路），把电路中的电容器看成是开路的，只考虑直流电源作用下电路的工作情况，就得到了放大电路的直流通路，如图 1—10a 所示。在直流通路中，三极管的输入端可以近似看成是一个 0.7 V（硅管）的电压降；输出端用 $I_C = \beta I_B$ 的受控电流源来代替。通过直流通路可以很方便地求出放大电路的静态工作点。

交流通路如图 1—10b 所示，此时应该把直流电源看成是短路的，就是把直流电源 $+U_{CC}$ 看成是 0 V，与接地端短接，把电容器看成是短路的，可以作出交流通路。至于在交流通路中的三极管则应该用微变等效电路来表示。

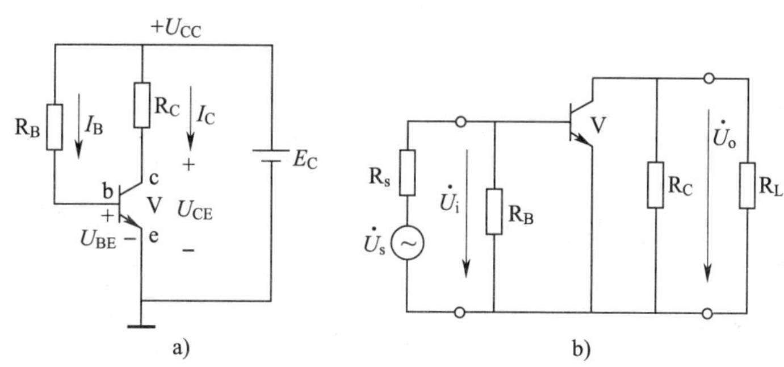

图 1—10　直流通路和交流通路

a）直流通路　b）交流通路

2. 三极管的微变等效电路

三极管的微变等效电路如图 1—11 所示，三极管的输入端可以用三极管的输入电阻 r_{be} 来表示，它反映的是三极管输入特性曲线在工作点上的斜率，即输入信号电压变化时，能产生多大的输入电流的变动，对于小功率三极管，这一电阻可由下式估算：

$$r_{be} = 300 + (1+\beta)\frac{26(\text{mV})}{I_E(\text{mA})}$$

至于三极管的输出端，可以用一个电流控制的电流源与三极管输出电阻 r_{ce} 的并联组合来表示，这一受控电流源为：

$$\dot{I}_C = \beta \dot{I}_B$$

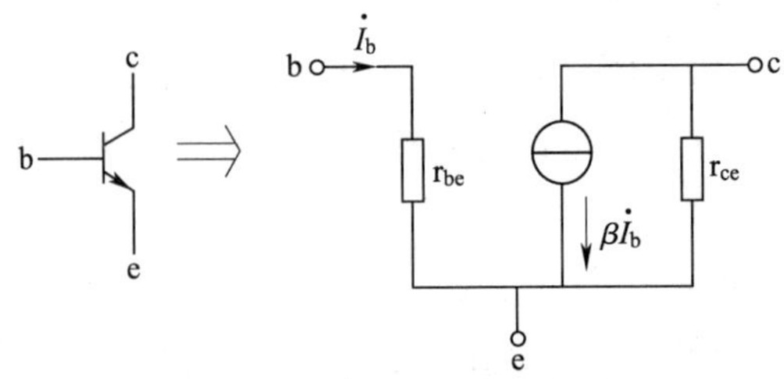

图 1—11　三极管的微变等效电路

三极管的输出电阻 r_{ce}反映了输出特性曲线的上翘程度，这一电阻的阻值一般为几十千欧至几百千欧左右。如果把输出特性看成是理想的水平线，则这一电阻可以看成为无穷大，三极管的输出端只要用一个电流源来表示就可以了。

3. 放大电路的微变等效电路分析法

用三极管的微变等效电路去等效代替图 1—10 所示交流通路中的三极管，就得到了基本放大电路的微变等效电路，如图 1—12 所示，由此可以求得电压放大倍数 A_U为：

$$A_U = \frac{-\beta(r_{ce} \mathbin{/\!/} R'_L)}{r_{be}}$$

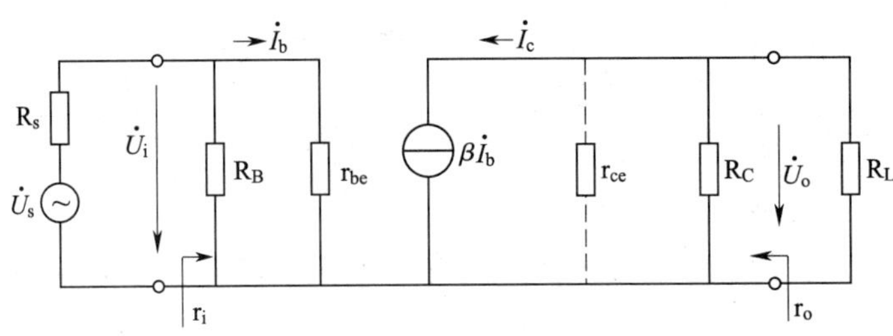

图 1—12　基本放大电路的微变等效电路

在 r_{ce}与 R'_L的并联组合中，通常因为 $r_{ce} \gg R'_L$，所以可以把 r_{ce}略去不计，则有：

$$A_U = \frac{-\beta R'_L}{r_{be}}$$

放大电路的输入电阻为：

$$r_i = R_B \mathbin{/\!/} r_{be} \approx r_{be}$$

放大电路的输出电阻为：

$$r_o = R_C \mathbin{/\!/} r_{ce} \approx R_C$$

四、放大电路静态工作点的稳定

静态工作点 Q 的位置是否合适，对于放大电路来说是至关重要的，静态电流 I_C过高过低都将使得输出波形产生失真。但是实际工作中发现，图 1—5 所示的基本放大电路的静态工作点是不稳定的，会随着温度的变化产生较大的变动，其原因是三极管的参数如电流放大倍数β、穿透电流 I_{CEO}等都会随着温度的变动而变化。此外，基本放大电路静态工作点固定的是基极电流 I_B，其集电极静态电流 I_C随着管子β的不同是变动的，如要固定 I_C则必须采用相同β的管子，这也会给生产和维修带来很大的不便。因为电路的静态工作点是否合适，在输出特性上是由 I_C表征的，希望固定的是 I_C，为此实际的放大电路都是采用固定 I_C的分压式偏置电路。

1. 分压式偏置电路

分压式偏置电路如图 1—13 所示。图中 R_{B1}和 R_{B2}组成分压电路，只要把 R_{B1}和 R_{B2}的阻值选择得较小一些，就可以保证分压电阻上的电流 I_1远大于基极电流 I_B，这样基极电流的变动对于基极电位的影响是很小的，计算时可以认为基极电位 U_B是由 R_{B1}、R_{B2}的分压决定的，即：

$$U_B = U_{CC}\frac{R_{B2}}{R_{B1}+R_{B2}}$$

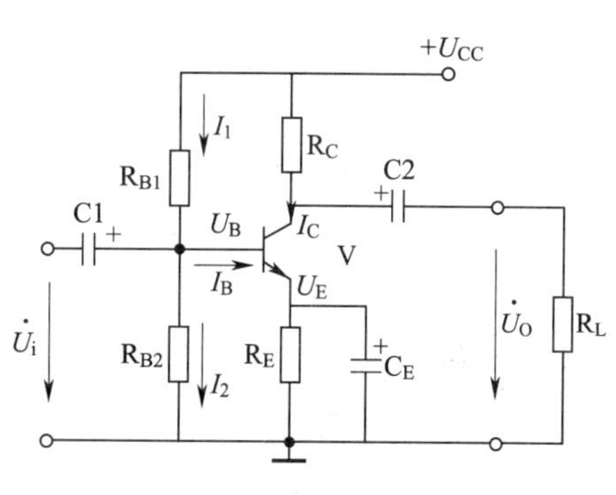

图 1—13　分压式偏置电路

计算出基极电位之后，可以很容易地求得静态集电极电流 I_C：

$$I_C = \frac{U_E}{R_E} = \frac{U_B - 0.7}{R_E}$$

三极管输出端的静态电压为：

$$U_{CE} = U_{CC} - I_C(R_C + R_E)$$

由此可见，电路的静态工作点位置只和电源电压以及电阻的大小有关，与三极管本身没有关系，电路的静态工作点是固定的。

发射极电阻 R_E在电路中还能起到稳定工作点的直流负反馈作用，其原理是这样的：如果集电极电流 I_C因为温度的升高而增大，那么这一电流 I_C流过发射极电阻 R_E时产生的压降 $U_E = I_C R_E$也将增大，在基极电位 U_B恒定的情况下，发射结的电压 $U_{BE} = U_B - U_E$将会减小，这就会使得基极电流 I_B减小，I_C减小，这就阻止了 I_C的进一步增大，起到了稳定 I_C的作用。这一过程可以简单地表示如下：

$$I_C\uparrow \rightarrow U_E\uparrow \rightarrow U_{BE}\downarrow \rightarrow I_B\downarrow \rightarrow I_C\downarrow$$

由于电阻 R_E的直流负反馈作用，使得静态工作点得到了稳定，但是电阻 R_E对交流信号也是有负反馈作用的，这将使得电路的电压放大倍数大大减小，为了使得电阻 R_E对交流量不起作用，电路中把一个电容量较大的电容器 C_E 并联在电阻 R_E 的两端，在电容 C_E 的容抗远小于电阻 R_E 的条件下，就可以认为这一电阻 R_E 在交流通路中是被短路的，那么 R_E 对交流的负反馈作用也就根本不存在了。电容 C_E 通常称为“射极旁路电容”。

2. 动态性能分析

分压式偏置电路的微变等效电路如图 1—14 所示。

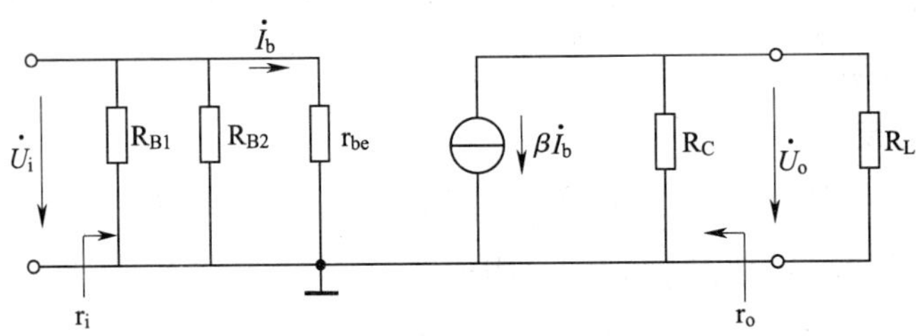

图 1—14　分压式偏置电路的微变等效电路

从图中可以看到，这一电路与以前基本放大电路的微变等效电路基本上是一致的，区别仅在于用两个电阻 R_{B1}、R_{B2} 的并联组合代替了原来的基极电阻 R_B，所以电路的放大倍数、输入电阻及输出电阻的计算方法不变。

第 2 节　射极跟随器与共基极放大电路

前面所讲的基本放大电路及分压式偏置放大电路都是共发射极电路。放大电路按照输入与输出公共端的不同，分成三种组态，除了共发射极电路以外还有共集电极电路（通常称为“射极跟随器”）和共基极电路，其中常用的是射极跟随器。

一、射极跟随器

如图 1—15a 所示是射极跟随器电路图，图 1—15b 是它的微变等效电路。从图 1—15b 中的微变等效电路来看，集电极是输入与输出之间的公共点，所以电路称为“共集电极电路”，又因为电路的输出端是发射极，进一步分析可见电路的电压放大倍数为 1，发射极的输出电压等于（跟随）输入电压，所以通常称为“射极跟随器”。

1. 静态工作点的计算

从 R_B 提供的直流基极通路 R_B→三极管→R_E 来看，可以列出如下的电压方程：

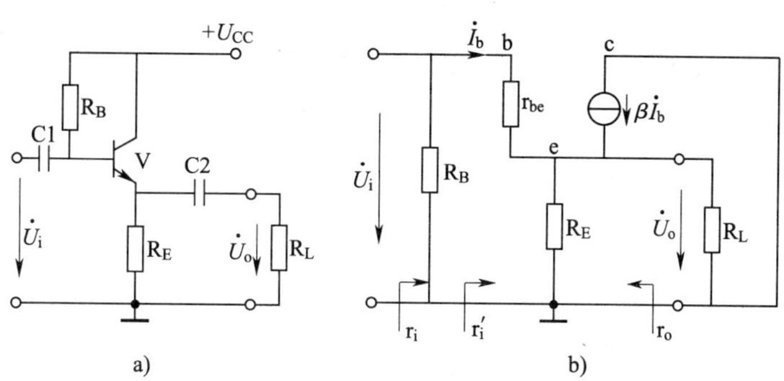

图 1—15 共集电极电路

a）电路图 b）微变等效电路

$$
\begin{aligned}
U_{CC} &= I_B R_B + U_{BE} + I_E R_E \\
&= I_B R_B + 0.7 + (I_B + I_C) R_E \\
&= I_B R_B + 0.7 + I_B(1+\beta)R_E
\end{aligned}
$$

由此可得静态基极电流：

$$I_B = \frac{U_{CC} - 0.7}{R_B + (1+\beta)R_E}$$

上式说明在计算基极电流时，可以把发射极电阻 R_E 折算到基极支路上，也就是说把 R_E 与 R_B 看成是串联的，折算的方法是把 R_E 乘以（$1+\beta$）倍。

发射极电流 I_E 为：

$$I_E = (1+\beta) I_B$$

三极管输出端的静态电压为：

$$U_{CE} = U_{CC} - I_E R_E$$

2. 动态分析

由微变等效电路可求得电压放大倍数：

$$A_U = \frac{(1+\beta)R_L'}{r_{be} + (1+\beta)R_L'}$$

式中 $R_L' = R_E /\!/ R_L$。

由于 $r_{be} \ll (1+\beta) R_L'$，可得：

$$A_U \approx +1$$

上式说明，射极跟随器的电压放大倍数近似为 +1，输出电压约等于（略微小于）输入电压，公式中写出“+”号是为了强调射极跟随器的输出电压与输入电压是同相的。

由微变等效电路还可以求得射极跟随器的输入电阻 r_i 为：

$$r_i = R_B \mathbin{/\!/} [r_{be} + (1+\beta)R'_L]$$

由此可见，与共发射极电路相比，射极跟随器的输入电阻要大得多。

从电路的输出端看，可以求出射极跟随器的输出电阻 r_o，在不计信号源内阻时，由微变等效电路可得：

$$r_o = R_E \mathbin{/\!/} \frac{r_{be}}{1+\beta}$$

在 $R_E \gg \frac{r_{be}}{1+\beta}$ 的条件下，则：

$$r_o \approx \frac{r_{be}}{1+\beta}$$

因为通常 r_{be} 的大小仅为数百至数千欧，由此可见，射极跟随器的输出电阻将是几十欧左右，是很小的。

综上所述，射极跟随器的特点为：电压放大倍数为1，输入电阻大、输出电阻小。

射极跟随器虽然没有电压放大作用，但是它具有输入电阻大、输出电阻小的特点，在多级放大器中应用十分广泛。常用的用法有两种，一种是作为多级放大器的输入级，以提高输入电阻，减小多级放大电路向信号源索取的电流，从而减小了信号源内阻对放大电路的影响。另一种是作为多级放大器的输出级，以减小输出电阻，增大带负载的能力，从而减小了负载电阻对放大电路的影响。

二、共基极放大电路

图1—16所示为共基极放大电路的电路图与微变等效电路。共基极电路的特点是高频性能好、输入电阻小、输出电阻大、电压放大倍数与共发射极电路相同以及输入输出同相。由于输入电阻小，因此一般放大器中很少采用共基极放大电路，通常用于高频振荡电路或宽频带放大电路中。

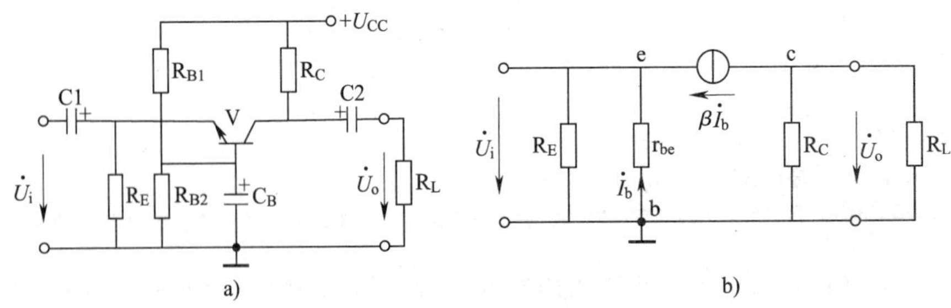

图1—16　共基极放大电路

a）电路图　b）微变等效电路

电路的直流通路仍然是分压式偏置电路，静态工作点的计算方法与共发射极放大电路完全相同。由微变等效电路可以求得，电路的电压放大倍数 A_U、输入电阻 r_i、输出电阻 r_o 分别为：

$$A_U = +\frac{\beta R'_L}{r_{be}}$$

$$r_i = R_E \,//\, \frac{r_{be}}{1+\beta}$$

$$r_o = R_C$$

第 3 节　场 效 应 管

一、场效应管的类型及特性

由于双极型三极管是一种电流控制型元件，导通时基极需要输入电流，所以具有输入电阻较小、功耗大的缺点。为了克服这一缺点，可以采用场效应管，场效应管是一种利用电场效应来控制电流的半导体元件，属于电压控制型元件，工作时直接用输入电压来控制输出电流，不需要输入电流。场效应管具有输入电阻极高，受温度、辐射等外界条件的影响较小，功耗小，便于集成等优点。而且场效应管是以半导体中的多数载流子进行导电的，所以又称为“单极型”晶体管。场效应管种类繁多，从结构上分，有结型与绝缘栅型两种；从导电沟道分有 N 沟道与 P 沟道两种；从特性上分有增强型与耗尽型两种。

1. 结型场效应管

（1）N 沟道结型场效应管。图 1—17a 所示是 N 沟道结型场效应管的电路符号，管子有三个电极，分别是源极 S、栅极 G 和漏极 D，其功能与双极型三极管的发射极、基极和集电极的功能相类似。D、S 两极之间有一个导电沟道，栅极 G 与导电沟道之间也是一个 PN 结，因此称为“结型”场效应管。其 PN 结导通方向如图 1—17a 中箭头所示，结型场效应管工作时要求 PN 结加上反向偏置电压才能工作，因此输入电阻很大，管子是通过栅极电压对沟道的电场效应来控制沟道电流的大小的。

描述场效应管性能的伏安特性曲线有两个，分别为“转移特性”和“输出特性”。因为场效应管没有输入电流，当然也就没有输入特性，输入对输出的控制作用可以用转移特性来表示，图 1—17b 所示就是 N 沟道结型场效应管的转移特性，它是当输出电压 u_{DS} 为恒

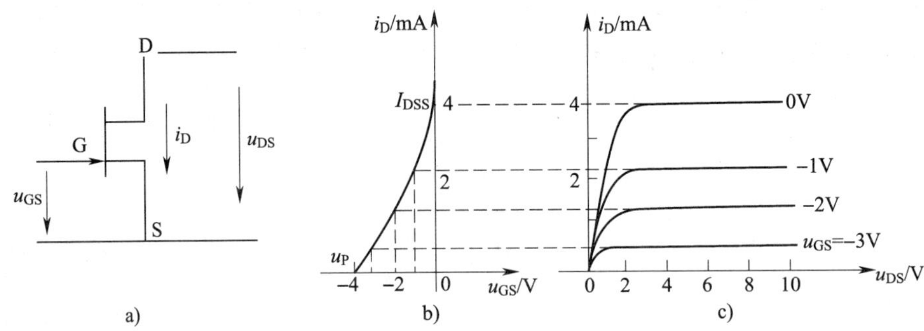

图1—17　N沟道结型场效应管的电路符号及特性

a）电路符号　b）转移特性　c）输出特性

定值时，输出电流（漏极电流）i_D受输入电压（栅极电压）u_{GS}控制的特性。当u_{DS}较大时，特性曲线的形状基本重合在一条抛物线上。对于N沟道的管子来讲，电路的静态偏置电压U_{GS}为负电压，管子就是利用这一负电压的大小来改变导电沟道的形态，从而达到控制漏极电流i_D大小的目的的。从转移特性可以看到，当输入的u_{GS}为0时，漏极的电流i_D最大，这一电流称为“饱和漏极电流”I_{DSS}，一般管子约为几毫安。u_{GS}越负，则漏极电流i_D越小，当u_{GS}负到一定的数值时，漏极电流i_D减小到0，与此对应的u_{GS}电压称为管子的“夹断电压”u_P，一般约为负几伏。

图1—17c所示是N沟道场效应管的输出特性，和双极型三极管的输出特性相似，但曲线族边上的控制量是栅极电压u_{GS}，当输出端的漏源电压$u_{DS} > |u_P|$时，特性曲线基本上也是恒流性质，而且由于转移特性的非线性，曲线族的间隔是不均匀的。

显然，场效应管的放大能力不能再用β来表示，因为它根本就没有输入电流，它的放大能力可以用“互导”g_m这一参数来表示，它是指管子在转移特性的静态工作点上的斜率，即栅极电压每变化1 V，漏极电流变化的毫安数。一般场效应管的互导为0.1～10 mA/V。

（2）P沟道结型场效应管。P沟道结型场效应管工作时，所要求的电压电流极性与N沟道结型场效应管正好相反。即要求漏源电压u_{DS}为负值，漏极电流由源极流向漏极，栅极电压u_{GS}为正值，图1—18a所示为P沟道结型场效应管的电路符号，图1—18b是它的转移特性，图1—18c是它的输出特性，注意输出特性的横轴是$-u_{DS}$，表示漏源电压为负值。

2. 绝缘栅型场效应管

（1）耗尽型MOS管。结型场效应管的输入电阻是PN结的反向电阻，一般在10 MΩ以上，如要进一步提高输入电阻，可以采用绝缘栅型场效应管，它的栅极与导电沟道之间是绝缘的，输入电阻一般可以提高到 1 000 MΩ 以上，根据绝缘层所用的材料不同，绝缘栅型场效应管有各种类型，目前应用最为广泛的是一种称为 MOS 管的金属（Metal）- 氧化物(Oxide) - 半导体（Semiconductor）场效应管，它是以二氧化硅为绝缘层的，其中 N 沟道的 MOS 管可以简称为 NMOS 管，P 沟道的 MOS 管可以简称为 PMOS 管。

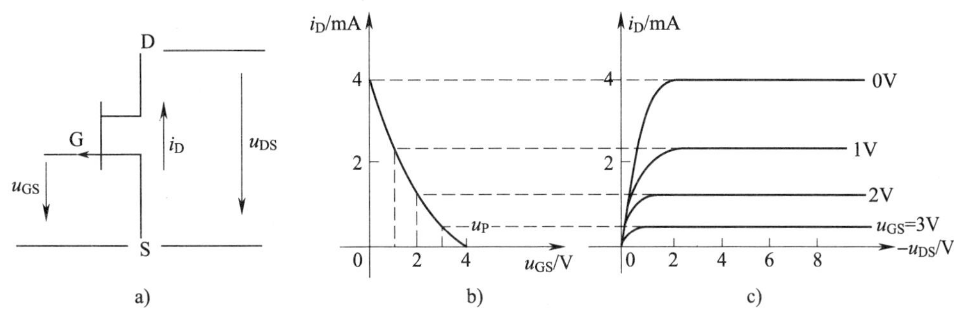

图 1—18　P 沟道结型场效应管的电路符号及特性

a）电路符号　b）转移特性　c）输出特性

绝缘栅型场效应管从转移特性上来分，又可以分为耗尽型场效应管与增强型场效应管两种，图 1—19 所示为耗尽型 MOS 场效应管的符号，绝缘栅型场效应管的电路符号中还画出第四个电极 B，称为“衬底”，在绝大多数情况下，衬底 B 是与源极 S 相连的，管子只引出 G、D、S 三个电极，这时衬底电极可以不画，作为一种简化符号，可以在源极上用箭头画出漏极电流的导通方向，如图 1—19 所示。耗尽型 MOS 场效应管的特性和结型场效应管基本一致，两者的区别在于 N 沟道耗尽型 MOS 场效应管的转移特性曲线通过 I_{DSS} 点继续向右边的第一象限延伸，也就是说耗尽型 MOS 场效应管的栅极电压 u_{GS} 可正可负，都可以正常工作。同样的道理，P 沟道耗尽型 MOS 场效应管的转移特性曲线则向左边的第二象限延伸，栅极电压 u_{GS} 也是可正可负，都可以正常工作。由于结型场效应管的转移特性与纵轴有交点（I_{DSS}），故结型场效应管从特性上看都是耗尽型的。

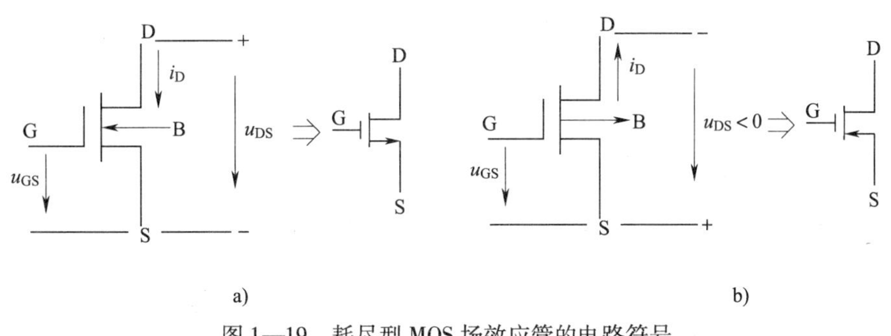

图 1—19　耗尽型 MOS 场效应管的电路符号

a）NMOS 管　b）PMOS 管

（2）增强型 MOS 管。图 1—20 所示为增强型 NMOS 场效应管的符号及特性。由图 1—20 可见，增强型 NMOS 场效应管与耗尽型 NMOS 场效应管的区别在于其转移特性向右完全平移到了第一象限，它与纵轴没有交点，它的 u_{GS}必须为正向电压，而且这一电压要大于一定的数值才能产生输出电流，这一数值在增强型场效应管中称为“开启电压”，用 u_T表示。

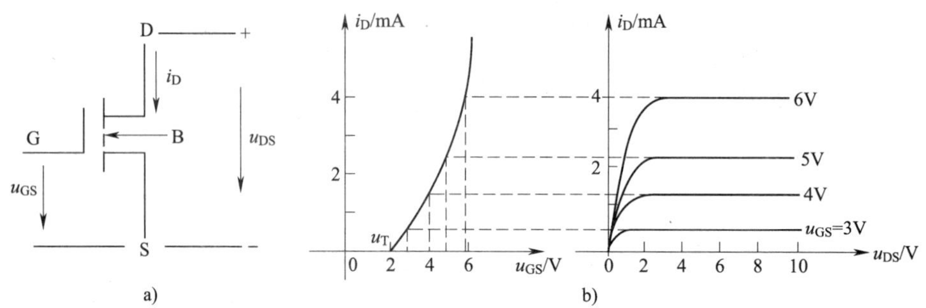

图 1—20　增强型 NMOS 场效应管的符号及特性

a）符号　b）转移特性及输出特性

把增强型 NMOS 场效应管符号中的箭头方向画成相反的，就得到了增强型 PMOS 场效应管的符号，图 1—21 所示就是增强型 PMOS 场效应管的符号及特性。可以看到，增强型 PMOS 场效应管的开启电压 u_T为负值，且电压越负输出电流越大。

增强型场效应管的简化符号与图 1—19 所示一致。

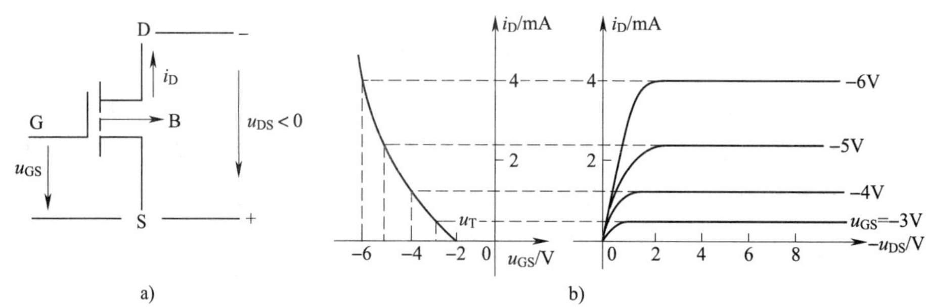

图 1—21　增强型 PMOS 场效应管的符号及特性

a）符号　b）转移特性及输出特性

二、场效应管放大电路

1. 自偏压电路

场效应管可以在模拟电路中作为放大元件组成放大器，也可以在数字电路中作为开关元件组成各种数字集成电路，尤其是增强型 MOS 管由于功耗小、集成度高，在数字集成电路中应用得极其广泛。关于场效应管集成电路在数字电路中的应用将在第五章中做详细的介绍，在此简单介绍一下场效应管放大电路。图 1—22 所示是自偏压场效应管放大电路，由于场效应管是电压控制型器件，所以工作时必须在栅极加上一定的静态偏置电压才能在转移特性上得到一个静态工作点，图 1—22a 所示是自偏压电路，图中的场效应管为耗尽型 NMOS 管，栅极电阻 R_G用来把栅极电位 U_G接到 0 V，源极电阻 R_S用来在漏极电流 I_D流过时抬高源极电位 U_S，这样栅极与源极之间的偏置电压 U_{GS}为：

$$U_{GS}=U_G-U_S=0-I_DR_S=-I_DR_S$$

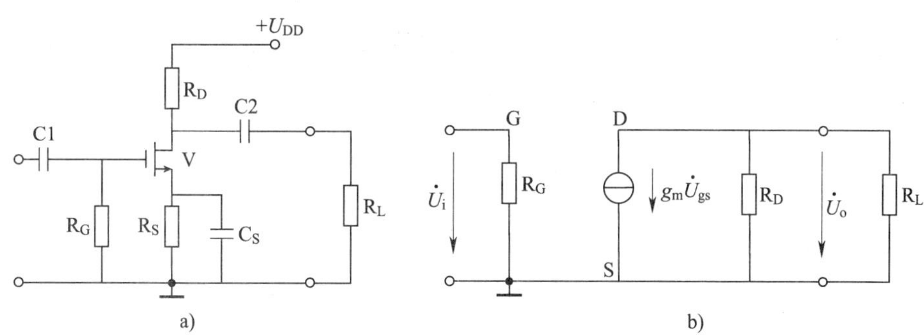

图 1—22　自偏压场效应管放大电路

a）自偏压电路　b）微变等效电路

这样就得到了管子工作所需要的静态负偏置电压。由于这一电压是漏极电流自己产生的，因此称为“自偏压电路”。场效应管放大电路的计算较为复杂，静态工作点的计算需要用图解法或解联立方程，互导的计算需要用到导数，在此不作为培训要求。大致可以知道，增大 R_S可以使得静态工作点降低（电流 I_D减小），反之则静态工作点升高。图 1—22b 所示是自偏压放大电路的交流通路，在交流通路中，场效应管的输入端可以认为是开路的，输出端则可以认为是一个电压控制的电流源 $g_m\dot{U}_{gs}$，该电流源的电流流过负载电阻 R'_L，就得到了输出电压 $\dot{U}_o=-g_m\dot{U}_{gs}R'_L$，由于输入电压 $\dot{U}_i=\dot{U}_{gs}$，由此可以得到这一放大电路的电压放大倍数为：

$$A_U=-g_mR'_L$$

显然，由于场效应管的输入端可以认为是开路的，则电路的输入电阻就是栅极电阻 R_G，输出电阻就是漏极电阻 R_D。

2. 分压式偏置电路

由于自偏压电路只能产生负偏置电压，故只能用于耗尽型管子，采用分压式偏置电路则可以使得电路的偏置电压可正可负，电路如图 1—23 所示，图中的

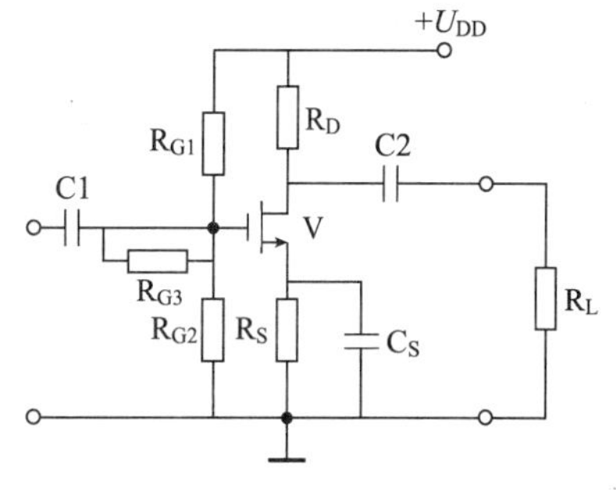

图 1—23　分压式偏置场效应管放大电路

R_{G1}、R_{G2}组成分压电路，决定了栅极电位 U_G，使得 U_G电位为正值，R_{G3}采用较大的阻值来增大电路的输入电阻，R_S的作用还是像自偏压电路那样产生负偏压，这种电路既可以用于负偏置，也可以适应增强型管子的正偏置要求。

场效应管放大器一般都采用上述共源极电路，由于输入电阻已经极大，故很少用来作为源极跟随器。

第4节　多级放大器

一个完整的放大器，实际上总是由多级放大电路组成的，这是因为一级放大电路的电压放大倍数往往只有几十倍到几百倍，不能满足放大的要求。为了提高放大倍数，增大负载能力，就需要用多级放大器。

一、多级放大器的耦合方式

多级放大器的级间耦合方式分为三种，即阻容耦合方式、直接耦合方式和变压器耦合方式。电路分别如图1—24所示。

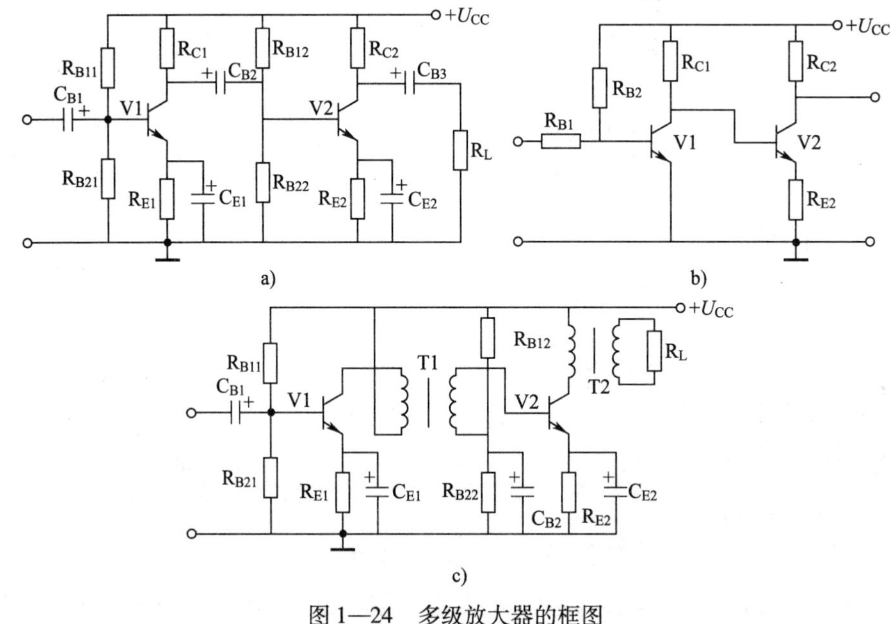

图1—24　多级放大器的框图

a）阻容耦合　b）直接耦合　c）变压器耦合

1. 阻容耦合方式

如图 1—24a 所示为阻容耦合方式，其级间耦合是用耦合电容，由于电容具有“隔直通交”的作用，因此电路中各级的静态工作点是独立的，前级的静态工作点如有变动，对后级不会有任何影响；但是对于交流信号来说，只要耦合电容的容抗远远小于耦合回路的电阻（前级的输出电阻与后级的输入电阻），就可以认为耦合电容是交流短路的，交流信号可以从前级直接通到后级。阻容耦合方式的优点是各级的静态工作点互不影响，因此不会产生像直接耦合电路那样的静态工作点严重漂移的问题。其缺点是由于电容的隔直作用，电路不能放大缓慢变化的直流信号以及频率很低的交流低频信号。

2. 直接耦合方式

如图 1—24b 所示是一种最简单的直接耦合方式，前后级之间直接用导线连接起来就可以了。这种耦合方式的优点是由于直接耦合，直流、交流都可以通过，因此电路可以放大缓慢变化的直流信号以及频率很低的交流信号。此外，由于省去了耦合电容，电路变得更为简单，因此集成电路中的耦合方式都采用了直接耦合方式。直接耦合方式的缺点是电路存在严重的“零点漂移”现象，或者说静态工作点（零点）极其不稳定。这是因为电路中只要前级的静态工作点有一点微小的变动，就会像直流信号那样使得后级电路的静态工作点产生更大的变动，在放大电路级数多、放大倍数大的情况下，这种静态工作点的变动会严重到使电路无法正常工作。图 1—24b 所示的直接耦合电路在要求不高的场合是可以使用的，但绝大多数直接耦合电路为了解决零点漂移问题，采用了“差动放大器”，有关内容将在下一节介绍。

3. 变压器耦合方式

如图 1—24c 所示电路的级间耦合采用变压器，变压器的绕组对于直流来说相当于短路，因此不会影响直流通路的工作，但对于交流来说则可以起到传递信号的作用，一次绕组与二次绕组上的信号电压之比约等于两个绕组的匝数比。由于变压器一次绕组与二次绕组之间没有直流通路，因此采用变压器耦合的多级放大器，它每一级的静态工作点也与阻容耦合方式一样是独立的，级间互不影响，没有零点漂移问题。采用变压器耦合的另一个优点是可以利用变压器变换阻抗的性能，改变级间和负载的阻抗，以获得较大的功率输出。变压器耦合的缺点是变压器本身比较笨重，高频及低频性能都比较差（高频时铁耗大、低频时则磁路饱和），所以电路的频率响应较差，现在应用较少。

二、多级放大器的分析方法

对于阻容耦合及变压器耦合的多级放大器来说，静态分析是十分方便的，因为它们的静态工作点是独立的，每一级完全可以作为单级电路来计算；但是对于直接耦合的多级放大器来说，直流工作点是互相牵制的，通常要用直流复杂电路的分析方法，计算较为复杂。

无论是哪一种耦合方式，动态分析的方法是相同的，多级放大器的电压放大倍数应是各级电压放大倍数的乘积，即：

$$A_U = A_{U1}A_{U2}A_{U3}\cdots$$

式中　A_U——总的电压放大倍数；

A_{U1}、A_{U2}、A_{U3}——第一级、第二级、第三级放大电路的电压放大倍数，其余类推。

在计算上一级电路的电压放大倍数时，应该把下一级电路的输入电阻作为上一级的负载电阻来考虑。

第5节　差动放大器

差动放大器是一种利用电路结构上的对称性来抵消零点漂移的直接耦合放大电路，较好地解决了零漂问题，所以在直流放大器及集成运算放大器中得到了广泛的应用。

一、差动放大器的基本电路

图1—25所示是差动放大器的基本电路，它是由两个特性完全相同的三极管组成的一种结构对称的共发射极放大电路，输入信号 ΔU_s 经过电阻 R_{s1}、R_{s2} 输入到两个三极管的基极，输出信号 ΔU_o 则从两个三极管的集电极引出，信号的这种输入、输出方式称为“双端输入”及“双端输出”方式。

由于电路的对称性，静态时无论两个三极管的集电极电位如何漂移变化，静态输出电压 $\Delta U_o = U_{C1} - U_{C2} = 0$。差动放大器抑制零漂的原理就是利用电路的对称性把两个三极管的零漂互相抵消了。

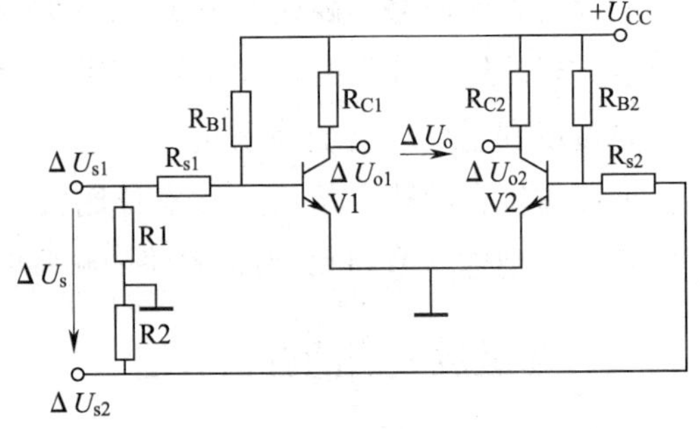

图1—25　差动放大器的基本电路

如果在放大器的两个输入端输入了大小相等、极性相反的信号（差模信号），三极管V1在输入信号 ΔU_{S1} 的作用下，集电极电位 U_{C1} 下降，而三极管V2在 ΔU_{S2} 的作用下，集电极电位 U_{C2} 升高，于是在输出端就产生了输出电压 ΔU_o，电路的差模放大倍数为：

$$Ad = -\frac{\beta R_C}{R_S + r_{be}}$$

二、恒流源差动放大器

差动放大器的基本电路只是利用电路的对称性抵消了零漂，但是每一个管子的零漂还是很严重的。如果电路不是绝对对称的，那么输出端的零漂还是不能完全抵消。为了减小每一个管子的零漂，实际使用的差动放大器都是恒流源差动放大器，如图 1—26 所示。电路在两个放大管发射极的公共端上串联一个采用分压式偏置电路的三极管 V3 作为公用的恒流源，这样既能稳定两个放大管的静态电流，又不会影响到电路对差模信号的放大作用。

为了不减小放大管的动态范围，设置了负电源 $-U_{EE}$ 作为恒流源的工作电源。由于电路不可能做到绝对对称，因此在两个放大管的发射极之间接了一个阻值很小的“调零电位器”RP，用来调节静态输出电压为 0 V。

三、差动放大器的输入输出方式

差动放大器的输入与输出方式并不是仅有双端输入与双端输出这一种，差动放大器的输出方式可以是双端输出，也可以是单端输出；差动放大器的输入方式可以是双端输入，也可以是单端输入，现分别说明如下。

1. 输出方式

差动放大器如果如图 1—27 所示那样，只从一个输出端引出输出电压 U_o，这种输出方式称为“单端输出”方式。

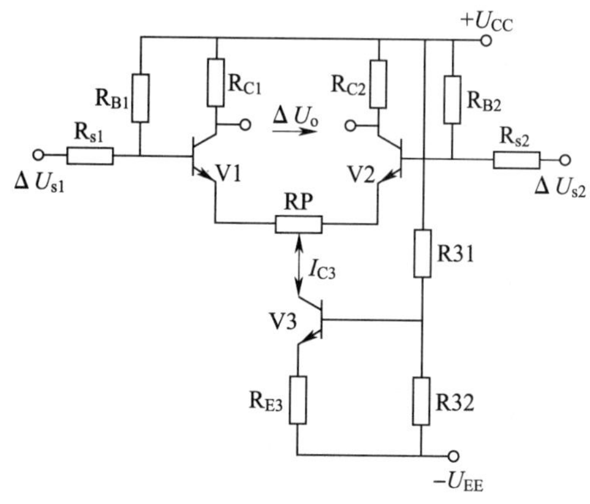

图 1—26　恒流源差动放大器

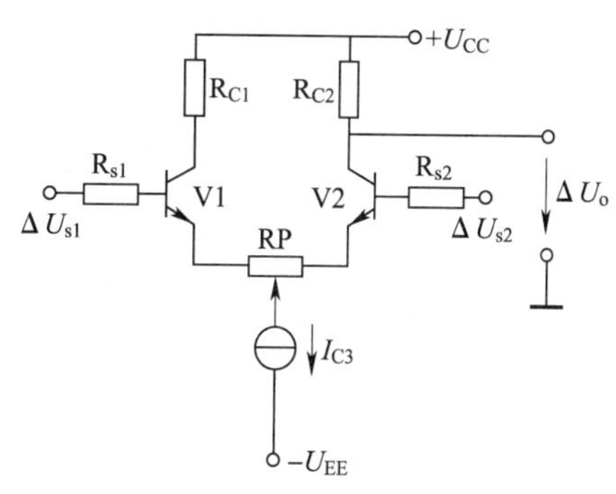

图 1—27　单端输出方式

差动放大器的输出电压是由两个管子的集电极输出叠加而得到的，其中每一个管子的输出电压的大小是全部输出的一半，因此单端输出时的差模放大倍数是双端输出的 1/2，而且两个输出端的极性一正一负，恰好是相反的，即有：

$$A_{d}\text{单出} = \pm\frac{1}{2}\left|A_{d}\text{双出}\right|$$

采用单端输出方式，可以使输出电压有一个接地点，而且放大倍数的正负极性可以选择，使用时比较方便。

2. 输入方式

如果把输入的一端接地，另一端接输入信号，这种方式就叫做“单端输入”，如图 1—28 所示。这时输入信号还是会在两个放大管的输入电阻上自动分成两个差模信号，因此电路的工作情况与双端输入基本相同，也就是说，无论是单端输入还是双端输入，电路的放大倍数不变。

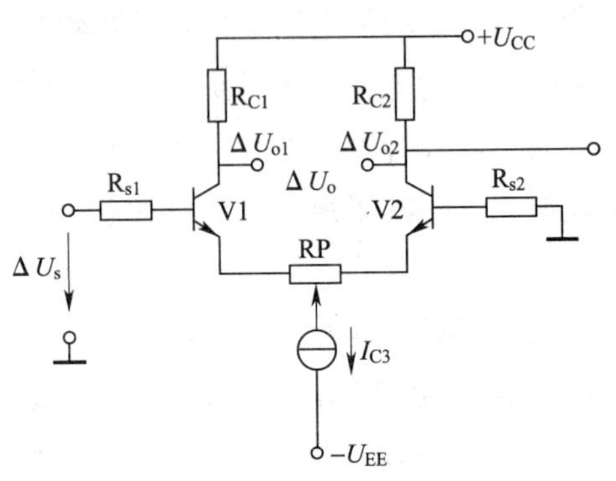

图 1—28　单端输入方式

测　试　题

一、判断题

1. 如果三极管的输出特性接近水平，则说明三极管的输出电阻 r_{CE} 接近无穷大，可以忽略不计。（　）

2. MOS 管是用栅极电流来控制漏极电流大小的。（　）

3. N 沟道结型场效应管工作时要求偏置电压 $U_{GS}<0$。（　）

4. MOS 场效应管的输入电阻比结型场效应管的输入电阻小。（　）

5. 场效应管与双极型三极管相比较，其主要优点是放大能力强。（　）

6. 某放大器的静态电流 I_C 过小，可减小集电极电阻 R_C 以增大电流 I_C。（　）

7. 放大器直流负载线的斜率仅仅与集电极电阻 R_C 有关。（　）

8. 对于 NPN 管的单级共射极放大电路来说，如输出电压波形出现顶部失真，说明静态电流过大。（　）

9. 在微变等效电路中，直流电源是短路的，耦合电容与射极旁路电容通常也可以看

成是短路的。 ( )

10. 分压式偏置电路的静态工作点与三极管的参数无关。 ( )

11. 三极管的射极旁路电容如果开路，则电路的电压放大倍数就会大大减小。( )

12. 输入电阻大、输出电阻小是射极跟随器的特点之一。 ( )

13. 直接耦合放大器与阻容耦合放大器相比，其主要优点是可以放大直流信号及低频交流信号。 ( )

14. 差动放大器采用恒流源是为了提高电路的差模放大倍数。 ( )

15. 把双端输入改为单端输入，差动放大器的差模放大倍数减小一半。 ( )

二、单项选择题

1. 耗尽型场效应管与增强型场效应管相比较，其在转移特性上的区别是（ ）。

A. U_{GS}越大则漏极电流越大　　B. U_{GS}越大则漏极电流越小

C. 特性与坐标纵轴有交点　　D. 特性与坐标纵轴没有交点

2. 耗尽型 PMOS 管的开启电压 U_T为（ ）。

A. 正值　　B. 负值　　C. 零值　　D. 正负值都有可能

3. 增强型 N 沟道场效应管工作时要求的电压极性为（ ）。

A. U_{DS}大于零、U_{GS}大于零　　B. U_{DS}大于零、U_{GS}小于零

C. U_{DS}小于零、U_{GS}大于零　　D. U_{DS}小于零、U_{GS}小于零

4. 对于固定偏置共射放大电路，如果电源电压为 10 V，基极偏置电阻为 200 kΩ，集电极电阻为 1 kΩ，三极管的 $\beta=100$，则三极管的静态电压 U_{CE}为（ ）。

A. 2 V　　B. 4 V　　C. 5 V　　D. 7 V

5. 基本放大电路中三极管的集电极静态电流的大小与（ ）无关。

A. 集电极电阻　　B. 基极电阻　　C. 三极管的 β　　D. 电源电压

6. 增大共发射极放大电路的静态电流，则电路的电压放大倍数（ ）。

A. 不变　　B. 减小

C. 增大　　D. 变化不一定，计算下来才能确定

7. 对 NPN 型三极管的共射极放大电路，如果输出电压波形顶部失真，说明三极管的（ ）。

A. 静态电流 I_C过大　　B. 静态电流 I_C过小

C. 发射极电容开路　　D. 负载电阻太大

8. 对 NPN 型三极管的共射极放大电路，如果静态电压为 $U_{CC}/2$，输出电压波形正常，则（ ）。

A. 带上负载后有可能出现输出波形底部失真

B. 带上负载后有可能出现输出波形顶部失真

C. 带上负载后有可能出现输出波形底部与顶部都失真

D. 带上负载对波形肯定没有影响

9. 在微变等效电路中，三极管的输出端可以近似看成是一个（　　）。

A. 电压源 U_{CE}　　B. 受控电流源 βI_B

C. 电阻 r_{CE}　　D. 电阻 r_{BE}

10. 分压式偏置电路中对静态工作点起到稳定作用的元件是（　　）。

A. 集电极电阻　　B. 发射极电阻

C. 三极管　　D. 基极分压电阻

11. 如果在共发射极放大电路和负载之间增加一级射极跟随器，则电路总的电压放大倍数（　　）。

A. 不变　　B. 减小

C. 增大　　D. 变化不一定，计算下来才能确定

12. 共集电极放大电路的输入电阻为（　　）。

A. $R_B // [r_{be} + R'_L(1+\beta)]$　　B. $R_B // [r_{be} + R_L(1+\beta)]$

C. $[r_{be} + R_L(1+\beta)]$　　D. $R_B // r_{be}$

13. 在多级放大器中，零漂严重的耦合方式为（　　）。

A. 所有的耦合方式　　B. 阻容耦合

C. 变压器耦合　　D. 直接耦合

14. 差动放大器零漂大小与（　　）无关。

A. 电路的对称性　　B. 恒流源的性能

C. 温度的高低　　D. 负载的轻重

15. 设双端输入、双端输出的差动放大器差模放大倍数为1 000倍，改为单端输入、单端输出后，电路的差模放大倍数为（　　）。

A. 1 000　　B. 500　　C. 250　　D. 2 000

三、多项选择题

1.（　　）是增强型场效应管的参数。

A. 互导 g_m　　B. 夹断电压 U_P

C. 饱和漏极电流 I_{DSS}　　D. 开启电压 U_T

E. 电流放大系数 β

2.（　　）是耗尽型场效应管的参数。

A. 互导 g_m　　B. 夹断电压 U_P

C. 饱和漏极电流 I_{DSS}　　D. 开启电压 U_T

E. 门槛电平 U_T

3. 处于放大状态的三极管三个管脚的电位分别为 8 V、7.3 V 和 3 V，则可以判别三极管为（　　）。

A. NPN 管　　B. PNP 管

C. 硅管　　D. 锗管

E. 场效应管

4. 基本放大电路中三极管的集电极静态电流的大小与（　　）有关。

A. 集电极电阻　　B. 基极电阻

C. 三极管的击穿电压 BV_{CEO}　　D. 电源电压

E. 三极管的 β

5. 分压式偏置电路中电路的静态电流与（　　）有关。

A. 发射极电阻　　B. 基极分压电阻

C. 三极管的 β　　D. 负载电阻

E. 电源电压

6. 关于交流负载线，（　　）的说法是正确的。

A. 交流负载线经过静态工作点

B. 交流负载线斜率由电阻 R'_L 决定

C. 不带负载时，交流负载线就是直流负载线

D. 交流负载线经过直流负载线的开路点，斜率由电阻 R_L 决定

E. 交流负载线经过负载线的短路点，斜率由电阻 R_C 决定

7. 对 NPN 型三极管的分压式共射极放大电路，如果输出电压波形底部失真，可以采用（　　）措施解决。

A. 增大基极上偏置电阻 R_{B1} 的阻值

B. 增大基极下偏置电阻 R_{B2} 的阻值

C. 减小三极管的 β 值

D. 增大发射极电阻的阻值

E. 减小发射极电阻的阻值

8. 对固定偏置放大电路，如果静态电压 U_{CE} 太小，为了提高静态电压，可以采用（　　）。

A. 减小基极电阻　　B. 增大基极电阻

C. 增大集电极电阻　　D. 减小集电极电阻

E. 换一个 β 小一些的三极管

9. 在微变等效电路中，可以看成短路的是（　　）。

A. 三极管的输入电阻　　B. 直流电源

C. 耦合电容　　D. 三极管的输出电阻

10. 共集电极放大电路的电压放大倍数约为（　　）。

A. $+1$　　B. -1　　C. $\dfrac{\beta R'_L}{r_{be}+\beta R'_L}$　　D. $-\dfrac{\beta R'_L}{r_{be}}$

E. $+\dfrac{\beta R'_L}{r_{be}}$

测试题答案

一、判断题

1. √　2. ×　3. √　4. ×　5. ×　6. ×　7. √　8. ×　9. √
10. √　11. √　12. √　13. √　14. ×　15. ×

二、单项选择题

1. C　2. A　3. A　4. C　5. A　6. C　7. B　8. B　9. B
10. B　11. C　12. A　13. D　14. D　15. B

三、多项选择题

1. AD　2. ABC　3. BC　4. BDE　5. ABE　6. ABC　7. AD
8. BDE　9. BC　10. AC

第 2 章

负反馈放大器

第1节　反馈的基本概念

一、什么是反馈

实际的放大电路除了采用多级放大电路以外，还经常采用各种各样的反馈来改善放大电路的性能，放大电路加上反馈之后，在一定的条件下还可以把放大电路转换成为振荡电路，所以说反馈不但在放大电路中得到了广泛的应用，而且也是振荡电路不可分割的一部分。那么，究竟什么是反馈呢？反馈就是把放大电路输出量的一部分或全部，通过一定的电路倒送回输入端的过程。如图2—1所示就是一个典型的反馈电路的例子，后级的输出电压 $\dot{U}_o$ 经过反馈电阻 R_f 把一部分输出电压（在此称为“反馈电压”）$\dot{U}_f$ 反馈回到第一级的发射极，从而对第一级以至于对整个放大电路的工作产生影响。

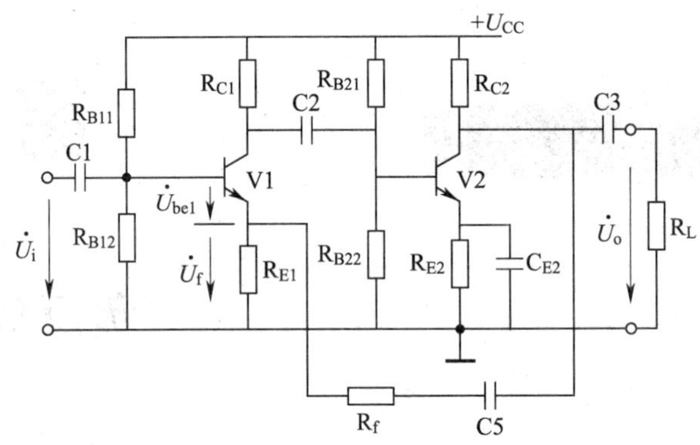

图2—1　一个典型的反馈电路

二、反馈的种类

反馈电路的种类繁多，按照反馈的极性可以分为“正反馈”与“负反馈”；按照反馈量的种类可以分为“直流反馈”与“交流反馈”；按照交流反馈量从输出端取出的方式可以分为“电压反馈”与“电流反馈”；按照交流反馈量引回输入端的方式又可以分为“串联反馈”与“并联反馈”等。

1. 反馈的极性

反馈的极性可以分为“正反馈”与“负反馈”两种。从如图2—1所示的反馈电路来看，交流输出电压 $\dot{U}_o$ 经过反馈电阻 R_f 与第一级的发射极电阻 R_{E1} 组成的分压电路，把一部分电压 $\dot{U}_f$ 反馈引回输入端之后，电路真正的输入电压 $\dot{U}_{be1}$（即第一级的发射结交流电压，反馈电路中称为“净输入电压”）就不再是输入电压 $\dot{U}_i$ 而是输入电压 $\dot{U}_i$ 与反馈电压 $\dot{U}_f$ 之差，即 $\dot{U}_{be1} = \dot{U}_i - \dot{U}_f$，在 $\dot{U}_i$ 与 $\dot{U}_f$ 都是正弦相量的情况下，如果两者同相，则净输入 $\dot{U}_{be1} < \dot{U}_f$，也就是说，引入了反馈之后，电路的净输入减小了，输出电压也会相应减小，或者说引入了反馈之后电路的放大倍数减小了，这种反馈称为“负反馈”。图 2—1 所示电路中输入电压经过二级共射极电路放大之后，信号的极性倒相再倒相，因此 $\dot{U}_i$ 与 $\dot{U}_o$（$\dot{U}_f$）是同相的，净输入 $\dot{U}_{be1} = \dot{U}_i - \dot{U}_f$ 越减越小，是一个负反馈电路。另一种情况是如果 $\dot{U}_i$ 与 $\dot{U}_f$ 两者反相，则净输入 $\dot{U}_{be1} > \dot{U}_f$。也就是说，引入了反馈之后，电路的净输入增大了，输出电压也会相应地增大，或者说引入了反馈之后电路的放大倍数增大了，这种反馈就称为“正反馈”，例如把本例电路再增加一级共射极电路使之成为三级放大电路，则 $\dot{U}_i$ 与 $\dot{U}_o$（$\dot{U}_f$）是反相的，净输入 $\dot{U}_{be1} = \dot{U}_i - \dot{U}_f$ 的模反而增大了，电路就是一种正反馈电路了。

2. 直流反馈和交流反馈

放大电路中的电压与电流存在静态的直流分量与动态的交流分量两种分量，那么在反馈电路中，按照反馈量是直流的还是交流的也可以分为直流反馈与交流反馈两种情况。在如图 2—1 所示的电路中，由于反馈量 $\dot{U}_f$ 取自交流输出量 $\dot{U}_o$（直流量因为有耦合电容隔开，无法输出），因此这种反馈是交流反馈。可是如果反馈是如图 2—2 所示那样从直接耦合电路引出的，那么输出量与反馈量中存在着直流与交流两个分量，这种反馈就同时存在交流反馈与直流反馈。再如果把图 2—2 所示电路的第一级发射极电阻并上一个旁路电容 C_{E1}，那么交流分量就被短路了，反馈量中就没有交流分量而只有直流分量，这种反馈就只是单一的直流反馈了。

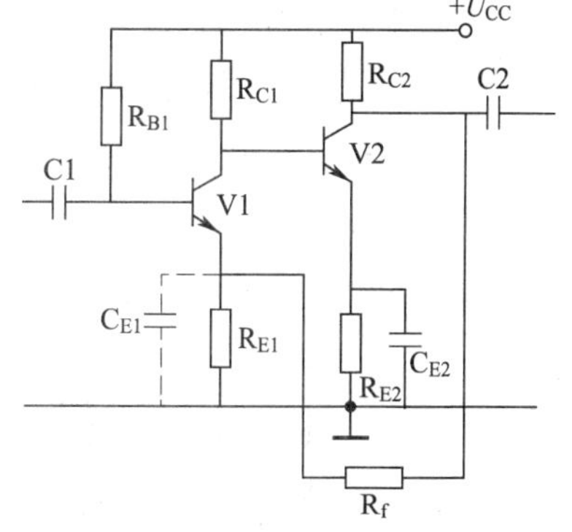

图 2—2　直流反馈与交流反馈

放大电路中直流反馈通常只采用负反馈，其目的是稳定电路的静态工作点，例如在第一章中学习过的分压式偏置电路实际上就是一种直流负反馈电路。交流反馈则正反馈与负反馈都有应用，在振荡电路中通常采用正反馈，以使电路产生振荡；在放大电路中则通常采用负反馈，其目的是改善放大器的动态性能。交流负反馈有四种不同的类型（也称为“组态”），不同的组态对于放大电路的输入电阻、输出电阻有着完全不同的影响，因此学会如何判别一个电路的负反馈组态是很重要的，下面首先就交流负反馈的组态做一简单介绍。

3. 交流负反馈的组态

交流反馈按反馈量是取自输出电压还是取自输出电流来分，可以分为“电压反馈”与“电流反馈”两种。所谓电压反馈是指反馈量是取自输出电压的，或者说反馈量的大小是正比于输出电压的；而电流反馈是指反馈量是取自输出电流的，或者说反馈量的大小是正比于输出电流的。按反馈量在输入端的连接方法来分，又可以分为“串联反馈”与“并联反馈”两种，所谓串联反馈是指反馈量与电路的输入量是以电压加减的形式，也就是串联的形式相叠加的；而并联反馈是指反馈量与电路的输入量是以电流加减的形式，也就是并联的形式相叠加的。因为放大电路中的反馈一般总是用负反馈，因此，概括地说，交流负反馈有电压串联负反馈、电压并联负反馈、电流串联负反馈和电流并联负反馈四种组态。下面对每一种组态的反馈电路各举一典型电路为例来做一个简要的说明。

（1）电压串联负反馈。电压串联负反馈的典型电路就是前面介绍的如图2—1所示的电路，该电路的反馈量 $\dot{U}_f$ 是取自输出电压 $\dot{U}_o$，或者说是正比于输出电压 $\dot{U}_o$ 的，因为从交流通路看，在略去相对输出电压来说影响较为微小的第一级射极电流的情况下，可以认为反馈电阻 R_f 与第一级的射极电阻 R_{E1} 是一个串联分压支路，反馈电压 $\dot{U}_f$ 是由该支路分压而得，即：

$$\dot{U}_f = \frac{R_{E1}}{R_f + R_{E1}}\dot{U}_o$$

从电路的输入端来看，电路的净输入 $\dot{U}_{be1}$ 是由输入电压 $\dot{U}_i$ 与反馈电压 $\dot{U}_f$ 相减得到，即：

$$\dot{U}_{be1} = \dot{U}_i - \dot{U}_f$$

由于是电压相加减，因此是串联反馈，上式犹如串联电路中总电压减去一个分电压得到另一分电压，或者说电路的输入端是三极管的发射结（上面有净输入电压）与发射极电阻 R_{E1}（上面有反馈电压）相串联的。

应该注意的是：第一章所介绍的射极跟随器电路实际上就是一种电压串联负反馈电路，它是把输出的全部电压 $\dot{U}_o$ 都反馈到输入端（$\dot{U}_f = \dot{U}_o$）的一种反馈深度很深的负反馈电路。

（2）电压并联负反馈。图2—3所示是一种电压并联负反馈的典型电路。这是一个一级放大电路。反馈电阻 R_f 在这里既起到提供直流偏置电流的作用，又起到交流负反馈的作用。

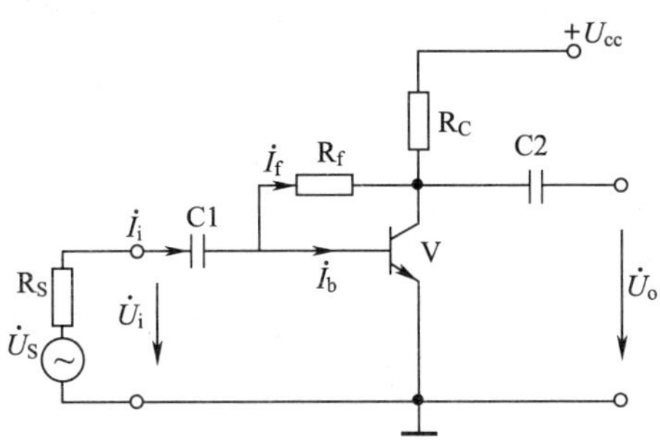

图 2—3　电压并联负反馈电路

说它是电压反馈电路，是因为反馈量——反馈电流 $\dot{I}_f$的大小是近似正比于输出电压 $\dot{U}_o$的，反馈电流的大小可由下式决定：

$$\dot{I}_f = \frac{\dot{U}_i - \dot{U}_o}{R_f}$$

由于输入电压 $\dot{U}_i$ 与输出电压 $\dot{U}_o$ 相比可以略去不计，因此上式可以近似表示为：

$$\dot{I}_f = \frac{-\dot{U}_o}{R_f}$$

这就说明了反馈电流的大小是正比于输出电压的。另外，电路的输入端是三极管的基极与反馈支路并联，电路的净输入电流 $\dot{I}_b$——基极电流，是由输入电流 $\dot{I}_i$ 与反馈电流 $\dot{I}_f$ 相减而得到的，因此称为并联反馈。

$$\dot{I}_b = \dot{I}_i - \dot{I}_f$$

（3）电流串联负反馈。图 2—4 所示为一种电流串联负反馈的典型电路。

说它是电流反馈电路，是因为反馈量的大小不是正比于输出电压 $\dot{U}_o$，而是正比于输出电流——集电极电流 $\dot{I}_c$，即：

$$\dot{U}_f = \dot{I}_c R_E$$

说它是串联反馈电路，是因为输入端与图 2—1 一样是电压相加减的，即：

$$\dot{U}_{be} = \dot{U}_i - \dot{U}_f$$

（4）电流并联负反馈。图 2—5 所示是一种典型的电流并联负反馈电路。

这一电路的输入量、输出量、反馈量及净输入量都是电流，反馈电路是由反馈电阻 R_f与输出级的发射极电阻 R_{E2}组成的分流电路。在略去第一级较为微小

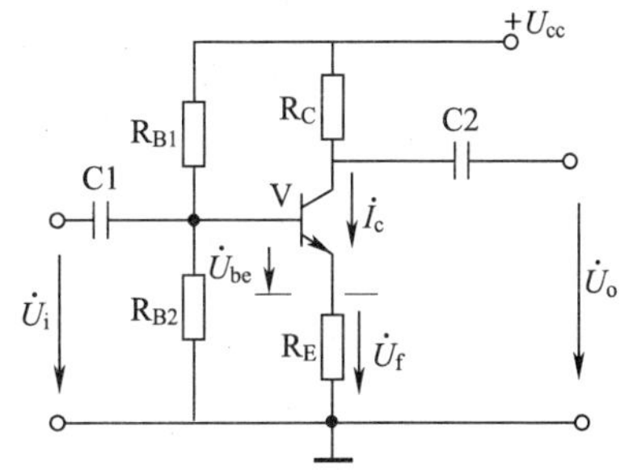

图 2—4　电流串联负反馈电路

的输入电压时，反馈电流 $\dot{I}_f$ 可由以下分流公式求得，由此可以说明该电路是电流反馈电路。

$$\dot{I}_f = -\frac{R_{E2}}{R_{E2}+R_f}\dot{I}_{c2}$$

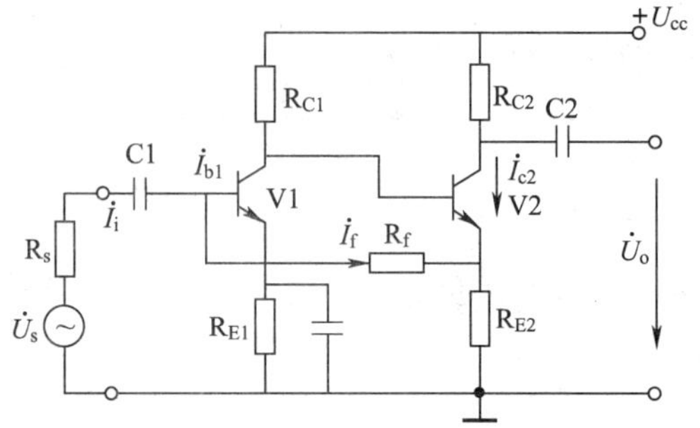

图2—5　电流并联负反馈电路

说它是并联反馈电路，是因为反馈支路并联在输入端三极管的基极上，输入端的电流关系与电压并联负反馈时相同：

$$\dot{I}_{b1} = \dot{I}_i - \dot{I}_f$$

综上所述，对于四种典型的交流负反馈电路，似乎只要反馈是从输出电压端引出的，就是电压反馈；如果反馈是从末级三极管的发射极引出的，那就是电流反馈；从输入端看，只要反馈是引回基极的，就是并联反馈；只要反馈是引回到发射极的，就是串联反馈。这种说法对于上述四种典型电路来说是正确的，但是由于实际电路形式繁多，判别一个反馈电路究竟属于哪一种类型，还是需要从定义出发，即电压反馈是指反馈量的大小是正比于输出电压的；而电流反馈是指反馈量的大小是正比于输出电流的。所谓串联反馈是指反馈量与电路的输入量是以电压加减的形式相叠加的；而并联反馈是指反馈量与电路的输入量是以电流加减的形式相叠加的。

在此还需要纠正一种错误的观点，有人认为既然输出电压与输出电流之间存在关系 $\dot{U}_o = -\dot{I}_c R'_L$，那就说明输出电压 $\dot{U}_o$ 与输出电流 $\dot{I}_c$ 是成正比的，那么区别电压反馈与电流反馈还有什么意义呢？在此必须看到，对于放大电路来说，负载是一个变量，因此 R'_L 不是一个常数，电路不存在 $\dot{U}_o$ 与 $\dot{I}_c$ 成正比的关系。相反的是，一个输出电阻 r_o确定的含源电路（例如含有信号源的放大电路），其输出端口上的外特性应是 $\dot{U}_o = \dot{U}_{o开路} - \dot{I}_o r_o$，在负载变动引起输出电流 I_o增大时，输出电压 U_o应该是下降的。所以说电压反馈与电流反馈是完全不同的两回事，在下一节的分析中还可以看到，它们对放大电路产生的影响也是完全相反的。

第 2 节　负反馈放大器反馈组态的判别

一、反馈极性的判别

一个反馈电路的反馈极性是绝对不能搞错的，例如对于放大电路来说，一般都采用负反馈来改善电路的性能，如果错接成正反馈，则电路的性能非但不能改善，相反还会恶化，甚至会使电路产生振荡，无法正常工作。所以判别一个反馈电路的反馈极性是十分重要的。

判别反馈的极性可以采用“瞬时极性法”，即首先在电路的输入端打上一个“+”信号标记，表示假设电路输入了一个正弦信号的正半周（也可以认为是输入了一个增大的微变信号），则信号在通过放大电路时，可以按照每一级电路输入输出的相位关系来逐级标出每一级电路输出信号的极性。例如，基极输入、集电极输出的则输出与输入反相；基极输入、发射极输出的则输出与输入同相……由此一直分析到电路的输出端，得出输出端的信号极性，然后信号沿着反馈电路再返回到输入端。在放大电路中，反馈电路通常由电阻组成，反馈信号的极性与输出信号的极性相同，不会产生极性的变化（在振荡电路中，多级 R－C 网络及变压器耦合电路可能使极性反转，具体情况已经在中级“振荡电路”中做过介绍）。在反馈信号回到输入端时，可能产生以下两种情况。

一种是并联反馈，信号引回输入端的基极，此时如果反馈信号的极性为正，那么反馈信号加强了原来的正信号，电路是正反馈；如果反馈信号的极性为负，那么反馈信号削弱了原来的正信号，电路是负反馈。

另一种是串联反馈，信号引回输入端的发射极，此时如果反馈信号的极性为正，那么反馈信号提高了发射极的电位，反而使得电路的净输入电压 U_{be} 减小，电路是负反馈；如果反馈信号的极性为负，那么反馈信号降低了发射极的电位，反而使得电路的净输入电压 U_{be} 增大，电路是正反馈。

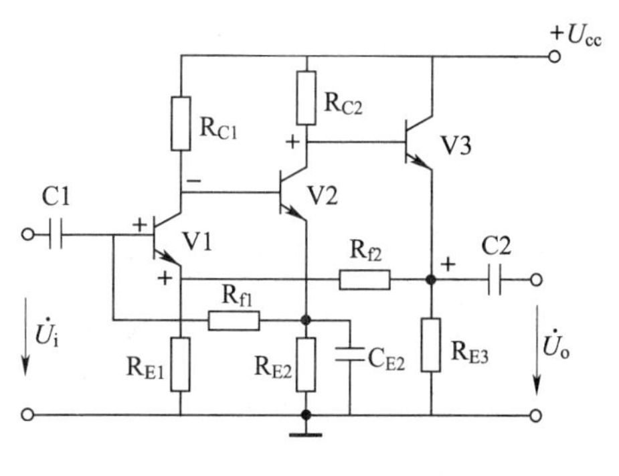

图 2—6　反馈极性的判别

图 2—6 所示电路是一个判别反馈极性的例子，图中能起到交流反馈的电阻是 R_{f2}，在电路

中逐级标上信号的瞬时极性，可以判别电路是负反馈电路。

二、反馈组态的判别

1. 电压负反馈及电流负反馈的判别

交流反馈按反馈量是取自输出电压还是取自输出电流来分，可以分为“电压反馈”与“电流反馈”两种。所谓电压反馈是指反馈量是取自输出电压的，或者说反馈量的大小是正比于输出电压的；而电流反馈是指反馈量是取自输出电流的，或者说反馈量的大小是正比于输出电流的。

图2—7所示的反馈放大电路均为电压负反馈电路，它们的反馈都是从输出电压 $\dot{U}_o$ 处取出的，反馈量的大小与输出电压成正比，如果把输出电压 $\dot{U}_o$ 短路，则反馈也就不存在了，用瞬时极性法不难判别这些电路都是负反馈电路，因此都属于电压负反馈电路。

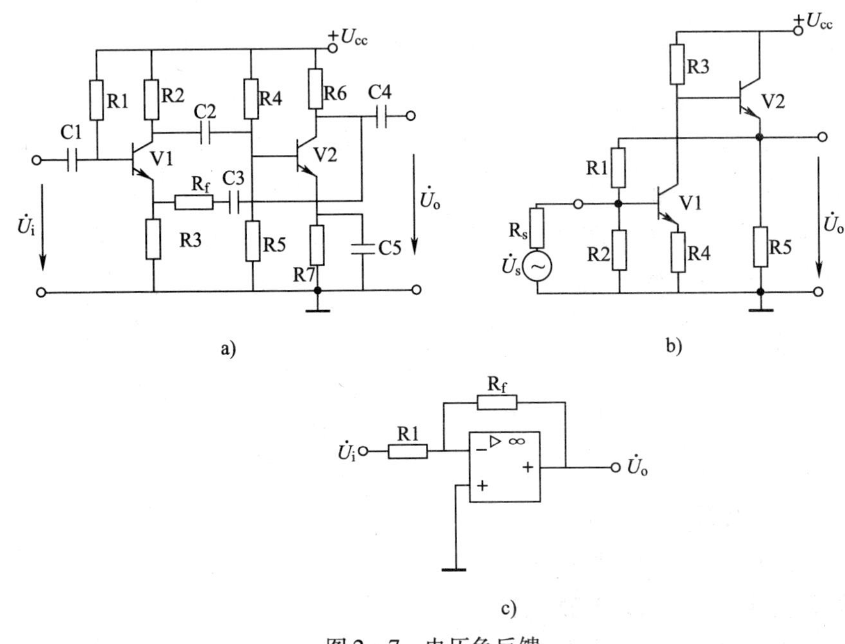

图2—7 电压负反馈

a）电压串联 b）电压并联 c）反向比例

图2—8所示的反馈放大电路均为电流负反馈电路，它们的反馈都是从输出电流处取出的，反馈量的大小与输出电流成正比。在此应该说明的是，输出电流在大多数电路中是指最后一级三极管的输出电流，例如图2—8a中的电流 $\dot{I}_{c2}$，图2—8b中的电流 $\dot{I}_{c3}$，如果反馈要真正从负载电流 $\dot{I}_o$ 上取出，则应该如图2—8c那样，在负载电阻 R_L 上串联低阻值的电流取样电阻R2，然后把取样电阻上的压降反馈到输入端，但是这样一来，输出端就不

是直接接地了，所以这种接法较少使用。区别电压反馈还是电流反馈的一个方法是：如果把输出电压 $\dot{U}_o$ 短路，反馈还是存在，则是电流反馈，这一点从图 2—8 所示的三个电路中都可以很明显地看出来，如果把输出电压 $\dot{U}_o$ 短路，输出电流仍然存在，反馈也依然存在。同样可以用瞬时极性法判别出它们都是负反馈电路，因此这些电路都属于电流负反馈电路。

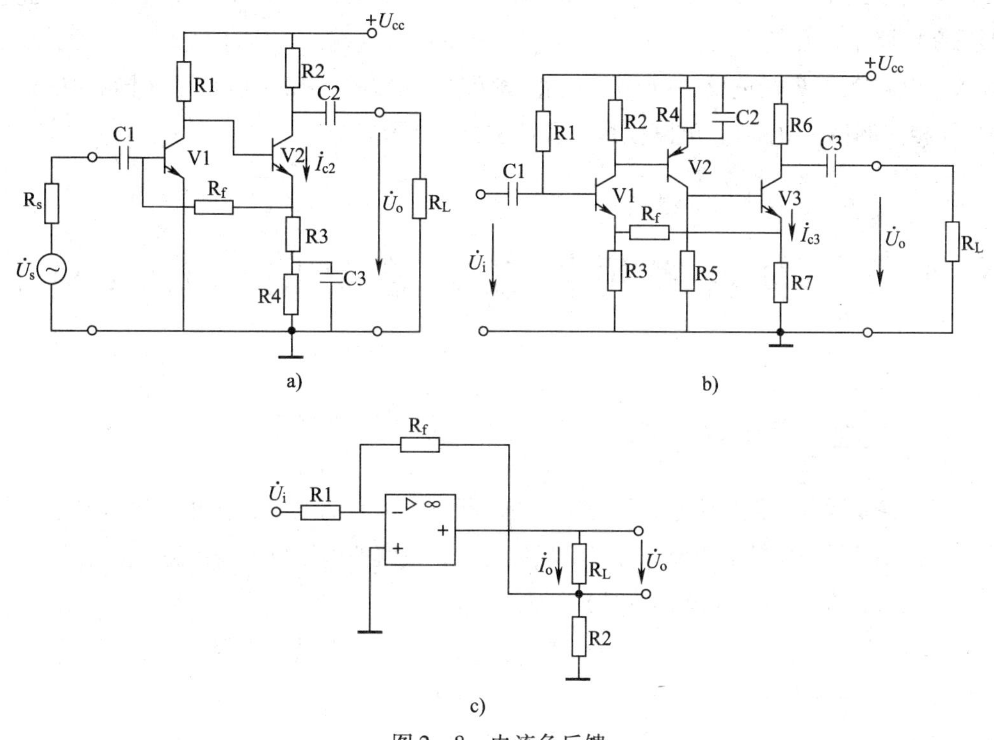

图 2—8　电流负反馈

a）电流并联　b）电流串联　c）负载电流的取样

2. 串联负反馈及并联负反馈的判别

按反馈量在输入端的连接方法来分，反馈电路又可以分为“串联反馈”与“并联反馈”两种。所谓串联反馈是指反馈量与电路的输入量是以电压相加减的形式，也就是以串联的形式相叠加的；而并联反馈是指反馈量与电路的输入量是以电流相加减的形式，也就是以并联的形式相叠加的。

区别反馈电路是串联反馈还是并联反馈，只要看反馈电路在输入端的接法就可以很容易地判别，因为并联反馈是电流相加减，所以反馈电路必定是直接引回到输入端的，因为只有这样连接，输入电流与反馈电流才能有一个公共的节点，才能实现电流相加减。具体来说，图 2—7b、图 2—7c 及图 2—8a、图 2—8c 所示电路都是并联反馈，并联反馈还要求信号源接近恒流源，因为只有这样才能使得反馈电流产生分流作用，从而起到应有的反馈作用。由于恒流源的特性，并联负反馈需要有较大的信号源内阻，因此一般把信号源内阻 R_s 也在图中标出。除了并联反馈以外的反馈电路就都是串联反馈了，因此图 2—7a 以及图 2—8b 所示的电路都是串联反馈。综上所述，只要反馈不是直接引回输入端，就是串联反馈。一般来说，串联反馈的接法都是把反馈引回到输入级的发射极（输入信号送到基极），或者在差动电路中，输入接到一个管子的基极，反馈引回到另一个管子的基极。在运算放大器反馈电路中，凡是负反馈，反馈都是引回到反相输入端的，因此只要输入信号从反相端输入，电路就是并联负反馈（例如反相比例运算电路）；如果信号是从同相端输入的（例如同相比例运算电路），电路就是串联负反馈。

第 3 节　负反馈电路放大倍数的一般表达式

一、负反馈放大电路的框图

由于交流负反馈有四种组态，因此电路的分析就显得较为复杂，在此以常用的电压串联负反馈为例来简要说明放大电路在加了负反馈之后，电路的电压放大倍数是如何计算的。

一个具体的负反馈放大电路总是包括两个部分：一个是放大部分，另一个是反馈部分，因此电路通常可以用如图 2—9 所示的方框图来表示。图中方框 $\dot{A}$ 表示放大电路，方框 $\dot{F}$ 表示反馈电路。设电路是电压串联负反馈电路，整个电路的输入量用 $\dot{U}_i$ 表示，输出量用 $\dot{U}_o$ 表示，输出量经反馈电路反馈到输入端的反馈量用 $\dot{U}_f$ 表示，输入量与反馈量相减就得到净输入量 $\dot{U}_{di}$（相当于图 2—1 中的 $\dot{U}_{be1}$），即 $\dot{U}_{di}=\dot{U}_i-\dot{U}_f$。

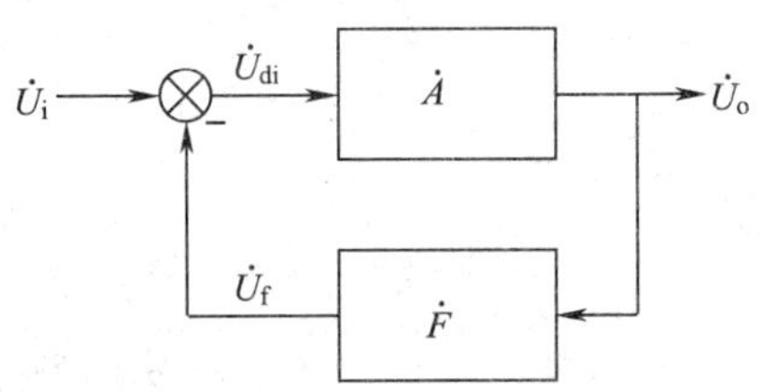

图 2—9　负反馈放大电路的方框图

二、负反馈放大电路的放大倍数

在上述电路中，不带反馈的放大电路的放大倍数是 $\dot{A}$（又称为“开环放大倍数”），即：

$$\dot{A}=\frac{\dot{U}_o}{\dot{U}_{di}}$$

如定义反馈量与输出量之比为反馈电路的反馈系数 $\dot{F}$，即：

$$\dot{F} = \frac{\dot{U}_f}{\dot{U}_o}$$

则在已知放大倍数 $\dot{A}$ 及反馈系数 $\dot{F}$ 的情况下，考虑到 $\dot{U}_i = \dot{U}_{di} + \dot{U}_f$ 则不难求得带反馈之后整个电路的放大倍数 $\dot{A}_f$（又称为“闭环放大倍数”）为：

$$\dot{A}_f = \frac{\dot{U}_o}{\dot{U}_i} = \frac{\dot{A}\dot{U}_{di}}{\dot{U}_{di} + \dot{U}_f} = \frac{\dot{A}\dot{U}_{di}}{\dot{U}_{di} + \dot{F}\dot{U}_o} = \frac{\dot{A}\dot{U}_{di}}{\dot{U}_{di} + \dot{A}\dot{F}\dot{U}_{di}} = \frac{\dot{A}}{1 + \dot{A}\dot{F}}$$

在上式中，通常把分母 $1 + \dot{A}\dot{F}$ 称为电路的“反馈深度”。由于 $\dot{A}$、$\dot{F}$ 都是复数，因此还不能说按上式一定可以得出结论：带上反馈以后电路的放大倍数减小了。按照反馈深度的大小，可能出现以下三种情况。

1. $|1 + \dot{A}\dot{F}| > 1$

这时显然表示 $\dot{A}_f < \dot{A}$，即加了负反馈之后电路的放大倍数减小了，电路是负反馈电路。在一般的负反馈电路中，为了产生较好的反馈效果，反馈深度一般都做得较大，即电路通常还满足关系：

$$|1 + \dot{A}\dot{F}| \gg 1$$

这种情况称为“深度负反馈”，此时上式分母中的 1 可以略去，可得 $\dot{A}_f$ 的近似计算公式为：

$$\dot{A}_f \approx \frac{1}{\dot{F}}$$

2. $|1 + \dot{A}\dot{F}| < 1$

这时显然表示 $\dot{A}_f > \dot{A}$，即加了反馈之后，电路的放大倍数反而增大了，这种情况是正反馈。

3. $|1 + \dot{A}\dot{F}| = 0$

这时显然表示 $A_f \to \infty$，也就是说电路不需要任何输入就能产生输出，这种情况称为电路产生了“振荡”，这种情况已经在中级工培训中做了介绍。

第 4 节　负反馈对放大电路性能的影响

前面已经说过，采用交流负反馈的目的是改善电路的性能，那么除了能减小放大倍数以外，交流负反馈对放大电路的性能究竟还会产生哪些影响呢？归纳起来共有以下四个方面。

一、稳定放大倍数

负反馈虽然减小了放大倍数，但是可以提高放大倍数的稳定性。放大电路的放大倍数与许多因素有关，诸如三极管 β 的大小、负载电阻 R_L 的大小、静态工作电流 I_C 的大小、电路元件参数的变动、信号频率的高低以及温度的高低等，都会影响到电路的放大倍数，这就说明放大电路的放大倍数 $\dot{A}$ 是不稳定的，但是在加了负反馈之后，放大电路的放大倍数 $\dot{A}_f$ 是较为稳定的。假设某一负反馈放大电路的反馈系数为0.1，由于某一原因电路的开环放大倍数 $\dot{A}$ 从1 000减小到900、800、…直至100，在这一减小过程中，电路的反馈深度及闭环放大倍数的变动情况见表2—1。

表2—1 放大倍数的稳定

$\lvert\dot{A}\rvert$	1 000	900	…	700	…	100
$\lvert 1+\dot{A}\dot{F}\rvert$	101	91	…	71	…	11
$\lvert\dot{A}_f\rvert$	9.9	9.89	…	9.86	…	9.09

由表可见，尽管开环放大倍数的变动很大，但是电路的闭环放大倍数变动很小，当 $\dot{A}$ 从1 000减小到100（减小了90%）时，$\dot{A}_f$ 仅从9.9减小到了9.09（减小了8.2%），变化很小，放大倍数的稳定性提高了约100倍（或者说 $\lvert 1+\dot{A}\dot{F}\rvert$ 倍）。事实上只要电路满足深度负反馈的条件，闭环放大倍数的大小就近似稳定为 $1/\dot{F}$，与开环放大倍数 $\dot{A}$ 的大小是基本无关的。

在实际工作中，要得到一个放大倍数很大的放大器是很容易的，一个集成运算放大器就可以做到有几万倍甚至几千万倍的放大倍数，但是电路的工作并不稳定，必须在加了负反馈以后，电路才能稳定地工作。或者说，负反馈放大电路是用牺牲放大倍数换来了放大倍数的稳定，加了负反馈以后，电路的放大倍数减小了 $\lvert 1+\dot{A}\dot{F}\rvert$ 倍，但是放大倍数的稳定性提高了 $\lvert 1+\dot{A}\dot{F}\rvert$ 倍，反馈深度越深稳定性越好。

二、扩展通频带

放大器的上限频率 f_H 与下限频率 f_L 之间的频率范围称为通频带。图2—10给出了负反馈放大电路在开环与闭环时的通频带。从图中可以看到，加了负反馈之后电路的放大倍数是下降了，但是电路的通频带变宽了。其原因与上面第一点说明的稳定放大倍数的说法是完全一致的，因为可以认为上面所说的开环放大倍数的变动是由于频率的变动引起的，在频率变动时能保持闭环放大倍数基本不变，这就已经说明放大器的通频带变宽了。进一步的分析可以证明，加了负反馈后，通频带扩展了 $\lvert 1+\dot{A}\dot{F}\rvert$ 倍。

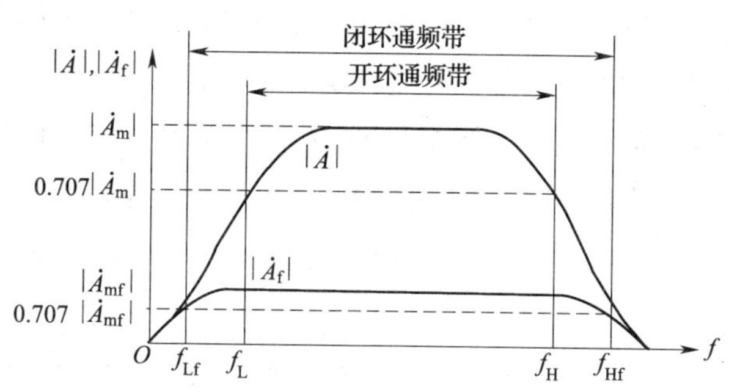

图 2—10　负反馈电路的通频带

三、减小非线性失真，抑制放大器内部的噪声与干扰

由于三极管本身特性的非线性，输出电压的波形往往与输入电压的波形是不完全一致的，这种因为三极管特性的非线性而产生的失真称为“非线性失真”。例如三极管的输入特性就是非线性的，随着电压 u_{BE} 的升高，电流 i_B 是按指数规律上升的，这样一来，对应输入电压 u_{BE} 的正半周，基极电流 i_B 的峰值较大，而对应输入电压 u_{BE} 的负半周，基极电流 i_B 的峰值就较小（见图 2—11），由于基极电流 i_B 的失真，再加上输出特性的非线性，集电极电流 i_C 及输出电压 u_{CE} 当然也会产生更为严重的失真情况。

采用负反馈为什么会减小非线性失真呢？从图 2—12 可以看出，如果在无反馈时，对应正常的正弦波输出电压的波形是正半周大、负半周小，那么在引入了负反馈之后，反馈电压的波形也是正半周大、负半周小，但是在输入电压与反馈电压相减以后，净输入电压

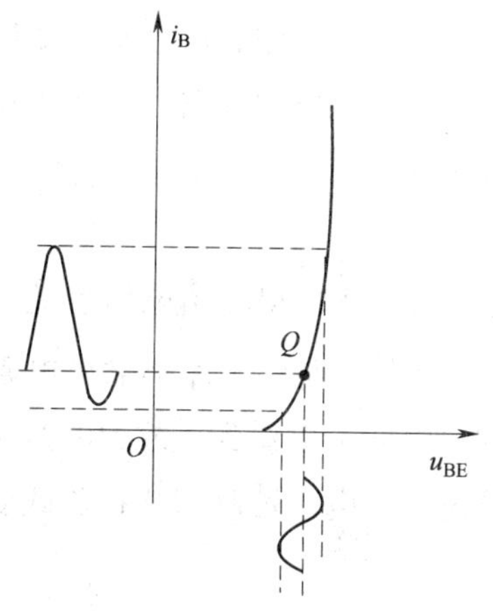

图 2—11　基极电流的非线性失真

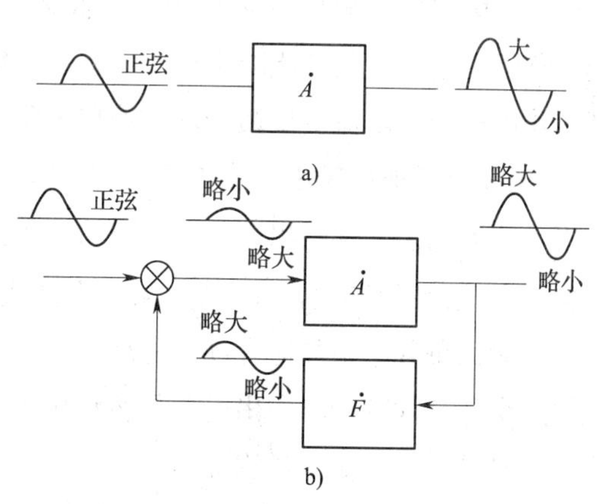

图 2—12　非线性失真的改善

a）无反馈时的失真情况　b）有反馈时的失真情况

的波形就变成正半周小、负半周大了，这样就会使输出波形的正半周有所减小而负半周有所放大，也就是说输出波形的失真情况有了一定的改善。

静态工作点的变动将会引起三极管输入电阻 r_{be} 以及对应的电压放大倍数 A_U 的变动，现在的非线性失真与这一讲法也是完全一致的，可以认为三极管对输入电压的正半周放大倍数较大而对输入电压的负半周放大倍数较小，或者说非线性失真也是由于工作点变动而产生的一种放大倍数不稳定的现象。那么既然采用了负反馈之后可以稳定放大倍数（不管放大倍数的变动是由于什么原因引起的），输入波形的正半周与负半周就会得到同样的放大效果，自然也就改善了输出波形的非线性失真。

由于放大电路是一种灵敏度很高的弱电系统，因此即使在放大器没有输入的情况下也会产生一些微小的不规则的输出电压，称为“噪声”电压，噪声主要是由放大电路内的电阻、三极管等元件内部载流子不规则的热运动引起的。此外，由于外界电磁场的干扰、电源电压的波动以及电路接地不妥等原因的影响，还会产生干扰电压，噪声与干扰在严重时可能会淹没正常的有效信号，使得放大电路不能正常工作。由于采用了负反馈，放大倍数降低了 $|1+\dot{A}\dot{F}|$ 倍，那么噪声与干扰电压的输出也会降低 $|1+\dot{A}\dot{F}|$ 倍，如果此时增大输入的有效信号，就能提高输出电压的信噪比，从而起到了抑制干扰与噪声的作用。应该注意的是，如果干扰源或噪声源不在反馈环内，而是在反馈环外与有效信号一起混入了放大电路，那么负反馈再深，对此也是无能为力的。

四、改变输入电阻与输出电阻

采用负反馈还可以改变放大电路的输入电阻与输出电阻，但是不同的反馈组态对输入电阻与输出电阻的影响是完全不同的。对输入电阻的影响要从输入端看，串联负反馈能增大输入电阻，并联负反馈能减小输入电阻；对输出电阻的影响要从输出端看，电压负反馈能减小输出电阻，电流负反馈能增大输出电阻，其原因说明如下。

1. 电压负反馈能减小输出电阻

由于放大电路存在输出电阻，因此在负载电阻 R_L 变动时，将使得输出电压也随之变动，输出电压是不稳定的。但是如果一个放大电路能做到像理想电压源那样输出电阻为零，那么无论负载电阻如何变动，其输出电压将是稳定的。由此可以看到，放大电路输出电阻的大小从负载变动时输出电压是否稳定也可以得出结论。而电压负反馈能在负载变动时稳定输出电压，其稳定过程如下。

假设负载电阻 R_L 减小引起输出电压 $\dot{U}_o$ 下降，则反馈量 $\dot{U}_f$（或 $\dot{I}_f$）会随之减小，电路的净输入电压 $\dot{U}_{di}$（或 $\dot{I}_{di}$）会因此增大，从而引起输出电压 $\dot{U}_o$ 的回升，部分抵消了输出电压的下降，使得输出电压基本保持稳定，这一过程可简单地表示如下。

$$R_L \downarrow \rightarrow \dot{U}_o \downarrow \rightarrow \dot{U}_f(\dot{I}_f) \downarrow \rightarrow \dot{U}_{di}(\dot{I}_{di}) \uparrow \rightarrow \dot{U}_o \uparrow$$

负载电阻变动时，输出电压越稳定就说明电路的输出电阻越小。射极跟随器实际上就是一种典型的电压负反馈电路，射极跟随器能够减小输出电阻的原理已经在第一章中用微变等效电路进行过分析了。

2. 电流负反馈能增大输出电阻

电流负反馈是从输出电流取样得到反馈量的，因此当负载电阻变动引起输出电流变动时，能做到稳定输出电流，其反馈过程如下。

$$R_L \uparrow \rightarrow \dot{I}_o \downarrow \rightarrow \dot{U}_f(\dot{I}_f) \downarrow \rightarrow \dot{U}_{di}(\dot{I}_{di}) \uparrow \rightarrow \dot{I}_o \uparrow$$

由此可见，在负载电阻变动时，电流负反馈能稳定输出电流，使放大电路的外特性更接近于理想电流源，而理想电流源的输出电阻是无穷大，这就说明了电流负反馈能增大输出电阻。

从刚才分析的两种情况来看，无论是电压负反馈还是电流负反馈，负反馈总能稳定其取样对象——输出量，这是负反馈的一个普遍规律。

3. 串联负反馈能增大输入电阻

从输入端看，串联负反馈产生的反馈电压 $\dot{U}_f$ 会使得净输入电压 $\dot{U}_{di}$减小，从而也减小了流入输入端的基极电流，这就说明了串联负反馈能增大输入电阻。射极跟随器作为一种串联负反馈电路能增大输入电阻已是众所周知的了。

4. 并联负反馈能减小输入电阻

从输入端看，并联负反馈产生的反馈电流 $\dot{I}_f$会使得输入端增加了一条并联的电流支路，从而增大了流入输入端的电流，这就说明了并联负反馈能减小输入电阻。

第 5 节　深度负反馈放大器电压放大倍数的估算

前文以电压串联负反馈放大电路为例，讨论了深度负反馈条件下放大倍数的一般计算公式为：

$$\dot{A}_f = \frac{1}{\dot{F}}$$

对于电压串联负反馈放大电路来讲，由于输出量和输入量都是电压，这一放大倍数就是电压放大倍数。但是对于其他三种组态的负反馈电路来讲，由于输出量和输入量不全是电压，这一公式中的放大倍数还只是一个广义的放大倍数，它是指输出量（对于电压反馈是输出电压，对于电流反馈则是输出电流）与输入量（对于串联反馈是输入电压，对于并联反馈则是输入电流）之比，还不能直接用于计算深度员反馈电路的电压放大倍数，如何计算电压放大倍数，还没有具体介绍。下面先回顾一下电压串联负反馈电路的计算方法，再继续介绍其他三种组态的负反馈电路是如何分析的。

一、电压串联负反馈

电压串联负反馈的典型电路如图 2—7a 所示。在分析任何一种组态的负反馈电路时，只要电路满足深度负反馈的条件，都可以认为它的净输入量是极小的，在计算中可以忽略不计，在此前提下，可以求得其电压放大倍数。

以如图 2—7a 所示电路为例，其反馈部分的交流通路可以画成如图 2—13 所示的电路。

在深度负反馈的条件下，可以认为电路的净输入电压 $\dot{U}_{be1}$ 接近于 0，因此电路的输入电压 $\dot{U}_i$ 与反馈电压 $\dot{U}_f$ 近似相等，即 $\dot{U}_i \approx \dot{U}_f$，同时又由于与输出电压 $\dot{U}_o$ 在电阻 R_f上产生的电流相比，第一级的电流 $\dot{I}_{e1}$ 也是很小的，也可以忽略不计，第一级的发射极可以认为是开路，这样电路的反馈部分就可以简化成如图 2—13 所示的情况，可以认为反馈电阻 R_f和第一级的发射极电阻 R3 是串联的，串联电路（R_f + R3）上的总电压是输出电压 $\dot{U}_o$，而电阻 R3 上的电压是分电压 $\dot{U}_i$，按分压公式可以得出反馈电路的电压放大倍数 $\dot{A}_{Uf}$为：

$$\dot{A}_{Uf} = \frac{\dot{U}_o}{\dot{U}_i} = \frac{R_f + R_3}{R_3} = 1 + \frac{R_f}{R_3}$$

实际上，电压串联负反馈电路的反馈系数为：

$$\dot{F} = \frac{\dot{U}_f}{\dot{U}_o} = \frac{R_3}{R_f + R_3}$$

可见对于电压串联负反馈电路来讲，反馈系数的倒数就是电压放大倍数。

二、电压并联负反馈

图 2—7b 所示是一种电压并联负反馈电路，其反馈部分的交流通路可以画成如图 2—14 所示的电路。

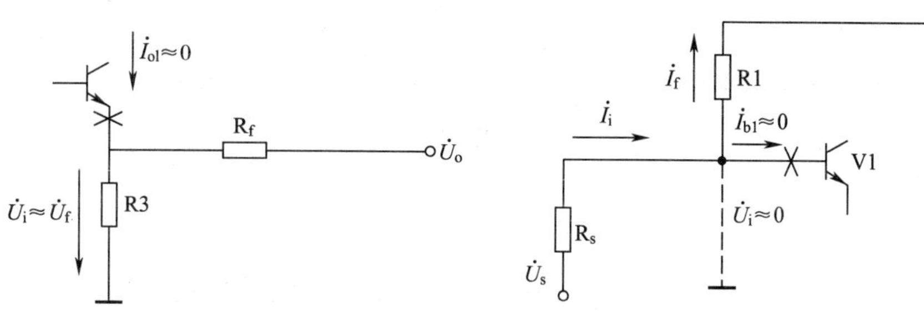

图 2—13 电压串联负反馈电路的分析　　　图 2—14 电压并联负反馈电路的分析

在分析这一种组态的负反馈电路时，只要电路满足深度负反馈的条件，也可以认为它的净输入量 $\dot{I}_{b1}$ 是极小的，在计算中可以忽略不计，因此三极管 V1 的基极可以认为是开路的，信号源电阻 R_s 与反馈电阻 R1 可以认为是串联的。又因为输入电压 $\dot{U}_i$ 与输出电压 $\dot{U}_o$ 相比肯定要小得多，因此也可以忽略不计，V1 的基极电压就可以认为接近于零电位，也就是说串联电路（R_s + R1）的中点电位是 0 V。因此，电阻 R_s 上的电压就是信号源电压 $\dot{U}_s$，反馈电阻 R1 上的电压就是输出电压 $\dot{U}_o$，由此可以求得反馈电路的电压放大倍数就是电阻 R1 与 R_s 之比，即：

$$\dot{A}_{Uf}=\frac{\dot{U}_o}{\dot{U}_s}=-\frac{R_1}{R_s}$$

在此需要说明的是，由于并联负反馈电路的信号源电阻 R_s 较大，因此电路的电压放大倍数都是对信号源电压 $\dot{U}_s$ 而言的，公式中的负号表示输出电压与输入电压反相，因为串联电路（R_s + R1）的中点电位是 0 V，其两端的电位则必定是反相的。回顾一下在中级培训教材中学习过的运算放大器的反相比例放大电路。它也是一个典型的电压并联负反馈电路。它的基本分析方法，例如把运算放大器反相输入端的输入电流看做是 0 A，把反相输入端的电位看做是 0 V（虚地），与本例中的情况是完全相同的，因而其放大倍数的计算公式与本例也是完全一致的。

如果用反馈系数的倒数来计算，则公式还要做一些变换。

$$\dot{F}=\frac{\dot{I}_f}{\dot{U}_o}=-\frac{1}{R_1}$$

$$\dot{A}_{Uf}=\frac{\dot{U}_o}{\dot{U}_s}=\frac{\dot{U}_o}{\dot{I}_iR_s}=\dot{A}_f\frac{1}{R_s}=\frac{1}{\dot{F}}\frac{1}{R_s}=-\frac{R_1}{R_s}$$

由此可见，直接用反馈系数的倒数来计算，得到的只是输出电压与输入电流之比，还不是电压放大倍数，要得到电压放大倍数，需要把输入电流转换为输入电压，即在分母上

乘以 R_s。

三、电流串联负反馈

图2—8b 所示是一种电流串联负反馈电路，其反馈部分的交流通路可以画成如图2—15 所示的电路。

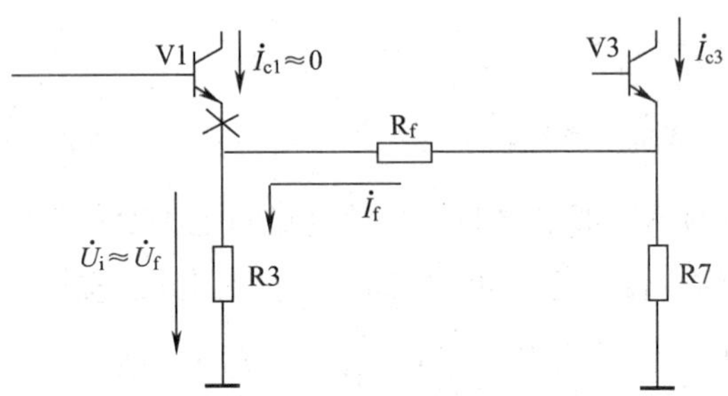

图2—15　电流串联负反馈电路的分析

在深度负反馈的条件下，电路输入端的情况与电压串联负反馈输入端的情况相似（因为从输入端看都是串联反馈），可以认为电路的净输入电压 $\dot{U}_{be1}$ 接近于0，因此电路的输入电压 $\dot{U}_i$ 与反馈电压 $\dot{U}_f$ 近似相等，即 $\dot{U}_i\approx\dot{U}_f$。同时又由于与输出电流 $\dot{I}_{c3}$ 在电阻 R_f 上的分流相比，第一级的电流 $\dot{I}_{c1}$ 也是很小的，也可以忽略不计，第一级的发射极可以认为是开路，这样电路的反馈部分就可以简化成如图2—15 所示的情况，可以认为反馈电阻 R_f 和第一级的发射极电阻 R3 是串联的。这样一来图中三个电阻的接法可以看成是电阻 R3 与 R_f 串联后再与电阻 R7 并联，按照分流公式，可以求得电流 $\dot{I}_{c3}$ 在电阻 R3 上的分流 $\dot{I}_f$ 为：

$$\dot{I}_f = \dot{I}_{c3}\frac{R_7}{R_f + R_3 + R_7}$$

输入电压 $\dot{U}_i$ 为：

$$\dot{U}_i \approx \dot{U}_f = \dot{I}_f R_3 = \dot{I}_{c3}\frac{R_7}{R_f + R_3 + R_7}R_3$$

输出电压 $\dot{U}_o$ 为：

$$\dot{U}_o = -\dot{I}_{c3}R'_L = -\dot{I}_{c3}\frac{R_6 R_L}{R_6 + R_L}$$

式中 R'_L 为输出级的负载电阻，$R'_L = \dfrac{R_6 R_L}{R_6 + R_L}$

由此可求得反馈电路的电压放大倍数为：

$$\dot{A}_{Uf} = \frac{\dot{U}_o}{\dot{U}_i} = -\frac{R'_L(R_f + R_3 + R_7)}{R_3R_7}$$

四、电流并联负反馈

图2—8a所示是一种电流并联负反馈电路，其反馈部分的交流通路可以画成如图2—16所示的电路。

在深度负反馈的条件下，电路输入端的情况与图2—14所示的电压并联负反馈输入端的情况相似（因为从输入端看都是并联反馈），净输入量 $\dot{I}_{b1}$ 是极小的，在计算中可以忽略不计，因此三极管V1的基极可以认为是开路的，可以认为电路的输入电流（即 R_s 上的电流）等于反馈电阻 R_f 上的电流，同时V1管的基极电位也可以认为接近于0，因此输出端的情况就可以看成是反馈电阻 R_f 与输出级的发射极电阻R3并联，根据分流公式可以求得输出电流 $\dot{I}_{c2}$ 在电阻 R_f 上的分流 $\dot{I}_f$，即：

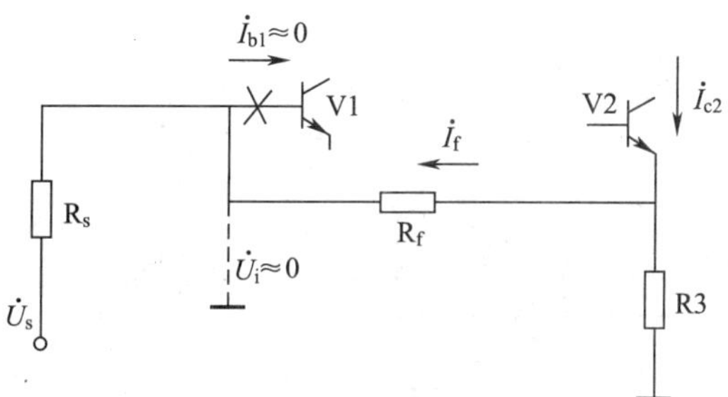

图2—16　电流并联负反馈电路的分析

$$\dot{I}_f = \dot{I}_{c2}\frac{R_3}{R_f + R_3}$$

由此可得：

$$\dot{U}_s = -\dot{I}_fR_s = -\dot{I}_{c2}\frac{R_3}{R_f + R_3}R_s$$

输出电压 $\dot{U}_o$ 为：

$$\dot{U}_o = -\dot{I}_{c2}R'_L = -\dot{I}_{c2}\frac{R_2R_L}{R_2 + R_L}$$

式中 R'_L 为输出级的负载电阻，$R'_L = \frac{R_2R_L}{R_2 + R_L}$。

由此可求得反馈电路的电压放大倍数为：

$$\dot{A}_{Uf} = \frac{\dot{U}_o}{\dot{U}_s} = \frac{R'_L(R_f + R_3)}{R_3R_s}$$

以上介绍的是四种反馈电路的分析计算方法。当然，对于具体电路来讲，不一定与上述电路完全一样，但其分析问题的方法是完全可以借鉴的。

【例 2—1】 试分析图 2—17 所示反馈电路的反馈组态，并计算其闭环电压放大倍数 $\dot{A}_{Uf}$。

1．图 2—17a 所示电路按瞬时极性法（图中已标出输入为“ + ”时的各点瞬时极性）可以判别是负反馈电路，因为反馈从输出电压 $\dot{U}_o$ 引出，所以是电压反馈，输出电压经过 22 kΩ 电阻引回到 V1 管的发射极，所以是串联反馈，因此图 2—17a 所示电路是电压串联负反馈电路，其闭环电压放大倍数取决于 22 kΩ 反馈电阻与 V1 管的 1 kΩ 发射极电阻的比值，为：

$$\dot{A}_{Uf} = \frac{\dot{U}_o}{\dot{U}_i} = \frac{R_f + R_{e1}}{R_{e1}} = 1 + \frac{R_f}{R_{e1}} = 1 + \frac{22}{1} = 23$$

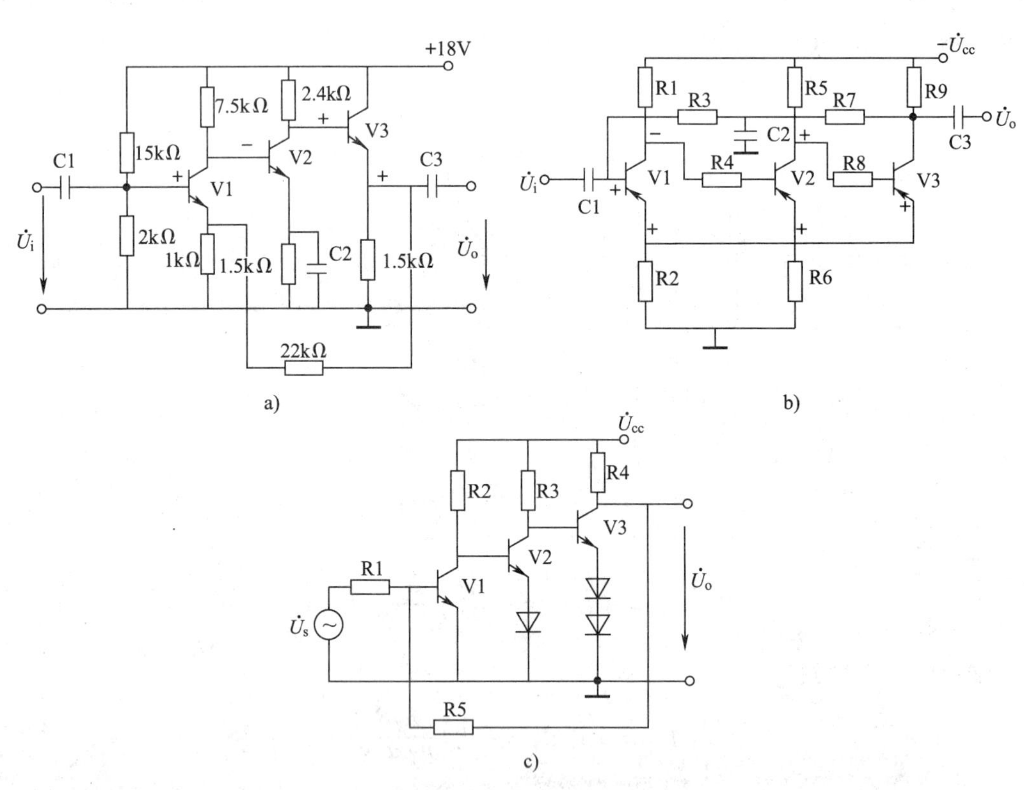

图 2—17　例题 2—1 电路

2．图 2—17b 所示电路初看有两条反馈通路，一条是电阻 R3、R7 组成的反馈支路，另一条是 V3 管的发射极直接接到了 V1 管的发射极上。首先要看到的是，R3、R7 组成的反馈支路由于电容 C2 的作用，只是起到直流负反馈的作用，目的是在直接耦合电路中稳定静态工作点，而没有交流反馈的作用。起到交流反馈作用的只是 V3 管发射极接到 V1 管发射极的那条支路，按瞬时极性法分析也是负反馈，反馈从 V3 管的发射极引出，不经过电阻直接引回到 V1 管的发射极，是把 V3 管的发射极电流全部反馈到电阻 R2 上，因此电路的反馈组态是电流串联负反馈，其闭环电压放大倍数计算如下。

$$\dot{U}_{\rm i} \approx \dot{U}_{\rm f} = \dot{I}_{\rm c3}R_2$$

$$\dot{U}_{\rm o} = -\dot{I}_{\rm c3}R'_{\rm L}$$

考虑到电阻 R7 的负载作用，式中 $R'_{\rm L}$ 为电阻 R7 与 R9 的并联阻值。当然，如果输出端还带有负载电阻，则还必须并上负载电阻。

由此可得：

$$\dot{A}_{\rm Uf} = \frac{\dot{U}_{\rm o}}{\dot{U}_{\rm i}} = -\frac{R'_{\rm L}}{R_2}$$

3. 图 2—17c 所示电路中起到反馈作用的电阻是 R5，反馈从输出电压上取出，引回到输入管的基极，很明显是电压并联负反馈电路，其闭环电压放大倍数为：

$$\dot{A}_{\rm Uf} = \frac{\dot{U}_{\rm o}}{\dot{U}_{\rm i}} = -\frac{R_5}{R_1}$$

第 6 节　负反馈放大器的自激振荡与消振

一、负反馈放大器产生自激振荡的原因

负反馈放大器性能的改善取决于反馈深度的大小，反馈越深则性能越好。但是事物总是一分为二的，在多级放大器中，反馈太深经常会导致放大器像振荡电路一样产生自激振荡，使得放大器无法正常工作，这是必须要加以注意的。

多级负反馈放大器在反馈过深时为什么会产生自激振荡呢？前面在讨论反馈极性时用到了瞬时极性法，例如对于共射极放大电路，如果假设输入为“+”，则可以认为输出为“-”，也就是说，认为输入与输出之间的相移是 180°。但是实际上问题并不是这样简单，在多级放大电路的频率特性中曾指出，这一说法是仅仅对中频信号而言的，在信号的高频与低频段，放大器的输入与输出之间的相移除了基本相移以外还会产生附加相移，每一级的附加相移在 0°~90°之间，对于三级或三级以上的多级负反馈放大器来讲，附加相移就可以达到 0°~270°或更大。这样一来，如果电路在某一个频率上附加相移达到了 180°，原

来的负反馈再加上180°的附加相移，就会变成正反馈，此时如果电路的反馈很深，满足了产生振荡的相位条件（正反馈）及幅度条件（深反馈），电路自然就会产生自激振荡了。由于在多级放大电路中大量采用了直接耦合电路，它的下限频率为0，不可能产生低频自激振荡，因此在负反馈电路中经常可以见到高频自激振荡，此时电路无法正常工作，在没有输入信号时，用示波器可以看到放大器有高频信号输出。在阻容耦合的多级负反馈放大器中，也可以见到低频自激振荡，在没有输入信号时，用示波器可以看到放大器有低频信号输出，如果是音响电路，有时还可以听到低频振荡的声音。

二、消除高频自激振荡的措施

消除自激振荡的措施，在于破坏产生自激振荡的相位条件或幅度条件。当然，减小负反馈的反馈深度是一种最简便的方法，但是这样显然将影响到放大器性能的改善，故不宜采用。消除高频自激振荡最常用的方法是在电路中接入RC校正电路，其指导思想是使电路的高频特性衰减得更大一些，这样一来，当电路附加相移达到180°时，因为高频段放大倍数 $\dot{A}$ 的减小，使得 $\dot{A}\dot{F}<1$ 而达不到振荡的幅度条件，电路就不会产生自激振荡，如图2—18所示是RC校正电路的几种常用的接法。

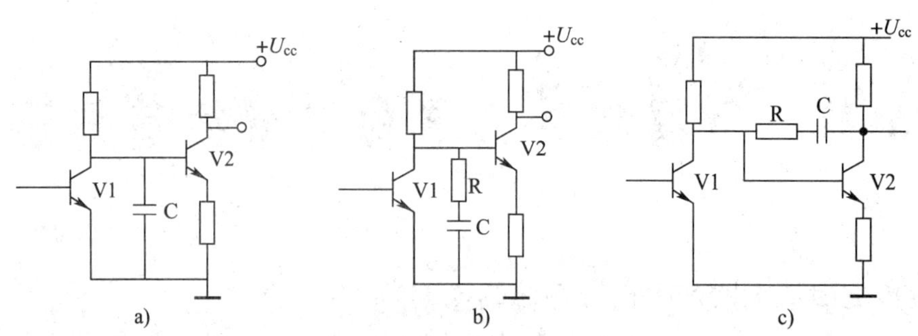

图2—18　RC校正电路的接法

a）电容校正　b）RC校正　c）密勒校正

图2—18a是在V1、V2二级之间接入一个电容C，高频时由于容抗的减小，使得V1管的高频放大倍数下降，从而破坏了自激振荡的幅度条件，达到了消振的目的，但是这一做法将使得电路的高频特性下降，高频段通频带变窄。

图2—18b是在V1、V2二级之间接入一个RC串联支路，由于电阻的存在，减小了电容在高频段的并联作用，使得电路在达到消振目的的同时，电路高频响应的损失比图2—18a所示的接法要小些，电路的带宽不至于压缩太多，因此这种接法应用得更为广泛些。

实际电路中，也经常将校正电路接到三极管的集电极与基极之间，如图2—18c所示，称为“密勒校正”，此时由于对高频信号的局部负反馈作用，消振作用很强，为了达到同样的消振效果，使用的电阻值应该增大，电容容量应该减小。

由于三极管参数的分散性和分布参数的存在，消振电路接在哪一级，电路的参数应该取多大，是很难计算的，通常采用实验调试的方法来解决。消振电路一般应接在前级输出电阻与后级输入电阻都比较大的中间级。从消振的效果看，电容的容量可以取得大一些，但是对通频带的损失就较大，因此实验时电容值应该选择得小一些，如果不能消除自激振荡，再逐步增大电容，直到能恰好消振为止，对如图 2—18 所示的接法，电容值一般为 1 000 pF ~ 0.1 μF。

三、消除低频自激振荡的措施

对于阻容耦合放大电路来讲，除了高频自激振荡以外，还有可能会产生低频自激振荡，此时不需要另外加校正元件，只要改变电路中的级间耦合电容或射极旁路电容容量的大小，就可以达到消振的目的。

在多级放大电路中，由于各级共用的直流电源总是有一定的内阻，各级的交流电流通过这一内阻时也会互相影响，有可能形成正反馈，例如在图 2—19a 中，二级放大电路由于电源存在内阻 r_0，用瞬时极性法可以分析，电路通过内阻产生的反馈是正反馈，在直流电源内阻较大时，因正反馈作用的增强将产生低频自激振荡。这种低频振荡不是由于低频段的附加相移引起的，不能用上述办法消振，应该用“去耦电路”来去除电源内阻的级间耦合作用，以消除自激振荡。去耦电路如图 2—19b 所示。

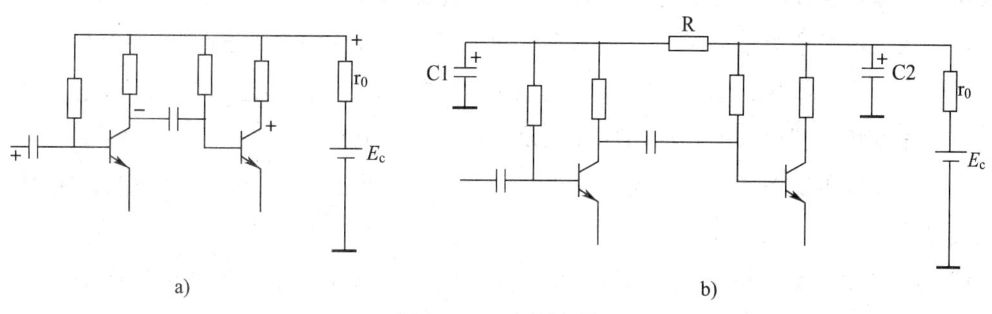

图 2—19 去耦电路

a）电源内阻产生反馈 b）去耦电路

由图可见，电路中的直流电源部分增加了电阻 R 和电容 C1，隔离了二级放大电路的交流通路，在电容 C1 足够大时，其容抗可以远小于电阻 R，这样前级的交流通路就可以通过电容 C1 对地短路，而不必通过直流电源，前级与后级之间的交流通路被电阻 R 隔开了，前后级之间的交流信号就互不影响，电源内阻产生的正反馈就被大大地削弱了。有时为了进一步减小电源内阻的影响，在直流电源两端还接有电容 C2，使得后级的交流通路可以通过 C2 对地短路，消振的效果就更好了。

校正电路与去耦电路几乎可以在所有的多级放大电路中见到，尽管电路十分简单，但是其作用是不可忽视的，自激振荡是放大电路中一种常见的故障现象，作为维修电工，应该了解产生这种故障的原因及掌握消除故障的方法。

测 试 题

一、判断题

1. 具有反馈元件的放大电路即为反馈放大电路。 （ ）
2. 正反馈主要用于振荡电路，负反馈主要用于放大电路。 （ ）
3. 把输出电压短路后，如果反馈不存在了，则此反馈是电压反馈。 （ ）
4. 在反馈电路中，反馈量是交流分量的称为交流反馈。 （ ）
5. 在反馈电路中，反馈量是直流分量的称为直流反馈。 （ ）
6. 采用负反馈既可提高放大倍数的稳定性，又可增大放大倍数。 （ ）
7. 要求放大电路带负载能力强、输入电阻高，应引入电流串联负反馈。 （ ）
8. 射极跟随器是电流并联负反馈电路。 （ ）
9. 要稳定放大电路的静态工作点，则必须加直流负反馈电路。 （ ）
10. 交流负反馈不仅能稳定取样对象，而且能提高输入电阻。 （ ）
11. 放大电路中上限频率与下限频率之间的频率范围称为放大电路的通频带。（ ）
12. 为了提高放大器的输入电阻、减小输出电阻，应该采用电流串联负反馈。（ ）
13. 深度负反馈放大电路的闭环电压放大倍数为 $A_f = 1/F$。 （ ）
14. 在深度负反馈条件下，闭环增益与管子的参数几乎无关，因此可任意选用管子组成放大电路。 （ ）
15. 在深度负反馈条件下，串联负反馈放大电路的输入电压与反馈电压近似相等。 （ ）
16. 消除低频自激振荡最常用的方法是在电路中接入 RC 校正电路。 （ ）

二、单项选择题

1. 反馈就是把放大电路（ ），通过一定的电路倒送回输入端的过程。

A. 输出量的一部分　　B. 输出量的一部分或全部

C. 输出量的全部　　D. 扰动量

2. 若引回的反馈信号与输入信号相比较使净输入信号（ ），则称这种反馈为负反馈。

A. 增大　B. 减小　C. 不变　D. 略增大

3. 负反馈所能抑制的干扰和噪声是（　）。

A. 输入信号所包含的干扰和噪声　B. 反馈环外的干扰和噪声

C. 反馈环内的干扰和噪声　D. 输出信号中的干扰和噪声

4. 二级共射放大电路的输出端接一电阻到输入端，则电路的反馈极性为（　）。

A. 正反馈　B. 负反馈　C. 无反馈　D. 无法判断

5. 在放大器中，凡是电压反馈，其反馈量（　）。

A. 一定是电压　B. 一定是电流

C. 电压、电流都有可能　D. 为0

6. 为了增大输出电阻，应在放大电路中引入（　）。

A. 电流负反馈　B. 电压负反馈　C. 直流负反馈　D. 交流负反馈

7. 电流负反馈稳定的是（　）。

A. 输出电压　B. 输出电流　C. 输入电压　D. 输入电流

8. 在放大电路中通常采用负反馈，其目的是（　）。

A. 改善放大电路的静态性能　B. 改善放大电路的动态性能

C. 改善放大电路的静态工作点　D. 改善放大电路的 U_{ce}

9. 若反馈信号只与输出回路的（　）有关，则称为直流反馈，其作用是稳定放大电路的直流工作状态。

A. 交流电流量　B. 直流电压量

C. 交流电压量　D. 功率

10. 直流负反馈是指（　）。

A. 存在于 RC 耦合电路中的负反馈　B. 直流通路中的负反馈

C. 放大直流信号时才有的负反馈　D. 只存在于直接耦合电路中的负反馈

11. 带有负反馈的差动放大电路，如果信号从一个管子的基极输入、反馈信号回到另一个管子的基极，则反馈组态为（　）。

A. 串联负反馈　B. 并联负反馈　C. 电压负反馈　D. 电流负反馈

12. 线性应用的运放电路，如果信号是从反相端输入的，则反馈组态为（　）。

A. 串联负反馈　B. 并联负反馈　C. 电压负反馈　D. 电流负反馈

13. 采用负反馈既可提高放大倍数的稳定性，又可（　）。

A. 增大放大倍数　B. 减小放大倍数

C. 增大输入电阻　D. 减小输出电阻

14. 以下关于负反馈对放大倍数的影响的说法中，（　　）是正确的。

A. 增大放大倍数　　B. 提高放大倍数稳定性

C. 放大倍数不变　　D. 放大倍数稳定性变弱

15. 以下关于直流负反馈的说法中，（　　）是正确的。

A. 能改善失真　　B. 能改变输入输出电阻

C. 能稳定放大倍数　　D. 能抑制零漂

16. 以下关于交流负反馈的说法中，（　　）是正确的。

A. 能稳定取样对象　　B. 能提高输入电阻

C. 能减小功耗　　D. 能稳定并提高放大倍数

17. 在放大电路中，加了（　　），扩展了通频带。

A. 电压反馈　　B. 直流负反馈　　C. 交流负反馈　　D. 电流反馈

18. 为了提高放大器的输入电阻、减小输出电阻，应该采用（　　）。

A. 电流串联负反馈　　B. 电流并联负反馈

C. 电压串联负反馈　　D. 电压并联负反馈

19. 负反馈放大电路的闭环放大倍数为（　　）。

A. $\dot{A}_f = \dot{A} / (1 + \dot{A}\dot{F})$　　B. $\dot{A}_f = \dot{A}(1 + \dot{A}\dot{F})$

C. $\dot{A}_f = 1/\dot{F}$　　D. $\dot{A}_f = \dot{F}$

20. 负反馈对放大电路性能的改善与反馈深度（　　）。

A. 有关　　B. 无关

C. 由串并联形式决定　　D. 由电压、电流形式决定

21. 在深度负反馈条件下，并联负反馈放大电路的（　　）。

A. 输入电压与反馈电压近似相等　　B. 输入电流与反馈电流近似相等

C. 反馈电压等于输出电压　　D. 反馈电流等于输出电流

22. 负反馈放大电路产生高频自激振荡的原因是（　　）。

A. 多级放大器的附加相移大　　B. 电源存在内阻

C. 信号源存在内阻　　D. 负载太重

23. 负反馈放大电路产生自激振荡的原因是（　　）。

A. 负反馈过深　　B. 电源存在内阻

C. 信号源存在内阻　　D. 负载太重

24. 消除因电源内阻引起的低频自激振荡的方法是（　　）。

A. 减小发射极旁路电容　　B. 电源采用去耦电路

C. 增加级间耦合电容　　D. 采用高频管

三、多项选择题

1. 以下关于电压负反馈的说法中，正确的是（　　）。

A. 电压负反馈稳定的是输出电压

B. 把输出电压短路后，如果反馈不存在了，则此反馈是电压反馈

C. 电压负反馈稳定的是输入电压

D. 把输出电压短路后，如果反馈仍存在，则此反馈是电压反馈

E. 电压负反馈稳定的是输出电流

2. 以下关于电流负反馈的说法中，正确的是（　　）。

A. 把输出电压短路后，如果反馈不存在了，则此反馈是电流反馈

B. 电流负反馈稳定的是输出电流

C. 把输出电压短路后，如果反馈仍存在，则此反馈是电流反馈

D. 电流负反馈稳定的是输入电流

E. 电流负反馈稳定的是输出电压

3. 若反馈信号只与输出回路的（　　）有关，则称为交流反馈，其作用是改善放大电路的交流性能。

A. 交流电流量　　B. 直流电压量

C. 直流电流量　　D. 交流电压量

E. 电阻量

4. 若反馈信号只与输出回路的（　　）有关，则称为直流反馈，其作用是稳定放大电路的直流工作状态。

A. 交流电流量　　B. 直流电压量

C. 直流电流量　　D. 交流电压量

E. 电阻量

5. 以下关于串联负反馈的说法中，（　　）是正确的。

A. 串联负反馈能提高放大器的输入电阻

B. 串联负反馈能减小放大器的输入电阻

C. 串联负反馈能提高放大器的输出电阻

D. 串联负反馈能减小放大器的输出电阻

E. 串联负反馈能稳定放大倍数

6. 以下关于并联负反馈的说法中，（　　）是正确的。

A. 并联负反馈能提高放大器的输入电阻

B. 并联负反馈能减小放大器的输入电阻

C. 并联负反馈能减小放大器的输出电阻

D. 并联负反馈能增大放大器的输出电阻

E. 并联负反馈能稳定放大倍数

7. 以下关于负反馈对放大倍数影响的说法中，（　　）是正确的。

A. 能稳定放大倍数　　B. 能减小放大倍数

C. 能增大放大倍数　　D. 对放大倍数无影响

E. 使放大倍数的稳定性变弱

8. 以下关于直流负反馈的说法中，（　　）是正确的。

A. 能扩展通频带　　B. 能抑制零漂

C. 能减小放大倍数　　D. 能稳定静态工作点

E. 能抑制噪声

9. 交流负反馈对放大电路的影响有（　　）。

A. 稳定放大倍数　　B. 增大输入电阻

C. 改善失真　　D. 稳定静态工作点

E. 扩展通频带

10. 下列说法正确的是（　　）。

A. 带有负反馈放大电路的频带宽度 $BW_f = |1 + \dot{A}\dot{F}|BW$

B. $BW = (f_H - f_L)$

C. $BW = (f_H + f_L)$

D. $|1 + \dot{A}\dot{F}|$ 称为反馈深度

E. 在放大电路中加了直流负反馈扩展了通频带

11. 为了提高放大器的输入电阻和输出电阻，应该采用（　　）。

A. 电流负反馈　　B. 电压负反馈

C. 串联负反馈　　D. 并联负反馈

E. 直流负反馈

12. 以下关于反馈深度对放大电路的影响的说法中，（　　）是正确的。

A. 负反馈对放大电路性能的改善与反馈深度有关

B. 负反馈对放大电路性能的改善与反馈深度无关

C. 反馈深度将影响静态工作点的稳定

D. 在运算放大器电路中，引入深度负反馈的目的之一是使运放工作在线性区，提高稳定性

E. 在运算放大器电路中，引入深度负反馈的目的之一是使运放工作在非线性区，提

高稳定性

13. 以下关于深度负反馈放大电路的说法中，(　　) 是正确的。

A. 串联负反馈放大电路的输入电压与反馈电压近似相等

B. 串联负反馈放大电路的输入电流与反馈电流近似相等

C. 并联负反馈电路的输入电压与反馈电压近似相等

D. 并联负反馈电路的输入电流与反馈电流近似相等

E. 负载变动时输出量基本保持不变

14. 以下情况中，(　　) 有可能使得多级负反馈放大器产生高频自激。

A. 二级放大器　　B. 附加相移在 180°以上

C. 负反馈过深　　D. 直接耦合

E. 附加相移小于 90°

15. 消除放大器自激振荡可以采用 (　　)。

A. 变压器耦合　　B. 阻容耦合

C. 直接耦合　　D. 校正电路

E. 去耦电路

测试题答案

一、判断题

1. √　2. √　3. √　4. √　5. √　6. ×　7. ×　8. ×　9. √

10. ×　11. √　12. ×　13. ×　14. ×　15. √　16. ×

二、单项选择题

1. B　2. B　3. C　4. A　5. C　6. A　7. B　8. B　9. B

10. B　11. A　12. B　13. B　14. B　15. D　16. A　17. C　18. C

19. A　20. A　21. B　22. A　23. A　24. B

三、多项选择题

1. AB　2. BC　3. AD　4. BC　5. AE　6. BE　7. AB　8. BD

9. ACE　10. ABD　11. AC　12. AD　13. ADE　14. BC　15. DE

第3章

运算放大器及其应用

第1节　运算放大器的结构及其主要技术指标

集成电路是20世纪60年代发展起来的一种新型的电子器件，它是把三极管、电阻、电容等许多元件集成在一块半导体硅片上制作出来的。用集成电路来代替分立元件电路不仅使得电路的尺寸大大缩小了，使电子设备做到微型化，而且极大地提高了电子设备的各项技术经济指标及可靠性，因此在计算机技术、自动控制、无线电技术及信息技术等各个领域中得到了广泛的应用。集成电路种类繁多，在模拟电子技术中用得最多的集成电路是集成运算放大器。

集成运算放大器实际上是一种直接耦合的多级放大器，具有极高的电压放大倍数，其输入级都是用差动放大器组成的，中间级电路一般具有很大的放大倍数，输出级一般使用射极跟随器。为了改善电路的性能，目前的集成运算放大器内部电路已做得越来越复杂，对于高级电工来说花大量的时间把它彻底搞清楚是不必要的，作为集成运放的使用者，对集成运放的内部结构及技术指标有了一个大致的了解之后，重点应该是掌握它的使用方法。

一、运算放大器的基本结构

为了便于了解运算放大器的内部结构，现以较为简单的早期产品F004为例做一简单的介绍，F004的内部电路如图3—1所示。

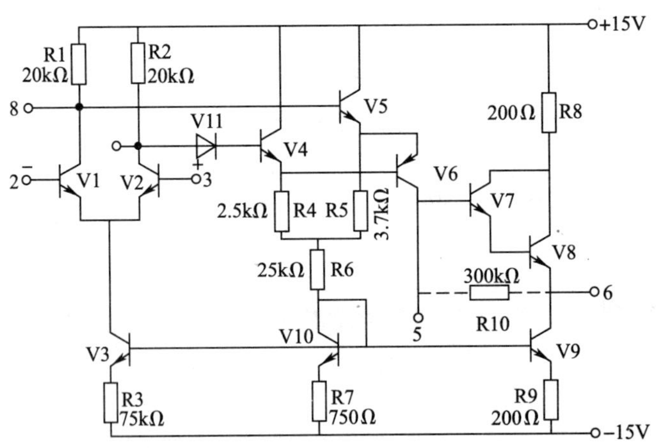

图3—1　F004集成运算放大器电路图

由图可见，电路基本上由输入级、中间级及输出级三部分组成。输入级是一个由三极管 V1、V2、V3 组成的恒流源差动放大器，用来产生较大的共模抑制比，双端输出到中间级。中间级的主要作用是产生较大的电压放大倍数，它由 V4、V5 组成的差动放大器（射极输出）及放大管 V6 两部分组成。二极管 V10（用三极管代替）与电阻 R7 对恒流管 V3 提供偏置并产生直流反馈以稳定静态工作点。V4、V5 组成的差动放大器隔离了中间级与输入级，减轻了输入级的负载。三极管 V6 的工作状态较为特殊，它的发射极与基极分别接到差动放大器 V4、V5 输出的一对差模信号上，使放大倍数成倍提高，V6 管的 0.7 V 静态偏置电压是由二极管 V11 产生的，V6 管的负载是输出级的基极，输入级与中间级总的电压放大倍数约为 5×10^4。输出级是一个由 V7、V8 组成的射极跟随器，三极管 V9 是输出级的恒流源负载，对输出级起到产生直流偏置的作用，V7、V8 组成复合管形式，使这一级总的 β 为两个三极管 β 的乘积，加上 V9 的恒流作用使得电路极大地减小了输出电阻，提高了集成运放带负载的能力。

运算放大器尽管型号繁多，但其基本原理是相似的，由于它的放大倍数很大，因此只要输入端有极其微小的零漂（这是无法避免的），输出级就会工作在饱和区或截止区，使电路无法正常工作。若要使运算放大器工作在放大状态，使用时必须加上负反馈，因此今后着重要注意的是运算放大器与外部的反馈电阻等元件是如何连接的，对运算放大器内部的电路是根本不需要把它画出来的，一个运算放大器的电路符号通常也只需要表示出它的两个输入端及一个输出端是怎样与外部电路连接的就可以了，运放的正负电源等接线端一般也不必画出来。图 3—2 所示是运算放大器的电路符号，两个输入端上分别标有“+”“-”号，“+”表示同相输入端，意思是这一输入端的信号极性与输出端的极性是相同的；“-”表示反相输入端，意思是这一输入端的信号极性与输出端的极性是相反的。学员可以用瞬时极性法分析 F004 的两个输入端哪一个是同相输入端，哪一个是反相输入端。

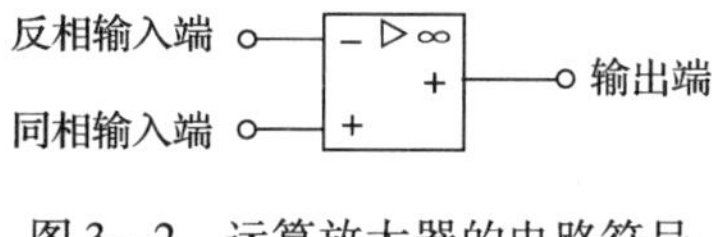

图 3—2　运算放大器的电路符号

二、运算放大器的主要技术指标

运算放大器的主要技术指标有以下几项。

1. 开环差模放大倍数 A_{od}

开环差模放大倍数是指运放在没有反馈时的差模电压放大倍数，习惯上运放的 A_{od} 值是用分贝数（dB）来表示的，换算公式如下，表3—1为分贝数与倍数的对照表。

$$分贝数（dB）=20\lg 倍数$$

表3—1　　分贝数与倍数的对照

倍数	0.1	1	10	100	1 000	10 000
分贝数（dB）	-20	0	20	40	60	80

运放的开环差模放大倍数都很高，典型的运放F007开环差模放大倍数在100 dB以上，好的运放A_{od}可达140 dB。

2. 共模抑制比*CMRR*

共模抑制比是指运放的差模放大倍数与共模放大倍数之比，习惯上也用分贝数表示，F007的*CMRR*一般在80 dB以上。

3. 输入失调电压U_{IO}

由于运放的放大倍数A_{od}极大，开环工作时即使输入为0，输出端的零漂还是十分严重的，输出级通常就工作在饱和区或截止区，输出电压接近为电源电压。此时为了使输出电压为0，需要在输入端加入一个微小的电压，调整这一电压的大小可以使输出电压为0，这一电压就称为“输入失调电压”，以符号U_{IO}表示，显然U_{IO}越小就说明运放的零漂越小，F007的U_{IO}为2～10 mV，低零漂的运放U_{IO}在1 mV以下。

4. 输入偏置电流I_B与输入失调电流I_{IO}

运放的输入端是差动放大器的基极，静态时两个输入端有一定的偏置电流，这两个偏置电流的平均值就是运放的输入偏置电流I_B，两个偏置电流之差就是运放的输入失调电流I_{IO}。输入失调电流太大会增大运放的零漂，F007的输入偏置电流I_B约为0.2 μA，输入失调电流I_{IO}为0.05～0.1 μA。

5. 输入失调电压的温度漂移$\Delta U_{IO}/\Delta T$与输入失调电流的温度漂移$\Delta I_{IO}/\Delta T$

失调电压U_{IO}与输入失调电流I_{IO}是随着温度T的升高而增大的，温度每升高1℃，输入失调电压或输入失调电流的增大值就是输入失调电压或输入失调电流的温漂，F007的输入失调电压温漂$\Delta U_{IO}/\Delta T$为20～30 μV/℃，温漂值当然是越小越好。

6. 输入电阻R_i

由于运放输入信号极其微小，所以输入级一般都可用微电流源作为偏置以提高输入电阻，输入电阻一般都很大，F007的输入电阻约为2 MΩ。

7. 最大差模输入电压U_{idmax}

最大差模输入电压是指两个输入端之间所能承受的最大电压，超过这一电压将可能使运放的输入端击穿，F007 的 U_{idmax} 约为 30 V。

8. 最大共模输入电压 U_{icmax}

最大共模输入电压是指运放所能承受的最大共模电压，超过这一电压将使运放的共模抑制比显著下降，F007 的 U_{icmax} 约为 ±13 V。

三、运算放大器的两种应用方式

运算放大器的应用方式有线性应用与非线性应用两种。线性应用是指运算放大器工作在其特性的线性区，运放内部的三极管都工作在放大区，这种应用方式的基本电路有反相比例、同相比例、加法、差动、积分、微分等各种运算电路；运放的非线性应用是指运算放大器工作在其特性的非线性区，运放内部的三极管都工作在饱和区或截止区，运放的输入输出为非线性关系，这种应用方式的基本电路是比较器，用比较器可以组成电平比较、波形变换以及波形产生等各种应用电路。

由于运放具有极大的放大倍数，为了使它能工作在线性区，电路必须具有很深的负反馈才能正常工作，因此电路是否具有负反馈可以作为判别运放是线性应用还是非线性应用的依据。

第 2 节　运算放大器的线性应用

在分析线性应用的运放电路时，按照深度负反馈电路的分析方法，可以遵循两个原则。

一是运放的两个输入端的电位相等。这是因为运放本身的放大倍数极大，有限的输出量除以放大倍数得到的净输入量是极其微小的，因此可以认为运放两个输入端之间的净输入电压为 0，或者说可以认为运放的两个输入端的电位是相等的，以图 3—3 所示的反相比例放大电路为例，如果以 U_- 表示反相端的电位、以 U_+ 表示同相端的电位，可以得出：

$$U_- = U_+$$

这种情况称为“虚短”，意思是两个输入端犹如短路一样，其电位是相等的，当然，这不是真正的短路，所以称为“虚短”。

二是运放两个输入端的输入电流为 0。这是因为运放的输入电阻很大，在极小的净输入电压作用下，可以认为运放两个输入端的输入电流为 0，以图 3—3 所示的反相比例放大电路为例，可以认为：

$$I_i = 0$$

按照这两个原则去分析以下所有的运放线性应用电路，就很容易得出其输入输出的运算关系了。

一、反向比例放大电路

图3—3所示是反相比例放大电路，输入信号U_i经过电阻R1输入到运放的反相输入端，输出信号通过反馈电阻R_f反馈到反相输入端，运放的同相端通过电阻R2接地。这一电路的反馈组态按第二章的方法判别可以确定是电压并联负反馈。按照运算放大器工作在线性区时的两个特点，运放的同相输入端接地，电阻R2上又没有电流，因此同相输入端的电位U_+为0，按照“虚短”的原则，反相输入端的电位U_-也应为0，由于0电位就是地电位，因此对于这一特殊情况，可以把反相输入端的电位称为“虚地”。同时，由于输入端的电流为0，可以得出以下结论。

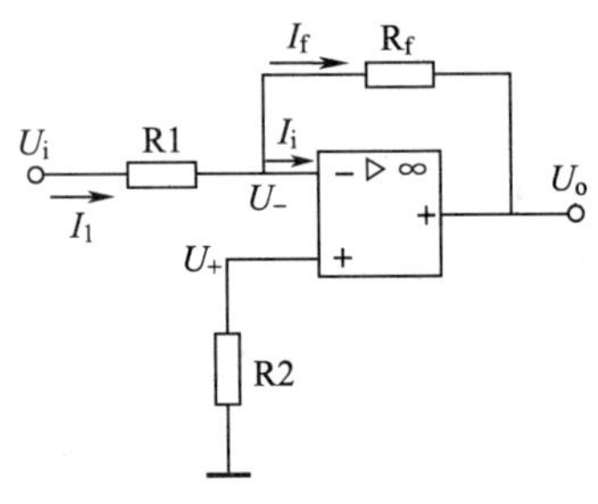

图3—3　反相比例放大电路

$$I_1 = I_f$$

由此可得电路的闭环电压放大倍数为：

$$A_{uf} = \frac{U_o}{U_i} = \frac{-I_f R_f}{I_1 R_1} = \frac{-R_f}{R_1}$$

由上式可见电路的放大倍数与运放本身的参数无关，仅仅取决于外接的反馈电路的元件参数，这一点与上一章分析深度负反馈电路的放大倍数时，闭环放大倍数与放大电路本身的开环放大倍数无关，而是取决于反馈网络参数的情况，是完全一致的。由于反馈组态相同，因此上式的结论与上一章电压并联负反馈计算闭环电压放大倍数的公式也是完全一致的。如果说这两个电路存在一些区别的话，则是图2—7b所示的二级放大电路的放大倍数还不够大，电路还不能完全满足深度负反馈的条件，因此用公式来计算电路的闭环放大倍数会有较大的误差；而用运放组成的反相比例放大电路，用上述公式来计算电路的闭环放大倍数，其误差是可以忽略不计的。

由于电路是深度电压负反馈，其输出电阻近似为零，从公式中也可以看出，无论电路是否带上负载，其电压放大倍数不变。

图3—3中电阻R2的大小并不影响放大倍数，其作用是用来平衡运放输入端的静态电流在电阻R1、R_f上的压降的。当输入电压为零时，运放的两个输入端都有静态电流I_B流入，尽管这一电流很小，但是在电阻R1、R_f上还是会产生压降，这一电压加到输入端，

就会使输出电压产生偏差。为了平衡这一电压，就需要在同相输入端接上电阻 R2，其阻值应与电阻 R1 、R_f的并联阻值相等，这样就可以使得两个输入端的静态电位相等，达到静态平衡的目的。

电路的放大倍数取决于电阻 R_f、R1 阻值之比，因此两个电阻如果同时增大或减小若干倍是不影响放大倍数的，但是如果阻值取得过小，因为电路的输入电阻就是 R1，输入电阻过小会使得信号源的负载过重；如果阻值取得过大，则会加大输入失调电流 I_{I0}引起的零漂，一般可以取 10 ~ 100 kΩ。

二、同相比例放大电路

把图 3—3 所示电路的输入端与接地端交换位置就可以得到图 3—4 所示的同相比例放大电路，即输入信号 U_i经过电阻 R2 输入到运放的同相输入端，输出信号通过反馈电阻 R_f反馈到反相输入端，运放的反相端通过电阻 R1 接地。这一电路的反馈组态从输出端来看是电压反馈，从输入端来看，因为两个输入端之间的净输入电压是输入电压 U_i减去电阻 R1 上的反馈电压 U_f，所以可以确定是串联反馈，因此反馈组态是电压串联负反馈。按照上面的两个分析原则，运放的同相输入端接输入信号 U_i，电阻 R2 上又没有电流，因此同相输入端的电位 U_+为 U_i，按照“虚短”的原则，反相输入端的电位 U_f也应等于 U_i，同时，由于输入端的净输入电流为 0，电阻 R_f与 R1 通过的是同一个电流，可以用串联电路的分析方法，按照分压公式得出：

$$U_i = U_f = U_o \frac{R_1}{R_1 + R_f}$$

由此可得电路的闭环电压放大倍数为：

$$A_{uf} = \frac{U_o}{U_i} = \frac{R_1 + R_f}{R_1} = 1 + \frac{R_f}{R_1}$$

由于负反馈的组态相同，这一结论与第二章中的电压串联负反馈电路计算闭环电压放大倍数的公式是完全一致的。

与反相比例放大电路相比较，同相比例放大电路作为深度电压串联负反馈电路，具有输入电阻接近无穷大的特点，但是同相比例放大电路的输入端上有较大的共模信号，运算误差较反相比例电路大一些。

如果把电阻 R1 断开，并把电阻 R_f与 R2 短接，电路就成为如图 3—5 所示的电路，称为“电压跟随器”，它是同相比例放大电路的一个特例，其电压放大倍数为 1，即输出电压等于输入电压。电路起到了隔离信号源与负载的作用，即负载上的电压、电流是由运放提供的，信号源不输出电流。

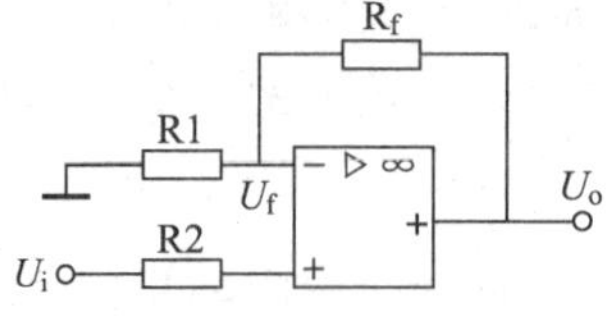

图3—4　同相比例放大电路

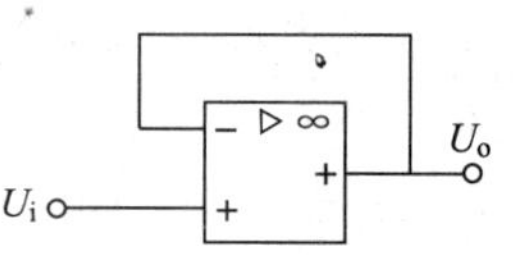

图3—5　电压跟随器

三、加法运算电路

图3—6所示是加法运算电路，其输入可以有几个端子，输出电压 U_o 与输入端上的每一个输入电压都呈线性关系，因此称为“加法运算电路”或“加法器”。

电路的反相输入端为“虚地”，电路的输入电流分别为：

$$I_1 = \frac{U_1}{R_1}$$

$$I_2 = \frac{U_2}{R_2}$$

因为运放的反相输入端净输入电流为零，故：

$$I_f = I_1 + I_2 = \frac{U_1}{R_1} + \frac{U_2}{R_2}$$

由此可得输出电压为：

$$U_o = -I_f R_f = -(I_1 + I_2)R_f = -\left(\frac{R_f}{R_1}U_1 + \frac{R_f}{R_2}U_2\right)$$

由此可见，电路的输出是与两个输入信号都呈线性关系的，只是由于信号是从反相输入端输入的，因此输出与输入是反相的，如果要使输出与输入同相，可以在加法器的后面再加上一级反相比例放大电路。或者把输入信号全都从同相端输入叠加，组成同相输入的加法电路，但是这种电路对每个输入信号的放大倍数不能单独调节，使用不太方便。

【例3—1】 试设计一个电路实现下式所示的运算要求。

$$U_o = 2U_1 + 0.1U_2 - 10U_3 - 5U_4$$

解：电路应该分成两级，第一级实现前两项运算，第二级把第一级的输出反相并加上后两项，如图3—7所示。

对第一级加法电路，可取电阻 $R_1 = 10\ \text{k}\Omega$，因为对 U_1 放大2倍，因此取电阻 $R_{f1} = 2R_1 = 20\ \text{k}\Omega$；对 U_2 放大0.1倍，因此取 $R_2 = R_{f1}/0.1 = 200\ \text{k}\Omega$；如此可得：

$$U_{o1} = -(2U_1 + 0.1U_2)$$

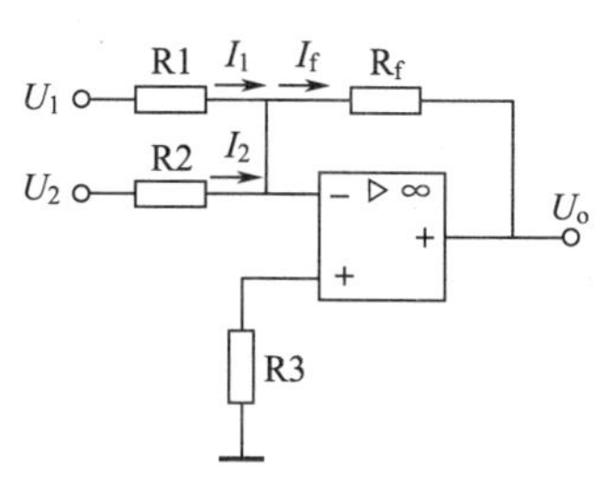

图 3—6　加法运算电路

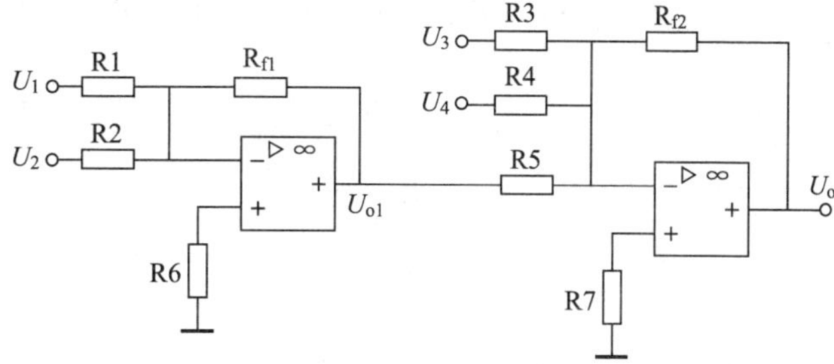

图 3—7　例 3—1 的电路

对第二级加法电路，可取 $R_3=10\ \text{k}\Omega$，因为对 U_3放大 10 倍，因此取电阻 $R_{f2}=10R_3=100\ \text{k}\Omega$；对 U_4放大 5 倍，因此取电阻 $R_4=R_{f2}/5=20\ \text{k}\Omega$；对 U_{o1}只要起到倒相作用就可以了，所以取 $R_5=R_{f2}=100\ \text{k}\Omega$，如此可得：

$$
\begin{aligned}
U_o &= -U_{o1}-10U_3-5U_4\\
&= 2U_1+0.1U_2-10U_3-5U_4
\end{aligned}
$$

电阻 R6 的阻值应取电阻 R1、R2 与 R_{f1}的并联阻值，为 6.45 kΩ；电阻 R7 的阻值应取电阻 R3、R4、R5 与 R_{f2}的并联阻值，为 5.9 kΩ。

四、差动放大电路

图 3—8 所示为差动放大电路，为了对两个输入信号都有相同的放大倍数（但是输出的符号相反），通常电路都采用对称的结构，即取电阻 $R_1=R_2$、$R_3=R_4$，在此条件下，电路的运算关系为：

$$U_o=\frac{R_3}{R_1}(U_2-U_1)$$

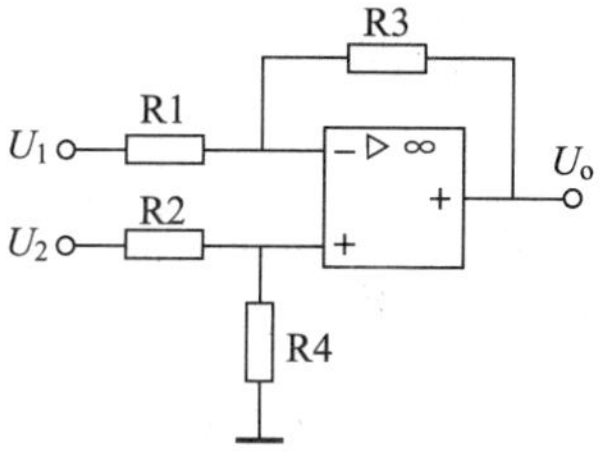

图 3—8　差动放大电路

即输出电压与两个输入电压之差成正比，故称为“差动放大电路”。电路的运算关系可以用叠加原理得出，即可以分别计算 U_1或 U_2单独作用（假定另一个信号电压为 0 V，即把另一输入端接地）时的输出电压，然后叠加起来就可以了。

当 U_1单独作用、U_2输入端接地时，电路就是一个反相比例放大电路，输出电压 U_o'为：

$$U_o'=\frac{R_3}{R_1}U_1$$

当 U_2单独作用时、U_1输入端接地时，电路是一个同相比例放大电路，U_2先由电阻

R2、R4 分压送到同相输入端，然后再放大，输出电压 U''_o为：

$$U''_o = \left(\frac{R_4}{R_2 + R_4}\right)\left(1 + \frac{R_3}{R_1}\right)U_2 = \left(\frac{R_4}{R_2 + R_4}\right)\left(\frac{R_1 + R_3}{R_1}\right)U_2$$

考虑到电阻 $R_1 = R_2$、$R_3 = R_4$，则有：

$$U''_o = \frac{R_3}{R_1}U_2$$

叠加可得输出电压 U_o：

$$U_o = U'_o + U''_o = \frac{R_3}{R_1}(U_2 - U_1)$$

五、积分器

1. 积分器的工作原理

图 3—9 所示为积分电路，也称为“积分器”，电路的输出电压与输入电压对时间的积分成正比，因此称为积分器。其运算关系可以用下式表示。

$$u_o = -\frac{1}{RC}\int u_i \mathrm{d}t$$

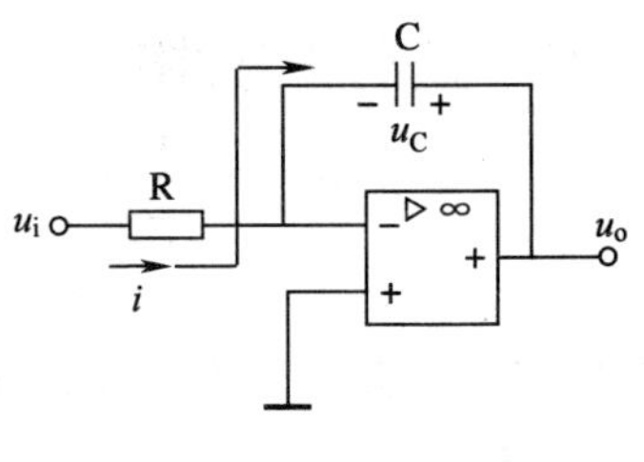

图 3—9　积分器

积分是高等数学中的一种运算方式，由于电工教学大纲中没有列入高等数学的内容，在此也无法推导有关的公式。上式的物理意义为：计算随着时间的增长，电流在电容上积累的电荷量的大小，从而反映出电容电压的变化规律。在电气自动控制系统的实际电路中，积分器通常输入的信号是一个直流电压，当输入电压为直流电压 U_i时，积分运算成为乘法运算，积分器的输出将是一个随着时间线性变化的斜坡函数。

由于反相输入端为虚地，因此电阻 R 上的电压就是输入电压 u_i，电容 C 上的电压 u_c 就是输出电压 u_o。

当输入为恒定的直流电压 U_i时，输入电流也是一个恒定的直流电流，其大小为：

$$i = \frac{U_i}{R}$$

由于运放的净输入电流为 0，这一电流将全部通过电容 C 对电容进行充电（或放电）。用恒定电流对电容充放电时，由于电流值是一个常数，说明单位时间内充电（或放电）到电容上的电荷量 Q 也是一个常数，所以说电容上的电荷量是随着时间线性变化的，又因为电容上的电压是与电荷量成正比的（$U = Q/C$），所以电容上的电压（即输出电压）也是随时间线性变化的，下面推导此时输出电压的变化公式。

电容上的电压变化时，电容就有充放电电流流过，电流大小与电容 C 及电压变化率 $\Delta u/\Delta t$ 成正比，注意到图 3—9 中电容上的电压与电流的正方向是相反的，故电容上的电流与电压关系式应为：

$$i = -C\frac{\Delta u_o}{\Delta t}$$

设 $t=0$ 时电容电压（输出电压）为 $u_o(0)$，线性变化的电压变化率可以表示为：

$$\frac{\Delta u_o}{\Delta t} = \frac{u_o - u_o(0)}{t-0}$$

由此可得：

$$i = \frac{U_i}{R} = -C\frac{u_o - u_o(0)}{t}$$

经整理后可得：

$$u_o = -\frac{U_i}{RC}t + u_o(0)$$

上式的物理意义为：当输入电压为恒定的直流时，输出电压将是一个在 u_o（0）的基础上随时间线性增大（或减小）的变动电压，电压的变化速率与时间常数 RC 有关，时间常数 RC 大则变化慢，反之则变化快。式中的负号是由于输入电压是从反相输入端输入的缘故，当输入电压为正值时，输入电流从图上看方向是从左向右的，在电容器左端的电位为 0 V（虚地）时，电容器右端的电位就会变得越来越负，其波形如图 3—10 所示。

【例 3—2】 设如图 3—9 所示的积分器中电阻 $R=100\ \text{k}\Omega$，电容 $C=10\ \mu\text{F}$，电容上的初始电压为 0，在 $t=0$ 时接通输入电压，波形如图 3—11 所示，运放的电源电压为 ±15 V,求输出电压的波形。

解：电路的时间常数为：

$$RC = 100\times10^3\times10\times10^{-6} = 1\ (\text{s})$$

在 $t=0\sim2$ s 的第一阶段，输入电压为 −5 V，输出电压的变化规律为：

$$u_o = -\frac{U_i}{RC}t + u_o(0) = -\frac{-5}{1}t + 0 = 5t$$

就是说输出电压是按 5 V/s 的速度上升的，到 2 s 末输出电压为 5×2 =10（V）。

在 $t=2\sim4$ s 的第二阶段，输入电压为零，此时电容上没有电流，不充电也不放电，电容上的电压维持 10 V 不变。

在 $t=4$ s 以后的第三阶段，输入电压为 +10 V，电容上的初始电压就是第二阶段结束时的电压 10 V，此时输出电压的变化规律为：

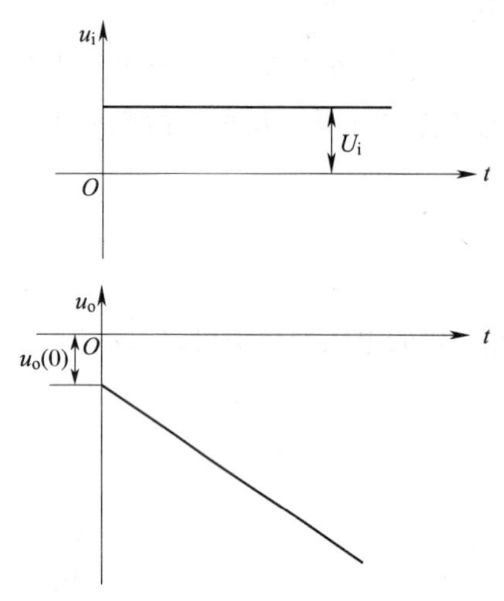

图3—10　输入为恒定电压时积分器的输出波形

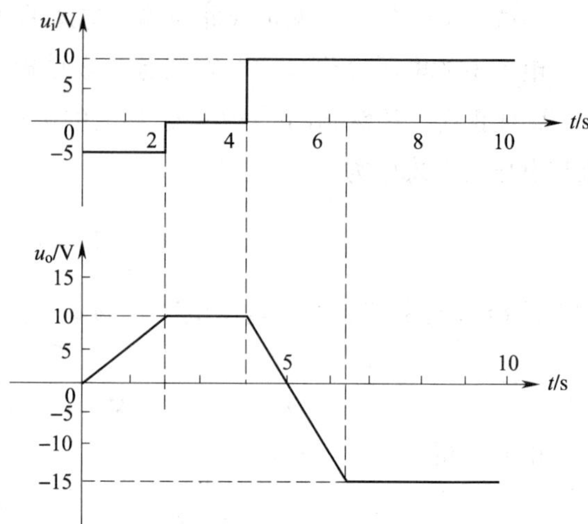

图3—11　例3—2中电路的波形

$$u_o = -\frac{10}{1}(t-4)+10 = -10(t-4)+10$$

就是说输出电压是在10 V电压的基础上，按－10 V/s的速度下降，再经过1 s的时间后（t=5 s）电容放电完毕，输出电压降为0 V，然后电容反向充电，输出电压变为负值并继续下降，但是这一电压不可能随着时间的增大无限制地下降，再经过1.5 s的时间，t=6.5 s时，输出电压下降到接近运放的电源电压－15 V，由于受到电源电压的限制，就不可能再下降了（此时运放已经脱离了放大区，工作在非线性区域，输出当然就不按照公式变化了）。输出电压的波形如图3—11所示。

由此可见，积分器的输入输出关系应该是这样的：输入电压为正时，输出电压下降；输入电压为负时，输出电压上升；输入电压为零时，输出电压维持不变。输出电压的变化速度与输入电压的大小成正比、与积分器的时间常数成反比。

2. 积分器的应用举例

在自动控制系统中，积分器往往有两个输入端，两个输入端的电阻一般是相等的，其中一个接给定电压 u_i，另一个接反馈电压 u_f，如图3—12所示。在负反馈情况下，这两个电压的极性总是相反的，因此电流 I_i与 I_f的实际方向也总是相反的。当系统稳定时，反馈电压 u_f与输入电压 u_i的绝对值相等，两个输入端的电流 I_i与 I_f也相等，积分电容上就没有电流流过，积分器的输出电压就会维持在一个固定的数值上，系统就工作在某一稳定状态下。当系统由于给定电压变动或外界的扰动，打破了这一稳定状态时，由于积分器的自动调节作用，系统会自动恢复到稳定状态。

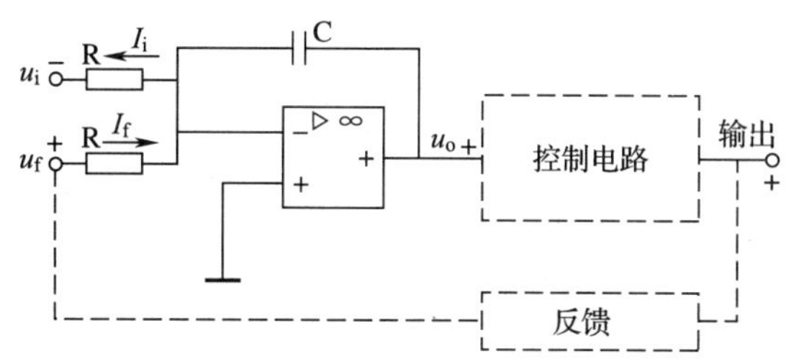

图 3—12 积分器在自控系统中的应用

例如在系统启动时，输入一个负的给定电压，由于输出尚未建立，因此输出为零，反馈电压也为零，积分器输出上升的正电压，使得输出也随之上升，反馈电压也得到一个正的、逐渐上升的电压。直到反馈电压与给定电压大小相同时，积分器输出不再变动，输出也就稳定在一个与给定电压对应的数值上。此时如果输出由于干扰而下降，则反馈电压也随之减小，积分器的两个输入不再平衡，将使 $|u_f| < |u_i|$，积分电容上有电流流过，积分器的输出会上升，使得系统的输出也随之回升，反馈电压 $|u_f|$ 也会相应增大，直至 $|u_f|$ 与 $|u_i|$ 再次达到平衡，电容上没有电流流过，积分器的输出就维持不变，电路就将回到原来的稳定状态。反之，由于干扰使得输出增大时，将使 $|u_f| > |u_i|$，情况正好相反，积分电容上的电流方向变反了，积分器的输出下降，使得系统的输出也随之减小，反馈电压 $|u_f|$ 也会相应减小，直至 $|u_f|$ 与 $|u_i|$ 再次达到平衡、系统稳定为止。自动控制系统的工作原理，将在自动控制系统课程中做详细介绍。

3. 积分器存在的问题

积分器在工作中常会产生积分误差，主要有两种情况。

（1）爬行现象。当积分器的输入电压为 0 时，输出电压也应该是维持一个恒定的值不变，但是实际电路的输出往往会有一些缓慢的增大或减小，这就是输出电压的“爬行现象”。积分器输出的爬行现象是由于运算放大器存在输入失调电流，这一电流流过积分电容使得输出电压产生缓慢的变动。改进方法是采用输入失调电流小（输入电阻高）的运算放大器，例如输入级采用场效应管的运算放大器；也可以采用补偿电路，例如在同相端接入可调平衡电阻。

（2）泄漏现象。当输入电压为恒定的直流时，输出电压本来应该是线性变化的，但是实际上由于电容本身存在漏电，相当于电容上并联了一个绝缘电阻，因此输出电压的增大（减小）速率就比理想情况要慢一些，造成了积分运算的误差，这种现象称为“泄漏现象”。为了减小电容漏电的影响，应该选择泄漏电阻大的电容器，例如钽电容、聚苯乙烯电容等。

六、微分器

交换积分器中的电阻和电容的位置，就可以组成如图3—13所示的微分器，其输入与输出的运算关系为：

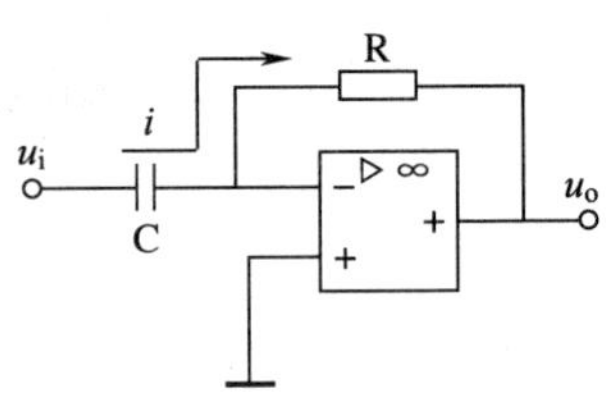

图3—13　微分器

$$u_o = -RC\frac{du_i}{dt}$$

这一关系可以做如下的简要推导。

由于运放的反相输入端为“虚地”，因此电容上的电压就等于输入电压，输入电流为：

$$i = C\frac{\Delta u_i}{\Delta t}$$

输出电压u_o就等于电阻上的电压，注意到电流与输出电压的参考方向是相反的，则有：

$$u_o = -Ri = RC\frac{\Delta u_i}{\Delta t}$$

在高等数学中，把Δt趋向于0时，Δu_i的极限称为微分，Δt趋向于0时，变化率$\frac{\Delta u_i}{\Delta t}$的极限称为电压对时间的导数，用符号$\frac{du_i}{dt}$表示，由此就可以得出上式所示的结论。

上式的物理意义是：微分器输出电压的大小与输入电压的变化率成正比，输入电压变化越快输出电压就越大，输入电压变化越慢则输出电压就越小，输入如无变化就没有输出。而且输出电压的极性与输入电压的变化方向有关，输入电压增大或减小时，输出电压的极性是不同的。因此，微分器在电子技术中主要用来检测某一物理量的变化程度与变化方向。在自动控制系统中，微分器常常用来组成微分负反馈环节，把控制系统输出量的变动速度与极性反馈回输入端，以抑制控制系统输出量的振荡或过快变化，使得系统保持稳定。

第3节　运算放大器的非线性应用

一、电平比较器

运放非线性应用的典型例子——电平比较器，其电路如图3—14a所示，运算放大器是开环使用的，运放的同相输入端接输入信号u_i，反相输入端接参考电平U_R，由于运放有极大的电压放大倍数，因此输入电压 u_i 只要略大于参考电压 U_R，那么输出端似乎就应该得到一个极大的正电压，但是由于受到运放电源电压的限幅，因此输出电压 u_o 就接近于正电源电压 $+U_{CC}$；反之，如果输入电压 u_i 略小于参考电压 U_R，那么输出电压 u_o 就接近于负电源电压 $-U_{CC}$。可以看到，在开环状态下，运放的输出不是正电源电压就是负电源电压，是不可能输出正负电源电压之间的其他电压的，因此从输出端的电压值就可以很容易地判别输入端究竟是 $u_i > U_R$，还是 $u_i < U_R$，这就是电平比较器的工作原理。电平比较器的输入输出关系称为电路的传输特性，如图 3—14b 所示。

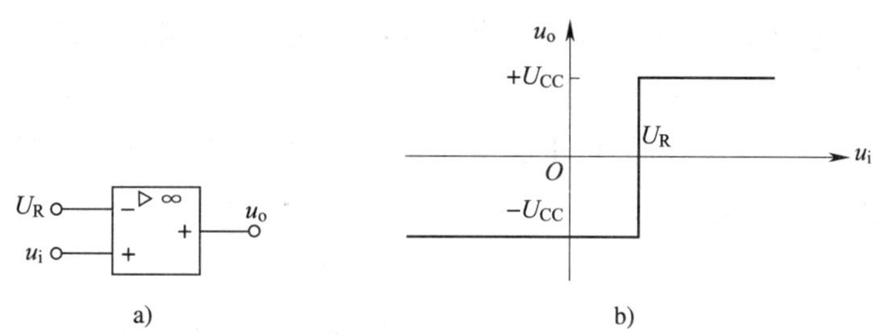

图 3—14　电平比较器及其传输特性

a）电平比较器　b）传输特性

显然，如果把输入信号 u_i 与参考电平 U_R 两者交换一下位置，比较器也是可以工作的，只是它的传输特性颠倒了，在 $u_i > U_R$ 时输出为 $-U_{CC}$，而 $u_i < U_R$ 时输出为 $+U_{CC}$，如图 3—15所示。如果比较器的参考电平为 0，这个比较器又可以称为“过零比较器”，电路就只判别输入信号是大于零还是小于零。

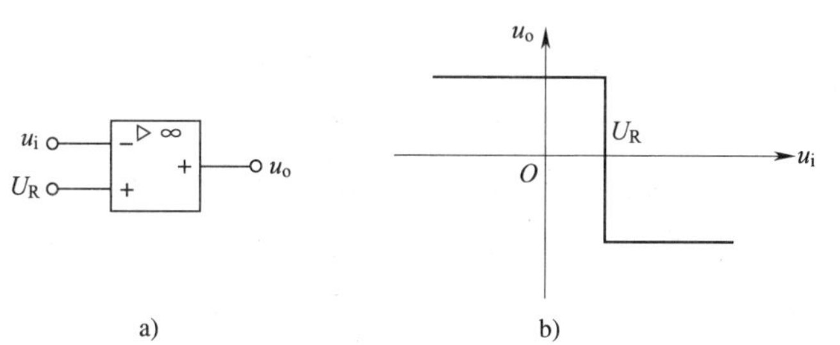

图 3—15　反相端输入时的传输特性

a）电路图　b）传输特性

由于运算放大器作为比较器使用时运放的两个输入端之间存在有较大的电压，为了避免损坏运放，可以在两个输入端之间接上两个反并联的二极管以限制输入电压，输出电压的大小也可以用双向稳压管来达到限幅的目的，图 3—16 所示为带有输入、输出限幅电路的过零比较器。

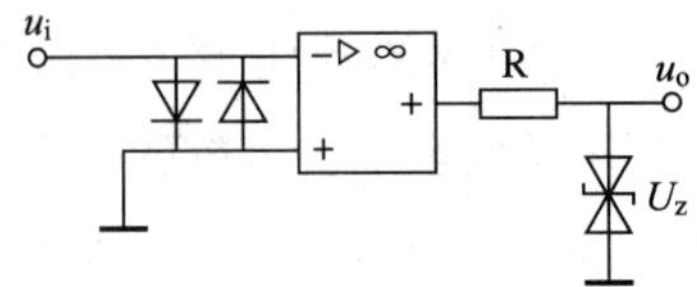

图 3—16　带限幅电路的过零比较器

电平比较器可以用做波形变换，即把输入连续变化的波形变换成矩形波，也可以用来检测某一电压是否超过了规定的数值；与传感器配合则可以用来检测某一物理量（例如温度、压力、位移等）是否超过了整定值。

【例 3—3】 如图 3—17a 所示的电路中如果取参考电压 U_R 为 4 V，输入电压为 10 V 峰值的正弦波，试画出其输出波形。

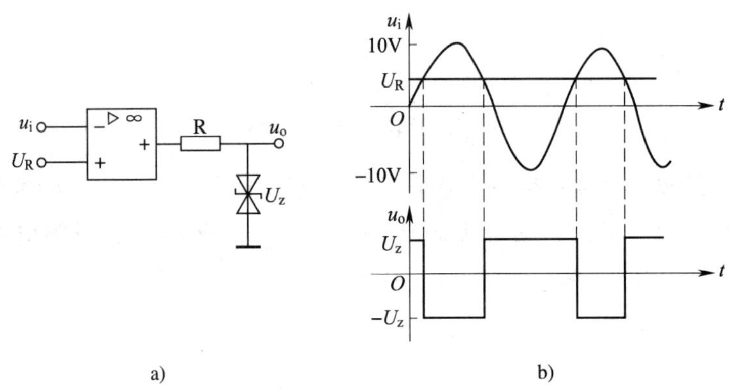

图 3—17　例 3—3 的电路与波形

a）电路图　b）波形图

由于输入电压是从反相输入端输入的，按照电平比较器的特性，在输入电压小于 4 V 时，输出为正电压（电压值约为稳压管的稳定电压）；在输入电压大于 4 V 时，输出电压为负电压，因此对应的输出电压的波形如图 3—17b 所示。

二、滞回特性比较器

从图 3—15 可见，电平比较器的传输特性在输入电压增大与减小时，对应翻转点的输入电压是相同的，都是比较电平 U_R，这样的电路如果用于如例题 3—3 中所示的波形变换电路，会产生这样一个缺点：如果输入电压在参考电平附近有微小的波动（例如干扰引起的波动），则输出电压就会不断翻转，电路的抗干扰性能较差。为了解决这一问题，可以采用滞回特性比较器。

图 3—18a 所示的电路就是滞回特性比较器，它是电平比较器加上正反馈得到的，其传输特性如图 3—18b 所示，可以看到它与电平比较器的传输特性有着明显的区别：当输入电压增大与减小时，翻转点的电平是不一样的。

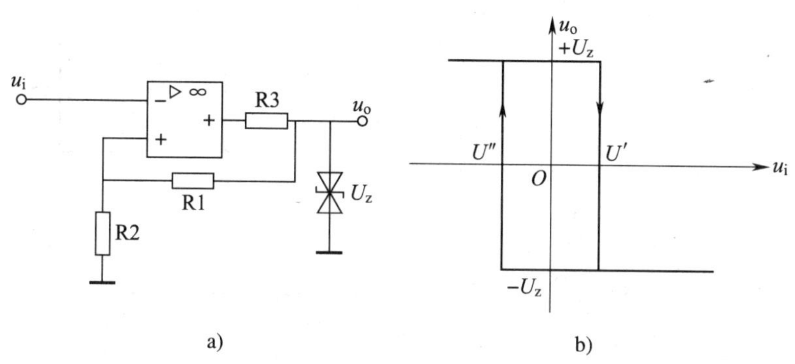

图 3—18　滞回特性比较器

a）电路图　b）传输特性

具体情况分析如下：设双向稳压管的稳定电压为 U_z，当输入电压为绝对值较大的负值时，输出电压应为 $+U_z$，对应此时运放同相端的电压（即翻转电压）应为：

$$U' = U_z \frac{R_2}{R_1 + R_2}$$

当输入电压逐渐增大到略大于 U'时，输出电压翻转为 $-U_z$，由于正反馈的作用，这一翻转的过程是很快的，此时运放同相端的电压也相应改变为负值，即：

$$U'' = -U_z \frac{R_2}{R_1 + R_2}$$

在输出翻转之后，如果输入电压减小到比原来的翻转电压 U'略小一些，由于同相端的翻转电压已经变为负值（U''），因此电路不可能再次翻转。这一情况一直要维持到输入电压减小到比 U''略小一些之后，才会再次翻转，情况就如图 3—18b 的传输特性所示。显然，如果用这样的电路来实现波形的变换，输入电压在大于 U'使得输出翻转之后，即使有些波动，只要电压不小于 U''，电路是不会再次发生翻转的，这就大大地提高了电路的抗干扰能力。

【例 3—4】　滞回特性比较器如图 3—19a 所示，输入电压如图 3—19b 所示，设 $U_z = 6$ V，$R_1 = 10$ kΩ，$R_2 = 5$ kΩ，$U_R = 0$ V，试画出其传输特性及输出波形，如果 $U_R = 12$ V，则传输特性有何变化？

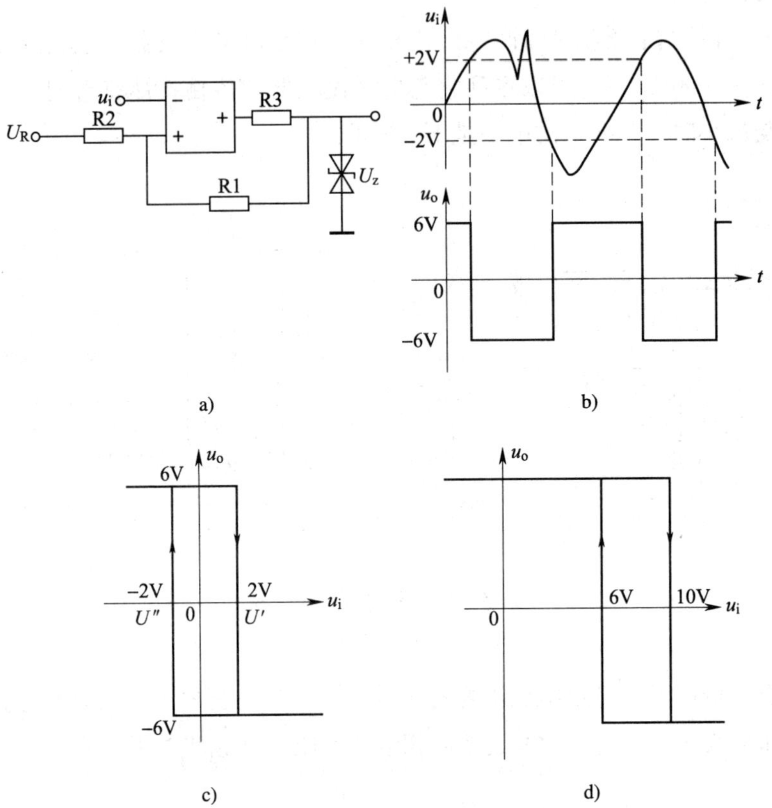

图 3—19　例 3—4 的电路、波形及传输特性

a）电路图　b）波形图　c）$U_R=0$ 时的传输特性　d）$U_R=12$ V 时的传输特性

解：当 $U_R=0$ V 时，就是图 3—18a 的电路，可得：

$$U' = U_z\frac{R_2}{R_1+R_2} = 6\times\frac{5}{10+5} = 2(\text{V})\quad U'' = -2(\text{V})$$

由此可得如图 3—19b 所示的输出波形，及如图 3—19c 所示的传输特性，可见在 2 V 附近的干扰脉冲对输出没有产生影响。

当取 $U_R=12$ V 时，由叠加原理可以求得翻转电压为：

$$U' = U_Z\frac{R_2}{R_1+R_2} + U_R\frac{R_1}{R_1+R_2} = 6\times\frac{5}{10+5} + 12\times\frac{10}{10+5} = 2+8 = 10(\text{V})$$

$$U'' = -6\times\frac{5}{10+5} + 12\times\frac{10}{10+5} = -2+8 = 6(\text{V})$$

由此可得如图 3—19d 所示的传输特性，由以上分析可见，参考电压 U_R 的大小对传输特性起到了平移的作用，U_R 大于零时特性右移，U_R 小于零时特性左移，U_R 对特性的回差

（即翻转点电压 U' 与 U'' 之差）没有影响。

三、非正弦波发生器

1. 矩形波发生器

图 3—20 所示是矩形波发生器的电路图与波形图，由图可见，电路是由滞回特性比较器与 RC 充放电电路组成的，当比较器输出电压为正值时，输出电压 u_o 通过电阻 R 对电容 C 充电，电容电压 u_C 按指数规律上升，待电容电压上升到翻转电压 U' 时，输出翻转为负值，电容放电（放电完毕后随之又反向充电），电容电压按指数规律下降，待电压下降到翻转电压 U'' 时，输出电压又翻转为正值……如此周而复始，反复振荡，电容电压 u_C 与输出电压 u_o 的波形如图 3—20b 所示。由于电路充电与放电的时间常数相同，翻转点的电压 U' 与 U'' 的绝对值也相同，因此充放电的时间是相同的，电路输出的波形是正、负半周对称的矩形波，矩形波的幅度为双向稳压管的稳定电压 $\pm U_z$，电容充放电波形的幅度为比较器的翻转电压 U' 与 U''。

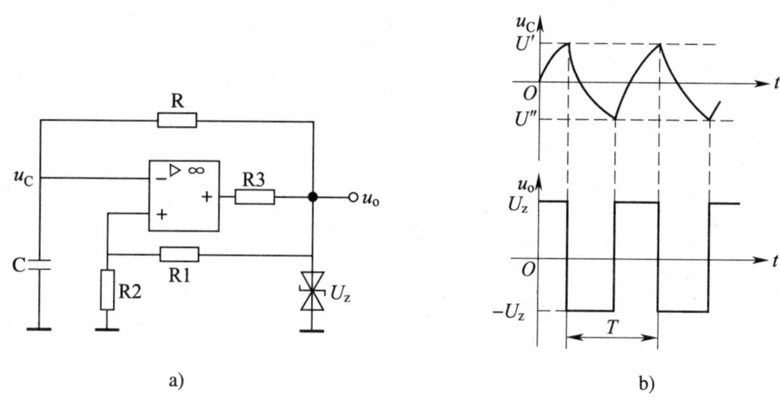

图 3—20　矩形波发生器

a）电路图　b）波形图

电路的振荡周期显然与电路的时间常数 RC 有关，也和翻转点的电压 U' 与 U'' 的大小有关，也就是说与电阻 R_1、R_2 的比值有关，用 RC 电路的三要素法可以求得其振荡周期为：

$$T = 2RC\ln\left(1 + \frac{2R_2}{R_1}\right)$$

2. 锯齿波发生器

图 3—21 所示是锯齿波发生器的电路图和波形图，图中由运放 N1 组成的电路是滞回特性比较器，输出矩形波，运放 N2 则组成一个积分器，输出锯齿波。

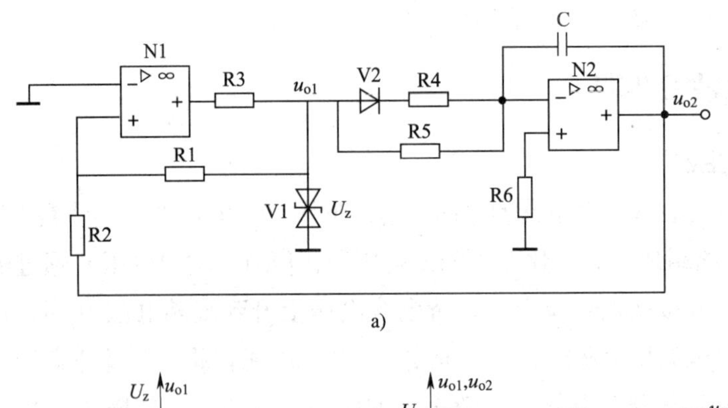

a）

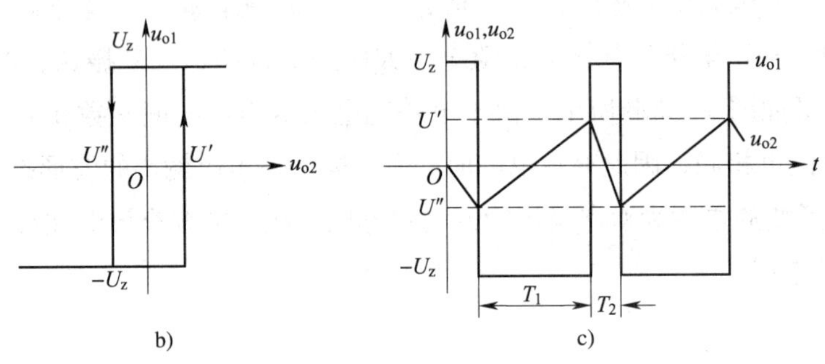

b）　　　　c）

图3—21　锯齿波发生器

a）电路图　b）传输特性　c）波形图

电路的工作原理分析如下。

运放N1组成的滞回特性比较器输出u_{o1}不是$+U_z$就是$-U_z$，比较器是在运算放大器同相输入端的电压过0时翻转的，同相输入端的电压比0略大就输出$+U_z$，否则就输出$-U_z$，比较器的输入电压就是积分器的输出电压u_{o2}，它的传输特性如图3—21b所示，不难求得当运算放大器同相输入端的电压过0时，电压u_{o2}（即翻转点的电压）应该为：

$$U' = -U'' = \frac{R_2}{R_1}U_z$$

设比较器初始时输出正电压U_z，积分器在输入的正电压作用下，二极管V2导通，积分器通过电阻R4对电容充电，运放N2输出线性下降的负电压，待输出电压u_{o2}达到翻转电压U''时，比较器输出翻转，u_{o1}输出负电压$-U_z$。此时积分器的输出电压u_{o2}上升，二极管V2截止，积分器只有通过电阻R5才能使电容放电（接着反向充电）。由于电阻R_5比R_4要大得多，电路的积分时间常数大大增大，输出电压u_{o2}的上升速度就大大减慢，待电压上升到了翻转电压U'时，比较器输出再次翻转，u_{o1}输出正电压$+U_z$，积分器输出电压u_{o2}又会以较快的速度下降，达到U''时电路又一次翻转……如此振荡不已。

电路输出的锯齿波上升时的斜率为$U_z/(R_5C)$，电压从U''上升到U'，其上升的幅度为$2U'$，由此可得：

$$2U' = \frac{U_z}{R_5 C} T_1$$

因为 $U' = \frac{R_2}{R_1} U_z$，可得上升时间 T_1 为：

$$T_1 = 2 \frac{R_2}{R_1} R_5 C$$

如果忽略二极管的正向压降，可以估算下降时间 T_2 为：

$$T_2 = 2 \frac{R_2}{R_1} \frac{R_4 R_5}{R_4 + R_5} C$$

整个波形的周期 T 为上升时间 T_1 与下降时间 T_2 之和，考虑到 R_5 远大于 R_4，即 $T_1 \gg T_2$，可得：

$$T = T_1 + T_2 \approx T_1$$

输出的矩形波幅度为 $\pm U_z$，锯齿波的幅度为 U' 和 U''，波形如图 3—21c 所示。这一电路的缺点是锯齿波的幅度与频率不能分别调节，调节锯齿波的幅度需要改变电阻 R_2 与 R_1 的比值，但此时输出的频率也改变了。

3. 三角波发生器

如果把图 3—21 中的二极管支路去掉，使得积分器充放电的时间常数一致，则上述锯齿波的波形上升时间 T_1 与波形下降时间 T_2 就相等了，锯齿波就可以成为三角波，电路就是一个三角波发生器了。图 3—22 所示则是一个用三个运算放大器组成的三角波发生器，它的优点是可以做到调节三角波的输出幅度时不影响到频率，调节频率时也不影响到幅度，即幅度与频率可以分别调节，下面介绍它的工作原理。

图 3—22 所示电路中运放 N1 是积分器，输出三角波，积分器的输入电压的大小由电位器 RP1 调节，起到调节振荡频率的作用；N2 是电平比较器，它的两个输入端通过电阻 R3、R4 分别与电压 u_{o1}、u_{o3} 相接，当这两个输入端的电压 u_{o1}、u_{o3} 大小相等、极性相反时，N2 的输出就会翻转，其输出电压因为受到二极管 VD1、VD2 的限幅，为 ±0.7 V 的方波；N3 也是一个电平比较器，输出矩形波，它的输出端接有限幅电路，可以通过电位器 RP2 调节输出矩形波的正向幅度，通过电位器 RP3 调节输出矩形波的负向幅度，如果 RP2、RP3 采用同轴电位器，则输出的电压正、负幅度相等，由一个电位器调节。

电路的振荡过程分析如下：设电路输出的 u_{o3} 为正电压，则积分器在输入正电压的作用下输出线性下降的负电压 u_{o1}，当电压 u_{o1} 下降到与 u_{o3} 的幅度相同（极性相反）时，N2 的输出由原来的 -0.7 V 翻转为 +0.7 V，N3 的输出 u_{o3} 也随之翻转为负电压。由于积分器输入电压极性的翻转，积分器输出电压开始上升，直至输出 u_{o1} 上升到与 u_{o3} 幅度相等（极性相反）时，N2、N3 再次翻转……如此振荡不已。

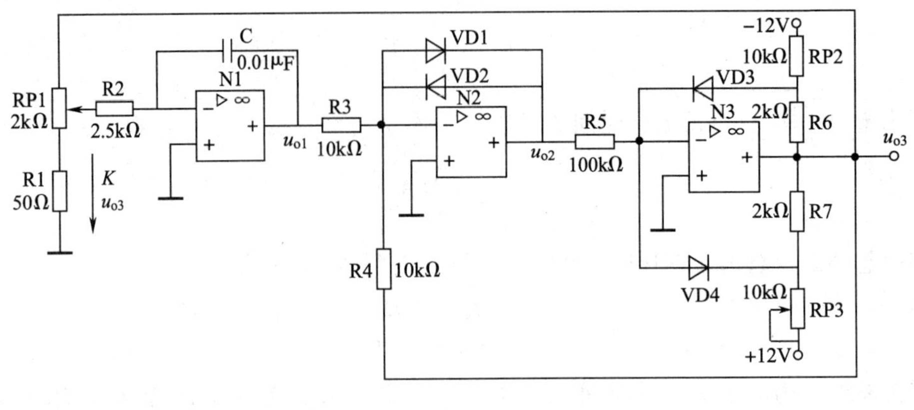

a)

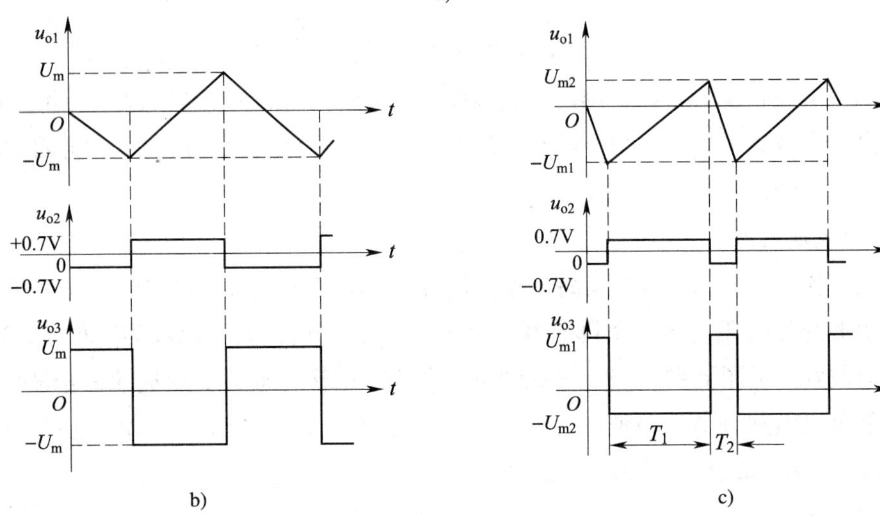

b) c)

图3—22　三角波发生器

a）电路图　b）波形图1　c）波形图2

图3—22b所示是输出限幅正、负幅度相同时的波形图。设N3输出波形的幅度为U_m，经过电位器RP1分压后的电压为KU_m（K为小于1的系数，由电位器调节），则积分器输出的三角波的斜率为KU_m/R_2C，经过半个周期之后，电压的变化幅度为$2U_m$，即：

$$\frac{KU_m}{R_2C}\frac{T}{2}=2U_m$$

由此可求得振荡周期为：

$$T=\frac{4R_2C}{K}$$

图3—22c所示是N3输出正、负幅度不同时的波形图。设输出正向的幅度为U_{m1}，负向的幅度为U_{m2}，则三角波上升时的斜率为KU_{m2}/R_2C，经过上升时间T_1之后，电压的变化

幅度为（$U_{m1}+U_{m2}$），即：

$$\frac{KU_{m2}}{R_2C}T_1 = U_{m1} + U_{m2}$$

由此可求得上升时间为：

$$T_1 = \frac{R_2C}{K}\frac{U_{m1} + U_{m2}}{U_{m2}}$$

三角波下降时的斜率为 KU_{m1}/R_2C，经过下降时间 T_2 之后，电压的变化幅度也是（$U_{m1}+U_{m2}$），即：

$$\frac{KU_{m1}}{R_2C}T_2 = U_{m1} + U_{m2}$$

由此可求得下降时间为：

$$T_2 = \frac{R_2C}{K}\frac{U_{m1} + U_{m2}}{U_{m1}}$$

整个周期为：

$$T = T_1 + T_2$$

由图3—22c 可见，尽管电路的名称为“三角波”发生器，但是在输出矩形波正、负幅度不同时，积分器输出的 u_{o1} 是锯齿波，u_{o3} 输出的矩形波的平均值为零（因为 $T_1U_{m2}=T_2U_{m1}$），没有直流分量，但是输出的锯齿波的平均值不为零，带有一定的直流分量，直流分量的大小取决于 U_{m1}、U_{m2} 的比值。

最后分析一下比较器 N3 的输出限幅电路，看看 U_{m1}、U_{m2} 的大小与哪些因素有关。当 N2 输出 -0.7 V 时，N3 输出正电压，此时二极管 VD4 因受反向电压而截止，在正电压达到一定的幅度时，二极管 VD3 导通，电路可以等效成如图 3—23 所示的情况。

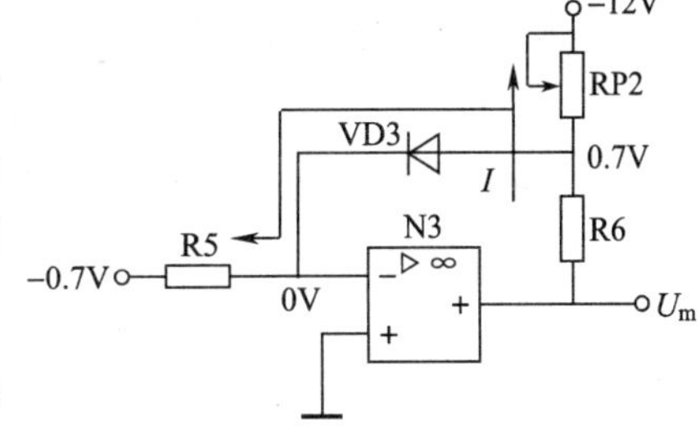

图 3—23　限幅电路的分析

此时电阻 R6 上的电流为：

$$I = \frac{12.7}{RP_2} + \frac{0.7}{R_5}$$

输出的正向电压幅度为：

$$U_{m1} = IR_6 + 0.7 = \left(\frac{12.7}{RP_2} + \frac{0.7}{R_5}\right)R_6 + 0.7$$

事实上，如果忽略二极管的 0.7 V 压降，图 3—23 所示的电路就是图 3—6 所示的加法电路，对 -12 V 电压的放大倍数为 $-R_6/RP_2$，对 -0.7 V 电压的放大倍数为 $-R_6/R_5$。也就是说，在二极管 VD3 导通时，建立了负反馈，此时 N3 已经不是比较器，而是一个线性应用的加法运算电路了，因此输出电压也不是电源电压，而是由加法电路的运算法则决定的，输出电压的大小主要取决于电阻 R6 与电位器 RP2 的电阻之比。调节电位器 RP2，就可以调节输出的正向电压的幅度，即：

$$U_{m1} \approx \frac{R_6}{RP_2} \times 12$$

同样的道理，在 N2 输出 +0.7 V 时，N3 输出负电压，此时二极管 VD3 因受反向电压而截止，在负电压达到一定的幅度时，二极管 VD4 导通，输出负电压的幅度可以由电位器 RP3 调节，即：

$$U_{m2} \approx \frac{R_7}{RP_3} \times 12$$

测　试　题

一、判断题

1. 为防止集成运算放大器输入电压偏高，通常可在两输入端间并联一只二极管。（　）
2. 集成运放工作在线性区时，必须加入负反馈。（　）
3. 运放组成的反相比例放大电路，其反相输入端与同相输入端的电位近似相等。（　）
4. 同相比例运算电路中集成运放反相输入端为“虚地”。（　）
5. 运放的加法运算电路，输出为各个输入量之和。（　）
6. 运放组成的积分器，当输入为恒定直流电压时，输出即从初始值起呈线性变化。（　）
7. 微分器的输入越大，输出变化越快。（　）
8. 当集成运放工作在非线性区时，输出电压不是 $+U_{CC}$，就是 $-U_{CC}$。（　）
9. 比较器的输出电压可以是电源电压范围内的任意值。（　）
10. 电平比较器比滞回比较器抗干扰能力强，而滞回比较器比电平比较器灵敏度高。（　）
11. 在输入电压从足够低逐渐增大到足够高的过程中，电平比较器和滞回比较器的输出电压均只跃变一次。（　）
12. 用集成运算放大器组成的自激式方波发生器，其充放电共用一条回路。（　）

二、单项选择题

1. 集成运放的互补输出级采用(　　)。

A. 共基极接法　　B. 共集电极接法　　C. 共发射极接法　　D. 差分接法

2. 集成运算放大器的输入级采用的是(　　)。

A. 射极输出器　　B. 差动放大电路

C. 共射极放大电路　　D. 共集电极放大电路

3. *CMRR* 是集成运算放大器的一个主要技术指标，它反映放大电路(　　)的能力。

A. 放大差模抑制共模　　B. 输入电阻高

C. 输出电阻低　　D. 放大共模抑制差模

4. 下列运放参数中(　　)的数值越小越好。

A. 开环差模放大倍数　　B. 输入电阻

C. 输入偏置电流　　D. 最大共模输入电压

5. 理想运算放大器的两个输入端的输入电流等于零，其原因是(　　)。

A. 同相端和反相端的输入电流相等，而相位相反

B. 运放的差模输入电阻接近无穷大

C. 运放的开环电压放大倍数接近无穷大

D. 同相端和反相端的输入电压相等，而相位相反

6. 以下关于理想运放概念正确的是(　　)。

A. 运放输入端为差动电路，因此它只能放大直流信号

B. 输入端电流为零，将输入端断开仍能正常工作

C. 两输入端电压相等，因此输入端短接后仍能正常工作

D. 以上判断均不正确

7. 分析运放线性应用电路时，以下说法中，(　　)是错误的。

A. 两个输入端的净输入电流与净输入电压都为0

B. 运放的开环电压放大倍数为无穷大

C. 运放的输入电阻为无穷大

D. 运放的反相输入端电位一定是“虚地”

8. 以下集成运算放大器电路中，处于线性工作状态的是(　　)。

A. 同相型滞回比较器　　B. 同相比例放大电路

C. 反相型滞回比较器　　D. 过零电压比较器

9. 欲实现 $A_u=-100$ 的放大电路，应选用(　　)电路。

A. 反相比例运算电路　　B. 积分运算电路

C. 微分运算电路　　D. 加法运算电路

10. 运放组成的(　　)电路，其输入电阻接近无穷大。

A. 反相比例放大　　B. 同相比例放大

C. 积分器　　D. 微分器

11. 运放组成的同相比例放大电路中反馈极性和类型为(　　)。

A. 串联电压负反馈　　B. 串联电流负反馈

C. 并联电压负反馈　　D. 并联电流负反馈

12. 运放组成的加法电路，所有的输入信号(　　)。

A. 只能从反相端输入　　B. 只能从同相端输入

C. 可以任意选择输入端　　D. 只能从同一个输入端输入

13. (　　)运算电路可实现函数 $Y = aX_1 + bX_2 + cX_3$，a、b 和 c 均大于零。

A. 反相比例　　B. 同相比例

C. 反相求和　　D. 同相求和

14. 欲将方波电压转换成三角波电压，应选用(　　)。

A. 反相比例运算电路　　B. 积分运算电路

C. 微分运算电路　　D. 加法运算电路

15. 积分器在输入(　　)时，输出变化越快。

A. 越大　　B. 越小　　C. 变动越快　　D. 变动越慢

16. 微分器在输入(　　)时，输出越大。

A. 越大　　B. 越小　　C. 变动越快　　D. 变动越慢

17. 以下集成运算放大器电路中，处于非线性工作状态的是(　　)。

A. 反相比例放大电路　　B. 同相比例放大电路

C. 同相电压跟随器　　D. 滞回比较器

18. 用集成运算放大器组成的电平比较器电路工作于(　　)。

A. 线性状态　　B. 开关状态　　C. 放大状态　　D. 饱和状态

19. 设电平比较器的同相输入端接有参考电平 +2 V，在反相输入端接输入电平 1.9 V 时，输出为(　　)。

A. 负电源电压　　B. 正电源电压　　C. 0 V　　D. 0.1 V

20. 在下面各种电压比较器中，抗干扰能力强的是(　　)。

A. 过零比较器　　B. 单限比较器

C. 双限比较器　　D. 滞回比较器

21. 集成运算放大器组成的滞回比较器必定(　　)。

A. 无反馈　　B. 有正反馈

C. 有负反馈　　D. 有深度负反馈

22. 用运放组成的锯齿波发生器一般由(　　)两部分组成。

A. 积分器和微分器　　B. 微分器和比较器

C. 积分器和比较器　　D. 积分器和差动放大器

三、多项选择题

1. 集成运算放大器采用(　　)结构。

A. 输入为差动放大　　B. 恒流源偏置

C. 直接耦合　　D. 射极输出

E. 电感滤波

2. 运算放大器(　　)参数越大越好。

A. 开环放大倍数　　B. 共模抑制比

C. 输入失调电压　　D. 输入偏置电流

E. 输入电阻

3. 当集成运放线性工作时，有两条分析依据(　　)。

A. $U_- \approx U_+$　　B. $I_- \approx I_+ \approx 0$

C. $U_o = U_i$　　D. $A_u = 1$

E. $U_o = 0$

4. 集成运放的线性应用电路存在(　　)的现象。

A. 虚短　　B. 虚断　　C. 无地　　D. 虚地

5. 运放组成的反相比例放大电路的特征是(　　)。

A. 电压串联负反馈　　B. 电压并联负反馈

C. 虚地　　D. 虚断

E. 虚短

6. 运放组成的同相比例放大电路的特征是(　　)。

A. 电压串联负反馈　　B. 电压并联负反馈

C. 虚地　　D. 虚断

E. 虚短

7. 运算放大器组成的积分器，电阻 $R=20\ \text{k}\Omega$，电容 $C=0.1\ \mu\text{F}$，在输入电压为0.2 V时，经过50 ms时间后可能使输出电压(　　)。

A. 从0 V升高到5 V　　B. 从5 V降低到0 V

C. 从2 V降低到-5 V　　D. 从6 V降低到1 V

E. 不变

8. 微分器具有(　　)的功能。

A. 将方波电压转换成尖脉冲电压

B. 将三角波电压转换成方波电压

C. 将尖顶波电压转换成方波电压

D. 将方波电压转换成三角波电压

E. 将尖顶波电压转换为三角波电压

9. 以下属于集成运算放大器的非线性应用电路是(　　)。

A. 反相比例放大电路

B. 同相比例放大电路

C. 同相型滞回比较器

D. 反相型滞回比较器

E. 同相电压跟随器

10. 集成运算放大器组成的比较器可能(　　)。

A. 无反馈

B. 有正反馈

C. 有负反馈

D. 有深度负反馈

E. 开环

11. 用运放组成的矩形波发生器一般由(　　)两部分组成。

A. 积分器

B. 微分器

C. 比较器

D. 差动放大器

E. 加法器

测试题答案

一、判断题

1. × 2. √ 3. √ 4. × 5. × 6. √ 7. × 8. √ 9. ×
10. × 11. √ 12. √

二、单项选择题

1. B 2. B 3. A 4. C 5. B 6. D 7. D 8. B 9. A
10. B 11. A 12. D 13. D 14. B 15. A 16. C 17. D 18. B
19. B 20. D 21. B 22. C

三、多项选择题

1. ABCD 2. ABE 3. AB 4. AB 5. BCDE 6. ADE 7. BD
8. AB 9. CD 10. AB 11. AC

第 4 章

数字电子技术基础

第1节　数字电子技术的特点及分类

电子技术分为“模拟电子技术”及“数字电子技术”两类，在模拟电子技术中处理的信号都是模拟信号，所谓模拟信号是指信号的大小在时间上是连续变化的，这种信号通常是通过各种传感器把声音、图像、温度、压力、距离等各种连续变化的信号转换成电量后得到的，由于模拟信号比较微弱，需要再用模拟电子技术来进行放大、运算等各种处理。

在工程技术上还经常遇到各种在时间上是不连续的“数字信号”，例如，在电气控制电路中，按钮、开关、继电器、接触器等元件的工作状态不是接通就是断开，信号电压只有高、低之分。生产流水线上的计数器检测到的信号，也只是检测通道上“有产品通过”与“无产品通过”这两种信号。如果把这些信号转换成电信号的话，也只是电压高、低这两种情况，这种信号在时间上显然是不连续的，电压的高低在示波器中表示为一系列的脉冲波形，处理这种数字信号的电子技术就称为“数字电子技术”。下面以数字式频率计的原理电路为例来说明数字电子技术与模拟电子技术的主要区别。

一、引例

数字式频率计是一种用数码管来显示被测信号频率的电路，图4—1所示是它的原理电路框图，被测信号先经过脉冲放大、整形电路把被测信号转换成同频率的矩形脉冲波，然后使得被测信号通过一个门电路（与门），这一门电路开通时间为1 s。因此，门电路输出的波形就是把一个不断变化的脉冲波形截取1 s的宽度，显然这一段波形中的脉冲数目就是输入波形的频率，把这一段截取下来的信号送到计数器去计数。由于数字电路中的计数体制是二进制的，所以还要把计数得到的结果通过译码电路转换成十进制，并通过数码管直接显示出来，这样就可以在数码管上读取被测信号的频率了。电路中门电路的开通时间是由秒脉冲发生器输出的脉冲宽度决定的，秒脉冲发生器输出的脉冲宽度为1 s。

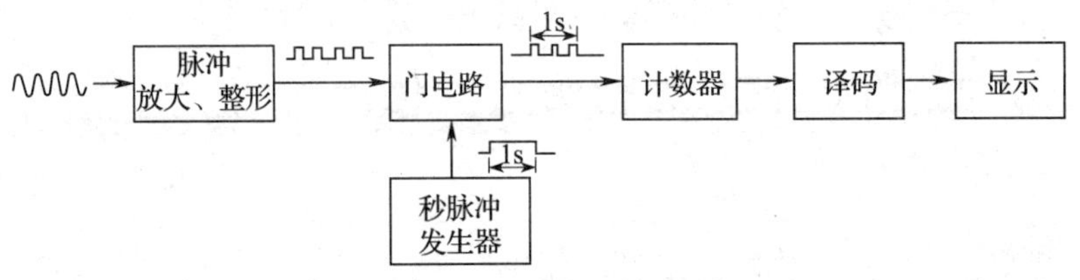

图4—1　数字式频率计的原理图

二、数字电路的主要特点

从上述引例可见，数字电子技术与模拟电子技术在处理的信号、电路内晶体管的工作状态以及所研究的电路输入输出关系上，有着极大的区别。

1. 数字电路所处理的信号是二进制数字信号

例如，上述引例的计数电路中，用高电平来表示数码 1，用低电平表示数码 0，信号的波形通常是矩形脉冲波，这与以往学习的模拟电子技术中的连续变化的波形是完全不同的。

2. 数字电路中的晶体管都工作在开关状态，即饱和与截止状态

它可以表示两种对立的逻辑状态，即 0 与 1。这与模拟电路中的晶体管工作在放大状态是截然不同的。

3. 数字电路研究的是电路的输出与输入信号之间的逻辑运算关系

这与模拟电路中研究放大倍数、输入电阻、输出电阻、失真情况等也是完全不同的。

三、数字电路的分类

从上述引例来看，数字电路主要有两类。

1. 组合逻辑电路

引例中的门电路、译码器属于组合逻辑电路，它的输出与各输入量的状态之间有着一一对应的关系。例如，图 4—1 中的两输入端与门，当其中的一个输入为 0 时，输出就是 0，门电路封锁；当与门的一个输入为 1 时，输出就等于另一个输入量，门电路就打开。又例如，译码器能把输入的每一个二进制数翻译成十进制数供数码管显示，输出与输入之间的一一对应关系是明确的。

2. 时序逻辑电路

引例中的计数器属于时序逻辑电路，计数器的输出取决于输入端以前来过几个脉冲，显然这种电路具有记忆作用，即电路的输出不仅仅与当时的输入有关，而且与以前的输入情况有关，这是时序逻辑电路与组合逻辑电路的根本区别。

除此以外，数字电路中还经常用到脉冲电路。图 4—1 中的秒脉冲发生器以及输入信号的整形电路就属于脉冲电路。脉冲电路的用途主要是脉冲的产生、整形和定时，即用来产生一种脉冲波形（通常是矩形波），或者把其他波形整形成矩形波，或者对脉冲的宽度进行定时。

第2节　数制与码

一、十进制计数法

十进制计数法是日常生活中最常用的计数法，究其原因是因为人有10个手指，扳手指计数时就自然觉得十进制是最为方便的计数体制了，十进制计数使用的数码为：0、1、2、3、4、5、6、7、8、9十个数码，十进制计数的基数为十，计数时“逢十进一”。数码在不同的数位出现时，其表示的大小是不同的，例如，十进制数字816可以表达为：

$$816=8\times10^2+1\times10^1+6\times10^0$$

上式中的10^2、10^1、10^0称为各个数位的“权”，由此可见，各个数位的权从低位到高位分别为基数10的0次方、1次方、2次方、……

二、二进制计数法

在数字电路中，计数体制用二进制，其原因是电路中可以用高电平与低电平两种状态与1、0两个数码相对应，而且二进制数的运算规则也比十进制要简单得多，便于在计算机中进行运算。

二进制计数时用的数码为：0、1两个数码，二进制计数的基数为2，计数时“逢二进一”。表4—1是二进制数与十进制数的对应关系。

表4—1　二进制数与十进制数的对应关系

十进制数	0	1	2	3	4	5	6	7
二进制数	0	1	10	11	100	101	110	111
十进制数	8	9	10	11	12	13	14	15
二进制数	1000	1001	1010	1011	1100	1101	1110	1111

显然，二进制数码在不同的数位出现时，其表示的大小也是不同的。例如，二进制数字1001可以表达为：

$$(1001)_2=1\times2^3+0\times2^2+0\times2^1+1\times2^0$$
$$=8+0+0+1=(9)_{10}$$

上式中的2^3、2^2、2^1、2^0称为二进制数各个数位的“权”，由此可见，各个数位的权从低位到高位分别为基数2的0次方、1次方、2次方、……。由此也可以看到二进制数转换为十进制数的方法：按上式的计算方法，把二进制数中有1的各个数位的权相加就可以得到对应的十进制数的值。例如：

$$(10110)_2 = 16 + 4 + 2 = (22)_{10}$$

把十进制数转换为二进制数可以采用除法取余数的方法，下面就是把十进制数25转换为二进制数的例子：

```
2 | 25
2 | 12   ——余1   （最低位）
2 | 6    ——余0
2 | 3    ——余0
2 | 1    ——余1
    0    ——余1   （最高位）
```

把除法所得的余数从高位到低位排列可得：

$$(25)_{10} = (11001)_2$$

三、十六进制计数法

由于二进制数读数及书写均不太方便，在计算机技术中通常把四位二进制数用一位十六进制数来表示，这样数字的位数就可大大减少。十六进制数用0、1、2、3、4、5、6、7、8、9、A、B、C、D、E、F十六个数码来表示，十六进制计数体制的基数为16，计数时“逢十六进一”。十六进制数与十进制数的对应关系见表4—2。

表4—2　十六进制数与十进制数的对应关系

十进制数	0	1	2	3	4	5	6	7
十六进制数	0	1	2	3	4	5	6	7
十进制数	8	9	10	11	12	13	14	15
十六进制数	8	9	A	B	C	D	E	F

同样，十六进制数码在不同的数位出现时，其表示的大小也是不同的，从低位到高位，十六进制数的权依次为：16^0、16^1、16^2、…。例如，十六进制数字B3D可以表达为：

$$\begin{aligned}(B3D)_{16} &= B \times 16^2 + 3 \times 16^1 + D \times 16^0 \\ &= 11 \times 16^2 + 3 \times 16^1 + 13 \times 16^0 = (2877)_{10}\end{aligned}$$

把上例所得的十进制数2877转换为二进制数：

$$(2877)_{10} = (101100111101)_2$$

上例所得的二进制数较长，读数不便，其实仔细观察一下可以发现，每四位二进制数与一位十六进制数之间存在着一一对应的关系，即：

$$1011 \to B; \quad 0011 \to 3; \quad 1101 \to D$$

究其原因，是因为四位二进制数的计数范围是0～15，与十六进制数的计数范围相同，存在一一对应的关系，而且对于四位二进制数来说，进位也是逢十六进一（1111＋1＝10000），这一点与十六进制计数也是相同的，所以以后遇到二进制数，只要把它每隔四位分割一下，就很容易写出它的十六进制数来：

$$(1011,\ 0011,\ 1101)_2 = (B3D)_{16}$$

由此可见，二进制数与十六进制数之间的转换是十分容易的，正因为如此，在计算机技术中，遇到较长的二进制数（16位、32位等），都用十六进制数来表示。通常的十六进制数，可以在数字后加上字符H（hexadecimal，十六进制）来表示，即 $(B3D)_{16}$ 通常写成B3DH。以下是一些例子。

$$A7H = (1010,\ 0111)_2 = 10 \times 16 + 7 = (167)_{10}$$

$$234H = (0010,\ 0011,\ 0100)_2 = 2 \times 16^2 + 3 \times 16 + 4 = (564)_{10}$$

四、二进制码

由于计算机中只能采用0、1两种符号来表示一切信息，因此，所有的文字、符号（包括数字符号）都可以用若干位0、1代码来表示，称为二进制码。

1. 二－十进制码

上面的二进制、十六进制计数的方法都与日常生活中的十进制数换算不便、不够直观，是否有一个既能用二进制码来表示的，读数又与十进制一样方便的计数方法呢？回答是肯定的，那就是二－十进制计数法。从道理上来讲，如果把十进制数码0、1、2、3、4、5、6、7、8、9看成是10个符号，那么区别这10种符号，用四位二进制码就足够了（四位二进制码可以表示 $2^4=16$ 种符号），表4—3是几种常用的二－十进制码，其中第一种码称为“8421码”，因为它正好采用0000、0001、0010、…及1001这10种四位二进制数来表示0～9这10个符号。例如，十进制数14用8421码应写成0001、0100（注意，在此不要与二进制数1110相混淆），二－十进制码又称为“BCD码”（Binary－Coded－Decimal的缩写）。

表 4—3　　几种常用的二－十进制码

十进制数	8421 码	5421 码	2421 码	余 3 码	格雷码
0	0000	0000	0000	0011	0000
1	0001	0001	0001	0100	0001
2	0010	0010	0010	0101	0011
3	0011	0011	0011	0110	0010
4	0100	0100	0100	0111	0110
5	0101	1000	1011	1000	0111
6	0110	1001	1100	1001	0101
7	0111	1010	1101	1010	0100
8	1000	1011	1110	1011	1100
9	1001	1100	1111	1100	1101

常用的 BCD 码又分为有权码和无权码两种。表中的 8421 码、5421 码及 2421 码都是有权码；余 3 码和格雷码都是无权码，每一位数字没有固定的权值。余 3 码由 8421 码加 3（0011）得到。格雷码的特点是：十进制数字加 1 时，每次都只有一位数码变化，不会出现几位数码同时变化的情况，从而可以避免电路出现竞争冒险现象。

2. ASCII 码

在计算机与通信技术中，国际上通用美国国家信息交换标准代码，称为“ASCII 码”（American National Standard Code for Information Interchange 的缩写），它的编码表见表4—4。它是一组 8 位的二进制码，其中用 7 位（$b_7 \sim b_1$）表示某一个英文字符、数字、标点或计算机操作中的信息（表中的文字含义见表 4—5），另有一位用做奇偶校验位。

表 4—4　　ASCII 码及附注

字符 $b_7b_6b_5$ / $b_4b_3b_2b_1$	000	001	010	011	100	101	110	111
0000	NUL	DLE	SP	0	@	P	、	p
0001	SOH	DC1	!	1	A	Q	a	q
0010	STX	DC2	"	2	B	R	b	r
0011	ETX	DC3	#	3	C	S	c	s
0100	EOT	DC4	$	4	D	T	d	t
0101	ENQ	NAK	%	5	E	U	e	u
0110	ACK	SYN	&	6	F	V	f	v

续表

字符 $b_7b_6b_5$ / $b_4b_3b_2b_1$	000	001	010	011	100	101	110	111
0111	BEL	ETB	′	7	G	W	g	w
1000	BS	CAN	(	8	H	X	h	x
1001	HT	EM	)	9	I	Y	i	y
1010	LF	SUB	*	:	J	Z	j	z
1011	VT	ESC	+	;	K	[	k	{
1100	FF	FS	,	<	L	\	l	|
1101	CR	GS	−	=	M	]	m	}
1110	SO	RS	·	>	N	∧	n	~
1111	SI	US	/	?	O	−	o	DEL

表4—5　　表4—4中的文字含义

字符	含义	字符	含义
NUL	空，无效	DC1	设备控制1
SOH	标题开始	DC2	设备控制2
STX	正文开始	DC3	设备控制3
ETX	文本结束	DC4	设备控制4
EOT	传输结束	NAK	否定
ENQ	询问	SYN	空转同步
ACK	承认	ETB	信息组传输结束
BEL	报警符（可听见的信号）	CAN	作废
BS	退一格	EM	纸尽
HT	横向制表（穿孔卡片指令）	SUB	减
LF	换行	ESC	换码
VT	垂直制表	FS	文字分隔符
FF	走纸控制	GS	组分隔符
CR	回车	RS	记录分隔符
SO	移位输出	US	单元分隔符
SI	移位输入	SP	空间（空格）
DLE	数据键换码	DEL	删除

第 3 节　基本逻辑门电路

基本逻辑门电路是数字电路的最基本的单元电路，其功能是完成某种最基本的逻辑运算。基本逻辑门电路有三种：与门、或门、非门。数字电路能完成各种复杂的逻辑运算，内部无非是这三种基本门电路的种种组合而已。

一、与门

1. “与”逻辑引例

图 4—2 所示是用两个开关 A、B 串联控制一盏灯 L 的电路。很显然，电路只有在两个开关都合上的情况下，灯才会亮，如果有一个开关断开了，灯就不亮了。这实际上就是一个很简单的“与”逻辑问题。可以把一件事情是否发生和几个条件是否具备联系起来，显然，灯是否亮（事情是否发生）取决于 A 与 B 两个开关是否都合上（两个条件是否都具备）。这种逻辑关系称为“与”逻辑。其定义为：只有在一件事情的所有条件都具备时，这件事情才能发生。如果在电路中多串联几个开关 A、B、C、D、…，那么只有在所有的开关 A、B、C、D、…都合上时，灯 L 才会亮。

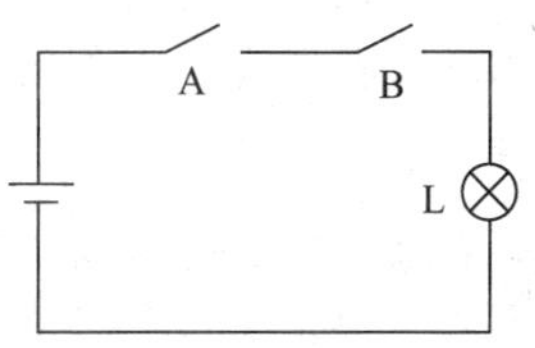

图 4—2　与逻辑引例

2. “与”逻辑的表达方法

在表达一个逻辑问题的时候，可以用“0”“1”两个代码来表示两种对立的逻辑状态。例如，用 1 表示具备了某个条件，0 则表示不具备该条件；对于结果，同样可以用 1 表示发生了结果，0 则表示不发生该结果。对于用两个开关控制一盏灯的电路，可以用表 4—6 来表示可能发生的所有情况。

表 4—6　“与”逻辑真值表

A	B	L
0	0	0
0	1	0
1	0	0
1	1	1

这种表格称为逻辑代数的真值表。在真值表中，通常把A、B、L都称为“逻辑变量”，其中的A、B又称为“输入量”，L则称为“输出量”。每个逻辑变量只有两种可能的取值，即取逻辑“1”或取逻辑“0”。对于输入为两个变量的真值表来讲，可能产生的所有情况就有$2^2=4$种。

上述逻辑关系除了用真值表以外，还可以用逻辑函数式来表示：

$$L=A\times B=A\cdot B=AB$$

逻辑常量0、1的与运算和普通代数的乘法完全相同，即：

$$0\times0=0$$

$$0\times1=1\times0=0$$

$$1\times1=1$$

如果把A、B的四种取值情况用逻辑常量0、1代入之后，可以很容易地发现，求得的L和真值表是完全一致的。由此可见，用逻辑函数式来表示一个逻辑关系，比真值表要简洁得多。

如果“与”逻辑有三个输入量A、B、C，那么函数式可以简洁地表示为：

$$L=ABC$$

输入为三变量的逻辑函数，可能出现的输入变量的组合情况有$2^3=8$种，真值表见表4—7。

表4—7　　输入为三个变量的“与”逻辑真值表

A	B	C	L
0	0	0	0
0	0	1	0
0	1	0	0
0	1	1	0
1	0	0	0
1	0	1	0
1	1	0	0
1	1	1	1

输入为四变量的逻辑函数，真值表将有$2^4=16$种情况，学员可自行列出分析。“与”逻辑的输入输出关系可以用一句话来表示：全1出1，有0出0。

3. 二极管与门

在数字电子技术中，逻辑运算是用逻辑门电路来完成的，门电路的输入和输出用电位

（今后在数字电子技术中习惯上称为"电平"）的高、低分别表示逻辑 1 和逻辑 0。对于目前绝大多数数字集成电路来说（例如常用的 TTL 电路、CMOS 电路等），均采用正逻辑体制，即规定高电平为逻辑 1；低电平为逻辑 0。少数采用负逻辑体制的（例如 PMOS 电路）则反之，但现已基本淘汰。

图 4—3 所示是一个用二极管组成的与门电路，设电路的电源电压为 12 V，输入的高电平为 6 V、低电平为 0 V，这一电路可以实现与逻辑运算，即可以做到输入全部是高电平时，输出是高电平（全 1 出 1）；输入有低电平时，输出是低电平（有 0 出 0）。其工作原理分析如下。

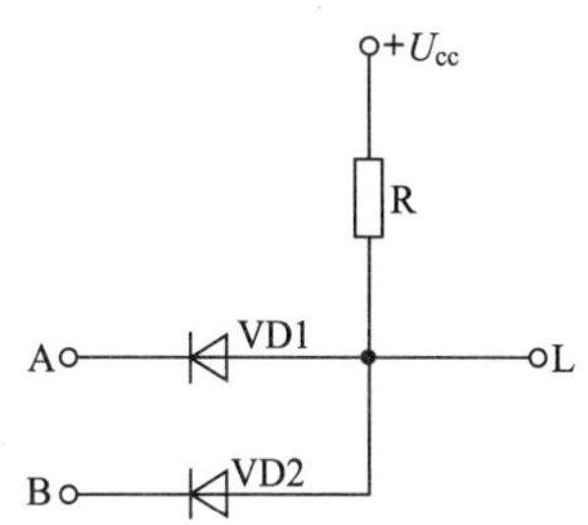

图 4—3　二极管与门

（1）设电路的输入全是低电平，则两个二极管 VD1、VD2 在正电源 U_{cc} 的作用下全都导通，输出为 0.7 V。

（2）设电路的输入全是高电平，则两个二极管在正电源 U_{CC} 的作用下也全都导通，但输出为 6 + 0.7 = 6.7（V）。

（3）设输入 A、B 中有一个为低电平（例如 A 为低电平），其他为高电平。那么二极管不可能全都导通，只有输入接低电平的那个二极管 VD1 在电源电压作用下是导通的，电路的输出为 0.7 V，而其余的二极管由于受反向电压而截止（二极管左边为输入的高电平 6 V，右边为输出的低电平 0.7 V），这样就封锁了其余输入端输入的高电平。

综上所述，电路的工作情况可以用表 4—8 来表示。

表 4—8　　二极管与门的工作情况

A	B	L
0 V	0 V	0.7 V
0 V	6 V	0.7 V
6 V	0 V	0.7 V
6 V	6 V	6.7 V

比较表 4—8 与表 4—6 可以发现，只要把高电平作为 1、低电平作为 0，两个表格反映的情况是完全一致的。二极管门电路的缺点是输入与输出的电平数值不同，输出的高电平和低电平都比输入的电平提高了一个二极管压降 0.7 V，产生了电平偏移。在实际的数字电路中，门电路已极少使用单一的二极管来组成，几乎都使用电路更加复杂、功能更加完善的集成电路来组成了。

在数字电路中，门电路内部的结构不再画出，与门用如图 4—4a 所示的符号来表示，门电路中的符号"&"就是英语中"与"的意思。门电路在输入一系列的脉冲波形时，输出波形可以根据输入波形得到。图4—4b所示是与门的波形图，输入高电平为1、低电平为0，学员按照“全1出1、有0出0”的原则，可以在输入为全1的时间段内先画出输出的高电平段，然后在其余的时间段内画上低电平就可以了。

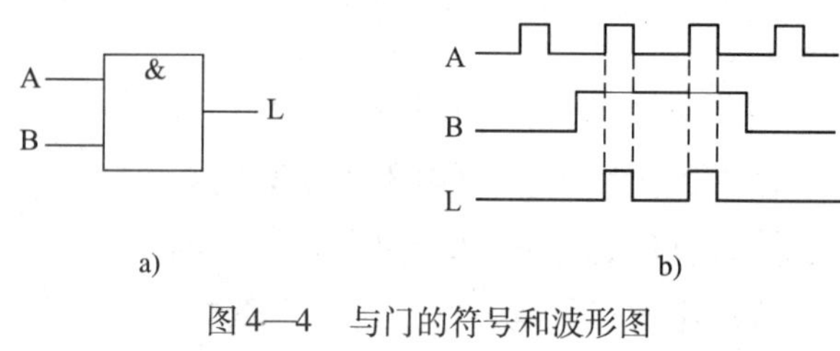

图4—4　与门的符号和波形图

a）与门符号　b）与门的波形图

从与门的波形图上还可以看出，如果把与门的一个输入端B看成是控制端，另一个输入端A看成是信号输入端，那么A信号是否能通过与门将受到B的控制。当B=0时，门电路被封锁，信号A不能输出，输出L=A×0=0；当B=1时，门电路被打开，信号A输出，L=A×1=A。

二、或门

1.“或”逻辑引例

图4—5所示是用两个开关A、B并联控制一盏灯L的电路，很显然，电路只要有一个开关合上，灯就亮了，只有在所有的开关都断开的情况下，灯才不亮。这种情况从逻辑上来分析就是一个很简单的“或”逻辑问题。或逻辑定义为：某一件事情只要有一个相关的条件具备时，这件事情就能发生。如果在电路中多并联几个开关A、B、C、D、…，那么只要其中的一个开关A或B或C或D…合上时，灯L就亮了。

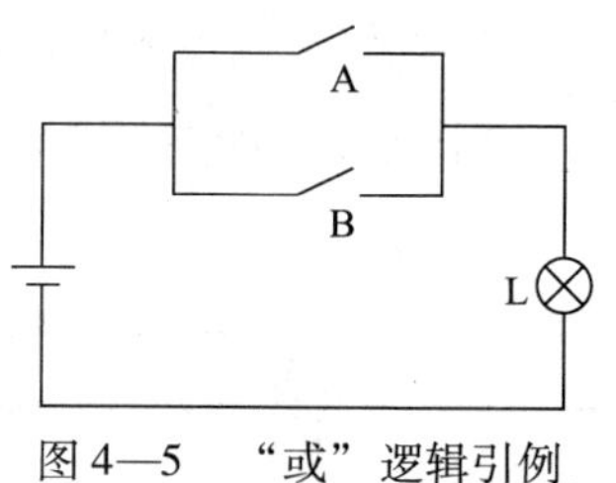

图4—5　“或”逻辑引例

2.“或”逻辑的表达方法

对于输入为两个变量A、B和三个变量A、B、C的“或”逻辑来说，可以分别用表4—9、表4—10的“或”逻辑真值表来表示。

表4—9　　输入为两个变量的“或”逻辑真值表

A	B	L
0	0	0
0	1	1
1	0	1
1	1	1

表 4—10　　输入为三个变量的“或”逻辑真值

A	B	C	L
0	0	0	0
0	0	1	1
0	1	0	1
0	1	1	1
1	0	0	1
1	0	1	1
1	1	0	1
1	1	1	1

“或”逻辑除了用真值表以外，也可以用逻辑函数式来表示。输入为两个变量的“或”逻辑函数式为：

$$L = A + B$$

应该特别注意的是，逻辑常量 0、1 的或运算和普通代数的加法既有相同之处，也有着明显的区别：

$$0 + 0 = 0$$

$$0 + 1 = 1 + 0 = 1$$

$$1 + 1 = 1$$

应该再次强调的是，逻辑 0 和逻辑 1 并不代表数量，而是一种逻辑记号，仅仅用来表示一个事物的两种对立的状态。1 +1 =1 就表示在“或”逻辑中，具备一个条件和具备两个条件，其效果是相同的。

“或”逻辑的输入输出关系也可以用一句话来表示：有 1 出 1，全 0 出 0。

3. 二极管或门

图 4—6 所示是一个用二极管组成的或门电路。设电路输入的高电平为 6 V、低电平为 0 V。这一电路可以实现“或”逻辑运算，即可以做到输入有高电平时，输出是高电平（有 1 出 1）；输入全是低电平时，输出才是低电平（全 0 出 0）。其工作原理分析如下。

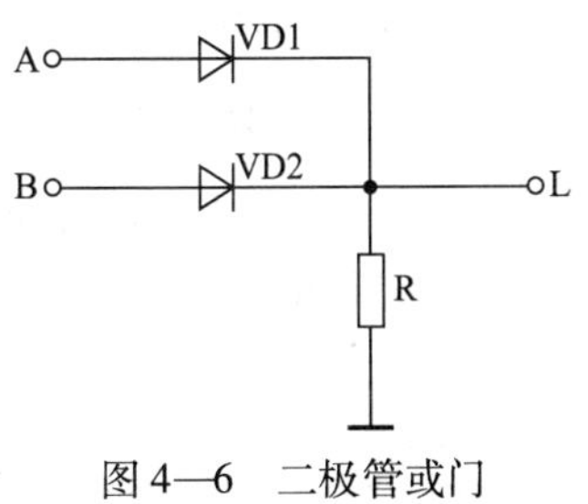

图 4—6　二极管或门

（1）设电路的输入全是低电平，则两个二极管全都截止，输出为 0 V。

（2）设电路的输入全是高电平，则两个二极管在信号电压的作用下全都导通，但输出为 6 − 0. 7 =5. 3（V）。

（3）设输入A、B中有一个为高电平（例如A为高电平），其他为低电平。那么，输入接高电平的那个二极管VD1在信号电压的作用下是导通的，电路的输出为5.3 V，而其余的二极管由于受反向电压作用而截止（左边为输入的低电平0 V，右边为输出的5.3 V），这样就封锁了其余输入端的低电平。

综上所述，电路的工作情况可以用表4—11来表示，比较表4—11和表4—9，在正逻辑条件下，两个表格反映的情况也是完全一致的。二极管或门电路的缺点也是存在着输出电平偏移的情况，每经过一个或门，高电平就下降0.7 V。

表4—11　　二极管或门的工作情况

A	B	L
0 V	0 V	0 V
0 V	6 V	5.3 V
6 V	0 V	5.3 V
6 V	6 V	5.3 V

图4—7所示是或门的符号和或门输入输出的波形图，门电路中的符号“≥1”表示输入有一个及一个以上的1时就输出1。

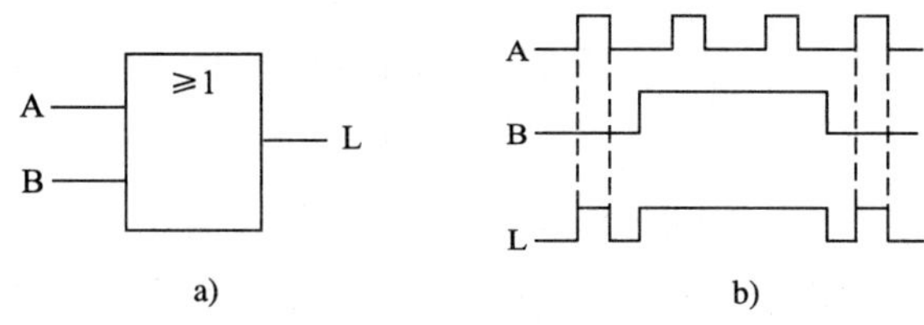

图4—7　或门的符号和波形图

a）或门符号　b）或门的波形图

三、非门

1．“非”逻辑

逻辑运算中除了“与”逻辑、“或”逻辑以外的基本运算就是“非”逻辑了，“非”逻辑运算只有一个输入量，起到把输入量反相的作用，即把输入的1反相输出变为0；或者把输入的0反相输出变为1。“非”逻辑函数式表示为：

$$L = \overline{A}$$

“非”逻辑真值表见表4—12。

表 4—12　　“非”逻辑真值表

A	L
0	1
1	0

“非”逻辑运算由非门来实现，非门的符号及输入输出波形图如图 4—8 所示。

2. 三极管非门

非门的内部电路可以用三极管来实现，如图 4—9 所示。三极管放大电路具有倒相的作用，即输出波形与输入波形是反相的，那么在数字电路中，只要使三极管工作在开关状态，就可以实现如图 4—8b 所示把输入的脉冲波形倒相输出的任务，实现“非”逻辑运算。

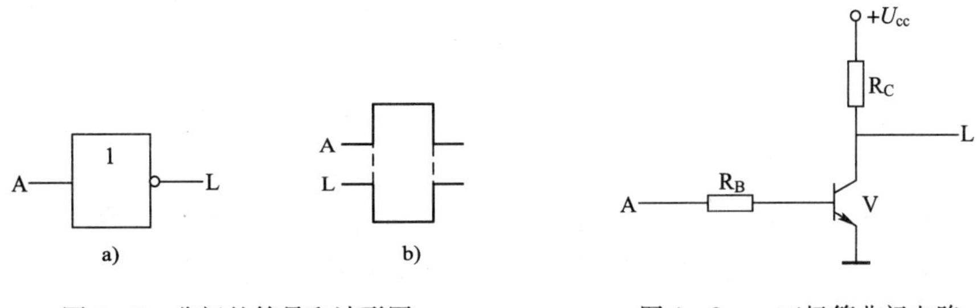

图 4—8　非门的符号和波形图
a）　非门符号　b）非门的波形图

图 4—9　三极管非门电路

所谓三极管的开关工作状态，是指在输入电压为高电平时，使得三极管脱离放大状态而饱和导通，三极管输出接近为 0（低电平）；当输入电压接近为 0（低电平）时，三极管工作在截止状态，输出为 $+U_{CC}$（高电平）。这样，三极管的集电极和发射极之间就可以看成是一个开关，工作在接通与断开两种状态下。三极管是否工作在开关状态，取决于电路的参数与输入信号的大小，现举例分析如下。

设图 4—9 中三极管的 $\beta=100$，集电极电阻 $R_C=1\ \text{k}\Omega$，电源电压为 6 V，当输入电压升高使得基极电流 I_B 不断增大时，集电极电流与输出电压的变化情况见表 4—13。

表 4—13　　基极电流增大时三极管工作状态的变化

I_B/μA	0	10	20	30	40	50	60	70	80
I_C/mA	0	1	2	3	4	5	6	6	6
U_C/V	6	5	4	3	2	1	0	0	0
工作状态	截止	放大					饱和		

由表4—13可见，当基极电流 I_B 为0时，三极管工作在截止状态，三极管集电极和发射极之间相当于是断开的，集电极输出电压为电源电压6 V。随着基极电流 I_B 的增大，三极管进入放大状态，集电极电流 I_C 也随着增大，集电极电位 U_C 则不断下降，到基极电流 I_B 增大到某一个数值（60 μA）时，集电极电流已经达到了电路所允许的最大值6 mA，三极管的集电极电压已经降低到了0 V，不可能再降低了，这时三极管已经工作在饱和状态，也就是说此时三极管的集电极和发射极之间已经相当于是短接了。以后基极电流 I_B 再增大，集电极电流 I_C 受到电源电压 U_{cc} 和集电极电阻 R_C 的限制（$U_{cc}/R_C=6$ mA）已经不可能再增大，三极管始终工作在饱和状态。由此可得，三极管工作在饱和状态的条件为：

$$I_B \geqslant \frac{U_{cc}}{\beta R_C}$$

因此，对于如图4—9所示的非门电路，只要恰当地选择电路参数，使得电路在输入高电平时工作在饱和状态，输入为低电平时工作在截止状态，就能使电路作为非门使用。

四、复合门电路

数字电路中的基本门电路只有与门、或门和非门三种，但在实际应用中，经常把这三种基本门电路复合起来，做成各种复合门电路，例如所谓的与非门、或非门、与或非门、异或门等。其中最常用的是把与门和非门复合起来的与非门以及把或门和非门复合起来的或非门，其逻辑电路的符号及逻辑函数式如图4—10所示，其真值表见表4—14。在下面的学习中，可以知道任何一个组合逻辑电路既可以全部用与非门来实现，也可以全部用或非门来实现。用几个与非门（或非门）还可以组成时序逻辑电路的基本单元——触发器，这是一种具有记忆作用的基本单元，可以用来做成寄存器、计数器等各种时序逻辑电路。

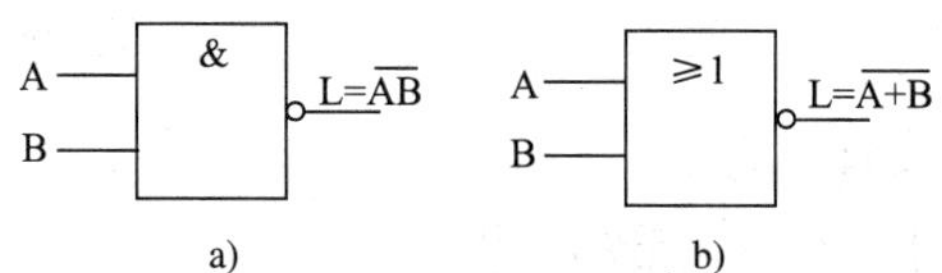

图4—10　复合门电路

a）与非门　b）或非门

表4—14　　**与非门和或非门的真值表**

A	B	与非门输出L	或非门输出L
0	0	1	1
0	1	1	0
1	0	1	0
1	1	0	0

五、门电路的传输时间

以往在分析晶体管电路的动态过程时，都是把晶体管元件看成是一个理想的元件，二极管和三极管的发射结都是在加上正向电压时立即导通，加上反向电压时则立即截止。实际的情况并不是那样简单，由于晶体管内部载流子的运动规律，数字电路中的晶体管从截止状态到饱和状态以及从饱和状态到截止状态都是需要一定的时间的。图 4—11 所示为三极管在输入脉冲电压时，集电极电流的变化情况。由图可见，在输入正向电压的作用下，集电极电流要经过一段时间（称为“开通时间” t_{on}）才会产生并逐渐增大到饱和值；当输入电压减小到 0 时，集电极电流也要经过一段时间（称为“关断时间” t_{off}）才会逐渐减小到 0。尽管开通时间和关断时间都很短，往往是以纳秒（10^{-9} s）计算，但是当电路的工作频率很高时，晶体管来不及开关，就会影响电路的正常工作。

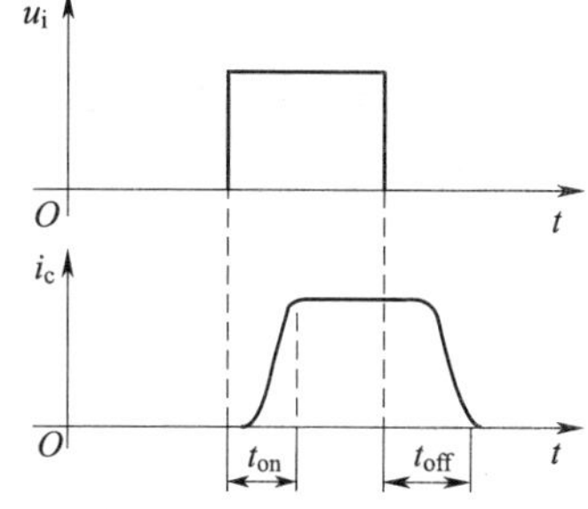

图 4—11　三极管的开关时间

对于数字集成门电路来讲，由于内部晶体管开关需要时间，电路的输入信号到达以后，也需要一定的时间延时才能使输出产生相应的变化，这段时间称为门电路的“传输时间”。门电路传输时间的长短取决于集成电路的制造工艺，集成电路常有所谓中速、高速之分，就是指其传输速度的高低。对于一般的工业控制用的集成电路，因为运算速度要求较低，可以采用速度不高的元件，但是对于运算速度不断提高的计算机芯片来讲，电路速度的高低就是一个直接影响计算机性能的极其重要的技术指标了。

第 4 节　逻辑函数的基本概念

一、逻辑变量与逻辑函数

1. 逻辑变量

逻辑代数又称为“布尔代数”，是研究数字电路的重要数学工具。逻辑代数与普通代数一样，也有变量与常量的概念，但是逻辑代数中的常量只有 0 和 1 两种。它只是用来表示两种对立的逻辑状态，例如，条件是否具备，结果是否产生等，并不表示数量的大小。逻辑代数中的变量称为“逻辑变量”，但是无论它如何变化，也只有 0、1 两种取值，不是等于0就是等于1，不可能有任何其他的取值。

2. 逻辑函数

逻辑变量之间如果存在着一定的因果关系，就可以用逻辑函数来描述这一关系。与普通代数一样，逻辑函数可以定义为：若逻辑变量A、B、C、…的值确定之后，变量L的值也被唯一地确定了，则变量L可以称为是变量A、B、C、…的逻辑函数，表示为：

$$L=f(A、B、C、\cdots)$$

由于逻辑函数可以用逻辑电路来实现运算，因此变量A、B、C、…可以称为“输入变量”，变量L称为“输出变量”。

对于输入为一个变量A的逻辑函数L，只有两种可能，一种是$L=A$，另一种是$L=\overline{A}$。

对于输入为两个变量A、B的逻辑函数L来讲，情况就复杂得多，函数形式是多种多样的，例如与运算、或运算及各种复合运算等。另有两种常用的输入为二变量的逻辑函数，即异或函数和同或函数。

异或函数是指：当两个输入变量A、B取值不同（相异）时，输出L为1，否则输出为0。其真值表见表4—15。

表4—15　　异或函数的真值表

A	B	L
0	0	0
0	1	1
1	0	1
1	1	0

异或函数式可以写成：

$$L=A\oplus B$$

同或函数是指：当两个输入变量A、B取值相同时，输出L为1，否则输出为0。其真值表见表4—16。

表4—16　　同或函数的真值表

A	B	L
0	0	1
0	1	0
1	0	0
1	1	1

同或函数式可以写成：

$$L = A \odot B$$

很容易就可以发现，异或函数和同或函数是一对反函数，即异或函数的输出取反（把0改为1，把1改为0）就是同或函数，同或函数取反就是异或函数。用公式可以写成：

$$异或非 = 同或 \qquad \overline{A \oplus B} = A \odot B$$

$$同或非 = 异或 \qquad \overline{A \odot B} = A \oplus B$$

输入为二变量的逻辑函数还有多种，例如各种复合门、半加器、比较器等，输入为三变量及三变量以上的逻辑函数，情况就更为复杂了，以后还将深入学习。

二、逻辑函数的表示方法

表示一个逻辑函数，通常使用真值表及函数式。为了实现逻辑函数的运算功能，需要用逻辑电路图，逻辑电路图通常也简称为“逻辑图”，因此，真值表、函数式及逻辑图都可以用来表示逻辑函数。

下面以异或函数为例，用三种不同的形式做出表示。

1. 真值表

异或函数的真值表见表4—15。用真值表反映一个逻辑函数的逻辑功能，是最直观、最明确无误的，但是在输入变量多的时候，真值表可能很长，不太方便。

2. 函数式

异或函数的函数式可以用公式 $L = A \oplus B$ 表示，但是以前讲过，所有的逻辑函数都可以用与、或、非这三种基本运算来表示，那么怎样用与、或、非的基本运算来表示异或函数呢？仔细观察一下异或函数的真值表，用文字来描述一下异或函数在什么情况下输出为1。答案是当满足 $A=0$、$B=1$ 或者 $A=1$、$B=0$ 两种情况中的一种时，输出为1。说明了函数在什么情况下输出为1，就不需要再说明在什么情况下输出为0了，因为不满足上述两种情况，输出就是0。据此，可以列出异或函数用基本运算来表示的函数式为：

$$L = \overline{A}B + A\overline{B}$$

上式中的第一项，说明了 $A=0$、$B=1$ 时输出为1，因为 $A=0$ 就是 $\overline{A}=1$，$\overline{A}B$ 就是 $\overline{A}$ 与B全1出1。第二项说明了 $A=1$、$B=0$ 时输出为1，因为 $B=0$ 就是 $\overline{B}=1$，$A\overline{B}$就是A与 $\overline{B}$ 全1出1，两项相加表示逻辑或，表示这两种情况只要出现其中的一种，输出就是1了。因此上述公式已经包含了文字描述“当满足 $A=0$、$B=1$ 或者 $A=1$、$B=0$ 两种情况中的一种时，输出为1”的全部内容，也就是包含了真值表的全部内容。根据上式如果把

A 和 B 四种取值情况（00、01、10、11）代入公式中，即可得出真值表的结果。例如，代入真值表的第一行取值组合 A=0、B=0，可得：

$$L = \overline{0} \times 0 + 0 \times \overline{0} = 1 \times 0 + 0 \times 1 = 0 + 0 = 0$$

其余三种情况学员可自行计算验证。

由上述例子，说明了如何用真值表来得到函数式的方法，那就是：在真值表中，取出输出值为 1 的各项，每项在函数式中对应一个乘积项，每个乘积项中输入变量为 1 的写成原变量，输入变量为 0 的写成反变量，再把这些乘积项加起来，就可以得出函数式。由于这种函数式是先做与运算，再做或运算，因此也叫做“与或式”。

【例 4—1】 写出同或函数的与或式。

解：根据同或函数的真值表（见表 4—16），可以把输入变量 AB 的第一项及第四项取出来；第一项 AB 取值为 00，都写成反变量 $\overline{A}\overline{B}$，第四项取值为 11，都写成原变量 AB，两项相加得出：

$$L = \overline{A}\overline{B} + AB$$

3. 逻辑图

由函数式，把非运算画成非门，与运算画成与门，或运算画成或门，就可以画出相对应的门电路，得到异或函数的逻辑电路如图 4—12a 所示。由于异或门是一种常用的复合门电路，所以有现成的集成门电路可供使用，其逻辑符号如图 4—12b 所示。根据上述方法，只要有了函数式，得出逻辑图是很容易的。同样道理，有了逻辑图，也不难得到函数式及真值表，下面举例说明。

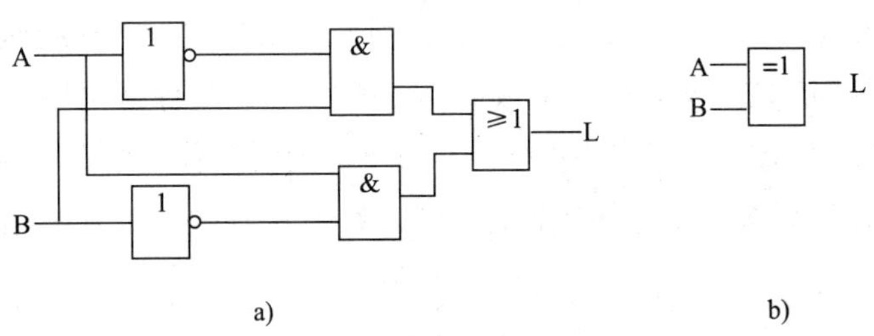

图 4—12　异或函数的逻辑图及逻辑符号

a）逻辑图　b）逻辑符号

【例 4—2】 根据如图 4—13 所示的逻辑图写出对应的函数式，并列出真值表。

由图可得函数式：$L = \overline{A}\overline{B} + AB$。

可以发现，电路原来就是同或函数的逻辑图，把 A、B 的不同取值组合代入函数式，可以得出真值表，见表 4—16。

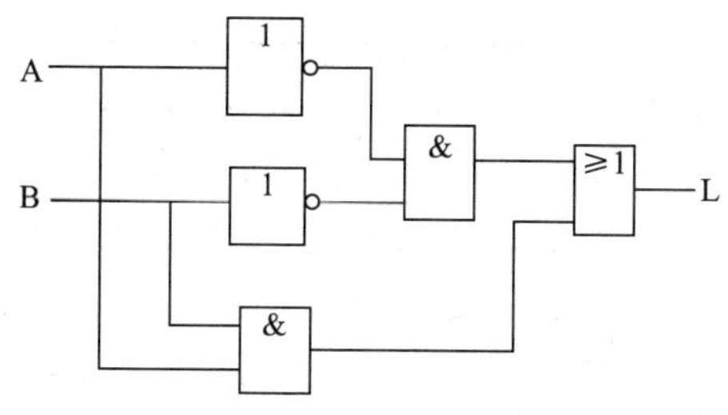

图 4—13　例 4—2 的逻辑图

通过本例还可以看到，一个逻辑函数，其真值表是唯一的，但是逻辑图及函数式可以有多种表现形式，例如异或函数，逻辑图可以如图 4—12a 所示，但是如果把图 4—13 的逻辑图在最后的输出端加上一个非门也可以实现异或函数。异或函数的函数式可以是 $L=\overline{A}B+A\overline{B}$，也可以用同或函数求反得到，即 $L=\overline{A}B+A\overline{B}=\overline{\overline{A}\,\overline{B}+AB}$，因为同或非就是异或。

综上所述，逻辑函数的表示方法有真值表、函数式、逻辑图三种，要求学员能熟练地运用这三种方法表示逻辑函数，并能在这三种方法之间进行转换。

【例 4—3】　画出函数 $L=\overline{AB+C}$的逻辑图，列出真值表，再根据真值表列出与或式。

解：按运算的次序可以得出逻辑图如图 4—14 所示。

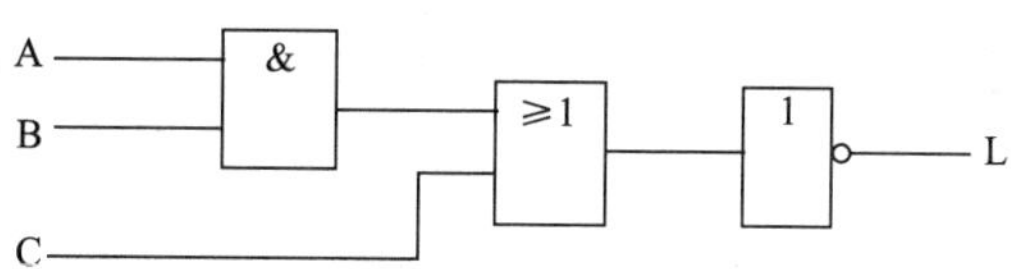

图 4—14　例 4—3 的逻辑图

列出输入为三变量的逻辑函数的真值表（见表 4—17），把每一项的变量组合情况代入函数式中，求出函数值填入表中，第一项及第二项分别为：

$$L=\overline{AB+C}=\overline{0\times0+0}=\overline{0}=1$$

$$L=\overline{AB+C}=\overline{0\times0+1}=\overline{1}=0$$

其余各项学员可自行计算后填入表 4—17 中。

表 4—17　　　　**例 4—3 的真值表**

A	B	C	L
0	0	0	1
0	0	1	0

续表

A	B	C	L
0	1	0	1
0	1	1	0
1	0	0	1
1	0	1	0
1	1	0	0
1	1	1	0

最后按照由真值表得到与或式的方法，取出输出为1的三项，按A、B、C取值列出与或式如下：

$$L = \overline{A}\,\overline{B}\,\overline{C} + \overline{A}B\overline{C} + A\,\overline{B}\,\overline{C}$$

由本例可见，列出的与或式和原来的函数式不同，如果用这一与或式来做成逻辑电路，则逻辑图显然要复杂得多，如果在工程中要做出这一电路，经济代价就较大了。因此，如何用最为简单的方法来实现一个逻辑函数，是一个十分现实的问题，实际上这就牵涉到一个逻辑函数化简的问题了。为此，学习一点逻辑代数的知识，是十分必要的。

三、逻辑代数的基本定律及公式

1. 逻辑代数的基本定律

（1）逻辑加

$$A + 0 = A$$

$$A + 1 = 1$$

$$A + A = A$$

$$A + \overline{A} = 1$$

学员只要用 $A = 0$ 及 $A = 1$ 两种情况代入以上各个公式，就不难证明其正确性，因为逻辑变量的取值只有0、1两种情况。

（2）逻辑乘

$$A \times 0 = 0$$

$$A \times 1 = A$$

$$A \times A = A$$

$$A \times \overline{A} = 0$$

（3）逻辑非

除了上面提到的 $A+\overline{A}=1$ 及 $A\times\overline{A}=0$ 以外，还有：

$$\overline{\overline{A}}=A$$

2. 与普通代数相似的定律

结合律：$(A+B)+C=A+(B+C)$

$(AB)C=A(BC)$

交换律：$A+B=B+A$

$AB=BA$

分配律：$A(B+C)=AB+AC$

$A+BC=(A+B)(A+C)$

上式是普通代数中没有的，证明如下。

$(A+B)(A+C)=AA+AC+BA+BC=A+AC+BA+BC=A(1+C+B)+BC=A\times 1+BC=A+BC$

3. 摩根定律

与非 = 非或　　$\overline{ABC\cdots}=\overline{A}+\overline{B}+\overline{C}+\cdots$

或非 = 非与　　$\overline{A+B+C+\cdots}=\overline{A}\,\overline{B}\,\overline{C}\cdots$

公式“与非 = 非或”的证明：对于输入为二变量的情况，可以用真值表来证明。因为输入变量只可能出现 00、01、10、11 四种情况，只要这四种情况公式两边相等，就说明这一公式成立，见表 4—18。

表 4—18　　摩根定律的证明

A	B	$\overline{AB}$	$\overline{A}+\overline{B}$	$\overline{A+B}$	$\overline{A}\,\overline{B}$
0	0	1	1	1	1
0	1	1	1	0	0
1	0	1	1	0	0
1	1	0	0	0	0

如果令 $X=BC$，还可以证明只要对于输入为两个变量时摩根定律正确，那么对于输入为三个变量时也正确。

$$\overline{AX}=\overline{A}+\overline{X}$$

$$\overline{ABC}=\overline{A}+\overline{BC}=\overline{A}+\overline{B}+\overline{C}$$

依次类推，令 $X=CD$，可以推理到对于输入为四个变量乃至任意多个变量时也正确。

$$\overline{ABX}=\overline{A}+\overline{B}+\overline{X}$$

$$\overline{ABCD} = \overline{A} + \overline{B} + \overline{CD} = \overline{A} + \overline{B} + \overline{C} + \overline{D}$$

用同样的方法，也不难证明公式“或非等于非与”的正确，学员可以自行证明。

由于逻辑“非”的运算是普通代数中所没有的，因此摩根定律在逻辑函数的运算中有着十分重要的作用。应用摩根定律时，可以理解为：把长长的“非”运算符分段后，应该随即改变下面的运算符，即把与（乘）改成或（加），把或（加）改成与（乘）。反之，把短短的“非”运算符连接起来后，下面的与、或运算符也应该做同样的变化。注意到 $A=\overline{\overline{A}}$，因此以下的变换也成立。

$$AB = \overline{\overline{AB}} = \overline{\overline{A} + \overline{B}}$$

$$A + B = \overline{\overline{A + B}} = \overline{\overline{A}\,\overline{B}}$$

4. 与或式化简常用公式

（1）$A + AB = A$

证明：$A + AB = A(1 + B) = A \times 1 = A$

说明：在与或式中，如果其中的一项（例如 A）是另一项（例如 AB）的因子，则另一项是多余的，可以划去。

（2）$A + \overline{A}B = A + B$

证明：$A + \overline{A}B = A + AB + \overline{A}B = A + B(A + \overline{A}) = A + B \times 1 = A + B$

说明：在与或式中，如果其中一项（例如 A）的反是另一项的因子（例如 $\overline{A}B$ 中的 $\overline{A}$），则另一项中的这个因子是多余的，可以划去。

（3）$AB + \overline{A}C + BC = AB + \overline{A}C$

证明：$AB + \overline{A}C + BC = AB + \overline{A}C + BC(A + \overline{A}) = AB + \overline{A}C + ABC + \overline{A}BC$

$= A(B + BC) + \overline{A}(C + BC) = AB + \overline{A}C$

推论：$AB + \overline{A}C + BCD\cdots = AB + \overline{A}C$

证明：$AB + \overline{A}C + BCD\cdots = AB + \overline{A}C + BC + BCD\cdots = AB + \overline{A}C$

说明：在与或式中，如果一项中包含了原变量（例如 A），另一项包含了反变量（例如 $\overline{A}$），而这两项的其余因子（B、C）都是第三项（BCD…）的因子，则第三项是多余的，可以划去。

第 5 节　逻辑函数的化简

一、表达式的种类

学习了逻辑代数的基本定律及公式，就可以对一个逻辑函数进行变换，或者化简一个逻辑函数了，但是逻辑函数有哪些种类，化简到什么程度才算是最简，先要心中有数。下面是一个逻辑函数的几种最简的表达式。

一个用“或与式”表示的逻辑函数：　　　$L=(A+\bar{C})(C+D)$

展开、化简后可得“与或式”：　　　$L=AC+\bar{C}D$

用摩根定律转换为“与非－与非式”　　　$L=\overline{\overline{AC}\,\overline{\bar{C}D}}$

由或与式还可转换为“或非－或非式”：　　　$L=\overline{\overline{A+\bar{C}}+\overline{C+D}}$

用摩根定律转换为“与或非式”：　　　$L=\overline{\bar{A}C+\bar{C}\bar{D}}$

以上各种表达式都是最简的，具体采用哪一种取决于准备用什么门电路来实现这一逻辑函数。如果门电路采用与非门，就要化为与非－与非式；如果门电路采用或非门，就要化为或非－或非式；如果采用与或非门，则应化为与或非式。一般情况下，最常用的是与或式，这不仅仅是因为一个逻辑函数由真值表直接得到的表达式就是与或式，而且使用下文将介绍的代数化简法及卡诺图化简法化简完的基本上都是与或式，由与或式也可以方便地转换为其他的最简式。化简一个逻辑函数为最简与或式，不但要求函数式的项数最少，而且要求每项中的因子最少。

二、代数化简法

代数化简法主要就是用前面讲过的常用公式把与或式化到最简。在逻辑函数不是与或式时，通常可用代数运算或摩根定律展开成与或式后再化简。

【例 4—4】　化简函数式 $L=AD+A\bar{D}+ABC+\bar{A}C$。

解：式中第 1、2 项可以合并为一项，即 $AD+A\bar{D}=A(D+\bar{D})=A$。因为有了 A，按公式 $A+AB=A$，第 3 项 ABC 可以划去。按公式 $A+\bar{A}B=A+B$，第四项 $\bar{A}C$ 中的 $\bar{A}$ 可以

划去。化简过程为：

$$L = AD + A\bar{D} + ABC + \bar{A}C = A(D + \bar{D}) + ABC + \bar{A}C = A + ABC + \bar{A}C = A + C$$

【例4—5】 化简函数式 $L = \overline{\bar{A}BC}(B + \bar{C})$，画出用与非门组成的逻辑电路图。

解：先用摩根定律把 $\overline{\bar{A}BC}$ 化为 $\overline{\bar{A}BC} = A + \bar{B} + \bar{C}$，然后用乘法展开成与或式，再用与或式化简公式化简。

$$L = \overline{\bar{A}BC}(B + \bar{C}) = (A + \bar{B} + \bar{C})(B + \bar{C}) = AB + A\bar{C} + \bar{B}B + \bar{B}\bar{C} + B\bar{C} + \bar{C} = AB + \bar{C}$$

为了用与非门组成电路，还需用摩根定律转换。

$$L = AB + \bar{C} = \overline{\overline{AB}\,C}$$

由此可得如图4—15所示的逻辑图。

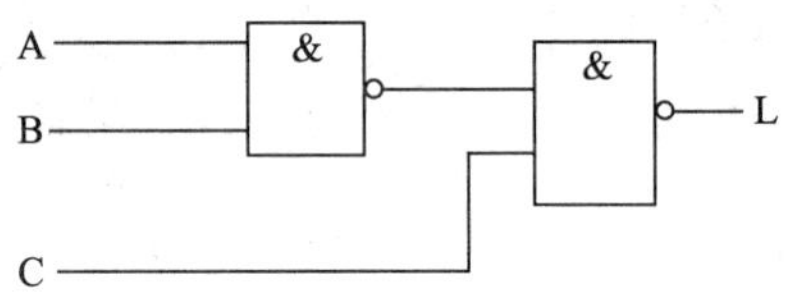

图4—15　例4—5的逻辑图

【例4—6】 化简函数式 $L = A + \bar{A}BC + \bar{B}D + C\bar{D} + \bar{B}C$。

解：按公式 $A + \bar{A}B = A + B$，第2项 $\bar{A}BC$ 中的 $\bar{A}$ 可以划去，又因为第2项剩下的BC与第5项 $\bar{B}C$ 中分别有公共因子C，故这两项可以合并为一项，由此可得：

$$L = A + \bar{A}BC + \bar{B}D + C\bar{D} + \bar{B}C = A + BC + \bar{B}D + C\bar{D} + \bar{B}C = A + (B + \bar{B})C + \bar{B}D + C\bar{D}$$

$$= A + C + \bar{B}D + C\bar{D} = A + C + \bar{B}D$$

三、逻辑函数的卡诺图化简法

1. 逻辑函数的最小项表达式

前面已经学习了用真值表直接得出与或式的方法，表4—19是一个引例。

表4—19　　**真值表**

A	B	C	L
0	0	0	1
0	0	1	0
0	1	0	1

续表

A	B	C	L
0	1	1	1
1	0	0	1
1	0	1	0
1	1	0	0
1	1	1	0

按真值表 4—19 所示，可以列出与或式为：

$$L=\overline{A}\,\overline{B}\,\overline{C}+\overline{A}B\overline{C}+\overline{A}BC+A\,\overline{B}\,\overline{C}$$

这种用真值表直接得出的与或式也称为“最小项表达式”，最小项的含义是公式中的每一项都是没有经过化简、合并过的，因此称为“最小项”，其特点是每一项都包含有输入量的每一个因子。看来，既然每一个函数都有真值表，函数式都可以用最小项表达式来表示，那么表达式能否写得简要些呢？既然真值表中的输入变量取值是按照二进制数由小到大来排列的，那么把真值表的每一项都编上号，然后在函数式中写出最小项的编号，函数式不就简单多了吗？例如本例可以表达为：

$$L(A、B、C)=m_0+m_2+m_3+m_4=\sum m(0、2、3、4)$$

式中每个最小项编号所对应的最小项见表 4—20。

表 4—20　　　　最小项及其编号

A	B	C	最小项	最小项编号
0	0	0	$\overline{A}\,\overline{B}\,\overline{C}$	m_0
0	0	1	$\overline{A}\,\overline{B}C$	m_1
0	1	0	$\overline{A}B\overline{C}$	m_2
0	1	1	$\overline{A}BC$	m_3
1	0	0	$A\overline{B}\,\overline{C}$	m_4
1	0	1	$A\overline{B}C$	m_5
1	1	0	$AB\overline{C}$	m_6
1	1	1	ABC	m_7

显然，根据最小项表达式，可以很容易地写出与或式。m_0对应的变量取值是 000，最小项就是$\overline{A}\,\overline{B}\,\overline{C}$；$m_2$对应的变量取值是 010，最小项就是$\overline{A}B\overline{C}$…，据此可以很快写出对应

的与或式。

2. 逻辑函数的卡诺图表示法

如果用代数法化简本引例的与或式，只要把首尾两项合并起来，把中间两项也合并起来，就可以得出结果。

$$L=\overline{A}\,\overline{B}\,\overline{C}+\overline{A}B\overline{C}+\overline{A}BC+A\overline{B}\,\overline{C}=(\overline{A}+A)\overline{B}\,\overline{C}+(\overline{C}+C)\overline{A}B=\overline{B}\,\overline{C}+\overline{A}B$$

化简后的结果说明：上述函数只要变量 B、C 都为 0，输出就是 1（与 A 的状态无关）；或者变量 A、B 分别取 0、1，输出也是 1（与 C 的状态无关）。其实，这一化简结果，只要仔细观察一下真值表，就可以直接得出结果。这就是说，化简逻辑函数不一定非要列出最小项表达式，也可以直接按照真值表写出化简结果。在本例中，中间两项的合并，在真值表中是列在一起的，很容易看出化简结果中应该有一项 $\overline{A}B$。但是，首尾两项在真值表中是分开的，不仔细观察不大容易发现化简结果中还有一项 $\overline{B}\,\overline{C}$。因此，为了能够实现直接在真值表上化简逻辑函数，真值表的排列方法还是有必要加以改进的，最好能把具有相同公共因子的各个最小项都排列在一起，尽可能不要分开，这样即可取出各个最小项的公共因子，以便做到直接在真值表上化简函数。

图 4—16 所示是引例中真值表的另外一种排列方法，其名称为“卡诺图”。一个输入为三变量的逻辑函数的卡诺图，其最小项的编号及其所对应的每一个最小项如图 4—16a 所示，最小项公共因子的范围列在边上。引例的卡诺图如图 4—16b 所示，边上的 0、1 是输入变量 A、B、C 的取值，格子中的 0、1 即引例函数的取值。由图可见，卡诺图的这种排列方法，能够把各个最小项的公共因子都排列在一起，图中上边 4 个格子都具有因子 $\overline{A}$，下边 4 个格子都具有因子 A；左边的 4 个格子都有因子 $\overline{B}$，右边的 4 个格子都有因子 B；中间的 4 个格子都有因子 C，两边的 4 个格子（可以看成把卡诺图沿中心线叠起，认为这 4 个格子也是相邻的）都有因子 $\overline{C}$。在卡诺图上化简逻辑函数时，只要把输出为 1 的相邻的格子圈在一起，列出圈中的公共因子，就可以得出已经化简的与或式了。本例中，

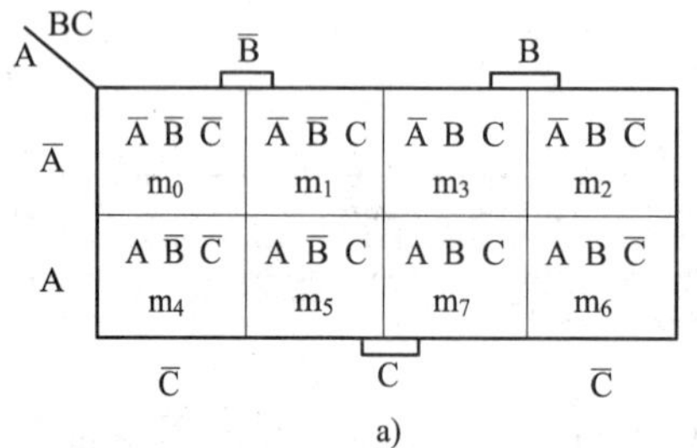

a)

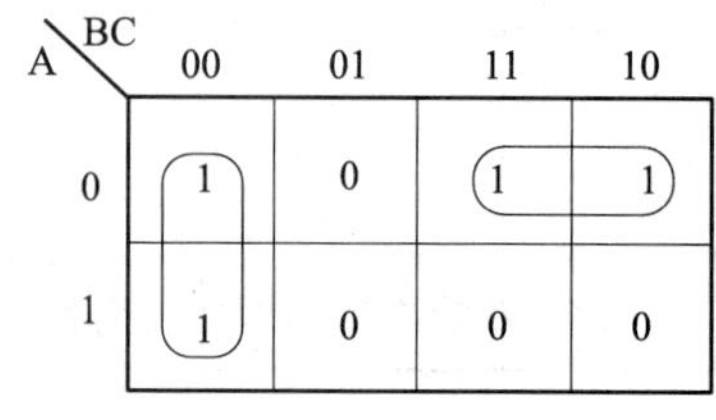

b)

图 4—16　输入为三变量的卡诺图

a）三变量卡诺图　b）引例的卡诺图

右上方的两个格子（2号、3号）为1，圈在一起其公共因子为 $\overline{A}B$，左边的两个格子（0号、4号）为1，圈在一起公共因子为 $\overline{B}\,\overline{C}$，由此得出与或式为 $L=\overline{B}\,\overline{C}+\overline{A}B$。

3. 用卡诺图化简逻辑函数

用卡诺图化简逻辑函数时，应该遵照以下的规则。

（1）把输出为1的格子圈在一起时，格子的数目应该是1个、2个、4个、……（即 2^n 个）。

（2）圈越大，圈的数目越少，则函数越简单。

（3）为了使得圈大，圈过的格子可以再用（因为 $A+A=A$），但是每画一个新的圈必须至少包含一个新的格子。

（4）一个函数可以有几种最简的圈法，因此解答可能有多个。

【例4—7】 化简逻辑函数 $L(A、B、C)=\sum m(0、1、3、6、7)$。

解：画出三变量卡诺图（见图4—17），在0、1、3、6、7号格子中填上1，其余的填上0，然后把相邻的1圈在一起。

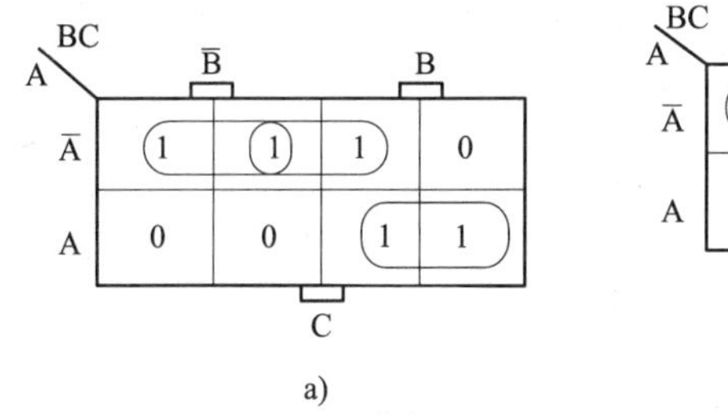

a)

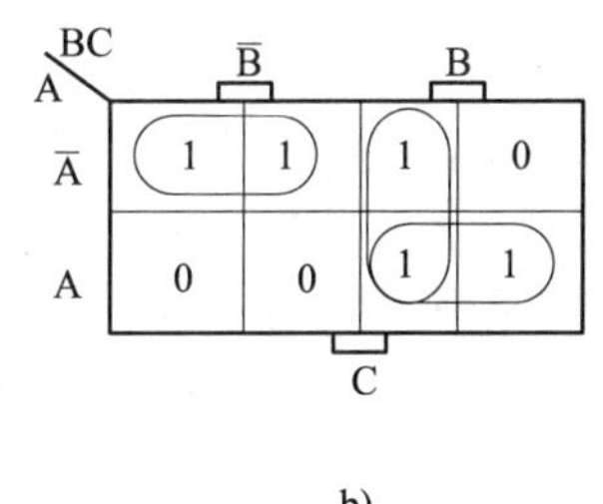

b)

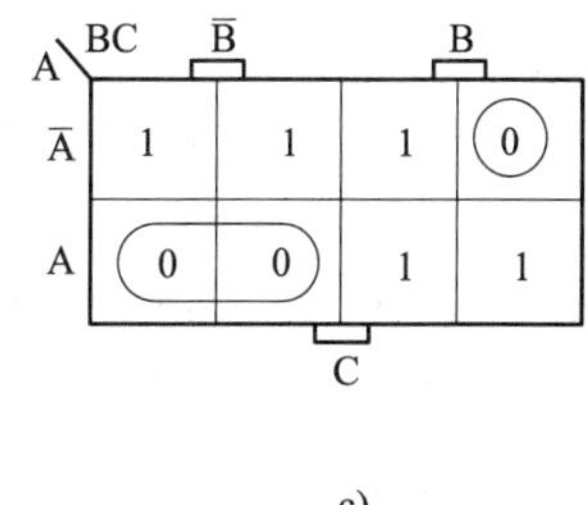

c)

图4—17　例4—7的卡诺图

a）一种解答　b）另一种解答　c）圈0得与或非式

按图4—17a可得：$L=\overline{A}\,\overline{B}+\overline{A}C+AB$；

按图4—17b可得：$L=\overline{A}\,\overline{B}+BC+AB$；

按图4—17c，如果把输出为0的格子圈起来，也可以得到一个反函数，即：$\overline{L}=A\overline{B}+\overline{A}B\overline{C}$。

由此可得与或非式：

$$L=\overline{A\overline{B}+\overline{A}B\overline{C}}$$

由本例可见，有了最小项表达式，可以填卡诺图化简。圈1可以得到最简与或式，如果把与或式转换为与非－与非式，则函数就可以全部用与非门实现。

$$L=\overline{A}\,\overline{B}+\overline{A}C+AB=\overline{\overline{\overline{A}\,\overline{B}+\overline{A}C+AB}}=\overline{\overline{\overline{A}\,\overline{B}}\;\overline{\overline{A}C}\;\overline{AB}}$$

圈0则可以得到与或非式，如果把与或非式转换为或非－或非式，则函数就可以全部用或非门实现。

$$L=\overline{A\bar{B}+\bar{A}B\bar{C}}=\overline{\overline{\bar{A}+B}+\overline{A+\bar{B}+C}}$$

对于输入为四个变量的逻辑函数，如果真值表中输入变量是按照A、B、C、D从左向右排列，其卡诺图如图4—18所示。图4—18a所示为最小项与公共因子的范围，图中下边8个格子都具有因子A（其余上边8个格子都具有因子$\bar{A}$）；中间两行的8个格子都有因子B（其余为$\bar{B}$），右边的8个格子都有因子C（左边为$\bar{C}$）；中间的两列8个格子都有因子D（两侧为$\bar{D}$）。图4—18b所示是输入变量的取值与最小项编号。应该注意的是，在按照最小项表达式填写某一个函数的卡诺图时，应该注意最小项的编号在卡诺图中不是顺着行、列的次序排列下来的，应特别注意编号的排列规律。

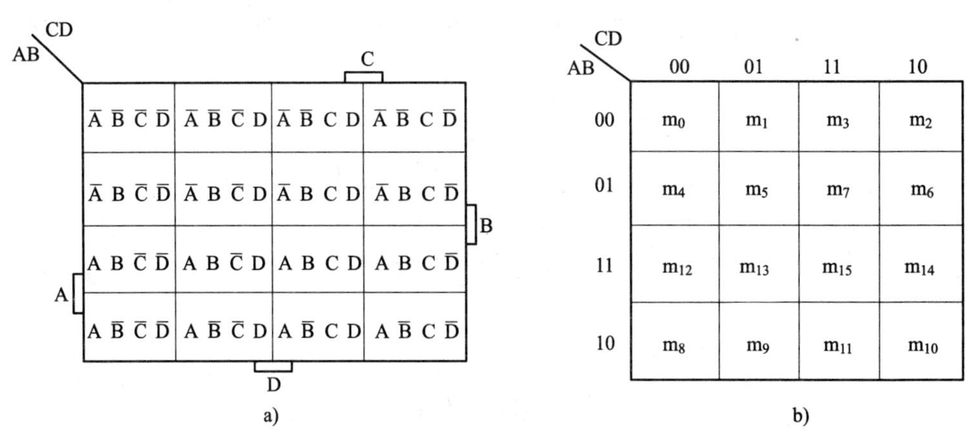

图4—18　输入为四变量的卡诺图

a）最小项与公共因子的范围　b）最小项的编号

【例4—8】　化简逻辑函数L（A、B、C、D）＝Σm（0～4、8、10、11、14、15）。

解：画出四变量卡诺图如图4—19所示，在与上式相应的格子上填上1，其余的填上0，然后圈1。

由图4—19可得，最简与或式为：

$$L=\bar{A}\bar{B}+AC+\bar{A}\bar{C}\bar{D}+\bar{B}\bar{D}$$

应该注意的是，最后一项$\bar{B}\bar{D}$是把4个边角上的格子圈在一起的，按中心线折叠时，上下两行有公共因子$\bar{B}$，左右两列有公共因子$\bar{D}$，因此这4个格子应该圈在一起。

综上所述，卡诺图的确是一种很好的化简逻辑函数的方法。在设计一个组合逻辑电路时，一般总是按照设计要求先列出真值表，由此就可以得到卡诺图，化简后就可以得到一个最简的与或式，再按照选定的门电路种类画出逻辑图。但是卡诺图也不是万能的，因为如果逻辑函数输入变量大于4个，卡诺图即使能画出来，也无法直观地用于化简。此外，卡诺图只能用于化简与或式，其他逻辑函数式的化简、变换还是要用到代数法。逻辑代数是学习数字电路的基础，学员应初步掌握简单逻辑函数的化简、变换方法。

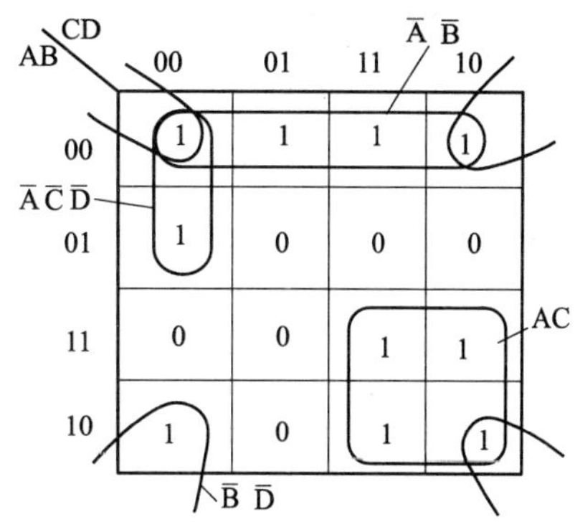

图4—19　例4—8的卡诺图

【例4—9】 某设备规定开动时必须有人看管，并且在一定的温度之下才能工作。如果机器工作时无人看管或温度过高，应立即报警。试设计一个用与非门组成的报警电路。

设：电路有三个输入量A、B、C，一个输出量L。

A——机器开机信号（A=1表示机器工作，0表示停机）。

B——红外感应信号（B=1表示有人在场，0表示无人）。

C——温度传感信号（C=1表示温度过高，0表示正常）。

L——报警输出信号（L=1表示报警）。

解：按题意列出真值表（见图4—20a），工作时（A=1）无人（B=0）报警，温度过高（C=1）报警，输出填上1，其余填上0。

A	B	C	L
0	0	0	0
0	0	1	1
0	1	0	0
0	1	1	1
1	0	0	1
1	0	1	1
1	1	0	0
1	1	1	1

a)

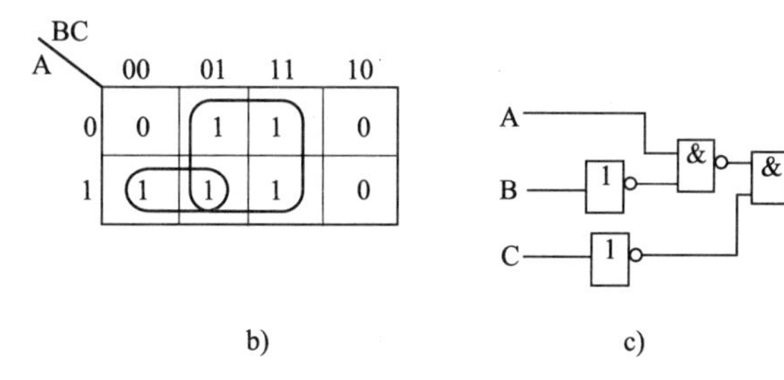

图4—20　例4—9的真值表及卡诺图

a）真值表　b）卡诺图　c）逻辑图

由真值表可得卡诺图4—20b，化简可得函数式，化为与非－与非式后可以得到逻辑图4—20c。

$$L = C + A\overline{B} = \overline{\overline{C}\;\overline{A\overline{B}}}$$

测 试 题

一、判断题

1. 数字电路处理的信息是二进制数码。（　　）

2. 若电路的输出与各输入量的状态之间有着一一对应的关系，则此电路是时序逻辑电路。（　　）

3. 八进制数有1～8共8个数码，基数为8，计数规律是逢八进一。（　　）

4. 把十六进制数26H化为二－十进制数是00100110。（　　）

5. 有三个开关并联起来控制一只电灯时，电灯的亮与不亮同三个开关的闭合或断开之间的对应关系属于“与”的逻辑关系。（　　）

6. 对于与非门来讲，其输入－输出关系为有0出1、全1出0。（　　）

7. 1001个“1”连续异或的结果是1。（　　）

8. 对于任何一个逻辑函数来讲，其逻辑图是唯一的。（　　）

9. 变量和函数值均只能取0或1的函数称为逻辑函数。（　　）

10. 已知AB＝AC，则B＝C。（　　）

11. 已知A＋B＝A＋C，则B＝C。（　　）

12. 卡诺图是真值表的另外一种排列方法。（　　）

二、单项选择题

1. 数字电路中的工作信号为(　　)。

A. 随时间连续变化的信号　　B. 脉冲信号

C. 直流信号　　D. 开关信号

2. 分析数字电路的主要工具是逻辑代数，数字电路又称作(　　)。

A. 逻辑电路　　B. 控制电路　　C. 代数电路　　D. 触发电路

3. 含有触发器的数字电路属于(　　)。

A. 组合逻辑电路　　B. 时序逻辑电路　　C. 逻辑电路　　D. 门电路

4. 若电路的输出与各输入量的状态之间有着一一对应的关系，则此电路是(　　)。

A. 组合逻辑电路　　B. 时序逻辑电路　　C. 逻辑电路　　D. 门电路

5. 二进制是以 2 为基数的进位数制，一般用字母(　　)表示。

A. H　　B. B　　C. A　　D. O

6. 十进制是以 10 为基数的进位数制，一般用字母(　　)表示。

A. H　　B. B　　C. A　　D. D

7. 十六进制数 FFH 转换为十进制数为(　　)。

A. 1515　　B. 225　　C. 255　　D. 256

8. 一位十六进制数可以用(　　)位二进制数来表示。

A. 1　　B. 2　　C. 4　　D. 16

9. 下列几种说法中与 BCD 码的性质不符的是(　　)。

A. 一组四位二进制数组成的码只能表示一位十进制数

B. BCD 码是一种人为选定的 0 ~ 9 十个数字的代码

C. BCD 码是一组四位二进制数，能表示十六以内的任何一个十进制数

D. BCD 码有多种

10. BCD 码就是(　　)。

A. 二 - 十进制编码　　B. 十进制编码　　C. 二进制编码　　D. 奇偶校验码

11. 对于与门来讲，其输入 - 输出关系为(　　)。

A. 有 1 出 0　　B. 有 0 出 1　　C. 全 1 出 1　　D. 全 1 出 0

12. 对于或门来讲，其输入 - 输出关系为(　　)。

A. 有 1 出 1　　B. 有 0 出 1　　C. 全 0 出 1　　D. 全 1 出 0

13. 一只四输入与非门，使其输出为 0 的输入变量取值组合有(　　)种。

A. 15　　B. 8　　C. 7　　D. 1

14. 一只四输入或非门，使其输出为 1 的输入变量取值组合有(　　)种。

A. 15　　B. 8　　C. 7　　D. 1

15. 对于或非门来讲，其输入 - 输出关系为(　　)。

A. 有 1 出 0　　B. 有 0 出 0　　C. 全 1 出 1　　D. 全 1 出 0

16. 若将一个 TTL 异或门（输入端为 A、B）当做反相器使用，则 A、B 端应(　　)。

A. A 或 B 有一个接 1　　B. A 或 B 有一个接 0

C. A 和 B 并联使用　　D. 不能实现

17. 对于任何一个逻辑函数来讲，其(　　)是唯一的。

A. 真值表　　B. 逻辑图　　C. 函数式　　D. 电路图

18. 由函数式 $L = \bar{A}B + BC$ 可知，只要 A = 0、B = 1 输出 L 就(　　)。

A. 等于0　　B. 等于1

C. 不一定，要由C值决定　　D. 等于BC

19. 以下表达式中符合逻辑运算法则的是(　　)。

A. $C \cdot C = C^2$　　B. $1+1=10$　　C. $0<1$　　D. $A+1=1$

20. 当逻辑函数有 n 个变量时，共有(　　)个变量取值组合。

A. n　　B. $2n$　　C. n^2　　D. 2^n

21. 下列说法正确的是(　　)。

A. 已知逻辑函数 $A+B=AB$，则 $A=B$

B. 已知逻辑函数 $A+B=A+C$，则 $B=C$

C. 已知逻辑函数 $AB=AC$，则 $B=C$

D. 已知逻辑函数 $A+B=A$，则 $B=1$

22. 已知 $Y=A+BC$，则下列说法正确的是(　　)。

A. 当 $A=0$、$B=1$、$C=0$ 时，$Y=1$　　B. 当 $A=0$、$B=0$、$C=1$ 时，$Y=1$

C. 当 $A=1$、$B=0$、$C=0$ 时，$Y=1$　　D. 当 $A=1$、$B=0$、$C=0$ 时，$Y=0$

23. 下列逻辑代数基本运算关系式中不正确的是(　　)。

A. $A+A=A$　　B. $A \cdot A=A$　　C. $A+0=0$　　D. $A+1=1$

24. 在四变量卡诺图中，逻辑上不相邻的一组最小项为(　　)。

A. m_1 与 m_3　　B. m_4 与 m_6　　C. m_5 与 m_{13}　　D. m_2 与 m_8

25. 用卡诺图化简逻辑函数时，若每个方格群尽可能选大，则在化简后的最简表达式中(　　)。

A. 与项的个数少　　B. 每个与项中含有的变量个数少

C. 化简结果具有唯一性　　D. 化简结果为或与式

三、多项选择题

1. 与模拟电路相比，数字电路主要的优点有(　　)。

A. 容易设计　　B. 通用性强

C. 保密性好　　D. 抗干扰能力强

E. 针对性强

2. 在数字电路中，常用的计数制除十进制外，还有(　　)。

A. 二进制　　B. 八进制

C. 十六进制　　D. 二十四进制

E. 三十六进制

3. 对于同一个数来说，可以用各数制形式来表示，下面(　　)是同一个数。

A. $(B3D)_{16}$　　B. $(2877)_{10}$

C. $(101100111101)_2$　　D. $(457)_8$

E. $(123)_8$

4. 对于与非门来讲，其输入－输出关系为(　　)。

A. 有 1 出 0　　B. 有 0 出 1

C. 全 1 出 1　　D. 全 1 出 0

E. 有 1 出 1

5. 在(　　)输入情况下，“或非”运算的结果是逻辑 0。

A. 全部输入是 0　　B. 全部输入是 1

C. 任一输入为 0，其他输入为 1　　D. 任一输入为 1，其他输入为 0

E. 一个以上输入为 1

6. 表示逻辑函数功能的常用方法有(　　)等。

A. 真值表　　B. 逻辑图

C. 函数式　　D. 卡诺图

E. 梯形图

7. 逻辑变量的取值 1 和 0 可以表示(　　)。

A. 开关的闭合、断开　　B. 电位的高、低

C. 真与假　　D. 电流的有、无

E. 变量的大与小

8. 下列说法正确的是(　　)。

A. $AB = BA$　　B. $A + B = B + A$

C. $AA = A$　　D. $AA = A^2$

E. $AA = 2A$

9. 下列逻辑代数基本运算关系式中正确的是(　　)。

A. $A + A = A$　　B. $A \cdot A = A$

C. $A + 0 = 0$　　D. $A + 1 = 1$

E. $A + A = 2A$

10. 指出下列各式中哪个是四变量 A、B、C、D 的最小项(　　)。

A. ABC　　B. $A + B + C + D$

C. $ABCD$　　D. $\overline{A}BCD$

E. ABD

测试题答案

一、判断题

1. √　2. ×　3. ×　4. ×　5. ×　6. √　7. √　8. ×　9. √
10. ×　11. ×　12. √

二、单项选择题

1. D　2. A　3. B　4. A　5. B　6. D　7. C　8. C　9. C
10. A　11. C　12. A　13. D　14. D　15. A　16. A　17. A　18. B
19. D　20. D　21. A　22. C　23. C　24. D　25. B

三、多项选择题

1. BCD　2. ABC　3. ABC　4. BD　5. BCDE　6. ABCD　7. ABCD
8. ABC　9. ABD　10. CD

第 5 章

集成逻辑门电路和组合逻辑电路

第1节 TTL电路

数字集成电路按照其内部使用的晶体管种类的不同，可以分为双极型数字集成电路和金属氧化物半导体场效应管集成电路（即 MOS 电路）两种。双极型数字集成电路也有很多种类，其中应用得最多的是 TTL 电路。MOS 电路也有多种，目前常用的是 CMOS 电路和 NMOS 电路。

一、TTL 与非门的工作原理

TTL 是英文晶体管 - 晶体管逻辑电路（Transistor - Transistor Logic）的缩写，其内部的晶体管全部是 NPN 型的双极型三极管。图 5—1 所示是 TTL 与非门的原理电路图。TTL 电路的电源电压统一规定为 +5 V。图中的电路可以分为三级：第一级是由三极管 V1 组成的输入级，三极管 V1 的发射极有多个，每一个发射极作为门电路的一个输入端，起到了和二极管与门相当的作用；第二级是由三极管 V2 组成的中间级，起到了推动输出级的作用，它的发射极与集电极分别输出了两个极性相反的信号，使得输出级的两个三极管 V4、V5 处于一通一断的开关状态；第三级是由 V3、V4、V5 组成的输出级，其中 V4、V5 组成一个复合管，起到增强驱动能力的作用。TTL 与非门的电路结构，与分立元件的门电路相比虽然复杂了，但是其运算速度与负载能力有了很大的提高。

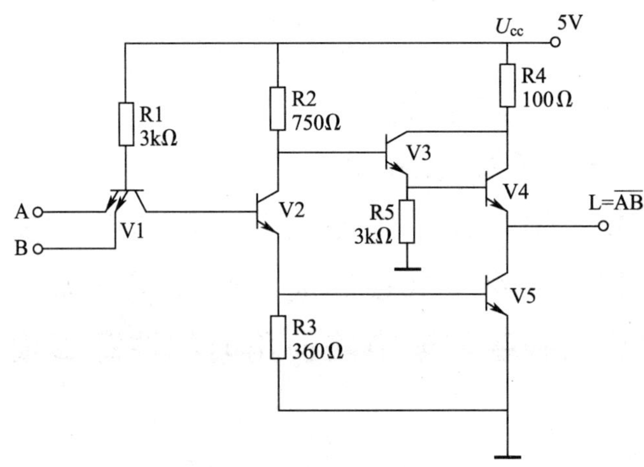

图 5—1 TTL 与非门电路

为什么这一电路具有与非门的逻辑功能呢？可以从以下几个方面来进一步分析。

1. 输入端全部悬空

在输入端全部悬空的情况下，电路从 U_{cc}→R1→V1 集电结→V2 发射结→V5 发射结有一条通路，使得 V2、V5 饱和导通，输出为 V5 的饱和压降 0.3 V 左右，即输出低电平。此时 V2 管集电极电位为 1 V（0.3 V +0.7 V），不足以使复合管 V3、V4 都导通，V4 管处于截止状态。

2. 输入端都是高电平

在输入端全部悬空时，V1 管的基极电位是三个 PN 结的压降，为 3 ×0.7 V =2.1 V。如果所有的输入端都输入高电平（大于2.1 V），则 V1 管的所有的发射结都处于反向偏置状态，此时电路的工作情况与上述输入端全部悬空时的情况是完全相同的，输出是低电平。

3. 输入端有一个为低电平

输入端如果有一个是低电平（约0.3 V）时，V1 管的发射结就导通了，此时 V1 管的基极电位就下降为 1 V 左右（0.3 V +0.7 V），这一点电压是不足以使 V1、V2、V5 的三个 PN 结导通的，因此 V2、V5 截止。而同时，由于 V2 的截止，使得电路存在 R2→V3发射结→V4 发射结的通路，V3、V4 管导通，因此电路输出高电平。在不计电阻 R2 上的微小压降时，输出高电平的大小为电源电压减去两个 PN 结的降压，即：5 V -2 ×0.7 V =3.6 V。

综上所述，可以大致得出如下结论，即电路具有与非门的逻辑功能，即全 1 出 0，有 0 出 1；电路输出的高电平约为3.6 V，低电平约为 0.3 V；电路输入端如果悬空，其效果相当于输入高电平。图 5—1 所示电路中的多发射极三极管 V1 只有两个输入端，如果制造时把 V1 做成具有更多发射极的三极管，则电路就可以有更多的输入端 A、B、C、D、…，可以完成多输入端的与非逻辑运算，即：

$$L = \overline{ABCD\cdots}$$

二、TTL 电路的主要参数及传输特性

1. 主要参数

介绍 TTL 电路的参数，主要是希望学员了解每个参数的含义，具体数值则与产品制造厂商以及产品型号有关，各不相同。现以常用的 74LS 系列（国产 T4000 系列）为例，列举如下，以供参考。

（1）输出高电平 U_{oH}。TTL 电路输出的高电平大小与负载情况有关，在输出端带有拉电流负载时（即流出 V4 管的负载电流，见图 5—2a），输出高电平将随着拉电流的增大而

降低。为保证正常的逻辑功能，输出高电平不能过低，在拉电流达到0.4 mA时，本例电路要求高电平应大于2.7 V。

（2）输出低电平 U_{oL}。TTL电路输出的低电平大小也与负载情况有关，在输出端带有灌电流负载时（即流入V5管的负载电流，见图5—2b），由于V5管饱和深度的减小，输出低电平随着灌电流的增大而升高。为保证正常的逻辑功能，输出低电平不能过高，在灌电流达到8 mA时，本例电路要求低电平应小于0.5 V。

图5—2　拉电流与灌电流

a）拉电流负载　b）灌电流负载

（3）输入漏电流 I_{iH}。TTL电路的输入端在输入高电平时，有电流从输入端流入（见图5—3a），这一电流就是V1管发射结的反向漏电流，在多级门电路相连时，这一电流就是前级门电路的拉电流负载，为减轻负载，这一电流应该越小越好，本例电路小于20 μA。

（4）输入短路电流 I_{is}。TTL电路的输入端在接地时，有电流从输入端流出（见图5—3b），这一电流就是V1管发射结导通时的电流，在多级门电路相连时，这一电流就是前级门电路的灌电流负载，为减轻负载，这一电流应该越小越好，本例电路小于0.4 mA。

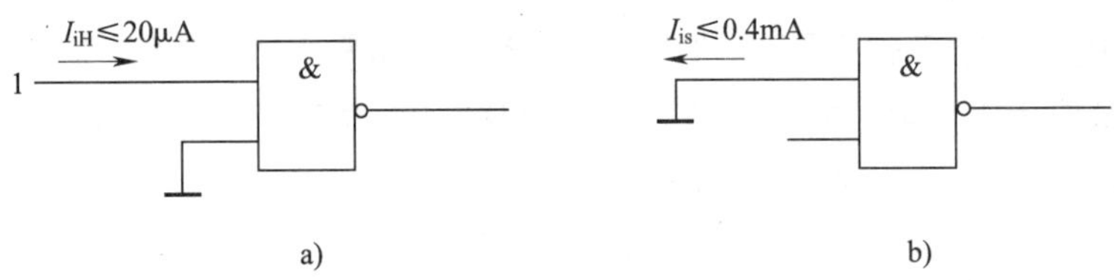

图5—3　输入电流

a）输入漏电流　b）输入短路电流

（5）扇出系数 N。一个门电路输出端能够驱动的同类门电路的最大数目，称为“扇出系数”，本例为20个。可以看出，测试输出高电平时的负载条件0.4 mA = 20 × 20 μA，测试输出低电平时的负载条件8 mA = 20 × 0.4 mA，就是根据扇出系数决定的。

（6）功耗。门电路工作时的功耗大小将影响到电路集成度的高低，也是考虑整个数字电路系统电源功率的依据之一，74LS在TTL电路中属于低功耗产品，约为2 mW。

（7）平均传输时间。由于三极管的导通与截止都需要一定的时间，因此门电路的输出信号在响应输入信号的变化时，也会有一定的延迟，门电路导通延迟时间与截止延迟时间的平均值称为“平均传输时间”，本例为 10 ns。

2. 传输特性

门电路的输出电压随着输入电压变动的情况，称为“传输特性”，图 5—1 所示的 TTL 与非门经过改进之后，其传输特性大致如图 5—4 所示。由图可见，当输入电压小于 1.4 V 时，输出电压是高电平；当输入电压大于 1.4 V 时，输出电压是低电平。也就是说输入电压是以 1.4 V 为界，在 1.4 V 以下就作为输入低电平，反之则作为高电平，通常把这一输入电压的分界线称为门电路的“门槛电平”或“阈值电压”。TTL 电路的门槛电平就是 1.4 V 左右。

由于 TTL 电路的这一特性，使得电路具有一定的抗干扰能力。如果 TTL 电路正常的低电平和高电平分别为 0.5 V 和 2.7 V，则低电平即使升高到接近 1.4 V 或者高电平降低到接近 1.4 V，电路仍然可以正常工作，其抗干扰能力（允许的波动幅度）为 1 V 左右。

为了提高门电路的抗干扰能力，希望门电路的传输特性是理想的，即希望门电路有一个较为确切的门槛电平，或者说传输特性的转折十分明显、陡直，输入的高低电平有一个明确的界限。

三、三态门与集电极开路门

1. 三态门

三态门是指一个门电路的输出除了高电平、低电平之外，还有输出悬空的状态，称为高阻状态。由于电路输出有高电平、低电平及高阻三种状态，故称为“三态门”，图 5—5 所示为 TTL 电路的三态与非门。

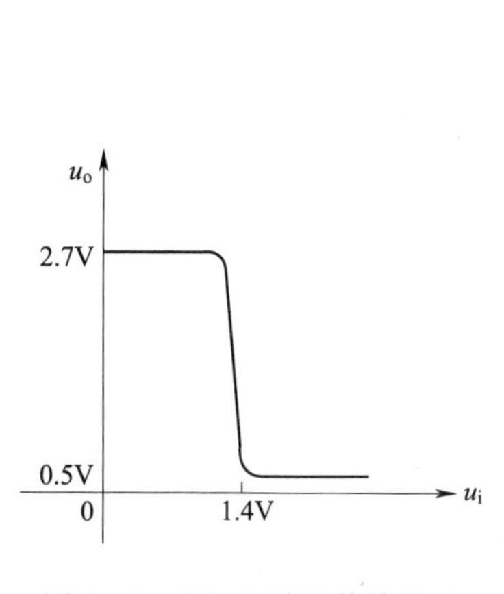

图 5—4 TTL 电路的传输特性

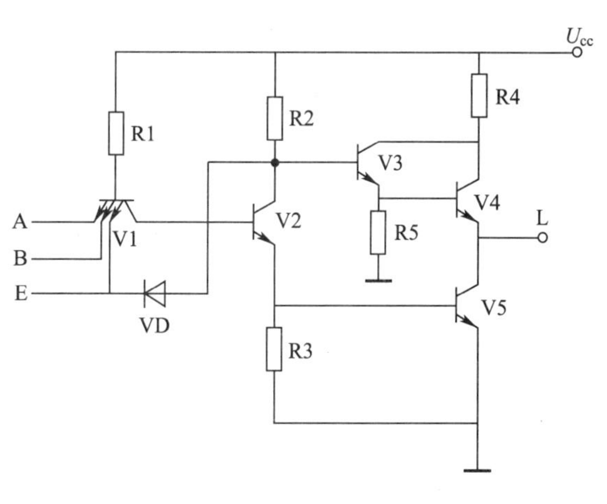

图 5—5 TTL 三态与非门

图5—5与图5—1相比，只是多了一个二极管VD以及与VD相连的输入端，这个输入端对三态门的工作起到控制作用，因此称为“控制端”E。由图可见，当控制端E为高电平时，二极管VD截止，电路的工作情况就和没有这个二极管一样，可以按照正常的逻辑工作。当控制端E为低电平时，V2、V5是截止的，同时由于二极管VD导通，三极管V2的集电极电平为1 V左右，使得三极管V4也处于截止状态，因此输出既不是高电平，也不是低电平，而是一种悬空状态，输出端与集成电路内部不连通，称为“高阻状态”。

三态门逻辑电路的符号如图5—6所示，图5—6a是控制端高电平有效的三态门，即当E =1时，电路按正常的逻辑工作，E =0时输出高阻。图5—5所示的电路就是属于控制端高电平有效这一种。如果在如图5—6a的控制端加上一个非门，就可以得到如图5—6b所示的控制端低电平有效的三态门，即当$\overline{E}=0$时电路按正常的逻辑工作，$\overline{E}=1$时输出高阻。

三态门通常用于数据传输。如图5—7所示，可以把若干个三态门G1、G2、…、G_n的输出端接到一条数据总线上，以使每一个三态门的输出数据都有机会上线输出。但是在任何时刻只能允许总线上所有的三态门其中的一个处于工作状态，使它输出上线，其余的都必须处于高阻状态，例如令$E_1=1$、其余的控制端$E_2\sim E_n$均为0，则总线上的信号就是G1门的输出。只要按一定的顺序控制各个三态门的控制端，就可以使得各个三态门的输出信号按照控制要求轮流上线输出。

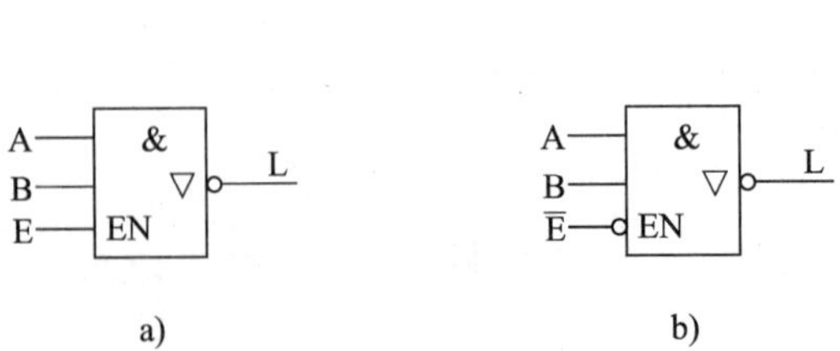

图5—6　三态门的逻辑图符号

a）控制端高电平有效　b）控制端低电平有效

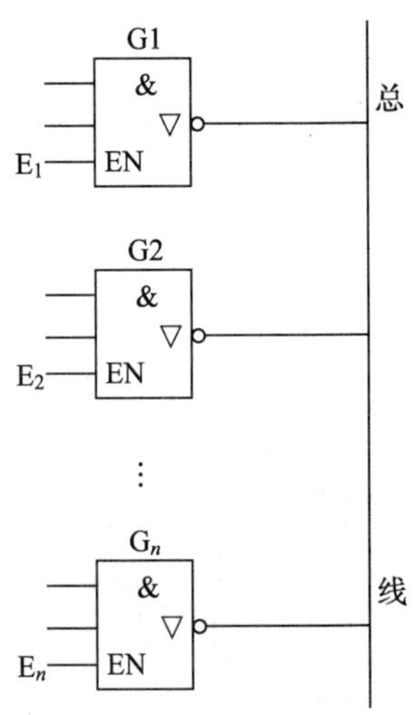

图5—7　三态门的应用举例

2. 集电极开路与非门（OC 门）

把图 5—1 中的三极管 V3、V4 去掉，使得输出管 V5 的集电极处于开路状态，就得到如图 5—8a 所示的集电极开路与非门（简称“OC 门”）。集电极开路门的逻辑符号如图 5—8b所示。

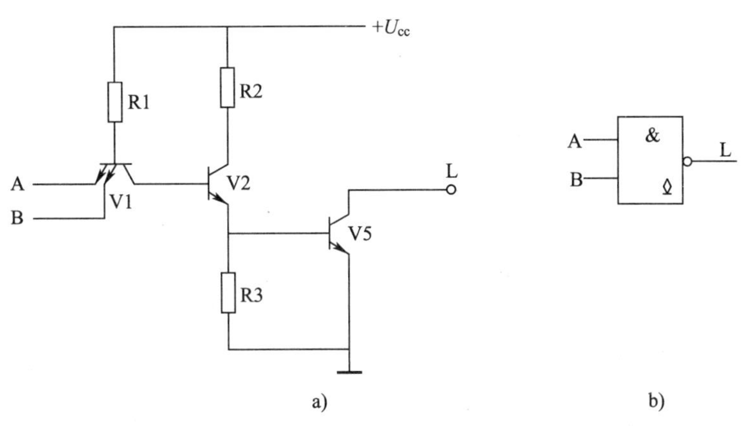

图 5—8　集电极开路与非门

a）电路图　b）逻辑符号

使用集电极开路门时总是把若干个 OC 门的输出端连接在一起，外接一个公用的集电极电阻 R_c 至 $+U_{cc}$，如图5—9所示，这种接法称为“线与”。之所以称为“线与”，是因为这种接法仅仅用了一根公共连线，就可以实现把所有的 OC 门的输出信号进行“与”逻辑运算。与逻辑是全 1 出 1、有 0 出 0，“线与”连接的所有 OC 门，其内部的三极管 V5 的输出端是通过公共线并联的，当输出全部是高电平时，其内部的三极管 V5 都处于截止状态，因此公共线上的信号也是高电平；当其中的一个 OC 门输出低电平时，内部对应的三极管 V5 是导通的，而所有并联着的 V5 管只要有一个导通，输出线上就是低电平，所以说，OC 门的线与接法，可以实现输出端的“与”逻辑运算。

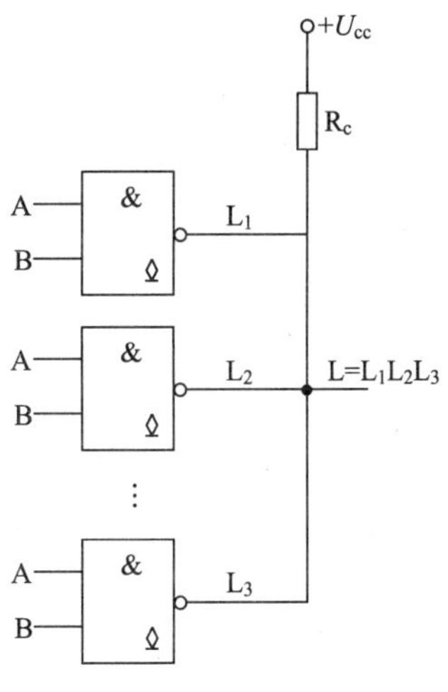

图 5—9　线与接法

顺便说明一下，一般的与非门是不允许采用线与接法的，因为这种接法将使得输出的高电平与低电平短路，从而损坏集成块。

OC 门输出端的公共集电极电阻阻值 R_c 的大小必须选择恰当，R_c 过大则带拉电流负载时输出的高电平将会在电阻 R_c 上产生较大的压降，使得输出高电平下降；R_c 过小则输出低电平时将会产生较大的灌电流，容易使得V5管脱离饱和，从而使得输出的低电平上升，这对于逻辑电路来讲都是不利的。R_c 的计算方法可以参考有关教材，在此不做介绍。

第2节　MOS电路

MOS管可以与双极型三极管一样应用于放大电路和开关电路中，当然也可以做成各种集成电路，其中较为常用的是全部用增强型NMOS管做成的NMOS集成电路和把NMOS管与PMOS管成对组合起来使用的CMOS集成电路，全部采用PMOS管的PMOS集成电路目前已经基本淘汰。

一、NMOS门电路

使用增强型NMOS管可以做成非门、与非门、或非门和各种其他的复合门电路及集成电路。

1. NMOS非门

图5—10a所示为一个用电阻作为漏极负载的NMOS非门。电路的工作原理十分简单：当输入电压为低电平时，因为电压低于开启电压，所以管子截止，输出为高电平；当输入电压为高电平时，因为电压大于开启电压，所以管子导通，只要输入电压大于开启电压较多，漏极电流就会增大到饱和值 U_{DD}/R_d，使得输出电压为0 V，因此电路是一个非门。增大负载电阻的阻值，可以使得电路较容易工作在开关状态，有较为陡直的传输特性。为了制造方便，在集成电路中，负载电阻是用另一个场效应管做成的，如图5—10b所示，这个管子称为漏极的“负载管”，也称为电路的有源负载。

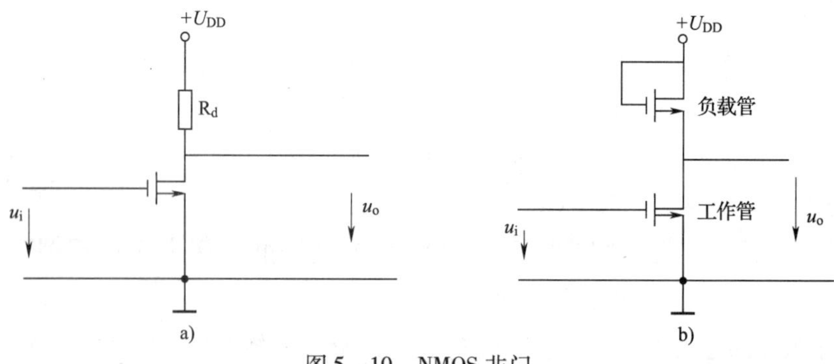

图5—10　NMOS非门

a）电阻负载非门　b）有源负载非门

只要把这个管子的漏极和栅极连接在一起，在管子两端加上大于开启电压的电压值时，管子就是导通的，可以看成是一个非线性电阻，用来代替图 5—10a 中的漏极电阻（如果把输出特性中 $u_{gs} = u_{ds}$ 的各点连接起来，就可以得到这一负载管的伏安特性）。对于这种有源负载的 NMOS 非门来说，输出的低电平是由负载管与工作管的分压比来决定的，为了得到较低的低电平和较好的传输特性，负载管的电阻应该做得大一些。为此，与工作管相比，负载管的导电沟道通常做得比工作管的沟道要细长得多。NMOS 非门输出的高电平则因为要扣除负载管的压降，至少将比电源电压低一个负载管开启电压的数值。

2. NMOS 与非门

NMOS 与非门是由一个负载管下面串联了若干个工作管组成的。图 5—11 所示是一个两输入端的与非门。显然，电路只有当输入全部是高电平、工作管全部导通时，输出才是低电平（全 1 出 0）；如果输入端有低电平，则对应的工作管就截止，工作管的串联通路不通，输出就是高电平（有 0 出 1），电路具有与非门的逻辑功能，即：

$$L = \overline{AB}$$

由于电路输出的低电平会随着工作管数目的增大而升高，因此这种与非门的输入端一般不宜超过三个。

3. NMOS 或非门

NMOS 或非门是由一个负载管下面并联了若干个工作管组成的。图 5—12 所示是一个两输入端的或非门。显然，电路只要有一个输入端是高电平，对应的工作管就导通了，输出就是低电平（有 1 出 0）；只有输入端全部为低电平时，并联的工作管才会全部截止，输出才是高电平（全 0 出 1），电路具有或非门的逻辑功能，即：

$$L = \overline{A + B}$$

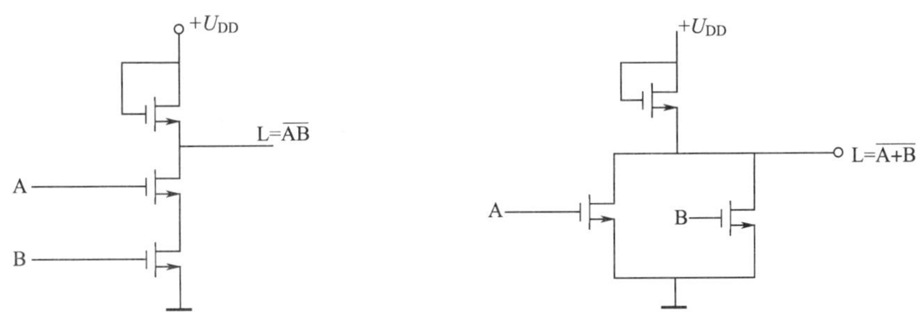

图 5—11　NMOS 与非门　　　　图 5—12　NMOS 或非门

由于工作管是并联的，增加工作管的数目不会使得电路输出的低电平升高，所以 NMOS 或非门的应用比 NMOS 与非门更为广泛。

由于 NMOS 门电路输入端是一个绝缘栅，因此输入端具有一定的电容；又因为 NMOS

门电路负载管的电阻较大，所以在输出端带有同类门电路时，电路的时间常数较大，使得NMOS门电路的工作速度较低，而减小负载管电阻又将使得电路的传输特性变差。这是一对无法解决的矛盾，采用CMOS电路则可以在根本上解决这一矛盾。

二、CMOS门电路

CMOS电路是目前数字电路中较为常用的一种集成门电路，常用的型号有4000系列、74HC系列及74HCT系列等，在大规模集成电路（例如计算机的存储器和微处理器）中也有广泛的应用。

1. CMOS非门

图5—13所示是一个CMOS非门，它是由一个NMOS管 V_N 和一个PMOS管 V_P 组成的互补电路。电路中两个管子的栅极连接在一起作为输入端，两个管子的漏极也连接在一起作为输出端，V_P 的源极接正电源 $+U_{DD}$，V_N 的源极接地。电路要求两个管子的特性对称，即两个管子除了极性不同以外，其参数的绝对值是相同的，特性的形状也是一致的。电路还要求电源电压大于两倍的开启电压，即 $U_{DD}>2U_T$。

（1）工作原理。为了叙述方便，可以假定一组数据，例如，设电源电压 $U_{DD}=10$ V，V_N 的开启电压为 $U_T=2$ V，V_P 的开启电压为 -2 V。当输入电压为低电平0 V的时候，V_N 管因为输入电压低于开启电压（$U_{gs}=0\text{ V}<2\text{ V}$）而截止；但 V_P 管则因为输入电压低于开启电压而导通（$U_{gs}=0\text{ V}-10\text{ V}=-10\text{ V}<-2\text{ V}$），因此输出电压为高电平10 V；当输入电压为高电平10 V的时候，V_N 管因为输入电压高于开启电压（$U_{gs}=10\text{ V}>2\text{ V}$）而导通；但 V_P 管则因为输入电压高于开启电压而截止（$U_{gs}=10\text{ V}-10\text{ V}=0\text{ V}>-2\text{ V}$），因此输出电压为低电平0 V。由此可见，电路具有非门的逻辑功能。在静态时，CMOS电路的一对管子 V_N 和 V_P 总是一个导通、一个截止的。

（2）传输特性。图5—14所示为CMOS非门的传输特性。由图可见，CMOS电路的传输特性非常理想，与TTL电路不同的是，其门槛电平不是固定的，它的大小与电源电压的高低有关，是电源电压的一半左右。正因为如此，在使用CMOS电路时，它的电源电压较为灵活，允许在一定的范围内取值。

CMOS电路的传输特性之所以这样理想，是由于电路的对称性，由于电源电压大于两倍的开启电压（即 $U_{DD}>2U_T$），因此在输入电压为电源电压的1/2时，两个管子都是导通的；又因为两个管子的特性对称，所以两个管子就都分得电源电压的一半，可见输出电压也是电源电压的1/2，所以电路的传输特性必定经过输入、输出都是 $U_{DD}/2$ 的中心点。此外，由于两个管子的输出特性都接近恒流性质，因此输入电压稍有变动，就会引起输出电压的极大变化，这就使得传输特性较为陡直。

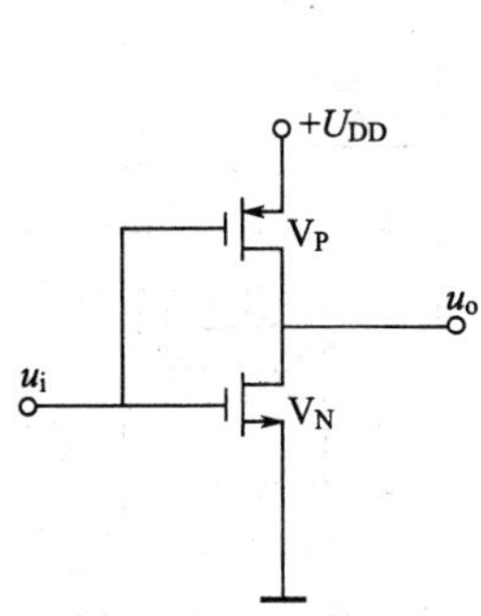

图 5—13 CMOS 非门

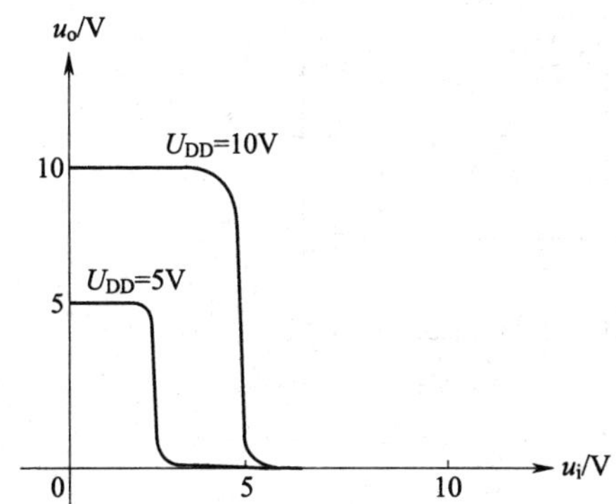

图 5—14 CMOS 非门的传输特性

综上所述，可以看到 CMOS 电路具有以下一些优点。

1）电源电压使用时较为灵活。

2）输出的高电平是电源电压、低电平是 0。

3）门槛电平约为电源电压的 1/2。

4）静态时，两个管子总是处于一通一断的状态，因此电路静态功耗几乎为 0。

5）由于输出电压不是像 NMOS 电路那样依靠负载管与工作管的分压得到，因此管子导通时的电阻可以做得较小，电路就具有输出电阻小、工作速度高的优点。

2. CMOS 与非门

图 5—15 所示是一个两输入端的 CMOS 与非门电路。电路的连接很有规律，可以看到电路仍然具有 NMOS 管与 PMOS 管成对出现的互补性质，每一对互补管的栅极仍然连接在一起作为输入端，而且电路中所有的 PMOS 管都是并联的，所有的 NMOS 管都是串联的，串联支路和并联支路相连的公共端作为电路的输出端。在输入端都是高电平的时候，电路中所有的 PMOS 管都是截止的，而 NMOS 管则都是导通的，因此电路输出低电平（全 1 出 0）；在输入端有低电平出现的时候，电路中与低电平输入端相连的一对互补管中的 PMOS 管导通，而 NMOS 管则截止，因此电路输出高电平（有 0 出 1）。由此可见，电路具有与非门的逻辑功能。显然，只要增加互补管的对数，做同样的连接，就可以得到更多输入端的与非门。

3. CMOS 或非门

图 5—16 所示是一个两输入端的 CMOS 或非门电路，可以看到电路的串并联情况和与非门正好相反，即电路中所有的 PMOS 管都是串联的，而所有的 NMOS 管都是并联的。

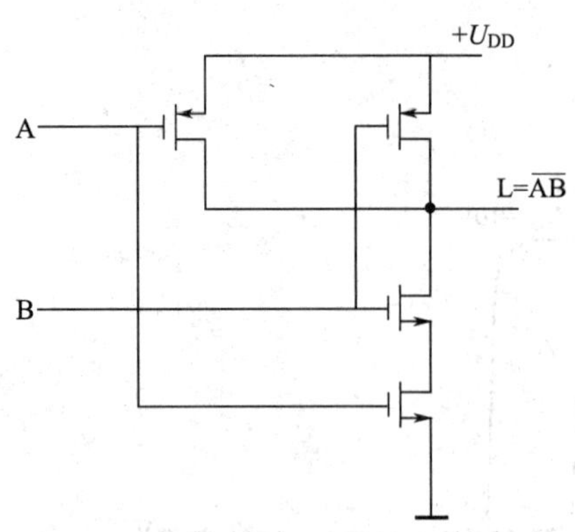

图5—15　CMOS与非门

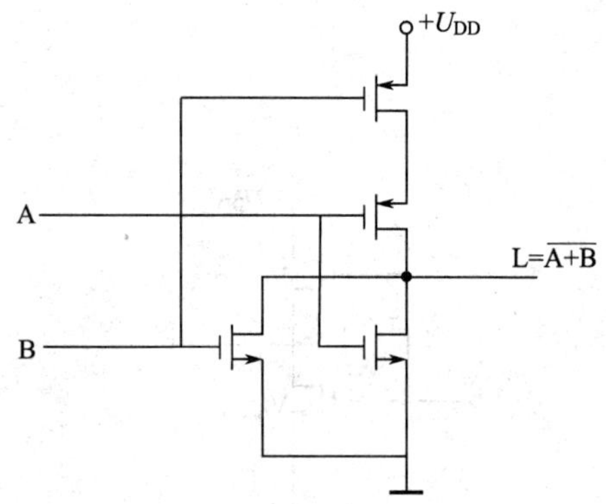

图5—16　CMOS或非门

在输入端有高电平的时候，电路中与该输入端相连的互补管中的PMOS管截止、NMOS管导通，因此电路输出低电平（有1出0）；在输入端全部是低电平的时候，电路中所有的PMOS管全部导通，而NMOS管则全部截止，因此电路输出高电平（全0出1）。由此可见电路具有或非门的逻辑功能。同样只要增加互补管的对数，做同样的连接，就可以得到更多输入端的或非门。

三、TTL电路与CMOS电路性能的比较

1. 电源电压

TTL电路的电源电压固定为5 V。多数CMOS电路的电源电压可以在一定的范围内选择，例如4000系列的CMOS电路可取3～18 V，74HC系列的CMOS电路可取2～6 V。

2. 输出电平

TTL电路的高/低电平（空载时）约为3.6 V/0.25 V；CMOS电路的高/低电平为U_{DD}/0 V。

3. 门槛电平

TTL电路的门槛电平约为1.4 V；CMOS电路的门槛电平为$U_{DD}/2$。

4. 输入端

TTL输入端接高电平时有电流输入，接低电平时有电流流出，输入端如果悬空相当于输入高电平；CMOS电路因为输入端是绝缘的，所以无电流，而且输入端不允许悬空，悬空将产生静电干扰。

5. 负载能力

TTL电路灌电流能力较强而拉电流能力较弱；CMOS电路的负载能力较弱，但是由于其输入电流接近于0，所以扇出系数较大（此时扇出系数不是考虑输出电流的大小，而是考虑负载电容较大时，将会使得工作速度降低）。

6. 功耗

两者功耗相差很大。TTL 电路的功耗较大（mW 级）；CMOS 电路的功耗极小（μW 级）。

7. 速度

一般来讲，TTL 电路的速度略高于 CMOS 电路，74LS 为 10 ns（最高的 74AS 为 1.5 ns）；CMOS 4000 系列为 45 ns，74HC 系列为 10 ns。

第 3 节　组合逻辑电路的分析和设计方法

数字电路中的各种逻辑电路，就其功能而言可以分为两大类，即组合逻辑电路和时序逻辑电路。所谓组合逻辑电路，是指在任何时刻，电路的输出状态仅仅取决于同一时刻各个输入量状态的逻辑电路；而时序逻辑电路，则是指在任何时刻，电路的输出状态不仅仅取决于该时刻的输入组合情况，而且还和电路原来的输入、输出状态有关的逻辑电路。到目前为止，所学习的都是组合逻辑电路。本章接下来将进一步介绍组合逻辑电路的一般分析与设计的方法，以及常用的中规模集成组合逻辑电路的种类和使用方法。时序逻辑电路将在以后的各章中做详细介绍。

一、组合逻辑电路的分析方法

1. 分析步骤

给定一个已知的逻辑电路，要求得到其真值表，从而知道它具有怎样的逻辑功能，这就是组合逻辑电路的分析。实际上，组合逻辑电路的分析方法在前面已经提到过了，第 4 章中的例题 2 就是一个简单的例子。组合逻辑电路的分析方法大致可有以下几个步骤。

（1）由逻辑图列出函数式。

（2）化简及变换，得出最简与或式。

（3）列出真值表。

有了真值表，可以说分析已经基本结束。在熟悉常用逻辑电路的功能时，对于典型电路，不难得知其逻辑功能。但是对于非典型的电路，还是需要根据具体的控制要求才能得出结论。

2. 示例

【例 5—1】 试分析如图 5—17a 所示电路的逻辑功能。

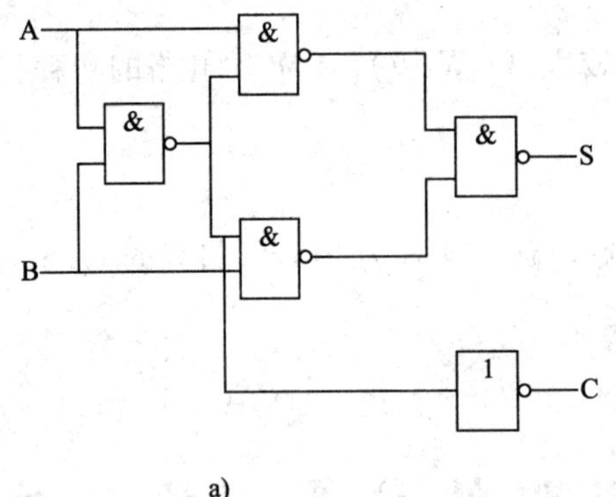

a)

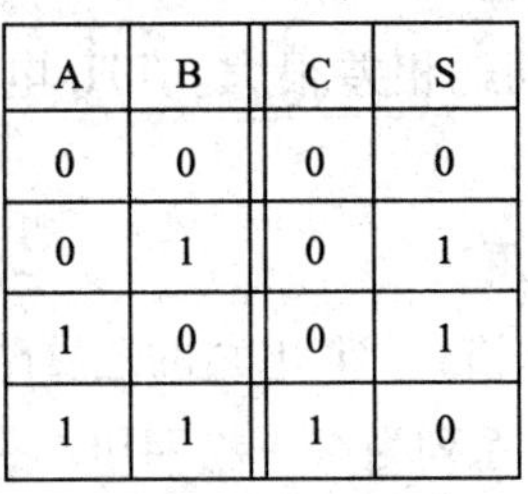

A	B	C	S
0	0	0	0
0	1	0	1
1	0	0	1
1	1	1	0

b)

图 5—17　例 5—1 的逻辑图及真值表

a）逻辑图　b）真值表

解：这是一个两输入端、两输出端的组合逻辑电路，由图 5—17a 可得两个输出端的函数式为：

$$S = \overline{\overline{\overline{AB}A}\;\overline{\overline{AB}B}}$$

$$C = \overline{\overline{AB}} = AB$$

把输出 S 化为与或式：

$$S = \overline{\overline{\overline{AB}A}} + \overline{\overline{\overline{AB}B}} = \overline{AB}A + \overline{AB}B = (\overline{A} + \overline{B})A + (\overline{A} + \overline{B})B = A\overline{B} + \overline{A}B$$

列出真值表（见图 5—17b）。

例题是做完了，但是这个真值表究竟说明了什么呢？电路起到了什么作用呢？学习了下面一节就可以知道，这个电路是一个做加法运算的半加器。输入 A、B 是两个一位二进制数，S 是它们的和，C 则是进位。但是，不熟悉数字电路的人是不知道它有什么用处的，看来进一步学好下面的典型电路，是十分必要的。

二、组合逻辑电路的设计方法

1. 设计步骤

根据某一具体的逻辑运算和控制要求，设计一个组合逻辑电路来达到这一要求，这就是组合逻辑电路的设计。第 4 章的例题 9 就是一个组合逻辑电路的设计问题。设计一个组合逻辑电路大致有以下几个步骤。

（1）分析实际问题提出的逻辑要求，列出真值表。

（2）按照真值表列出函数式，进行化简、变换。

（3）由化简后的函数式得出逻辑电路图。

2. 示例

【例 5—2】 图 5—18a 所示是一个红绿灯控制示意图，图中 D_1、D_2是靠近路口的传感器，如果有车则传感器发出信号 1，无车为 0；D_3是特种车辆上的遥控器，特种车辆来到路口 D_3发出信号 1；L_1、L_2为红绿灯，绿灯为 1、红灯为 0。

控制要求如下，电路要求全部用与非门实现。

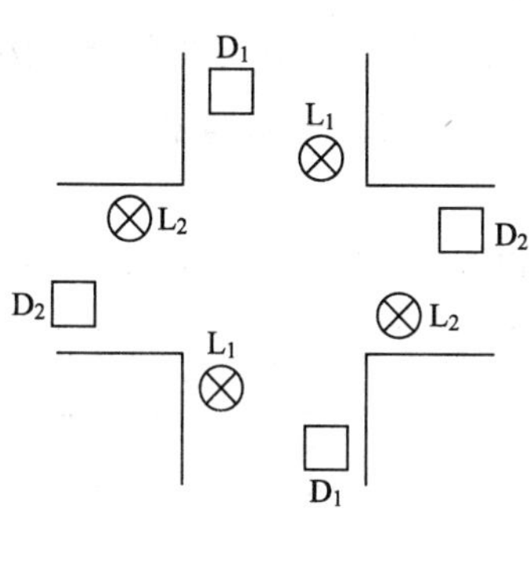

a)

D_1	D_2	D_3	L_1	L_2
0	0	0	1	0
0	0	1	0	0
0	1	0	0	1
0	1	1	0	0
1	0	0	1	0
1	0	1	0	0
1	1	0	1	0
1	1	1	0	0

b)

L_1 D_1 \ D_2D_3	00	01	11	10
0	1	0	0	0
1	1	0	0	1

c)

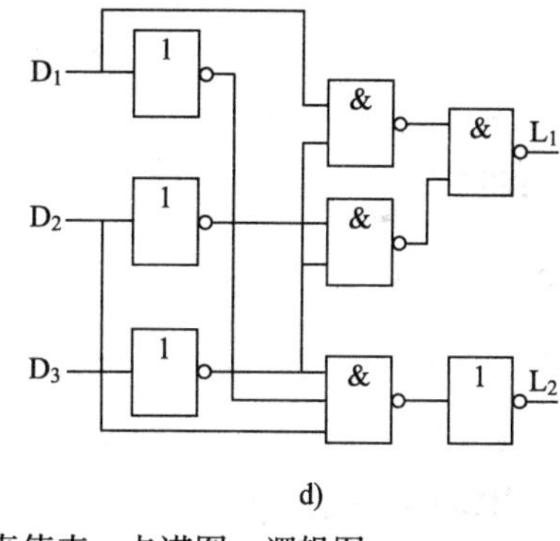

d)

图 5—18　例 5—2 的示意图、真值表、卡诺图、逻辑图

a）示意图　b）真值表　c）卡诺图　d）逻辑图

（1）D_1有信号则 L_1为绿灯；D_2有信号则 L_2为绿灯。

（2）不允许 L_1、L_2同时为绿灯，如果两边都无车或两边都有车，则 L_1绿灯、L_2红灯。

（3）如有特种车辆来到，则 L_1、L_2同时为红灯。

解：按题意电路应该有三个输入端 D_1、D_2、D_3，两个输出端 L_1、L_2，按照控制要求可以列出如图 5—18b 所示的真值表。

由真值表可以得出如图 5—18c 所示的输出 L_1的卡诺图。

由卡诺图可以得出 L_1 的最简与或式，L_2 因为只有一个最小项，可以直接列出。为了用与非门实现逻辑功能，需要把 L_1、L_2 再化为与非－与非式。

$$L_1=\bar{D}_2\bar{D}_3+D_1\bar{D}_3=\overline{\overline{\bar{D}_2\bar{D}_3}\cdot\overline{D_1\bar{D}_3}}$$

$$L_2=\bar{D}_1D_2\bar{D}_3$$

最后由函数式可以画出如图5—18d所示的逻辑电路图。

当然，完成全部电路，除了逻辑控制部分之外还需要其他元器件的配合，例如把同一条道路上的两个传感器的信号用或门组合起来，把输出信号接到继电器去控制红绿灯等，在此不再赘述。

组合逻辑电路有许多常用的通用性很强的中规模集成电路，在了解了这方面的知识之后，许多组合逻辑电路的设计就不需要自己全部用门电路来组合了，可以采用这些现成的电路来实现大部分的功能，个别地方用门电路来实现一些特殊要求，这样设计电路就方便多了。下面就常用的中规模集成组合逻辑电路做一些简单的介绍。

第4节　常用中规模集成组合逻辑电路

一、编码器

在第4章的第2节，对于什么是二进制码已经做了一些基本的介绍，编码器就是一种把文字、符号转换为二进制码的组合逻辑电路。现以8421BCD编码器和优先编码器为例，介绍其设计过程和工作原理。

1. 8421BCD编码器

把十进制数的10个数字符号0、1、2、3、4、5、6、7、8、9编成二进制码的电路称为“二－十进制编码器”，如果采用8421码，编码要求见表5—1。

表5—1　　**8421BCD编码器的真值表**

十进制数	输入										输出			
	I_0	I_1	I_2	I_3	I_4	I_5	I_6	I_7	I_8	I_9	D	C	B	A
0	1	0	0	0	0	0	0	0	0	0	0	0	0	0
1	0	1	0	0	0	0	0	0	0	0	0	0	0	1

续表

十进制数	输入										输出			
	I_0	I_1	I_2	I_3	I_4	I_5	I_6	I_7	I_8	I_9	D	C	B	A
2	0	0	1	0	0	0	0	0	0	0	0	0	1	0
3	0	0	0	1	0	0	0	0	0	0	0	0	1	1
4	0	0	0	0	1	0	0	0	0	0	0	1	0	0
5	0	0	0	0	0	1	0	0	0	0	0	1	0	1
6	0	0	0	0	0	0	1	0	0	0	0	1	1	0
7	0	0	0	0	0	0	0	1	0	0	0	1	1	1
8	0	0	0	0	0	0	0	0	1	0	1	0	0	0
9	0	0	0	0	0	0	0	0	0	1	1	0	0	1

要实现这一要求，电路应该有 10 个输入端 I_0、I_1、I_2、I_3、I_4、I_5、I_6、I_7、I_8、I_9，某一个端子有信号表示对应的 0 ~ 9 中某一个数字有了输入；同时需要有 D、C、B、A 4 个输出端，以便把对应的输入转换为 4 位二进制编码。表 5—1 尽管有 10 个输入量，但是电路显然不可能有 2^{10}那么多的输入组合，因为电路每次只可能对一个输入信号进行编码，只允许一个输入端有信号输入，因此电路的输入情况只有表 5—1 所示的 10 种可能，称这种情况为“输入信号是互相排斥的”。按照要求，可以列出函数式如下。

$$D = I_8 + I_9 = \overline{\overline{I}_8 \overline{I}_9}$$

$$C = I_4 + I_5 + I_6 + I_7 = \overline{\overline{I}_4 \overline{I}_5 \overline{I}_6 \overline{I}_7}$$

$$B = I_2 + I_3 + I_6 + I_7 = \overline{\overline{I}_2 \overline{I}_3 \overline{I}_6 \overline{I}_7}$$

$$A = I_1 + I_3 + I_5 + I_7 + I_9 = \overline{\overline{I}_1 \overline{I}_3 \overline{I}_5 \overline{I}_7 \overline{I}_9}$$

由此可得如图 5—19 所示的逻辑图。在具体电路中，输入信号一般用键盘输入，当某一个字符键按下时，对应的输入端就为 1（设电路为高电平有效），输出就产生相应的编码。还应该指出的是，电路还存在这样一个问题，就是在 I_0有输入信号时与没有任何输入信号时，输出都是 0000，两者没有什么区别。为了解决这一问题，通常可以在电路中再增加一个输出端 Y（图 5—19 中没有画出），当电路中任何一个输入端有信号时，Y 有信号输出，以表示信号有效；电路中没有任何信号输入时，Y 没有信号输出，表示信号无效。这样在按键 I_0按下时，输出的 0000 就表示是有效的信号。

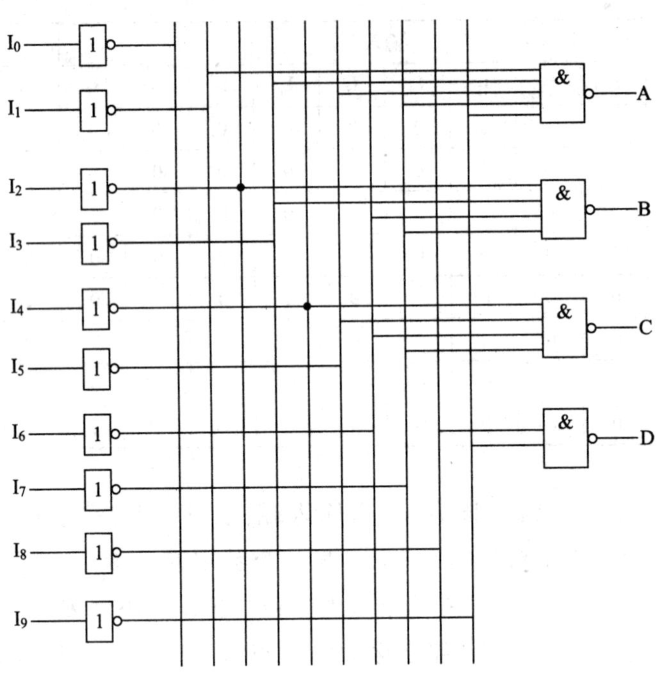

图5—19　8421BCD 编码器

2．优先编码器

使用上述编码器时规定了输入时只允许一个输入端有信号，如果输入同时按下了几个键，那么输出就会发生混乱。为了解决这一问题，可以采用优先编码器。其思路是，当输入有几个信号同时产生时，输出将按照事先排好的输入信号的优先级别，只把优先级别高的信号输出，其真值表见表5—2。

表5—2　　**优先编码器的真值表**

输入										输出			
I_0	I_1	I_2	I_3	I_4	I_5	I_6	I_7	I_8	I_9	D	C	B	A
1	0	0	0	0	0	0	0	0	0	0	0	0	0
×	1	0	0	0	0	0	0	0	0	0	0	0	1
×	×	1	0	0	0	0	0	0	0	0	0	1	0
×	×	×	1	0	0	0	0	0	0	0	0	1	1
×	×	×	×	1	0	0	0	0	0	0	1	0	0
×	×	×	×	×	1	0	0	0	0	0	1	0	1
×	×	×	×	×	×	1	0	0	0	0	1	1	0

续表

输入										输出			
I_0	I_1	I_2	I_3	I_4	I_5	I_6	I_7	I_8	I_9	D	C	B	A
×	×	×	×	×	×	×	1	0	0	0	1	1	1
×	×	×	×	×	×	×	×	1	0	1	0	0	0
×	×	×	×	×	×	×	×	×	1	1	0	0	1

表5—2表示，在10个输入信号中，规定了优先级别最高的是I_9，其次是I_8，…，优先级别最低的是I_0。只要I_9为1（设电路为高电平有效），无论其余的输入处于何种状态（表中用×表示），输出总是1001；如果I_8为1则无论$I_7 \sim I_0$处于何种状态（注意I_9必须为0），输出总是1000；…

由于优先编码器的逻辑化简较为复杂，在此不做介绍。对于高级电工来讲，主要要求是能够看懂典型电路的真值表，从而了解它的逻辑功能，以便正确使用。优先编码器经常用于微机控制电路，例如在计算机系统中，常常要控制几个对象，当某几个对象需要操作时，会同时向主机发出请求操作信号，主机则会按照事先编好的优先级别，区别轻重缓急，向其中的一个发出允许操作信号，这就需要用到优先编码的概念。

二、基本译码器

与编码器功能相反的逻辑电路是基本译码器，它用来把输入的二进制码的每一种状态转换成一路输出信号。例如，输入DCBA为8421BCD码，共有10种状态，输出就有10根线$Y_0 \sim Y_9$与其一一对应。当输入为0000时，输出$Y_0=1$（其余均为0）；当输入为0001时，则输出$Y_1=1$；……，其余类推。这样的译码器，因为输入是4根线、输出为10根线，所以称为“4/10译码器”。下面以较为简单的2/4译码器为例，说明它的设计原理。

1. 2/4译码器

2/4译码器有2个输入端B、A；4个输出端$Y_0 \sim Y_3$，真值表见表5—3。

表5—3　　2/4译码器真值表

输入		输出			
B	A	Y_0	Y_1	Y_2	Y_3
0	0	1	0	0	0
0	1	0	1	0	0
1	0	0	0	1	0
1	1	0	0	0	1

2/4 译码器尽管有 4 个输出量，但是每一个输出都只与一个最小项相对应，因此很容易得出它们的函数式而无须任何化简。

$$Y_0 = \overline{B}\,\overline{A}$$

$$Y_1 = \overline{B}A$$

$$Y_2 = B\,\overline{A}$$

$$Y_3 = BA$$

按照函数式，可以得到如图 5—20 所示的逻辑图。为了使用和扩展的方便，译码器经常带有一个使能端 E，如图中虚线所示。由图可见，当使能端电平 E = 1 时，电路与没有使能端一样，按正常的逻辑工作；当使能端电平 E = 0 时，封锁了所有的与门，使得所有的输出端都为 0。

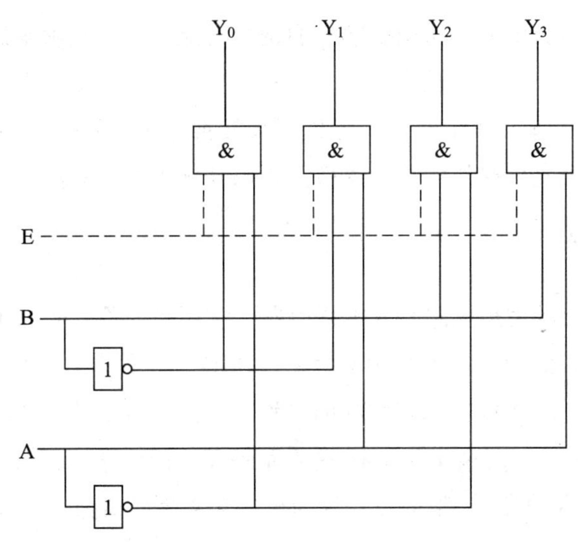

图 5—20　2/4 译码器的逻辑图

2. 集成译码器举例

基本译码器是一种常用的逻辑电路，有许多现成的集成电路可供使用者选择，下面介绍几种以供参考。

（1）T1138（74138）。这是一种 TTL 的 3/8 译码器，输入的选择码为三位二进制码，输出有 8 根线，真值表见表 5—4。由表可见，三位选择码输入是 A_2、A_1、A_0，8 根输出为 $Y_0 \sim Y_7$，在此应注意到输出是低电平有效的，这是由于 TTL 电路带灌电流的能力比拉电流大得多，所以分析 TTL 电路时经常可以看到低电平有效的真值表。由真值表还可以看到，

电路有三个使能端 G_1、$\overline{G}_{2a}$、$\overline{G}_{2b}$，只有当三个使能端的状态 G_1、$\overline{G}_{2a}$、$\overline{G}_{2b}$分别为 1、0、0 时，电路才能正常输出，否则无论选择码为多少，输出均为全 1。

表 5—4　　T1138 的真值表

输入						输出							
使能			选择										
G_1	$\overline{G}_{2a}$	$\overline{G}_{2b}$	A_2	A_1	A_0	Y_0	Y_1	Y_2	Y_3	Y_4	Y_5	Y_6	Y_7
0	×	×	×	×	×	1	1	1	1	1	1	1	1
×	1	×	×	×	×	1	1	1	1	1	1	1	1
×	×	1	×	×	×	1	1	1	1	1	1	1	1
1	0	0	0	0	0	0	1	1	1	1	1	1	1
1	0	0	0	0	1	1	0	1	1	1	1	1	1
1	0	0	0	1	0	1	1	0	1	1	1	1	1
1	0	0	0	1	1	1	1	1	0	1	1	1	1
1	0	0	1	0	0	1	1	1	1	0	1	1	1
1	0	0	1	0	1	1	1	1	1	1	0	1	1
1	0	0	1	1	0	1	1	1	1	1	1	0	1
1	0	0	1	1	1	1	1	1	1	1	1	1	0

（2）4514。这是一种 CMOS 4000 系列的 4/16 译码器，输入有 4 根线，输出有 16 根线，与输入的 16 种状态相对应，输出高电平有效。

（3）4028。这是一种 CMOS 4000 系列的 4/10 译码器，其逻辑功能与上面的 8421BCD 编码器正好相反，输入为 4 位 8421BCD 码，因为输入只有 0000、0001、…、1001 共计 10 种状态，所以输出只需要有 10 根线与输入状态相对应就可以了。输出信号也是高电平有效。

3. 扩充译码的方法

使用带有使能端的译码器时，利用使能端作为选片信号，可以扩大译码范围。例如，可以利用两片 3/8 译码器组成 4/16 译码器，利用 4 片 3/8 译码器组成 5/32 译码器等。图 5—21a 所示是利用两片 T1138 组成 4/16 译码器的接线方法。其原理为：观察一下 A_3、A_2、A_1、A_0 4 位选择码可以看到，从 0000 到 1111 的 16 种状态中，0000 ~ 0111 的 8 种状态与 1000 ~ 1111 的 8 种状态只有最高位的 A_3状态有区别，低三位 A_2、A_1、A_0的状态是完全重复的。因此可以把最高位 A_3作为选片信号，分别把 A_3和$\overline{A_3}$送到两片电路的高电平有效的使能端 G_1，使得两片电路只有一片工作、另一片封锁。把两片译码器的低三位都并

到 A_2、A_1、A_0上，当 $A_3=0$ 时 0 号集成块工作，译码器可以译出 0000～0111 的 8 种状态，对应的输出为 $Y_0 \sim Y_7$。当 $A_3=1$ 时 1 号集成块工作，译码器可以译出 1000～1111 的 8 种状态，对应的输出为 $Y_8 \sim Y_{15}$。

图 5—21b 所示是利用 4 片 T1138 组成 5/32 译码器的接线方法，图中 A_4、A_3、A_2、A_1、A_0是 5 位选择码输入信号，利用 T1138 的两个低电平有效的使能端$\overline{G}_{2a}$、$\overline{G}_{2b}$作为选片信号输入端，高两位输入信号 A_4、A_3作为选片信号，按图示接法，当 A_4、A_3为 00 时，0 号集成块工作，输出的是 $Y_0 \sim Y_7$；当 A_4、A_3为 01 时，1 号集成块工作，输出的是 $Y_8 \sim Y_{15}$；当 A_4、A_3为 10 时，2 号集成块工作，输出的是 $Y_{16} \sim Y_{23}$；当 A_4、A_3为 11 时，3 号集成块工作，输出的是 $Y_{24} \sim Y_{31}$。

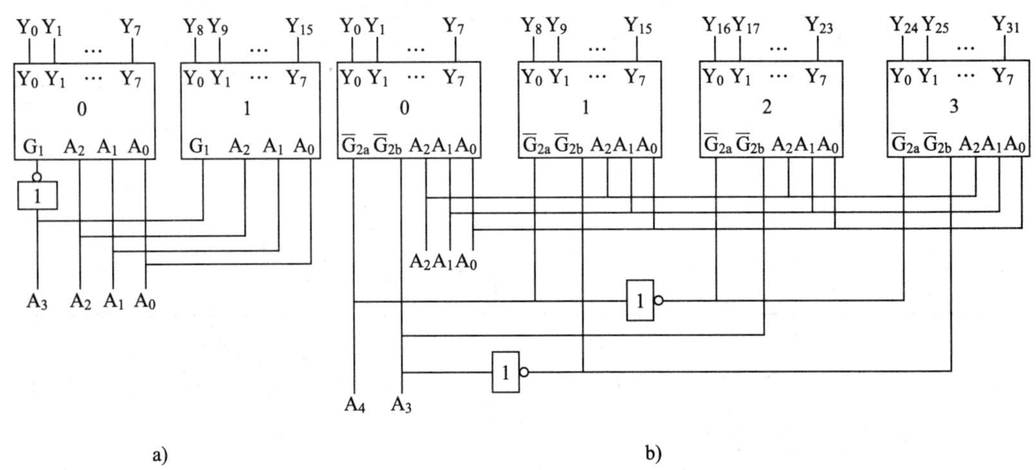

图 5—21　扩充译码的方法举例

a）4/16 译码器　b）5/32 译码器

4. 译码器做数据分配器使用的方法

带有使能端的译码器可以作为数据分配器使用。数据分配器的逻辑功能如图 5—22a 所示，它有一个数据输入端 D，若干个输出端 Y_0、Y_1、…，另有若干个选择码输入端 A_0、A_1、…。通过选择码的控制，可以选择把输入数据从某一个输出端输出。图 5—22a 中的真值表是一个 4 路数据分配器的真值表，4 路地址需要用两位选择码来选择输出端，当选择码 A_1、A_0为 00 时，选择 Y_0作为输出端，即 $Y_0=D$；当选择码 A_1、A_0为 01 时，选择 Y_1作为输出端，即 $Y_1=D$；…，其余类推。

仔细分析一下带有控制端的译码器的逻辑功能，如图 5—20 所示的 2/4 译码器，只要把使能端 E 作为数据输入端 D，把原来的输入端 B、A 作为选择码输入端 A_1、A_0，无须再做其他改动，就可以把它当做一个数据分配器来使用了。这是因为当 A_1、A_0 为 00 时，如果 D = 1，电路按正常的逻辑译码工作，则 $Y_0 = 1$；如果 D = 0，电路封锁，则 $Y_0 = 0$，可见此时 Y_0 的状态与 D 是完全一样的，可以认为是 D 从 Y_0 输出的。同样的道理，当 A_1、A_0 为 01 时，如果 D = 1，电路按正常的逻辑译码工作，则 $Y_1 = 1$；如果 D = 0，电路封锁，则 $Y_1 = 0$，可见此时 Y_1 的状态与 D 是完全一样的，可以认为是 D 从 Y_1 输出了……由此可见，带有控制端的译码器的确可以当做数据分配器使用，只要把输入端的名称改一下即可。

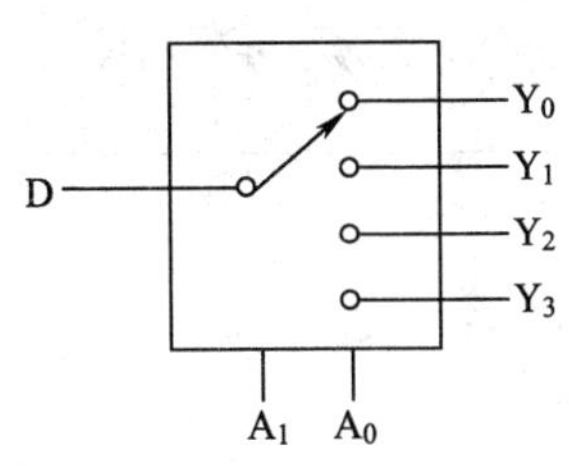

A_1	A_0	Y_0	Y_1	Y_2	Y_3
0	0	D	0	0	0
0	1	0	D	0	0
1	0	0	0	D	0
1	1	0	0	0	D

a)

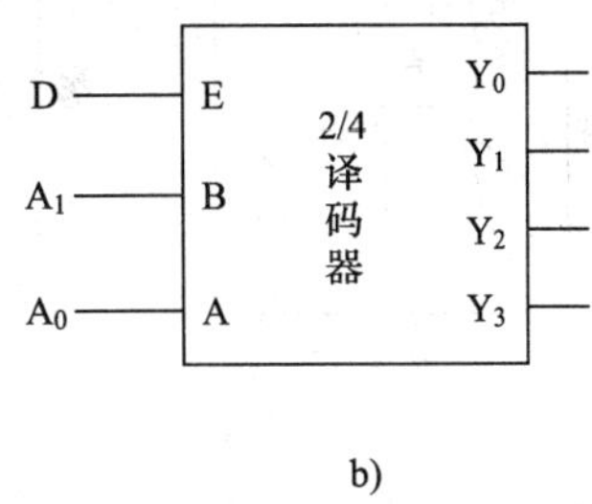

b)

图 5—22　译码器做数据分配器

a）数据分配器的示意图及真值表　b）译码器做数据分配器的接法

三、数码管和字符译码器

为了把二 – 十进制码显示出来，可以用 4/10 译码器带上 10 个发光二极管，在二极管上编上号码，0 号灯亮表示输入的 BCD 码为 0000，1 号灯亮表示输入的 BCD 码为 0001，…，9 号灯亮表示输入的 BCD 码为 1001。但是这种显示方式太不直观了，为了直观地显示二进制码，通常采用数码管和数码管译码器。

1．数码管

数码管是用来显示数字、文字及各种符号的器件，种类繁多，广泛应用在各种数字设备的显示系统中。按显示方式的不同，数码管有以下两种类型：一是分段显示式，它是把字符分成若干段笔画，点亮不同的笔画就可以显示不同的字符。因为数字的笔画比较简单，所以较多应用在数字显示上，如半导体数码管、液晶数码管及荧光数码管等。二是点阵显示式，它是在一个平面上把许多发光点做成一个矩阵，点亮不同的发光点就可以显示不同的字符，通常用于显示较为复杂的字符，例如场致发光屏等。

由于分段显示式的数码管目前应用最多，各种分段显示式数码管的译码原理也是相同的，故本教材在此仅介绍分段显示式中的半导体数码管。这是一种常用的分段显示式数码管，多数是七段显示，它实际上是把 7 个发光二极管组合在一起（见图 5—23a），当管子全部点亮时显示数字 8，仅仅点亮 b、c 两段时显示数字 1，点亮 a、b、d、e、g 各段时显示数字2，…。半导体数码管又分成两种，一种是把所有发光二极管的阴极接在一起作为公共端，另一端阳极引出用于接数码管译码器，如图5—23b所示，称为“共阴极半导体数码管”；另一种如图5—23c所示，把所有发光二极管的阳极接在一起作为公共端的数码管，称为“共阳极半导体数码管”。发光二极管的正向压降在1.4 V左右，电流为10 mA左右，使用时应注意在数码管的每一段管脚上都必须串联限流电阻。

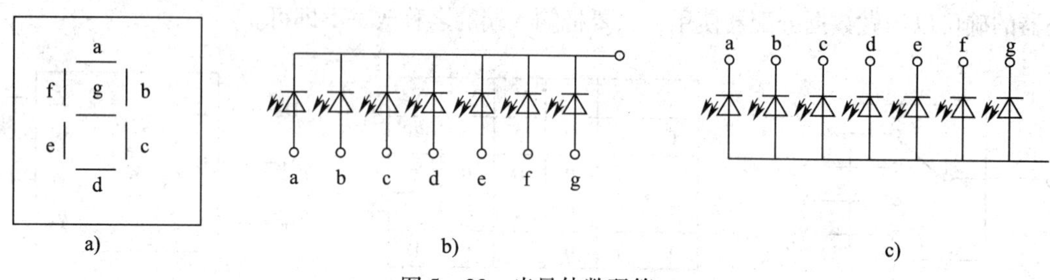

图5—23　半导体数码管

a）七段数码管　b）共阴极数码管　c）共阳极数码管

2. 七段译码器的工作原理

为了把二－十进制码用数码管显示成十进制数，必须要在输入的二－十进制码与数码管之间接上一个逻辑电路，这一电路就叫做“数码管译码器”，它有D、C、B、A 4个输入端用来输入4位BCD码，有a、b、c、d、e、f、g 7个输出端，以便连接七段数码管。电路要求按照输入的二－十进制码来点亮数码管的各个相应的分段，其真值表见表5—5（输出高电平有效）。

表5—5　　　　**七段译码器的真值表**

十进制数	字形	输入				输出						
		D	C	B	A	a	b	c	d	e	f	g
0	0	0	0	0	0	1	1	1	1	1	1	0
1	1	0	0	0	1	0	1	1	0	0	0	0
2	2	0	0	1	0	1	1	0	1	1	0	1
3	3	0	0	1	1	1	1	1	1	0	0	1
4	4	0	1	0	0	0	1	1	0	0	1	1
5	5	0	1	0	1	1	0	1	1	0	1	1
6	6	0	1	1	0	0	0	1	1	1	1	1

续表

十进制数	字形	输入				输出						
		D	C	B	A	a	b	c	d	e	f	g
7	7	0	1	1	1	1	1	1	0	0	0	0
8	8	1	0	0	0	1	1	1	1	1	1	1
9	9	1	0	0	1	1	1	1	0	0	1	1

由真值表每一行的情况来看，可以看到为了点亮数字0，要求在输入0000时，输出除了g以外全部为1；为了点亮数字1，要求在输入0001时，输出b、c为1；…。由真值表每一列的情况来看，也可以看到，输出a要求在输入二进制码表示0、2、3、5、7、8、9时输出为1；输出b要求在输入二进制码表示0、1、2、3、4、7、8、9时输出为1；…有了真值表，就可以用卡诺图化简之后，得到函数式，例如a、b的卡诺图如图5—24所示，函数式为：

$$a = D + \overline{C}\overline{A} + CA + BA$$

$$b = \overline{C} + \overline{B}\overline{A} + BA$$

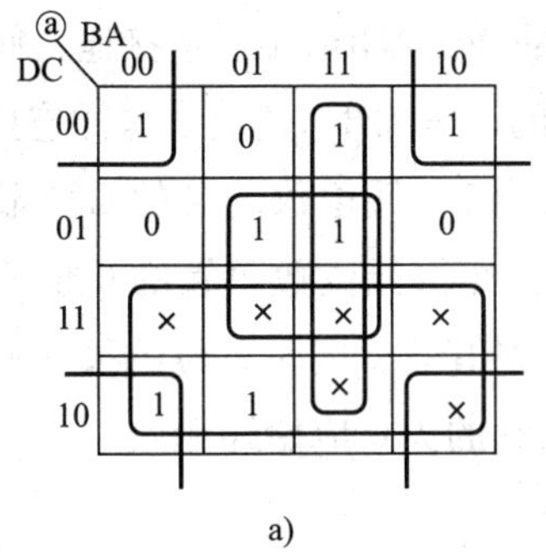

a)

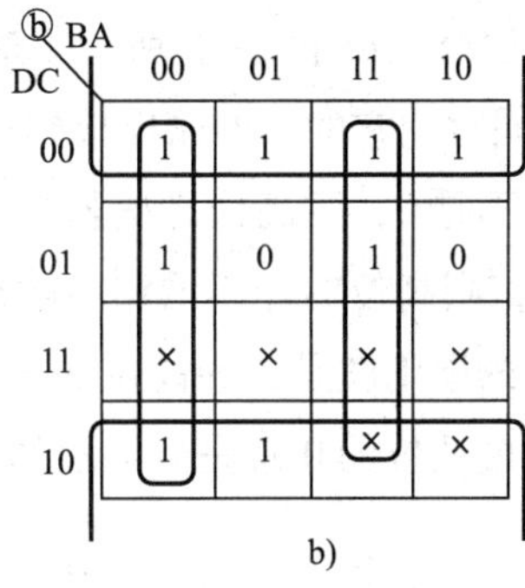

b)

图5—24　七段译码器卡诺图举例

a）a段的卡诺图　b）b段的卡诺图

图中的最小项$m_{10} \sim m_{15}$因为输入不可能出现这种情况，所以可以作为无关项处理，就是可以在$m_{10} \sim m_{15}$这6个方格上打上×，化简时可以视需要把它作为1，也可以作为0，反正输出与这些最小项无关，为了把圈划大，本图中把部分×作为1处理。用同样的方法，也可以得出其余c、d、e、f、g各段的函数式，在此就不一一列举了。有了函数式，就可以得到逻辑图，把这7个逻辑电路做在一块集成块中，就是一个现成的数码管译码器了。在本教材中未列出全部的函数式与完整的电路图，因为对于高级电工来讲，对集成块内部电路只要有所了解就可以了。

上述译码器的输出是高电平有效的，用来配合共阴极的半导体数码管，用高电平来点亮相应的字段，如果是共阳极的半导体数码管，则应该选用输出低电平有效的译码器。

3. 常用数码管译码器举例

数码管译码器按照所配合的数码管类型的不同，也可以分成多种类型，有专门配半导体数码管的，也有配液晶数码管以及配荧光数码管的。使用时除了正常的输入输出端子以外，在多位数码管连用时，还有一些辅助的功能端，下面举例说明。

（1）T339 七段译码器。这是一个 TTL 电路，用来配合半导体数码管或荧光数码管，输出低电平有效。除了有 D、C、B、A 4 个输入端和 a、b、c、d、e、f、g 7 个输出端以外，还有两个正电源端与三个功能端，其用处介绍如下。

U_{cc1}——接 +5 V 电源。

U_{cc2}——在驱动荧光数码管时，接 +20 V 电源；驱动半导体数码管时可以不接。

$\overline{LT}$——试灯输入端，$\overline{LT}=0$ 时 7 段全亮（与 DCBA 状态无关）。

$\overline{RBI}$——灭 0 输入端，$\overline{RBI}=0$ 时，DCBA 即使输入 0000，也不显示 0。

$\overline{RBO}$——灭 0 输出端，如输入的$\overline{RBI}=0$，且 DCBA 输入 0000，则$\overline{RBO}$输出低电平。

$\overline{RBI}$和$\overline{RBO}$的接法如图 5—25 所示，最高位的译码器$\overline{RBI}$端固定接地，使得最高位的数码管不显示 0，同时把它的$\overline{RBO}$输出接到低一位的译码器$\overline{RBI}$端上。这样连接之后，如果高位数码管显示的不是 0，则高位译码器$\overline{RBO}$输出为 1，低位数码管的 0 要显示；如果高位数码管显示为 0，则高位的译码器$\overline{RBO}$输出为 0，使得低位数码管的 0 也不显示了。多位译码器灭 0 接法的原则就是，最高位的灭 0 应始终有效，同时高位的灭 0 输出应接到低位的灭 0 输入端。最低位的 0 总是要显示的，所以它的灭 0 应始终无效。

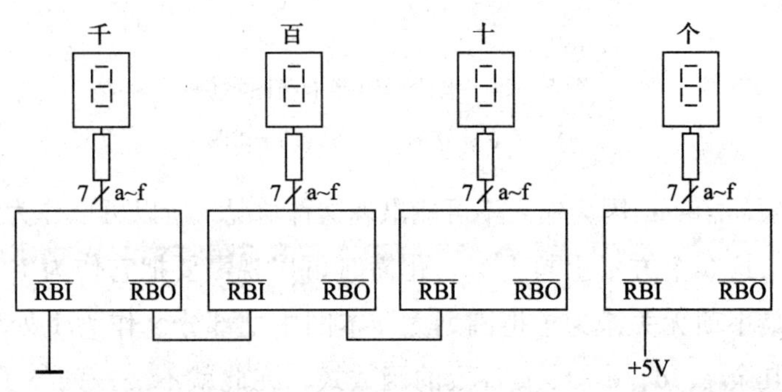

图 5—25　多位译码器的连接

（2）4513。这是一个 CMOS 电路，输出高电平有效，功能与 T339 相似，同样有$\overline{LT}$、$\overline{RBI}$、$\overline{RBO}$端子，但是灭 0 输入、输出都是高电平有效。此外，电路还带有另外两个功能端：灭灯输入端$\overline{BI}$及锁存输入端 LE，其功能为：

$\overline{BI}$——灭灯输入端，$\overline{BI}=0$ 时 7 段全灭。

LE——锁存输入端，LE = 0 时电路正常工作；LE = 1 时电路把原来的输入信号锁存在芯片中（实际上电路中带有寄存器，原理在时序电路中介绍），此时即使译码输入变动，数码管还是显示原来的数字不变。

四、数据选择器

1. 工作原理

数据选择器的逻辑功能和数据分配器正好相反，其示意图和真值表如图 5—26a 所示。它有若干个数据输入端 I_0、I_1、…，一个输出端 Y，另有若干个选择码输入端 S_0、S_1、…。通过选择码的控制，可以选择把某一个输入数据从输出端输出。图 5—26a 所示的真值表是一个四选一数据选择器的真值表，当选择码 S_1、S_0为 00 时，选择 I_0作为输出，即 $Y=I_0$；当选择码 S_1、S_0为 01 时，选择 I_1作为输出，即 $Y=I_1$；…，其余类推。

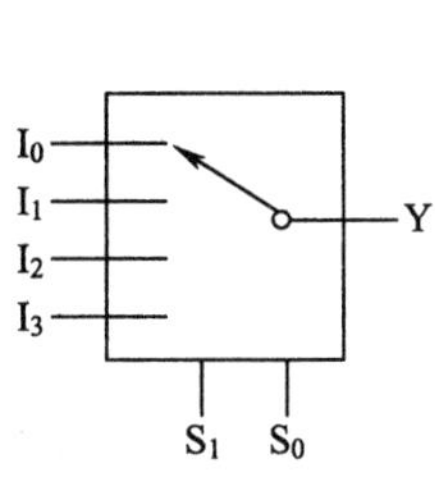

选择		数	据			输出
S_1	S_0	I_3	I_2	I_1	I_0	Y
0	0	×	×	×	0 1	0 1
0	1	×	×	0 1	×	0 1
1	0	×	0 1	×	×	0 1
1	1	0 1	×	×	×	0 1

a)

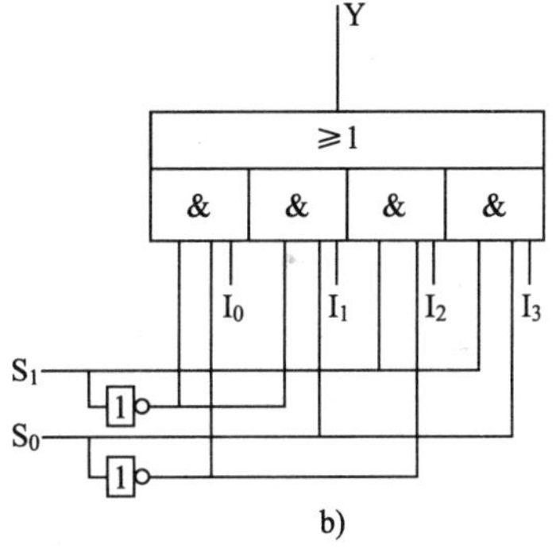

b)

图 5—26　数据选择器

a）数据选择器的示意图及真值表　b）数据选择器的逻辑图

按照以前由真值表直接列出函数式的方法，可以很容易地得到函数式，并由函数式可以得到图 5—26b 所示的逻辑图。

$$Y=\overline{S}_1\overline{S}_0I_0+\overline{S}_1S_0I_1+S_1\overline{S}_0I_2+S_1S_0I_3$$

按照同样的道理，不难得出八选一（需要三位选择码）、十六选一（需要 4 位选择码）等数据选择器的函数式，在此不一一列举了，这些都有现成的集成块可供选用。下面是一个八选一数据选择器的实例。

2. 常用数据选择器举例

74151是一个常用的TTL八选一数据选择器，表5—6是它的真值表，电路有8个数据输入端I_0、I_1、I_2、I_3、I_4、I_5、I_6、I_7，三个选择码输入端S_2、S_1、S_0，一个使能端$\overline{E}$和两个输出端Y、$\overline{Y}$。由真值表可见，使能端$\overline{E}$为低电平有效，Y端的输出与选中的输入相等，$\overline{Y}$则是反相输出端。在使能端$\overline{E}$有效的情况下，当三位选择码S_2、S_1、S_0为000时，$Y = I_0$；S_2、S_1、S_0为001时，$Y = I_1$；…；S_2、S_1、S_0为111时，$Y = I_7$。

表5—6　　74151的真值表

输入		输出	
$S_2S_1S_0$	$\overline{E}$	Y	$\overline{Y}$
× × ×	1	0	1
0 0 0	0	I_0	$\overline{I}_0$
0 0 1	0	I_1	$\overline{I}_1$
0 1 0	0	I_2	$\overline{I}_2$
0 1 1	0	I_3	$\overline{I}_3$
1 0 0	0	I_4	$\overline{I}_4$
1 0 1	0	I_5	$\overline{I}_5$
1 1 0	0	I_6	$\overline{I}_6$
1 1 1	0	I_7	$\overline{I}_7$

3. 数据选择器的扩充接法

和译码器扩充接法相似，带有使能端的数据选择器在使用时，也可以利用使能端作为选片信号，以扩大数据选择器的选择范围。例如，可以利用两片8选1数据选择器组成16选1的数据选择器，利用4片8选1数据选择器组成32选1的数据选择器等。图5—27a所示是利用两片74151组成16选1数据选择器的接线方法，其选片原理与前面译码器的选片方法相同，利用最高位的选择码作为选片信号。图5—27b是利用4片8选1数据选择器组成32选1的数据选择器的接法，由于74151只有一个使能端，因此选片信号就必须借助译码器来得到，图中是利用一块3/8译码器（74138），把高二位输入信号S_4、S_3作为选片信号，低三位S_2、S_1、S_0相同编号全部并联（图中不再画出）。按图示接法，当S_4、S_3为00时，译码器的Y_0输出低电平使0号集成块工作，数据$I_0 \sim I_7$可以选择输出；当S_4、S_3为01时，译码器的Y_1输出低电平使1号集成块工作，数据$I_8 \sim I_{15}$可以选择输出…，其余类推。图中的74138还没有用满所有的选择码，如果把A_2端也用上，可以得到6/64数据选择器。

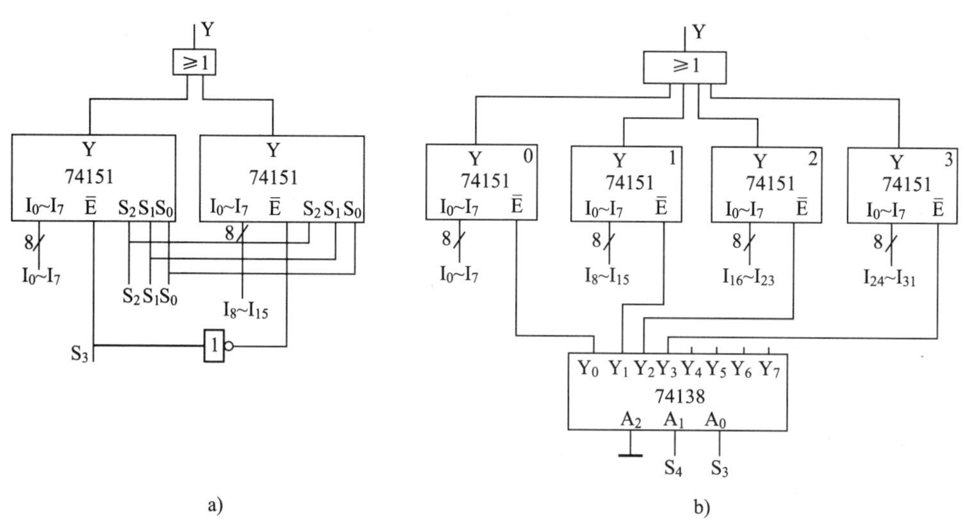

图 5—27 数据选择器的扩充接法

a）16 选 1 b）32 选 1

4. 用数据选择器实现组合逻辑

数据选择器除了用于数据传送以外，还可以用来实现各种组合逻辑。任何一个具体的逻辑问题往往首先是用真值表来表示其逻辑运算要求的，如果不需要化简，则马上可以按照真值表得到其最小项表达式，有了数据选择器之后，可以直接按照最小项表达式得到逻辑图而无须任何化简。现举例说明如下。

【例 5—3】 用数据选择器来实现第 4 章例题 4—9 的逻辑图。

解：在得出了真值表（见图 4—20a）之后，可以立即得到最小项表达式为：

$$L(A、B、C) = \sum m(1、3、4、5、7)$$

有了数据选择器之后，只要把输入 A、B、C 按次序接到三位选择码 S_2、S_1、S_0上，然后再按最小项的编号把 I_1、I_3、I_4、I_5、I_7接到固定的高电平（电源电压 $+U_{cc}$）上，把其余的输入端 I_0、I_2、I_6都接地，就可以实现这一逻辑电路了。其原理是，当输入 A、B、C 为 000 时，要求输出为 0，而数据选择器此时的输出是 $Y = I_0$，现在把 I_0接地，就使得 $Y = I_0 = 0$了。同理，当输入 A、B、C 为 001 时，要求输出为 1，而数据选择器此时的输出是 $Y = I_1$，现在把 I_1接正电源，就使得 $Y = I_1 = 1$ 了……由于电路已经按照最小项的编号把输出为 1 的 I_1、I_3、I_4、I_5、I_7接到 1 上，把输出为 0 的 I_0、I_2、I_6都接到 0 上，因此对应输入的各种状态，输出都能按真值表的要求一一得到满足，所以图 5—28 所示电路的功能与图 4—20c 所示电路的功能是完全相同的。

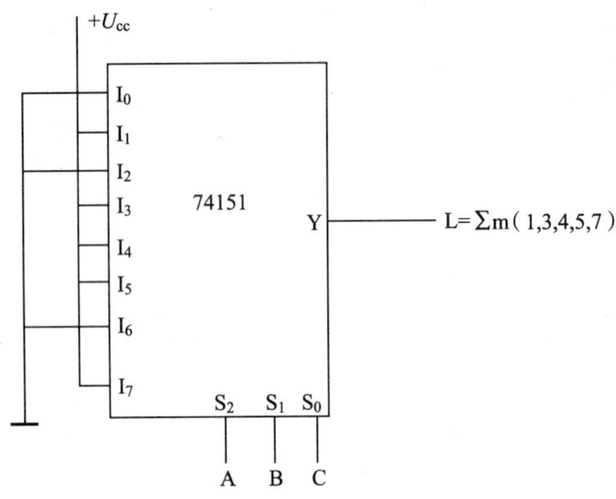

图5—28　用数据选择器来实现组合逻辑

如此看来，有了数据选择器之后，要实现一个逻辑函数，的确十分方便。函数无须化简，只要把输入变量按次序接到数据选择器的选择码输入端，然后再把数据选择器的数据输入端按真值表的要求一一接到相应的高、低电平上就可以了。如果需要修改设计，也只需改动一下接线就可以做到，显然是十分方便的。

五、数字比较器

数字比较器是用来比较二进制数的大小的，当电路输入两个二进制数时，要求电路能判别它们的大小。由于二进制数的位数有长有短，电路较为复杂，下面只介绍两种：一位和四位二进制数的比较电路。

1. 一位数字比较器

数字比较器由于比较的结果有大于、小于、等于三种情况，显然用一根输出线是无法表示结果的。为了直观起见，用三根输出线 L、M、G 来表示三种结果，其示意图及真值表如图5—29a 所示。

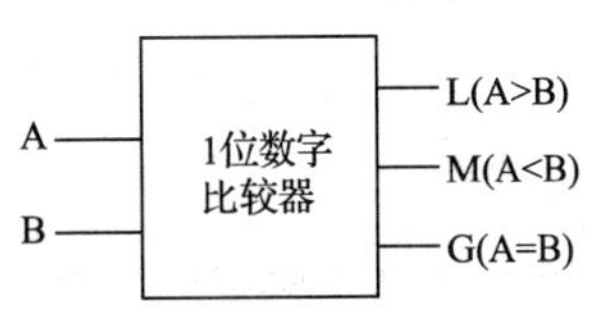

输入		输出		
A	B	L	M	G
0	0	0	0	1
0	1	0	1	0
1	0	1	0	0
1	1	0	0	1

a)

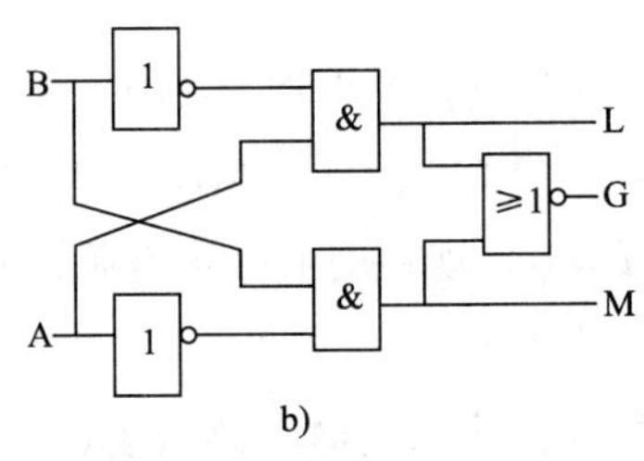

b)

图5—29　一位数字比较器

a）示意图及真值表　b）逻辑图

由真值表可见，输入为两个一位二进制数 A、B。当 A > B 时，输出 L = 1，表示 A 大于 B；当 A < B 时，输出 M = 1，表示 A 小于 B；当 A = B 时，输出 G = 1，表示两者相等。

按照真值表的要求，不难列出三个输出的函数式。

$$L = A\overline{B}$$

$$M = \overline{A}B$$

$$G = \overline{A}\,\overline{B} + AB = \overline{A\overline{B} + \overline{A}B}$$

由上述逻辑式可以很容易地画出如图 5 - 29b 所示的逻辑图。

2. 4 位数字比较器

多位数字比较器较为复杂，一般的集成电路都做成 4 位数字比较器（例如 TTL 的 7485、CMOS 的 4585 等），如果需要更多的位数进行比较，则可以把几个 4 位数字比较器串联起来得到。即使是两个 4 位二进制数的比较，输入就有 A_3、A_2、A_1、A_0 和 B_3、B_2、B_1、B_0 8 个输入量，函数式就比较复杂，在此就不列出了。其比较的思路是先比较高位 A_3、B_3，如果两者不相等，不看低位数字就可以得出结论，如果两者相等则再比较 A_2、B_2。如果 A_2、B_2 两者不相等，也可以得出结论了，如果两者相等则再需比较 A_1、B_1…。在 4 位数字全部相等的情况下，一般可以得出两者相等的结论，但是如果是几块 4 位数字比较器串联，那么高 4 位相等还不能得出结论，还需要看低 4 位送来的比较结果怎样才能得出结论。因此，一个集成 4 位比较器，除了有 A_3、A_2、A_1、A_0 和 B_3、B_2、B_1、B_0 8 个输入量以外，还有三个串联输入端 l、m、g，以便与低位送来的输出信号 L、M、G 相串联，图 5—30 所示为两个 8 位二进制数 $A_7 \sim A_0$ 和 $B_7 \sim B_0$ 的比较接法，低 4 位的比较结果 L、M、G 和高 4 位比较器的串联输入端 l、m、g 相连，最终比较结果从高 4 位的输出端获得。

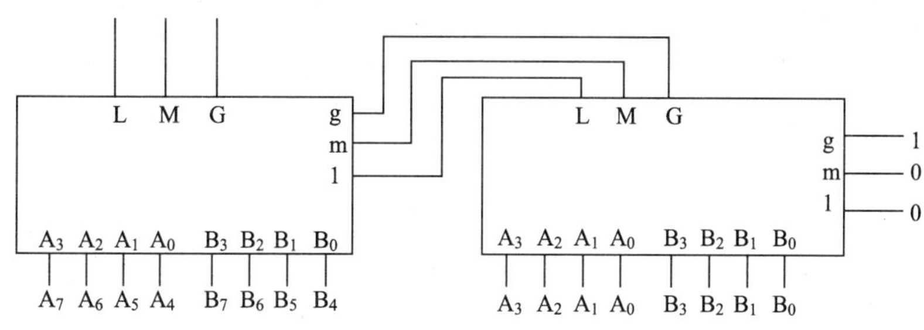

图 5—30　比较器的接法

六、全加器

数字电路经常要对二进制数字做加、减、乘、除数学运算，其基本电路是全加器，下面先介绍半加器电路，再说明全加器的工作原理。

1. 半加器

两个一位二进制数相加的电路称为“半加器”，图5—31a所示是半加器的框图及真值表，它表示两个一位二进制数A、B相加，得到的和为S，考虑到1+1=10的情况，电路的输出端必须要有两位数的输出，即除了和S以外，还必须要有一个进位输出端C，当A、B中有0时，输出没有进位，即C=0；当A、B都是1时，输出为进位C=1，本位的和S=0。

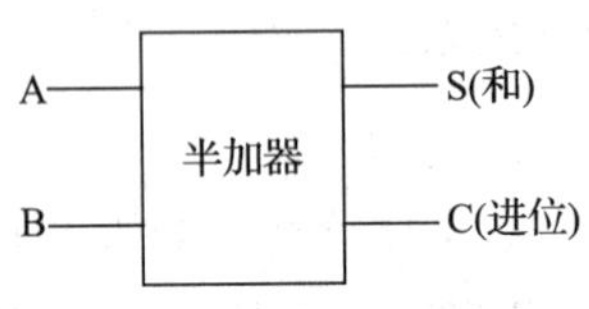

输入		输出	
A	B	C	S
0	0	0	0
0	1	0	1
1	0	0	1
1	1	1	0

a)

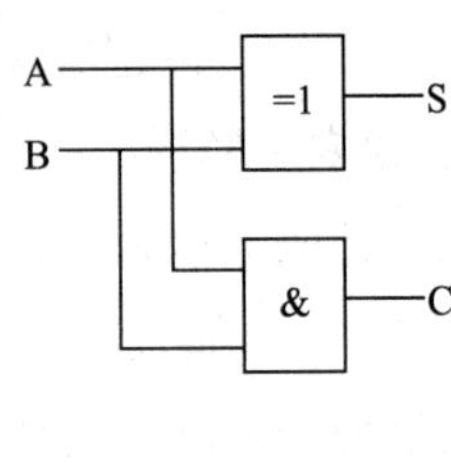

b)

图5—31　半加器

a）框图及真值表　b）逻辑图

按照真值表的要求，不难列出半加器的函数式。

$$C = AB$$

$$S = \overline{A}B + A\overline{B} = A \oplus B$$

按照函数式，可以得到如图5—31b所示的逻辑图，它是用一个与门和一个异或门组成的。也可以用如图5—17所示的例题5—1的电路，即全部用与非门组成。

2. 全加器

在做多位二进制数相加的时候，必须考虑低位来的进位要与本位数字一起相加，才能完成加法运算，二进制数 $A_3A_2A_1A_0$（例如1110）和 $B_3B_2B_1B_0$（例如1100）相加，可以用竖式（见图5—32a）运算如下：

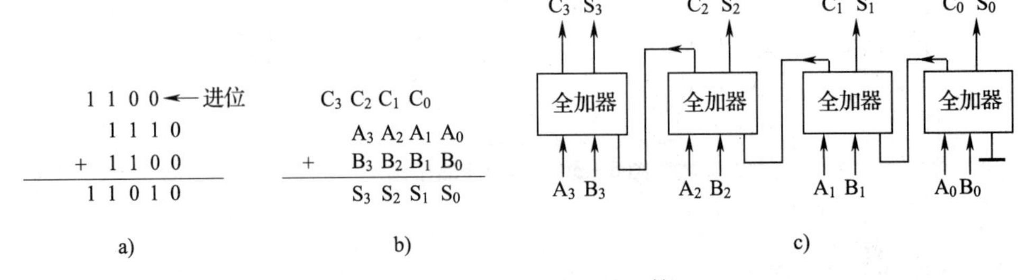

图5—32　多位数加法的运算

a）加法举例　b）一般竖式　c）电路框图

由图 5—32 可见，在第 0 位 A_0、B_0相加时，和 S_0是 0，进位 C_0也是 0；在第一位数 A_1、B_1相加时，就必须考虑到是三个数字 A_1、B_1和 C_0相加，其和 S_1是1，进位 C_1是0；在第二位数 A_2、B_2相加时，应考虑与进位 C_1相加，其和 S_2是 0，进位 C_2是 1；最后是 A_3、B_3和 C_2相加，其和 S_3是1，进位 C_3是 1。图 5—32b 是竖式中每一位的符号，图 5—32c 是电路框图，由此可见，电路中每一位都有三个输入端，即两个本位的加数 A_i、B_i和一个低位来的进位 C_{i-1}，输出有两个，即本位的和 S_i与进位 C_i。图中每一位的运算电路，就叫做“全加器”。为了使电路能实现加法运算，首先要找到一个全加器的逻辑图。

表5—7 就是全加器的真值表，它实际上就是三个一位二进制数 A_i、B_i、C_{i-1}相加的真值表，按照加法的运算法则，可以很快得出输出 S_i与进位 C_i的运算结果。然后可以用卡诺图（见图 5—33a）化简，得出函数式，由于 S_i的卡诺图为棋盘状，可以把它化为异或函数。

$$C_i = A_iB_i + B_iC_{i-1} + C_{i-1}A_i$$

$$S_i = A_i\overline{B}_i\overline{C}_{i-1} + \overline{A}_i\overline{B}_iC_{i-1} + A_iB_iC_{i-1} + \overline{A}_iB_i\overline{C}_{i-1} = (A_i\overline{B}_i + \overline{A}_iB_i)\overline{C}_{i-1} + (\overline{A}_i\overline{B}_i + A_iB_i)C_{i-1}$$

$$= (A_i \oplus B_i)\overline{C}_{i-1} + \overline{(A_i \oplus B_i)}C_{i-1} = A_i \oplus B_i \oplus C_{i-1}$$

表 5—7　　全加器的真值表

输入			输出	
A_i	B_i	C_{i-1}	C_i	S_i
0	0	0	0	0
0	0	1	0	1
0	1	0	0	1
0	1	1	1	0
1	0	0	0	1
1	0	1	1	0
1	1	0	1	0
1	1	1	1	1

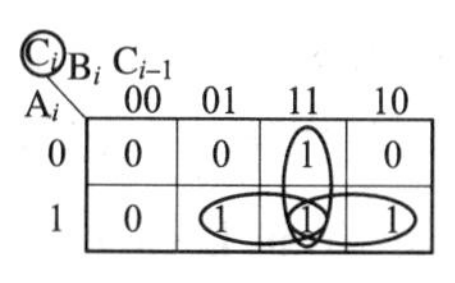

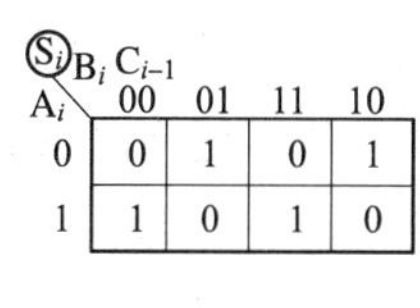

a)

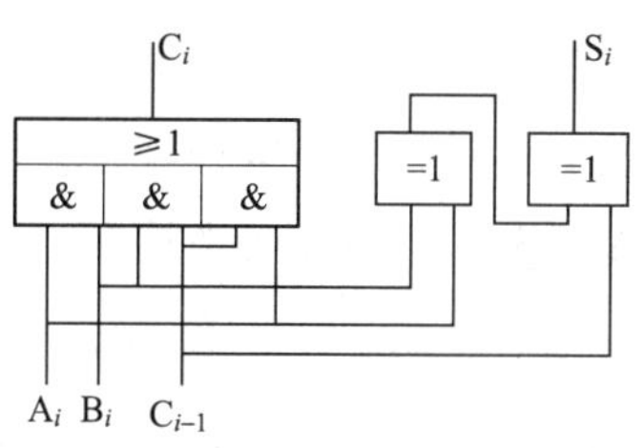

b)

图 5—33　全加器

a）卡诺图　b）逻辑图

按照函数式，可以得出图5—33b所示的逻辑图。

3. 4位全加器举例

集成全加器通常做成4位，用于两个4位二进制数的相加，考虑到多位数相加时串联的需要，集成全加器通常有9个输入端，即4位加数 A_3、A_2、A_1、A_0，4位被加数 B_3、B_2、B_1、B_0，一个低位来的进位输入端 C_{in}。有5个输出端，即4位和 S_3、S_2、S_1、S_0 以及一位进位输出端 C_{out}，常用的型号有TTL电路的74LS283、CMOS的4008等。图5—34所示是两块4位全加器的串联接法，用来做8位二进制数的加法。

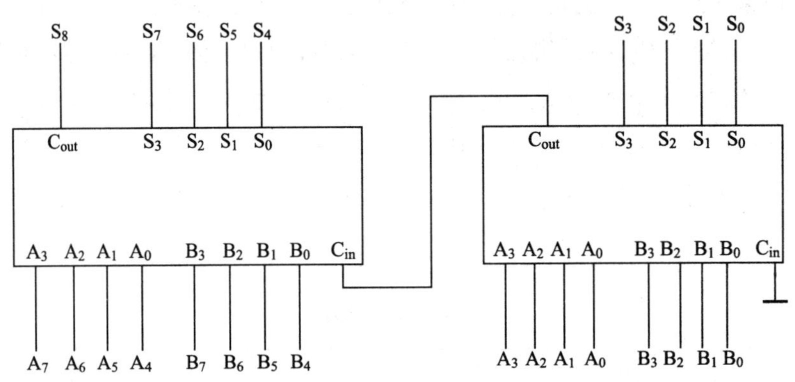

图5—34 全加器的串联接法

全加器的这种接法，高位的运算必须等待低位进位有了结果才能进行下去，因此运算速度较慢，为了提高运算速度，可以采用超前进位的全加器。数字电路做减法运算时，通常是采用加补码的方法来代替，乘法、除法可以采用移位相加等方法来进行，因此可以说，全加器是数字电路做数学运算的基本单元。

本节介绍的是一些常用的中规模组合逻辑电路，为了方便逻辑电路的设计，随着大规模和超大规模集成电路的发展，目前逻辑电路的设计已经大量应用可编程逻辑器件PLD（Programmable Logic Device）。PLD内部的单元电路（门阵列、宏单元、逻辑单元等）是预先加工好的，可以通用的，但是其内部的连线则可以由用户按照自己的需要利用专门的软硬件开发工具对其进行编程连接，这样就大大方便了复杂的逻辑电路的设计。

可编程逻辑器件PLD种类较多，早期生产的有低密度（1 000门以下）的可编程阵列逻辑PAL（Programmable Array Logic）、通用阵列逻辑GAL（Generic Array Logic）等，目前流行的主要是高密度的复杂可编程逻辑器件CPLD（Complex Programmable Logic Device）及现场可编程门阵列FPGA（Field Programmable Gate Array）两种，有关内容及编程设计的方法在技师及高级技师教材中有简要的介绍。此外，在计算机中必备的逻辑部件——只读存储器

（ROM）也是一种常用的组合逻辑电路，按照培训大纲的要求，不在本教材中介绍。

第 5 节　数字集成电路使用时的注意事项

一、负载与集成电路的连接

由于一般的 TTL 电路与 CMOS 电路的负载能力都不太强，在输出端接同类门电路或小电流负载时，问题还不大，但是如果要求电路驱动较大的负载，就会力不从心，这就需要考虑到负载与集成电路的连接问题。

由于 TTL 电路的灌电流负载能力比拉电流大得多，因此在负载电流不大的情况下（十几个毫安），例如发光二极管、小型继电器等，可以直接用低电平来驱动负载，如图5—35所示。如果负载要求是高电平驱动，则可以用非门改成低电平驱动。

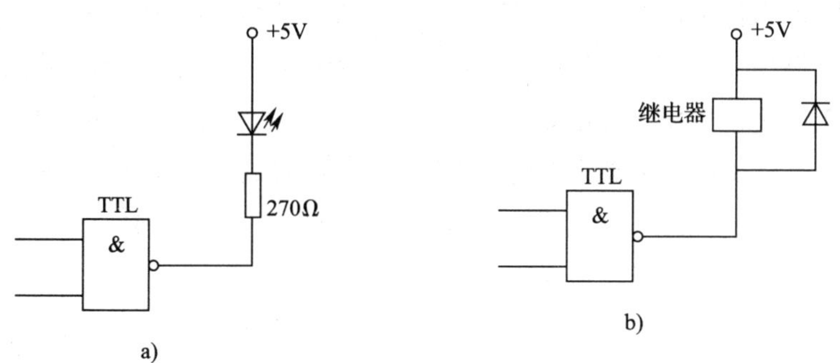

图 5—35　TTL 带灌电流负载

a）驱动发光二极管　b）驱动小型继电器

CMOS 电路或 TTL 电路如果需要更大的负载电流，则可以在输出端接三极管来增加负载能力，如图 5—36 所示，在电流较大时，还可以考虑采用复合管。

二、不同类型集成电路的接口电路

由于 TTL 电路与 CMOS 电路的电源电压范围不同，一般情况下同一个数字电路系统，应该尽量采用同一种类型的集成电路，因为对于某一逻辑功能的 TTL 电路来讲，绝大多数情况下可以找到功能基本相同的 CMOS 电路。在电路不得不同时使用 TTL 电路和 CMOS 电路的情况下，两种电路之间的连接方法是必须要考虑的。

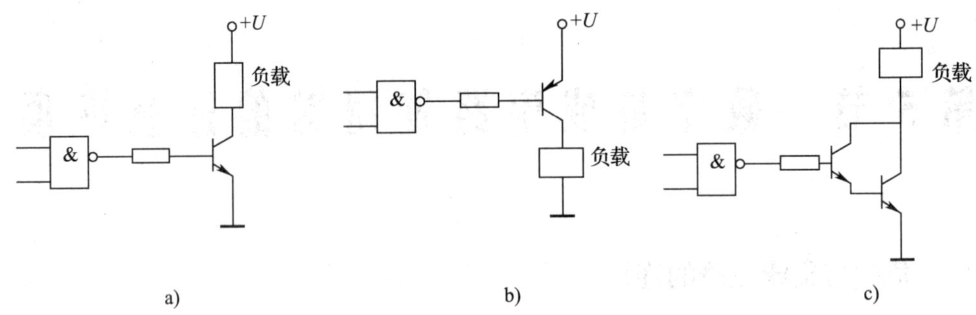

图5—36　用三极管增大负载能力

a）高电平驱动　b）低电平驱动　c）复合管驱动

1. TTL驱动CMOS

如果CMOS电路的电源电压也采用5 V，则电路的连接应该是没有问题的，因为CMOS电路输入端基本上没有电流，此时TTL电路输出相当于空载，输出的高电平可以接近3.6 V，超过了CMOS电路的门槛电平（即电源电压U_{DD}的一半2.5 V），电路可以正常工作。如果CMOS电路的电源电压大于5 V，则可以采用以下两种方法：一是TTL电路可以采用集电极开路门（OC门）作为连接CMOS电路的接口，此时OC门的外接电阻应该接在CMOS电路的电源电压上，如图5—37a所示。另一个方法是在两种电路之间接一个CMOS电平移动器（如40109四同相电平移动器），它的电源电压有U_{DD}和U_{CC}两个端子，能够接收TTL电平的逻辑信号，输出CMOS电平，如图5—37b所示。

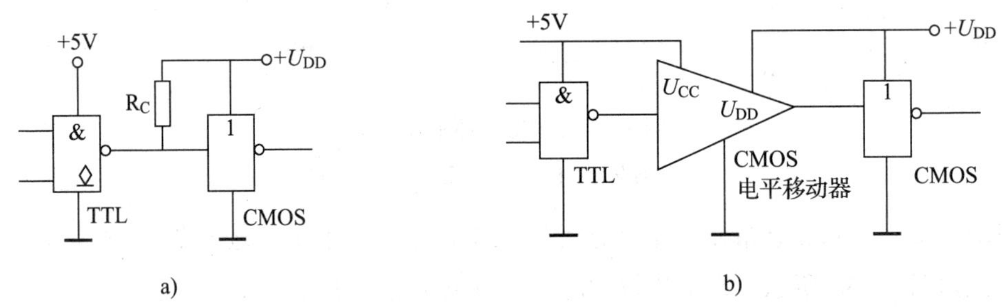

图5—37　TTL驱动CMOS

a）采用OC门　b）采用CMOS电平移动器

2. CMOS驱动TTL

如果CMOS电路用5 V电源供电，则一般的CMOS电路可以直接驱动一个T1000系列的TTL电路。如果两种电路的电源电压不同或者要求驱动更多的TTL电路，则可以采用专用的缓冲器（如4049六反相器或4050六缓冲器），其接法如图5—38a所示。缓冲器是一种特殊的 CMOS 电路，在采用 5 V 电源电压时，允许输入电压大于电源电压，而且可以直接驱动两个 T1000 系列的 TTL 门。除此以外，还可以采用漏极开路门（即 OD 门，如 40107）作为 CMOS 驱动器，其接法如图 5—38b 所示，漏极开路门的原理与 TTL 的 OC 门相似，输出端的外接电阻应该接到 TTL 电路的 5 V 电源上，它可以驱动 10 个 T1000 系列的 TTL 门。图 5—38c 所示是用三极管作为接口电路的接法。

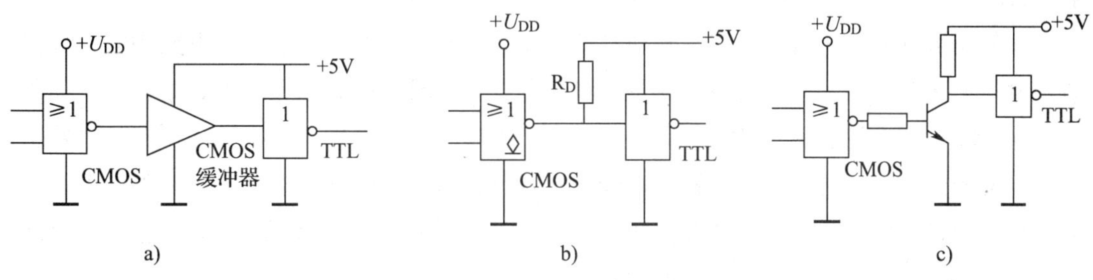

图 5—38　CMOS 驱动 TTL

a）采用缓冲器　b）采用 OD 门　c）采用三极管

三、多余输入端的处理

集成电路的多余输入端，一般是不允许悬空的，即使是 TTL 电路，从逻辑上讲输入端悬空相当于输入高电平，对于诸如与非门等电路，不会影响到其逻辑功能。但是输入悬空容易引入干扰，因此要求电路的多余输入端一定要加以处理。一般可以采用以下两种方法：一是把多余输入端接到固定的高、低电平上，例如，与门的多余输入端接到电源电压上，或门的多余输入端接地等。二是在不改变逻辑功能的前提下，把几个输入端并联使用，例如，把与非门的几个输入端并联起来，以减少输入端的数目。

四、逻辑电路中的竞争冒险

1. 产生竞争冒险的原因

一个设计好的逻辑电路，是否能够达到设计的预期要求，必须通过实际调试才能知道。然而，某些电路在调试时往往会发现电路不能完全达到设计要求，输出会出现一些干扰脉冲，然而检查设计并无问题，其原因往往是电路中存在“竞争冒险”的问题。什么是逻辑电路的竞争冒险呢？这是由于逻辑电路中，输入信号总是在不断变化的，当要求某些输入信号“同时”变化时，如果由于某种原因，它的变化有快有慢（这就是“竞争”的含义），就会使得电路的输出有可能产生不应该产生的过渡干扰脉冲（这就是“冒险”的含义），这种现象称为“竞争冒险”。例如图5—39所示的与门电路，输入有A、B两个信号，输出为L=AB。当A、B同时变化，A由1变为0，B由0变为1时，输出应该始终为0（1×0=0）。但是如果两个信号的变化不能做到同步，A的变化慢一些，B的变化快一些（见波形图中虚线所示），输入就有一段时间出现A和B同时为1的情况，输出就会产生一个不应该出现的短暂的干扰脉冲。由于数字电路中信号每经过一个门电路都需要一定的传输时间，每个门的传输时间都不一定相等，每个信号究竟经过了几个门才到达也难以确定，后面讲到的异步时序电路，其状态的变化也是有先后的，因此逻辑电路中的这种竞争现象是无法避免的。还需要说明的是，竞争现象的后果也是难以预料的，本例中，如果A的变化快、B的变化慢，则电路就不会产生干扰脉冲，即使有了干扰脉冲，有的电路也不一定会产生不良后果，例如把输出送到显示电路，短暂的脉冲是显示不出来的，但是如果输出送到触发器（在下一章中就会讲到）等对于脉冲信号十分敏感的电路，就会使电路误触发，使电路产生误动作，即所谓的冒险。

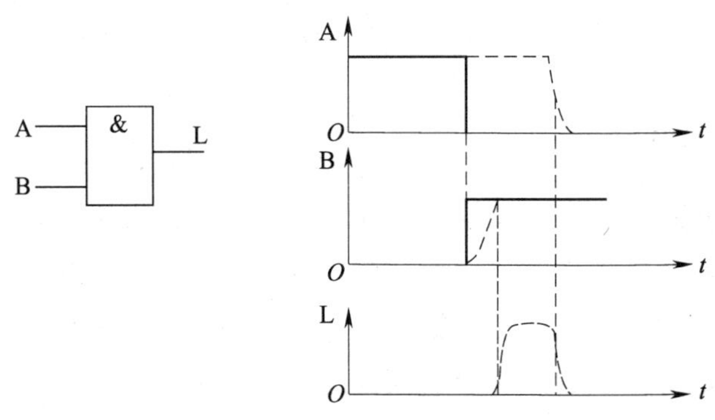

图5—39　与门的竞争冒险

下面是竞争冒险的另一个例子。图5—40所示是一个2/4译码器，输入为B、A，输出为Y_0、Y_1、Y_2、Y_3，设输入信号B、A在变化时，状态按二进制计数规律递增，即00→01→10→11→00……，如此周而复始，但是B的变化慢些、A的变化快些（这种情况在计数电路中是常见的），波形如图5—40虚线所示，电路的实际变化情况就会变成00→01→（00）→10→11→（10）→00……，其中括号中的两个状态就是竞争产生的过渡状态，会在译码器的输出端Y_0、Y_2分别产生一个干扰脉冲。

2. 消除竞争冒险的方法

既然竞争冒险是逻辑电路中常见的情况，就有必要设法加以解决，消除它的不良后果。常见的方法有三种。

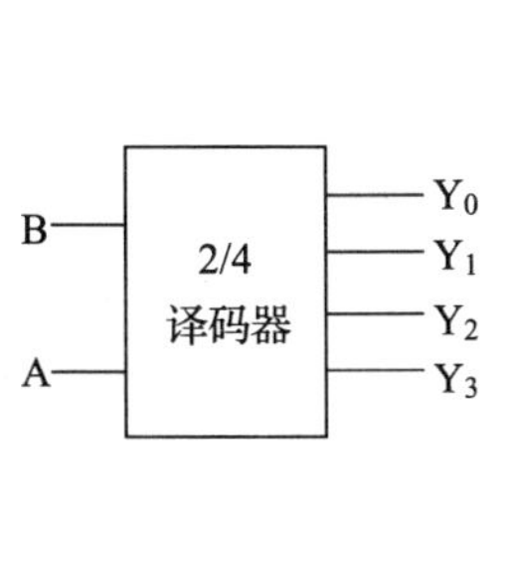

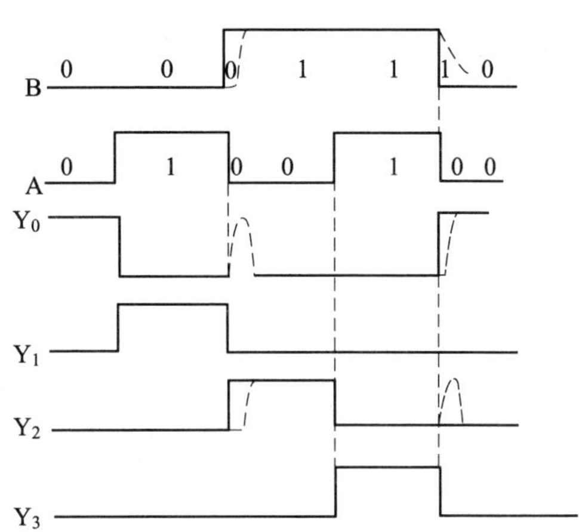

图 5—40　译码器的竞争冒险

（1）引入封锁脉冲。在上述两个例子中，电路都是用与门来实现的，对于与门来讲，如果输入端中有一个为0，则无论其余的输入是什么情况，输出均为0，这就是用0来封锁与门的道理。如果在上述电路中，在与门上增加一个输入端E（见图5—41a），当电路的输入刚开始变化时，在E端输入负脉冲0，把与门封锁住，那么无论输入信号B、A如何变化，不管哪个快哪个慢，输出均为0，等到B、A变化完成后，再去掉E端的负脉冲，把变化以后的B、A状态输出，这样就可以去掉输出端的过渡干扰了，这一方法需要在设计电路时就考虑好，应该说还是比较方便的。例如，译码器可以利用现成的使能端作为封锁端，封锁用的负脉冲信号在以后说到的计数电路中也可以利用现成的计数脉冲。

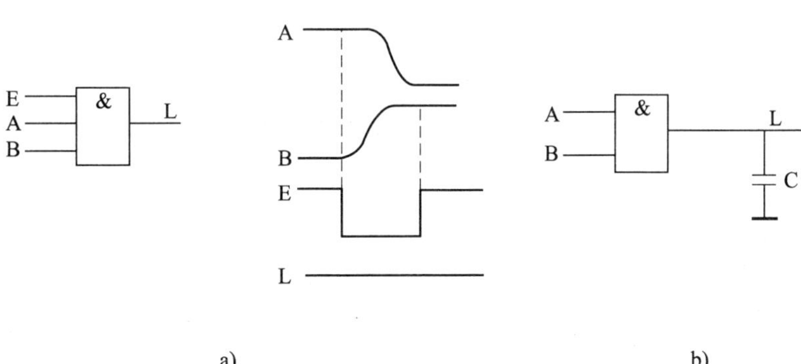

图 5—41　消除竞争冒险的方法

a）引入封锁脉冲　b）接滤波电容

（2）输出端接滤波电容。如果在调试时发现有干扰脉冲影响电路正常工作，那么再想改变电路的结构就不太方便了，在电路的工作速度不太高的情况下，可以试试在出现干扰脉冲的输出端接一个小电容，如图5—41b所示。利用电容来减缓干扰脉冲的上升速度，来达到减小干扰脉冲的幅度，以至于消除干扰脉冲的目的，从而起到滤波效果。由于干扰脉冲的宽度和门电路的传输时间是同一个数量级，对于TTL电路来讲，电容大小一般有几十至几百皮法就足够了。

（3）修改逻辑电路的设计，使之不产生竞争现象。例如二－十进制码不采用8421BCD码，采用格雷码（见表4—3），在递增或递减计数时，格雷码每次只有一位数字有变化，这就从根本上避免了竞争现象。此外，电路还可以采用其他一些修改设计的方法，例如增加冗余项等，因此方法超过了大纲的范围，在此就不做介绍了。

测 试 题

一、判断题

1. TTL电路的输入端是三极管的发射极。（ ）

2. TTL电路的低电平输入电流远大于高电平输入电流。（ ）

3. 门电路的传输特性是指输出电压与输入电压之间的关系。（ ）

4. 三态门的第三种输出状态是高阻状态。（ ）

5. TTL电路的OC门输出端可以并联使用。（ ）

6. TTL电路输入端允许悬空，悬空时相当于输入低电平。（ ）

7. CMOS电路的工作速度可与TTL相比较，而它的功耗和抗干扰能力则远优于TTL电路。（ ）

8. TTL集成门电路与CMOS集成门电路的静态功耗差不多。（ ）

9. 组合逻辑电路的功能特点是：任意时刻的输出只取决于该时刻的输入，而与电路的过去状态无关。（ ）

10. 在组合逻辑电路中，门电路存在反馈线。（ ）

11. 编码器的特点是在任一时刻只有一个输入有效。（ ）

12. 一位8421BCD码译码器的数据输入线与译码输出线的组合是4∶10。（ ）

13. 共阴极的半导体数码管应该配用低电平有效的数码管译码器。（ ）

14. 用一块16选1的数据选择器可以实现任何一个输入为4变量的组合逻辑函数。（ ）

15. 一位半加器具有两个输入和两个输出。 ( )

二、单项选择题

1. TTL 集成门电路是指（ ）。

A. 二极管 - 三极管集成门电路　　B. 晶体管 - 晶体管集成门电路

C. N 沟道场效应管集成门电路　　D. P 沟道场效应管集成门电路

2. 已知 TTL 与非门电源电压为 5 V，则它的空载输出高电平 U_{0H} =（ ）。

A. 3.6 V　　B. 0 V　　C. 1.4 V　　D. 5 V

3. 已知 TTL 与非门电源电压为 5 V，则它的阈值电压（门槛电平）U_{TH} =（ ）。

A. 3.6 V　　B. 0 V　　C. 1.4 V　　D. 5 V

4. 门电路的传输特性是指（ ）。

A. 输出端的伏安特性　　B. 输入端的伏安特性

C. 输出电压与输入电压之间的关系　　D. 输出电流与输入电流之间的关系

5. 三态门的第三种输出状态是（ ）。

A. 高阻状态　　B. 低电平　　C. 零电平　　D. 高电平

6. 集电极开路输出的 TTL 门电路需要外接（ ）电阻，接在输出端和 +5 V 电源之间。

A. 集电极　　B. 基极　　C. 发射极　　D. 栅极

7. 可以采用“线与”接法得到与运算的门电路为（ ）。

A. 与门　　B. 或门　　C. 三态门　　D. OC 门

8. 对于 TTL 与非门闲置输入端的处理，可以（ ）。

A. 接电源　　B. 接低电平

C. 接零电平　　D. 接地

9. TTL 与非门的多余输入端悬空时，相当于输入（ ）。

A. 高电平　　B. 低电平　　C. 零电平　　D. 电平

10. CMOS 集成逻辑门电路内部是以（ ）为基本元件构成的。

A. 二极管　　B. 三极管

C. 晶闸管　　D. 场效应管

11. CMOS 的门槛电平约为（ ）。

A. 1.4 V　　B. 2.4 V

C. 电源电压的 1/2　　D. 电源电压的 1/3

12. CMOS 电路输出的高电平是（ ）。

A. 1.4 V　　B. 2.4 V

C. 电源电压的1/2　　D. 电源电压

13. 组合逻辑门电路在任意时刻的输出状态只取决于该时刻的（　　）。

A. 电压高低　　B. 电流大小

C. 输入状态　　D. 电路状态

14. 组合逻辑电路通常由（　　）组合而成。

A. 门电路　　B. 触发器

C. 计数器　　D. 寄存器

15. 以下属于组合逻辑电路的有（　　）。

A. 寄存器　　B. 全加器

C. 计数器　　D. 扭环形计数器

16. 编码器的逻辑功能是（　　）。

A. 把某种二进制代码转换成某种输出状态

B. 将某种状态转换成相应的二进制代码

C. 把二进制数转换成十进制数

D. 把十进制数转换成二进制数

17. （　　）电路在任何时刻只能有一个输入端有效。

A. 二进制译码器　　B. 普通二进制编码器

C. 七段显示译码器　　D. 优先编码器

18. 高电平有效的3/8译码器在CBA输入为011时，输出（　　）为1。

A. Y_1　　B. Y_3　　C. Y_5　　D. Y_7

19. 8选1数据选择器当选择码$S_2S_1S_0$为110时（　　）。

A. 选择数据从Y_3输出　　B. 选择数据从I_3输入

C. 选择数据从Y_6输出　　D. 选择数据从I_6输入

20. 带有控制端的基本译码器可以组成（　　）。

A. 数据分配器　　B. 二进制编码器

C. 数据选择器　　D. 十进制计数器

21. 七段码译码器，当输入二进制数为0001时，七段码显示为（　　）段亮。

A. b、c　　B. f、e　　C. a、d　　D. b、d

22. 一个四选一数据选择器，其地址输入端有（　　）个。

A. 16　　B. 2　　C. 4　　D. 8

23. 16路数据选择器的地址输入（选择控制）端有（　　）个。

A. 16　　B. 2　　C. 4　　D. 8

24. 半加器的逻辑式为（　　）。

A. S = A⊙B　C = AB　　B. S = A⊙B　C = A + B

C. S = A⊕B　C = AB　　D. S = A⊕B　C = A + B

25. 一位全加器具有（　　）个输入端和两个输出端。

A. 3　　B. 2　　C. 4　　D. 8

三、多项选择题

1. 下列说法错误的是（　　）。

A. 双极型数字集成门电路是以场效应管为基本器件构成的集成电路

B. TTL 逻辑门电路是以晶体管为基本器件构成的集成电路

C. COMS 集成门电路集成度高，但功耗较高

D. TTL 逻辑门电路和 COMS 集成门电路不能混合使用

E. TTL 集成门电路集成度高，但功耗较低

2. 下列说法错误的是（　　）。

A. 一般 TTL 逻辑门电路的输出端彼此可以并接

B. TTL 与非门的输入伏安特性是指输入电压与输入电流之间的关系曲线

C. 输入负载特性是指输入端对地接入电阻 R 时，输入电流随 R 变化的关系曲线

D. 电压传输特性是指 TTL 与非门的输入电压与输入电流之间的关系

E. 一般 TTL 逻辑门电路的输入端彼此可以并接

3. 三态门的输出状态有（　　）。

A. 高电平　　B. 低电平

C. 零电平　　D. 高阻

E. 低阻

4. OC 门输出端的公共集电极电阻的大小必须选择恰当，因为（　　）。

A. R_c 过大则带拉电流负载时输出的高电平将会在 R_c 上产生较大的压降

B. R_c 过大则带拉电流负载时输出的低电平将会在 R_c 上产生较大的压降

C. R_c 过小则输出低电平时将会产生较大的灌电流

D. R_c 过小则输出低电平时将会产生较小的灌电流

E. R_c 很大则带灌电流负载时输出的低电平将会在 R_c 上产生较大的压降

5. 对于 TTL 与非门闲置输入端的处理，可以（　　）。

A. 接电源　　B. 通过 3 kΩ 电阻接电源

C. 接地　　D. 与有用输入端并联

E. 接 0 V

6. 按照导电沟道的不同 MOS 管可分为（　　）。

A. NMOS　　B. PMOS

C. CMOS　　D. DMOS

E. SMOS

7. CMOS 非门在静态时，电路的一对管子 V_N 和 V_P 总是（　　）。

A. 两个均截止　　B. 两个均导通

C. 一个截止　　D. 一个导通

E. 两个均导通或两个均截止

8. CMOS 电路具有（　　）的优点。

A. 输出的高电平是电源电压、低电平是 0

B. 门槛电平约为电源电压的 1/2

C. 门槛电平约为电源电压

D. 电源电压使用时较为灵活

E. 门槛电平约为 1.4 V

9. 关于 TTL 电路与 CMOS 电路性能的比较，（　　）说法是正确的。

A. TTL 电路输入端接高电平时有电流输入

B. CMOS 电路输入端接高电平时有电流输入

C. CMOS 电路输入端允许悬空相当于输入高电平

D. TTL 电路输入端悬空时相当于输入高电平

E. TTL 电路输入端允许悬空，相当于输入低电平

10. 以下属于组合逻辑电路的有（　　）。

A. 寄存器　　B. 全加器

C. 译码器　　D. 数据选择器

E. 数字比较器

11. 下列说法正确的是（　　）。

A. 与编码器功能相反的逻辑电路是基本译码器

B. 与编码器功能相反的逻辑电路是字符译码器

C. 译码器都带有使能端

D. 带有控制端的基本译码器可以组成数据分配器

E. 译码器都可以组成数据分配器

12. 关于数码管，以下（　　）说法是正确的。

A. 共阴极的半导体数码管应该配用输出高电平有效的数码管译码器

B. 共阴极的半导体数码管应该配用输出低电平有效的数码管译码器

C. 共阳极的半导体数码管应该配用输出高电平有效的数码管译码器

D. 共阳极的半导体数码管应该配用输出低电平有效的数码管译码器

E. 半导体数码管应该配用低电平或高电平有效的数码管译码器

13. 关于数据选择器以下（　　）说法是正确的。

A. 数据选择器的逻辑功能和数据分配器正好相反

B. 数据选择器的逻辑功能和译码器正好相反

C. 数据选择器 16 选 1 需要 4 位选择码

D. 数据选择器 8 选 1 需要 3 位选择码

E. 数据选择器 8 选 1 需要 4 位选择码

四、简答题

1. 列出 8 选 1 数据选择器的函数式，设输出为高电平有效。

2. 画出用两块 8 选 1 数据选择器组成的全加器电路。

3. 画出用三块 4 位全加器组成的两个 12 位二进制数加法电路。

测试题答案

一、判断题

1. √　2. √　3. √　4. √　5. √　6. ×　7. √　8. ×　9. √

10. ×　11. √　12. √　13. ×　14. √　15. √

二、单项选择题

1. B　2. A　3. C　4. C　5. A　6. A　7. D　8. A　9. A

10. D　11. C　12. D　13. C　14. A　15. B　16. B　17. B　18. B

19. D　20. A　21. A　22. B　23. C　24. C　25. A

三、多项选择题

1. ACE　2. ACD　3. ABD　4. AC　5. ABD　6. AB　7. CD

8. ABD　9. AD　10. BCDE　11. AD　12. ADE　13. ACD

四、简答题

1. 函数式如下。

$$Y = \overline{S}_2\overline{S}_1\overline{S}_0I_0 + \overline{S}_2\overline{S}_1S_0I_1 + \overline{S}_2S_1\overline{S}_0I_2 + \overline{S}_2S_1S_0I_3$$
$$+ S_2\overline{S}_1\overline{S}_0I_4 + S_2\overline{S}_1S_0I_5 + S_2S_1\overline{S}_0I_6 + S_2S_1S_0I_7$$

2. 电路如图5—42所示。

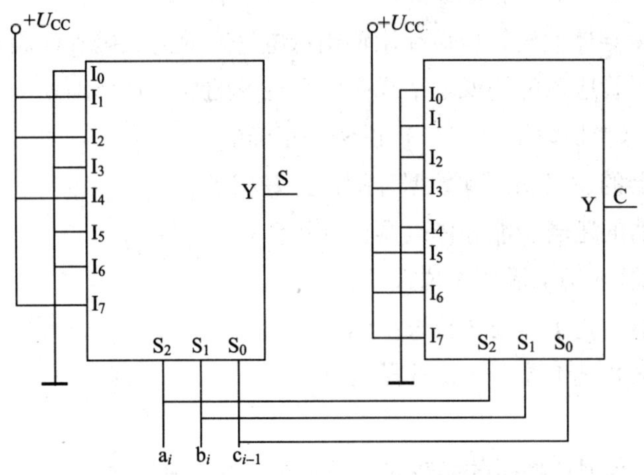

图5—42　简答题2的答案

3. 电路如图5—43所示。

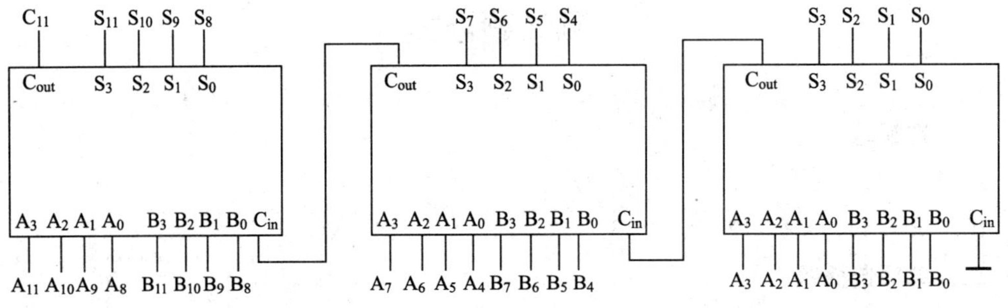

图5—43　简答题3的答案

第 6 章

触发器和时序逻辑电路

时序逻辑电路与组合逻辑电路的根本区别在于，时序逻辑电路的输出不仅与当时的输入情况有关，而且与以前的输入情况有关，电路显然具有记忆作用，例如数据寄存器能记住以前输入的数据，计数器能记住曾经输入过几个脉冲等。能记住以前的输入情况、具有记忆作用的单元电路就是触发器。

第1节　触　发　器

一、基本触发器

1. 基本 RS 触发器

基本 RS 触发器可以用两个与非门加上反馈组成，如图 6—1a 所示，电路有两个输入端 $\overline{R}$ 及 $\overline{S}$，因为输入是低电平有效的，所以用符号 $\overline{R}$ 及 $\overline{S}$ 表示，电路有两个互补的输出端 Q 及 $\overline{Q}$，在正常情况下两个输出端的状态总是相反的。触发器的状态规定以 Q 端的状态为准，即 Q = 0（$\overline{Q}$ = 1）触发器处于 0 状态，Q = 1（$\overline{Q}$ = 0）触发器处于 1 状态。触发器的工作过程可以用如图 6—1b 所示的波形图来表示，在没有触发信号时，$\overline{R}$ 及 $\overline{S}$ 都处于高电平状态，触发器输出可以维持原来的初始状态不变（图中假设其为 0）。设在 $\overline{S}$ 端输入低电平 0 时，与非门 G1 有 0 出 1，可以使触发器输出的 Q 端置 1，与非门 G2 则全 1 出 0，使得 $\overline{Q}$ = 0，在 $\overline{S}$ 端输入的低电平 0 撤销之后，电路的输出依靠 $\overline{Q}$ 端的 0 自锁，输出仍然为 1，这就体现了电路的记忆作用，能够记住输入来过了一个负脉冲。触发器输出置 1 之后，如果需要把触发器清 0（Q 端置 0），则必须在 $\overline{R}$ 端加上低电平，同样的道理，在 $\overline{R}$ 端输入的低电平 0 撤销之后，电路的输出依靠 Q 端的 0 自锁，输出仍然为 0。

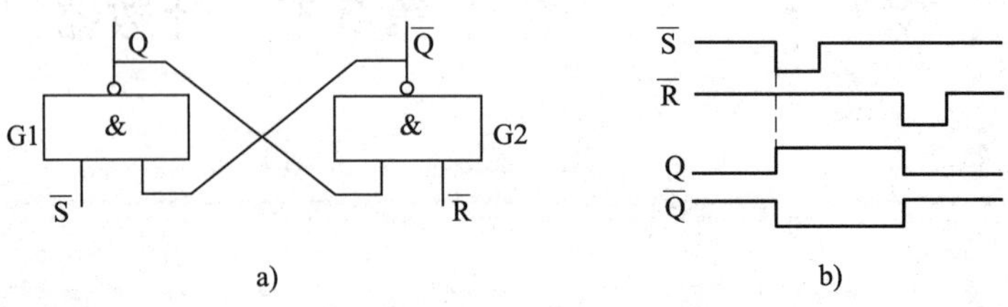

图 6—1　基本 RS 触发器

a）电路图　b）波形图

由此可见，用两个与非门组成的基本 RS 触发器，可以在输入端加上负脉冲使触发器置 1 或置 0，这里称 $\overline{S}$ 为低电平置 1 端（Set，置数），$\overline{R}$ 为低电平置 0 端（Reset，复位）。触发器的逻辑功能也可以用表 6—1 所示的真值表来表示。为了与组合逻辑相区别，在此称为“特性表”或“功能表”。功能表的第一行表示无触发信号时，触发器保持不变；第二行表示 $\overline{R}$ 端输入低电平，则触发器置 0；第三行表示 $\overline{S}$ 端输入低电平，则触发器置 1；最后一行表示电路如果在两个输入端同时加上低电平触发信号，则会产生 $Q=\overline{Q}=1$ 的矛盾情况，这种情况是不能允许的，因此称为触发器的“禁态”。

表 6—1　　基本 RS 触发器的功能表

$\overline{S}$	$\overline{R}$	Q
1	1	维持原态
1	0	0
0	1	1
0	0	禁态

用两个或非门也可以组成 RS 触发器，电路如图 6—2a 所示，波形图如图 6—2b 所示。电路和用与非门组成的 RS 触发器的不同之处在于电路是用高电平触发的，S 为高电平置 1 端，R 为高电平置 0 端。当电路在 S 端输入高电平触发信号时，或非门 G2 有 1 出 0，使得 $\overline{Q}=0$，或非门 G1 全 0 出 1，使得 $Q=1$，触发器置 1；当电路在 R 端输入高电平触发信号时，或非门 G1 有 1 出 0，使得 $Q=0$，触发器置 0（或非门 G2 就全 0 出 1，使得 $\overline{Q}=1$）。电路在 R 和 S 都是 0 时保持原来的状态不变，R 和 S 都为 1 时则为禁止状态。

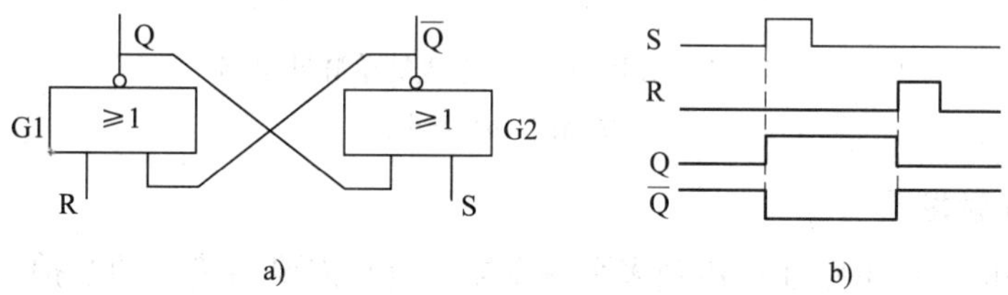

图 6—2　用或非门组成的基本 RS 触发器

a）电路图　b）波形图

在数字电路中，有时需要用按钮产生一个脉冲信号，要求按一次按钮产生一个脉冲。如果设想用一个如图 6—3a 所示的简单电路来实现，由于触点弹簧片在接触瞬间的弹跳抖动或者手的轻微抖动，一般会产生如图 6—3b 那样的波形，根本达不到要求。

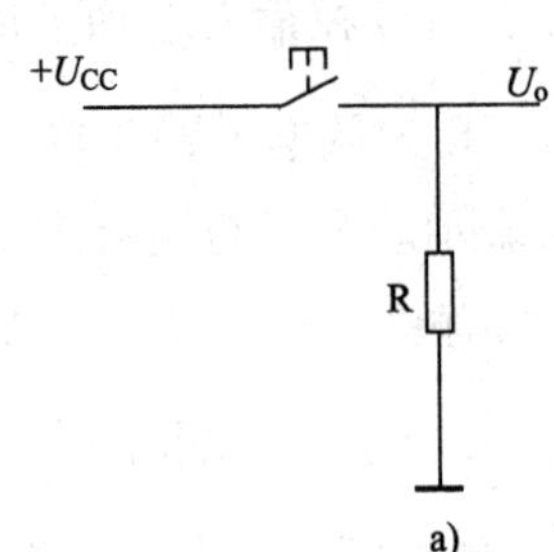

a)

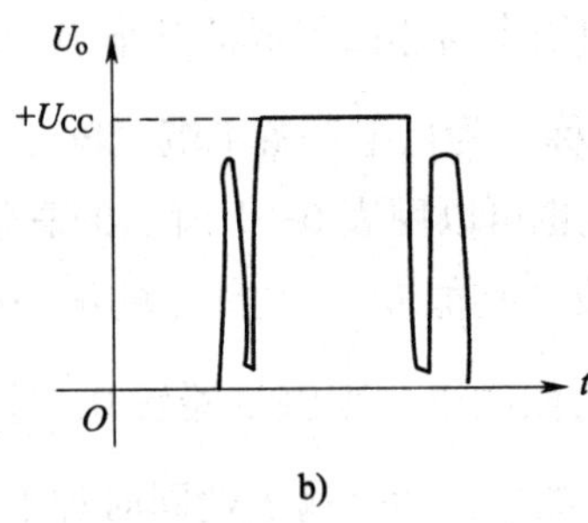

b)

图6—3　触点抖动时输出的波形

a）电路图　b）波形图

此时可以用基本RS触发器做成防抖动电路，用来产生单脉冲，电路如图6—4a所示。这是因为在按钮动作时，如果触点抖动，只是多次输入了同一个触发信号，即按下时有多次的$\overline{S}$信号，放开时有多次的$\overline{R}$信号，但是RS触发器只对第一次的触发信号有作用，其余的信号由于触发器已经翻转，都不起作用，电路就只产生一个脉冲，波形如图6—4b所示。

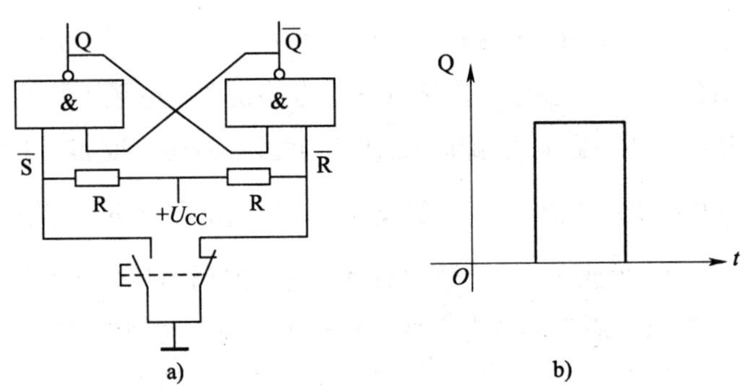

图6—4　用RS触发器组成的单脉冲电路

a）电路图　b）波形图

2. 同步RS触发器

数字电路中的时序电路往往用到多个触发器，电路需要用统一的节拍、按照一定的时序工作，使触发器同时翻转，这就需要用到一个按照时间节拍连续变化的同步脉冲——时钟脉冲（CP，Clock Pulse），在CP驱动下工作的RS触发器称为同步RS触发器。

图6—5所示为同步RS触发器，与图6—1所示电路相比，增加了两个与非门G3、G4。由图可见，触发器的工作受时钟脉冲的控制，当CP=0时，G3、G4封锁，信号S、R不能输入，输出维持原态；当CP=1时，G3、G4可以接收输入的触发信号，这时，对于S、R信号来讲，G3、G4的作用就是非门，因此这个同步RS触发器是输入高电平有效

的触发器。同步 RS 触发器有时还有两个直接置 1 端 $\overline{S}_d$ 及直接置 0 端 $\overline{R}_d$，如图中虚线所示。显然在这两个端子上如果加上低电平则可以跳开时钟脉冲的控制而直接对触发器置 1 或置 0，这两个端子在时序电路中经常用来对触发器设置工作的初始状态。

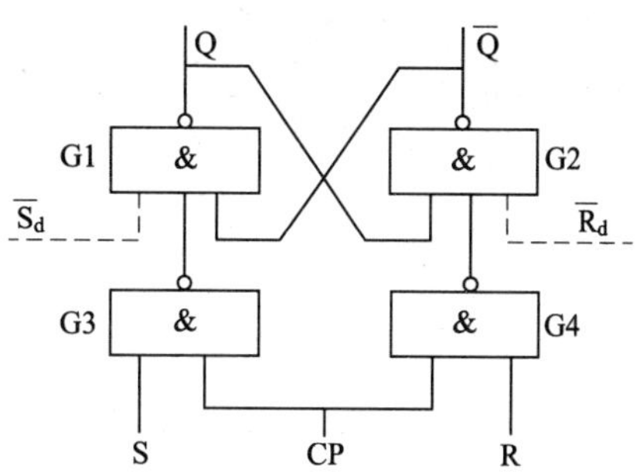

图 6—5 同步 RS 触发器

图 6—6a 所示是同步 RS 触发器在电路中的图形符号，图 6—6b 是它的波形图。在 CP = 0 时，触发器封锁，输出保持不变；在 CP = 1 时触发器才接收信号。在波形图中，第 1 个 CP 因为收到 S = 1 的置 1 信号使得触发器置 1，第 2 个 CP 因为 R = S = 0，触发器输出保持不变，第 3 个 CP 收到 R = 1 的置零信号使得触发器置 0，第 4 个 CP 使得输出产生 $Q=\overline{Q}=1$ 的禁态，而且在时钟脉冲过后，触发器的输出状态是不确定的，因为此时 G1、G2 两个与非门都面临全 1 出 0 的工作状态。由于两个门的传输速度必定有快慢，则动作快的一个门将先输出 0，而一旦这个门输出了 0，另一个就只能输出 1 了。由于门传输时间的不确定，那么输出的状态究竟是置 0 还是置 1 就是无法确定的。

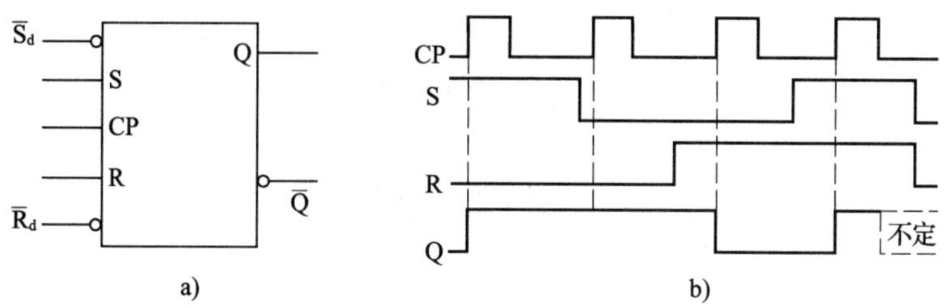

图 6—6 同步 RS 触发器的电路符号及波形图

a）电路符号 b）波形图

由于 RS 触发器不允许 R 和 S 同时为 1，所以就要求输入信号满足条件 RS = 0，这一条件称为 RS 触发器的“约束条件”。

触发器的逻辑功能还可以用表 6—2 所示的功能表来表示，在表中为了表示时钟脉冲来到前后的输出情况，通常用 Q_n 表示第（$n+1$）个脉冲到来之前的输出状态，称为触发器的原态或现态，用 Q_{n+1} 表示第（$n+1$）个脉冲到来之后的输出，称为触发器的次态。表中第一行表示没有 R 和 S 输入信号时，$Q_{n+1}=Q_n$，触发器输出在时钟脉冲来过之后没有变化；第二行表示有了置零信号（R = 1），触发器输出在时钟脉冲来过之后输出 0；第三行表示有了置 1 信号（S = 1），触发器输出在时钟脉冲来过之后输出 1；第四行表示输入 R、S 都为 1 是不允许的（禁止状态），否则时钟脉冲来过之后输出的状态不能确定。

表6—2　　同步RS触发器的功能表

S	R	Q_{n+1}	备注
0	0	Q_n	保持不变
0	1	0	置0
1	0	1	置1
1	1	禁态/不定	输出状态不确定

同步RS触发器的逻辑功能还可以用如图6—7所示的状态图来表示，图中的两个圈0、1表示触发器有两个稳定的输出状态，两个状态在一定的条件下可以翻转。当S=1、R=0时触发器输出可以由0翻转为1；当S=0、R=1时触发器输出可以由1翻转为0；当触发器在0状态时如果没有置1信号（S=0）则无论R是0还是1，时钟脉冲过后输出不变，当触发器在1状态时如果没有置0信号（R=0），则无论S是0还是1，时钟脉冲过后输出也不变。

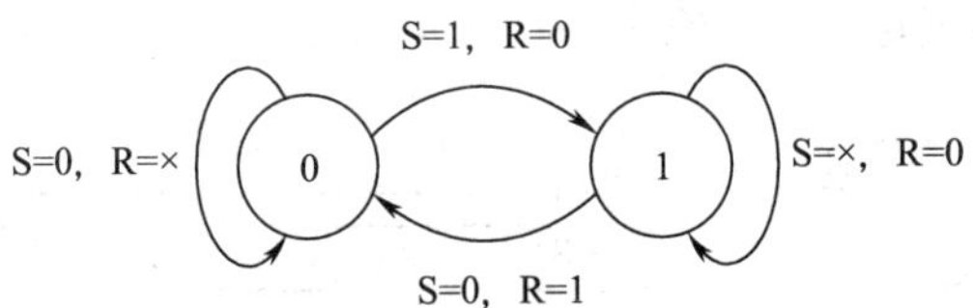

图6—7　RS触发器的状态图

3．D锁存器

为了消除RS触发器的禁态，可以在同步RS触发器的基础上增加一个非门G5，使得S、R的状态总是相反的，如图6—8a所示，并把S端改名为数据输入端D，则这个电路可以称为D触发器，但是为了与下面的边沿D触发器相区别，在集成电路手册中一般称其为“D锁存器”，它的主要用途是锁存输入数据D。D锁存器的工作原理十分简单：当CP=1时，输出等于输入，即Q=D；当CP=0时，则输入信号D被封锁，输出就等于在门G3、G4封锁前输入的数据D，也就是说，封锁前的输入数据D被锁存在触发器中了，此时无论输入D再有什么变化，输出保持不变，起到了锁存数据的作用。再仔细分析一下可以发现，图6—8a中的非门G5是完全可以省略的，只要把同步RS触发器的接线稍做改动，成为如图6—8b所示那样，其功能与图6—8a所示电路是完全相同的。这是因为在CP=0时，G3、G4封锁，非门G5不起作用；而在CP=1时，G3的输出就是$\overline{D\cdot CP}=\overline{D}$，因此G3完全可以代替非门G5，这样就得到了图6—8b所示的D锁存器。

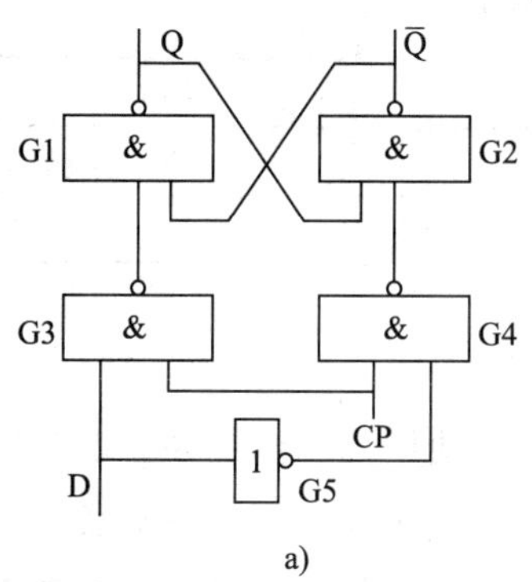

a)

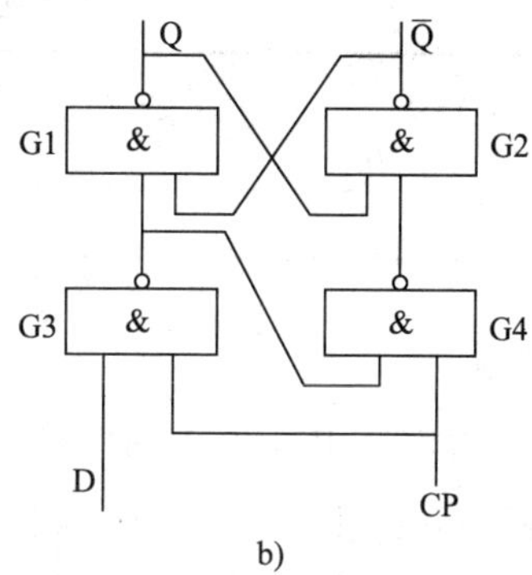

b)

图 6—8　D 锁存器

a）原理电路　b）实际电路

图 6—9a 所示为 D 锁存器的电路符号，图 6—9b 所示是它的波形图。由图可见，D 锁存器在 CP＝1 期间接收输入信号 D 并随之翻转，在 CP＝0 时则锁存。

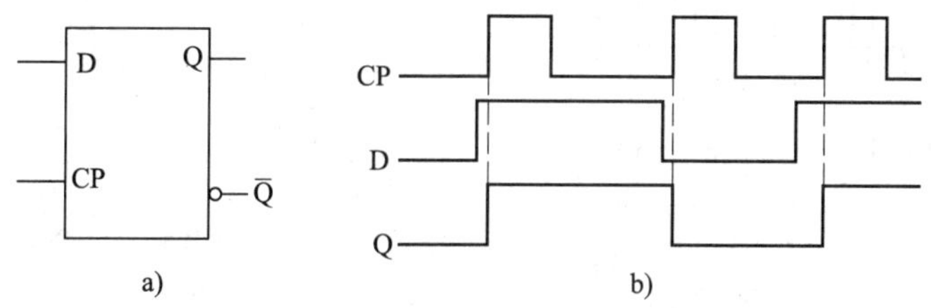

a)　　b)

图 6—9　D 锁存器的电路符号及波形图

a）电路符号　b）波形图

图 6—10 所示为 D 锁存器的状态图。由图可见，无论触发器的原态是什么，当 D＝0 时触发器就置 0；当 D＝1 时触发器就置 1。

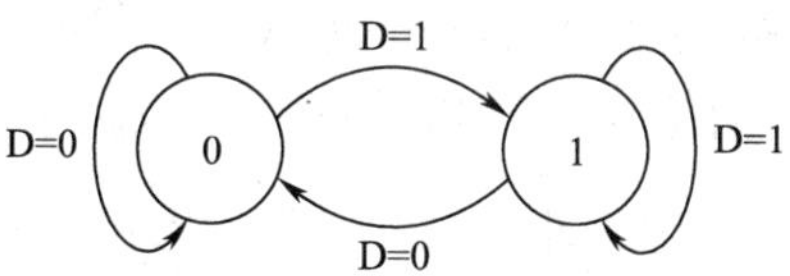

图 6—10　D 锁存器的状态图

D 触发器的功能可用特性方程来表示，其含义就是来过时钟脉冲之后的次态等于锁存前输入的 D。

$$Q_{n+1} = D$$

D 触发器的功能表见表 6—3。

表 6—3　　D 触发器的功能表

D	Q_{n+1}
0	0
1	1

4. JK 触发器

由于 RS 触发器存在 R = S = 1 的禁态，使用时会使用户感到不便，能否把这一禁态利用起来，使得触发器增加一个功能呢？由于在时序电路中经常要用到计数器，而组成计数器的基本单元电路常用到计数触发器，计数触发器的功能就是要求触发器能在每来一个计数脉冲时，触发器就翻转一次，波形如图 6—11a 所示。

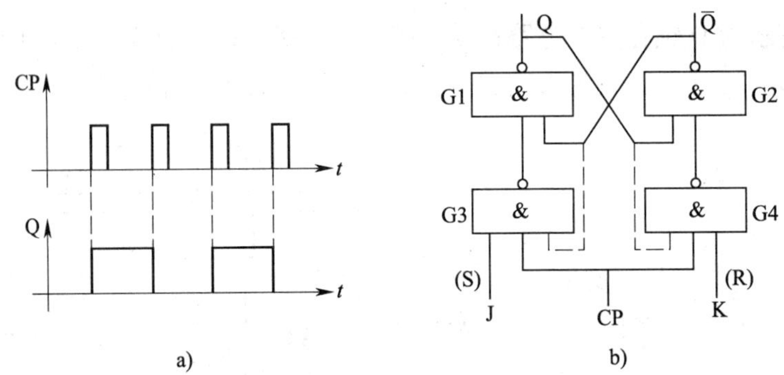

图 6—11　计数触发及 JK 触发器

a）计数触发波形图（J = K = 1）　b）JK 触发器原理图

为了达到这一功能，设想把 RS 触发器做如图 6—11b 所示的修改，即在电路中增加了两根虚线所示的反馈线，使得电路既去掉了禁态，又增加了一个计数触发的功能，并把输入端的名称改为 J（原来的 S 端）、K（原来的 R 端），则称其为 JK 触发器。JK 触发器的功能表见表 6—4，可见表中只有第 4 行与 RS 触发器的功能表 6—2 不同，即在输入 J = 1、K = 1 时，$Q_{n+1} = \overline{Q}_n$，即来一个时钟脉冲，触发器就输出与原来相反的状态，翻转了一次。

表 6—4　　JK 触发器的功能表

J	K	Q_{n+1}	备注
0	0	Q_n	保持
0	1	0	置 0
1	0	1	置 1
1	1	$\overline{Q}_n$	翻转

为什么电路加上了两根线就可以有计数触发的功能呢？这是因为在 $J=1$、$K=1$ 时，如果触发器的原态 $Q_n=0$（$\overline{Q}_n=1$），则 G3 门输入的就是 $1\times1=1$，G4 门输入的就是 $1\times0=0$，触发器在时钟脉冲来了之后就置 1；如果触发器的原态 $Q_n=1$（$\overline{Q}_n=0$），则 G3 门输入的就是 $1\times0=0$，G4 门输入的就是 $1\times1=1$，触发器在时钟脉冲来了之后就置 0。可见无论触发器原来是什么状态，每来一个时钟脉冲，触发器就翻转一次，达到了计数触发的目的（电路还需进一步完善，下面还有说明）。本电路的置 1、置 0 及保持功能，学员可按上述分析方法自行分析。

如果把触发器的原态作为输入变量，把次态作为输出变量，则功能表还可以用表 6—5 的形式来表示。

表 6—5　　JK 触发器的功能表的另一种形式

J	K	Q_n	Q_{n+1}
0	0	0	0
0	0	1	1
0	1	0	0
0	1	1	0
1	0	0	1
1	0	1	1
1	1	0	1
1	1	1	0

如果把 J、K、Q_n 作为输入信号，Q_{n+1} 作为输出信号，由此可以用如图 6—12 所示的卡诺图得到 JK 触发器的特性方程：

$$Q_{n+1}=J\overline{Q}_n+\overline{K}Q_n$$

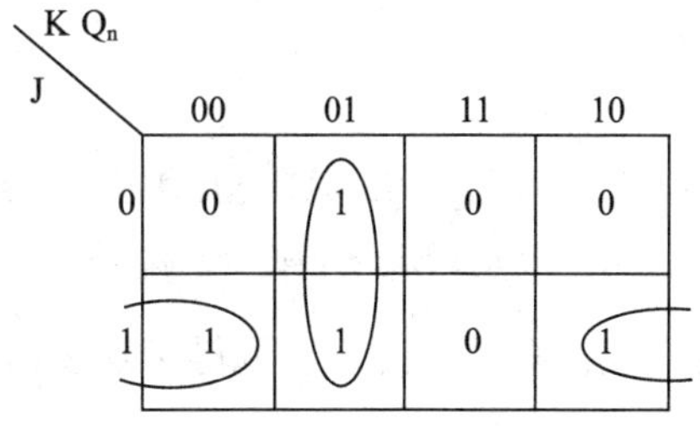

图 6—12　JK 触发器的卡诺图

JK 触发器的功能也可以用如图 6—13 所示的状态图来说明。图中表示，当触发器的状态为 0 时，加上 J = 1、K = 0 的置 1 信号或 J = 1、K = 1 的翻转信号时，时钟脉冲过后触发器均翻转为 1；加上 J = 0、K = 0 的保持信号或加上 J = 0、K = 1 的置 0 信号时，时钟脉冲过后触发器的状态不变。当触发器的状态为 1 时，加上 J = 0、K = 1 的置 0 信号或 J = 1、K = 1 的翻转信号时，时钟脉冲过后触发器均翻转为 0；加上 J = 0、K = 0 的保持信号或加上 J = 1、K = 0 的置 1 信号时，时钟脉冲过后触发器的状态不变。

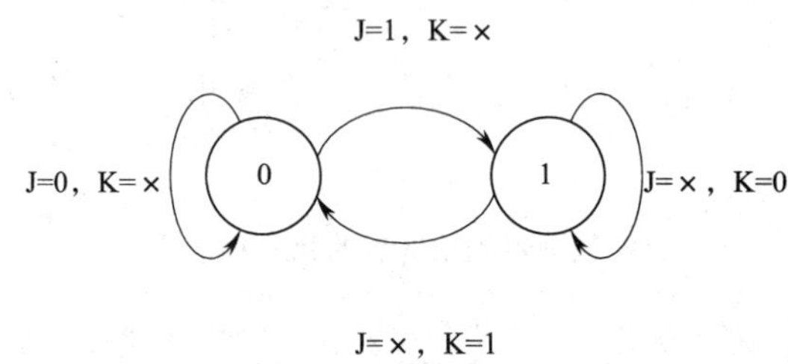

图 6—13　JK 触发器的状态图

5. T 触发器

如果按照如图 6—14a 所示那样，把 JK 触发器的 J、K 两端连在一起并把它改名为 T 端，电路就改成了一个带有控制端 T 的计数触发器，在数字电路中称为 T 触发器。显然，当 T = 0 时（相当于 J = 0、K = 0），触发器被封锁，不工作。当 T = 1 时（相当于 J = 1、K = 1），触发器就按计数触发工作，波形图如图 6—14b 所示。

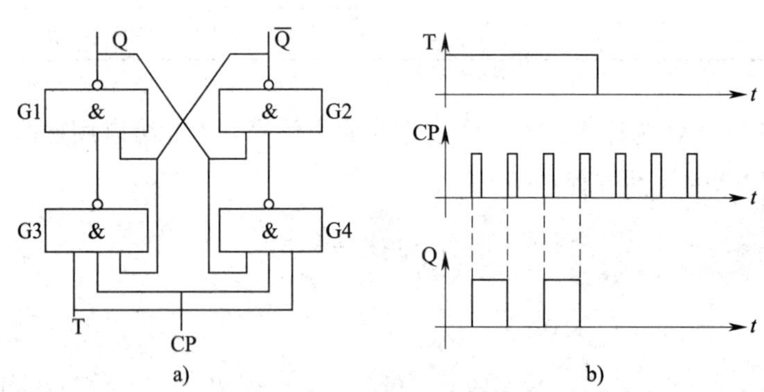

图 6—14　T 触发器的原理电路图及波形图

a）T 触发器的原理电路　b）波形图

把 JK 触发器特性方程中的 J、K 用 T 代入，可得 T 触发器的特性方程：

$$Q_{n+1} = T\overline{Q}_n + \overline{T}Q_n$$

T 触发器的状态图如图 6—15 所示，由图可见，T = 0 时触发器保持不变，T = 1 时计数触发。

6. 基本触发器的空翻和振荡现象

上述基本触发器电路简单，能够实现记忆功能，其中的 RS 触发器及 D 锁存器等也能满足部分时序电路的需要。但是图 6—11b 所示的 JK 触发器及图 6—14a 所示的 T 触发器都只是一个原理电路，实际上根本不能正常工作，必须做进一步的完善才能使用。这是由于基本触发器存在空翻问题，在接成计数触发时就会产生振荡现象。

（1）空翻现象。前面介绍的几种基本触发器，在画波形图时，均没考虑在时钟脉冲 CP = 1 期间输入信号发生变化的情况。如果在时钟脉冲 CP = 1 期间输入信号发生变化，会产生什么现象呢？图 6—16 以 RS 触发器为例，画出了 CP = 1 期间，输入信号发生变化的情况。由图可见，由于 R 和 S 信号在此时发生了多次变化，先是 S = 1 置 1，再是 R = 1 置 0，最后还是 S = 1 置 1，使得触发器多次翻转，这种情况称为“空翻”，在时序电路中是不允许的。时序电路中设置时钟脉冲，就是为了统一触发器的翻转时刻，一般要求触发器仅在时钟脉冲变化的某个边沿（CP 由 0 变 1 称为“上升沿”、CP 由 1 变 0 称为“下降沿”）输出才能翻转，每一个时钟脉冲到来时，输出只允许翻转一次。因此，为了防止基本触发器出现空翻现象，必须限制输入信号，使其在 CP = 1 期间不发生变化。

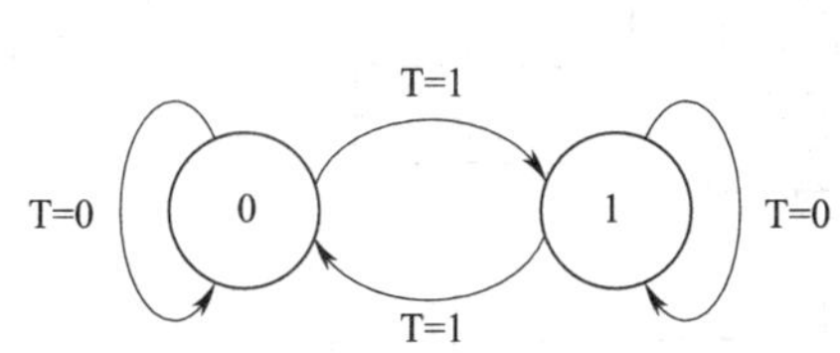

图 6—15　T 触发器的状态图

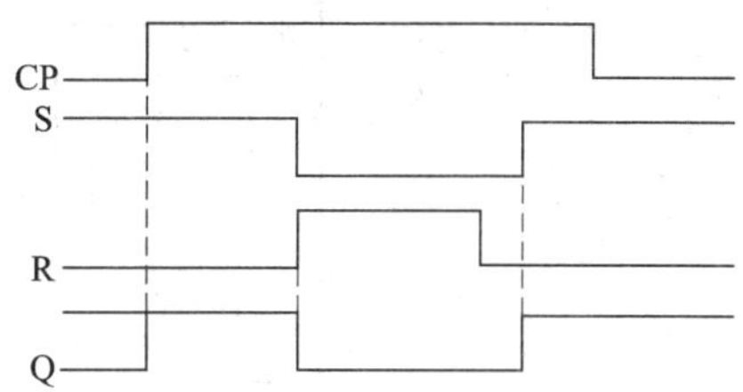

图 6—16　触发器的空翻现象

（2）振荡现象。对于前面所讲的 JK 触发器及 T 触发器，为了得到计数触发的效果，需要在输入 J = K = 1（或 T = 1）时，可以得到来一个时钟脉冲翻转一次的效果。但是不要忘记，触发器翻转了一次之后，只要 CP = 1 的条件还存在，由于输出的变化再次反馈到输入端，触发器就必定会再次翻转，而且只要 CP = 1 的时间较长，触发器就会一直不断地翻转下去，输出就像产生振荡一样，根本达不到原先设想的来一个时钟脉冲只翻转一次的要求。也许有人会想，为了不产生振荡，只要把计数脉冲的宽度控制在触发器发生一次翻转以后就立即关掉好了，但这在实际上是无法办到的。因为这就必须把 CP = 1 的宽度控制在 2 ~ 3 倍的与非门传输时间之内，时间短了触发器来不及翻转，时间长了就要空翻，更何况与非门的传输时间长短不一，所以这是根本无法办到的。为了解决空翻问题，必须另想办法，改进触发器电路的结构形式。常用的能防止空翻的触发器结构形式有主从触发器和边沿触发器两种。

二、主从触发器和边沿触发器

1. 主从触发器

图6—17所示为主从JK触发器的电路图，它由两个同步RS触发器组成，下面一个称为“主触发器”，另一个称为“从触发器”，两个触发器的时钟脉冲是反相的，使得两个触发器总是一个开通，另一个封锁。就像图6—11b那样，触发器的输出也是交叉反馈到输入端的，改成JK触发器。

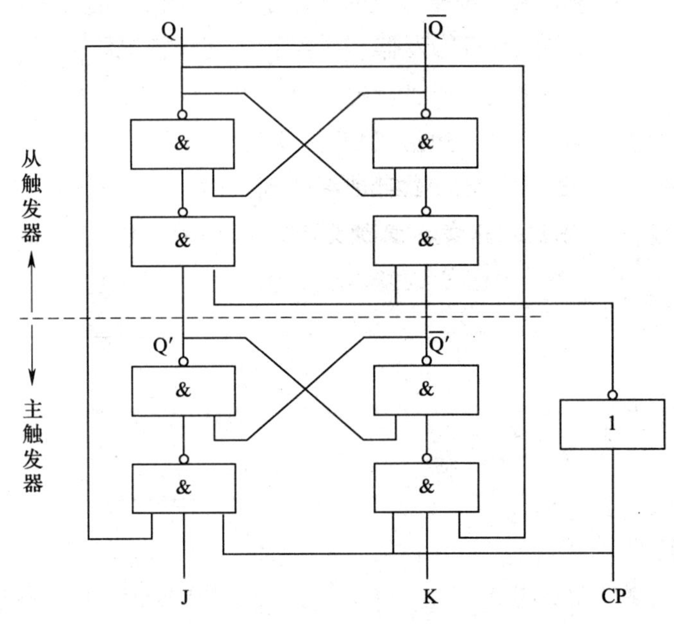

图6—17　主从触发器

现设触发器输入计数触发信号J=1、K=1，两个触发器的初始状态均为0。看一下电路是如何阻止空翻振荡的。主从触发器的工作方式，可将一个时钟脉冲分为两个阶段来分析。

（1）CP=1期间，主触发器接收输入信号翻转Q′=1（$\overline{Q}'$=0），而从触发器被封锁，保持原状态不变。

（2）CP=0期间，主触发器被封锁，保持CP=1期间所接收的状态不变，从触发器解除封锁，接收主触发器的输出信号而翻转，使得 $Q = Q' = 1$。此时反馈到主触发器的信号已经改变，但是由于主触发器已经被封锁，所以不会再次翻转，阻止了空翻。主触发器如要再次翻转，必须等到下一个时钟脉冲来到，这样就可以做到来一个时钟脉冲只翻转一次。

由此可以看到，主从触发器是在 CP = 1 期间接收输入信号，在 CP 的下降沿输出（从触发器）翻转。主从触发器虽然可以阻止空翻，但是由于在 CP = 1 的整个期间主触发器都可接收信号，如果在此期间有了干扰信号，会造成误动作，这就要求最好采用窄脉冲触发，要求在 CP = 1 期间输入信号不能变化。为了提高抗干扰性能，可以采用边沿触发器，边沿触发器仅在规定的边沿瞬间接收信号并翻转，这就大大提高了触发器的抗干扰性能。也可以采用 CMOS 主从触发器（有关内容在技师教材中介绍），尽管它是主从结构的，但由于内部电路不同，其性能是边沿型的。

主从 JK 触发器的电路符号如图 6—18a 所示。符号中的 $\overline{S}_d$ 是触发器的低电平直接置 1 端，$\overline{R}_d$ 是触发器的低电平直接置 0 端，与图 6—6a 不同的是：CP 端上加了箭头及小圈，这表示触发器是下降沿翻转的。图 6—18b 是波形图，图中的 Q′是内部主触发器的波形，画出它是为了加深理解。触发器真正的输出是从触发器的 Q 端波形，可以看到它是下降沿翻转的。

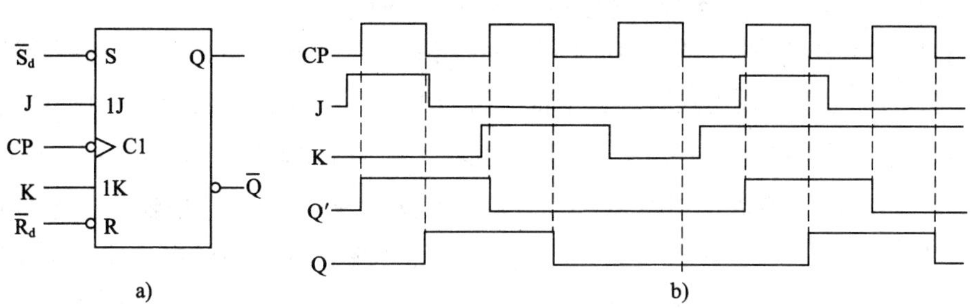

图 6—18　主从 JK 触发器的电路符号及波形图

a）电路符号　b）波形图

2. 边沿触发器

基本触发器造成空翻的原因是 CP = 1 期间大门敞开，主从触发器抗干扰的能力差也是同样的原因。能否设计一个触发器在 CP = 1 期间大门也是关好的，只有在时钟脉冲由 0 变 1 的上升沿打开一瞬间呢？在以后的学习中将会看到，在用触发器组成的计数器、移位寄存器等电路中，几个触发器都是级联在一起的，就是后级的触发器接收的都是前级触发器的输出信号，而且触发器的时钟脉冲都是连在一起的。在这种电路中，后级触发器的输入信号都是与时钟脉冲同时跳变的，这就要求触发器只接收时钟脉冲上升沿前一瞬间的输入信号，时钟脉冲上升沿来到时触发器在翻转的同时立即关门，能达到这一要求的触发器就是边沿触发器，现在实用的触发器绝大多数是边沿触发器。

图6—19所示是一种边沿D触发器的典型电路，它由G1～G6共6个与非门组成，其中G1、G2、G3、G4所组成的电路就是图6—8b所示的D锁存器，只有G5、G6两个门才是新增加的，输入端D现接在G6的输入端，并把原来G3门的输入端名称改为D′端以示区别。

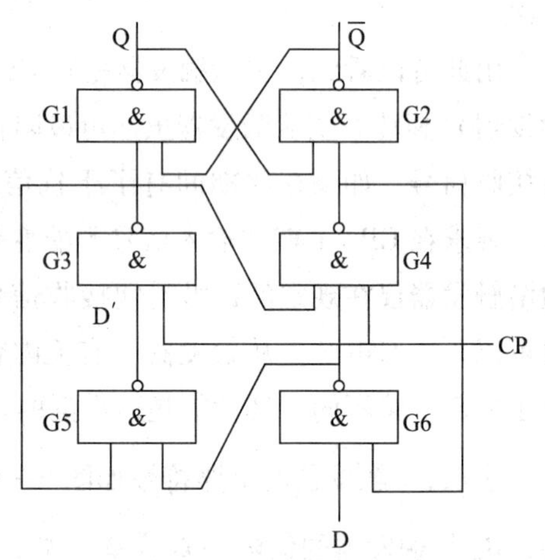

图6—19　边沿D触发器

为什么增加了G5、G6两个门之后电路就成了边沿触发器呢？可以看到，在CP＝0的期间，G1、G2、G3、G4所组成的D锁存器是封锁的，而此时G3、G4两个门输出的1通过左右两根反馈线接到G5、G6两个门的输入端，使得G5、G6两个门开通，此时G5、G6两个门的作用就相当于两个非门，使得D′＝D，如果此时D输入变动，D′也将随之变动，但是由于时钟脉冲的封锁，触发器的输出不变，这是触发器接收输入信号的阶段。

在时钟脉冲上升的瞬间，G3、G4两个门中将有一个门输出低电平0，使得触发器的输出置0或置1。如果在时钟脉冲上升沿前一瞬间D′＝0，G4门输出低电平0将触发器置0，同时这一低电平0将封锁G6门，此时即使输入的D信号有变动，只要D′不会变动，触发器就不会空翻；如果在时钟脉冲上升沿前一瞬间D′＝1，则G3门输出低电平0将触发器置1，同时这一低电平0将封锁G5门，此时即使输入的D信号有变动，D′也不会变动，触发器就不会空翻。

由此可见，这种触发器之所以具有边沿触发的性质，就在于在CP＝0时，G1～G4组成的锁存器封锁，G5、G6组成的输入通道导通，接收输入信号（D′＝D）。在时钟脉冲的上升沿把边沿前一瞬间接收到的D信号锁存输出，同时在CP＝1时电路切断了输入通道（G5、G6中总有一个封锁），做到了在CP＝1时还能关门。图6—19所示的边沿触发器有时也称为“维持－阻塞触发器”，这是由于这一触发器能够维持住所置的数，并且阻塞了空翻。

图6—20a所示是边沿D触发器的符号，注意时钟脉冲输入端没有小圈只有箭头，表示触发器是上升沿翻转的，集成触发器大多数还带有直接置0端$\overline{R}_d$及直接置1端$\overline{S}_d$。图

6—20b 所示是其波形图，边沿触发器的波形是很容易分析的，由图 6—20b 可见，只需注意在时钟脉冲的上升沿 D 信号是什么就可以了，在上升沿瞬时 D = 0 则触发器置 0；在上升沿瞬时 D = 1 则触发器置 1，其余时间 D 是 0 还是 1 完全可以不去理会。应该特别注意的是，如果在时钟脉冲的上升沿 D 信号同时变化，则触发器接收的是时钟脉冲边沿前一瞬时的 D 信号，图中第 4、第 6、第 7 个时钟脉冲上升沿就是这种情况。

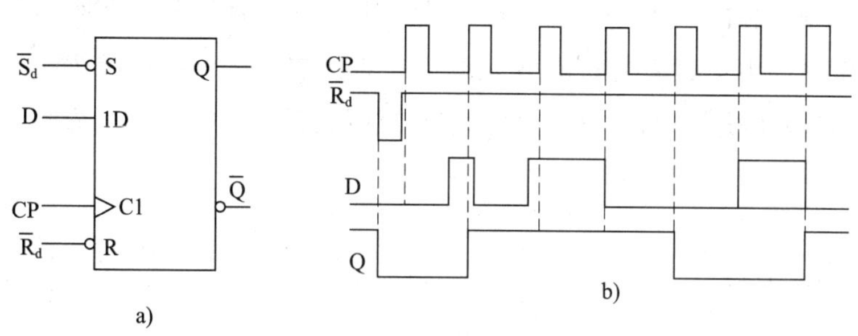

图 6—20　边沿 D 触发器的电路符号及波形图

a）电路符号　b）波形图

最后应该指出的是，边沿触发器除了上述电路之外还有多种，内部结构不尽相同，有 D 触发器也有 JK 触发器，有上升沿翻转的也有下降沿翻转的，直接置 0、直接置 1 端也不一定都是低电平有效的，这里就不一一介绍了，具体可查阅集成电路手册。

综上所述，触发器按逻辑功能分有 RS 触发器、JK 触发器、D 触发器及 T 触发器。实际上集成触发器很少有 T 触发器产品，一般都是将 JK 触发器的 J、K 两端连接起来作为 T 触发器使用，如图 6—21a 所示。如果需要计数触发器（不带 T 端的），则可以把 JK 触发器的 J、K 两端接到正电源上作为计数触发器使用（见图 6—21b），也可以把 D 触发器的 D 端与 $\overline{Q}$ 端连接起来作为计数触发器使用（见图 6—21c）。

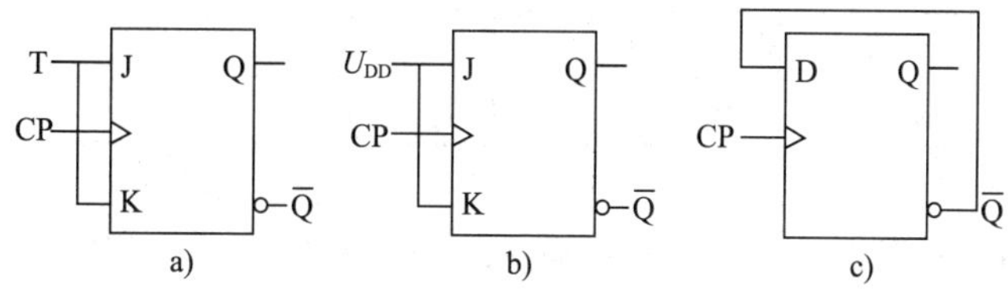

图 6—21　JK 触发器及 D 触发器改为计数触发器

a）JK 触发器改 T 触发器　b）JK 触发器改计数触发器　c）D 触发器改计数触发器

触发器按电路结构分有基本触发器、主从触发器及边沿触发器。除了寄存数据可以采用集成 D 锁存器（基本触发器）之外，一般的时序逻辑电路，例如计数器、移位寄存器等都必须采用边沿触发器或主从触发器。

三、集成触发器举例

上面介绍的是触发器的工作原理和结构，实际的触发器现在都做成集成触发器，常用的有D触发器和JK触发器两种。下面介绍三种常用的CMOS4000系列集成触发器。

1. D触发器

4013是双D触发器，一块电路中有两个独立的边沿D触发器，时钟脉冲上升沿触发，每个触发器都带有高电平直接置0端R及高电平直接置1端S，S、R禁止同时为1。图6—22a所示是4013的引脚图，表6—6为4013的功能表，表中“↑”表示触发器上升沿翻转。

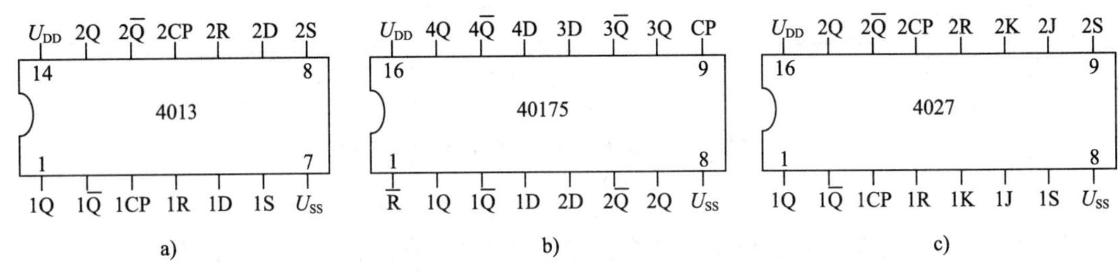

图6—22 常用触发器的引脚图

a）4013 b）40175 c）4027

表6—6 **4013功能表**

输入				输出
CP	D	S	R	Q
↑	0	0	0	0
↑	1	0	0	1
×	×	1	0	1
×	×	0	1	0
×	×	1	1	$Q=\overline{Q}=1$

40175是一个4D触发器，一块电路中有4个边沿D触发器，它们的CP端及低电平直接置0端$\overline{R}$都是公用的，时钟脉冲上升沿触发，每个触发器只引出D、Q、$\overline{Q}$三个端子，引脚图如图6—22b所示。

2. JK触发器

4027是双JK触发器，一块集成块中有两个独立的JK触发器，时钟脉冲上升沿触发，每个JK触发器都有高电平有效的直接置0端R及直接置1端S，引脚图如图6—22c所示。

第2节　寄　存　器

在数字系统中，用来将一组二进制代码存储起来的逻辑电路称为“寄存器”。一个触发器只能寄存一位二进制数，要存 n 位数时，就得用 n 个触发器，所以触发器组是寄存器的核心组成部分。除此之外，通常还有用门电路组成的控制电路，用于控制寄存器的“接收”“清零”“保持”“输出”等功能。常用的有4位、8位、16位等寄存器。

寄存器存入数据的方式有并行和串行两种。并行方式就是多位数码从多位输入端同时输入到寄存器中的方式；串行方式就是多位数码从一个输入端逐位输入到寄存器中的方式。从寄存器取出数据的方式也有并行和串行两种。在并行方式中，被取出的多位数码在输出端上同时输出；而在串行方式中，被取出的多位数码在一个输出端逐位出现。

通常把寄存器分为数据寄存器和移位寄存器两种，其区别在于有无移位的功能。并行输入、并行输出的寄存器可使用数据寄存器，串行输入、串行输出的寄存器则必须使用移位寄存器。

一、数据寄存器

利用D触发器或D锁存器都可以寄存二进制数据，一个触发器寄存一位，用 n 个触发器就可以寄存 n 位，图6—23所示是一个4位数据寄存器，数据在寄存脉冲（CP）的作用下，同时锁存在触发器中，是并行输入、并行输出的，在输入新的数据时，原来在触发器中的数据就会自动刷新，无须清除。

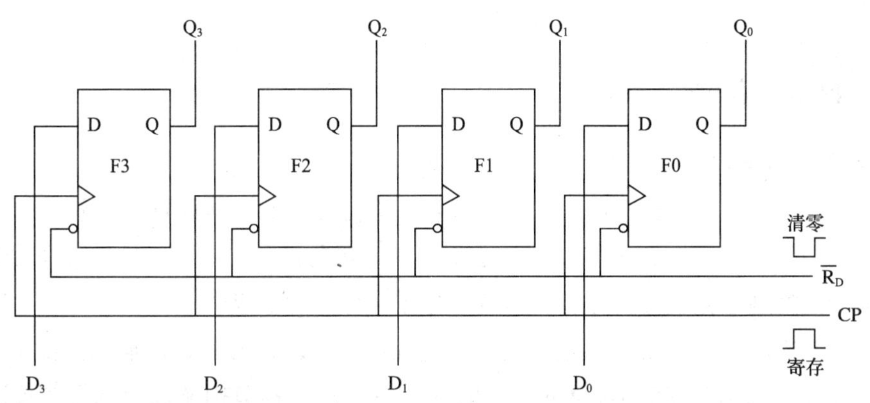

图6—23　用D触发器组成的4位数据寄存器

图6—24所示是用基本RS触发器（输入低电平有效）组成的4位数据寄存器。在输入新的数据之前，必须先用清零脉冲把原先寄存的数据清零。设输入的二进制数$D_3D_2D_1D_0$为1011，当“寄存指令”到来时，由于$D_3D_1D_0$数码输入为1，则G3、G1、G0的输出均为低电平0，使触发器F3、F1、F0置1；而由于D_2输入为0，G2门的输出仍为1，故F2的状态保持为0不变。这样就把数码1011存放进去了。若要取出时，可给G7～G4门输入“取出指令”（正脉冲），各位数码就在输出端Q_3～Q_0上取出。在未给取出指令时，Q_3～Q_0输出均为“0”。

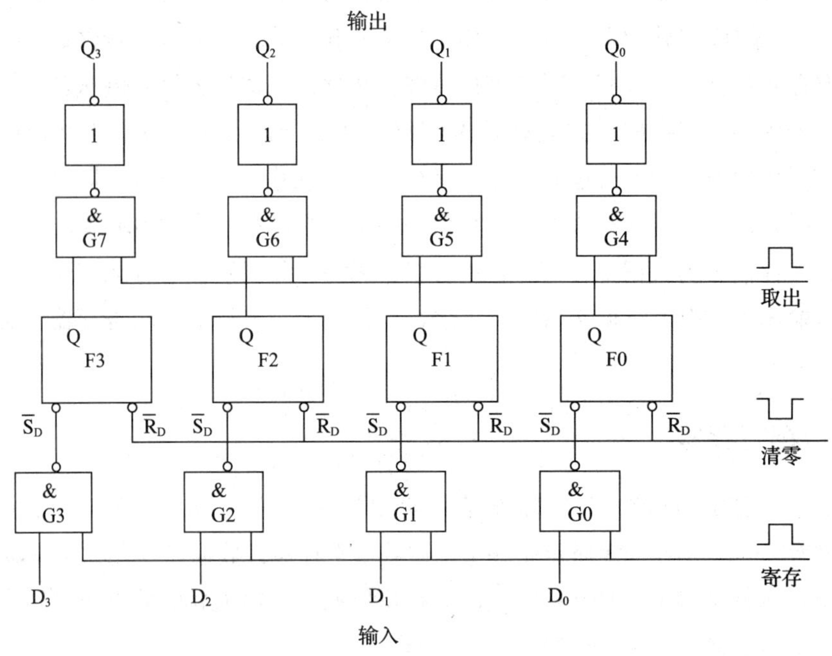

图6—24　4位数码寄存器

二、移位寄存器

1. 移位寄存器的工作原理

移位寄存器不仅有存放数码的功能，而且有移位的功能。所谓移位，就是每当来一个移位脉冲（时钟脉冲）时，触发器的状态便向右或向左移一位，也就是指寄存的数码可以在移位脉冲的控制下依次进行移位。移位寄存器在计算机中应用广泛。

图6—25所示是由D触发器组成的4位移位寄存器，数码由D端输入。设寄存的二进制数$D_3D_2D_1D_0$为1011，按移位脉冲（即时钟脉冲）的工作节拍从高位到低位依次串行送到D端。设在工作之前先清零，首先输入$D = D_3 = 1$，在第一个移位脉冲的上升沿到来时

使触发器 F0 翻转，$Q_0=1$，其他仍保持 0。接着输入 $D=D_2=0$，在第二个移位脉冲的上升沿到来时使 F0 和 F1 同时翻转，由于 F1 的 D 端为 1、F0 的 D 端为 0，所以 $Q_1=1$，$Q_0=0$，Q_2 和 Q_3 仍为 0。以后过程见表 6—7，移位一次，存入一个新数码，直到第 4 个脉冲的上升沿到来时，存数结束。这时，可以从 4 个触发器的 Q 端得到并行的数码输出。

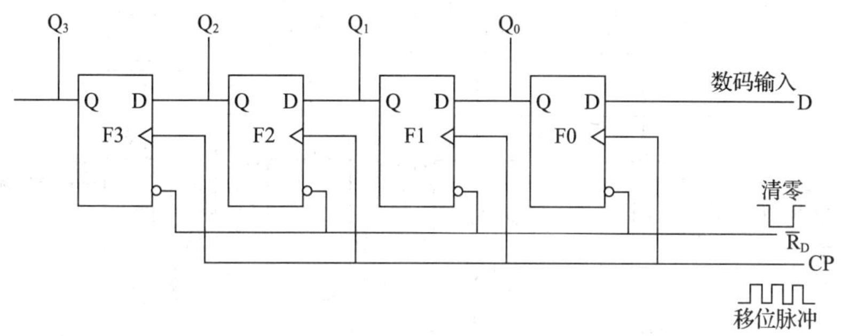

图 6—25　由 D 触发器组成的 4 位移位寄存器

表 6—7　　**移位寄存器的工作过程**

CP 数	Q_3	Q_2	Q_1	Q_0
0	0	0	0	0
1	0	0	0	1
2	0	0	1	0
3	0	1	0	1
4	1	0	1	1

如果再输入三个移位脉冲，则所存的“1011”就会逐位从 Q_3 端串行输出。

由于移位寄存器是一个同步电路，各个触发器的输出与时钟脉冲几乎是同时变化的，所以电路必须采用边沿触发器，因为边沿触发器接收的是边沿前一瞬间的信号，边沿过后输入立即封锁，电路不会空翻。移位寄存器绝对不能采用 D 锁存器组成，否则一个时钟脉冲之后，串行输入为 0 则全部置 0，串行输入为 1 则全部置 1，电路显然是不能正常工作的。

移位寄存器也可以用 JK 触发器组成，只要把最低位的 J 端作为数据输入端 D，并取 $K=\overline{D}$，其余各位触发器把低位触发器的 Q 端与高位触发器的 J 端相连，把 $\overline{Q}$ 端与高位触发器的 K 端相连即可。

图6—26所示是另一种由D触发器组成的4位移位寄存器。它既可从$D_3D_2D_1D_0$端并行输入，从Q_0端串行输出，又可从D端串行输入。

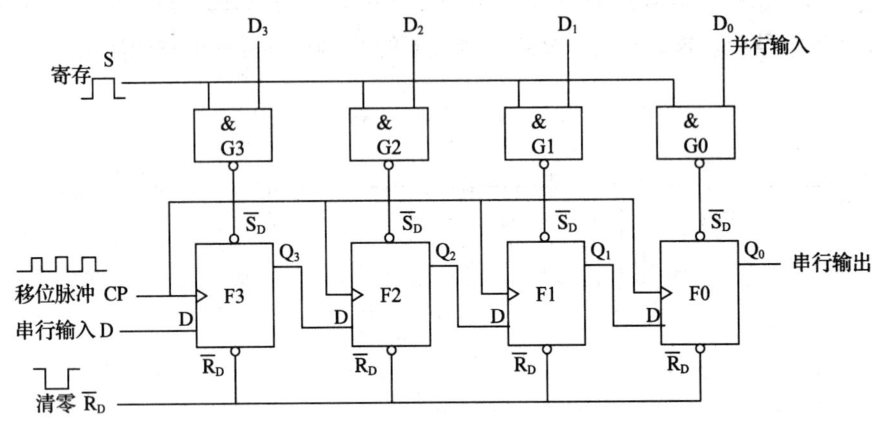

图6—26 并行、串行输入/串行输出的4位移位寄存器

当工作于并行输入/串行输出方式时（此时取串行输入端D为0），输入是通过触发器的直接置1端$\overline{S}_D$输入的，输入过程如图6—24所示。首先清零，使4个触发器的输出全为0。然后加上寄存指令把4位数据$D_3D_2D_1D_0$中的1输入寄存器。而后输入移位脉冲CP，使数据$D_0D_1D_2D_3$依次（从低位到高位）从Q_0右移输出。

当工作于串行输入/串行输出方式时，此时应使得寄存端处于低电平，G3～G0均关闭，数据从串行输入端D输入，注意应该先送低位再送高位，经过4个时钟脉冲后数据输入完毕，再输入移位脉冲则数据逐一从串行输出端输出。

2. 集成移位寄存器举例

移位寄存器有多种集成芯片可供选择使用，电路有单向移位的，也有双向移位的；输入方式有串行输入的，也有并行输入的；位长有4位、8位、16位、64位等多种。下面介绍40194四位双向移位寄存器。

40194功能表见表6—8，引脚排列如图6—27所示，电路的功能由S_1、S_0进行选择，S_1、S_0有4种不同的取值，使得电路具有保持、左移、右移及并行输入4种功能。由功能表可见：左移时，信号从左移串行输入端D_{SL}端输入到最高位Q_3，信号从高位向低位移动；右移时，信号从右移串行输入端D_{SR}端输入到最低位Q_0，信号从低位向高位移动；D_0、D_1、D_2、D_3是并行输入端，电路在时钟脉冲的上升沿翻转，$\overline{R}$是低电平清零端。

表 6—8　　40194 的功能表

CP	S_1	S_0	$\overline{R}$	Q_0	Q_1	Q_2	Q_3	功能
↑	0	0	1	Q_{0n}	Q_{1n}	Q_{2n}	Q_{3n}	保持
↑	0	1	1	D_{SR}	Q_{0n}	Q_{1n}	Q_{2n}	右移
↑	1	0	1	Q_{1n}	Q_{2n}	Q_{3n}	D_{SL}	左移
↑	1	1	1	D_0	D_1	D_2	D_3	并行输入
×	×	×	0	0	0	0	0	清零

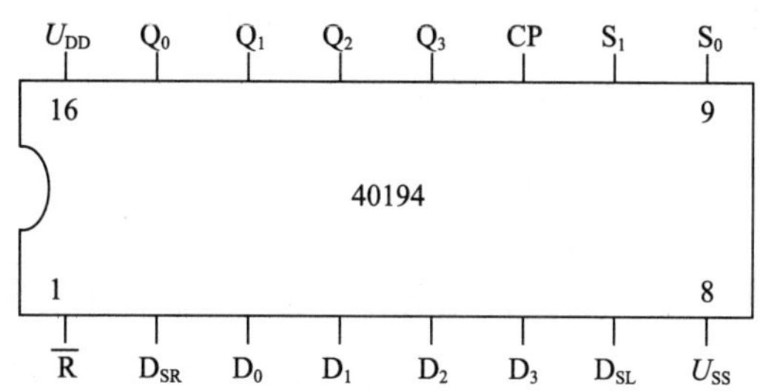

图 6—27　40194 移位寄存器的引脚图

3. 移位寄存器应用举例

移位寄存器的应用极广，图 6—28 所示是应用于加法器中的一个例子。图中Ⅰ、Ⅱ、Ⅲ是三个 n 位的移位寄存器，其中，Ⅰ和Ⅱ是并行输入/串行输出，Ⅲ是串行输入/并行输出的移位寄存器。

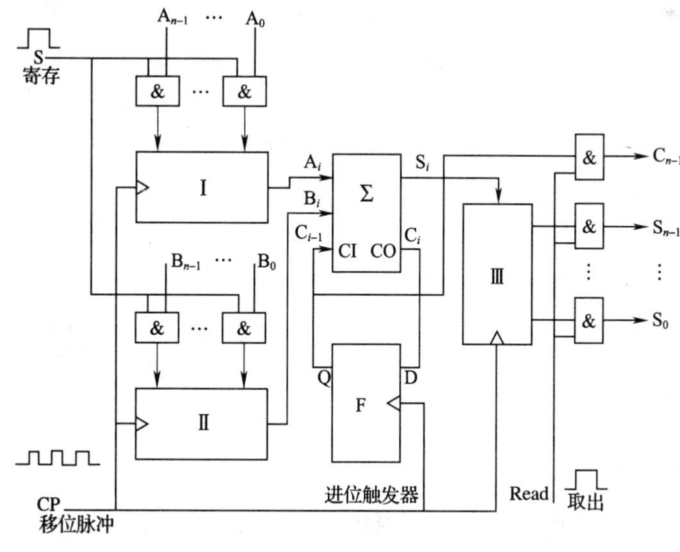

图 6—28　串行加法器

工作过程如下所述。

（1）进行运算之前先将各个寄存器和进位D触发器清零。

（2）给“寄存指令”（正脉冲），将加数$A_0 \sim A_{n-1}$和被加数$B_0 \sim B_{n-1}$分别送入寄存器Ⅰ和Ⅱ。

（3）输入移位脉冲CP，两个寄存器中的数据依次逐位右移（先低位后高位），并送入全加器中逐位相加。

（4）逐位相加后，将本位和数S_i存入寄存器Ⅲ；将进位数C_i暂时存放在进位触发器F中，以便在下一拍作为进位输入C_{i-1}和本位数A_i、B_i相加。D触发器具有将输入数码延迟一步输出的功能，所以用它作为进位触发器。

（5）相加完毕后，给“取出指令”（正脉冲），将和数从移位寄存器Ⅲ和进位触发器中取出。最高位C_{n-1}即为进数位，是存放在进位触发器中的。

实际应用时，寄存器Ⅲ可以省去，将全加器输出的本位和数$S_0 \sim S_{n-1}$逐位送回到寄存器Ⅰ存起来。寄存器Ⅰ既能存放加数，又能存放和数，称为累加寄存器。

第3节　计　数　器

计数器是数字系统中应用最广的一种时序逻辑电路。计数器电路种类繁多，按照计数的数字类型有二进制计数器及非二进制计数器两种。二进制计数器的计数规律是按照自然的二进制数计数的，二进制计数器又有加法（递增）计数器、减法（递减）计数器及可逆计数器之分。非二进制计数器的计数规律可以按照人为的需要任意编排，例如，按照各种不同的编码方式（8421码、格雷码等）计数，其中常用的是二－十进制计数器。计数器也可以作为脉冲发生器，按照一定的时序要求在各个输出端输出相应的脉冲。计数器按照时钟脉冲的接法又可以分为同步计数器及异步计数器两种，同步计数器所有的时钟脉冲端都接在一起，电路中各个触发器在翻转时是同步的，异步计数器的时钟脉冲则不是全部接在一起的，某些高位的触发器可以用低位触发器的输出作为时钟脉冲，这样电路的翻转就不全是同时进行的。

一、二进制计数器

用一个计数触发器可以计一位二进制数，那么用n位计数触发器就可以计n位二进制数，关键问题是这些计数触发器之间应该如何连接，才能使它们按照输入的脉冲数用二进制数输出计数结果。为了研究二进制数的计数规律，这里把三位二进制数列于表6—9中。

表6—9 三位二进制数

十进制数	Q_2	Q_1	Q_0
0	0	0	0
1	0	0	1
2	0	1	0
3	0	1	1
4	1	0	0
5	1	0	1
6	1	1	0
7	1	1	1

1. 异步二进制计数电路

（1）加法（递增）计数。由表6—9所示的二进制数的计数规律可以看到，二进制加法计数的规律是：最低位是来一个计数脉冲翻转一次，用一个计数触发器就可以了，其余各位都是在低位数字由1翻转为0时，高位数字才得以翻转，由此可用8个字总结加法计数的规律：低位下跳高位翻转。其原因是低位数字已经是1时，再加1则本位清零（下跳），高位进位加1（翻转）。由此规律可以得到异步二进制加法计数电路如图6—29所示（图示为三位二进制计数器，为了与计数习惯一致，图中触发器编号从左到右是从高位到低位排列的）。图6—29a表示，若采用下降沿触发的计数触发器，低位触发器的Q端应该与高位触发器的CP端相连，因为低位Q端下跳就可以使得高位触发器翻转，符合加法计数的要求。图6—29b表示，若采用上升沿触发的计数触发器，则应该把低位触发器的$\overline{Q}$端与高位触发器的CP端相连，因为低位Q端下跳就是$\overline{Q}$端上跳，把这一上跳送到高位触发器就可以使得高位触发器翻转，这也符合加法计数的要求。计数电路中用到的计数触发器，可由图6—21b、图6—21c所示的JK触发器或D触发器改接而得。

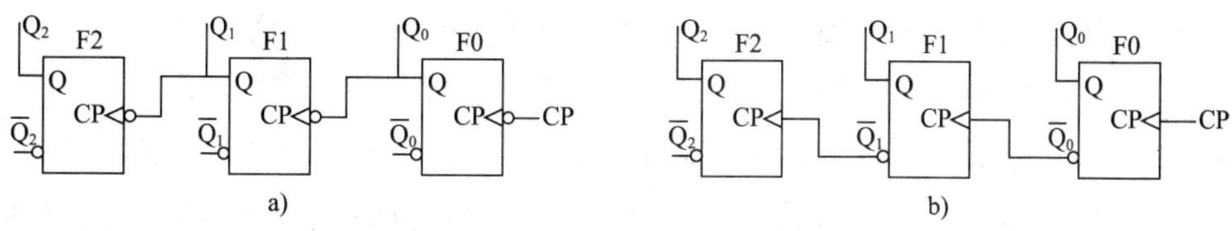

图6—29 异步二进制加法计数器

a）下降沿触发 b）上升沿触发

图6—30所示是采用下降沿触发的三位加法计数器的波形图，Q_0是对应CP下降沿翻转的，其余各位触发器的翻转都按照加法计数的要求，即低位下跳高位翻转。图中的波形，没有考虑到触发器翻转所需的延迟时间，因此，各个触发器从波形上看似乎是同步翻转的，而实际上应该是异步的——低位先翻转，然后高位才能翻转。

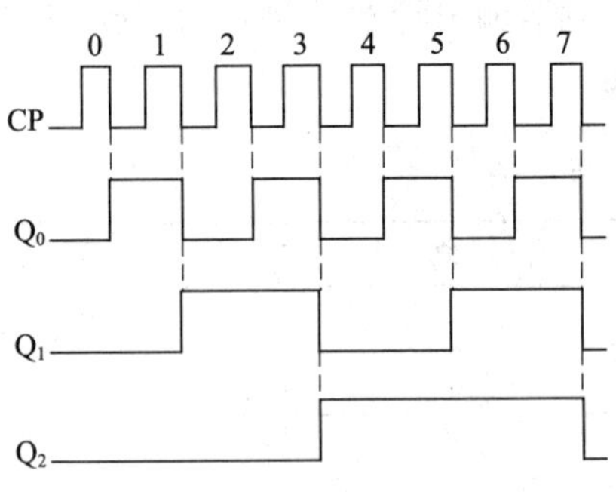

图6—30　异步二进制加法计数器的波形图

（2）减法（递减）计数。把表6—9所示的二进制数的计数规律从大到小倒过来可以看到，除了最低位的翻转与加法计数器相同，也是来一个计数脉冲翻转一次以外，其余各位二进制减法计数的规律是：低位数字由0翻转为1时，高位数字才得以翻转，在此也可用8个字总结减法计数的规律：低位上跳高位翻转。其原因是低位数字已经是0时，再减1则本位置1（上跳），高位借位减1（翻转）。由此规律可以得到异步二进制减法计数电路如图6—31所示，若采用下降沿触发的计数触发器，低位触发器的$\overline{Q}$端应该如图6—31a那样与高位触发器的CP端相连，因为低位Q端上跳就是$\overline{Q}$端下跳，把这一下跳送到高位触发器的CP端就可以使得高位触发器翻转，符合减法计数的要求。图6—31b表示，若采用上升沿触发的计数触发器，则应该把低位触发器的Q端与高位触发器的CP端相连，因为低位Q端上跳，就可以直接使得高位触发器翻转，符合减法计数的要求。

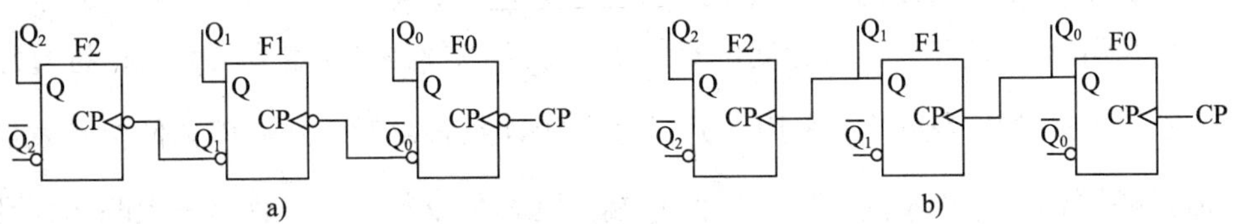

图6—31　异步二进制减法计数器

a）下降沿触发　b）上升沿触发

图6—32所示是采用上升沿触发的三位减法计数器的波形图，Q_0是对应CP上升沿翻转的，其余各位触发器的翻转都是按照减法计数要求，即低位上跳高位翻转。由图6—30及图6—32可见，无论是加法计数还是减法计数的波形，二进制计数器的波形都具有二分频的特点，即波形每经过一级触发器，周期就加大一倍，波形的频率就减小为输入波形的1/2。

2. 同步二进制计数电路

异步计数电路简单，但由于后级触发器必须依靠前级输出来触发，只能逐级改变状态，波浪式推进，各级不能同步输出，速度较慢，通常仅用于分频、定时计数等场合。为了克服这一缺点，可以采用同步二进制计数器。同步计数器的特点是所有的触发器的时钟脉冲都是接在一起的，各个触发器如要翻转都是同时进行的，因此有利于并行输出计数结果，适用于数字的并行传送或显示等。同步计数器的各个触发器虽然时钟脉冲都接在一起，但是其是否翻转将取决于触发器的输入逻辑，因此触发器必须采用带有控制端的计数触发器，即 T 触发器，用 T 端的控制信号来控制触发器在什么时候翻转。再次观察一下表 6—9 中二进制数的计数规律，可以发现，最低位触发器无论是加法计数还是减法计数，都是每个时钟脉冲都要翻转一次，因此可取 $T_0=1$。除此以外，在加法计数时，高位触发器的翻转条件是低位全 1；减法计数时，高位触发器的翻转条件是低位全 0。由此可得加法计数时的控制逻辑为：

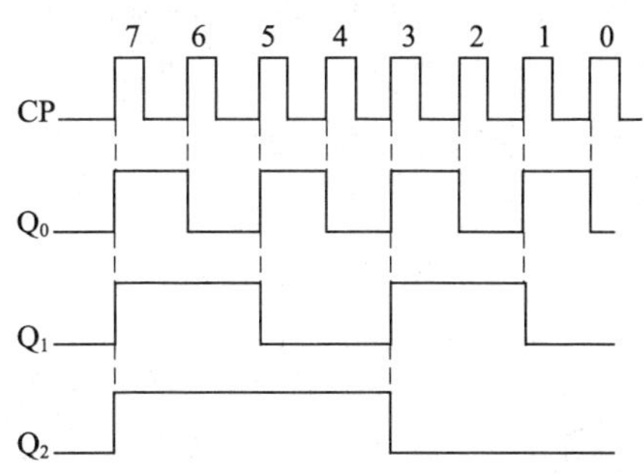

图 6—32　异步二进制减法计数器的波形图

$$T_0=1$$

$$T_1=Q_0$$

$$T_2=Q_0Q_1$$

$$T_n=Q_0Q_1\cdots Q_{n-1}$$

减法计数时的控制逻辑为：

$$T_0=1$$

$$T_1=\overline{Q}_0$$

$$T_2=\overline{Q}_0\overline{Q}_1$$

$$T_n=\overline{Q}_0\overline{Q}_1\cdots\overline{Q}_{n-1}$$

由此可得同步二进制计数器的接法如图 6—33 所示，图 6—33a 所示为加法计数器，图 6—33b 所示为减法计数器。

二、同步任意进制计数器的分析

1. 三进制计数器

数字电路中的计数器，除了二进制计数器以外，还有许多非二进制计数器，它的计数规律可以按照人为的需要任意编排，尽管电路的输出还是二进制码，但是计数过程不一定完全符合自然二进制的计数规律。如何知道一个计数电路的计数过程呢？现以图6—34a所示的三进制加法计数电路为例，分析如下。

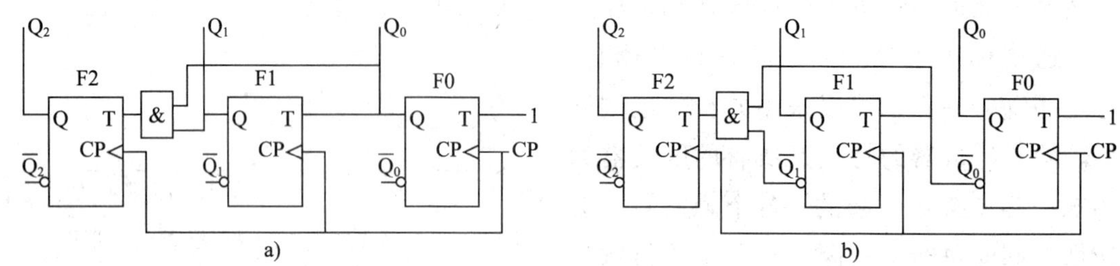

图6—33　同步二进制计数器

a）加法计数器　b）减法计数器

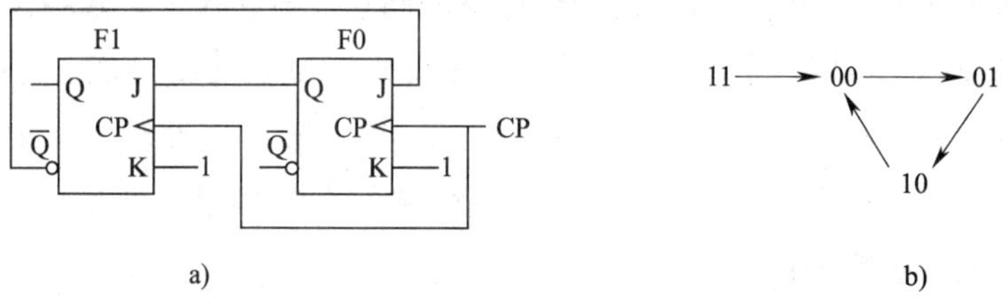

图6—34　同步三进制加法计数器

a）三进制计数器　b）状态图

由图中触发器JK端的接法可见，触发器的输入信号表达式（称为“驱动方程”）为：

$$J_1 = Q_0 \quad K_1 = 1，J_0 = \overline{Q}_1 \quad K_0 = 1$$

设两个触发器的Q_1Q_0的初始状态（现态）为00，按照JK触发器的功能可以知道，在第一个时钟脉冲来过之后，触发器F1因为$J_1 = Q_0 = 0$，$K_1 = 1$所以置0，输出的下一个状态（次态）仍然为0，而触发器F0因为$J_0 = \overline{Q}_1 = 1$，$K_0 = 1$所以发生翻转，输出的下一个状态（次态）为1，也就是说计数器的状态由00变成了01。然后把01作为两个触发器的现态，第二个时钟脉冲过后，触发器F1因为$J_1 = 1$，$K_1 = 1$所以发生翻转，次态为1，而触发器F0因为$J_0 = 1$，$K_0 = 1$也发生翻转，次态为0，也就是说计数器的状态由01变成了10。然后再把10作为两个触发器的现态，第三个时钟脉冲过后，触发器F1因为$J_1 = 1$，$K_1 = 1$所以发生翻转，次态为0，而触发器F0因为$J_0 = 0$，$K_0 = 1$置0，次态为0，也就是说计数器的状态由10变回到了00，完成了一次计数循环。计数器的状态转换过程可以用状态图表示，如图6—34b所示。

为了今后分析计数过程方便，上述计数过程可以用状态表的形式来分析计算，见表

6—10。表中的现态第一列是二位触发器组成的计数器可能出现的所有状态，就像列真值表一样，习惯上总是按二进制规律写出。JK 信号的取值则由驱动方程求得，可按列很方便地填好，次态的每一位取值则由同一行对应的触发器的现态及 JK 值按照 JK 触发器的功能求得，例如最后一行由 $Q_{1n}=1$，$J_1=1$，$K_1=1$ 可得 $Q_{1n+1}=0$；由 $J_0=0$，$K_0=1$ 可得 $Q_{0n+1}=0$。状态图中的 00、01、10 三个状态是计数器正常工作时的状态，称为“有效状态”，计数器有 *n* 个有效状态就称为 *n* 进制计数器。状态图中的 11 状态在计数器正常工作时是不应该出现的，称为“无效状态”，但是这一状态在电路启动或电路被干扰时有可能出现。由图可见，如果电路出现了这一无效状态，经过一个时钟脉冲之后，还是会自动回到 00 这一有效状态中，从而进入到有效循环，这种情况称为电路具有“自启动能力”。

表 6—10　同步三进制加法计数器的状态表

现态			次态
$Q_{1n}Q_{0n}$	J_1K_1	J_0K_0	$Q_{1n+1}Q_{0n+1}$
00	01	11	01
01	11	11	10
10	01	01	00
11	11	01	00

2. 五进制加法计数器

图 6—35 所示为同步五进制加法计数器的电路图及状态图，由图 6—35a 中 JK 端的接法可见，三个触发器的驱动方程为：

$$J_2=Q_1Q_0 \quad K_2=1, \; J_1=K_1=Q_0, \; J_0=\overline{Q}_2 \quad K_0=1$$

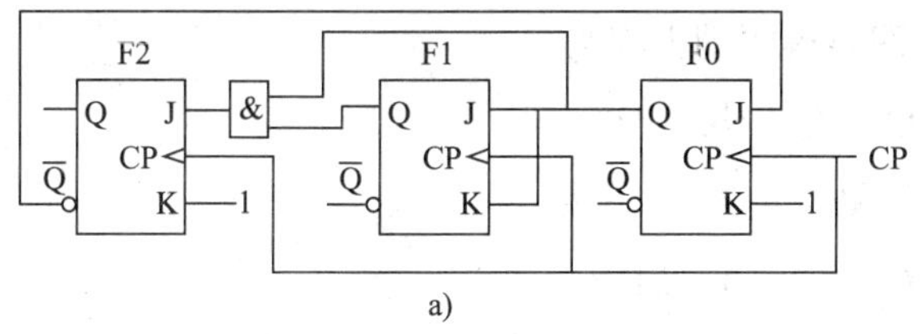

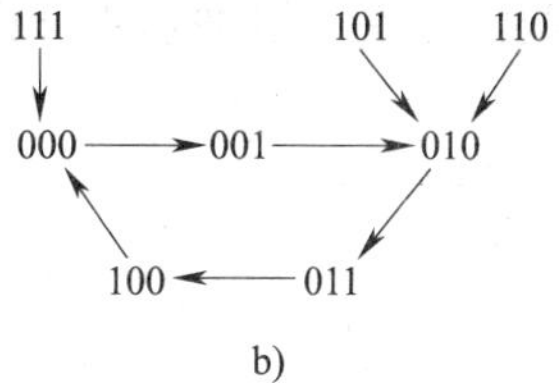

图 6—35　同步五进制加法计数器

a）五进制计数器　b）状态图

三个触发器可以产生的状态为 8 个，表 6—11 所示的状态表中的现态 $Q_{2n}Q_{1n}Q_{0n}$ 可按二进制次序列出，由驱动方程可以按列算出每个触发器对应的 JK 值，再由每一行对应的触发器的现态求出次态。由状态表就可以得出状态图，现态 $Q_{2n}Q_{1n}Q_{0n}$ 为 000 时可以按照 JK 值求出其次态为 001，再把 001 作为现态可以求得其次态为 010，然后再把 010 作为现态求得次态为 011，之后 011 的次态为 100，100 的次态为 000，到此，计数器完成了一圈循环，由此可以画出状态图如图 6—35b 所示，再把 101、110、111 三个无效状态加到状态图中，可以看出这一计数器是具有自启动能力的。

表 6—11　　同步五进制加法计数器的状态表

现态									次态		
Q_{2n}	Q_{1n}	Q_{0n}	J_2	K_2	J_1	K_1	J_0	K_0	Q_{2n+1}	Q_{1n+1}	Q_{0n+1}
0	0	0	0	1	0	0	1	1	0	0	1
0	0	1	0	1	1	1	1	1	0	1	0
0	1	0	0	1	0	0	1	1	0	1	1
0	1	1	1	1	1	1	1	1	1	0	0
1	0	0	0	1	0	0	0	1	0	0	0
1	0	1	0	1	1	1	0	1	0	1	0
1	1	0	0	1	0	0	0	1	0	1	0
1	1	1	1	1	1	1	0	1	0	0	0

3. 十进制加法计数器

图 6—36 所示是用 4 个下降沿触发的 JK 触发器组成的同步十进制计数器，应该说明的是，同步计数电路的状态分析与触发器是上升沿还是下降沿触发无关。电路用到的触发器有的带有两个及两个以上的 JK 端，这些端子内部都是带有与门的，电路还加上了直接置 0 的清零端，以便从零开始计数。由图可得驱动方程为：

$$J_3 = Q_2Q_1Q_0 \quad K_3 = Q_0$$

$$J_2 = Q_1Q_0 \quad K_2 = Q_1Q_0$$

$$J_1 = \overline{Q}_3Q_0 \quad K_1 = Q_0$$

$$J_0 = 1 \quad K_0 = 1$$

表 6—12 是图 6—36 所示计数器的状态表，4 个触发器有 16 种可能出现的状态，在按驱动方程求得每一列的 J 和 K 值之后，就可以按行写出每一位的次态值。图 6—37 所示是它的状态图。

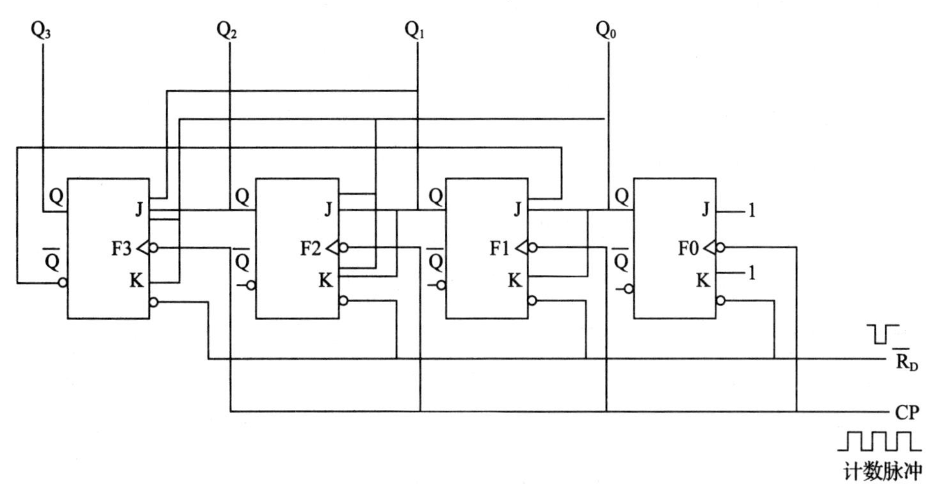

图 6—36 同步十进制加法计数器

表 6—12　　同步十进制加法计数器的状态表

现态					次态
$(Q_3Q_2Q_1Q_0)_n$	J_3K_3	J_2K_2	J_1K_1	J_0K_0	$(Q_3Q_2Q_1Q_0)_{n+1}$
0000	00	00	00	11	0001
0001	01	00	11	11	0010
0010	00	00	00	11	0011
0011	01	11	11	11	0100
0100	00	00	00	11	0101
0101	01	00	11	11	0110
0110	00	00	00	11	0111
0111	11	11	11	11	1000
1000	00	00	00	11	1001
1001	01	00	01	11	0000
1010	00	00	00	11	1011
1011	01	11	01	11	0100
1100	00	00	00	11	1101
1101	01	00	01	11	0100
1110	00	00	00	11	1111
1111	11	11	01	11	0000

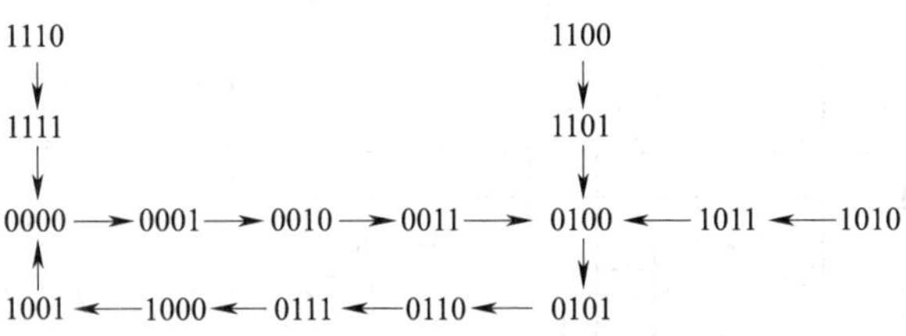

图 6—37　同步十进制加法计数器的状态图

由状态图可见，计数器按照 8421 码做十进制计数，正常情况下 0000→0001→……→1000→1001 为一个循环，但是电路还有 1010、1011、1100、1101、1110、1111 这 6 种无效状态，由状态图可见，在经过了 1～2 个时钟脉冲之后，电路就能自动进入有效状态继续正常工作，因此这一电路是具有自启动能力的。

4. 三相六拍脉冲产生器

计数器不仅可以用来计数，还可以用来作为脉冲产生器，按照一定的规律产生脉冲序列，例如在步进电动机中，经常要求在 ABC 三相绕组中按照 A→AB→B→BC→C→CA 这样的次序输入脉冲，其驱动信号可以用如图 6—38a 所示的电路来得到。

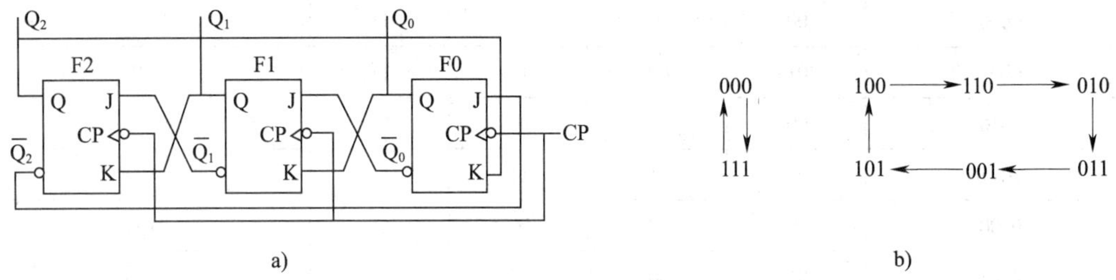

图 6—38　三相六拍脉冲产生器

a）电路图　b）状态图

电路的 JK 驱动方程为：

$$J_2=\overline{Q}_1\quad K_2=Q_1,\ J_1=\overline{Q}_0\quad K_1=Q_0,\ J_0=\overline{Q}_2\quad K_2=Q_2$$

由此可得表 6—13 所示的状态表。

表 6—13　　**三相六拍脉冲产生器的状态表**

现态									次态		
Q_{2n}	Q_{1n}	Q_{0n}	J_2	K_2	J_1	K_1	J_0	K_0	Q_{2n+1}	Q_{1n+1}	Q_{0n+1}
0	0	0	1	0	1	0	1	0	1	1	1
0	0	1	1	0	0	1	1	0	1	0	1

续表

现态									次态		
Q_{2n}	Q_{1n}	Q_{0n}	J_2	K_2	J_1	K_1	J_0	K_0	Q_{2n+1}	Q_{1n+1}	Q_{0n+1}
0	1	0	0	1	1	0	1	0	0	1	1
0	1	1	0	1	0	1	1	0	0	0	1
1	0	0	1	0	1	0	0	1	1	1	0
1	0	1	1	0	0	1	0	1	1	0	0
1	1	0	0	1	1	0	0	1	0	1	0
1	1	1	0	1	0	1	0	1	0	0	0

由状态表可以得出如图 6—38b 所示的状态图。由图可见，只要把三个输出端 $Q_2Q_1Q_0$ 的脉冲信号作为步进电动机 ABC 三个绕组的驱动信号，1 通电 0 断电，就可以达到电路通电次序的要求。由图 6—38 还可以看到，该电路除了具有 6 个有效状态外，还有 000 及 111 两个无效状态，而且这两个无效状态之间自成循环，因此，电路没有自启动能力，但是只要将电路稍做修改，把 J_2端的接线改为 $J_2 = Q_0\overline{Q}_1$，也就是说在 J_2端加上一个两输入端的与门，就可以使得电路具有自启动能力，学员可以自行分析。

三、移位寄存器型计数器

把移位寄存器的最高位的输出与最低位的输入连接起来，可以组成计数器，这种计数器称为“移位寄存器型计数器”，按照接法不同又可以分为环形计数器及扭环形计数器两种。

1. 环形计数器

图 6—39a 所示是一个由 4 个 D 触发器组成的移位寄存器，电路是把移位寄存器最高位的输出 Q_3 端接到最低位的输入 D_0 端，使得信号的传送组成一个环形，故称为“环形计数器”。

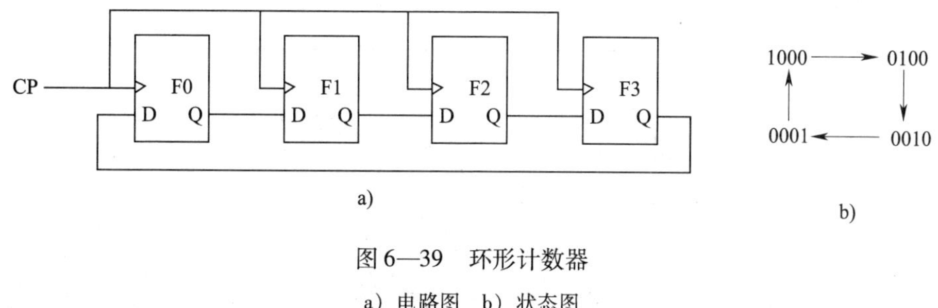

图 6—39 环形计数器

a）电路图 b）状态图

环形计数器的初始状态要求把其中的某一位（例如 Q_0）置 1，其余各位都置 0。分析这种计数器的状态转换情况是十分方便的，不需要用列状态表的方法就可以直接画出状态图，因为这种电路的状态变化很有规律，电路每来一个计数脉冲，低位的状态就右移到高位，最高位的状态则移到最低位。由此可以直接画出如图 6—39b 所示的状态图。如果用发光二极管来显示触发器的状态，可以清晰地看到 4 个发光二极管每次只点亮一个，灯光顺序自左向右移动，输出的是顺序脉冲，图 6—40 所示为环形计数器的输出波形。本电路的缺点是：电路除了 4 个有效状态之外，还有 12 个无效状态，一旦出现了这 12 个无效状态中的一个，电路将在无效状态中不断循环，是不能自启动的。这种电路如要自启动，必须在启动端子上加一个启动脉冲，将电路初始状态置为 1000。或者修改电路，取 $D_0 = \overline{Q}_2\overline{Q}_1\overline{Q}_0$，就可以使得电路既能保持有效循环，又可以将电路中的每一个无效状态引导到有效状态中去，增加了自启动功能，学员有兴趣可以自行分析。

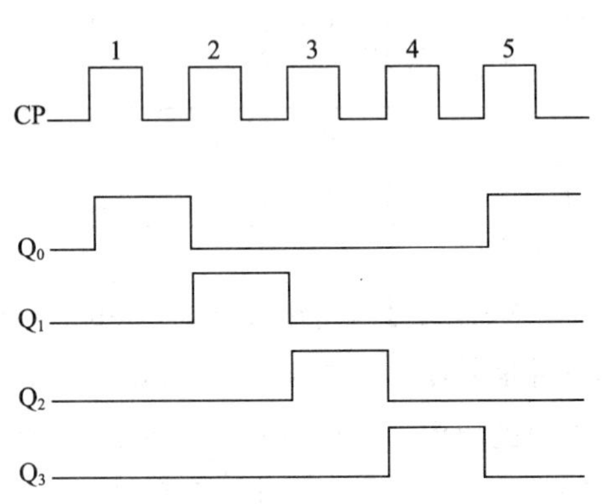

图 6—40　环形计数器的输出波形

图 6—39 用了 4 个触发器，电路就有 4 个有效状态，如果用了 n 个触发器，则电路就有 n 个有效状态，显然用的触发器数量比一般的计数器要多得多。如果要组成一个十进制的环形计数器，电路就要用到 10 个触发器了。但是这种电路也有一个优点，就是可以直接组成顺序脉冲分配器，即在每个输出端上可以按顺序依次输出一个脉冲。

2. 扭环形计数器

为了增加移位寄存器型计数器的计数状态，可以采用扭环形计数器，图 6—41 所示就是一个 4 位的扭环形计数器，电路是把移位寄存器最高位的输出 $\overline{Q}_3$ 端接到最低位的输入 D_0 端，由于电路中每一位的连接都是低位的 Q 端与高位的 D 端连接，只是最高位的输出扭了一下，用 $\overline{Q}_3$ 输出，故称为扭环形计数器。

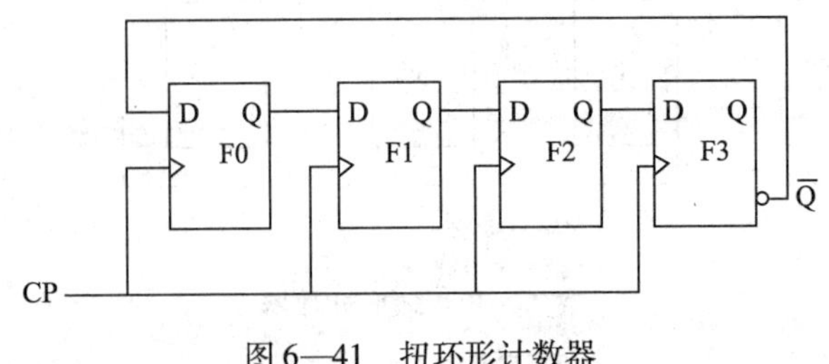

图 6—41　扭环形计数器

电路的初始状态要求把各位全部置 0。分析这种计数器的状态转换情况也是十分方便的，与环形计数器的区别只是最低位的次态有所不同，它只是把最高位现态取反就可以了。其余各位的状态也只是简单的右移。状态变化也很有规律，由此直接可以列出如图 6—42a 所示的状态图，如果用发光二极管来显示状态，可以清晰地看到 4 个发光二极管自左向右先是逐一点亮直至 4 个全亮，之后又自左向右逐一熄灭直至 4 个全熄。电路共有 8 个有效状态，可见有效状态与环形计数器相比多了一倍。但是电路除了 8 个有效状态之外，还有 8 个无效状态，图 6—42b 中列出了无效状态的循环情况，可见电路还是没有自启动能力。如要自启动，必须在启动端子上加一个启动脉冲，将电路初始状态置为 0000。或者修改电路，取 $D_0 = Q_1\overline{Q}_2 + \overline{Q}_3$，电路即具有自启动功能。

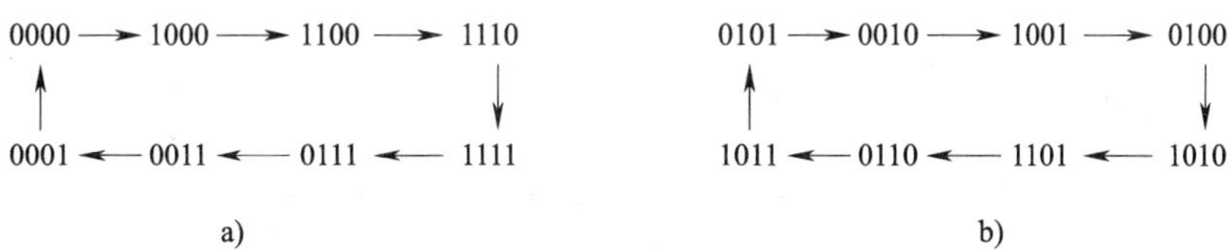

图 6—42　扭环形计数器的状态图

a）有效循环　b）无效循环

图 6—41 所示的扭环形计数器是 4 位的，如果采用 n 位触发器，可以得到 $2n$ 个有效状态。

以上内容介绍的都是计数电路的分析方法，有关计数电路的设计问题，将在技师培训教材中介绍。

四、集成计数器举例

集成计数器的种类繁多，有多位二进制的，也有十进制的，有加法计数的、减法计数的以及加、减法计数两用的（称为“可逆计数器”）；还有可以设置初始值的（称为“可预置计数器”）。集成可预置可逆计数器有很多，这里介绍一种经常使用的芯片——CMOS40192 可预置可逆二 - 十进制计数器。

1. 性能与应用特点

（1）当 U_{DD}为 10 V 时，典型时钟频率可达 8 MHz。

（2）在时钟信号上跳变时进行计数。

（3）具有分开的加计数时钟输入端和减计数时钟输入端（双时钟）。

（4）具有进位输出及借位输出端，以实现多级串行计数。

2. 引脚图、真值表及波形图

图6—43所示是40192芯片的引脚图，$Q_3 \sim Q_0$ 是4位8421码计数输出端，CP+和CP-分别是加法计数脉冲输入端和减法计数脉冲输入端，$\overline{C}_0$ 和 $\overline{B}_0$ 分别是加法进位输出端和减法借位输出端，$I_3 \sim I_0$ 是4位预置数输入端。当 $\overline{PE}=0$ 时预置数 $I_3 \sim I_0$ 直接输入到4位Q端；当 $\overline{PE}=1$ 时计数，R是高电平有效的直接清零端（有时也称为“异步清零端”，以区别于某些电路的清零信号要等到来过一个时钟脉冲信号才能清零的“同步清零端”）。

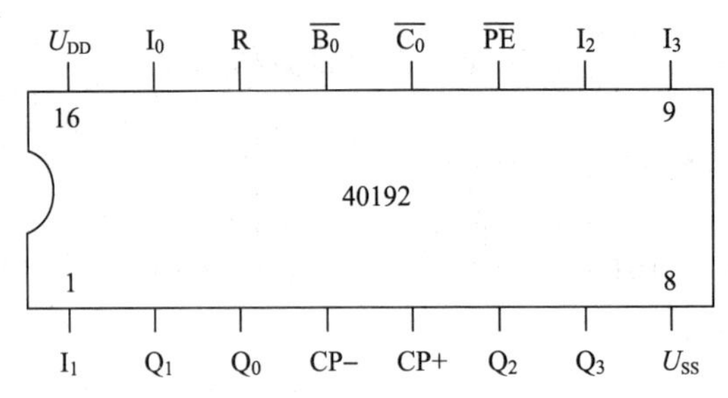

图6—43　40192芯片的引脚图

表6—14是40192可预置可逆计数器的功能表。由表可见，双时钟应这样配合使用：当做加法计数时，计数脉冲由CP+输入，同时CP-必须为1；同样，做减法计数时，计数脉冲由CP-输入，同时CP+必须为1。$\overline{PE}=1$ 时计数，时钟上升沿翻转，$\overline{PE}=0$ 时直接置数，R=1时4位输出直接清零。

表6—14　　40192可预置可逆计数器功能表

CP +	CP -	$\overline{PE}$	R	功能
↑	1	1	0	加计数
1	↑	1	0	减计数
×	×	0	0	置数
×	×	×	1	清零

一块40192可以计一位十进制数，计数范围为0~9；两块40192则可以计两位十进制数，计数范围为00~99。进位及借位的级连接法如图6—44所示，以此类推，用 n 块40192就可以计 n 位十进制数了。

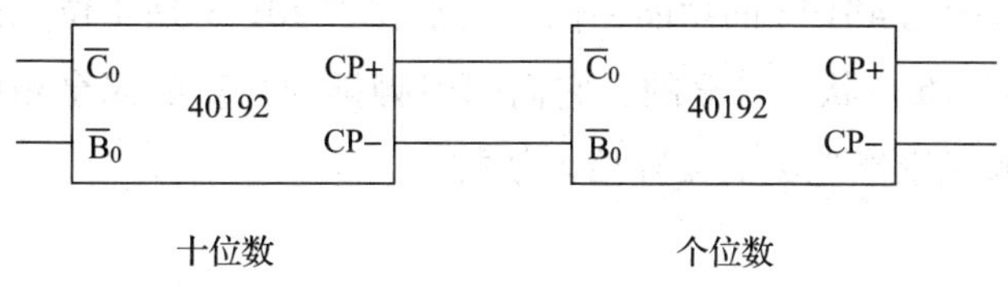

图 6—44　40192 的级连接法

图 6—45 所示是 40192 的波形图。由图可见，开始时因为 R = 1 所以计数器清零，然后因为 $\overline{PE}$ = 0 计数器置数为 0111（7）。当 $\overline{PE}$ = 1 时，在 CP + 脉冲来到时从 7 开始做加法计数，时钟上升沿翻转，计数到 1001（9）时，在 CP + 下降时 $\overline{C}_0$ 输出 0，在下一个 CP + 上升沿来到时，$\overline{C}_0$ 上跳，产生进位脉冲，供高位的计数器加 1。图中当加计数计到 2 时，由于 CP + 关闭、CP − 打开，计数器开始做减法计数，当计数器减到 0 时，在 CP − 下降时 $\overline{B}_0$ 输出 0，在下一个 CP − 上升沿来到时，$\overline{B}_0$ 上跳，产生借位脉冲，供高位的计数器减 1。

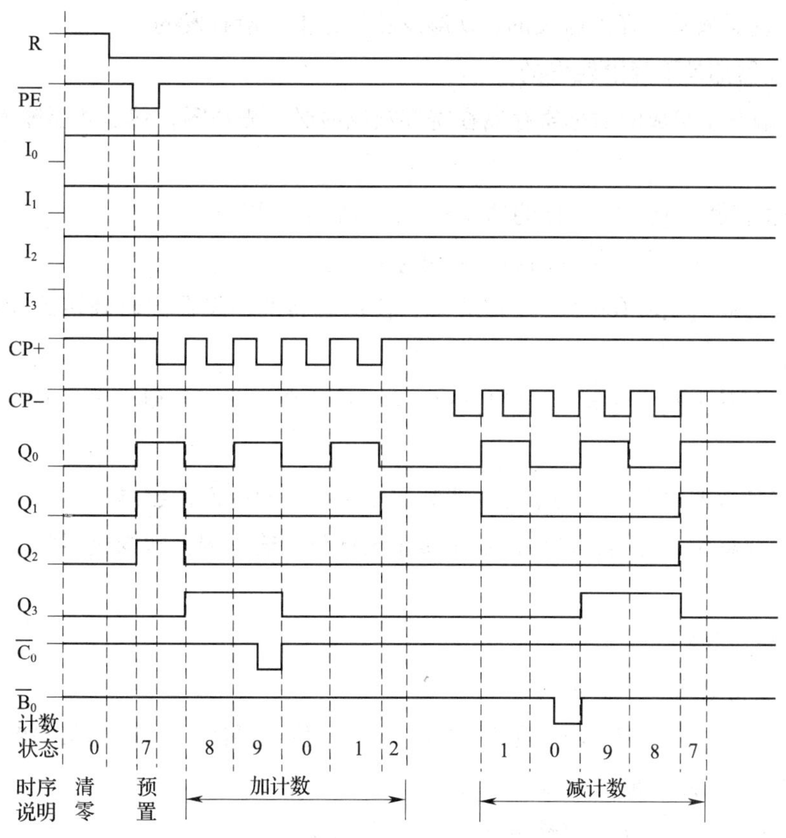

图 6—45　40192 的波形图

集成计数器40193与40192的功能相似，区别在于40193是4位二进制计数器，其计数状态是0000～1111 16个状态计满的，它们的引脚排列与功能完全相同。集成计数器其余的一些类别可以参见维修电工的技师培训教材。

测 试 题

一、判断题

1. 时序逻辑电路一般由记忆部分触发器和控制部分组合电路两部分组成。（ ）
2. 触发器是能够记忆一位二进制信息的基本逻辑单元电路。（ ）
3. 凡是称为触发器的电路都具有记忆功能。（ ）
4. 在基本RS触发器的基础上，加两个或非门即可构成同步RS触发器。（ ）
5. 维持－阻塞D触发器是下降沿触发的。（ ）
6. JK触发器都是下降沿触发的，D触发器都是上升沿触发的。（ ）
7. T触发器都是下降沿触发的。（ ）
8. 用D触发器组成的数据寄存器在寄存数据时必须先清零，然后才能输入数据。（ ）
9. 移位寄存器除具有寄存器的功能外，还可将数码移位。（ ）
10. CC40194是一个4位双向通用移位寄存器。（ ）
11. 计数脉冲引至所有触发器的CP端，使应翻转的触发器同时翻转的计数器，称为同步计数器。（ ）
12. 二进制异步减法计数器必须把低位触发器的Q端与高位触发器的CP端相连。（ ）
13. 集成计数器40192是一个可预置数的二－十进制可逆计数器。（ ）
14. 只要将移位寄存器最高位的输出接至最低位的输入端，即构成环形计数器。（ ）

二、单项选择题

1. 时序逻辑电路中一定含（ ）。

A. 触发器　　B. 组合逻辑电路　　C. 移位寄存器　　D. 译码器

2. 时序逻辑电路一般由组合电路与（ ）组成。

A. 全加器　　B. 存储电路　　C. 译码器　　D. 选择器

3. 根据触发器的（ ），触发器可分为RS触发器、JK触发器、D触发器、T触发器等。

A. 电路结构　　B. 电路结构和逻辑功能

C. 逻辑功能　　D. 用途

4. 触发脉冲过窄，将会使电路出现的后果是（　　）。

A. 空翻　　B. 正常翻转

C. 触发而不翻转　　D. 随机性翻转

5. 边沿触发器是接收（　　）的输入信号并在时钟脉冲的边沿翻转的。

A. 边沿前一瞬时　B. 边沿后一瞬时　C. CP = 1 时　D. CP = 0 时

6. 与非门构成的同步 RS 触发器的约束条件为（　　）。

A. RS = 0　B. R + S = 1　C. R + S = 0　D. RS = 1

7. 用或非门组成的基本 RS 触发器的所谓“状态不定”是发生在 R、S 上同时加入信号（　　）时。

A. R = 0，S = 0　B. R = 0，S = 1　C. R = 1，S = 0　D. R = 1，S = 1

8. 触发器的 R_d 端是（　　）。

A. 高电平直接置 0 端　　B. 高电平直接置 1 端

C. 低电平直接置 0 端　　D. 低电平直接置 1 端

9. 维持 - 阻塞 D 触发器是（　　）的。

A. 上升沿触发　　B. 下降沿触发

C. 高电平触发　　D. 低电平触发

10. 当维持 - 阻塞 D 触发器的异步置 0 端 $\overline{R}_d$ 为 0 时，触发器的次态（　　）。

A. 与 CP 和 D 有关　B. 与 CP 和 D 无关　C. 只与 CP 有关　D. 只与 D 有关

11. 某 JK 触发器，每来一个时钟脉冲就翻转一次，则其 J、K 端的状态应为（　　）。

A. J = 1，K = 0　　B. J = 0，K = 1

C. J = 0，K = 0　　D. J = 1，K = 1

12. T 触发器中，当 T = 1 时，触发器实现（　　）功能。

A. 置 1　B. 置 0　C. 计数　D. 保持

13. 4 位并行输入寄存器输入一个新的 4 位数据时需要（　　）个时钟脉冲信号。

A. 0　B. 1　C. 2　D. 4

14. 可以用来暂时存放数据的器件是（　　）。

A. 计数器　B. 数据寄存器　C. 门电路　D. 加法器

15. 4 位移位输入寄存器输入一个新的 4 位数据时需要（　　）个时钟脉冲信号。

A. 0　B. 1　C. 2　D. 4

16. CC40194 的控制信号 $S_1=0$，$S_0=1$ 时，它所完成的功能是（　　）。

A. 保持　　B. 并行输入　　C. 左移　　D. 右移

17. CC40194 的控制信号 $S_1=1$，$S_0=0$ 时，它所完成的功能是（　　）。

A. 保持　　B. 并行输入　　C. 左移　　D. 右移

18. 同步计数器是指（　　）的计数器。

A. 由同类型的触发器构成

B. 各触发器时钟端连在一起，统一由系统时钟控制

C. 可用前级的输出作为后级触发器的时钟

D. 可用后级的输出作为前级触发器的时钟

19. 同步计数器和异步计数器比较，前者的显著优点是（　　）。

A. 工作速度快　　B. 触发器利用率高

C. 电路简单　　D. 不受时钟脉冲控制

20. 同步时序电路和异步时序电路比较，其差异在于后者（　　）。

A. 没有触发器　　B. 没有统一的时钟脉冲控制

C. 没有稳定状态　　D. 输出只与内部状态有关

21. 在异步二进制计数器中，从 0 开始计数，当十进制数为 60 时，需要触发器的个数为（　　）个。

A. 4　　B. 5　　C. 6　　D. 8

22. 集成计数器 40192 的置数方式是（　　）。

A. 同步 0 有效　　B. 异步 0 有效

C. 异步 1 有效　　D. 同步 1 有效

23. 由三级触发器构成的环形计数器的计数模值为（　　）。

A. 9　　B. 8　　C. 6　　D. 3

24. 为了消除环形计数器的无效循环，通常采用修改输出到输入的反馈逻辑以及在置位端（　　）。

A. 置数　　B. 清零　　C. 置 1　　D. 悬空

25. 由 n 位寄存器组成的扭环形移位寄存器可以构成（　　）进制计数器。

A. n　　B. $2n$　　C. $4n$　　D. $6n$

三、多项选择题

1. 对于同步 RS 触发器，若要求其输出“1”状态不变，则输入的 RS 信号应为（　　）。

A. $R=0$，$S=0$　　B. $R=0$，$S=1$

C. R=1，S=0　　D. R=1，S=1

E. R=×，S=×

2. D 触发器具有（　　）功能。

A. 置 0　　B. 置 1

C. 翻转　　D. 保持

E. 不定

3. JK 触发器具有（　　）功能。

A. 置 0　　B. 置 1

C. 翻转　　D. 保持

E. 不定

4. T 触发器具有（　　）功能。

A. 置 0　　B. 置 1

C. 翻转　　D. 保持

E. 不定

5. 集成移位寄存器 40194 的控制方式有（　　）。

A. 左移　　B. 右移

C. 保持　　D. 并行置数

E. 置 0 或 1

6. 集成移位寄存器 40194 具有（　　）功能。

A. 异步清零　　B. 并行输入

C. 左移　　D. 右移

E. 同步清零

7. 同步计数器的特点有（　　）。

A. 各触发器 CP 端均接在一起　　B. 各触发器 CP 端并非都接在一起

C. 工作速度快　　D. 工作速度慢

E. 各触发器不是同时翻转

8. 集成计数器 40192 具有（　　）功能。

A. 异步清零　　B. 并行置数

C. 加法计数　　D. 减法计数

E. 同步清零

9. n 位环形计数器的特点有（　　）。

A. 环形计数器的有效循环中，每个状态只含一个 1 或 0

B．环形计数器的有效循环中，每个状态只含一个1

C．环形计数器的有效循环中，每个状态只含一个0

D．环形计数器中，反馈到移位寄存器的串行输入端D_{n-1}的信号取自Q_0

E．环形计数器中，反馈到移位寄存器的串行输入端D_n的信号取自Q_0

10．n位扭环形计数器的特点有（　　）。

A．在扭环形计数器的有效循环中，只有一个触发器改变状态，所以不存在竞争，便不会出现冒险脉冲

B．在扭环形计数器的有效循环中，只有一个触发器改变状态，所以虽然不存在竞争，但会出现冒险脉冲

C．在扭环形计数器中，反馈到移位寄存器的串行输入端D_{n-1}的信号不取自Q_0

D．在扭环形计数器中，反馈到移位寄存器的串行输入端D_{n-1}的信号取自Q_0

E．在扭环形计数器中，反馈到移位寄存器的串行输入端D_n的信号不取自Q_0

四、简答题

1．触发器按照结构可以分为哪几种？哪一种会产生空翻？组成计数器及移位寄存器必须采用哪种触发器？

2．寄存器是由什么元件构成的？它具有哪些功能？

3．什么叫计数器？常用的集成计数器有哪些种类？

测试题答案

一、判断题

1．√　2．√　3．×　4．×　5．×　6．×　7．×　8．×　9．√
10．√　11．√　12．×　13．√　14．√

二、单项选择题

1．A　2．B　3．C　4．C　5．A　6．A　7．D　8．A　9．A
10．B　11．D　12．C　13．B　14．B　15．D　16．D　17．C　18．B
19．A　20．B　21．C　22．B　23．D　24．A　25．B

三、多项选择题

1．AB　2．AB　3．ABCD　4．CD　5．ABCD　6．ABCD　7．AC
8．ABCD　9．AD　10．AC

四、简答题

1．触发器按电路结构分有基本触发器、主从触发器及边沿触发器。基本触发器的缺

点就是会产生空翻。计数器及移位寄存器为了避免空翻，都必须采用边沿触发器或主从触发器才能正常工作。

2. 寄存器是由具有存储功能的触发器构成的。主要功能就是存储二进制代码。因为一个触发器只有 0 和 1 两个状态，只能存储一位二进制代码，所以由 n 个触发器构成的寄存器只能存储 n 位二进制代码。寄存器还具有执行数据接收和数据清除命令的控制电路（控制电路一般是由门电路构成的）。

3. 计数器是一种能够记录脉冲数目的装置，是数字电路中最常用的逻辑部件。集成计数器按进位制不同，常用的为二进制计数器和十进制计数器；按其运算功能不同，分为加法计数器、减法计数器和可逆计数器（也称双向计数器，既可进行加法计数，也可进行减法计数）。

第7章

脉冲电路

第1节　555定时器及其应用

集成555定时器是一种将模拟电路与数字电路的功能巧妙结合在一起的多用途单片集成电路，如在其外部配接少许阻容元件，便能构成多谐振荡器、单稳态触发器和施密特触发器等多种应用电路。由于其性能优良、可靠性高、使用灵活方便，因而在波形的产生与变换、测量与控制、家用电器和电子玩具中都得到了广泛的应用。自1972年第一片集成定时器NE555问世以来，国际上各主要的电子器件公司都相继生产了各种同类的产品。尽管产品的型号繁多，但几乎所有的双极型产品型号最后的三位数字都是555，如国产同类产品有5G555；而所有的CMOS产品型号的最后四位数字均为7555，所以统称为集成555定时器。目前一些生产厂家在同一基片上集成两个555单元，其型号的最后加556三个数字；在同一基片上集成4个555单元，其型号的最后加558三个数字。TTL集成定时器和CMOS集成定时器的功能完全一样，不同之处是前者驱动能力远大于后者，前者驱动电流可达100 mA，而后者驱动电流仅为3 mA。现以CMOS集成定时器CC7555为例进行介绍。

一、集成555定时器

1. 电路结构

CC7555集成定时器采用双列直插式封装，它的电路结构和引出端功能如图7—1所示。由图7—1可见，它主要由3个5 kΩ电阻组成的分压器、两个高精度电压比较器、一个基本RS触发器、一个NMOS开关管及输出缓冲器组成。

（1）分压器。分压器是由3个5 kΩ电阻组成的，它的作用是为两个比较器提供基准电平。如CO端悬空，则比较器A的基准电平为$\frac{2}{3}U_{DD}$，比较器B的基准电平为$\frac{1}{3}U_{DD}$。如果在CO端输入外接控制电压，则可改变比较器A、B的基准电平。

（2）比较器。比较器A、B是两个结构完全相同的高精度电压比较器。比较器A的输入端TH为高电平触发端，当$U_{TH}>\frac{2}{3}U_{DD}$时，A端输出为高电平1；当$U_{TH}<\frac{2}{3}U_{DD}$时，A端输出为低电平0。比较器B的输入端$\overline{TR}$为低电平触发端，当$U_{\overline{TR}}>\frac{1}{3}U_{DD}$时，B端输出为低电平0；当$U_{\overline{TR}}<\frac{1}{3}U_{DD}$时，B端输出为高电平1。A、B的输出直接控制基本RS触发器的动作。

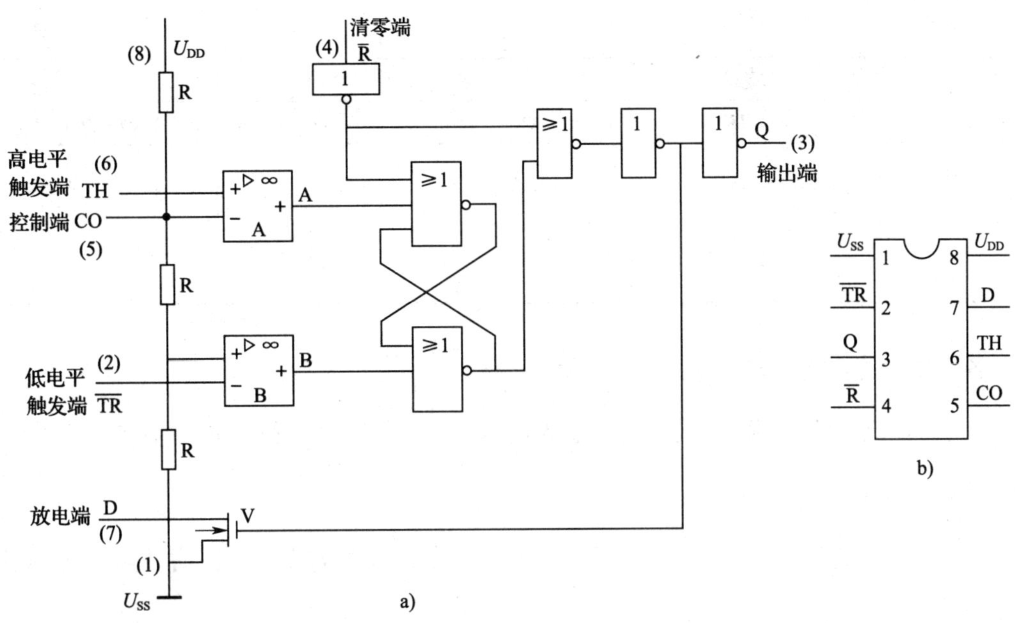

图 7—1　CC7555 集成定时器

a）电路图　b）引出端功能

（3）基本 RS 触发器。基本 RS 触发器由两个或非门组成。它的状态由两个比较器的输出控制，根据基本 RS 触发器的工作原理，就可以决定触发器输出端的状态。$\overline{R}$端是专门设置的直接清零端，当$\overline{R}=0$时，经反相后将或非门封锁，输出为 0。

（4）NMOS 开关管 V 和输出缓冲级。开关管 V 是 N 沟道增强型的 MOS 管，其控制栅为低电平时开关管截止；当控制栅为高电平时开关管导通。两级反相器构成输出缓冲级，反相器的设计考虑了有较大的电流驱动能力，一般可驱动两个 TTL 门电路。同时，输出级还起到隔离负载对定时器影响的作用。

2. 工作原理及特点

综上所述，根据图 7—1 所示电路结构可以得到 CC7555 集成定时器的功能表，见表 7—1。

表 7—1　　CC7555 集成定时器功能表

输入			输出	
$\overline{R}$	TH	$\overline{TR}$	Q	放电端 D
0	×	×	0	0（V 导通）
1	$>\frac{2}{3}U_{DD}$	$\geq\frac{1}{3}U_{DD}$	0	0（V 导通）

续表

输入			输出	
$\overline{R}$	TH	$\overline{TR}$	Q	放电端 D
1	$\leqslant \frac{2}{3}U_{DD}$	$< \frac{1}{3}U_{DD}$	1	悬空（V 截止）
1	$\leqslant \frac{2}{3}U_{DD}$	$\geqslant \frac{1}{3}U_{DD}$	不变	不变

各个端子的功能总结如下：

（1）高电平触发端 TH。当该端子输入电压 $> \frac{2}{3}U_{DD}$时，Q 置 0，同时放电管 V 导通，D 端输出接地（低电平 0）。

（2）低电平触发端 $\overline{TR}$。当该端子输入电压 $< \frac{1}{3}U_{DD}$时，Q 置 1，同时放电管 V 截止，D 端输出开路（高阻）。

（3）放电端 D。该端子是漏极开路输出，工作时通常与外接电容相连，当该端子开路时电容充电，该端子接地时电容放电，故称为“放电端”。

（4）控制端 CO。该端子是比较器 A 的参考电压端，工作时可以测出该点电压为 $\frac{2}{3}U_{DD}$，如果在该端子上加上外接控制电压 U_{CO}，则可以改变触发输入端的翻转电压，TH 端在输入大于 U_{CO}时输出置 0，$\overline{TR}$ 在输入小于$\frac{1}{2}U_{CO}$时输出置 1。如果不接控制电压，为了避免干扰，通常可在该端子上对地外接一个 0.01 ~0.1 μF 的电容。

（5）直接置 0 端 $\overline{R}$。低电平有效的清零端，输入 0 则 Q = 0，D 接地。不用时应该接到电源端上。

（6）输出端 Q。也有的产品用 OUT 表示。

CC7555 定时器电路具有静态电流较小（80 μA 左右），输入阻抗极高（输入电流仅为 0.1 μA 左右），电源电压范围较宽（在 3 ~18 V 内均能正常工作）等特点。

二、555 定时器的典型应用

在 555 定时器的应用中，最常用的就是由它构成的施密特触发器、多谐振荡器和单稳态触发器，下面具体介绍电路的组成及其工作原理。

1. 施密特触发器

施密特触发器具有两个稳定状态，其最主要的应用是将正弦波或其他不规则波形变换成矩形波。由于该电路具有滞回特性，因此，抗干扰能力较强。

（1）电路组成。将 555 定时器的 TH，$\overline{TR}$ 端连接起来作为输入端，Q 作为输出端就构成了施密特触发器，如图 7—2a 所示。

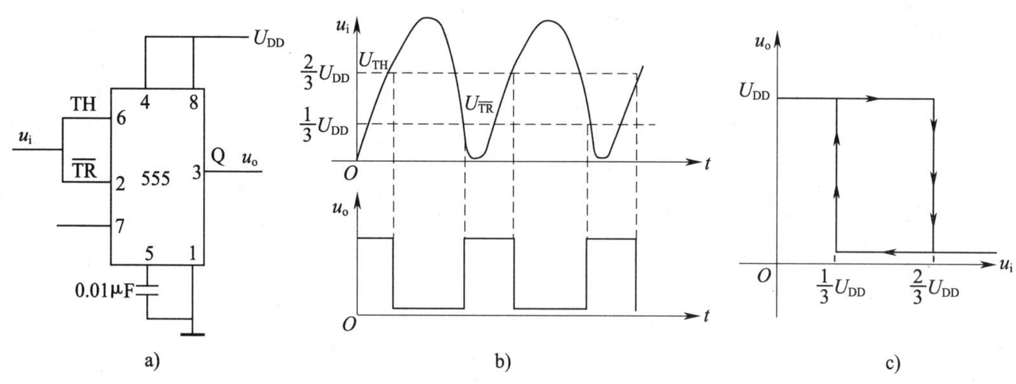

图 7—2　施密特电路

a）电路图　b）波形图　c）传输特性

（2）工作原理。当 $u_i < \frac{1}{3}U_{DD}$时，输出 u_o为高电平；当 u_i增加到$\frac{1}{3}U_{DD} \sim \frac{2}{3}U_{DD}$之间时，电路维持不变，即 $u_o = 1$；当 u_i 继续增加至大于$\frac{2}{3}U_{DD}$时，输出 u_o由高电平翻转为低电平 0；之后 u_i 再增加，输出不变。如 u_i 下降，下降到$\frac{1}{3}U_{DD} \sim \frac{2}{3}U_{DD}$之间时，电路也维持不变，即 $u_o = 0$。只有当 $u_i < \frac{1}{3}U_{DD}$时，电路才再次将 u_o翻回高电平 1，其过程的波形如图 7—2b 所示。

该电路的输出电压 u_o与输入电压 u_i之间的关系称为电路的“传输特性”，该特性如图 7—2c 所示。

2. 多谐振荡器

多谐振荡器是一种无稳态电路，它在接通电源后，不需要外加触发信号，能自动产生周期性矩形波信号输出。由于矩形波中的谐波分量很多，因此，又常称为多谐振荡器。

（1）电路组成。将 555 定时器接成施密特触发器，即把高电平触发端 TH 和低电平触发端 $\overline{TR}$ 短接后作为施密特触发器的输入端，与外接电容 C 和电阻 R2 连接，将放电端 D 接于电阻 R1 和 R2 的连接处即构成多谐振荡器，如图 7—3a 所示。

（2）工作原理。多谐振荡器不具有稳态，只具有两个暂态。暂态的时间长短由电路的定时元件确定，电路工作就在两个暂态之间来回转换。具体工作过程如下：

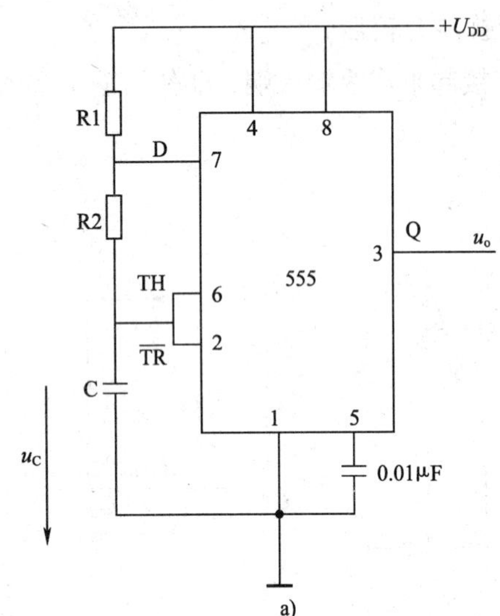

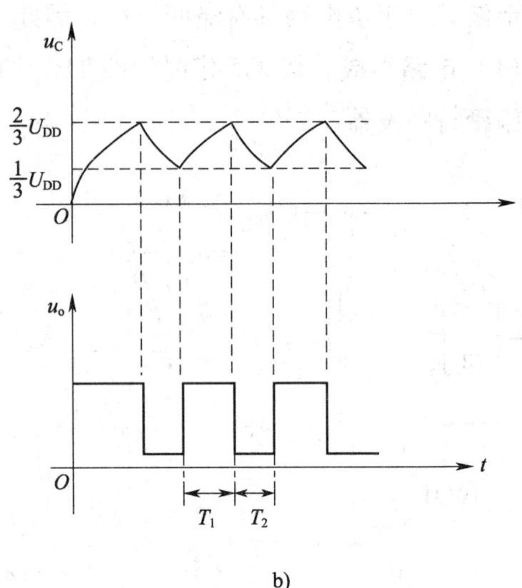

图7—3　多谐振荡器

a）电路图　b）波形图

在接通电源前，电容器两端电压 $u_C=0$，电源刚接通时因输入为0，所以 Q=1，u_o为高电平，D端处于悬空状态。电源电压通过R1、R2对电容C充电，当电容电压 u_C上升到 $\frac{2}{3}U_{DD}$时，Q=0，输出 u_o为低电平，D端接地（开关管V导通），这段时间称为第一暂态。

D端接地（开关管V导通）时，电容C通过电阻R2和开关管放电，电路进入第二暂态期，但当电容C放电到 $u_C \leqslant \frac{1}{3}U_{DD}$时，触发器状态变为Q=1，输出 u_o为高电平，开关管截止，至此第二暂态结束。电路返回到第一暂态，U_{DD}再次对电容C进行充电。如此反复进行，就可输出如图7—3b所示的矩形波。此电路的振荡周期可按以下公式计算（公式推导可参见技师教材）：

$$T=T_1+T_2$$

T_1和 T_2分别表示充放电的时间，计算公式为：

$$T_1=(R_1+R_2)C\ln 2$$

$$T_2=R_2C\ln 2$$

所以：

$$T=(R_1+2R_2)C\ln 2=0.7(R_1+2R_2)C$$

输出矩形波的频率 $f=1/T$。可见，通过改变 R_1、R_2 和 C 的值即可改变振荡频率。实际上也可以通过改变CO端电压 U_{CO}来改变参考电压，从而达到改变振荡频率的目的。在实际中常常需要调节 T_1 和 T_2，波形的占空比为：

$$D=T_1/(T_1+T_2)=(R_1+R_2)/(R_1+2R_2)$$

3. 单稳态触发器

（1）主要特点。单稳态触发器是一种波形变换电路，其主要特点是：

1）只有一个稳态。

2）可在外加触发信号的作用下暂时离开稳态而形成暂稳态。

3）暂稳态维持一段时间后，将自动返回到稳态。暂稳态维持的时间 T_W 仅取决于电路 RC 的参数，而与触发脉冲的宽度无关。通常把 T_W 称为脉冲宽度。

（2）电路组成。将 555 定时器的 $\overline{\mathrm{TR}}$ 端作为触发信号输入端，而将 TH 端与放电端 D 相连后，通过一电阻 R 接至电源 U_{DD}，通过一电容接地，如图 7—4a 所示。

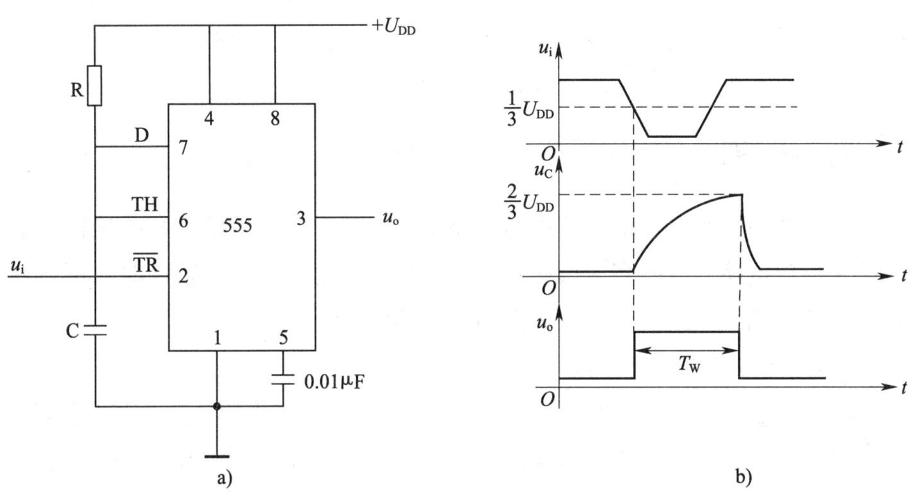

图 7—4　单稳态触发器

a）电路图　b）波形图

（3）工作原理。单稳态触发器工作分为三个阶段，即稳态、暂稳态和恢复期。稳态是指触发信号 u_i 处于高电平，电路处于稳定状态时。根据 555 定时器工作原理可以知道 u_o 为低电平，D 端接地，电容 C 两端电压 $u_C=0$。

暂稳态是指当触发信号负脉冲（$<1/3U_{DD}$）加进来，使 u_o 翻转为 Q＝1，D 端悬空，电源 U_{DD} 通过电阻 R 对电容充电。这是一个暂态过程，当经过 T_W 时间，电容充电到 $u_C\geqslant 2/3U_{DD}$ 时，输出返回到 Q＝0。此时 D 端接地，电容通过 555 定时器内部的放电管快速放电，暂态过程结束，进入恢复期。暂稳态时间 T_W 的计算公式如下：

$$T_W=RC\ln 3=1.1RC$$

由公式可以看出，改变 R 或 C 就可以改变延时时间 T_W。改变参考电压也可以改变 T_W，一般通过在 CO 端外接电源或电阻就可以实现。

恢复期是指当开关管 V 导通时，电容 C 通过放电管迅速放电，直到恢复到静止期状态。恢复期的时间由放电管导通时呈现的电阻决定，该电阻很小，因此恢复期很短。其工作波形如图 7—4b 所示。

第 2 节　用门电路组成的脉冲电路

矩形脉冲波的获取不外乎有两种途径：一种是利用多谐振荡器直接产生；另一种是对已有的周期性信号整形，使之符合系统要求。在本章第 1 节中介绍了用 555 定时器组成的脉冲发生电路，现在再介绍几种用门电路组成的典型的脉冲电路。

一、多谐振荡器

在本章第 1 节中已经对多谐振荡器做了介绍。通常在频率稳定度和准确性要求不太高的场合，可采用门电路构成的多谐振荡器。当对频率稳定度要求比较高时，可以在多谐振荡器电路中接石英晶体，组成石英晶体多谐振荡器。

1. 用门电路组成的多谐振荡器

用门电路可以组成多种振荡电路，图 7—5a 是用门电路组成的一种多谐振荡器，电路十分简单，只用了两个非门及 RC 延时电路，其原理及 G2 门的输入输出波形如图 7—5b 所示。

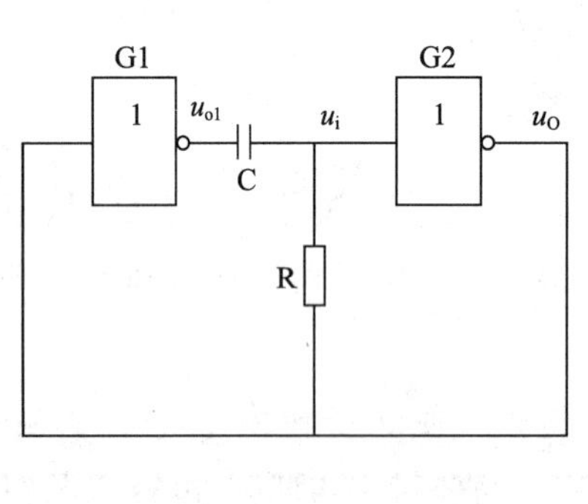

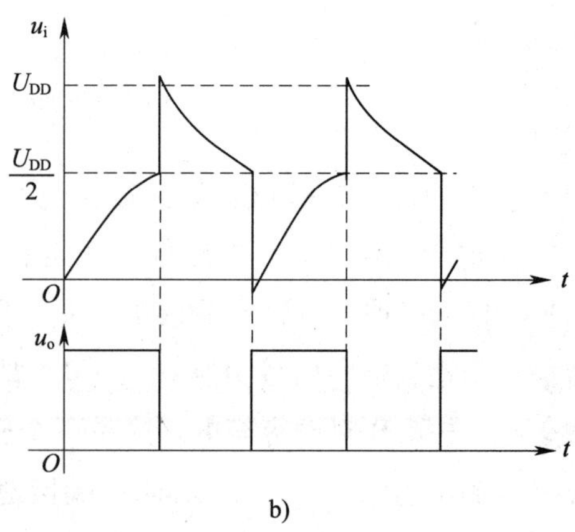

a)　　b)

图 7—5　用门电路组成的一种多谐振荡器

a）电路图　b）波形图

门电路的输出波形总是矩形波，设 CMOS 非门 G1 的输出 u_{o1} 为低电平 0 V，如果电容器 C 没有充过电，则 G2 门的输入 u_i 也是 0 V，输出 u_o 就是高电平 U_{DD}，电容 C 充电使得 u_i 上升，到 u_i 升高到门槛电平 $\frac{U_{DD}}{2}$ 时，输出 u_o 翻转出 0，G1 门的输出 u_{o1} 也随之上跳出 1，由于电容电压不能突变，u_i 也就跟着上跳。然后电容放电使得 u_i 下降，到 u_i 下降到门槛电平 $\frac{U_{DD}}{2}$ 时，输出 u_o 再次翻转出 1，G1 门的输出 u_{o1} 及 u_i 也随之下跳，电容再次充电，如此周而复始，产生矩形波输出。由于 CMOS 电路输入端内部有二极管限幅电路，故 u_i 的幅度被限制在 $U_{DD}+0.7$ V 及 -0.7 V 的范围内，用一般的三要素法计算有较大误差，电路的振荡周期可以由下式估算：

$$T = 2RC\ln 2 = 1.4RC$$

2. 石英晶体振荡器

在门电路组成的多谐振荡器中，多把石英晶体接入电路中，因为石英晶体有极好的选频特性，完全可以满足大多数数字系统对频率稳定度的要求。石英晶体的固有振荡频率只与石英晶体切割的方向、外形和尺寸有关，不受外围电路参数的影响。这里介绍一个 CMOS 石英晶体多谐振荡器。

图 7—6 所示电路是由两个 CMOS 反相器 G1、G2 和两个电容 C1、C2 及石英晶体构成的电容三点式振荡器。图中 G1 和反馈电阻 R_f（10 ~ 100 MΩ）用于产生振荡，G2 用于缓冲整形。R_f 的作用是为 CMOS 反相器提供偏置，使 G1 工作在放大状态。

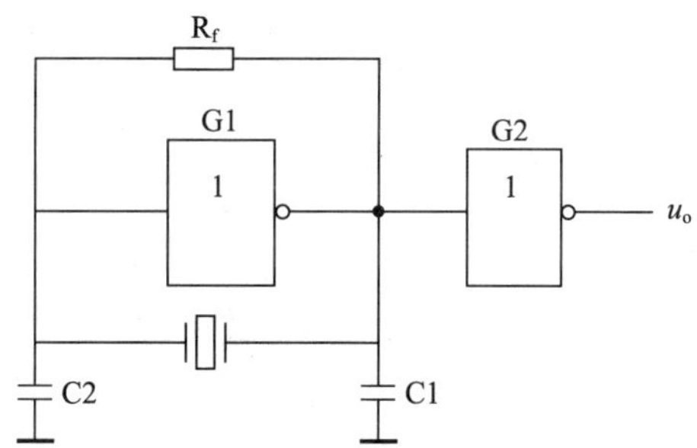

图 7—6　石英晶体多谐振荡器

由图 7—6 可见，因为在 G1 的输入端与输出端之间跨接了电阻 R_f，而 CMOS 门电路的输入电流在正常的输入高、低电平范围内几乎等于零，所以 R_f 上没有压降，G1 必然工作在 $u_o = u_i$ 的状态。因此，表示 $u_o = u_i$ 的直线与电压传输特性的交点就是 G1 的静态工作点。通常 $U_{TH} = 1/2U_{DD}$，这时静态工作点刚好处在电压传输特性转折区的中点，即 $u_o = u_i = 1/2U_{DD}$ 的地方。然而这种静态是不稳定的。假定有某种原因使 u_i 有极小的正跳变发生，则必然引起振荡，再经 C1，C2 和石英晶体构成的“电容三点式”阻抗网络，能使等于石英晶体固有振荡频率的信号最容易通过。这就完成了对振荡频率的控制，并提供必要的 180°相移，从而满足振荡的相位条件，并且振荡频率极其稳定。但它输出的波形并不理想，还需要经过反相器 G2 进行整形，才能得到比较满意的矩形脉冲输出。

二、单稳态触发器

由于单稳态触发器电路中的暂稳态都是靠 RC 电路的充、放电过程来维持的，根据 RC 电路的不同接法，单稳态电路可分为积分型和微分型两种。

1．积分型单稳态触发器

由两个与非门 G1 和 G2 及 RC 积分电路组成的积分型单稳态触发器如图 7—7a 所示。图中 G1 至 G2 之间用 RC 积分电路耦合。此电路由正脉冲触发，并且要求其宽度 T_{TR} 必须大于输出脉冲宽度 t_W。

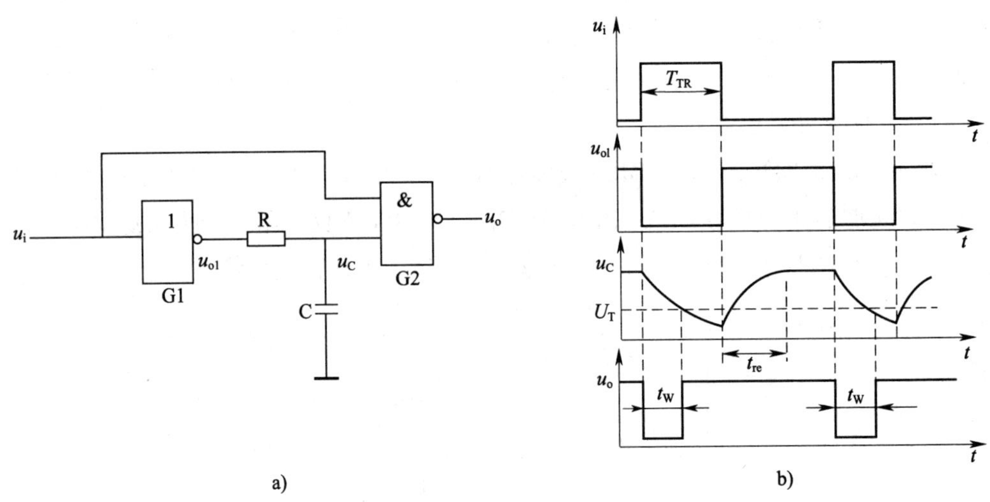

图 7—7　积分型单稳态触发器

a）电路图　b）波形图

下面分析电路的工作原理：当 $u_i=0$ 时，u_{o1}、u_C 和 u_o 均为高电平，电路处于稳态。

当输入正脉冲后，u_{o1} 跳变为低电平。由于电容 C 上的电压 u_C 不能突变，所以在一段时间里 u_C 仍大于 U_T。因此，在这段时间里 G2 的两个输入端电压同时大于门槛电平 U_T，使 u_o 为低电平，电路进入暂稳态。在此期间电容 C 经 R 和 G1 放电，u_C 按指数规律下降，当 C 放电到使 $u_C \leqslant U_T$，u_o 回到高电平时，暂稳态结束。

待 u_i 回到低电平以后，C 开始充电，经过恢复时间 t_{re} 以后，u_C 也恢复为高电平，电路又回到稳态，等待下一个触发信号的到来，在恢复时间之内，电路不应该有第二次触发。

电路中各点电压波形如图 7—7b 所示。由图可见，输出脉冲的宽度等于从电容 C 放电的那一刻到 u_C 下降到 $u_C = U_T$ 的时刻，对于 CMOS 电路来讲，$U_T = 1/2U_{DD}$。

输出脉冲宽度为：

$$t_W = RC\ln 2 = 0.7RC$$

恢复时间等于 u_{o1} 跳变为高电平后电容 C 充电至高电平所经过的时间。若取充电时间常数的 3 ~5 倍时间为恢复时间，则得：

$$t_{re} \approx (3 \sim 5)\ RC$$

积分型单稳态触发器具有抗干扰能力强的优点。它的缺点是输出波形的边沿较差，这是因为电路在状态转换过程中没有正反馈作用，而且必须在触发脉冲的宽度大于输出脉冲宽度时，方能正常工作。

2. 微分型单稳态触发器

用与非门电路组成的微分型单稳态触发器如图 7—8a 所示，波形图如图 7—8b 所示。由于 G2 门的输入经过电阻接地，故其输入 u_R 为 0 V，输出 u_o 为 1。电路采用负脉冲触发，稳态时 $u_i = 1$，故 G1 门的输出 u_{o1} 则为全 1 出 0，电容上没有电压，这是电路的稳定状态。

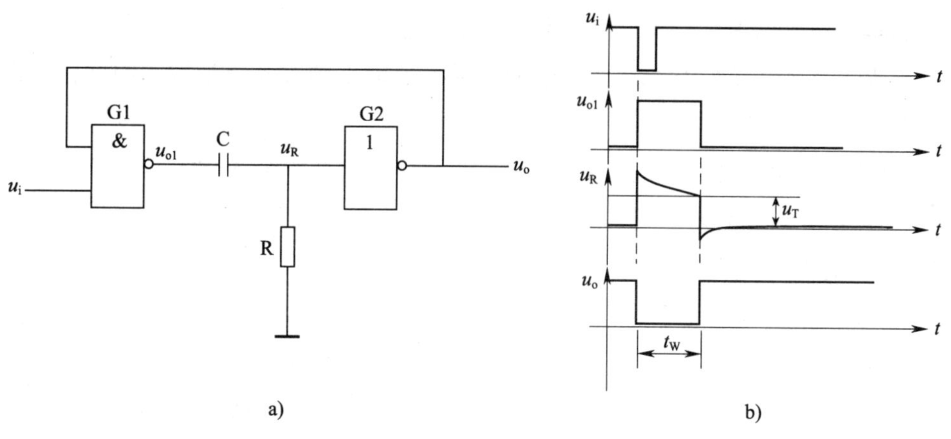

图 7—8　微分型单稳态触发器

a) 电路图　b) 波形图

当触发脉冲的 0 到来时，u_{o1} 出 1，电容充电，充电电流在电阻 R 上产生正向微分脉冲，使得输出 u_o 翻转出 0，电路进入暂稳态。随着电容充电电流的逐渐减小，电阻 R 上的电压 u_R 也逐渐下降，当 u_R 下降到门电路的门槛电平 U_T 时，输出 u_o 翻转为 1，返回稳定状态。

如果电路的触发脉冲是图7—8b所示的宽度小于暂稳态时间 t_{po} 的窄脉冲，则 u_{o1} 及 u_R 也将随着 u_o 的上跳而产生下跳。如果电路采用的触发脉冲是宽度大于暂稳态时间 t_{po} 的宽脉冲，也可以工作，但是此时 u_{o1} 及 u_R 的下跳将延迟至触发脉冲结束时才产生。此外还应该注意，如果门电路采用的是TTL电路，则电阻R不能取得太大，否则稳态时门电路输入端流出的电流将在电阻R上产生较大的压降，如果这一压降达到门槛电平值，则电路就不能工作了。

如果门电路采用CMOS电路，则微分型单稳态触发器的暂稳态时间可用下式求得：

$$t_W = RC\ln 2 = 0.7RC$$

测 试 题

一、判断题

1. 555定时器可以用外接控制电压来改变翻转电平。（ ）

2. 多谐振荡器是一种非正弦波振荡器，它不需外加输入信号，只要接通电源靠自激产生矩形脉冲信号，其输出脉冲频率由电路参数 R、C 决定。（ ）

3. 石英晶体多谐振荡器的输出频率可以方便地进行调节。（ ）

4. 多谐振荡器、单稳态触发器和施密特触发器输出的都是矩形波，因此，它们在数字电路中得到广泛应用。（ ）

5. 555定时器组成的单稳态触发器是在TH端加入正脉冲触发的。（ ）

6. 单稳态触发器可以用来做定时控制。（ ）

二、单项选择题

1. 555定时器中缓冲器的作用是（ ）。

A. 反相　　B. 提高带负载能力

C. 隔离　　D. 提高带负载能力同时具有隔离作用

2. 555定时器当5号脚CO端不用时，应（ ），以防高频干扰。

A. 直接接地　　B. 经一小电容接地

C. 直接接电源　　D. 悬空

3. 多谐振荡器有（ ）。

A. 两个稳定状态　　B. 一个稳定状态，一个暂稳态

C. 两个暂稳态　　D. 记忆二进制数的功能

4. 石英晶体多谐振荡器的输出频率取决于（ ）。

A. 晶体的固有频率和 *RC* 参数　　B. 晶体的固有频率

C. 门电路的传输时间　　D. *RC* 参数

5. 为了使 555 定时器组成的多谐振荡器停振，可以（　　）。

A. 在 D 端输入 0　　B. 在 U_{CO}端输入 1

C. 在 $\overline{R}$ 端输入 0　　D. 在 R 端输入 1

6. 施密特触发器的主要特点是（　　）。

A. 有两个稳态　　B. 有两个暂稳态

C. 有一个暂稳态　　D. 有一个稳态

7. 滞回特性是（　　）的基本特性。

A. 多谐振荡器　　B. 单稳态触发器

C. 施密特触发器　　D. T 触发器

8. 提高 RC 环形振荡器的振荡频率可采用（　　）。

A. 增大电容 C 的容量　　B. 减小电容 C 的容量

C. 提高直流电源电压　　D. 降低直流电源电压

9. 单稳态触发器是一种整形电路，它的显著特点是无外加触发信号时，它工作于（　　）。

A. 高电平　　B. 稳态　　C. 低电平　　D. 暂稳态

10. 单稳态触发器的主要用途是（　　）。

A. 产生锯齿波　　B. 产生正弦波　　C. 触发　　D. 整形及定时

三、多项选择题

1. 555 定时器的电路结构包含（　　）等部分。

A. 放电管　　B. 电压比较器

C. 电阻分压器　　D. 同步 RS 触发器

E. 基本 RS 触发器

2. 矩形脉冲信号的参数有（　　）。

A. 周期　　B. 占空比

C. 脉宽　　D. 扫描期

E. 初相

3. 以下（　　）输出为脉冲波形。

A. RC 文氏桥式振荡器　　B. 555 多谐振荡器

C. 石英晶体多谐振荡器　　D. RC 环形振荡器

E. 正弦波振荡器

4. 555 定时器组成的单稳态触发器的特点是（　　）。

A. 一个稳态，一个暂稳态

B. 外来一个负脉冲，电路由稳态翻转到暂稳态

C. 暂稳态维持一段时间后自动返回稳态

D. 外来一个正脉冲，电路由稳态翻转到暂稳态

E. 两个暂稳态

5. 单稳态触发器为改变输出脉冲宽度，可以改变（　　）。

A. 电阻 R　　B. 电源电压 U_{CC}

C. 触发信号的宽度　　D. 电容 C

E. 触发信号的时间

测试题答案

一、判断题

1. √　2. √　3. ×　4. √　5. ×　6. √

二、单项选择题

1. D　2. B　3. C　4. B　5. C　6. A　7. C　8. B　9. B　10. D

三、多项选择题

1. ABCE　2. ABC　3. BCD　4. ABC　5. AD

第 8 章

电子技术操作技能实例

第1节　电子电路的一般调试及常见故障

电子电路的调试在电子工程技术中占有重要地位，是理论付诸实践的过程，是对设计的电路能否正常工作，能否达到性能指标的检验。

调试过程是利用符合指标要求的各种仪器，例如万用表、示波器、信号发生器、逻辑分析仪等，对安装好的电路进行调整和测量；是判断性能好坏，各种指标是否符合设计要求的最后一关。因而，调整和测试必须遵守一定的测试方法并按一定的步骤进行。

一、调试方法和步骤

1. 检查

（1）检查连线。电路安装完毕后，不要急于通电，先认真检查连接是否正确，包括错线（连接一端正确，另一端错误）、少线（安装时漏掉的线）和多线（连线的两端在电路图上都是不存在的）。通常采用两种查线方法：一是按照设计的电路图检查安装的线路，把电路图上的连线按一定顺序在安装好的线路中逐一对应检查，这种方法比较容易找出错线和少线。另一种方法是按实际线路来对照电路原理图，按照两个元件引脚的去向去查，查找每个去处在电路图上是否存在。这种方法不但能查出错线和少线，还能查出是否多线。不论用什么方法查线，一定要在电路图上对查过的线路做出标记，并且还要检查每个元件的引脚的使用端数是否与图样相符。查找时最好用指针式万用表的“$R\times1$”挡，或用数字万用表的“蜂鸣器”挡。

（2）直观观察。直观检查电源、地线、信号线、元件引脚之间有无短路，连线处有无接触不良，二极管、三极管、电阻、电容等引脚有无错接，集成电路是否插对等。

（3）通电观察。把经过准确测量的电源电压加入电路，但信号源暂不接入。电源接通后不要急于测量数据和观察结果，首先要观察有无异常现象，包括有无冒烟，是否闻到异常气味，手摸元件是否发烫，电源是否有短路现象等。如果出现异常，应立即关断电源，待故障排除后方可重新通电。然后，再测量各元件引脚的电源电压，而不是只测量各路总电源电压，以保证元器件正常工作。

2. 调试

电子电路调试方法有两种：分块调试法和整体调试法。

（1）分块调试法。分块调试是把总体电路按功能分成若干个模块，对每个模块分别进行调试。模块的调试顺序最好是按信号的流向，一块一块地进行，逐步扩大调试范围，最后完成总调试。

实施分块调试法有两种方式，一种是边安装边调试，即按信号流向组装一模块就调试一模块，然后再继续组装下一个模块；另一种是总体电路一次组装完毕后，再分块调试。

分块调试法的优点是问题出现的范围小，可及时发现，易于解决。所以，此种方法适于新设计电路。

（2）整体调试法。此种方法是把整个电路组装完毕后，不进行分块调试，实行一次性总调。显然，它只适用于定型产品或某些需要相互配合、不能分块调试的产品。不论是分块调试还是整体调试，调试的内容应包括静态与动态调试两部分。

1）静态调试。静态调试一般指在没有外加信号的条件下测试电路各点的电位。如测模拟电路的静态工作点，数字电路各输入、输出电平及逻辑关系等，测出的数据与设计值相比较，若超出范围，则应分析原因进行处理。

2）动态调试。动态调试需要加入输入信号，也可以利用前级的输出信号作为后级的输入信号，也可用自身的信号检查功能块的各种指标是否满足设计要求，包括信号幅值、波形的形状、相位关系、频率、放大倍数、输出动态范围等。模拟电路比较复杂；而对于数字电路来说，由于集成度比较高，一般调试工作量不太大，只要器件选择合适，直流工作状态正常，逻辑关系就不会有太大问题，一般是测试电平的转换和工作速度。

把静态和动态的测试结果与设计的指标作比较，经深入分析后对电路参数提出合理的修正。

3. 调试注意事项

（1）调试之前先要熟悉各种仪器的使用方法，并仔细加以检查，避免由于仪器使用不当或出现故障而做出错误判断。

（2）仪器的地线和被测电路的地线应连在一起。只有使仪器和电路之间建立 1 个公共参考点，测量的结果才是正确的。

（3）调试过程中，发现器件或接线有问题需要更换或修改时，应先断开电源，待更换完毕认真检查后才能重新通电。

（4）调试过程中，不但要认真观察和测量，还要认真记录。

（5）安装和调试自始至终要有严谨的科学作风，不能存在侥幸心理。出现故障时，不要手忙脚乱，马虎从事，要认真查找故障原因，仔细做出判断，切不可一遇故障解决不了就拆掉线路重新安装。因为重新安装的线路仍然存在各种问题，况且设计上的问题不是重新安装就能解决的。

二、调试中常见故障与处理

所谓电路“故障”，是指电路对给定的输入不能给出正常的输出响应，则此电路被认为有故障。例如，在模拟电路中，静态工作点异常，电路输出波形反常，负载能力差，电路自激振荡等；在数字电路中，逻辑功能不正常，时序错乱，带不起负载等。

1. 简易故障诊断法

要寻找故障在哪一级模块和模块内哪个元器件或连线，简易的方法是在电路的输入端施加一个合适的输入信号，依信号流向，逐级观测各级模块的输出是否正常，从而找出故障所在模块。

接下来是查找故障模块内部的故障点，其步骤是：

（1）检查元器件引脚电源电压。确定电源是否已接到元器件上及电源电压值是否正常。

（2）检查电路关键点上电压的波形和数值是否合乎要求。

（3）断开故障模块的负载，判断故障是来自故障模块本身还是负载。

（4）对照电路图，仔细检查故障模块内电路是否有错。

（5）检查可疑的故障处元器件是否已损坏。

（6）检查用于观测的仪器是否有问题及使用是否得当。

（7）重新分析电路原理图是否存在问题，是否应该对电路、元器件参数等做出合理的修改。

2. 常见的故障原因

（1）元器件引脚接错。

（2）集成电路引脚插反，未按引脚标记插片。

（3）用错集成电路芯片。

（4）元器件已坏或质量低劣，电路组装前，集成块和半导体管未经测试和筛选，导致坏的器件和质量低劣的元器件被用上。

（5）二极管和稳压管极性接反。

（6）电源极性接反或电源线断路。

（7）电解电容极性接反。

（8）连线接错，开路，短路（线间或对地等）。

（9）接插件接触不良。

（10）焊点虚焊，焊点碰接。

（11）元器件参数不对或不合理。

三、抗干扰技术

大多数电子电路都是在弱电流下工作的，尤其是CMOS集成电路更是在微安级电流下工作，再加之电子器件与电路的灵敏度高，因此，电子电路很容易因干扰而导致工作失常。

干扰是电子电路稳定可靠工作的大敌，它主要来源于：电网的干扰，地线的干扰，信号通道的干扰，空间电磁辐射的干扰。

上述四种干扰，危害性最大的是来自电网的干扰和来自地线的干扰，其次为来自信号通道的干扰，而来自空间电磁辐射的干扰一般不太严重，只要电子系统与干扰源保持一定距离或采取适当的屏蔽措施（如加屏蔽罩、屏蔽线等），基本上就可解决。抗干扰设计又是电子电路设计者最感头痛的难题，原因是它与具体电路和具体应用环境有着密切的关系。在甲电路中有效的抗干扰措施，未必能在乙电路中奏效。

第2节　波形发生器电路的分析、安装与调试

一、三角波发生器

1. 电路组成

图8—1所示是三角波发生器。该电路是由一个滞回特性比较器和一个积分器组成的。运放N1与电阻R1、R2组成滞回特性比较器，电阻R5与双向稳压管VS组成比较器的输出限幅电路。运放N2与电阻R5以及电容C组成了积分器，由于采用了积分电路，使三角波发生器能得到线性度比较理想的三角波，电路还可以通过调节电路中的电位器RP来调节振荡频率。

2. 工作原理

设双向稳压管的稳定电压为U_z，则运放N1组成的滞回特性比较器输出u_{o1}不是$+U_z$就是$-U_z$，比较器是在运算放大器同相输入端的电压过0时翻转的，同相输入端的电压比0略大就输出$+U_z$，否则就输出$-U_z$。比较器的输入电压u_i就是积分器的输出电压u_{o2}，它的传输特性如图8—2a所示，可以求得当运算放大器同相输入端的电压过0时，电压u_{o2}（即翻转点的电压）应该为：

$$U' = -U'' = \frac{R_2}{R_1}U_z$$

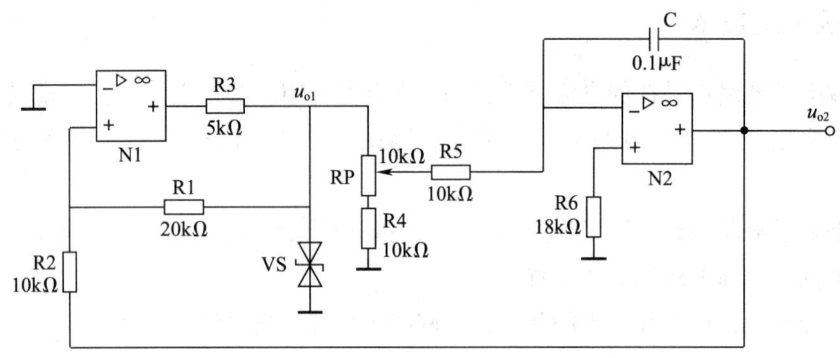

图8—1　三角波发生器

如 $U_z=6$ V，则 $U'=-U''=\dfrac{10\ \text{k}}{20\ \text{k}}\times6=3$（V）

设比较器初始时输出正电压 U_z，积分器在输入的正电压作用下，通过电阻R5对电容C充电，运放N2输出线性下降的负电压，待输出电压 u_{o2} 达到翻转电压 U'' 时，比较器输出翻转，u_{o1} 输出负电压 $-U_z$。

然后积分器的输出电压 u_{o2} 上升，电容C通过电阻R5放电（接着反向充电），输出电压 u_{o2} 上升，待电压上升到了翻转电压 U' 时，比较器输出再次翻转，u_{o1} 输出正电压 $+U_z$。再然后积分器输出电压 u_{o2} 又下降，达到 U'' 时电路又一次翻转……如此不断振荡。输出的矩形波幅度为 $\pm U_z$，三角波的幅度为 U' 和 U''，波形如图8—2b所示。

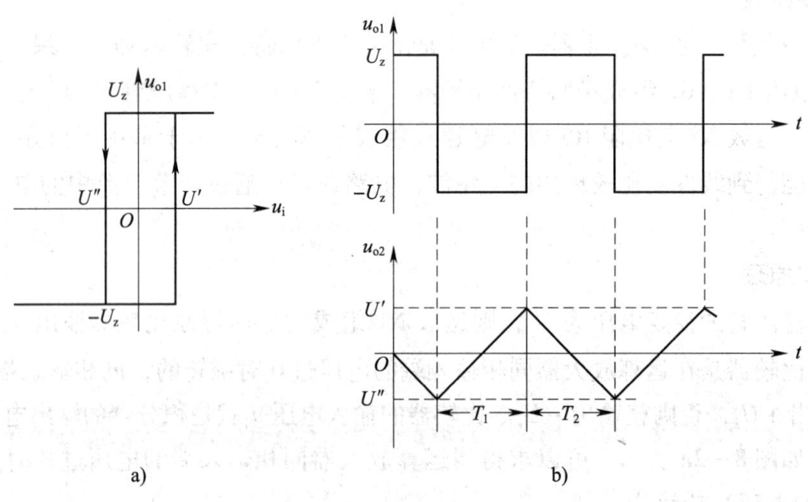

图8—2　三角波发生器的传输特性及波形图
a）传输特性　b）波形图

下面计算振荡周期：设电位器 RP 置于最上端，比较器输出为最大值 U_z，电路输出的三角波上升及下降时的斜率为 U_z/R_5C，电压从 U''上升到 U'，其上升的幅度为 $2U'$，由此可得：

$$2U' = \frac{U_z}{R_5C}T_1$$

因为 $U' = \frac{R_2}{R_1}U_z$，可得上升时间 T_1及下降时间 T_2：

$$T_1 = T_2 = 2\frac{R_2}{R_1}R_5C$$

波形的周期 T：

$$T = T_1 + T_2 = 2T_1 = 4\frac{R_2}{R_1}R_5C = 4 \times \frac{10\ \text{k}}{20\ \text{k}} \times 10\ \text{k} \times 0.1\ \mu = 2\ (\text{ms})$$

当电位器触点向下移动时，由于积分器输入电压降低，使得三角波上升及下降的斜率减小，充放电时间延长，周期拉长。当电位器触点移动到最下面的位置时，积分器输入的电压减小到 U_z 的 1/3（注意积分电阻 R5 与分压电阻 R4 并联），则振荡周期就拉长 3 倍，即周期的调节范围为 2 ~6 ms。

3. 接线及调试方法

采用分块接线及调试法，步骤如下：

（1）首先接好比较器电路。

（2）用信号发生器在比较器的输入端（R2 的下端）输入频率为 50 Hz，幅度为 6 V 的正弦波或三角波，用双踪示波器的 CH1 通道观察这一波形。

（3）接通电源，用双踪示波器的 CH2 通道观察 u_{o1} 波形，应该是幅度为 $\pm U_z$ 的矩形波。再用示波器观察电位器输出端的波形是否在 $1/2U_z \sim U_z$ 之间可调。

（4）把输出波形调至最大，把示波器的显示方式置于 X—Y 上，可以看到示波器显示图 8—2a 所示的传输特性。

（5）接好积分器部分的线路，在积分器的输入端输入 500 Hz，幅度为 6 V 的方波，用双踪示波器的 CH1 通道观察这一波形。

（6）接通电源，用双踪示波器的 CH2 通道观察 u_{o2}波形，应该是三角波。注意此时由于积分器开环，如果输入波形中有直流分量，则输出的三角波波形会上下漂移，严重时可能会看不到三角波，此时应该调整信号发生器的输出使其直流分量为 0，且波形正负半周上下对称。

（7）拆去信号发生器，接好两级之间的连线，用示波器的 CH1 通道观察 u_{o1} 波形，

CH2 通道观察 u_{o2} 波形。然后把显示的方式置于双踪上，应该看到如图 8—2b 所示的波形，测量并记录这两个波形的幅度及周期。

4. 调试注意事项

（1）本电路的调试完全依靠示波器，所以学员必须能熟练地使用示波器。首先按下示波器的“自动”扫描按钮，把两个通道的输入方式置于“DC”直接耦合挡，调整两个通道的灵敏度为 5 V/格（运放电源电压为 ±12 V 时），微调旋钮顺时针旋到底即置于校准位置，把触发源置于“CH1”或“CH2”上，移动光迹位置到屏幕中间就可以看到波形，扫描时间则以能看到若干个周期的波形来确定。

（2）信号发生器输出的信号的波形、幅度及周期均可以在示波器上测量。信号发生器的输出接地端应该与电路的接地端相连。

（3）由于电路是一个闭环电路，两级的工作互相制约，电路尽管很简单，但是如果直接接好全部线路采用整体调试法来调试，在电路有故障不起振时，很难判断故障所在位置，所以还是建议采用分块调试法，这样就可以掌握每一级的工作原理，也便于发现及排除故障。

（4）如果怀疑运放有问题，可以把运放接成一个跟随器，输入可调的直流电压，观察输出是否能跟随输入变化。

二、正弦波、方波、三角波发生器

1. 电路组成

图 8—3 所示是一个正弦波、方波、三角波发生器，电路由三级运放组成。第一级是 RC 桥式振荡器，其中的 RC 串并联是选频网络，二极管 VD1、VD2 和电阻 R_1、RF 以及电位器 RP 是负反馈稳幅电路；第二级是过零比较器，稳压管组成输出限幅电路；第三级是积分器。

2. 工作原理

第一级运放组成一个典型的 RC 桥式振荡器，输出正弦波。运放 N1 组成一个同相比例放大器，正反馈的 RC 串并联网络只对其选中的频率 $f_o=\dfrac{1}{2\pi RC}$ 有最大的反馈系数 1/3，且相移为 0，故电路的振荡频率就是 $f_o=\dfrac{1}{2\pi RC}=\dfrac{1}{2\times\pi\times10\ \text{k}\times0.1\,\mu}=0.159\ \text{kHz}=159\ \text{Hz}$，运放的闭环放大倍数只要大于等于 3 倍就可以起振。电路的负反馈支路起到降低闭环放大倍数并稳定工作的作用，只要电路中电位器 RP 与二极管 - 电阻 RF 部分的总电阻达到 R1 的 2 倍以上，电路就具有大于等于 3 倍的闭环放大倍数，电路中的二极管 - 电阻 RF 部分还起到了起振并稳定输出波形幅度的作用，这是因为二极管在输出幅度小的时候动态电阻

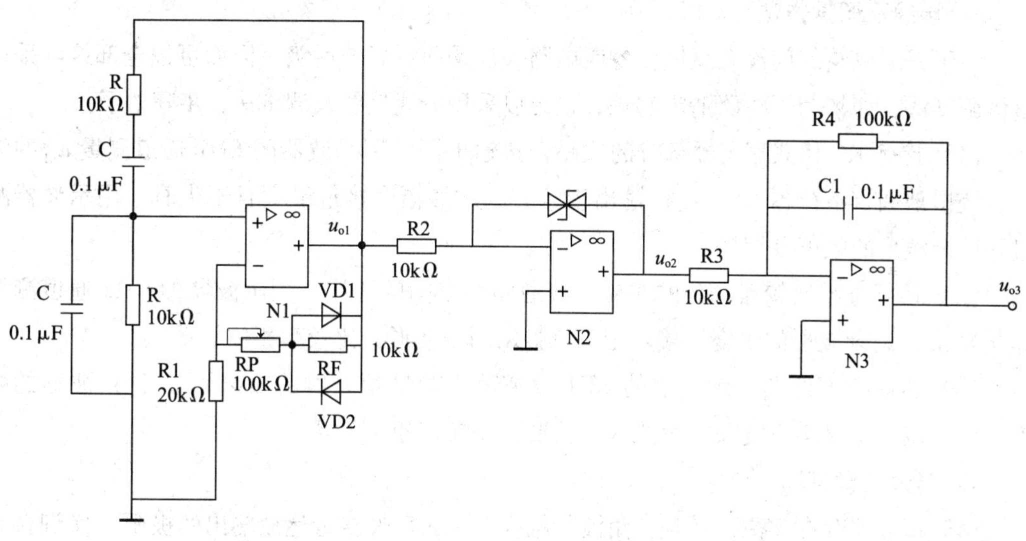

图 8—3　正弦波、方波、三角波发生器

大，而输出幅度增大时动态电阻减小，使得放大倍数也能随着幅度的增大而自动减小，从而达到了电路要求起振时放大倍数大，稳幅时要求放大倍数随着输出幅度的增大而自动减小的效果。

第二级运放 N2 是一个过零比较器，起到把正弦波转换为方波的作用，输出方波的幅度由双向稳压管的正、负稳定电压决定。如果稳压管的稳定电压为 ±6 V，则输出波形的幅度就是 ±6 V。

第三级运放 N3 是一个积分器，起到把方波转换成三角波的作用。其中电阻 R4 的作用主要是为了减小积分器输出的漂移，但是由于 R4 的存在，将使得三角波的线性度变差，斜率及输出幅度都略有减小。假设方波的幅度为 ±6 V，在不计 R4 影响的情况下，三角波的斜率为：

$$\frac{U_z}{R_3C_1}=\frac{6\ \text{V}}{10\ \text{k}\times0.1\ \mu}=6\ \text{V/ms}$$

三种波形的周期都是：

$$T=2\pi RC=2\times\pi\times10\ \text{k}\times0.1\ \mu=6.28\ (\text{ms})$$

半个周期则为 3. 14 ms，三角波的幅度（峰 - 峰值）将为：

$$U_{o3p-p}=6\times3.14=18.8\ (\text{V})$$

图 8—4 所示为三个输出波形的波形图。

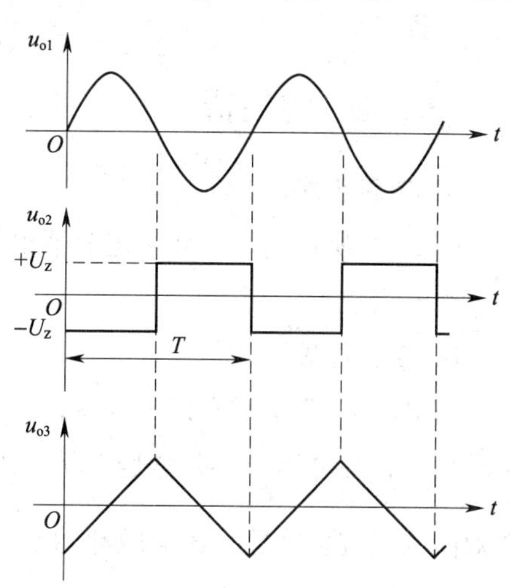

图 8—4　三个输出波形的波形图

3. 接线及调试方法

由于三级电路之间没有反馈，各级电路仅仅是前级影响后级，因而可以全部接好采用整体调试法，如果为了线路清晰起见，也可以采用分块接线及调试法，步骤如下：

（1）接好 RC 桥式振荡器部分的线路，接通电源，用示波器的 CH1 通道测量 u_{o1} 的波形，缓慢地调节电位器 RP，使得输出正弦波的波形幅度接近最大且不失真，用示波器测量并记录波形的幅度及周期。

（2）接好过零比较器部分的线路，接通两级之间的连线，用示波器的 CH2 通道测量 u_{o2} 的波形，记录波形的幅度。接着用双踪显示两个波形，比较其相位关系。

（3）接好全部线路，示波器的 CH1 通道改为测量积分器的输出 u_{o3}，记录波形的幅度。接着用双踪显示方波和三角波两个波形，比较其相位关系。

4. 调试注意事项

由于积分器存在零漂，而且三角波的幅度较大，已经接近运放输出的极限［实训台上的运放为了安全，电源端串有保护二极管，在电源电压为 ±12 V 的情况下，其最大输出为 ±（10～11）V，也就是波形的峰－峰值限幅为 21 V 左右］，因此三角波的波形容易上下漂移，有时会产生波形被限幅的情况。如果方波输出的波形正负不对称，包含有直流分量，则这一情况更为明显，此时可增大积分电阻，以减小三角波的幅度。

第3节　数字电路的分析、安装与调试

一、数字定时器

1. 电路组成

图 8—5 所示是一个数字定时器电路，电路由门电路多谐振荡器、计数器及译码显示器三部分组成。

2. 工作原理

门电路 1、2 组成多谐振荡器，两个门的输出总是反相的高低电平，因此在 RC 支路的两端总是存在电压，电路总是不断存在电容充放电的情况，在 2 号门的输入端就会产生一个双向的微分尖脉冲，该尖脉冲的翻转电平为 $\frac{U_{DD}}{2}$，由于 CMOS 电路输入端内部有二极管限幅电路，故尖脉冲的幅度被限制在 $U_{DD}+0.7$ V 及 -0.7 V 的范围内。门电路的输出波形

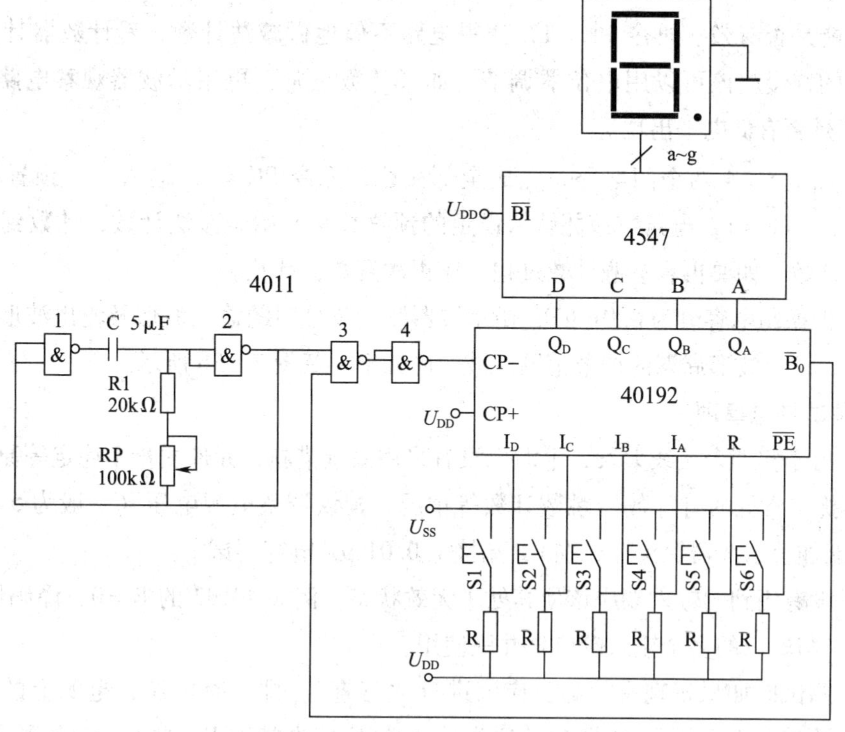

图 8—5 数字定时器电路

就是矩形波，振荡周期可用下式估算：

$$T = 1.4RC = 0.14 \sim 0.84\ \text{ms}$$

40192 是一个可预置可逆二－十进制计数器，预置数由逻辑电平开关 S1 ~ S4 送到预置数输入端 $I_D \sim I_A$，直接置 0 端 R 由逻辑电平开关 S5 控制，置数/计数的工作模式 $\overline{PE}$ 由逻辑电平开关 S6 控制，振荡脉冲送到 CP－使得电路做减法计数。$\overline{B}_0$ 是做减法计数时的借位脉冲输出端。一般情况下输出是高电平，只有当减法计数计到 0 时才输出低电平。电路工作时应该首先使 $\overline{PE}=0$，用逻辑电平开关输入自己设定的预置数（例如 0111），然后使 $\overline{PE}=1$，电路就从预置数 7 开始做减法计数，当计数到 0 时，$\overline{B}_0$ 输出低电平 0 把与非门 3 封锁，计数脉冲不能输入，电路就停止计数，整个计数过程用 4547 译码后由数码管显示。

3. 接线及调试方法

采用分块接线及调试法，步骤如下：

（1）接好两个门电路组成的振荡部分的电路，通电调试，用示波器测量振荡器输出的波形，看电路是否产生了振荡。

（2）完成 40192 计数器部分及译码部分的接线（3、4 两个门暂时不接），把振荡器的输出直接接到40192的CP－端，先令$\overline{PE}=0$，用S1～S4输入0～9不同数码的预置数，看预置数功能是否有效。再令$\overline{PE}=1$，使得电路不停地做减法计数，看计数器计数是否正常，计数的快慢应该可以用电位器调节，如果计数正常，再用示波器观察电路计数到0时，$\overline{B}_0$端是否有低电平出现。

（3）加上3、4两个门电路，完成全部接线，先令$\overline{PE}=0$，输入一个预置数（例如1001），再令$\overline{PE}=1$，电路应该能够从设定的预置数9开始做减法计数，计数到0应该能自动停止计数。如要再看一遍计数过程，应再次置数，计数。

（4）把振荡电容改为0.01 μF，用示波器测量2号门的输入波形及输出波形，测量波形的幅度，记录波形周期的调节范围。波形应如上一章图7—5b所示。

4. 调试注意事项

（1）由于实训台接线太长，电源也没有采用去耦措施，元件质量不稳定等原因，电路难免有干扰，常见的有计数器跳数计数等情况，建议调整电源电压（一般为5 V左右），或在CP端加上示波器探头，或在CP端接上0.01 μF电容再试。

（2）没有用到的输入端应该使其处于无效状态，例如40192的R＝0，译码器4547的$\overline{BI}=1$等，与非门的多余输入端应该并联使用。

（3）调试时如果发现有故障，应该进行“三查”，即一查电源，电源上的连接线很多，很容易疏漏，可用示波器查（注意输入方式必须置于DC挡），正电源是否正常，所有的接地端是否有悬空的情况，如有悬空，示波器的扫描线就会产生波动。二查振荡，振荡电路很简单，查一下接线是否正确，如怀疑门电路有问题，可查门电路的逻辑功能。三查逻辑，看电路的各个部分是否按照正常的逻辑功能工作，可以沿着信号的传送方向从前级向后级逐级进行。例如发现有振荡但是显示不计数，则应该查40192的各个输入端逻辑是否正常，查CP－是否有脉冲输入，CP＋是否为1，R是否为0，$\overline{PE}$是否为1，如果都正常还没有计数，则应断开所有的输出端，单独看4个计数输出端$Q_DQ_CQ_BQ_A$是否翻转，如果不翻转则可以肯定是40192芯片损坏，如果正常翻转则再查译码器，如此一步一步地查下去，总可以查出故障所在。如果怀疑某个芯片有问题，可以在断开所有输出端的情况下，单查它的逻辑功能是否正常，例如4011与非门是否做到全1出0、有0出1。

二、单脉冲控制移位寄存器

1. 电路组成

图8—6所示是一个用单脉冲电路来控制移位寄存器工作模式的电路，电路由单脉冲电路、两位加法计数器、555振荡器及双向移位寄存器四部分组成。

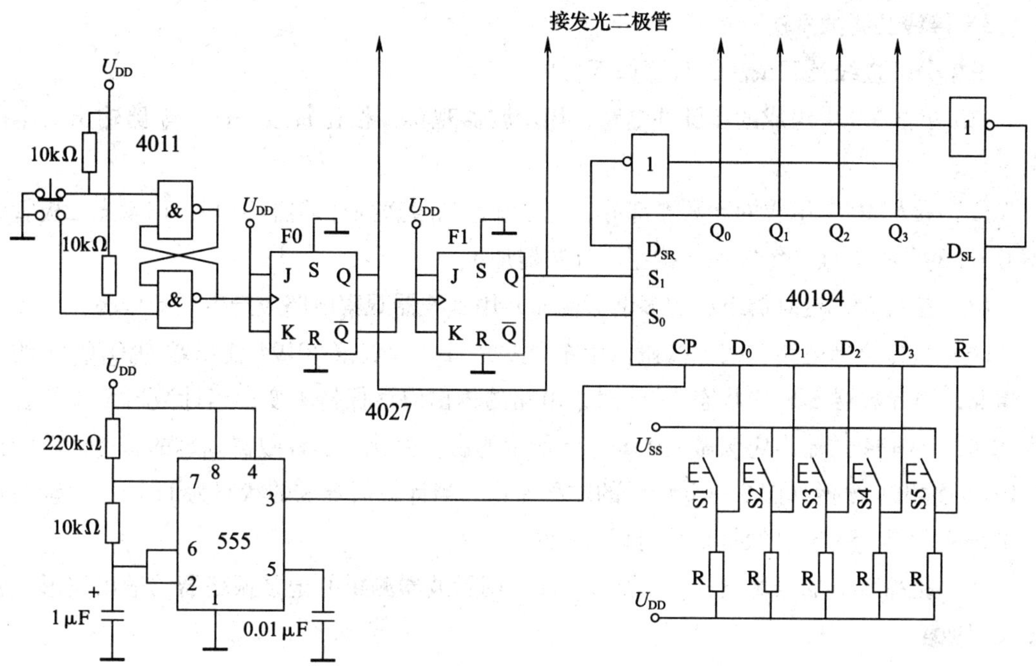

图 8—6　单脉冲控制移位寄存器

2．工作原理

单脉冲电路是一个用基本 RS 触发器及按钮组成的防抖动电路，能保证按钮每按一次只产生一个正脉冲。此脉冲送到由两位 JK 触发器 4027 组成的加法计数器，按钮每按一次，计数器就加 1，因此，计数器输出的 Q_1Q_0的状态就是 00→01→10→11 这 4 种状态不断循环。计数器的输出送到 40194 双向移位寄存器的工作模式控制端 S_1S_0上，用来控制其工作模式，S_1S_0的状态 00 是输出保持不动；01 是输出右移；10 是输出左移；11 是并行输入。

由于在 40194 的输出端 Q_0与串行左移输入端 D_{SL}之间以及 Q_3与串行右移输入端 D_{SR}之间接了非门，在移位模式下，移位寄存器就成了扭环形计数器，其输出端 $Q_0Q_1Q_2Q_3$状态图如图 8—7 所示。并行输入时，4 位并行数据用逻辑电平开关 S1 S2 S3 S4 送到 $D_0D_1D_2D_3$端。移位的节拍由 555 定时器产生的振荡器控制，来一个 CP 脉冲移位一次，计数器及移位寄存器的工作状态用发光二极管来显示。

a)
0000 → 1000 → 1100 → 1110
↑　　　　　　　　　　↓
0001 ← 0011 ← 0111 ← 1111

b)
0000 → 0001 → 0011 → 0111
↑　　　　　　　　　　↓
1000 ← 1100 ← 1110 ← 1111

图 8—7　扭环形计数器的状态图

a）右移　b）左移

3. 接线及调试方法

采用分部接线及调试法，步骤如下：

（1）接好4011组成的单脉冲电路，用示波器观察，按钮每按一次，电路输出一个高电平。

（2）接好4027组成的计数器部分，把单脉冲信号送到计数器CP端，用发光二极管观察Q_1Q_0的状态应该是每按一次按钮，计数器加1。

（3）接好555定时器组成的多谐振荡器，用示波器观察电路应产生低频振荡。

（4）接好全部电路，按下按钮，用4个发光二极管观察40194输出端$Q_0Q_1Q_2Q_3$的工作情况，当计数器S_1S_0的状态为00时，电路的输出应该保持不变；当计数器S_1S_0的状态为01时，40194的输出应该做如图8—7a所示的右移变化；当计数器S_1S_0的状态为10时，40194的输出应该做如图8—7b所示的左移变化；当计数器S_1S_0的状态为11时，拨动逻辑电平开关S1 S2 S3 S4，数据应该可以并行输入。

（5）把振荡器的振荡电容改为0.01 μF，用示波器测量并记录振荡器的输出波形的幅度及周期。

4. 调试注意事项

（1）振荡电容如果采用电解电容，则应注意其极性为上正下负，如果接反，在电容器漏电较大的情况下，电路将会停止振荡。

（2）测量振荡器的输出波形时，振荡周期应以输出端的波形为准，不要测量电容上的波形，由于示波器探头输入电阻（1 MΩ）的影响，将使得充电电路的稳态值及时间常数发生变化，从而拉长振荡周期。

（3）由于本电路中的扭环形计数器没有自启动能力，故如果电路进入了无效循环，将看不到有效循环的状态变化，此时可以用40194的清零端$\overline{R}$输入一次低电平，使电路从0000开始工作，就可以进入有效循环了。

（4）如果用4011做非门，应把两个输入端接在一起。输入输出不要接反了。

（5）40194的$\overline{R}$端不能长时间接低电平。

电子技术操作技能模拟测试题

试题名称：移位寄存器型环形计数器

考核时间：60 min

1. 操作条件

（1）电子技术鉴定装置一台，专用连接导线若干。

（2）双踪示波器一台。

（3）万用表一只。

（4）集成芯片40194、4013、4011、555及逻辑开关、电阻、电容等。

2. 操作内容（见附图1—1）

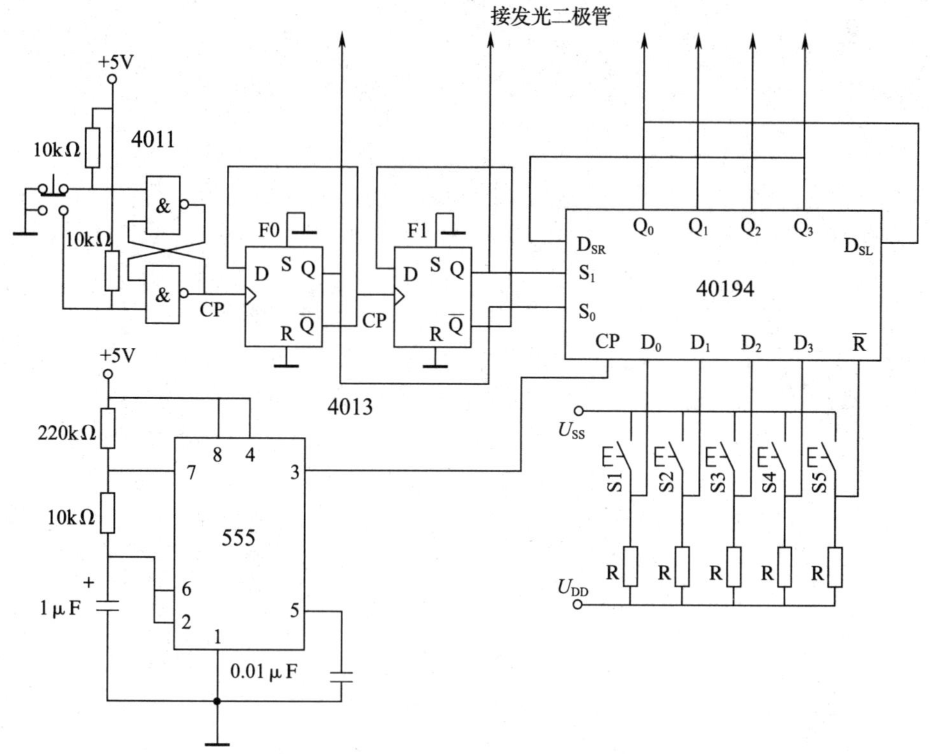

附图1—1　环形计数器

（1）首先完成振荡电路的接线。用双踪示波器测量并记录振荡电路的输出波形，标明幅值及周期。

（2）然后完成单脉冲计数电路的接线，调试单脉冲计数电路，看4013组成的二位二进制计数器是否作加法计数。

（3）画出D触发器F_1、F_0的时序图，记录S_1、S_0与移位寄存器工作状态之间的关系。

（4）最后接好全部电路，把振荡信号送到40194的CP端，使电路能用按钮控制其工作状态，能停止、并行输入，并且在有效状态下进行右移和左移。向考评员演示电路已达到试题要求。

（5）按要求在此电路上设置一个故障，由考生用仪器判别故障，说明理由并排除故障。

3．操作要求

（1）根据给定的设备和仪器仪表，在规定时间内完成接线、调试、测量工作。

（2）调试过程中产生的一般故障由考生自行解决。

（3）接线完成后必须经考评员允许后方可通电调试。

（4）安全生产，文明操作，未经允许擅自通电，造成设备损坏者该项目得零分。

答 题 卷

试题名称：移位寄存器型环形计数器

一、调试

1．用双踪示波器测量振荡电路的输出波形，并记录波形，在波形图上标注幅度及周期（如波形无法稳定，可把振荡电容改为0.01 μF测量，测完后再把电容复原）。

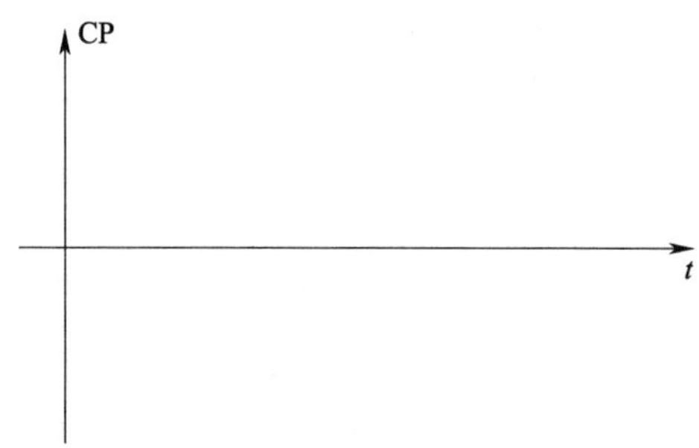

2．画出D触发器F1、F0的时序图。

3．记录S_1、S_0与移位寄存器工作状态之间的关系。

二、排故

1. 记录故障现象。

2. 分析故障原因。

3. 找出故障点。

第 2 篇　电力电子技术

第 9 章

电力电子器件与单相可控整流电路

第1节　电力电子技术概述

一、什么是电力电子技术

电力电子技术就是使用电力电子器件（如晶闸管、GTO、IGBT等）对电能进行变换和控制的技术。电力电子技术所变换的“电力”功率可以大到数百兆瓦甚至吉瓦，也可以小到数瓦甚至是毫瓦。与信息处理为主的信息电子技术不同的是电力电子技术主要用于电力变换。通常所用的电力有交流和直流两种，在实际使用中，往往需要进行电力变换。电力变换通常可分为四大类，即交流变直流（整流）、直流变交流（逆变）、直流变直流（直流斩波）、交流变交流（交流电力控制），进行上述电力变换的技术称为变流技术，故变流技术是电力电子技术的核心，电力电子器件的制造技术是电力电子技术的基础。

二、电力电子技术的发展史

电力电子器件的发展对电力电子技术的发展起着决定性的作用，因此，电力电子技术的发展是以电力电子器件的发展为基础的。电力电子技术的发展史如图9—1所示。

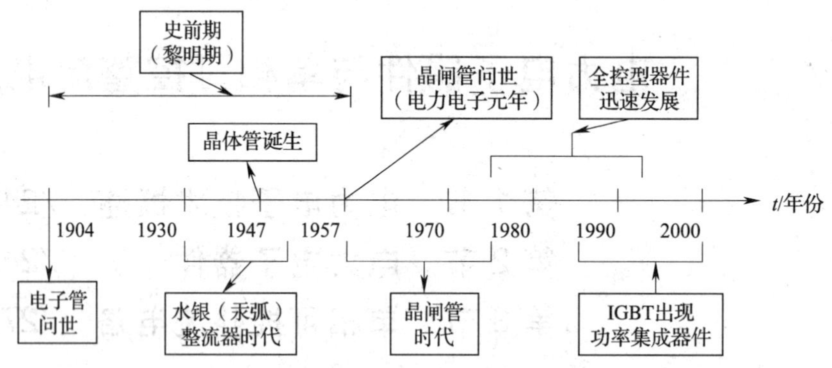

图9—1　电力电子技术的发展史

一般认为，电力电子技术的诞生是以1957年美国通用电气公司研制出第一个晶闸管为标志的。但在晶闸管出现之前，电力电子技术就已经用于电力变换了。因此，晶闸管出现前的时期称为电力电子技术的史前期。

在以后的20年内，随着晶闸管特性不断提高，晶闸管已经形成了从低电压、小电流到高电压、大电流的系列产品。同时研制出一系列晶闸管的派生器件，如快速晶闸管（FST）、逆导晶闸管（RCT）、双向晶闸管（TRIAC）、光控晶闸管（LTT）等器件，形成了以晶闸管为核心的第一代电力电子器件，也称为传统电力电子技术阶段。

晶闸管通过对门极的控制可以使其导通，但不能使其关断，因此属于半控型器件。对晶闸管电路的控制方式主要是相位控制方式，晶闸管的关断通常依靠电网电压等外部条件来实现，这就使得晶闸管的应用受到了很大的局限。

20 世纪 70 年代后期，以门极可关断晶闸管（GTO）、电力双极型晶体管（GTR）、电力场效应晶体管（Power MOSFET）为代表的第二代自关断全控型器件迅速发展。全控型器件的特点是：通过对门极（基极、栅极）的控制既可以使其开通，又可以使其关断。另外，这些器件的开关速度普遍高于晶闸管，可以用于开关频率较高的电路。全控型器件优越的特性使其逐渐取代了变流装置中的晶闸管，把电力电子技术推进到一个新的发展阶段。

与晶闸管电路的相位控制方式相对应，采用全控型器件的电路主要控制方式为脉冲宽度调制（PWM）方式，即为斩波控制方式。PWM 控制技术在电力电子变流技术中占有十分重要的地位，它使电路的控制性能大为改善，使以前难以实现的功能也得以实现，对电力电子技术的发展产生了深远的影响。

20 世纪 80 年代，出现了以绝缘栅双极型晶体管（IGBT）为代表的第三代复合型场控半导体器件，另外还有静电感应式晶体管（SIT）、静电感应式晶闸管（SITH）、MOS 晶闸管（MCT）等。这些器件不仅有很高的开关频率，一般为几十到几百千赫兹，而且有更高的耐压性，电流容量大，可以构成大功率、高频的电力电子电路。

20 世纪 80 年代后期，电力半导体器件的发展趋势是模块化、集成化，按照电力电子电路的各种拓扑结构，将多个相同的电力半导体器件或不同的电力半导体器件封装在一个模块中，这样可以缩小器件体积、降低成本、提高可靠性。

现在已经出现了第四代电力电子器件——集成功率半导体器件（PIC），它将电力电子器件与驱动电路、控制电路及保护电路集成在一块芯片上，开辟了电力电子器件智能化的方向，应用前景广阔。目前经常使用的智能化功率模块（IPM），除了集成功率器件和驱动电路以外，还集成了过压、过流和过热等故障检测电路，并可将监测信号传送至 CPU，以保证 IPM 自身不受损害。

与早期的电力电子器件相比，新型电力电子器件的性能有了极大的飞跃，使得电力电子技术发生了突变，进入了现代电力电子技术阶段。现代电力电子技术的主要特点是：全控化、集成化、高频化、高效率化、变换器小型化、电源变换绿色化、改善和提高供电电网的供电质量和电力电子器件的容量和性能的优化。

三、电力电子技术的应用

电力电子技术是以电力处理和变换为主要对象的现代工业电子技术，当代工业、农业等各领域都离不开电能，离不开表征电能的电压、电流、频率、波形和相位等基本参数的控制和转换，而电力电子技术可以对这些参数进行精确地控制与高效的处理，所以电力电子技术是实现电气工程现代化的重要基础。

电力电子技术应用范围十分广泛，国防军事、工业、能源、交通运输、电力系统、通信系统、计算机系统、新能源系统以及家用电器等无不渗透着电力电子技术的新成果。

电力电子技术是目前发展较为迅速的一门学科，是高新技术产业发展的主要基础技术之一，是传统产业改造的重要手段。可以预言，随着各学科新理论、新技术的发展，电力电子技术的应用具有十分广泛的前景。

第2节　电力电子器件

一、半控型电力电子器件——晶闸管

1. 晶闸管的结构与工作原理

晶闸管的外形有螺栓型和平板型两种，引出阳极A、阴极K和门极（控制端）G三个连接端，对于螺栓型晶闸管，通常螺栓是阳极，与散热器紧密连接且安装方便，另一侧较粗的端子为阴极，细的为门极。平板型晶闸管可由两个散热器将其夹在中间，两个平面分别是阳极和阴极，引出的细长端子为门极。晶闸管的内部是PNPN四层半导体结构，具有三个PN结。晶闸管的外形、结构和电气图形符号如图9—2所示。

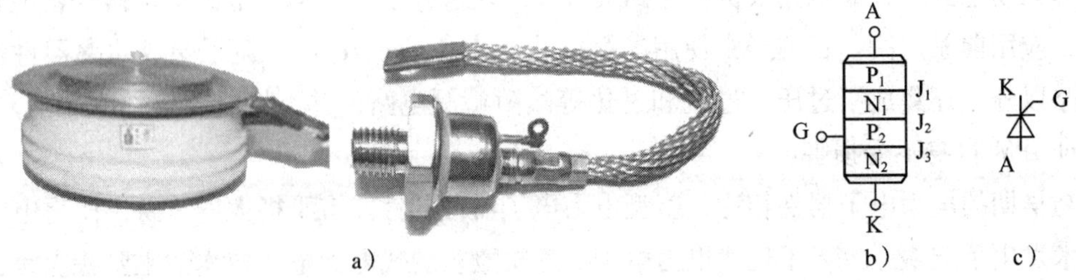

图9—2　晶闸管的外形、结构和电气图形符号

a）外形　b）结构　c）电气图形符号

晶闸管导通的工作原理可以用双晶体管模型来解释，如图 9—3 所示。如在器件上取一倾斜的截面，则晶闸管可以看作是由 $P_1N_1P_2$和 $N_1P_2N_2$构成的两个晶体管 V1、V2 组合而成。如果外电路向门极注入电流 I_G，也就是注入驱动电流，则 I_G流入晶体管 V2 的基极，即产生集电极电流 I_{c2}，它构成晶体管 V1 的基极电流，放大成集电极电流 I_{c1}，又进一步增大 V2 的基极电流，如此形成强烈的正反馈，最后 V1 和 V2 进入完全饱和状态，即晶闸管导通。此时如果撤掉外电路注入门极的电流 I_G，晶闸管由于内部已形成了强烈的正反馈会仍然维持导通状态。而若要使晶闸管关断，必须去掉阳极所加的正向电压，或者给阳极施加反压，或者设法使流过晶闸管的电流降低到接近于零的某一数值以下，晶闸管才能关断。所以，对晶闸管的驱动过程更多的是称为触发，产生注入门极的触发电流 I_G的电路称为门极触发电路。由于通过其门极只能控制其开通，不能控制其关断，所以晶闸管被称为半控型器件。

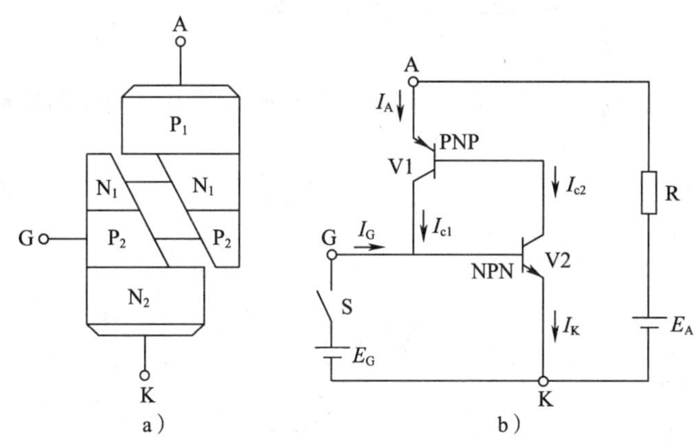

图 9—3　晶闸管的双晶体管模型及其工作原理

a）双晶体管模型　b）工作原理

2. 晶闸管的基本特性

（1）静态特性

1）当晶闸管承受反向电压时，不论门极是否有触发电流，晶闸管都不会导通。

2）当晶闸管承受正向电压时，仅在门极有触发电流的情况下晶闸管才能开通。

3）晶闸管一旦导通，门极就失去控制作用。

4）要使已导通的晶闸管关断，只能利用外加电压和外电路的作用使流过晶闸管的电流降到接近于零的某一数值以下。

以上特点反映到晶闸管的阳极伏安特性上如图 9—4 所示。位于第Ⅰ象限的是正向特性，位于第Ⅲ象限的是反向特性。当 $I_G=0$ 时，若在器件两端施加正向电压，则晶闸管处于正向阻断状态，只有很小的正向漏电流流过。若正向电压超过临界极限即正向转折电压 U_{Bo}，则漏电流急剧增大，器件开通。随着门极电流幅值的增大，正向转折电压降低。导通后的晶闸管特性和二极管的正向特性相仿。晶闸管本身的压降很小，在 1 V 左右。导通期间，如果门极电流为零，并且阳极电流降至 I_H 以下，则晶闸管又回到正向阻断状态。I_H 称为维持电流。当在晶闸管上施加反向电压时，其伏安特性类似二极管的反向特性。晶闸管处于反向阻断状态时，只有极小的反向漏电流流过。当反向电压超过一定限度，到反向击穿电压后，外电路若无限制措施，则反向漏电流急剧增加，导致晶闸管发热损坏。

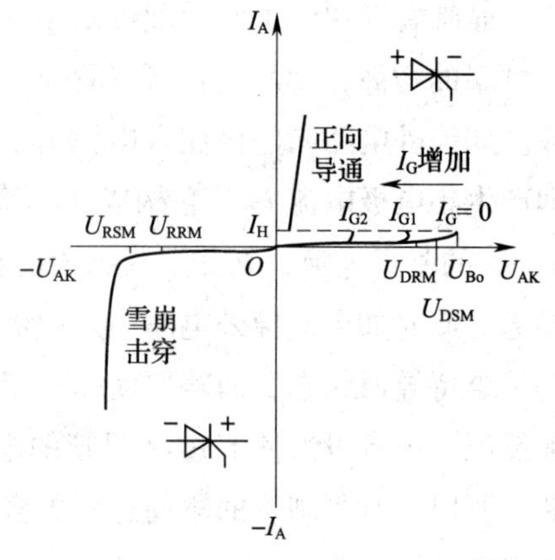

图 9—4　晶闸管的阳极伏安特性

（$I_{G2} > I_{G1} > I_G$）

（2）动态特性。晶闸管的动态特性主要是指晶闸管的开通与关断过程，动态特性如图 9—5 所示。

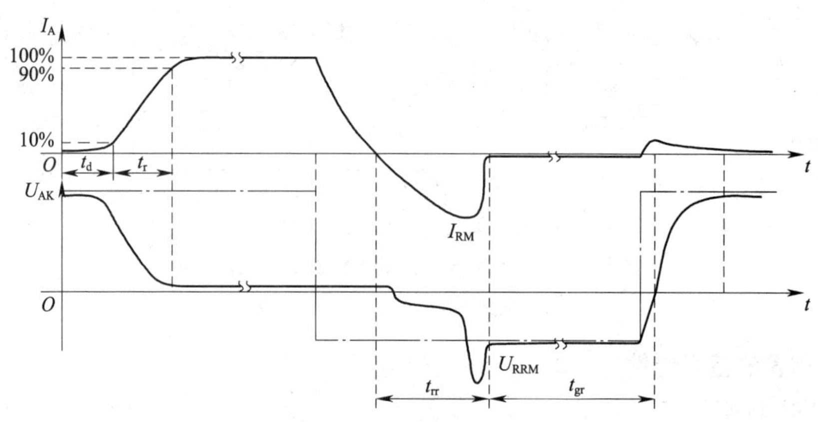

图 9—5　晶闸管的动态特性

t_d—延迟时间　t_r—上升时间　t_{rr}—反向阻断恢复时间　t_{gr}—正向阻断恢复时间

3. 晶闸管的主要特性参数

（1）额定电压 U_{Tn}。通常取晶闸管的正向断态重复峰值电压 U_{DRM} 和反向断态重复峰值电压 U_{RRM} 中较小的标值作为该器件的额定电压。选用时，额定电压要留有一定裕量，一般取额定电压为正常工作时晶闸管所承受峰值电压的 2 ~ 3 倍，以确保足够的安全电量。

（2）额定电流 $I_{T(AV)}$。$I_{T(AV)}$ 亦称额定通态平均电流，国标规定通态平均电流为晶闸管在环境温度为40℃和规定的散热冷却状态下，稳定结温不超过额定结温125℃时所允许流过的最大工频正弦半波电流的平均值。使用时按实际电流与通态平均电流有效值相等的原则来选取晶闸管，应留有一定的裕量，一般取1.5～2倍。

（3）波形系数 K_f。它是指某电流波形的有效值与平均值之比，用 K_f 表示。不同的电流波形，有不同的平均值与有效值，即波形系数也不同。如正弦半波电流的波形系数 $K_f=1.57$；正弦全波电流的波形系数 $K_f=1.11$；导通角为120°方波电流的波形系数 $K_f=1.73$；导通角为90°方波电流的波形系数 $K_f=1.41$。

（4）通态平均电压 $U_{T(AV)}$。在规定环境温度、标准散热条件下，元件通以额定电流即额定正弦半波时，阳极与阴极间电压降的平均值，称通态平均电压（一般称作管压降），其值为0.4～1.2 V。

（5）浪涌电流 I_{TSM}。它是指晶闸管在规定的极短时间内保证晶闸管不致损坏所允许通过的冲击性电流值，通常 I_{TSM} 比额定电流 $I_{T(AV)}$ 大2～5倍。

（6）维持电流 I_H。它是指在规定环境温度下和门极断开时，晶闸管已经处于通态后，从较大的通态电流降至维持通态所必需的最小阳极电流。一般为几十到几百毫安。

（7）擎住电流 I_L。它是指晶闸管从断态转换到通态时移去触发信号之后，要保持器件维持通态所需要的最小阳极电流。对于同一个晶闸管来说，通常擎住电流 I_L 约为维持电流 I_H 的2～4倍。

4. 晶闸管的型号

国产普通晶闸管型号有KP系列，各部分含义如图9—6所示。

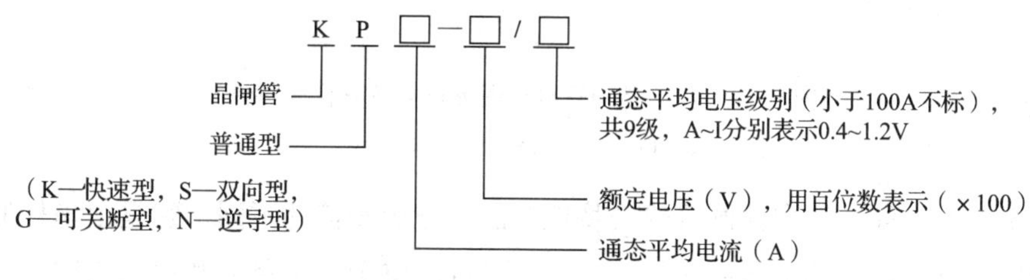

图9—6 KP系列型号含义

如KP5—10表示通态平均电流5 A，额定电压1 000 V的普通型晶闸管。

5. 晶闸管的简易检测方法

（1）检测阳、阴极正、反向是否短路。可用万用表R×1 kΩ电阻挡，测试阳、阴极间的正、反向电阻，都应很大（指针基本不动），否则元件内部有短路或性能不好。

（2）检测门极与阴极是否短路或断开。因门极与阴极之间是一个PN结，判断的原则同测普通晶体二极管方法相同。

6. 晶闸管的派生器件

（1）双向晶闸管（TRIAC）

1）双向晶闸管及其伏安特性。双向晶闸管是晶闸管的主要派生元件之一。晶闸管是四层（PNPN）三端的硅半导体闸流元件，本质上是一个直流电力控制元件，在用于交流电力控制时需要用一对反并联的晶闸管。双向晶闸管是五层（NPNPN）三端的硅半导体闸流元件，是一种比较理想的交流电力控制元件。在交流电路中用双向晶闸管代替一组反并联的晶闸管，可以简化电路，减小装置的体积和重量，节省投资。目前双向晶闸管已广泛应用于交流功率调节、交流电压调节、交流开关等方面。

双向晶闸管有 T1、T2 和 G 三个引出端，T1 和 T2 是主端，G 是门极端。双向晶闸管的电气图形符号如图 9—7a 所示。双向晶闸管的伏安特性如图 9—7b 所示。

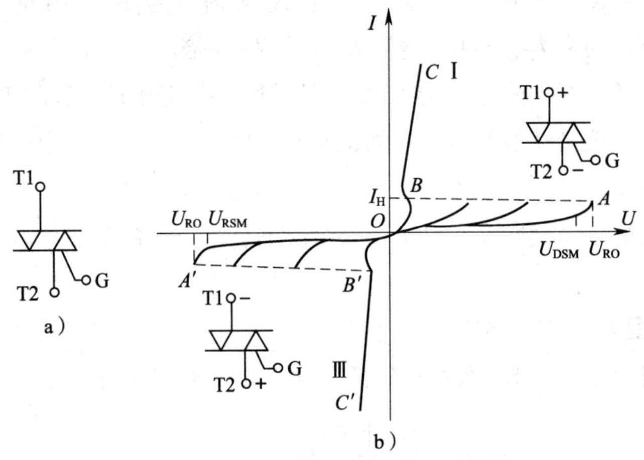

图 9—7　双向晶闸管电气图形符号及其伏安特性

a）电气图形符号　b）伏安特性

由图 9—7b 可知，双向晶闸管伏安特性与晶闸管伏安特性不同，它是由坐标原点为中心，正反向基本对称的两部分组成的。这两部分分别位于第一象限和第三象限，第一象限部分特性与晶闸管正向特性相同，图中 U_{DSM} 为断态不重复峰值电压，I_H 为维持电流。

按照主端极性和门极极性组合，理论上双向晶闸管有四种触发方式，即：

$Ⅰ_+$ 触发方式。对应于第一象限伏安特性，T1 相对于 T2 为正，门极相对于 T2 为正。

$Ⅰ_-$ 触发方式。对应于第一象限伏安特性，T1 相对于 T2 为正，门极相对于 T2 为负。

$Ⅲ_+$ 触发方式。对应于第三象限伏安特性，T1 相对于 T2 为负，门极相对于 T2 为正。

$Ⅲ_-$ 触发方式。对应于第三象限伏安特性，T1 相对于 T2 为负，门极相对于 T2 为负。

由于双向晶闸管采用 $Ⅲ_+$ 触发方式时灵敏度低，所需门极功率相当大，实际应用中不采用Ⅲ$_+$触发方式进行触发，所以只能在（I$_+$、Ⅲ$_-$）或（I$_-$、Ⅲ$_-$）两个组合中任选一组。若错选（I$_+$、Ⅲ$_+$）或（I$_-$、Ⅲ$_+$）触发方式进行触发，就可能导致双向晶闸管不能触发导通而引起电路不能正常工作。

2）双向晶闸管的型号及其含义，如图 9—8 所示。

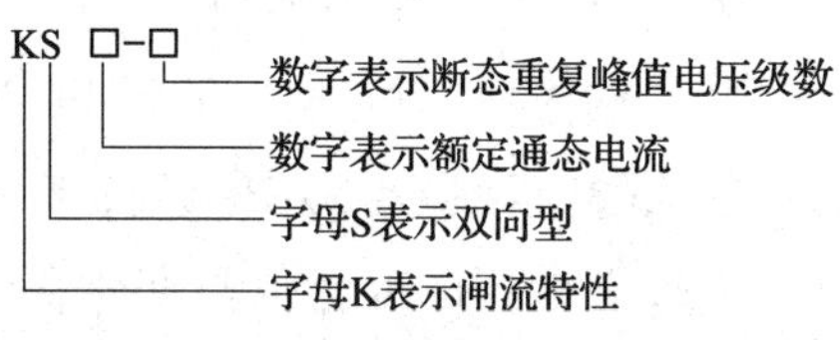

图 9—8　双向晶闸管的型号及其含义

如 KS200 - 12 表示双向晶闸管的额定通态电流为 200 A，断态重复峰值电压 U_{DRM} 为 1 200 V。

3）双向晶闸管的主要技术参数及其选择。表征双向晶闸管性能的特性参数很多，这里只介绍与应用直接有关的主要技术参数，并着重叙述其与 KP 型晶闸管主要技术参数不同之处。

①额定通态电流。额定通态电流是指在 40℃环境温度和标准散热冷却条件下，元件在单相工频导通角不小于 170°的电阻负载电路中，当结温稳定且不超过额定结温时所允许的最大交流正弦电流有效值，将此通态电流按标准取相应的电流等级作为元件的额定通态电流（额定电流）。实际应用中必须注意 KS 型元件的额定电流 $I_{T(RMS)}$ 和 KP 型晶闸管额定电流 $I_{T(AV)}$ 是有区别的，前者采用有效值，而后者采用平均值，两者的换算关系如下：$I_{平均}=\sqrt{2}I_{有效}/\pi\approx0.45I_{有效}$。由上式可知，一只 200 A 的 KS 型元件的电流容量相当于两只反并联 90 A 的 KP 型晶闸管电流容量。双向晶闸管过载能力也较差，因而元件额定电流一般可按实际工作电流的 1.5 ~2 倍选择。

②通态电压降。表示元件通态电压降性能有通态平均电压 $U_{T(AV)}$ 和通态峰值电压 U_{TM} 两种。通态平均电压 $U_{T(AV)}$ 是通以额定通态电流时，所对应的主极之间电压降的平均值。元件从主端 T1 到 T2 方向的压降 U_{T1} 和从主端 T2 到 T1 方向的压降 U_{T2} 应满 $|U_{T1}-U_{T2}|\leqslant0.5$ V，即元件的正反向平均电压之差不得大于 0.5 V。两者差值越大元件的通态伏安特性的对称性越差。通态峰值电压降 U_{TM} 是指元件通以 π 倍或数倍额定通态电流时峰值电压。在选用元件时尽可能选用通态峰值电压降 U_{TM} 和 $U_{T(AV)}$ 小些，同时 U_{T1} 和 U_{T2} 的差值小些的元件。

③断态重复峰值电压。在双向晶闸管伏安特性中，U_{DSM} 称为元件断态不重复峰值电压。标准规定断态重复峰值电压 U_{DRM} 为断态不重复峰值电压的 90%，并取相应 U_{DRM} 的等级作为元件额定电压。实际应用时与晶闸管一样，电路外加瞬时峰值电压不能超过断态不

重复峰值电压。在选用元件额定电压时，应按实际工作最大电压的2.0～2.5倍选用。

④门极触发电流和触发电压。在室温、主电压为直流12 V、用直流电源对门极进行触发的条件下，使元件全导通的最小门极电流与门极电压分别称为门极触发电流（I_{GT}）和门极触发电压（U_{GT}）。由于Ⅲ$_+$触发方式所需触发功率很大，实际应用中不采用，目前元件在出厂合格证上只给出Ⅰ$_+$、Ⅰ$_-$、Ⅲ$_-$三组触发参数。

⑤断态电压临界上升率 du/dt。断态电压临界上升率 du/dt 是指元件在门极开路和额定结温时，外加电压为 $2U_{DRM}/3$，重复频率 $f \leq 50$ Hz 条件下，在双向晶闸管上的电压由 U_{DRM} 的10%上升到90%期间，元件上电压的变化值与变化所经历时间的比值。选用双向晶闸管时，断态电压临界上升率 du/dt 是一个重要的技术参数，应尽可能选择 du/dt 参数高一些的元件，一般 du/dt 应大于500 V/μs。

⑥换向电压临界上升率（du/dt）$_C$和换向电流临界下降率（di/dt）$_C$。元件换向性能可用换向电压临界上升率（du/dt）$_C$和换向电流临界下降率（di/dt）$_C$表示。（du/dt）$_C$和（di/dt）$_C$数值越大表示元件换向性能越好。在选用双向晶闸管时，这两参数亦是重要的技术参数。

（2）快速晶闸管（FST）。快速晶闸管包括所有专为快速应用而设计的晶闸管，有快速晶闸管和高频晶闸管，由于对普通晶闸管的管芯结构和制造工艺进行了改进，快速晶闸管开关时间以及 du/dt 和 di/dt 的耐量都有明显改善，普通晶闸管关断时间为数百微秒，快速晶闸管为数十微秒，而高频晶闸管为10 μs左右。与普通晶闸管相比，高频晶闸管的不足在于其电压和电流额定量都不易做高，由于工作频率较高，选择快速晶闸管和高频晶闸管的通态平均电流时不能忽略其开关损耗的发热效应。

（3）逆导晶闸管（RCT）。逆导晶闸管是将晶闸管反并联一个二极管制作在同一管芯上的功率集成器件，这种器件具有正向压降小、关断时间短、高温特性好、额定结温高等优点，可用于不需要阻断反向电压的电路中。逆导晶闸管的额定电流有两个，一个是晶闸管电流，一个是反并联二极管的电流。逆导晶闸管的电气图形符号、等效电路和伏安特性如图9—9所示。

（4）光控晶闸管（LTT）。光控晶闸管又称光触发晶闸管，是利用一定波长的光照信号触发导通的晶闸管。小功率光控晶闸管只有阳极和阴极两个端子，大功率光控晶闸管则还带有光缆，光缆上装有作为触发光源的发光二极管或半导体激光器。由于采用光触发保证了主电路与控制电路之间的绝缘，而且可以避免电磁干扰的影响，因此光控晶闸

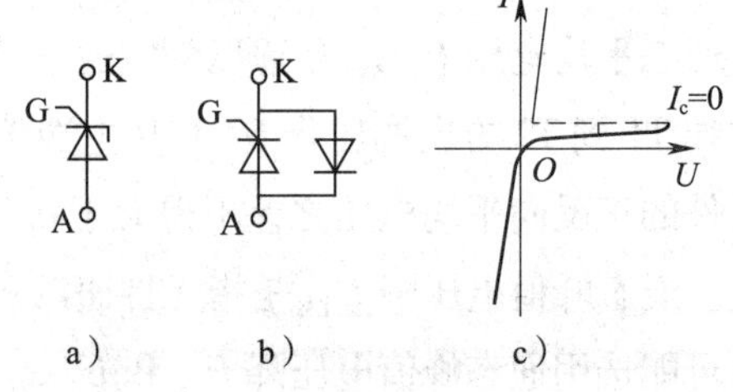

图9—9　逆导晶闸管的电气图形符号、等效电路和伏安特性

a）电气图形符号　b）等效电路　c）伏安特性

管目前在高压大功率的场合，如高压直流输电和高压核聚变装置中，占据重要的地位。光控晶闸管的电气图形符号、等效电路和伏安特性如图9—10所示。

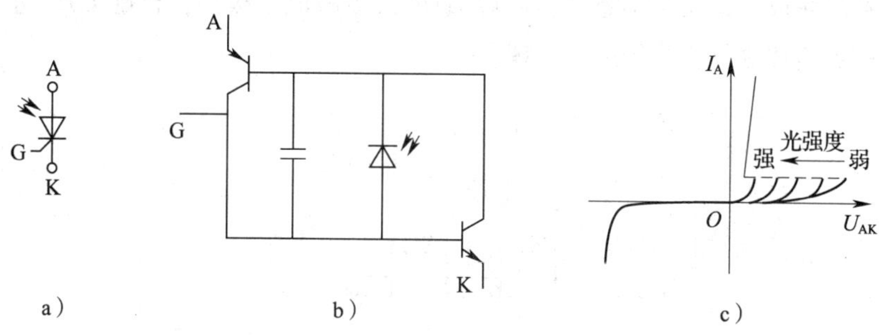

图9—10 光控晶闸管的电气图形符号、等效电路和伏安特性

a）电气图形符号 b）等效电路 c）伏安特性

二、典型全控型电力电子器件

通过控制信号既可以控制其导通，又可以控制其关断的电力电子器件称为全控型器件，又称为自关断器件。这类器件很多，门极可关断晶闸管（GTO）、电力场效应晶体管（Power MOSFET）、电力晶体管（GTR）、绝缘栅双极型晶体管（IGBT）均属于此类。全控型（自关断）器件的出现和应用，极大地促进了新型电力电子技术的发展。用全控型器件来组成变频、斩波等电路，将使主电路结构简单，可省去附加的换流关断电路。因此全控型器件的应用日益广泛，新型的全控型器件不断出现，技术更成熟。

1. 电力晶体管（GTR）

电力晶体管是一种电流控制的双极型大功率、高反压电力电子器件，具有自关断能力，产生于20世纪70年代，其额定值已达1 800 V/800 A/2 kHz、1 400 V/ 600 A/5 kHz、600 V/3 A/100 kHz。它既具备晶体管饱和压降低、开关时间短和安全工作区宽等固有特性，又增大了功率容量。因此，由它组成的电路灵活、成熟、开关损耗小、开关时间短，在电源、电动机控制、通用逆变器等中等容量、中等频率的电路中应用广泛。GTR的缺点是驱动电流较大、耐浪涌电流能力差、易受二次击穿而损坏。在开关电源和UPS内，GTR正逐步被功率MOSFET和IGBT所代替。

（1）GTR的结构和工作原理。GTR的结构和工作原理和小功率晶体管非常类似，也是由三层硅半导体、两个PN结构成。它也有PNP型和NPN型之分，但NPN型性能较优越，所以GTR通常多用NPN型。电力晶体管和普通双极结型晶体管的工作原理是一样的。

NPN型GTR的芯片结构和电气图形符号如图9—11所示。从结构图中可看出，GTR的发射极分成一个个小单元，因此可以看做是许多小晶体管的并联使用。由于在工业应用中要求 U_{cc} 较高，因此基区要求较宽。GTR 的电流放大倍数较小，单级放大倍数仅为 4 ~7，在应用中基极信号损耗很大，无实用意义，所以 GTR 大多做成多级的，目前 GTR 进口的产品中多以二级或三级达林顿复合管的形式出现。

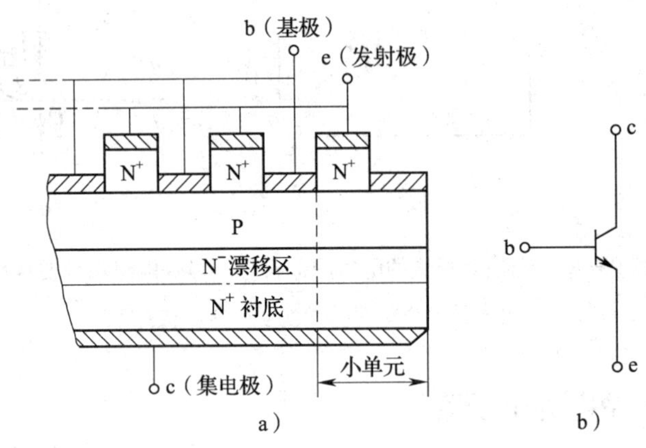

图 9—11　NPN 型 GTR 的芯片结构与电气图形符号

a）芯片结构　b）电气图形符号

（2）GTR 的特点及使用中注意事项

1）由于 GTR 为电流驱动，故工作频率不高，一般在 1 ~2 kHz，且在它的驱动电路中应采用使 GTR 在导通时的过驱动方式，导通后则减小基极电流，使管子保持最小临界饱和状态的措施，以提高 GTR 的开关速度。

2）GTR 存在二次击穿的问题。GTR 即使工作在最大耗散功率范围之内，仍有可能突然损坏，其原因一般是由二次击穿引起的。二次击穿是影响其安全可靠工作的一个重要因素。

二次击穿是由于集电极电压升高到一定值（尚未达到反向击穿极限值）时发生雪崩效应造成的。照理，只要功率不超过极限，GTR 应该可以安全工作，但是在实际应用中，出现负阻效应，I_c 进一步剧增。由于管子结面的缺陷，结构参数不均匀，将使内部电流密度剧增，形成恶性循环，使管子损坏。二次击穿时间在纳秒到微秒之间完成，而且难以计算和预测，因此必须在电路中采取保护措施。一般采取的办法有：①使实际使用的工作电压比反向击穿电压低得多。②在电路中附加基极限幅、集电极限流及管温检测保护等电路。③在电感性负载时，在 GTR 的集电极与发射极之间须接续流二极管进行保护，如图 9—12所示。续流二极管的耐压、电流参数应与 GTR 为同一等级，应采用快速恢复二极管，如国产 ZK 系列等。

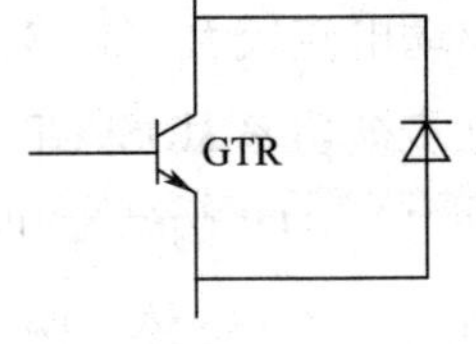

图 9—12　GTR 并联续流二极管

2. 可关断晶闸管（GTO）

可关断晶闸管（GTO）亦称门控晶闸管。其主要特点为，当门极加负向触发信号时晶闸管能自行关断。前已述及，普通晶闸管（SCR）靠门极正信号触发之后，撤掉信号亦能维持通态。欲使之关断，必须切断电源，使阳极电流低于维持电流 I_H，或施以反向电压强迫关断。这就需要增加换向电路，不仅使设备的体积重量增大，而且会降低效率，产生波形失真和噪声。可关断晶闸管克服了上述缺陷，它既保留了普通晶闸管耐压高、电流大等优点，又具有自关断能力，使用方便，是理想的高压大电流开关器件。GTO 的容量及使用寿命均超过电力晶体管（GTR），只是工作频率比 GTR 低。目前，GTO 已达到 3 000 A、4 500 V的容量。大功率可关断晶闸管已广泛用于斩波调速、变频调速、逆变电源等领域，显示出强大的生命力。

（1）GTO 的结构和工作原理。GTO 的芯片结构及电气图形符号如图 9—13 所示。GTO 的结构与普通晶闸管一样，也是 PNPN 四层三端半导体器件，外部同样有阳极 A、阴极 K 和门极 G。但它与普通晶闸管不同的是：GTO 是一种多元并联的功率集成器件，内部则由数百或上千个的单元 GTO 并联而成，其目的是便于实现门极通断控制。

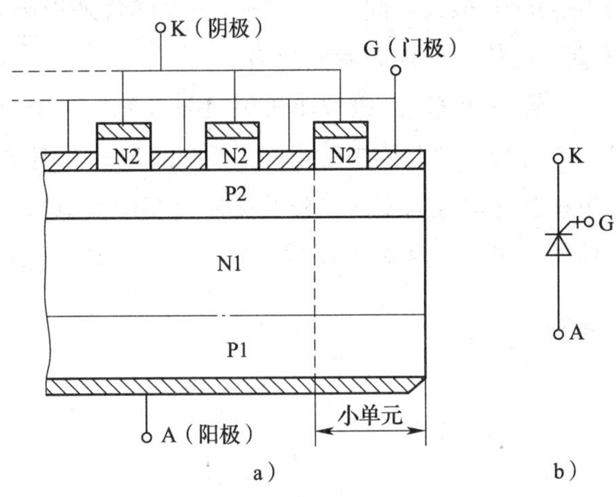

图 9—13　GTO 的芯片结构及电气图形符号

a）芯片结构　b）电气图形符号

（2）GTO 的特点及使用中应注意问题

1）GTO 的正向触发导通原理与普通晶闸管原理相同，但一般使用强触发使其导通。由于 GTO 的正向导通压降大，且它的擎住电流比普通晶闸管大得多，因此为了可靠触发，同时为减小管子通态损耗，一般不采用窄脉冲触发，而采用宽脉冲触发，即管子导通后仍保持一定的门极驱动电流（如 800 A 的 GTO 一般加 2 A 驱动电流）。

2）GTO在门极反向触发关断时，需要一个比正向触发电流大得多的反向门极脉冲电流 I_G，其幅值为阳极电流的1/4～1/5，如50 A的GTO需要10 A的反向控制电流。

3）由于GTO的驱动信号远比普通晶闸管大，所以驱动电路应实现控制电路与功率电路的电气隔离，应具有独立的开通信号与关断信号的传送途径。常用的驱动电路有直接耦合、脉冲变压器耦合等。使用MOSFET作驱动功率元件的驱动电路，具有高速、电路简单等特点，被普遍使用。

3. 电力场效应管（Power MOSFET）

电力场效应管又名电力场效应晶体管，分为结型和绝缘栅型，通常主要指绝缘栅型中的MOS型，简称电力MOSFET。它的优点是：第一，输入阻抗高，属于电压型控制器件，可以直接与数字逻辑集成电路连接，且驱动电路简单、功耗小。第二，开关速度快，工作频率可达1MHz，比GTR约快10倍，而且开关损耗小。第三，热稳定性好，不存在二次击穿问题，工作可靠。它的缺点是耐压还不能太高，电流容量也不能太大，所以目前只适用于小功率电力电子变流装置。

电力场效应晶体管与功率场效应晶体管的工作机理是相同的，但是为了提高电流容量和耐压能力，在芯片结构上却有很大不同。电力场效应晶体管采用小单元集成结构来提高通流能力，并且采用垂直导电排列来提高耐压能力。

N沟道电力场效应晶体管的电气图形符号如图9—14a所示。三个引脚分别为源极S、栅极G和漏极D。器件内部存在反向并联的二极管，为明确起见，常用图9—14b的图形表示。在大容量交流电路中，单靠器件本身的反向二极管来通过反向大电流可能会导致器件损坏，为此，在必要时可在器件外并接一组快速双向二极管VD1与VD2，如图9—14c所示。

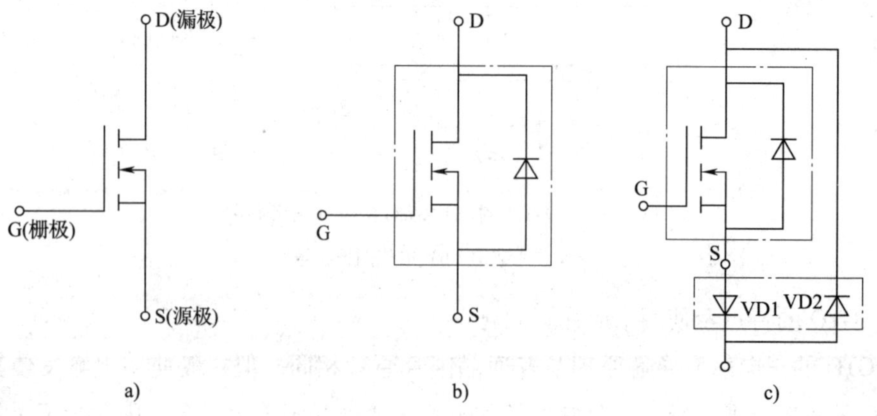

图9—14　MOSFET的电气图形符号

a）电气图形符号　b）内部带反向二极管　c）外接双向二极管

4. 绝缘栅双极型晶体管（IGBT）

绝缘栅双极型晶体管（IGBT）综合了电力晶体管（GTR）和电力场效应晶体管（Power MOSFET）的优点，具有良好的特性，应用领域很广泛；IGBT 也是三端器件：栅极 G、集电极 C 和发射极 E。IGBT 是 MOS 结构双极器件，属于具有功率 MOSFET 的高速性能与双极结低电阻性能的功率器件。IGBT 的应用范围一般都在耐压 600 V 以上、电流 10 A 以上、频率为 1 kHz 以上的区域。多使用在工业用电动机、民用小容量电动机、变换器（逆变器）、照相机的频闪观测器、感应加热电饭锅等领域。根据封装的不同，IGBT 大致分为两种类型，一种是模压树脂密封的三端单体封装型，从 TO－3P 到小型表面贴装都已形成系列。另一种是把 IGBT 与 FWD 成对地（2 组或 6 组）封装起来的模块型，主要应用在工业上。模块的类型根据用途的不同，分为多种形状及封装方式，都已形成系列化。

IGBT 是强电流、高压应用和快速终端设备用垂直 MOSFET 的自然进化。Power MOSFET 由于实现一个较高的击穿电压需要一个源漏通道，而这个通道却具有很高的电阻率，因而造成 Power MOSFET 具有 $R_{DS(on)}$ 数值高的特征，IGBT 消除了现有 Power MOSFET 的这些主要缺点。虽然最新一代 Power MOSFET 器件大幅度改进了 $R_{DS(on)}$ 特性，但是在高电平时，Power MOSFET 导通损耗仍然要比 IGBT 高出很多。IGBT 较低的压降，使其具有较低的 $V_{CE(sat)}$，而且与同一个标准双极器件相比，IGBT 可支持更高的电流密度，并简化了 IGBT 驱动器。

（1）工作原理。IGBT 也是由多元集成结构组成的，每个小单元的 IGBT 简化等效电路如图 9—15a 所示。它是由以 N 沟道场效应晶体管作为基极和一个 PNP 型电力晶体管作为发射极和集电极复合而成的。当栅极 G 施加正偏信号时，场效应晶体管首先导通，从而给 PNP 电力晶体管提供了基极电流使之导通。反之，给栅极 G 施加反偏信号，场效应晶体管关断，使 PNP 电流晶体管基极电流为零而关断。所以 IGBT 属电压控制型的全控型电子器件。IGBT 的电气图形符号如图 9—15b 所示，IGBT 单管及模块如图 9—15c 所示。

（2）IGBT 的发展前景。2010 年，中国科学院微电子研究所成功研制国内首款可产业化 IGBT 芯片，15～43 A/1 200 V IGBT 系列产品（采用 Planar NPT 器件结构）的各项参数均达到设计要求，部分性能优于国外同类产品。这是我国国内首款自主研制可产业化的 IGBT 产品，标志着我国全国产化 IGBT 芯片产业化进程取得了重大突破，将进一步推动国产自主 IGBT 产品的大批量生产。

5. 其他新型电力电子器件

（1）场控晶闸管（MCT）。场效应管控制晶闸管简称 MCT，可看作是 MOSFET 管与 GTO 的复合。它是综合利用了晶闸管高压、大电流技术与 MOSFET 控制技术而研究出来的

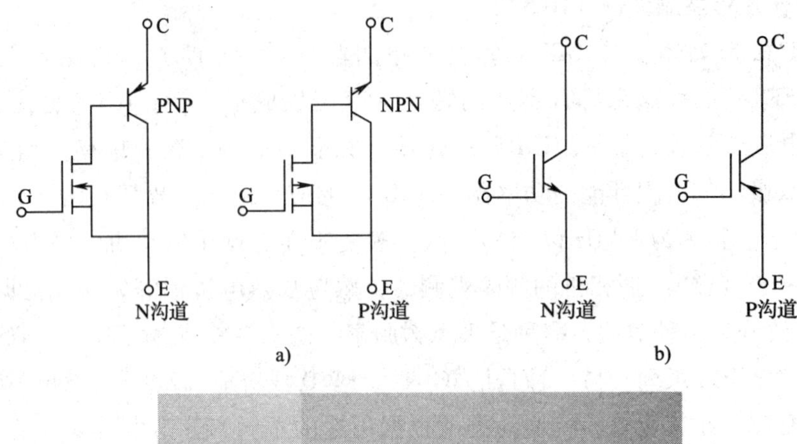

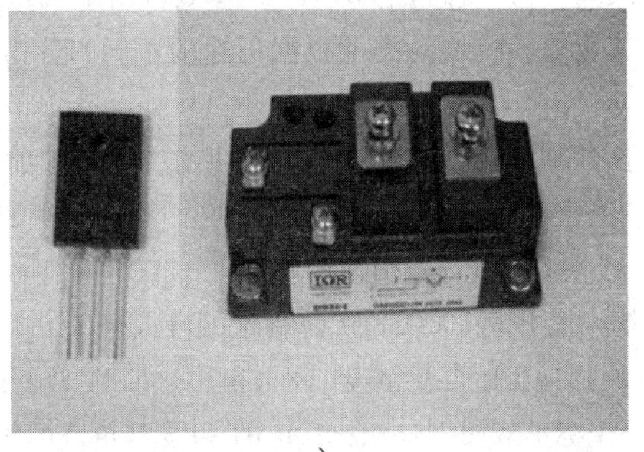

c)

图 9—15　IGBT 等效电路与电气图形符号

a）简化等效电路　b）电气图形符号　c）IGBT 单管及模块

复合器件。MCT 将 MOSFET 的高输入阻抗、低驱动功率及快的开关速度特性与晶闸管的高电压大电流特性结合在一起，成为 20 世纪 90 年代以来最热门的器件之一。有人预测，MCT 的出现将是功率开关器件的一次革命，它将取代 GTO、GTR，排挤 IGBT，将 MOSFET 限制在低压和极高速开关的领域。

1）MCT 的基本结构与工作原理。MCT 的典型结构如图 9—16a 所示。它是在 SCR 结构中集成了一对 MOSFET，通过 MOSFET 来控制 SCR 的导通和关断。使 MCT 导通的 P 沟道 MOSFET 称为 ON—FET，使其关断的 N 沟道 MOSFET 称为 OFF—FET.

MCT 是利用 DMOSFET 集成电路工艺制成的，一个 MCT 大约有 1×10^5 个单胞，每个单胞含有一个宽基区 NPN 晶体管和一个窄基区 PNP 晶体管以及一个 OFF—FET。OFF—FET 连接在 PNP 晶体管的基射极之间，另有 4% 的单胞含有 ON—FET，它连接在 PNP 晶体管的集射极之间。这两组的 MOSFET 栅极连在一起，构成 MCT 的单门极。MCT 的等效电路和电气图形符号分别如图 9—16b 和图 9—16c 所示。

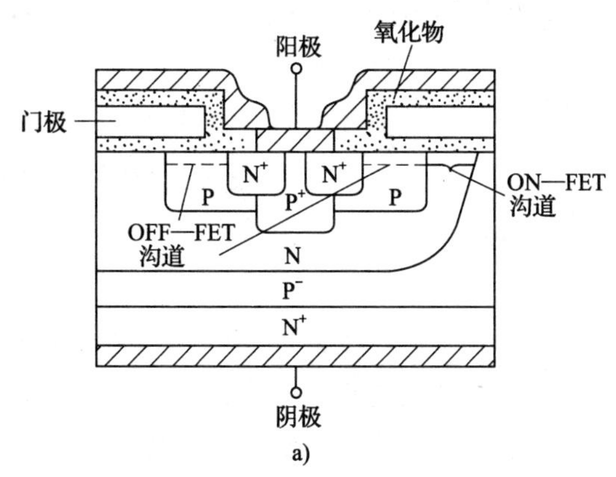

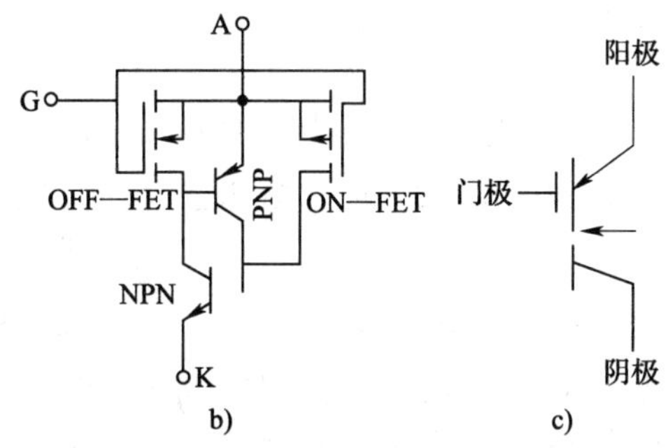

图 9—16　MCT 的单元胞剖面、等效电路与电气图形符号

a）单元胞剖面　b）等效电路　c）电气图形符号

在结构上 MCT 需要用双门极控制，这一点与 SCR 和 GTO 不同。门极信号以阳极为基准而不是以阴极为基准。当门极相对于阳极加负脉冲电压时，ON—FET 导通，它的漏极电源使 NPN 晶体管导通。NPN 晶体管又使 PNP 晶体管导通并且形成正反馈触发导通过程。这与 SCR 和 GTO 的导通过程类似。当 MCT 导通后，若对门极施加相对于阳极为正脉冲的电压时，OFF—FET 导通，PNP 晶体管基极电流中断，PNP 晶体管被切断，破坏了正反馈过程，于是 MCT 关断。使 MCT 触发导通的控制脉冲电压幅度一般为 -5 ~ -15 V，使其关断的门极正脉冲电压幅度一般为 +10 V。由此可见，MCT 是一种电压控制的全控型电力电子器件。

2）MCT 的特点。MCT 与 GTR、MOSFET、IGBT 和 GTO 等器件相比，具有如下优点：

①电压、电流容量大，目前水平为阻断电压 3 000 V，峰值电流 1 000 A，最大关断电流密度为 6 000 A/cm^2。

②通态压降小，约为 1.1 V，仅是 IGBT 的 1/3。

③di/dt 和 du/dt 耐量极高，目前水平为 di/dt = 2 000 A/μs，du/dt = 20 000 V/μs。

④开关速度快，开关损耗小。开通时间为200 ns，可在2 μs时间内关断1 000 V电压。

⑤工作温度高，其温度受限于反向漏电流，上限值可达270℃。

⑥MCT还有一个重要特征，即使关断失效，器件也不会损坏。当工作电压超出安全工作范围时，MCT可能失效。而当峰值可控电流超过安全工作区时，MCT不会像其他功率开关器件那样自然损坏，而只是不能用门极关断而已。这一特征说明MCT只需用简单的熔断器进行短路保护即可。

（2）静电感应晶体管（SIT）。SIT诞生于1970年，实际上是一种结型场效应晶体管，将小功率SIT器件的横向导电结构改为垂直导电结构，即可制成大功率的SIT器件。SIT是一种多子导电的器件，其工作频率与电力MOSFET相当，甚至更高，功率容量更大，因而适用于高频大功率场合，目前已在雷达通信设备、超声波功率放大、脉冲功率放大和高频感应加热等领域获得应用。

但是SIT在栅极不加信号时是导通的，而栅极加负偏压时关断，被称为正常导通型器件，使用不太方便，此外，SIT通态电阻较大，通态损耗也大，因而还未在大多数电力电子设备中得到广泛应用。

（3）静电感应晶闸管（SITH）。SITH诞生于1972年，是在SIT的漏极层上附加一层与漏极层导电类型不同的发射极层而得到的，因其工作原理与SIT类似，门极和阳极电压均能通过电场控制阳极电流，因此SITH又称为场控晶闸管。由于比SIT多了一个具有少子注入功能的PN结，因而SITH本质上是两种载流子导电的双极型器件，具有电导调制效应，通态压降低、通流能力强。其很多特性与GTO类似，但开关速度比GTO高得多，是大容量的快速器件。

SITH一般也是正常导通型，但也有正常关断型。此外，其制造工艺比GTO复杂得多，电流关断增益较小，因而其应用范围还有待拓展。

（4）集成门极换流晶闸管（IGCT）。IGCT也称GCT，是20世纪90年代后期出现的，它结合了IGBT与GTO的优点，容量与GTO相当，开关速度快10倍，且可省去GTO庞大而复杂的缓冲电路，只不过所需的驱动功率仍很大。目前正在与IGBT等新型器件激烈竞争，试图最终取代GTO在大功率场合的位置。

（5）功率模块与功率集成电路。自20世纪80年代中后期开始，电力电子器件朝模块化趋势发展，将多个器件封装在一个模块中，可缩小装置体积，降低成本，提高可靠性。尤其对工作频率高的电路，可大大减小电路电感，从而简化对保护和缓冲电路的要求，这种模块称为功率模块。

若将器件与逻辑、控制、保护、传感、检测、自诊断等信息电子电路制作在同一芯片上，则称为功率集成电路（PIC）。与功率集成电路类似的还有许多名称，但实际上各有侧重。高压集成电路（HVIC）一般指横向高压器件与逻辑或模拟控制电路的单片集成。智能功率集成电路（SPIC）一般指纵向功率器件与逻辑或模拟控制电路的单片集成。智能功率模块（IPM）则专指 IGBT 及其辅助器件与其保护和驱动电路的单片集成，也称智能IGBT。

三、电力电子器件的保护

1. 晶闸管的过电压保护

晶闸管的过电压能力比一般电气元件差，当它承受的反向电压超过反向击穿电压时，会被反向击穿而损坏。如果承受的正向电压超过晶闸管的正向转折电压，则会造成晶闸管的硬开通，不仅造成电路工作失常，且多次硬开通也会损坏晶闸管。因此，必须抑制晶闸管可能出现的过电压，采用简单有效的过电压保护措施。

晶闸管电路中可能出现的过电压主要有三种：关断过电压、交流侧过电压与直流侧过电压。下面分别介绍这几种过电压产生的原因及保护措施。

（1）晶闸管关断过电压及其保护。晶闸管从导通到关断时，线路上的电感会释放能量产生过电压，称为关断过电压，亦称换相过电压。在晶闸管导通时，元件内部充满了载流子（电子和空穴），换相时，在反向电压作用下，使晶闸管中电流下降到零，这时载流子依然存在，在反向电压作用下产生较大的反向电流。这个反向电流实际上是残存载流子复合的过程。残存载流子迅速复合，使电流迅速减小，这个反向电流减小的速度极快，即 di/dt 极大。这时，在电路中与晶闸管串联的电感中（主要是变压器的漏电感）就会感应出很高的电动势，即使电感很小，感应电动势也相当大。晶闸管关断过程中电流和管压降变化的情况如图 9—17a 所示。这个感应电动势与反向电压叠加在一起，作用在已关断的管子上，其峰值可能达到工作电压峰值的 5 ~ 6 倍，因而使晶闸管反向击穿。如图 9—17b 所示为单相半控桥式整流电路在晶闸管关断过程中，晶闸管两端出现的瞬时反向过电压尖峰（亦称毛刺）的波形。

对于这种尖峰状的瞬时过电压，最常用的保护方法是在晶闸管两端并接 RC 吸收电路，如图 9—18 所示。利用电容两端电压瞬时不能突变的特征，吸收尖峰过电压，把电压限制在晶闸管允许的范围内。串联电阻的作用是：第一，阻尼 LC 电路振荡。由于关断回路电感存在，在晶闸管阻断时，L、C、R 与交流电源刚好组成串联振荡电路，如不串电阻 R，电容两端将会产生比交流电源电压高得多的振荡电压，可能导致晶闸管击穿损坏。第二，限制晶闸管开通损耗与电流上升率。因在晶闸管承受正向电压尚未导通时，电容 C 已充电，极性如图 9—18 中所示。在晶闸管触发导通的瞬间，电容 C 迅速经晶闸管放电，若没有电阻限流，这个放电尖峰电流很大，不仅增加晶闸管的开通损耗，而且使流过晶闸管的电流上升率 di/dt 过大，易损坏晶闸管。

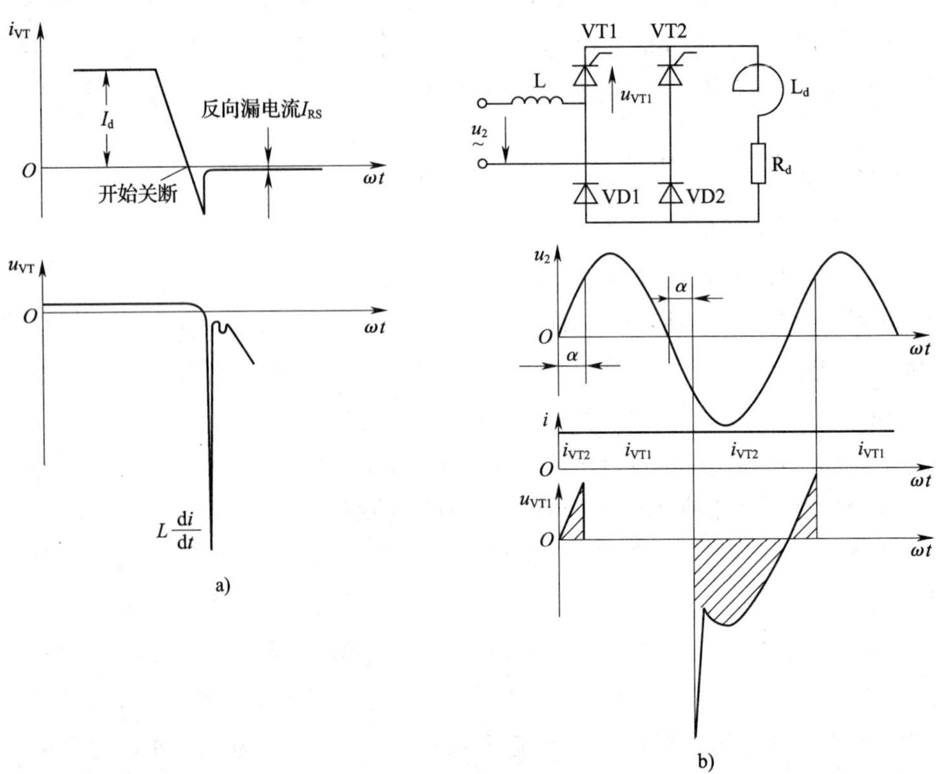

图9—17　晶闸管关断过程过电压波形

a）晶闸管关断过电压的产生　b）单相半控桥式整流电路晶闸管上电压波形

（2）交流侧过电压及其保护。由于接通或断开交流侧电源时出现暂态过程而引起的过电压称为交流侧操作过电压。另一种是由于交流电网遭受雷击或从电网侵入的干扰过电压，这种过电压作用时间长，能量大，称为交流侧浪涌过电压。由于这两种过电压的特点不同，所以采用的保护也不同。

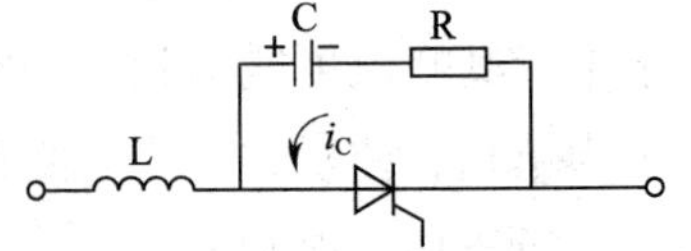

图9—18　用阻容吸收抑制关断过电压

1）操作过电压。交流侧所产生的操作过电压通常发生在下列情况：

①当整流变压器变比较大，一次电压远大于二次电压时，在合闸瞬间，由变压器一、二次绕组之间的分布电容所耦合到二次绕组上的高压（一次电压瞬间被耦合到二次绕组上）。

②与整流装置并联的其他负载拉闸时，在电源回路电感上所产生的感应电动势对整流装置的影响（公用变压器中电流瞬时减小在回路电感上的感应电动势）。

③整流变压器一次侧拉闸时，因变压器激磁电流 i_0 突然减小到零而在二次绕组上所感应出来的瞬时过电压。这种过电压尖峰值在变压器空载且正好在交流电源电压过零时拉闸为最大，可达工作电压峰值的 6 倍以上。空载时 i_0 滞后于交流电源电压 u_1 90°，当交流电源电压过零时，i_0 为峰值，达到最大，如图 9—19 所示。

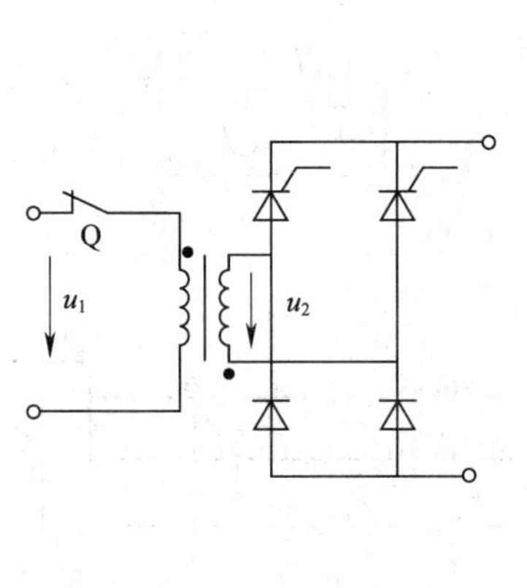

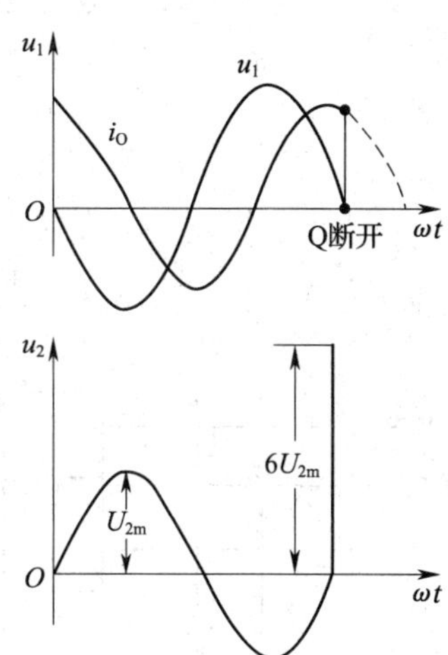

图 9—19　断开变压器励磁电流所产生的过电压

交流侧操作过电压都是瞬时的尖峰电压，抑制这种尖峰过电压的有效方法是并联阻容吸收电路，几种接法如图 9—20 所示。

如图 9—20d 所示的整流式阻容吸收电路通常用于容量较大的变流装置中。它虽然多了一个三相整流桥，但只用一个电容。由于只承受直流电压，故可采用体积比较小的电解电容，而且还可以避免晶闸管导通时电容的放电电流通过晶闸管。

2）交流侧浪涌过电压。浪涌过电压作用的时间长、能量大，因此无法用阻容吸收电路来抑制，只能采用类似稳压管稳压原理的压敏电阻或硒堆元件来保护。而硒堆元件由于体积大，反向伏安特性不够陡，且长期放置不用会产生“储存老化”，即出现正向电阻增大、反向电阻降低等缺点，已基本上不再采用，现在大都采用压敏电阻进行保护。

压敏电阻是一种非线性的过电压保护元件，利用金属氧化物（如氧化锌、氧化铋等）的电阻率对所加电压的敏感性对浪涌电压进行保护。压敏电阻的外形及伏安特性如图 9—21所示。

压敏电阻的正反向伏安特性都具有很陡的稳压特性。正常工作时，压敏电阻阻值很高，漏电流极小（通常为微安级），几乎无损耗。但当遇到高电压时，压敏电阻被击穿，可通过高达数千安的放电电流，因此抑制过电压的能力很强。压敏电阻被击穿烧焦后，必须重新更换，不能重复使用。压敏电阻的几种接法如图 9—22 所示。

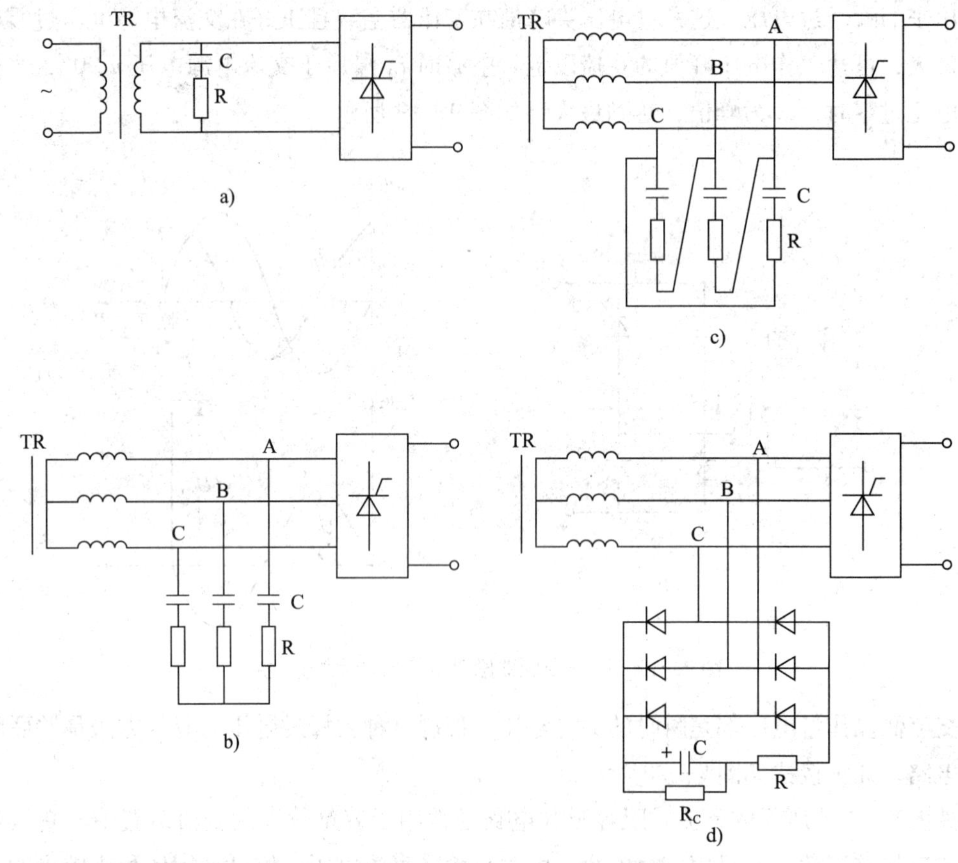

图 9—20　交流侧阻容吸收电路的几种接法

a）单相连接　b）三相 Y 形联结　c）三相△形联结　d）三相整流式连接

（3）直流侧过电压及其保护。直流侧由于是电感性负载，储存能量的能力很强，故在某种情况下也会发生浪涌过电压。如图 9—23 所示的三相全控桥式整流电路中，当整流桥中某个桥臂突然阻断（如快速熔断器熔断或晶闸管管芯烧断）时，因电抗器 L_d 中电流突变，而感生出很高的电动势，并通过负载加到另外处于关断状态的晶闸管上，因此有可能造成晶闸管的损坏。对这种过电压的抑制方法是在直流负载两端并接压敏电阻来进行保护，如图 9—23 中虚线所示。

综上所述，晶闸管电路引起过电压的原因，主要是电路中电感元件当电流突变时产生感应电动势以及外界侵入的浪涌电压。晶闸管装置可能采用的几种过电压保护如图 9—24 所示，实用时根据具体情况选择即可。需要指出的是，保护元件的参数计算大都不很严格，在工程实践中，很多都是凭经验选择的。

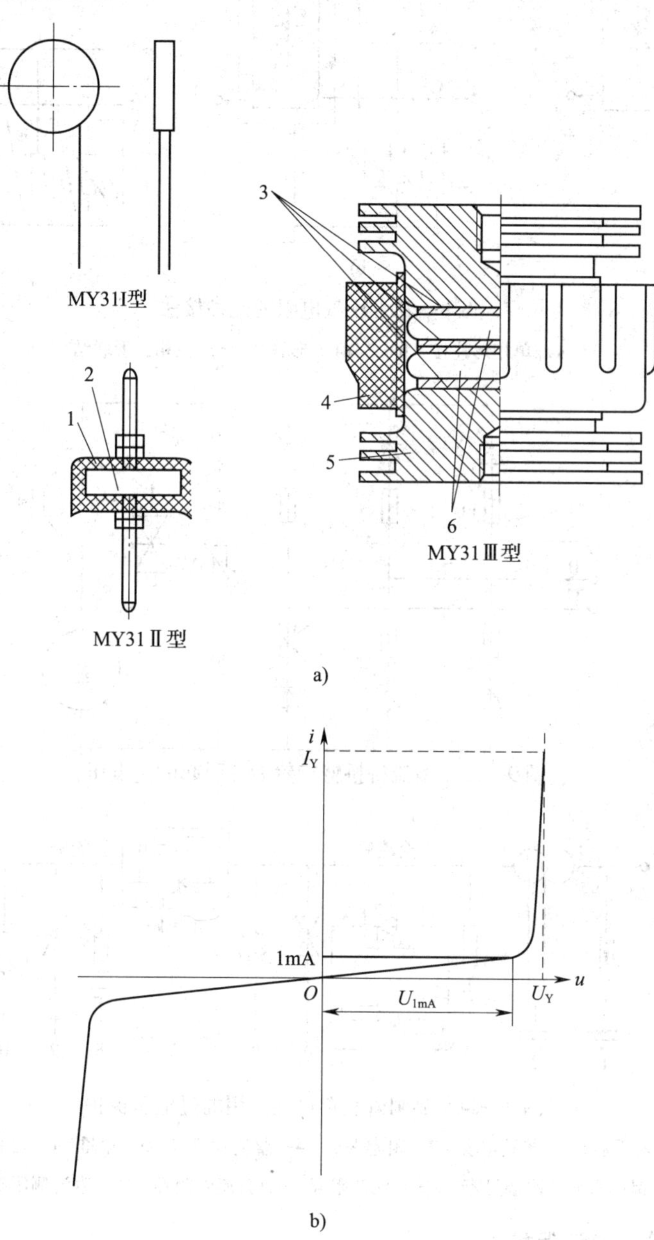

图9—21　MY31型压敏电阻的外形及伏安特性

a）外形　b）伏安特性

1—环氧树脂密封　2、6—ZnO阀片　3—金属垫片　4—胶木外套　5—金属散热器

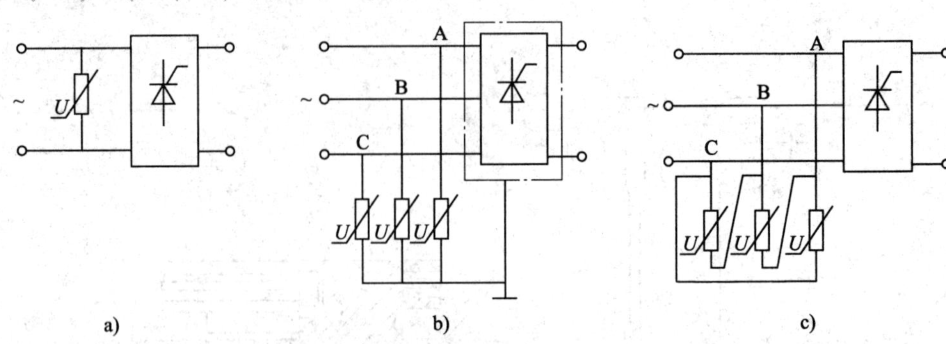

图 9—22 压敏电阻的几种接法

a）单相形连接 b）三相 Y 形联结 c）三相△形联结

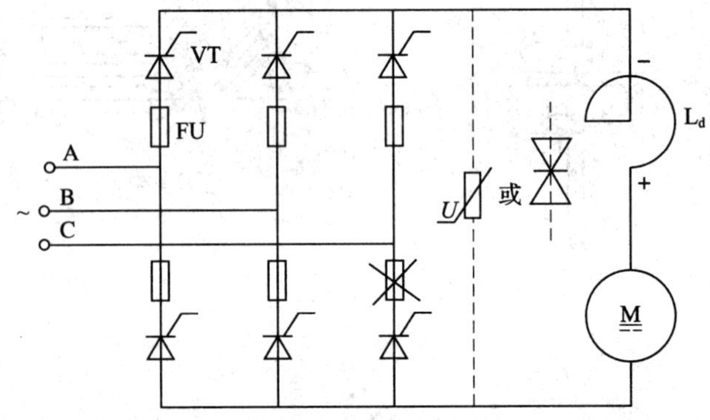

图 9—23 整流桥桥臂突然断开引起的过电压

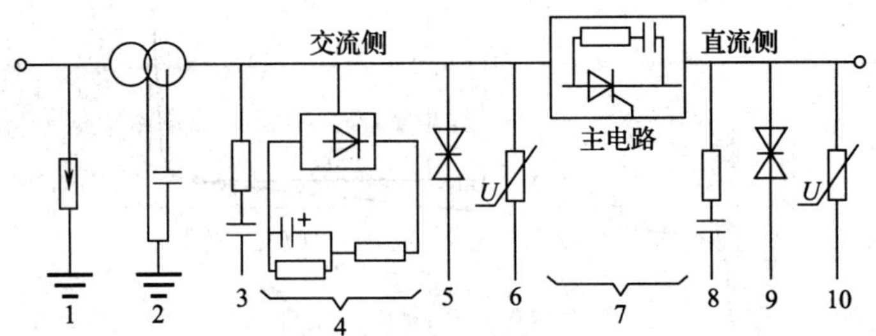

图 9—24 晶闸管装置可能采用的过电压保护

1—避雷器 2—接地电容 3—阻容保护 4—整流式阻容 5—硒堆 6—压敏电阻

7—晶闸管元件两端阻容 8—直流侧阻容 9—直流侧硒堆 10—直流侧压敏电阻

2. 晶闸管的过电流保护

晶闸管的电流过载能力比一般电气设备差得多，而在电路中，由于晶闸管装置出现的元件误导通、击穿、可逆传动系统中产生环流、逆变失败以及传动装置生产机械过载及机械故障引起电动机堵转等，都会导致流过整流元件的电流大大超过其正常工作电流，即产生所谓过电流。一旦晶闸管受到过电流，在电源电压变化的 1 ~ 2 个周期内晶闸管就可能烧毁。因此过电流保护的任务，就是当电路一旦出现过电流时，能在晶闸管还未烧毁之前，迅速地把过电流现象消除。

晶闸管常用的过电流保护措施有以下 5 种。

（1）交流进线电抗器限制短路电流。在交流进线中串接进线电抗器，利用空芯电抗器或整流变压器的漏抗来限制短路电流。当电路发生短路时，在电感上会产生感应电动势以阻缓和减小短路电流，但缺点是正常工作时在带负载的情况下要损失较大的电压降。考虑到电源阻抗，通常以 3% 的压降来计算进线电感值。

（2）用高灵敏过电流继电器保护。过电流继电器装在交流侧或直流侧，在发生过电流故障时动作，使交流侧自动开关或直流侧接触器跳闸。由于过电流继电器和自动开关或接触器动作需几百毫秒，所以只能保护由于机械过载引起的过电流，或在短路电流不大时，才能对晶闸管起保护作用。

（3）限流与脉冲移相保护。如图 9—25 所示，在主电路中安装电流检测装置，如电流互感器等，当电路中电流增大时，可得到一个与之成正比例的电压信号 U_R。当电流增大到某一数值时，稳压二极管 VS 击穿，使电路输出电压 U_0 迅速减小。以这个电压信号去控制移相触发器，使发出的触发脉冲右移（控制角 α 增大），使晶闸管整流电路的输出电压 U_d减小，I_d减小，以达到限流目的。调整图 9—25 中的电位器 RP，即可调节负载电路限流值。当出现严重过电流或短路时，故障电流迅速增大，此时限流控制可能来不及起作用，电流就已超过允许值。为了尽快消除故障电流，这时可控制晶闸管的触发脉冲快速右移到整流状态的移相范围之外，使输出电压 U_d瞬时出现负电压，电路进入逆变状态，将故障电流迅速衰减到零，这种方法称为拉逆变保护。

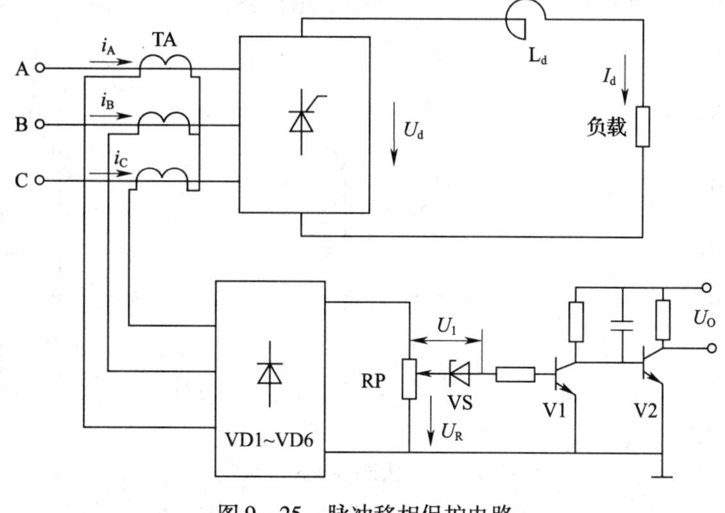

图 9—25　脉冲移相保护电路

（4）直流快速开关保护。在大容量、要求高、经常容易短路的场合，可采用装在直流侧的直流快速开关作为直流侧的过载与短路保护。直流快速开关的开关动作时间极短，只有2 ms，全部断弧时间只有25～30 ms，可以迅速切断电路。目前，国内生产的直流快速开关为DS系列。从保护角度看，快速开关的动作时间和切断整定电流值应该和限流电抗器的电感相协调。

但此开关较昂贵，故实际使用不多。

（5）快速熔断器保护。专用快速熔断器的电流/温度特性与普通熔断器相比具有更好的性能，熔断时间更短，通常能做到当流过5倍额定电流时，熔断时间小于20 ms，即能在1个电源周期内熔断。同时，快速熔断器在熔断时的过电压水平较普通熔断器要低，能够有效防止过电压对整流元件的冲击和破坏。快速熔断器的型号一般有RS型、NT型、NGT型等。其中RS型为国产普通型快速熔断器型号，NT型、NGT型是进口技术改进的高速熔断器国产型号。这几类快速熔断器虽然在性能上差别不大，但外形上的差别却较大，互换的可能性不大，使用中应当注意。在选择快熔熔体的额定电流时，应注意熔体的额定电流是有效值，而晶闸管的额定电流 $I_{T(AV)}$ 是正弦半波平均值，它能允许的有效值电流为 $1.57I_{T(AV)}$。通常快熔熔体的额定电流 I_{RD} 按下式选择：

$$1.57I_{T(AV)} > I_{RD} > I_{TM}\text{（实际晶闸管最大电流有效值）}$$

在实际应用时，为了保证可靠和选用方便，当快熔和晶闸管串联时一般可取 $I_{RD} = I_{T(AV)}$，即按晶闸管的额定电流选用快熔熔体的额定电流。

快熔的接法有三种：第一，接入桥臂与晶闸管串联，如图9—26a所示；第二，接在交流输入端，如图9—26b所示。这两种接法所选快熔熔体的额定电流是不同的，第一种接法额定电流小，保护可靠性要好一些，但数量用得多；第三，如图9—26c所示，为快熔接在直流侧的接法。

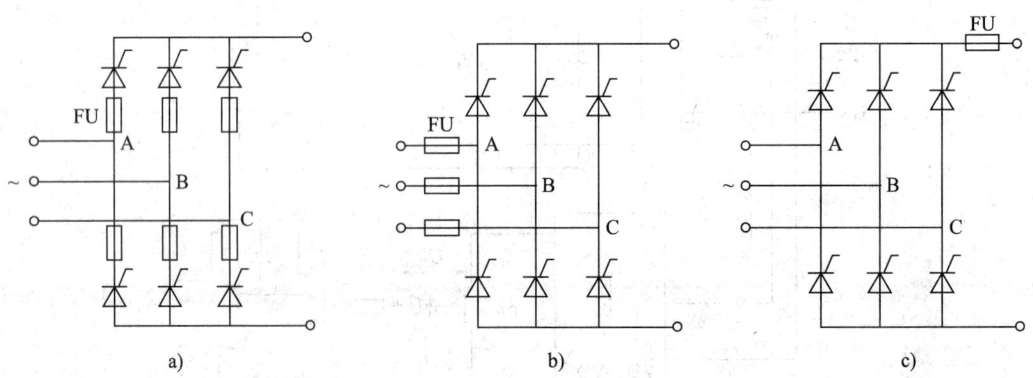

图9—26　快速熔断器的接法

a）桥臂快熔　b）交流侧快熔　c）直流侧快熔

在容量较大的装置中，由于快熔价格较高，更换不方便，在可能经常发生短路的场合，快熔必须与其他过流保护措施同时使用。快熔作为最后一道保护，非不得已，希望不要熔断。

综上所述，过电流保护有如图 9—27 所示的几种措施，可根据需要选择其中的一种或数种对晶闸管进行过电流保护。

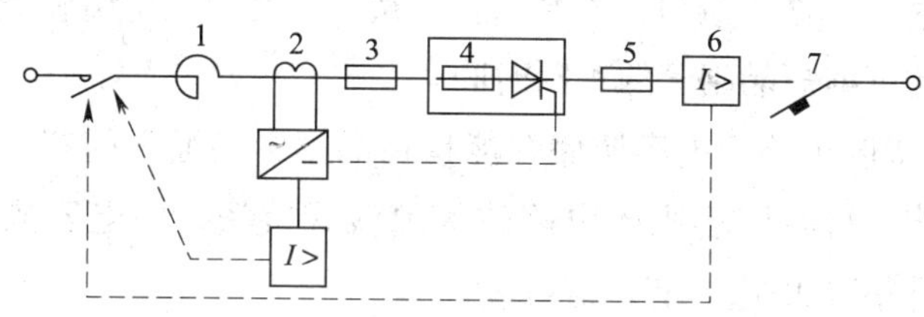

图 9—27　晶闸管装置可能采用的过电流保护

1—进线电抗限流　2—电流检测和过流继电器　3、4、5—快速熔断器　6—过电流继电器　7—直流快速开关

3. 晶闸管的电压、电流上升率的限制

（1）晶闸管的正向电压上升率及抑制。加到晶闸管上的正向电压上升率（$\mathrm{d}u/\mathrm{d}t$）应有一定限制。因元件在阻断状态时其阳极和阴极之间相当于一个电容，若晶闸管突然加上正向电压，便会有一充电电流流过结面，当充电电流流进靠近阴极的 PN 结时，相当于控制极有触发电流的作用。因此，如加到晶闸管上的正向电压上升率（$\mathrm{d}u/\mathrm{d}t$）太大，引起充电电流过大时，就会使晶闸管发生误导通。为了防止误导通，在使用普通晶闸管时，要规定最大允许正向电压上升率。

在有整流变压器的整流电路中，由于变压器的漏感和阻容吸收的作用，在交流电源合闸时，加到晶闸管两端的正向电压上升率不会太大，不会引起误导通。在无变压器的整流电路中，应在交流电源输入端串联进线电感，它对 $\mathrm{d}u/\mathrm{d}t$ 有一定的抑制作用，但串入进线电感后又易产生过电压，故必须设置阻容吸收电路。

抑制电压上升率的实用方法是在整流桥臂串接空芯电抗器或在桥臂上套磁环。抑制后的电压上升率 $\mathrm{d}u/\mathrm{d}t$ 与桥臂交流电压峰值成正比，与桥臂电抗的电感值成反比，此电感值通常取 20 ~ 30 μH。

（2）晶闸管的电流上升率及抑制。晶闸管在触发导通的瞬时，如阳极电流增大的速度（电流上升率 $\mathrm{d}i/\mathrm{d}t$）太大，虽然电流值未超过元件的额定值，但由于晶闸管内部电流还来不及扩大到 PN 结的全部面积，故导致在控制极附近的 PN 结面因电流密度过大而烧毁。因此对晶闸管必须规定最大允许的电流上升率（$\mathrm{d}i/\mathrm{d}t$）。

限制电流上升率的措施有两种：

1）在桥臂上串联电感。这样除了直接与元件并联的阻容外，凡流过元件的电流都经过桥臂电感，利用电感对电流变化的阻碍作用可限制电流变化率。桥臂电感值通常选20～30 μH。

在功率较大或频率较高的逆变电路中，加接桥臂电感后，使换流时间增大，影响工作。为了减小这种影响，可采用几只铁淦氧磁环套在桥臂导线上，使桥臂电感在小电流时磁环不饱和，电感量大，满足限制 di/dt 值的要求；在大电流时，电流在晶闸管结面已扩散，允许电流上升率大，磁环饱和，桥臂电感量减小，使阳极电流快速上升，不使换流时间延长。这种方法还可缩短晶闸管的关断时间。

2）为减小阻容吸收电路中电容所储存能量在晶闸管导通瞬间释放所产生的电流使电流上升率增大的影响，可将阻容吸收电路改为整流式接法，使电容放电电流不经过晶闸管，对限制电流上升率（di/dt）有一定好处。

第3节　单相可控整流电路

一、单相半波可控整流电路

1. 电阻负载

单相半波可控整流电路带电阻负载时的电路图和波形图如图9—28所示。由图可见，在0～ωt_1的这段时间内，尽管交流电压u_2处于正半周，晶闸管阳极受到正向电压，但是因为门极没有触发脉冲u_g，晶闸管处于正向阻断状态，负载电压$u_d=0$。在ωt_1时刻门极加上触发脉冲u_g，晶闸管被触发导通，u_2电压输出到负载R_d上，如略去晶闸管的正向压降，整流输出电压（负载电压）$u_d=u_2$。

在$\omega t=\pi$时，交流电压u_2下降为零，晶闸管的阳极电流小于维持电流，而使晶闸管关断。在交流电压u_2的负半周，晶闸管由于受到反向电压，继续保持反向阻断状态，负载上的电压、电流始终为零。直到下一个周期的ωt_2时，门极加上触发脉冲晶闸管再次导通，这样，负载R_d上就得出如图9—28d所示的电压波形。

在可控整流电路中，把晶闸管开始承受正向电压到触发导通的这段时间所对应的电角度称为控制角（移相角），用符号α表示。晶闸管在一个周期内导通的电角度称为导通角，用符号θ表示。在单相半波可控整流电路中，显然$\theta=180°-\alpha$，控制角α越小，则导通角θ就越大，整流输出电压的平均值U_d（即u_d在一个周期内的平均值）就越大。由此可见，只要改变控制角α的大小，就能改变整流输出电压平均值U_d的大小。

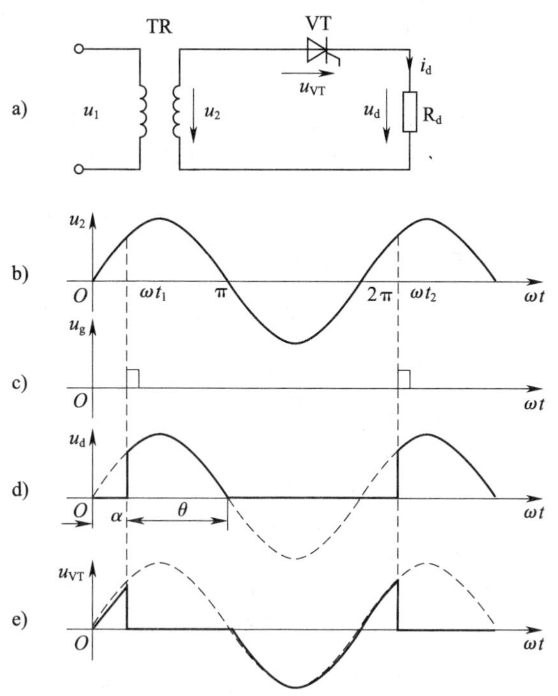

图 9—28　带电阻负载的单相半波可控整流电路图及波形图

a）电路图　b）～ e）波形图

晶闸管两端电压波形 u_{VT} 如图 9—28e 所示。当晶闸管处于导通状态时，如忽略管压降，晶闸管两端电压为零。当晶闸管处于正向和反向阻断状态时，晶闸管两端电压等于交流电压 u_2。

在可控整流电路中，使整流输出电压平均值 U_d 从最大值调整到 0 V 时，控制角 α 的变化范围称为“移相范围”。故带电阻负载时，单相半波可控整流电路的移相范围为 0 °～180 °。

2. 电感性负载

单相半波可控整流电路带电感性负载时的电路图和波形图如图 9—29 所示。当 $\omega t_1 = \alpha$ 时，晶闸管 VT 被触发导通，u_2 电压立即加到负载（L_d 和 R_d）上，在负载上立即出现整流输出电压 u_d，但由于电感 L_d 作用，产生阻碍电流变化的感应电动势，电感中电流（即负载电流）不能突变，只能从零逐步上升。当电流上升到最大值时，感应电动势为零，然后在电流减小时，感应电动势也就改变极性。当交流电压 u_2 下降到零，由于电感的感应电动势的作用，晶闸管 VT 仍受正向电压而导通，即使交流电压 u_2 由零变负，只要 $|e_L|$ 大于 $|u_2|$，晶闸管 VT 仍受正向电压，晶闸管将继续导通，负载上整流输出电压 u_d 出现负值，

直到晶闸管电流小于维持电流时，晶闸管 VT 关断并立即承受反向电压。

由图 9—29 的波形图可见，带电感性负载时，整流输出电压 u_d 和电流 i_d 的波形与带电阻负载时大不相同，由于电感 L_d 作用，整流输出电压 u_d 将出现一段时间的负电压，使整流输出电压平均值 U_d 减小。电感 L_d 越大，负电压部分越大，使整流输出电压平均值 U_d 下降越多。当电感 L_d 很大，且满足 $\omega L_d > R_d$ 的条件（通常 $\omega L_d > 10R_d$ 即可）时，负载上整流输出直流电压 u_d 的正负面积接近相等，整流输出电压的平均值 U_d 近似等于零。由此可见，单相半波可控整流电路带大电感负载时，不管 α 如何调节，U_d 电压总是很小，因此这种电路实际上并不采用。为避免 U_d 太小，单相半波可控整流电路在带电感性负载时，都在负载两端并联有续流二极管 VD_R。其电路图和波形图如图 9—30 所示。由图可见，当交流电压 u_2 过零变负时，VD_R 导通，u_d 为零。此时为负的 u_2 通过 VD_R 向 VT 施加反压使其关断，L_d 储存的能量保证了电流 i_d 在 $L_d - R_d - VD_R$ 回路中流通，此过程通常称为续流。

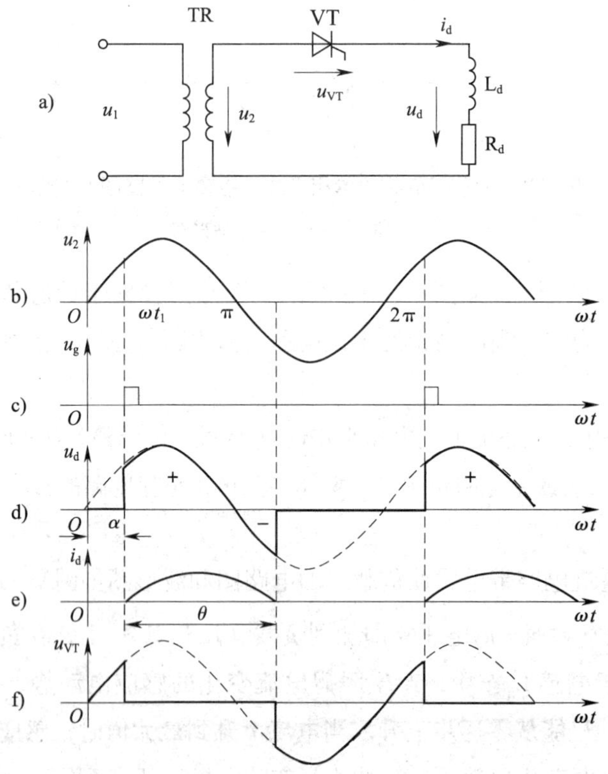

图 9—29　带电感负载的单相半波可控整流电路图及波形图

a）电路图　b）～f）波形图

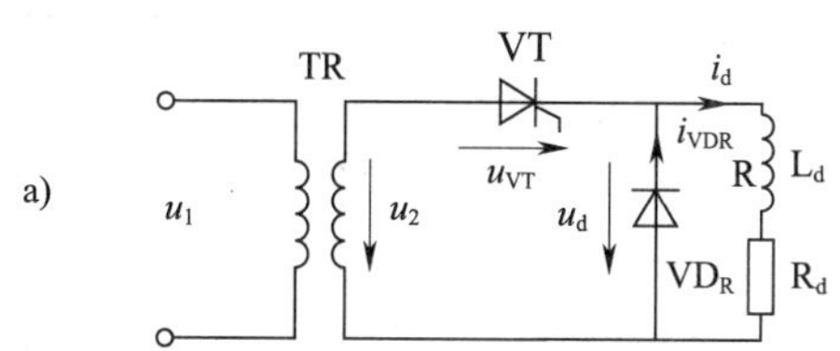

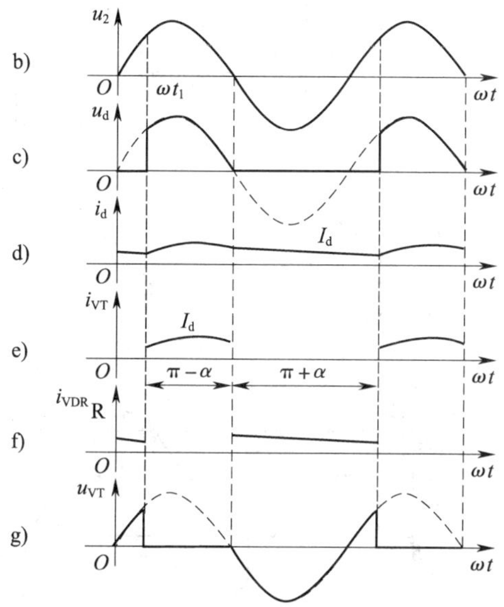

图 9—30　带电感性负载有续流二极管的单相半波可控整流电路图及波形图

a）电路图　b）～ g）波形图

二、单相全控桥式整流电路

1. 电阻负载

单相全控桥式整流电路带电阻负载时的电路图和波形图如图 9—31 所示。VT1 和 VT4 组成一对桥臂，在交流电压 u_2正半周（即 a 点电位高于 b 点电位时），VT1 和 VT4 得到触发脉冲即导通，当 u_2过零时关断。VT2 和 VT3 组成另一对桥臂，在 u_2负半周，VT2 和 VT3 得到触发脉冲即导通，当 u_2过零时关断。

2. 电感性负载

单相全控桥式整流电路带电感性负载时的电路图和波形图如图 9—32 所示。为便于讨论，假设电路已工作于稳态，i_d的平均值不变。假设负载电感很大，负载电流 i_d连续且波

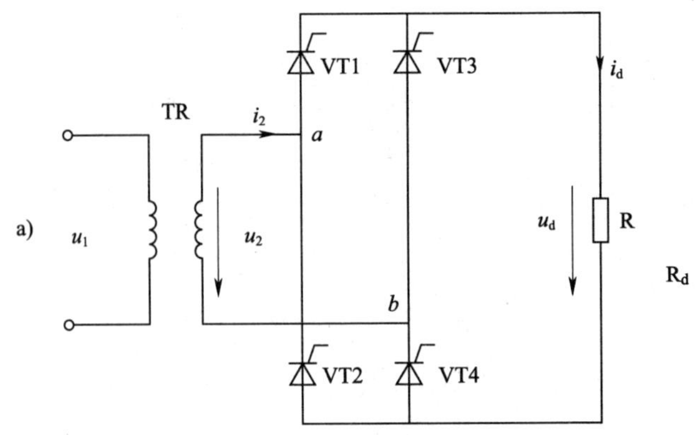

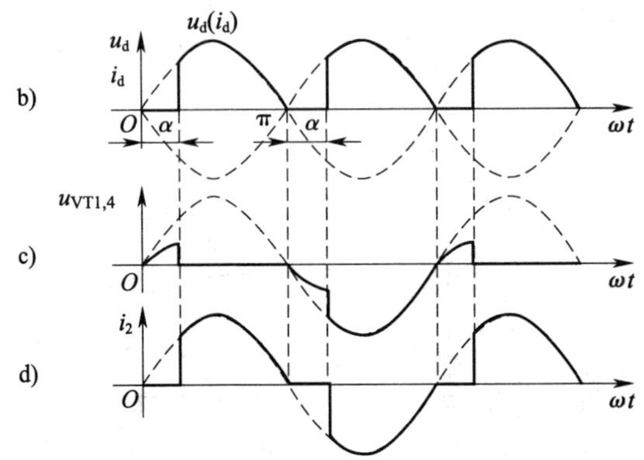

图9—31　带电阻负载的单相全控桥式整流电路图及波形图

a）电路图　b）～ d）波形图

形近似为一水平线。u_2过零变负时，由于电感的作用晶闸管 VT1 和 VT4 中仍流过电流 i_d，并不关断。至 $\omega t = \pi + \alpha$ 时刻，给 VT2 和 VT3 加触发脉冲，因 VT2 和 VT3 本已承受正电压，故两管导通。VT2 和 VT3 导通后，u_2通过 VT2 和 VT3 分别向 VT1 和 VT4 施加反压使 VT1 和 VT4 关断，流过 VT1 和 VT4 的电流迅速转移到 VT2 和 VT3 上，此过程称换相，亦称换流。

3. 带反电动势负载

单相全控桥式整流电路带反电动势负载时的电路图和波形图如图 9—33 所示。在$|u_2| > E$时，晶闸管才承受正向电压，有导通的可能。晶闸管导通之后，$u_d = u_2$，$i_d = \dfrac{u_d - E}{R_d}$，直至$|u_2| = E$,，$i_d$即降至 0 使得晶闸管关断，此后 $u_d = E$。与带电阻负载时相比，晶闸管提前了

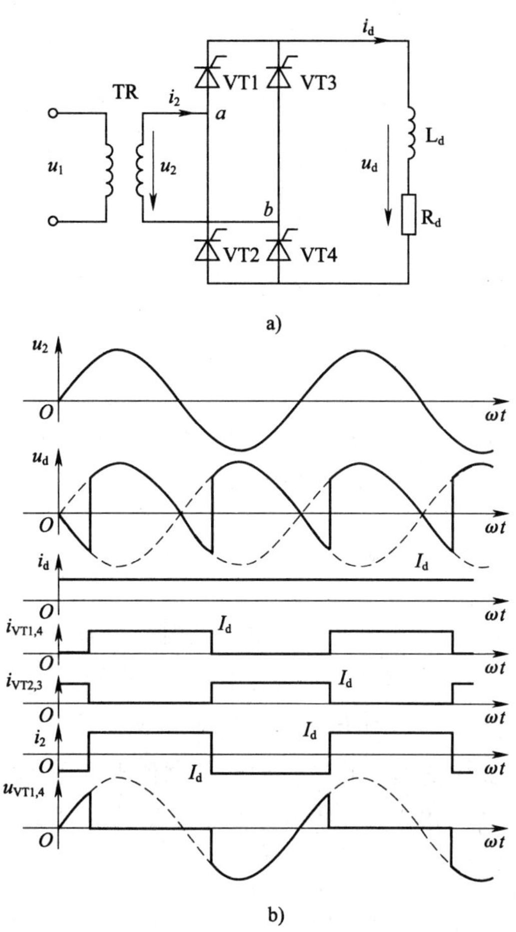

图 9—32　带电感性负载的单相全控桥式整流电路图及波形图

a）电路图　b）波形图

电角度δ停止导电，如图 9—33b 所示，δ称为停止导电角，$\delta=\sin^{-1}\dfrac{E}{\sqrt{2}U_2}$。在$\alpha$角相同时，整流输出电压比带电阻负载时大。

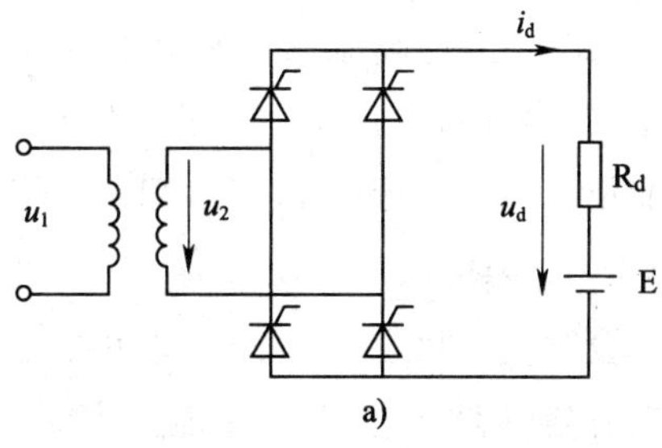

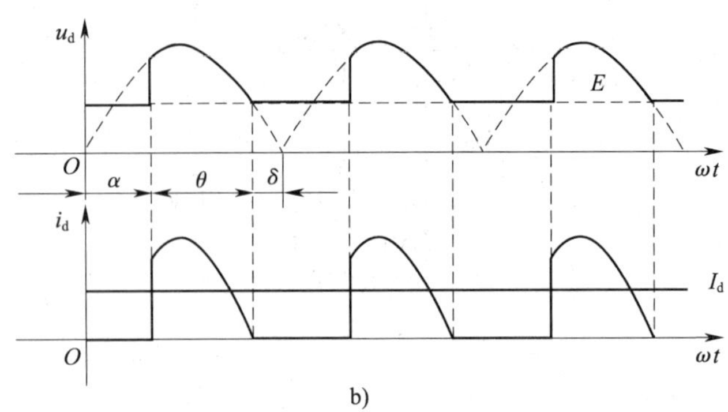

图9—33　单相全控桥式整流电路带反电动势负载时的电路图及波形图

a）电路图　b）波形图

三、单相半控桥式整流电路

单相全控桥式整流电路中，需要两个串联的晶闸管（如VT1、VT4）同时导通，才能形成电流回路，而实际上一条支路的导通只要用一个晶闸管就可以进行控制了，因此将图9—32单相全控桥式整流电路中的两个晶闸管VT2和VT4改为二极管VD2和VD4，如图9—34所示。电路也可以正常进行工作，这种电路就称为“单相半控桥式整流电路”，简称“半控桥”。由于半控桥电路比全控桥电路线路简单、费用低，因此在一般桥式可控整流电路中得到了较广泛的应用。

1. 电阻负载

单相半控桥式整流电路带电阻负载时，其工作情况与单相全控桥式整流电路完全相同。

2. 电感性负载

单相半控桥式整流电路带大电感负载的电路图和波形图如图9—34所示。假设负载中电感很大，且电路已工作于稳态，在交流电压u_2正半周，触发角α处给晶闸管VT1加触发脉冲，u_2经VT1和VD4向负载供电。u_2过零变负时，因电感作用使电流连续，VT1继续导通。但因a点电位低于b点电位，使得电流从VD4转移至VD2，VD4关断，电流不再流经整流变压器二次侧绕组，而是由VT1和VD2续流。在u_2负半周，触发角α时刻触发VT3，VT3导通，则向VT1加反压使之关断，u_2经VT3和VD2向负载供电。u_2过零变正时，VD4导通，VD2关断。VT3和VD4续流，u_d又为零。

该电路在实际应用中需加设续流二极管VD_R，以避免可能发生的失控现象。在实际运行中，若无续流二极管，则当α突然增大至180°或触发脉冲丢失时，会发生一个晶闸管

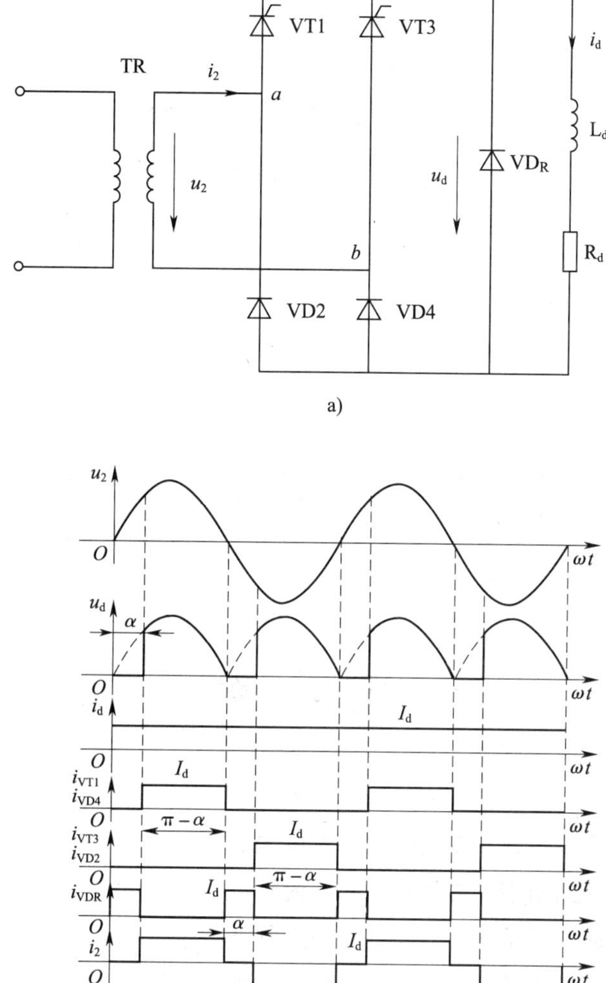

图 9—34 带大电感负载的单相半控桥式整流电路图及波形图

a）电路图 b）波形图

持续导通而两个二极管轮流导通的情况，这使 u_d 成为正弦半波，即半周期 u_d 为正弦波，另外半周期 u_d 为零，其输出平均值保持恒定，称为失控。有续流二极管 VD_R 时，续流过程由 VD_R 完成，晶闸管关断，避免了某一个晶闸管持续导通从而导致失控的现象。同时，续流期间导电回路中只有一个管压降，有利于降低损耗。

单相半控桥式整流电路的另一种接法，相当于把图 9—32a 中的 VT3 和 VT4 换为二极管 VD3 和 VD4，这样可以省去续流二极管 VD_R，续流由 VD3 和 VD4 来实现。

单相半控桥式整流电路较简单，技术性能指标较好，应用较广泛，但该电路不能应用于逆变工作状态。

单相可控整流电路的主要参数见表9—1。

表9—1　　常用单相可控整流电路的主要特性参数

参数名称		单相半波可控整流电路	单相半控桥式整流电路	单相全控桥式整流电路
$\alpha=0°$时空载整流输出电压U_{d0}		$0.45U_2$	$0.9U_2$	$0.9U_2$
$\alpha\neq0°$时空载整流输出电压	电阻负载或带续流管电感负载	U_{d0}（$1+\cos\alpha$）/2	U_{d0}（$1+\cos\alpha$）/2	U_{d0}（$1+\cos\alpha$）/2
	大电感负载	—	U_{d0}（$1+\cos\alpha$）/2	$U_{d0}\cos\alpha$
移相范围	电阻负载或带续流管电感负载	0°～180°	0°～180°	0°～180°
	大电感负载	—	0°～180°	0°～90°
晶闸管最大导通角		180°	180°	180°
晶闸管承受的最大正反向的电压		$\sqrt{2}U_2$	$\sqrt{2}U_2$	$\sqrt{2}U_2$

测　试　题

一、判断题

1. 整流二极管、晶闸管、双向晶闸管及可关断晶闸管均属半控型器件。（　　）
2. 用于工频整流的功率二极管也称为整流管。（　　）
3. 晶闸管的导通条件是在阳极和控制极上都加上电压。（　　）
4. 晶闸管的关断条件是阳极电流小于管子的擎住电流。（　　）
5. 在晶闸管的电流上升到其维持电流后，去掉门极触发信号，晶闸管仍能维持导通。（　　）
6. 若流过晶闸管的电流波形为全波时，则其电流波形系数为1.57。（　　）
7. 双向晶闸管的结构与普通晶闸管一样，也是由四层半导体（$P_1N_1P_2N_2$）材料构成的。（　　）
8. IGBT是电压型驱动的全控型开关器件。（　　）
9. GTO的门极驱动电路包括开通电路、关断电路和反偏电路。（　　）
10. 电力场效应管属于双极型器件。（　　）
11. 电力场效应管是理想的电流控制器件。（　　）

12. 电力场效应管在使用时要防止静电击穿。 (　　)

13. 绝缘栅双极型晶体管属于电流控制元件。 (　　)

14. 晶闸管装置常采用的过电压保护措施有压敏电阻、硒堆、限流与脉冲移相等。 (　　)

15. 晶闸管装置常用的过电流保护措施有直流快速开关、快速熔断器、电流检测和过电流继电器、阻容吸收等。 (　　)

16. 在晶闸管可控整流电路中，快速熔断器只可安装在桥臂上与晶闸管串联。(　　)

17. 造成晶闸管误导通的主要原因有两个，一是干扰信号加于控制极，二是加到晶闸管阳极上的电压上升率过大。 (　　)

18. KP100—5 表示的是额定电压 100 V，额定电流 500 A 的普通型晶闸管。 (　　)

19. 在单相半控桥式带大电感负载不加续流二极管整流电路中，电路出故障时必出现失控现象。 (　　)

20. 在单相全控桥式整流电路中，晶闸管的额定电压应取 U_2。 (　　)

二、单项选择题

1. 整流二极管属（　　）器件。

A. 不可控型　　B. 半控型　　C. 全控型　　D. 复合型

2. 可关断晶闸管属（　　）器件。

A. 不可控型　　B. 半控型　　C. 全控型　　D. 复合型

3. 当晶闸管的阳极和阴极之间加上正向电压而控制极不加任何信号时，晶闸管处于（　　）。

A. 导通状态　　B. 关断状态　　C. 不确定状态　　D. 低阻状态

4. 晶闸管的关断条件是阳极电流小于管子的（　　）。

A. 擎住电流　　B. 维持电流　　C. 触发电流　　D. 关断电流

5. 某晶闸管，若其正向断态重复峰值电压为 500 V，反向断态重复峰值电压为 700 V，则该晶闸管的额定电压是（　　）。

A. 200 V　　B. 500 V　　C. 700 V　　D. 1 200 V

6. 在晶闸管的电流上升到其（　　）后，去掉门极触发信号，晶闸管仍能维持导通。

A. 维持电流　　B. 擎住电流　　C. 额定电流　　D. 触发电流

7. 若晶闸管的波形系数为 1. 11 时，则其对应流过的电流波形为（　　）。

A. 全波　　B. 半波

C. 导通角为 120°的方波　　D. 导通角为 90°的方波

8. 将万用表置于 R×1 kΩ 或 R×10 kΩ 挡，测量晶闸管阳极和阴极之间的正反向阻值时，原则上，其值（　　）。

A. 越大越好　　B. 越小越好

C. 正向时要小，反向时要大　　D. 正向时要大，反向时要小

9. 双向晶闸管的额定电流是（　　）。

A. 平均值　　B. 有效值　　C. 瞬时值　　D. 最大值

10. 双向晶闸管的额定电流与普通晶闸管的额定电流（　　）。

A. 一样，都是平均值　　B. 可以按 $I_{T(AV)}=0.45I_{T(RMS)}$ 相互换算

C. 是两个概念，互相间没有关系　　D. 都用有效值表示

11. 双向晶闸管的触发方式有多种，实际应用中经常采用的触发方式组合是 I_-III_- 及（　　）。

A. I_+III_-　　B. I_+III_+　　C. I_+II_-　　D. I_-III_+

12. 双向晶闸管有四种触发方式，其中（　　）触发方式的触发灵敏度最低，尽量不用。

A. I_+　　B. I_-　　C. III_+　　D. III_-

13. GTO 的门极驱动电路中除了开通电路和关断电路外，还包括（　　）。

A. 抗饱和电路　　B. 同步电路　　C. 反偏电路　　D. 缓冲电路

14. 晶闸管可控整流电路承受的过电压为（　　）。

A. 换相过电压、交流侧过电压与直流侧过电压

B. 换相过电压、关断过电压与直流侧过电压

C. 交流过电压、操作过电压与浪涌过电压

D. 换相过电压、操作过电压与交流侧过电压

15.（　　）是晶闸管装置常采用的过电压保护措施之一。

A. 热敏电阻　　B. 硅堆

C. 阻容吸收　　D. 高灵敏过电流继电器

16. 晶闸管装置常用的过电流保护措施除了直流快速开关、快速熔断器之外，还有（　　）。

A. 压敏电阻　　B. 电流继电器

C. 电流检测和高灵敏过电流继电器　　D. 阻容吸收

17. 可控整流电路中用快速熔断器对晶闸管进行保护，若快速熔断器熔体的额定电流为 I_{RD}，晶闸管的额定电流为 $I_{T(AV)}$，流过晶闸管电流有效值为 I_T，则应按（　　）的关系来选择快速熔断器。

A. $I_{RD}>I_{T(AV)}$　　B. $I_{RD}<I_{T(AV)}$

C. $I_T<I_{RD}<1.57I_{T(AV)}$　　D. $1.57I_{T(AV)}<I_{RD}<I_T$

18. 在晶闸管可控整流电路中，快速熔断器可安装在（　　）。

A. 直流侧与负载并联　　B. 交流侧接成 Y 接法

C. 桥臂上与晶闸管并联　　D. 桥臂上与晶闸管串联

19. 通过晶闸管的通态电流上升率过大，可能会造成晶闸管因局部过热而损坏，而加到晶闸管阳极上的电压上升率过大，可能会造成晶闸管的（　　）。

A. 误导通　　B. 短路　　C. 失控　　D. 不能导通

20. 单相半波可控整流电路带电阻性负载时，控制角 α 的最大移相范围是（　　）。

A. 90°　　B. 120°　　C. 150°　　D. 180°

21. 单相全控桥式整流电路带大电感负载时，晶闸管可能承受的最大正向电压为（　　）。

A. $\frac{\sqrt{2}}{2}U_2$　　B. $\sqrt{2}U_2$　　C. $2\sqrt{2}U_2$　　D. $\sqrt{6}U_2$

22. 单相全控桥式整流电路带电阻负载时，晶闸管可能承受的最大正向电压为（　　）。

A. $\frac{\sqrt{2}}{2}U_2$　　B. $\sqrt{2}U_2$　　C. $2\sqrt{2}U_2$　　D. $\sqrt{6}U_2$

23. 单相全控桥式整流电路带大电感负载时，控制角 α 的移相范围是（　　）。

A. 0°～90°　　B. 0°～180°　　C. 90°～180°　　D. 180°～360°

24. 单相全控桥式整流电路带反电动势负载时，当控制角 α 大于不导电角 δ 时，晶闸管的导通角 $\theta=$（　　）。

A. $\pi-\alpha$　　B. $\pi+\alpha$　　C. $\pi-\delta-\alpha$　　D. $\pi+\delta-\alpha$

25. 逆导晶闸管是将大功率二极管和（　　）集成在一个管芯上而成。

A. 大功率三极管　　B. 逆阻型晶闸管

C. 双向晶闸管　　D. 可关断晶闸管

26. 要使绝缘栅双极型晶体管导通，应（　　）。

A. 在栅极加正电压　　B. 在集电极加正电压

C. 在栅极加负电压　　D. 在集电极加负电压

27. 绝缘栅双极型晶体管内部为（　　）层结构。

A. 1　　B. 2　　C. 3　　D. 4

28. 电力场效应管 MOSFET 是（　　）器件。

A. 双极型　　B. 多数载流子　　C. 少数载流子　　D. 无载流子

29. 电力晶体管 GTR 在逆变电路中是用来作为开关器件的，其工作过程总是在

（　　）之间进行交替的。

A. 放大状态和饱和状态

B. 饱和状态和低阻状态

C. 放大状态和截止状态

D. 饱和状态和截止状态

30. 电力晶体管 GTR 内部电流是由（　　）形成的。

A. 电子

B. 空穴

C. 电子和空穴

D. 有电子但无空穴

三、多项选择题

1.（　　）属半控型电力电子器件。

A. 整流二极管

B. 晶闸管

C. 双向晶闸管

D. 可关断晶闸管

E. 电力晶体管

2. 当晶闸管分别满足（　　）时，可处于导通或阻断两种状态，可作为开关使用。

A. 耐压条件

B. 续流条件

C. 导通条件

D. 关断条件

E. 逆变条件

3. 当晶闸管同时满足（　　）时，处于导通状态。

A. 阳极和阴极之间加上正向电压

B. 阳极和阴极之间加上反向电压

C. 控制极不加任何信号

D. 控制极加正向电压

E. 控制极加反向电压

4. 当已导通的普通晶闸管满足（　　）时，晶闸管将被关断。

A. 阳极和阴极之间电流近似为零

B. 阳极和阴极之间加上反向电压

C. 阳极和阴极之间电压为零

D. 控制极电压为零

E. 控制极加反向电压

5. 若流过晶闸管的电流波形分别为全波、半波、导通角为120°的方波、导通角为90°的方波时，则其对应的电流波形系数分别为（　　）。

A. 1.11

B. 2.22

C. 1.57

D. 1.73

E. 1.41

6. 测量晶闸管阳极和阴极之间的正反向阻值时，可将万用表置于（　　）等挡。

A. R×1 kΩ

B. R×10 kΩ

C. R×10 Ω

D. 直流电压 100 V

E. 直流电流 50 mA

7. 双向晶闸管的触发方式有多种，实际应用中经常采用的触发方式组合有（　　）。

A. $I_+ III_-$　　B. $I_+ III_+$

C. $I_- III_-$　　D. $I_- III_+$

E. $I_+ II_-$

8. 下列电力电子器件属于全控型器件的是（　　）。

A. SCR　　B. GTO

C. GTR　　D. MOSFET

E. IGBT

9. 下列全控型开关器件中属电流型驱动的有（　　）。

A. GTR　　B. IGBT

C. MOSFET　　D. 达林顿管

E. GTO

10. GTO 的门极驱动电路包括（　　）。

A. 开通电路　　B. 关断电路

C. 反偏电路　　D. 缓冲电路

E. 抗饱和电路

测试题答案

一、判断题

1. ×　2. √　3. ×　4. ×　5. ×　6. ×　7. ×　8. √　9. √
10. ×　11. ×　12. √　13. ×　14. ×　15. ×　16. ×　17. √　18. ×
19. ×　20. ×

二、单项选择题

1. A　2. C　3. B　4. B　5. B　6. B　7. A　8. A　9. B
10. B　11. A　12. C　13. C　14. A　15. C　16. C　17. C　18. D
19. A　20. D　21. B　22. A　23. A　24. C　25. B　26. A　27. D
28. B　29. D　30. C

三、多项选择题

1. BC　2. CD　3. AD　4. ABC　5. ACDE　6. AB　7. AC
8. BCDE　9. AD　10. ABC

第 10 章

三相可控整流电路

一般在负载容量4 kW以上，要求直流电压脉动较小的场合，应采用三相整流电路。三相可控整流电路形式很多，有三相半波（三相零式）、三相桥式、双反星形等，但三相半波可控整流电路是最基本的组成形式，其他电路都可看作三相半波可控整流电路的串联与并联。

第1节　三相半波整流电路

一、三相半波（三相零式）不可控整流电路

三相半波不可控整流电路如图10—1a所示。电路由三相变压器供电，也可直接接到三相四线制交流电网上。电路中，三个整流二极管的阴极连在一起接到负载端，称为共阴极接法，而三个阳极分别接到变压器二次侧。从《电工基础》的学习中我们已经知道：三相交流电的三个相电压其幅值是相等的，而各相的相位角依次滞后120°。从三相交流电压波形图（图10—1b）中可见，在任一时刻，总有一相相电压高于另外两相相电压，经过120°后，换成另一相相电压高于其他两相相电压，这种情况按三相电的相序依次循环进行。而对二极管来说，只有当阳极电位高于阴极电位时才能导通，当三个二极管的阴极连在一起时，只有其中阳极电位最高的一个二极管能够导通，其他两个管子都因受反压而被强迫关断。因此，在共阴极接法的三相半波不可控整流电路中，三个二极管按电源相序各轮流导通120°，负载R_d上的电压即输出电压u_d由二极管导通的那一相电源供给，输出电压u_d的波形如图10—1c所示，是三相电源波形的正向包络线。二极管的换相总是发生在两个相电压正半周相邻波形的交点处，这些交点即图10—1b中的d、e、f、g等点，称为自然换相点。整流输出电压、电流波形如图10—1c所示，输出直流平均电压U_d可由u_d经积分运算后求出：

$$U_d = 1.17U_{2\Phi}$$

式中，$U_{2\Phi}$为变压器二次侧相电压有效值。

整流二极管两端电压u_{VD1}波形如图10—1d所示。以VD1管为例，一个周期内分成三区间：$\omega t_1 \sim \omega t_2$期间为VD1导通区，$u_{VD1}$即为二极管的管压降，可认为近似为零，波形是一条直线；$\omega t_2 \sim \omega t_3$期间为VD2导通区，忽略VD2的管压降，所以VD1承受的电压为u_{ab}（线电压u_{ab}超前对应的相电压u_a30°）；$\omega t_3 \sim \omega t_4$期间为VD3导通，VD1承受的电压为$u_{ac}$。由此可见，整流二极管承受最大反向电压为电源线电压峰值。如变压器二

次侧相电压的有效值是 $U_{2\Phi}$，则整流二极管应能承受的最大反向电压应大于$\sqrt{6}U_{2\Phi}$，即 $2.45U_{2\Phi}$。

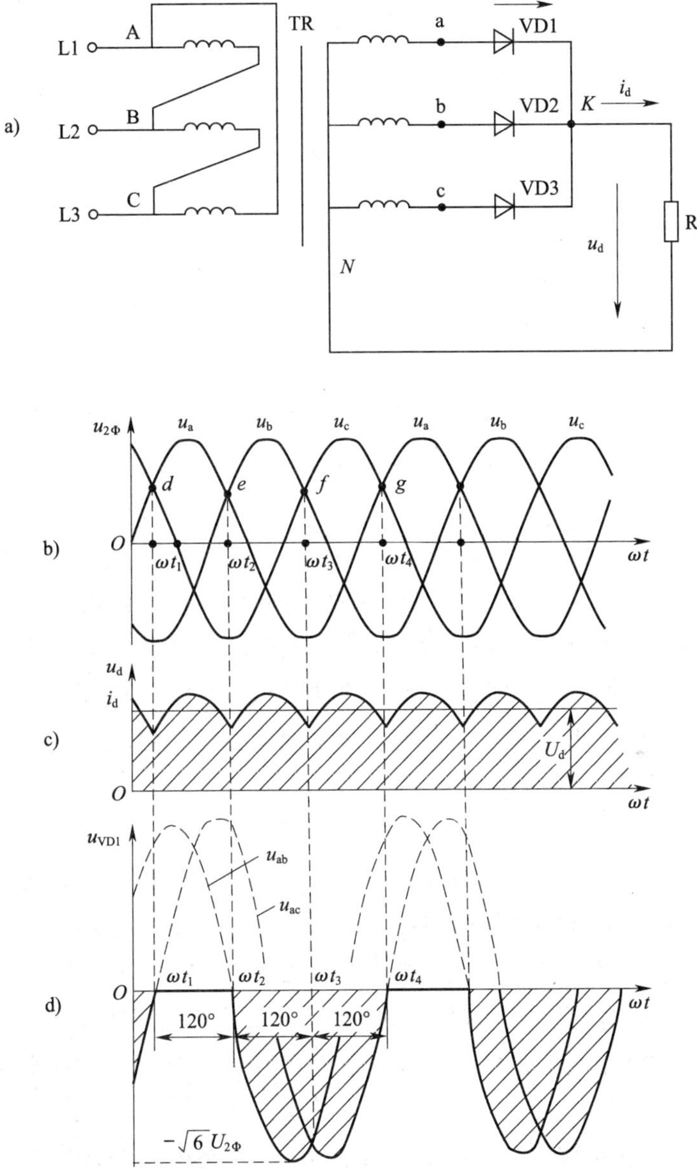

图 10—1　三相半波不可控整流电路图及其波形图

a）电路图　b)、c)、d）波形图

二、共阴极接法的三相半波可控整流电路

将三相半波不可控整流电路中的二极管换成晶闸管即为三相半波可控整流电路。晶闸管整流电路的特点是实际换相点不一定在自然换相点上，而决定于触发脉冲的相位即控制角 α。三相半波可控整流电路的控制角 α 以对应的自然换相点为起算点。由于自然换相点距相电压波形原点的相位角为 30°，所以触发脉冲距对应的相电压波形原点的相位角为 $30°+\alpha$。

1. 电阻性负载

当 $\alpha=0°$（即 $\omega t=30°$）时，触发脉冲在自然换相点加入，电路工作情况与二极管整流时一样。但注意这种电路对触发脉冲是有一定要求的，它要求 u_{g1}、u_{g2}、u_{g3} 三个触发脉冲各自相隔 120°，而且按照 1—2—3—1—2—3—……这样的次序分别加到 VT1、VT2、VT3 这三个晶闸管上。

当 $\alpha\leqslant30°$时，输出电压 u_d 的波形如图 10—2a 所示（图示为 $\alpha=18°$时的情况）。触发脉冲 u_{g1} 在自然换相点 ωt_0 后延迟 α 角在 ωt_1 时刻触发 VT1，这时 a 相电压最高，VT1 导通后，VT2、VT3 承受反压，因此即使 VT2、VT3 同时被触发也不可能导通。VT1 导通到 VT2 的自然换相点 ωt_2 时，由于触发脉冲 u_{g1}、u_{g2}、u_{g3} 间隔为 120°，此时触发脉冲 u_{g2} 还未出现，VT2 无法导通，故 VT1 也无法关断。继续导通到 ωt_3 时刻，直至触发脉冲 u_{g2} 到来，触发 VT2 导通后，才迫使 VT1 关断，负载上电压波形由 u_a 转换为 u_b。输出电压 u_d 波形如图 10—2a 所示，晶闸管 VT1 的电流 i_{VT1} 与两端电压 u_{VT1} 波形分别如图 10—2c 与图 10—2d 所示。由上述分析可以看出，在 $\alpha\leqslant30°$时，每个晶闸管始终轮流导通 120°，输出直流平均电压 U_d 可由 u_d 经积分运算后求出：

$$U_d=1.17U_{2\Phi}\cos\alpha \quad (0°\leqslant\alpha\leqslant30°)$$

当 $30°<\alpha\leqslant150°$时，VT1 同样在触发脉冲 u_{g1} 来到时被触发导通，但当 VT1 导通到 $\omega t=180°$即 a 相电压正半周结束 $u_a=0$ 时，VT1 因阳极电压为零不再满足导通条件被自行关断，而在此时 u_{g2} 尚未到来，VT2 还未被触发导通，从而造成三个管子均不导通的情况，负载上没有电流流过，输出电压等于零。这种情况下，电流波形出现了断续，每个晶闸管导通的电角度小于 120°，此时的输出电压波形如图 10—2e 所示。在这个区间中，输出电压平均值 U_d 为：

$$U_d=0.675U_{2\Phi}\left[1+\cos(30°+\alpha)\right] \quad (30°<\alpha\leqslant150°)$$

随着控制角 α 的增大，触发脉冲不断后移，输出电压 U_d 不断减小。到 $\alpha=150°$即 $\omega t=180°$时，触发脉冲出现时晶闸管阳极电压已为零而不能触发导通，输出电压 u_d 波形变为一条直线，$U_d=0$。因此，三相半波可控整流电路在带电阻负载时，α 的移相范围为

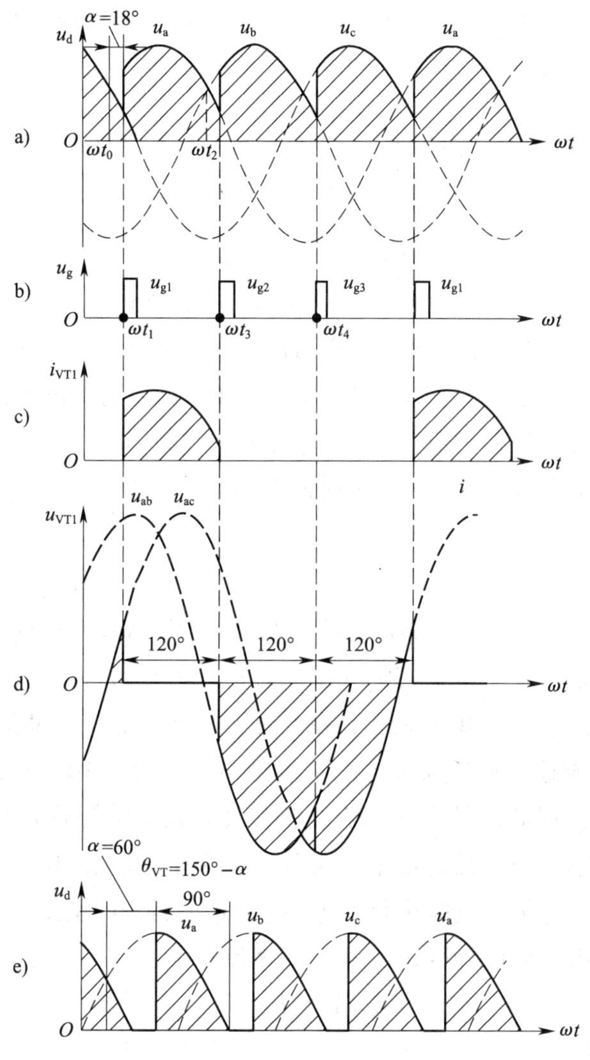

图 10—2　三相半波可控整流电路波形图

0°～150°。当 $\alpha>150°$时，晶闸管总是不能触发导通，输出电压始终为零。输出电压的波形始终是一条直线。但在用示波器观察波形时，在 $\alpha>150°$的情况下，可能会看到一些尖脉冲状的毛刺而不是一条理想的直线。这是因电路中存在的杂散电感、电容或其他一些因素所造成的，可不必细究。

从上述分析中可以看出，整流电路带电阻性负载时，当 α 在 0°～150°内变化时，输出直流电压 U_d从 1.17$U_{2\Phi}$下降到零。当 $\alpha=0°$时 U_d最高，在 $0°\leqslant\alpha\leqslant30°$时，输出电压、电流波形是连续的（由于是电阻性负载，电压、电流波形是相似的），晶闸管的导通角总是

120°，$U_d=1.17U_{2\Phi}\cos\alpha$；在 $30°<\alpha\leqslant150°$时，波形是断续的，每只晶闸管的导通角 $\theta_{VT}=150°-\alpha$，输出电压 $U_d=0.675U_{2\Phi}[1+\cos(30°+\alpha)]$。输出电流平均值为 $I_d=U_d/R_d$，流过每只晶闸管的平均电流为 $I_{dVT}=\frac{1}{3}I_d$。

当 $\alpha>30°$时，负载电流 i_d断续期间，三个晶闸管都不导通，晶闸管两端承受该相相电压，在画管子电压波形时要特别注意。在电路的整个工作过程中，晶闸管两端承受的最大电压是线电压，其幅值为$\sqrt{6}U_{2\Phi}$，因此在计算晶闸管的耐压时，要按线电压再放 2～3 倍安全裕量加以考虑，晶闸管承受的最大电压 $U_m=(2\sim3)\sqrt{6}U_{2\Phi}$。

当触发脉冲提早出现在自然换相点之前且脉冲很窄时，会出现触发脉冲到来时管子还未受正压，当管子开始受正压时脉冲已消失而使管子不能导通的情况，从而使输出电压成为断续的、各相间隔轮流导通的缺相波形，这是不允许的。

为此，在实际可控整流装置中，触发脉冲左移时对最小控制角 α_{min}必须有相应的限制措施。

2. 大电感负载

带大电感负载的三相半波可控整流电路图及其波形图如图 10—3 所示。当 $\alpha\leqslant30°$时，u_d波形与带电阻负载时一样。当 $\alpha>30°$（图中为 $\alpha=60°$）时，VT1 导通到 ωt_1时，其阳极电压 u_a已过零开始变负，由于电流减小，在电感 L_d上产生感应电动势的作用，使 VT1 仍处于正向电压而继续导通，直到 ωt_2时刻，u_{g2}触发 VT2 导通，VT1 才承受反压被关断，使 u_d波形出现部分负压。因此，尽管 $\alpha>30°$，仍然使各相晶闸管导通 120°，从而保证了电流连续。所以串接了大电感之后，虽然 u_d波形脉动很大，甚至出现负值，但 i_d的波形脉动却很小。当 L_d足够大时，i_d的波形基本平直，电阻 R_d上得到的是完全的直流电压。输出电压 U_d在整个移相范围内都可用下列同一个公式来计算：

$$U_d=1.17U_{2\Phi}\cos\alpha$$

输出电流平均值为：

$$I_d=\frac{U_d}{R_d}=1.17\frac{U_2}{R_d}\cos\alpha$$

流过晶闸管的平均电流与有效电流分别为：

$$I_{dVT}=\frac{1}{3}I_d$$

$$I_{VT}=\sqrt{\frac{1}{3}}I_d=0.577I_d$$

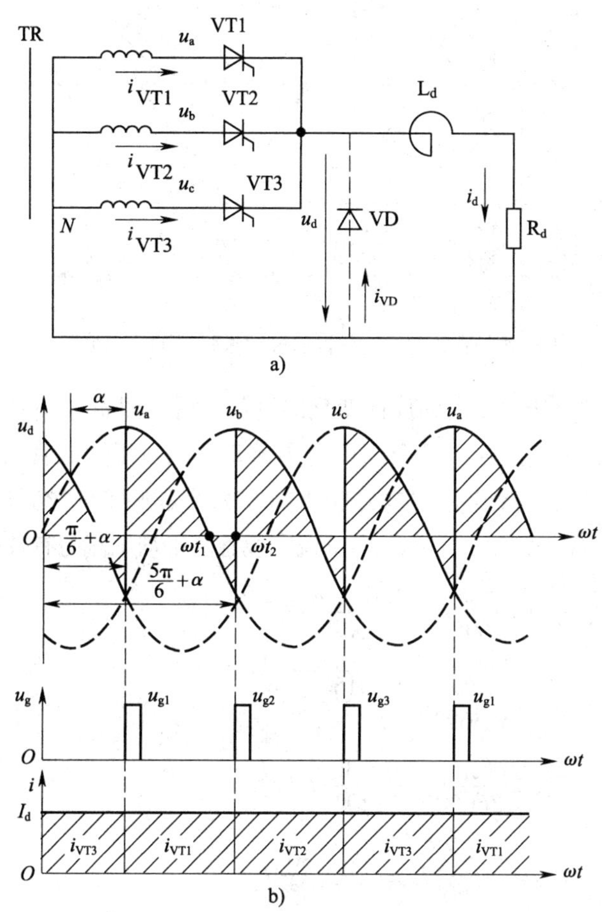

图 10—3　带大电感负载的三相半波可控整流电路图及其波形图

a）电路图　b）波形图

从 U_d的计算公式中可见，当 $\alpha = 90°$时，$U_d = 0$，此时输出电压 u_d波形正负面积相等，所以在带大电感负载时，触发脉冲的移相范围为 0° ~90°。在 $\alpha > 90°$时，由于电感中所释放出的能量不可能大于所吸收的能量，即电压波形中负面积不可能大于正面积，故输出电压 U_d仍然为零。

三相半波可控整流电路带电感性负载时，也可加接续流管，图 10—4 即为加接续流管且 $\alpha = 60°$时的输出电压、电流波形。

由图可见，接了续流管后，u_d电压波形和 U_d的计算公式与带纯电阻负载时完全一样，而负载电流 i_d波形与带大电感负载时一样，可认为是一条直线。在 $\alpha \leqslant 30°$时，因为 u_d电压始终大于零，续流管也始终承受反压而不会导通；而在 $\alpha > 30°$时，续流管就有可能承受正

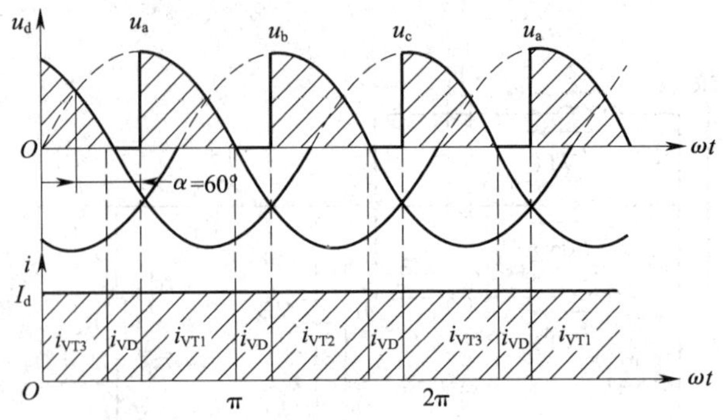

图 10—4　带大电感负载且加接续流管时的输出波形图

压而导通（发生在电源电压由正向朝反向变化的过零点后，即 $\omega t=180°$处），这种情况在一个周期内会发生 3 次，即续流管在一个周期内导通 3 次。由于续流管的导通会使晶闸管关断，因此在加接续流管的三相半波可控整流电路中，每个晶闸管的导通角 $\theta_{VT}=150°-\alpha$，续流管的导通角 $\theta_{VD}=3(\alpha-30°)$，晶闸管与续流二极管的平均电流与有效电流分别如下：

晶闸管平均电流：$I_{dVT}=\dfrac{\theta_{VT}}{360°}I_d=\dfrac{150°-\alpha}{360°}I_d$

晶闸管有效电流：$I_{VT}=\sqrt{\dfrac{\theta_{VT}}{360°}}I_d=\sqrt{\dfrac{150°-\alpha}{360°}}I_d$

续流管平均电流：$I_{dVD}=\dfrac{\theta_{VD}}{360°}I_d=\dfrac{\alpha-30°}{120°}I_d$

续流管有效电流：$I_{VD}=\sqrt{\dfrac{\theta_{VD}}{360°}}I_d=\sqrt{\dfrac{\alpha-30°}{360°}}I_d$

【例 10－1】　已知三相半波可控整流电路带大电感负载，工作在 $\alpha=60°$，$R_d=2\ \Omega$，变压器二次侧相电压 $U_{2\Phi}=200$ V，求不接续流管与接续流管两种情况下的 I_d 值并选择晶闸管元件。

解：

（1）不接续流管时

因为是大电感负载，故有：$U_d=1.17U_{2\Phi}\cos\alpha=1.17\times200\times\cos60°=117$（V）

$$I_d=U_d/R_d=117\div2=58.5\ (A)$$

$$I_{VT}=\sqrt{\frac{1}{3}}I_d=33.77\ (A)$$

晶闸管额定电流：

$$I_{T(AV)}\geqslant(1.5\sim2)\frac{I_{VT}}{1.57}=(1.5\sim2)\times21.5=32.25\sim43\ (A)$$

晶闸管额定电压为 $U_{Tn} \geq (2 \sim 3)\sqrt{6}U_{2\Phi} = (2 \sim 3)\ 490\ (V)$，所以选择 50 A、1 000 V 的晶闸管，型号规格为 KP50－10。

（2）接续流管时

按电阻性负载的公式计算，有：

$$U_d = 0.675U_{2\Phi}[1 + \cos(\alpha + 30°)] = 0.675 \times 200 \times (1 + \cos90°) = 135\ (V)$$

$$I_d = U_d/R_d = 135 \div 2 = 67.5\ (A)$$

$$I_{dVT} = \sqrt{\frac{\theta_{VT}}{360°}}I_d = \sqrt{\frac{150° - \alpha}{360°}}I_d = \sqrt{\frac{90°}{360°}}I_d = 33.75\ (A)$$

$$I_{T(AV)} \geq (1.5 \sim 2)\ \frac{I_{VT}}{1.57} = (1.5 \sim 2) \times 21.5 = 32.25 \sim 43\ (A)$$

$$U_{Tn} \geq (2 \sim 3)\sqrt{6}U_{2\Phi} = (2 \sim 3) \times 490\ (V)$$

选择 KP50－10 晶闸管。

上述计算结果说明，有了续流管，流过整流变压器二次侧的电流即流过晶闸管的电流的导通角 θ 比不接续流管时减小了，因此在 I_d 相同的情况下，晶闸管额定电流与变压器容量相应减小。

3. 反电势负载

直流电力拖动中，绝大多数是串联电感的电动机负载。当电感足够大时，输出电流的波形可近似看成一条直线，u_d 波形及电流计算与大电感负载时一样。当 L_d 不够大或电枢电流太小时，L_d 中储存的磁场能量较小，不足以维持电流连续，使负载电压 u_d 波形出现由于反电动势 E 所形成的阶梯。图 10—5 为 $\alpha = 60°$ 时电流连续与断续两种情况的波形。由图可见，由于电流断续时负载两端的电压就是反电动势 E，且只有在电源电压大于反电动势 E 的情况下晶闸管才能导通，故输出电压平均值 U_d 大于反电动势 E。

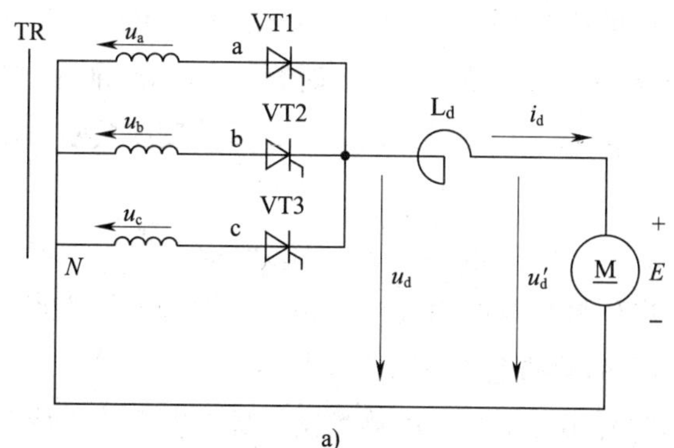

a)

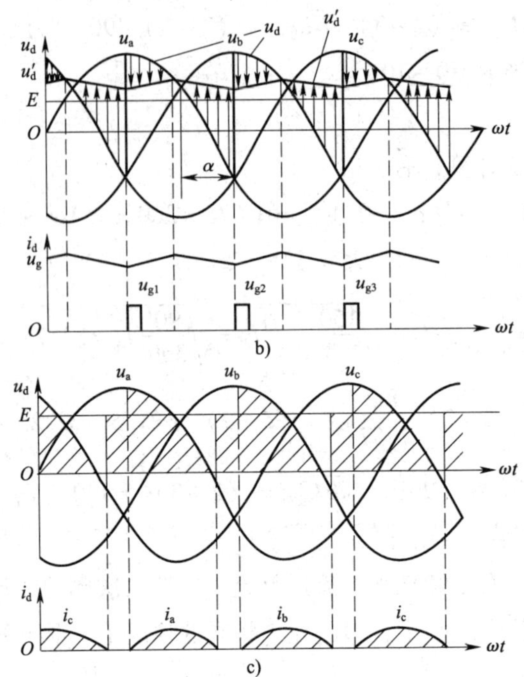

图 10—5　串联电感的反电动势负载的电路图及波形图

a）电路图　b）电流连续时的波形图　c）电流断续时的波形图

三、共阳极接法的三相半波可控整流电路

三相半波可控整流电路除了上面分析的共阴极接法外，另一种方法是把三个晶闸管的阳极连在一起，而三个阴极分别接到三相交流电源，如图 10—6a 所示，这种接法称为共阳极接法。

共阳极接法电路可以和共阴极电路一样分析。由于晶闸管方向反了，因此只能在电源相电压的负半周导通，电流方向改变。因三个晶闸管的阳极连接在一起是等电位，所以电路换流总是换到阴极电位更负的那一相，自然换流点是相电压负半周相邻两相的交点。图 10—6b 为共阳接法当 $\alpha = 30°$时的波形，在 ωt_1时刻触发 VT3 导通，直到 ωt_2时刻触发 VT1，由于 a 相电压更负，所以当 VT1 触发导通后，VT3 承受反压关断，使电路能正常换流。带大电感负载时 U_d值为：

$$U_d = -1.17U_{2\Phi}\cos\alpha$$

式中负号表示整流电压极性与共阴极接法相反，即变压器零点 N 为“+”，共阳极点 K 为“-”，i_d方向与图上标明的电流参考方向相反。

共阳极接法的电路与共阴极接法的电路相比，具有以下几个特点：

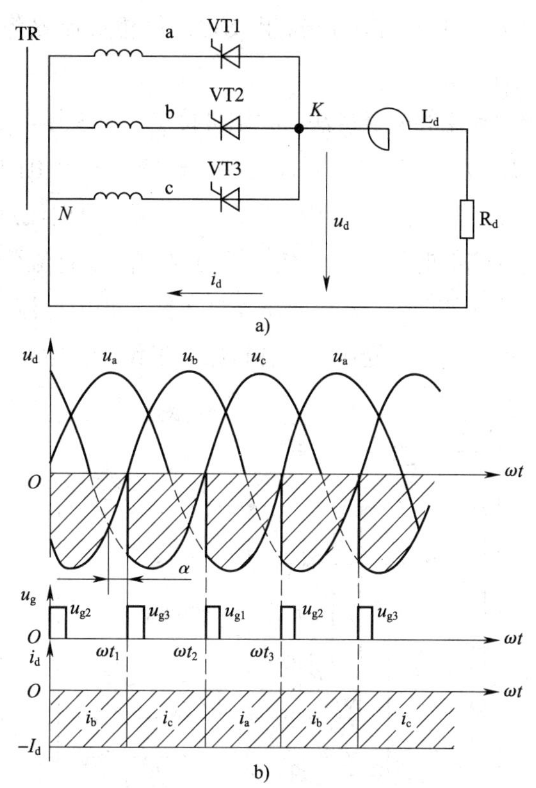

图 10—6　三相共阳极可控整流电路图及电流电压波形图

a）电路图　b）波形图（$\alpha=30°$）

1. 三个晶闸管中，总是其中阴极电位最低的那一相所对应的管子导通。

2. 自然换相点在 $\omega t=210°$处，与共阴极接法的自然换相点相差 180°。

3. 电流只能从晶闸管的阳极流进，从电源的零线 N 点流出，电流的实际方向与共阴极接法时相反。

4. 负载上整流电压平均值是负值，即 u_d极性为上负下正，也与共阴极接法时相反。

在某些整流装置中，考虑散热效果与安装方便，晶闸管采用共阳极接法。由于在共阳极接法时，三个晶闸管阳极同电位，故所有晶闸管可固定在同一块大散热板上，但此种接法的缺点是要求三个触发电路的输出线圈彼此绝缘。

三相半波可控整流电路只用三只晶闸管，与单相整流电路比较，输出电压脉动小，输出功率大，三相负载平衡。对于 220 V 的直流电动机负载，可省去整流变压器直接由 380 V 三相四线电源供电。三相半波电路的不足之处是晶闸管电流即变压器二次侧电流在一个周期内只有 1/3 时间有电流流过，变压器利用率很低。此外由于变压器二次侧电流为单向脉动电流，其直流分量在磁路中形成直流不平衡磁势，在三相变压器中产生较大的漏磁通，引起附加损耗；如用三只单相变压器组成时，每相直流磁势都会严重地使铁心饱和，这在实际应用上是不允许的。

为了克服上述缺点，可利用共阴极接法与共阳极接法对于变压器的二次侧电流方向是相反的特点，用一个整流变压器，同时对共阴极与共阳极两个整流电路供电，如图10—7a所示。如变压器二次侧a相绕组正向流过共阴极组的i_{VT1}电流，反向流过共阳极组的$i_{VT1'}$电流，就可使变压器流过二次侧电流的时间增加一倍，同时又消除了直流分量。图10—7b即为二组三相半波整流电路的α均为30°时，u_d与变压器二次侧a相中电流i_a的波形。电路中二组三相半波整流电路并联，使用同一只变压器，各自独立工作，中性线上电流$I_N = I_{d1} - I_{d2}$。

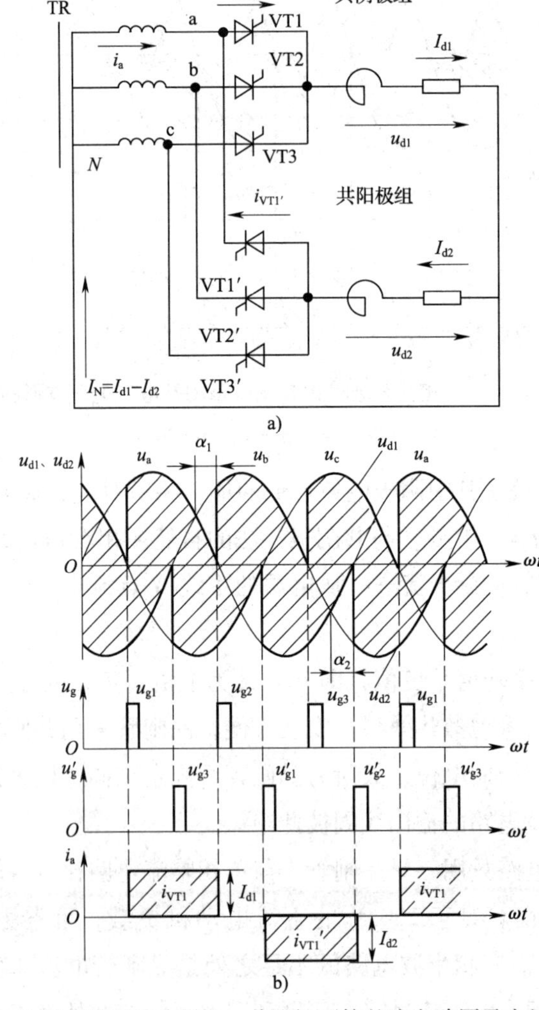

图10—7 共用变压器的共阴极、共阳极可控整流电路图及电压电流波形图

a）电路图 b）波形图

第2节　三相桥式全控整流电路

在图10—7所示的电路中共阴极组与共阳极组如负载完全相同且控制角α一致，则此时负载电流I_{d1}、I_{d2}在数值上相同，中性线中电流的平均值$I_N = I_{d1} - I_{d2} = 0$。因此将中性线断开不影响工作，再将两个负载合并为一，就成为工业上广泛应用的三相桥式全控整流电路，如图10—8所示。三相桥式全控整流电路实质上是一组共阴极组与一组共阳极组的三相半波可控整流电路的串联，可用三相半波电路的基本原理来分析。

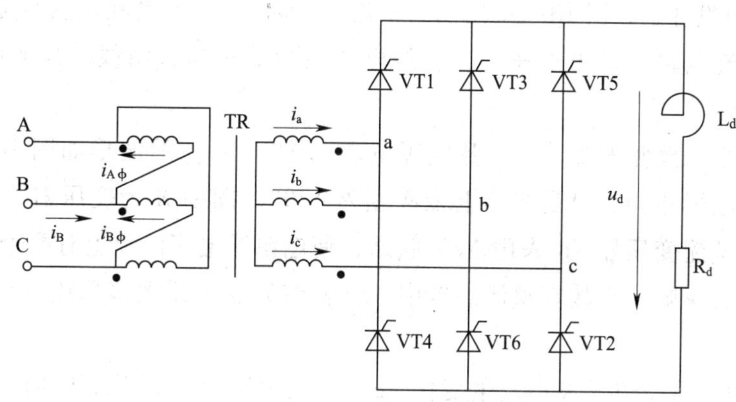

图10—8　三相桥式全控整流电路

一、工作原理

1. 晶闸管的导通顺序

从图10—7中可以看出，六个晶闸管导通的顺序是VT1→VT3′→VT2→VT1′→VT3→VT2′→VT1→…，每个晶闸管轮流导通120°。为了分析的方便，在三相全控桥式整流电路中，我们将六个晶闸管重新进行编号，如图10—8所示，共阴极组的三个管子为VT1、VT3、VT5，共阳极组的三个管子为VT4、VT6、VT2。另外，由于中性线已断开，要使电流流通，负载上有输出电压，必须在共阴极组和共阳极组中各有一个不在同一相的晶闸管同时导通。这样，三相全控桥式整流电路中晶闸管的导通顺序即为6、1－1、2－2、3－3、4－4、5－5、6－6、1—…从中可以得到一些规律：每次都有两个晶闸管同时导通；每隔60°换相一次；每个晶闸管轮流导通120°；同一组（共阴极组或共阳极组）中相邻两个晶闸管相隔120°被触发导通；同一相中所接的两个晶闸管相隔180°被触发导通等。

2. 波形分析

根据上述晶闸管的导通顺序和规律，即可很方便地分析三相全控桥式整流电路的工作原理。由于必须有两个晶闸管同时导通才能向负载输出电压，而这两个晶闸管是分别连接到整流变压器二次侧不同的两相绕组上的，所以负载上的输出电压是由不同相位的线电压所组成的，VT6、VT1导通时负载上的输出电压是u_{ab}，VT1、VT2导通时负载上的输出电压是u_{ac}，依此类推，负载上的输出电压u_d在一个周期（360°）中有6个相同的波头，依次为u_{ab}、u_{ac}、u_{bc}、u_{ba}、u_{ca}、u_{cb}。图10—9所示即为三相全控桥式整流电路在$\alpha=0°$时，带大电感负载时的电压电流波形。图10—9a、图10－9b所示为各晶闸管分别在$\omega t_1 \sim \omega t_6$被触发导通，图10—9c所示为$u_d$波形。因$\alpha=0°$处就在自然换流点，所以三相桥式全控整流电路的输出电压是三相线电压波形的正向包络线，其平均值为$U_d=2.34U_{2\Phi}$。

整流变压器二次侧电流i_a、i_b及电源电流$i_B=i_{A\phi}-i_{B\phi}$的波形如图10—9d所示，其他两相电流波形相同，只是相位上依次相差120°，图中K为变压器一、二次侧的匝数比。由于整流变压器TR采用△/Y联结，使电源线电流波形上有两个阶梯，更接近正弦波，谐波影响小。故在整流装置中，三相整流变压器大多采用△/Y或Y/△联结。

当$\alpha>0°$时，输出电压波形发生变化，$\alpha=30°$、60°、90°以及120°时的波形，如图10—10所示。从图中可见，当$\alpha \leqslant 60°$时，u_d波形均为正值，当$60°<\alpha<90°$时，由于L_d自感电动势的作用，u_d波形瞬时出现负值，但正面积大于负面积，输出电压平均值U_d仍为正值。当$\alpha=90°$时，u_d波形正负面积相等，$U_d=0$，故带电感性负载时移相范围为0°～90°。当$\alpha>90°$时，u_d波形断续，由于U_d接近于零，i_d太小，晶闸管无法导通，因此在$\alpha=120°$的波形图中，如图10—10d所示，是一些不规则的杂乱波形。在$0° \leqslant \alpha \leqslant 90°$时输出电压平均值为$U_d=2.34U_{2\Phi}\cos\alpha$。

通过上述分析可知，输出电压u_d在每一个周期中有6个相同的波头，它们分别属于线电压u_{ab}、u_{ac}、u_{bc}、u_{ba}、u_{ca}、u_{cb}，这6个线电压的相位关系可用向量图表示，如图10—11所示，图中$\dot{U}_a$为相电压向量，$\dot{U}_{ab}$为线电压向量，$\dot{U}_{ab}$超前于$\dot{U}_a$30°，其幅值为$\dot{U}_a$的$\sqrt{3}$倍。$\dot{U}_{ab}$、$\dot{U}_{bc}$、$\dot{U}_{ca}$依次滞后120°，$\dot{U}_{ac}$、$\dot{U}_{ba}$、$\dot{U}_{cb}$分别是$\dot{U}_{ca}$、$\dot{U}_{ab}$、$\dot{U}_{bc}$的反相。

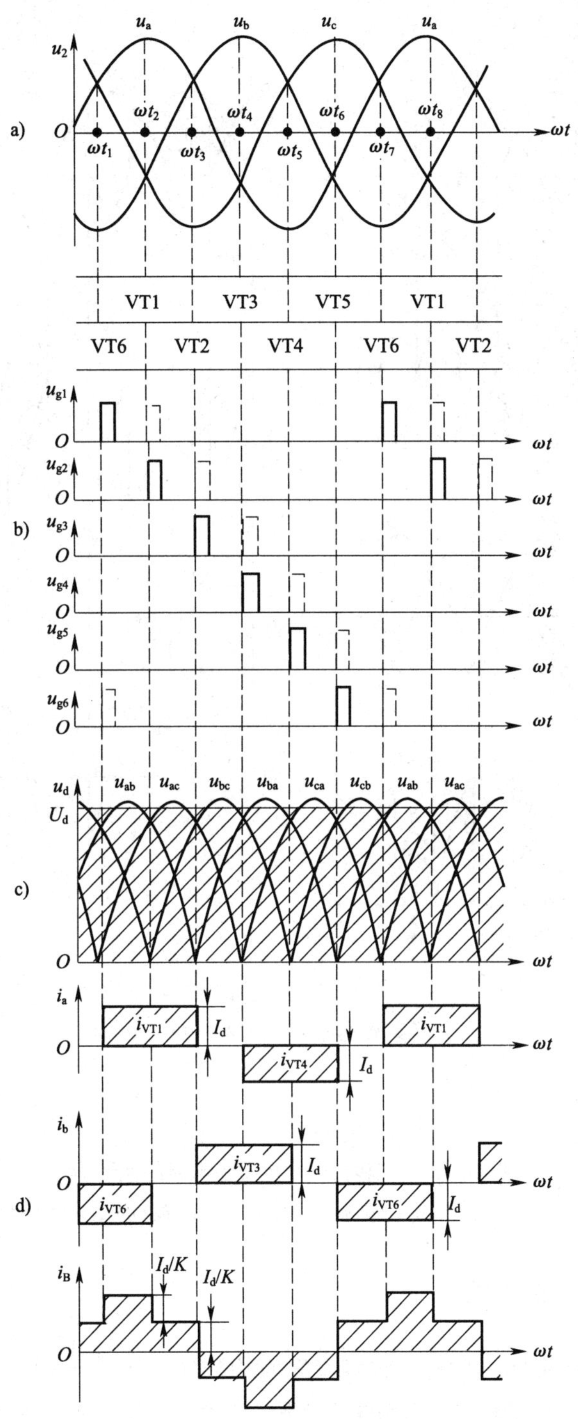

图 10—9　三相桥式全控整流电路的电压电流波形图

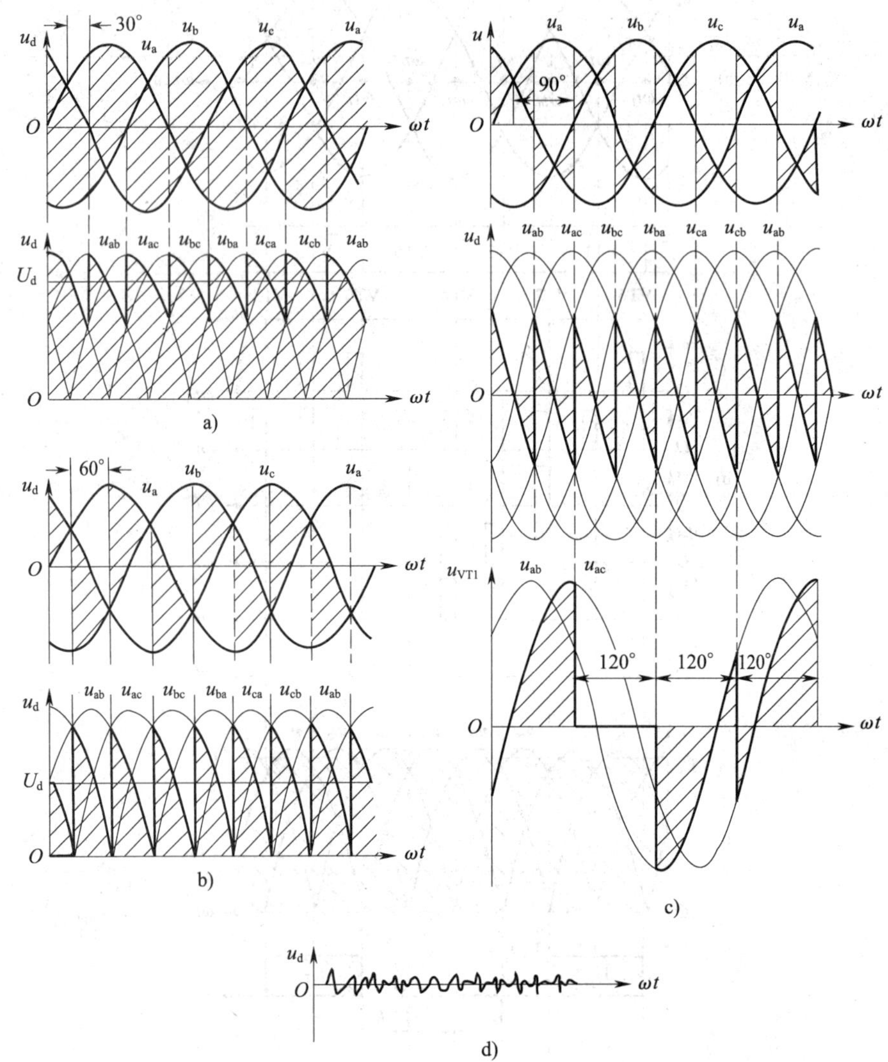

图 10—10　三相桥式全控整流电路的波形图

a）$\alpha=30°$波形　b）$\alpha=60°$波形　c）$\alpha=90°$波形　d）$\alpha=120°$波形

二、对触发脉冲的要求

三相桥式全控整流电路六个晶闸管触发导通的顺序为 VT1→VT2→VT3→VT4→VT5→VT6→VT1→⋯，在三相电源相序正确的情况下，编号为 VT1、VT4 两个管子接 a 相（a 相可任意指定，但相序不能反），VT3、VT6 管接 b 相，VT2、VT5 管接 c 相。根据这样的排列，触发脉冲顺序为 $u_{g1} \to u_{g2} \to u_{g3} \to u_{g4} \to u_{g5} \to u_{g6}$，间隔为 60°，如图 10—9b 所示。

为了保证整流装置能启动工作或在电流断续后晶闸管能再次导通，必须对两组中应导通的一对晶闸管同时加有触发脉冲。为此可采取两种方法：一种是单宽脉冲触发，使每一个触发脉冲的宽度大于 60°（必须小于 120°，通常取 90°左右）。这样在换相时，相隔 60°的后一个脉冲出现时，前一个脉冲还未消失，使电路在任何换相点均有相邻两个管子被触发；另一种方法是在触发某一号晶闸管时，触发电路设法同时给前一号晶闸管补发一个脉冲（称辅助脉冲），比如触发 VT3 的同时，对 VT2 补发辅助脉冲；触发 VT4 的同时，对 VT3 补发辅助脉冲，如图 10—9b 中的虚线脉冲，这样，就能保证每个换流点同时有两个脉冲触发相邻的晶闸管，作用与单宽脉冲一样，这种方式称为双窄脉冲触发。双窄脉冲虽然触发电路比较复杂，但可减小触发电路功率与脉冲变压器体积，故目前采用较多。

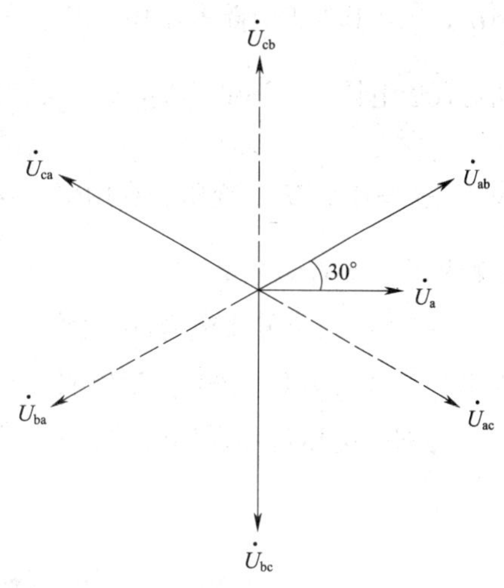

图 10—11　三相电源电压向量图

通过上述分析，可归纳以下几点：

1. 三相桥式全控整流电路在任何时刻必须保证有不在同一相的两个晶闸管同时导通才能构成电流回路。与三相半波整流电路一样，晶闸管换流只在本组内进行，每隔 120°换流一次。由于电路中共阴极与共阳极组换流点相隔 60°，所以每隔 60°有一次换流，晶闸管导通情况如图 10—9a 所示。

2. 三相桥式全控整流电路的负载电压 u_d 波形是六个不同线电压的组合，当 $\alpha = 0°$ 时，u_d 波形为三相线电压的正向包络线，每周期脉动 6 次。带大电感负载时，其平均值为：

$$U_d = 2.34 U_{2\Phi} \cos\alpha \qquad (0° \leqslant \alpha \leqslant 90°)$$

3. 三相桥式全控整流电路控制角 α 的起算点（自然换流点）与三相半波可控整流电路时相同，为相邻相电压的交点（包括正向与负向），距波形原点 30°，但是在线电压波形上，是相邻正向线电压的交点。由于线电压超前对应的相电压 30°，因此在对应线电压波形上，$\alpha = 0°$的点距波形原点为 60°。如 $\alpha = 30°$，在相电压波形上脉冲距波形原点 60°，在对应的线电压上，脉冲距波形原点 90°。

4. 晶闸管两端电压波形与三相半波可控整流电路时完全一样，晶闸管承受最大电压为$\sqrt{6}U_{2\Phi}$。由于桥式电路输出电压比三相半波增大一倍，所以在同样的U_d值时，三相桥式电路对管子电压要求降低一半。流过晶闸管的电流i_{VT}与三相半波时完全相同，为$I_{dVT}=\frac{1}{3}I_d$，$I_{VT}=\sqrt{\frac{1}{3}}I_d=0.577I_d$。变压器利用率提高，其二次侧每周期内有240°流过电流且电流波形正负面积相等，无直流分量。

5. 三相桥式全控整流电路必须用双窄脉冲或单宽脉冲触发，触发脉冲的移相范围在带大电感负载时为0°～90°；带电阻负载时，在$\alpha>60°$时，u_d波形断续，由于晶闸管的导通要维持到线电压过零反向时才关断，所以移相范围为0°～120°。

第3节　三相桥式半控整流电路

在中等容量的整流装置或不要求可逆的电力拖动中，可采用比三相全控桥式整流电路更简单、更经济的三相桥式半控整流电路，如图10—12a所示，它由共阴极接法的三相半波可控整流电路与共阳极接法的三相半波不可控整流电路串联而成，因此这种电路兼有可控与不可控两者的特性。共阳极组三个整流二极管总是在自然换流点换流，使电流换到比阴极电位更低的一相中去；而共阴极组三个晶闸管则要在触发后才能换到阳极电位高的一相中去。输出整流电压u_d的波形是两组整流电压波形之和，改变共阴极组晶闸管的控制角α，可获得0～$2.34U_{2\Phi}$的直流可调电压。

一、电阻性负载

当$\alpha=0°$即触发脉冲在自然换流点出现时，整流电路输出电压最大，其数值为$2.34U_{2\Phi}$，u_d波形与三相全控桥式整流电路在$\alpha=0°$时输出的电压波形一样。

当$\alpha<60°$时，如图10—12b所示为$\alpha=30°$时的波形。在ωt_1时u_{g1}触发VT1导通，电源电压u_{ab}通过VT1、VD6加于负载。在ωt_2时，共阳极组二极管自然换流，所以ωt_2之后，VD2导通，VD6关断，电源电压u_{ac}通过VT1、VD2加于负载。在ωt_3时刻，由于u_{g3}还未出现，VT3不能导通，VT1维持导通，到ωt_4时刻，触发VT3导通后使VT1承受反向电压而关断，电路转为VT3与VD2导通，依此类推，负载R_d在一个周期内得到的是三个缺角波头连接三个完整波头的脉动波形。当$\alpha=60°$时，u_d波形只剩下三个波头，波形刚好维持连续。当$60°<\alpha<180°$时，如图10—12c所示为$\alpha=120°$时的波形，VT1在u_{ac}电压的作用

下，在 ωt_1时刻开始导通，到 ωt_2时刻 a 相相电压为零时 VT_1仍不会关断，因为使 VT_1正向导通的不是相电压而是线电压，到 ωt_3时刻 $u_{ac}=0$，VT1 才关断。在 $\omega t_3 \sim \omega t_4$期间，VT3 虽受 u_{ba}正向电压，但门极无触发脉冲，故 VT3 不导通，波形出现断续。到 ωt_4时刻，VT3 才触发导通，一直到 u_{ba}线电压为零时关断。在 $0° \leqslant \alpha \leqslant 180°$中，输出电压平均值均为：$U_d = 1.17U_{2\Phi}(1+\cos\alpha)$。

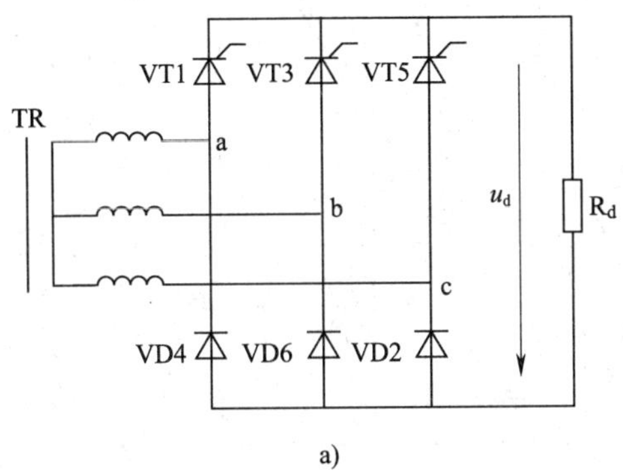

a)

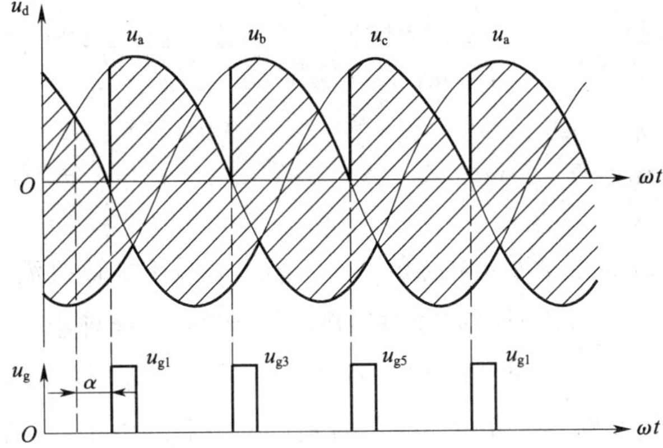

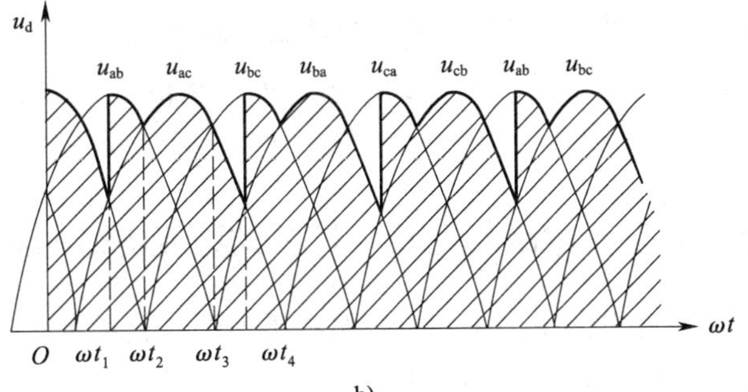

b)

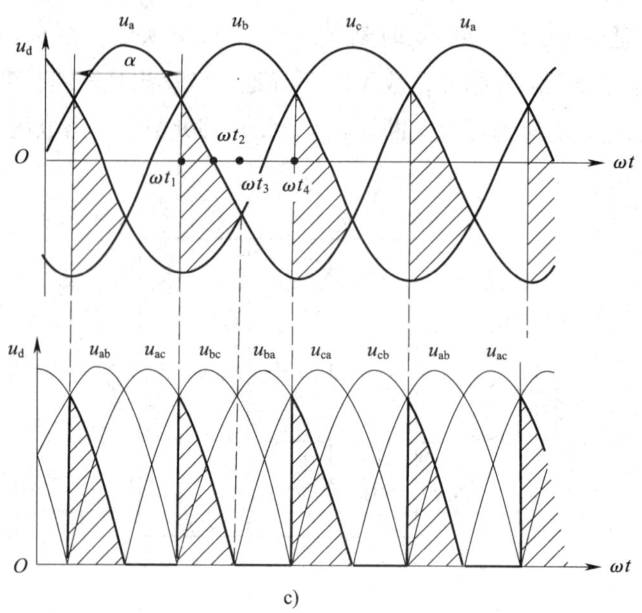

图 10—12　三相桥式半控整流电路图及其电流电压波形图

a）电路图　b）$\alpha=30°$波形　c）$\alpha=120°$波形

二、电感性负载

三相半控桥式整流电路在带大电感负载时，若负载端不加接续流二极管，当突然切断触发信号或把控制角突然调到180°以外时，与单相半控桥式整流电路时一样，也会发生某个导通着的晶闸管关不断，而共阳极组的三个整流管轮流导通的现象，即失控现象。因此，在负载两端必须并接续流二极管。并接续流二极管后，由于二极管的续流作用，输出电压 u_d波形与带电阻性负载时一样，不会出现负电压。因此，可参照带电阻性负载进行分析计算，即 u_d波形在一个周期内：当 $\alpha<60°$时是三个缺角波头连接三个完整波头的脉动波形，当$60°<\alpha<180°$时是三个波头的脉动波形，即移相范围为0°～180°，$U_d=1.17U_{2\Phi}(1+\cos\alpha)$。

三、三相半控桥式整流电路与三相全控桥式整流电路的区别

由于三相半控桥式整流电路采用了三只不可控整流元件，因此，三相半控桥式整流电路与三相全控桥式整流电路存在一定的区别。

（1）对触发脉冲的要求。对于三相全控桥式整流电路要求有不小于60°的宽脉冲或总

宽度不小于60°的双脉冲；而三相半控桥式整流电路只需要窄脉冲即可满足。

（2）整流输出电压 u_d 的波形不同。在 $\alpha=0°$时，两种整流电路的输出波形完全一致；当 $\alpha>0°$以后，两者波形就不同。在 $\alpha\geqslant60°$时，每个周波半控桥只有三个波头，全控桥每个周波有六个波头。

（3）控制角 α 对平均电压和线电流的影响不同。在带电阻性负载时，全控桥在 $\alpha=120°$时输出电压即可为零，而半控桥只有在 $\alpha=180°$时输出电压才可为零；在带电感性负载时，全控桥在 $\alpha=90°$时输出电压为零，$\alpha>60°$以后输出为负值，而半控桥没有这样的功能。同时，为了保证整流元件可靠换流，半控桥需要在电感性负载两端并联续流二极管，而全控桥不需要这样做。当 α 改变时，半控桥的平均电压和线电流的变化较全控桥慢。

（4）当触发脉冲移到自然换流点之前时，半控桥易发生跳相现象，因此，在整流电路设计时应尽可能避开。

（5）在带大电感负载时，如果发生脉冲丢失，则半控桥极易发生失控现象，设计时必须采取措施保证触发回路的可靠工作。

第4节　带平衡电抗器的双反星形可控整流电路

在电解电镀生产中，常需要低压大电流的可调直流电源，直流电压仅几伏到十几伏，而直流电流却高达几千安甚至几万安。如采用三相桥式电路，则大电流要流过两个整流元件，管子功率损耗两份，使效率降低。此外流过元件的平均电流为$\frac{1}{3}I_d$，当 I_d很大时，每个整流桥臂要由多个元件并联，这就带来均流、保护等一系列问题。

三相桥式整流电路是由两组三相半波整流电路串联而成的，故它适宜使用在高压而电流不太大的场合。对于低压大电流负载，能否用两组三相半波整流电路并联工作，利用整流变压器二次侧适当连接的方法，达到消除三相半波整流电路变压器直流磁化的缺点，这就是本节要叙述的带平衡电抗器的双反星形可控整流电路。

如图10—13a所示是具有两组二次绕组的双反星形变压器，图10—13b为带平衡电抗器 L_B的双反星形可控整流电路，由双反星形变压器供电。这种电路有两个特点：其一是整流变压器具有两组二次绕组，且都接成星形，但两绕组接到晶闸管的同名端相反，故称双反星形；其二，两组二次绕组的中性点是通过平衡电抗器 L_B（L_{B1}、L_{B2}）连接在一起。所谓平衡电抗器就是一个带有中心抽头的铁心线圈，抽头两侧的匝数相等，两边电感量 $L_{B1}=L_{B2}$，在任意一侧线圈中有突变电流流过时，在 L_{B1} 与 L_{B2} 中均会有大小相同、方向一致的感应电动势产生。

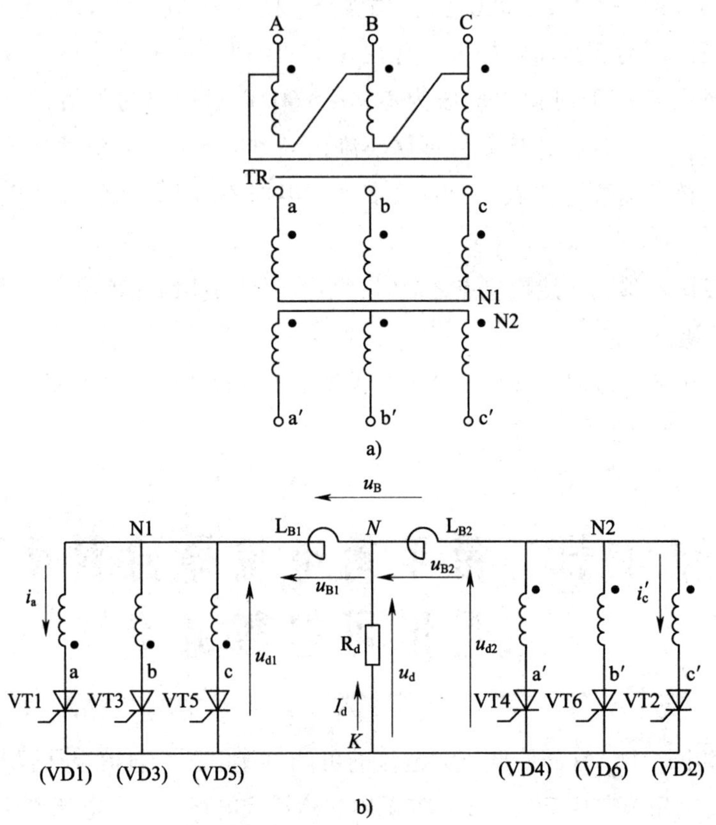

图 10—13　双反星形三相变压器及带平衡电抗器的双反星形可控整流电路

a）双反星形三相变压器　b）带平衡电抗器的双反星形可控整流电路

一、平衡电抗器的作用

1. 六相半波整流电路

为了说明平衡电抗器的作用，先将图 10—13b 中的 L_{B1} 和 L_{B2} 短接，并把晶闸管改成二极管，这就构成了通常的六相半波整流电路，变压器二次侧电压波形如图 10—14a 所示，细实线为 a、b、c 组的三相电压波形，细虚线为 a′、b′、c′组的三相电压波形。由于六个二极管为共阴接法，因此在任何瞬间，只有相电压瞬时值最大的一相元件导通。如在 ωt_1

时刻 a 相电压最大，VD1 管导通，以 N 点作电位参考点，则共阴极点 K 电位亦最高，迫使其他五个二极管承受反压而不能导通。变压器二次侧以 a→c′→b→a′→c→b′的顺序依次达到电压最大值，所以整流二极管以 VD1→VD2→VD3→VD4→VD5→VD6 顺序依次导通 60°，输出直流电压 u_d波形为六个正向相电压波头的包络线，波形与三相桥式整流时相同，只是六相半波时是相电压 $U_{2\Phi}$，而三相桥式是线电压 U_{2l}，所以平均直流电压 $U_d=2.34U_{2\Phi}/\sqrt{3}=1.35U_{2\Phi}$。由于任一瞬时只有一个管子导通，所以每个整流元件与变压器二次绕组就要流过全部负载电流，而导通角 θ 为 60°，仅为 1/6 周期，a 相电流波形如图 10—14b 所示。所以流过二极管或变压器二次绕组的电流导电时间短，峰值高，即 i_{VT}的波形系数 K_f很大，使整流元件的额定电流与变压器导线截面要选大，变压器利用率下降，这就体现不出供应大电流的优点，所以六相半波整流在大电流场合使用较少。

2. 带平衡电抗器的双反星形整流电路

现接入平衡电抗器，仍以不可控整流进行分析，它对应可控整流 $\alpha=0°$的情况。设在图 10—14a 中 $\omega t_1\sim\omega t_2$期间合上变压器一次侧电源，此时 u_{aN1}相电压最高，二极管 VD1 导通，从图 10—13b 可见，VD1 导通后 K 点与 a 点同电位，其他二极管承受反压而不导通。由于存在平衡电抗器，VD1 管导通后使电流 i_a逐渐增大，在平衡电抗器 L_{B1}与 L_{B2}中感应出电动势 e_B阻碍电流增大，极性为右正左负（电压 u_B极性与 e_B相反）。以 N 点为电位参考点，u_{B1}削弱左侧整流组管子的阳极电压，在 $\omega t_1\sim\omega t_2$期间是削弱 VD1 管的阳极电压；u_{B2}增强右侧整流组管子的阳极电压。在 $\omega t_1\sim\omega t_2$期间，除 u_{aN1}最高外，右侧 $u_{C'N2}$相最高，在 u_{B2}作用下，只要 u_B的大小使 $u_{c'N2}+u_B>u_{aN1}$，则二极管 VD2 亦受正压导通。因此 L_B的存在使 VD1、VD2 管同时导通。当其同时导通时，$u_a=u_{c'}$，由于在此期间，$u_{aN1}>u_{c'N2}$，所以 VD2 导通后，VD1 不会关断。随着变压器二次相电压的变化，u_B也相应变化，始终保持 u_a、$u_{c'}$电位相等，维持 VD1、VD2 管同时导通。电抗器 L_B起两相导通的平衡作用，所以称为平衡电抗器。

在 $\omega t_2\sim\omega t_3$期间，$u_{aN1}<u_{c'N2}$，由于 L_B的作用，VD1 也不会关断。因为当 i_a开始减小时，L_B上产生的 e_B极性与上述相反，N1 点为正，N2 点为负，使 VD1、VD2 仍能维持共同导通。在 ωt_3之后，由于 $u_{bN1}>u_{aN1}$，电流从 VD1 换到 VD3，与 $\omega t_1\sim\omega t_2$情况相同，在 $\omega t_3\sim\omega t_4$期间 VD2 与 VD3 同时导通，b 相的二极管 VD3 从 ωt_3时刻开始导通，由于电抗器 L_B的平衡作用，一直要维持到 ωt_6时刻因 VD5 导通而关断，导通 120°。两组二极管同时导通的情况如图 10—14d 所示。

由此可见，由于接入平衡电抗器 L_B，使两组三相半波整流电路能同时工作，即在任一瞬间，两组各有一个元件同时导通，共同负担负载电流，同时每个元件导通角由 60°扩大

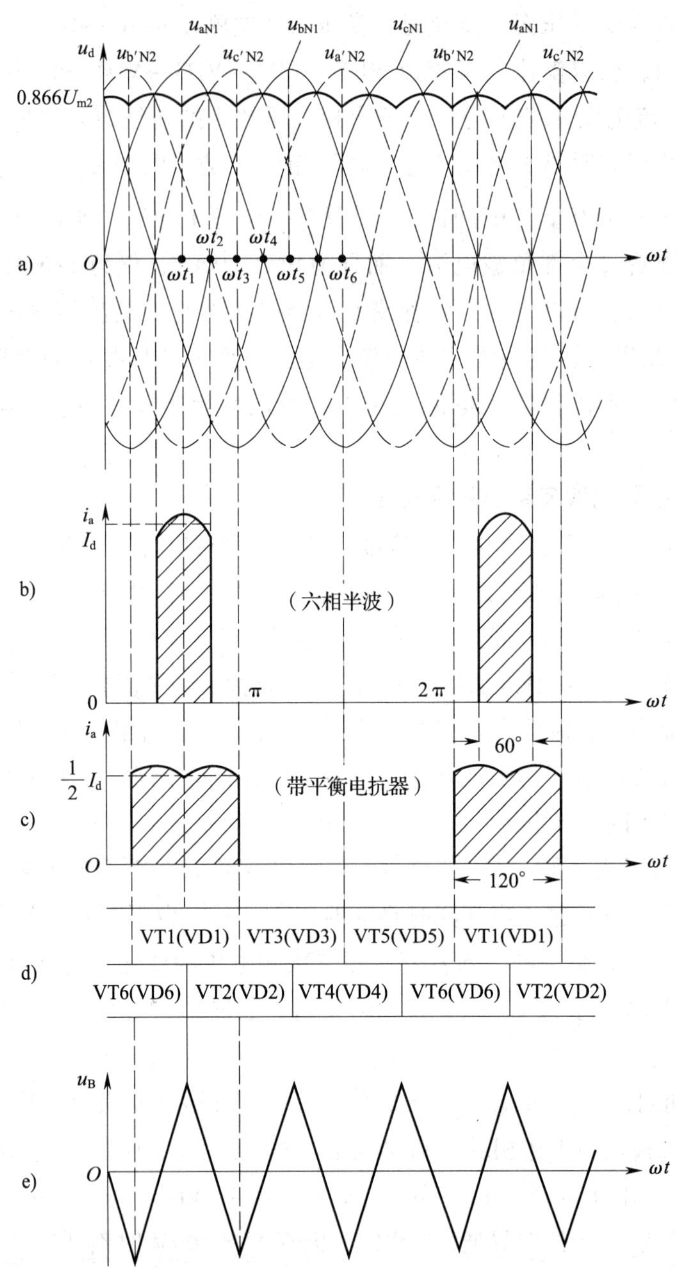

图10—14 带平衡电抗器的双反星形可控整流电路 $\alpha=0°$ 时电压电流波形

a）变压器二次侧电压波形 b）六相半波电路中 i_a 波形 c）双反星形电路中 i_a 波形

d）管子导通情况 e）平衡电抗器上电压波形

为 120°，每隔 60°有一元件换流，此时 i_a波形如图 10—14c 所示。所以平衡电抗器的作用使流过整流元件与变压器二次电流的波形系数 K_f降低，在输出同样直流电流 I_d时，可使二极管或晶闸管的额定电流减小并提高变压器的利用率，在大电流输出时，可少并联或不并联晶闸管。

由于两组三相半波整流电路并联运行，两者输出电压的瞬时值 u_{d1}和 u_{d2}不相等，因而会产生环流，即不经过负载的两相之间的电流，因此必须由平衡电抗器 L_B来限制。通常要求环流值限制在额定负载电流的 2% 左右，使并联运行的两组电流分配尽量均匀。当负载电流很小，其值与环流幅值相等时，工作电流与环流相反的管子由于流过电流小于维持电流而关断，失去并联导电性能，电路转为六相半波整流状态，输出直流电压 U_d会增大，使外特性在小电流负载时上翘变软。

二、带平衡电抗器的双反星形可控整流电路

由上面分析可知，带平衡电抗器的双反星形可控整流电路 $\alpha=0°$的位置是三相半波整流时原来的自然换流点，α 从该点起算。

从图 10—13b 左边整流组看，$u_d=u_{d1}-\frac{1}{2}u_B$，从右边整流组看，$u_d=u_{d2}+\frac{1}{2}u_B$，因此得 $u_d=\frac{1}{2}(u_{d1}+u_{d2})$。由此可见带平衡电抗器双反星形整流电路的直流输出电压 u_d波形是左右两组三相半波整流输出波形相邻两相的平均值，如图 10—14a 中粗实线所示。可以看成一个新的六相半波，其峰值为原六相半波峰值乘以 0.866。

$\alpha=30°$、$\alpha=60°$的 u_d波形分别如图 10—15a、图 10—15b 所示。当 $\alpha\leqslant60°$时 u_d波形连续，输出电压平均值：

$$U_d=1.17U_{2\Phi}\cos\alpha \quad (0°\leqslant\alpha\leqslant60°)$$

当 $\alpha>60°$时，u_d波形断续，输出电压平均值：

$$U_d=1.17U_{2\Phi}[1+\cos(\alpha+60°)] \quad (60°<\alpha<120°)$$

为了确保电流断续后，两组三相半波整流电路还能同时工作，与三相桥式整流电路一样，也要求采用双窄脉冲或单宽脉冲触发，窄脉冲脉宽应大于 30°。在带电阻性负载时，触发脉冲的最大移相范围为 120°。在带电感性负载时，当 $\alpha\leqslant60°$时 u_d波形不出现负电压，与带电阻性负载相同；当 $60°<\alpha<90°$时，u_d波形出现负电压；当 $\alpha=90°$时，$U_d\approx0$，波形如图 10—15c 所示，带电感性负载时输出直流平均电压：

$$U_d=1.17U_{2\Phi}\cos\alpha \quad (0°<\alpha<90°)$$

晶闸管可能承受的最大正反向电压与三相半波整流时相同，也为$\sqrt{6}U_{2\Phi}$。

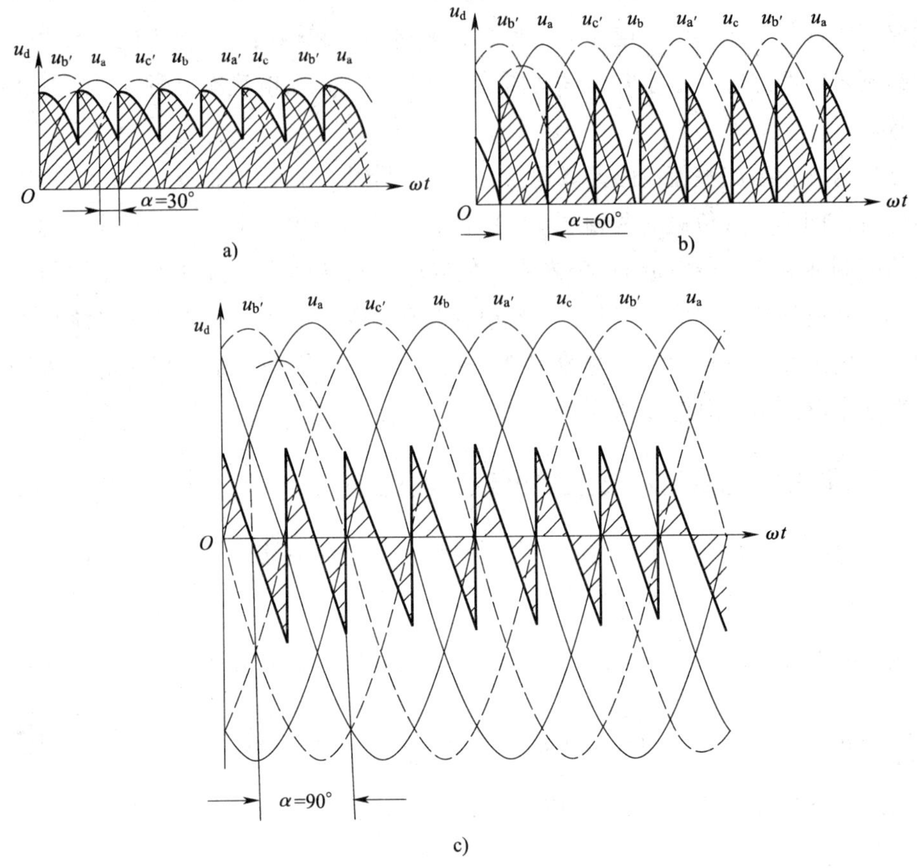

图10—15　带平衡电抗器的双反星形可控整流波形

a）带电阻性负载 $\alpha=30°$　b）带电阻性负载 $\alpha=60°$　c）带电感性负载 $\alpha=90°$

从上面分析可知，带平衡电抗器的双反星形整流电路有如下特点：

（1）双反星形电路是两组三相半波整流电路的并联，输出的整流电压波形与六相半波整流时一样，所以脉动情况比三相半波整流小得多。双反星形电路输出的电压瞬时最大值为六相半波整流最大值的0.866倍。

（2）由于同时有两相导通，整流变压器磁路平衡，不像三相半波整流电路存在直流磁化问题。

（3）与六相半波整流相比，整流变压器二次侧绕组利用率提高了一倍，所以在输出同样的直流电流时，变压器的容量比六相半波整流时要小。

（4）每一整流元件承担负载电流 I_d 的1/6，导电时间比三相半波整流时增加1倍，提高了整流元件承受负载的能力。

三、带平衡电抗器的双反星形可控整流电路与三相全控桥式整流电路的区别

（1）三相全控桥式整流电路为两组三相半波整流电路的串联，而双反星形可控整流电路为两组三相半波整流电路的并联，且后者需用平衡电抗器。

（2）当 U_2 相等时，双反星形可控整流电路的 U_d 是三相全控桥整流电路的 1/2，而 I_d 是三相全控桥整流电路的 2 倍。

（3）两种电路中，晶闸管的导通及触发脉冲的分配关系一样。

第 5 节　整流电路的换相压降与外特性

前面讨论计算整流电路输出电压时，都忽略了交流电源的内阻抗，实际上输入整流电路的交流电源都有内阻抗，其中主要是整流变压器的漏抗。由于交流侧存在漏抗，电路换相时与以前的分析有很大不同，现以三相半波可控整流电路带大电感负载为例，分析漏抗对整流电压的影响，如图 10—16a 所示为考虑漏感的电路图，变压器每相绕组折合到二次侧的漏感大小为 L_B。

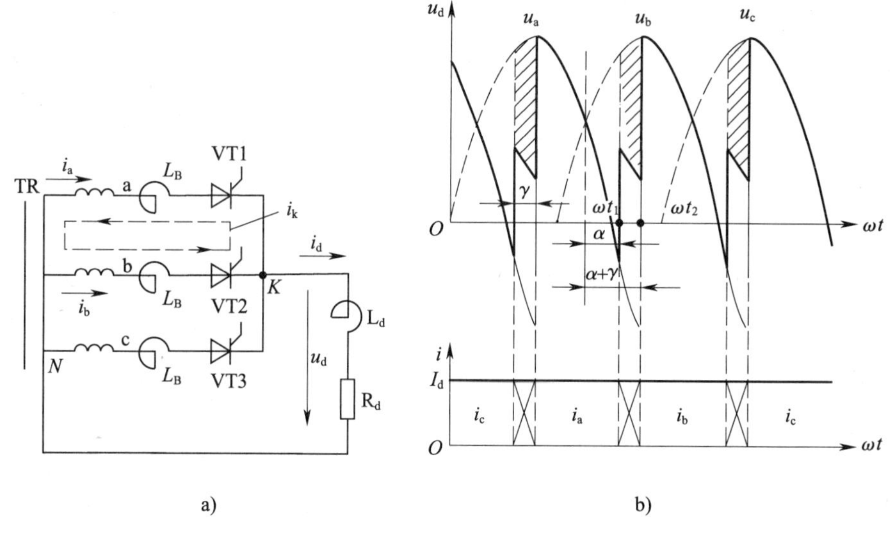

图 10—16　考虑变压器漏抗的可控整流电路图及其电压电流波形图

a）电路图　b）波形图

一、换相期间的输出电压与换相重叠角 γ

变压器存在漏抗，使电路换相时电流不能突变，图10—16b中在ωt_1时刻触发VT2时，b相电流i_b不能瞬时上升到I_d值，a相电流i_a不能瞬时下降为零，使电流换相需要一段时间。在换相过程$\omega t_1 \sim \omega t_2$期间，两个相邻相的晶闸管同时导通，对应的电角度称为换相重叠角，用γ表示。在重叠角γ期间，a、b两相同时导通，相当于a、b两相线间短路，$u_b - u_a$为短路电压，产生一个假想的短路电流i_k，如图10—16a虚线所示（实际上晶闸管都是单向导电的，相当于在原有电流上叠加一个i_k）。a相电流$i_a = I_d - i_k$，随着i_k的增大而逐渐减小；而$i_b = i_k$将逐渐增大。当i_b增大到I_d也就是i_a下降为零时，VT1关断，VT2电流达到稳定值I_d，完成了a到b相之间的换流。换流期间，短路电压由两个漏抗电动势所平衡，即：

$$u_b - u_a = 2L_B\frac{di_k}{dt}$$

而输出电压为：

$$u_d = u_b - L_B\frac{di_k}{dt} = u_a + L_B\frac{di_k}{dt} = u_b - \frac{1}{2}(u_b - u_a)$$

所以有：

$$u_d = \frac{1}{2}(u_a + u_b)$$

上式说明，在换流期间，直流输出电压u_d的波形既不是u_a也不是u_b，而是换流的两相电压的平均值，如图10—16b所示。与不考虑漏抗即$\gamma = 0°$相比，整流输出电压波形减少了一块阴影面积，使输出平均电压U_d值减小。这块减少的面积是由负载电流I_d换相引起的，相当于I_d在某电阻上产生一个压降，称换相压降，其大小为图中三块阴影面积在一周期内的平均值。对此阴影面积进行积分运算后可得出换相压降为：

$$U_\gamma = \frac{m}{2\pi}X_B I_d$$

上式中m为一周期内的换相次数，三相半波整流时$m = 3$，三相桥式整流时$m = 6$。X_B为从二次侧计算变压器的漏抗。换相压降可看成在整流电路直流侧增加一只等效内电阻，其值为$\frac{m}{2\pi}X_B$，负载电流I_d在它上面产生的压降，区别仅在于这项内阻并不消耗有功功率。

换相电抗的存在，相当于增加电源内阻抗，所以使换流期间的输出电压降低，可能使交流电源的电压相间短路，波形出现缺口，造成波形畸变，形成干扰源。用示波器观察电压波形时，在换流点上出现“毛刺”。但是，对于限制短路电流，使换流过程的$\frac{di}{dt}$与$\frac{du}{dt}$不超过晶闸管的允许值，有时单靠变压器的漏抗电感还不够大，所以特意在交流侧串入进线电抗。因此在工程实践中要全面权衡利弊来考虑。

二、可控整流电路的外特性

可控整流电路对直流负载来说，是一个带内阻的可变直流电源，考虑到换相压降 U_γ、整流变压器电阻 R_B（为变压器二次绕组每相电阻与一次绕组折算到二次侧的每相电阻之和）以及晶闸管导通压降 ΔU 后，直流输出电压为：

$$U_d = U_{do}\cos\alpha - N\Delta U - I_d\left(R_B + \frac{m}{2\pi}X_B\right)$$

$$= U_{do}\cos\alpha - N\Delta U - I_dR_n$$

U_{do}为整流电路 $\alpha=0°$时空载直流输出电压，R_n为整流桥路内阻，$R_n = \left(R_B + \frac{m}{2\pi}X_B\right)$。$\Delta U$ 是一个晶闸管的正向导通压降，以 1 V 计算，三相半波整流时流经一个整流元件，$N=1$，三相桥式整流时流经两个整流元件，$N=2$，外特性曲线如图 10—17 所示。

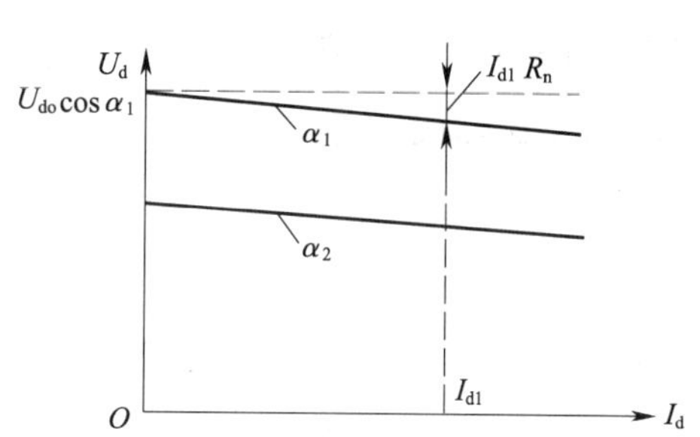

图 10—17　考虑变压器漏抗的可控整流电路外特性

第 6 节　晶闸管可控整流电路供电的直流电动机机械特性

晶闸管整流电路主要的用途之一是直流拖动，作为可调直流电源供给直流电动机进行转速调节。晶闸管整流供电在电动机空载或轻载时会出现电动机电流断续的特殊现象，对电动机特性影响很大，现以三相半波可控整流电路为例，以电流连续与断续两种情况来分析。

一、电流连续时直流电动机的机械特性

当电动机串接较大电感的平波电抗器 L_d而且电动机轴上负载较大即电枢电流 I_d较大时，i_d波形连续。直流电动机具有下列关系式：

直流电动机反电动势　　　　$E = C_e\Phi n$

直流电动机产生的电磁转矩　　$T = C_M\Phi I_d$

直流电动机电枢回路电压方程　　$U_d = E + I_d R_d$

直流电动机的机械特性　　$n = (U_d - I_d R_d)/C_e \Phi$

式中　n——转速；

Φ——磁通；

C_e、C_M——电动机结构常数；

R_d——电枢电阻。

将 $U_d = U_{do}\cos\alpha - N\Delta U - I_d\left(R_B + \frac{3}{2\pi}X_B\right)$代入机械特性公式，得晶闸管可控整流供电、电流连续的机械特性为：

$$n = \frac{1}{C_e \Phi}\left(U_{do}\cos\alpha - N\Delta U - I_d R_\Sigma\right) = n_0' - \Delta n$$

式中 $R_\Sigma = R_B + \frac{3}{2\pi}X_B + R_d$是直流回路总电阻，$\Delta n = I_d R_\Sigma / C_e \Phi$，画出机械特性曲线如图10—18所示（虚线部分是假定电流连续时画出的，实际上 I_d很小时，电流 i_d会变得不连续，要按电流断续情况来分析），由于晶闸管整流供电时，存在换相等效电阻，所以机械特性比直流发电机供电时要软一些。改变晶闸管控制角 α 值，就可以方便地调节电动机转速。

二、电流断续时直流电动机的机械特性

电流断续时整流电路不存在换相重叠的现象，所以可用单相等效电路进行分析，经推导可求得电流断续时电动机的机械特性，如图10—19实线部分所示。

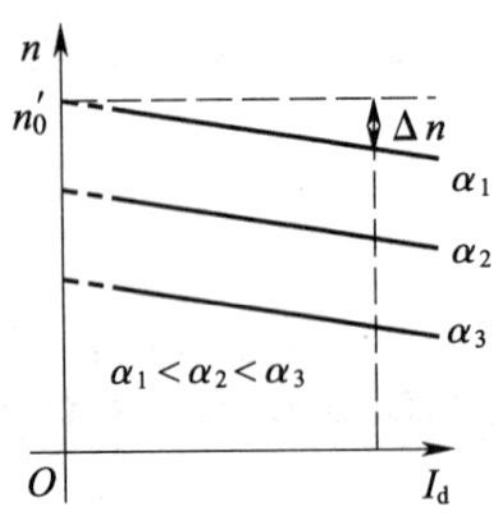

图10—18　电流连续时直流电动机的机械特性

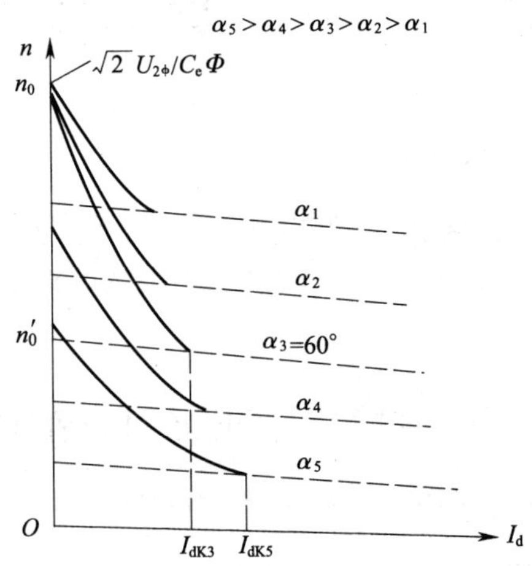

图10—19　电流断续时直流电动机的机械特性

从该图上可看出当电流断续时，机械特性有如下两个特点。

第一个特点是理想空载转速 n_0升高。以 $\alpha=60°$为例，按电流连续时的公式计算为：

$$n_0'=\frac{1}{C_e\Phi}(1.17U_{2\Phi}\cos\alpha-\Delta U)\approx\frac{1}{C_e\Phi}(1.17U_{2\Phi}\cos60°)=\frac{0.585U_{2\Phi}}{C_e\Phi}$$

但实际上在电流断续时，要真正使电流 $i_d=0$，必须使电动机反电动势 $E\geqslant\sqrt{2}U_{2\Phi}$，晶闸管才不会导通，才会有 $i_d=0$。而 $E=C_e\Phi n$，所以 $i_d=0$ 时，$E=C_e\Phi n_0=\sqrt{2}U_{2\Phi}$，可得 $n_0=1.414U_{2\Phi}/C_e\Phi$，可见理想空载转速大大高于电流连续时的理想空载转速。在 $\alpha\leqslant60°$的情况下，电流连续时的理想空载转速各不相同，而电流断续时，只要触发脉冲宽度足够，不同的控制角 α 所对应的理想空载转速是相同的，都等于 $1.414U_{2\Phi}/C_e\phi$。

当 $\alpha>60°$时，u_d波形最大瞬时值为 $1.414U_{2\Phi}\sin(150°-\alpha)$，所以要使 $i_d=0$，E 只需大于 u_d波形最大瞬时值即可，故 n_0'随 α 的增大而下降，为：

$$n_0=\frac{1.414U_{2\Phi}}{C_e\Phi}\sin(150°-\alpha)$$

也比电流连续时计算的 n_0'值大，如图 10—19 所示。

第二个特点是电流断续时，电动机机械特性显著变软，即电动机轴上负载转矩的很小变化能引起电动机转速的很大变化。这是由于电流断续后，晶闸管导通角变小。而平均电流 I_d与电流 i_d波形面积成正比，因此为了产生一定的 ΔI_d值，在电流波形底宽很小时，电流峰值的变化必须很大，这就要求（u_d-E）变化很大，当 u_d一定时即反电动势必须显著降低，才能产生足够的 ΔI_d值，因此电流断续时，随着 I_d的增大，反电动势 E 与转速 n 的降落较显著，即机械特性较软。

所以，直流电动机由晶闸管可控整流电路供电时，其机械特性在电流连续时与直流发电机恒压供电时相似，基本上是一条平线，特性很硬；电流断续时特性变软，空载转速升高，与串激电动机的特性相似。

三、临界电流 I_{dK}

直流电动机电流连续与断续的临界值，称为临界电流，用 I_{dK}表示。由上述分析可知，电流连续与否对电动机特性影响甚大。为了改善电动机运行情况，使其始终工作在特性较硬的区域，直流电动机负载中大多串联电抗器 L_d，使临界电流减小。L_d越大临界电流越小，但过大的 L_d不仅将影响系统的快速性，而且电抗器 L_d的体积和费用均增大。因此通常是根据直流电动机拖动的生产机械，在空载时对应的最小工作电流 I_{dmin}来确定临界电流 I_{dK}（一般为电机额定电流的 5% ~10%），按此电流值计算保证电流连续时所需的最大电感量 L_d，就可使 $I_{dK}<I_{dmin}$，保证电动机工作在电流连续区域。

测 试 题

一、判断题

1. 三相半波可控整流电路带电阻负载时，若触发脉冲（单窄脉冲）加于自然换相点之前，则输出直流电压 u_d 波形将出现缺相现象。（ ）

2. 三相半波可控整流电路带电阻负载时，其输出直流电压 u_d 波形在 $\alpha<60°$ 的范围内是连续的。（ ）

3. 在三相半波可控整流电路中，每只晶闸管的最大导通角为120°。（ ）

4. 三相半波可控整流电路带大电感负载时，在负载两端必须要接续流二极管。（ ）

5. 三相半波可控整流电路带电阻负载时，晶闸管承受的最大正向电压是 $1.414U_{2\Phi}$。（ ）

6. 三相半波可控整流电路，每个晶闸管可能承受的最大反向电压为 $2.828U_{2\Phi}$。（ ）

7. 三相桥式全控整流电路带大电感负载时，晶闸管的导通规律为每隔120°换相一次，每只晶闸管导通60°。（ ）

8. 三相桥式全控整流电路带电阻负载，当其交流侧的相电压有效值为 $U_{2\Phi}$，控制角 $\alpha\leqslant60°$ 时，其输出直流电压平均值 $U_d=2.34U_{2\Phi}\cos\alpha$。（ ）

9. 三相桥式全控整流电路带大电感负载，已知 $U_{2\Phi}=200$ V，$R_d=5$ Ω，则流过负载的最大电流平均值为40 A。（ ）

10. 三相桥式全控整流电路中的晶闸管应采用双窄脉冲触发。（ ）

11. 三相桥式半控整流电路带电阻性负载，一般都由三只二极管和三只晶闸管组成。（ ）

12. 在三相桥式半控整流电路中，要求共阴极组晶闸管的触发脉冲之间的相位差为120°。（ ）

13. 三相桥式半控整流电路在带电阻负载时，其移相范围是0°~150°。（ ）

14. 三相桥式半控整流电路带电感性负载，当控制角 $\alpha=0°$ 时，输出直流平均电压为234 V，则整流变压器次级相电压有效值 $U_{2\Phi}$ 为100 V。（ ）

15. 三相桥式半控整流电路带电阻负载时，每只晶闸管流过的平均电流是负载电流的1/3。（ ）

16. 带平衡电抗器的双反星形可控整流电路带电感负载时，任何时刻都有两只晶闸管同时导通。（　）

17. 带平衡电抗器的双反星形可控整流电路，每只晶闸管流过的平均电流是负载电流的1/6倍。（　）

18. 可控整流电路对直流负载来说是一个带内阻的可变直流电源。（　）

19. 晶闸管可控整流电路承受的过电压为换相过电压、操作过电压与交流侧过电压等。（　）

20. 整流电路中晶闸管导通的时间用电角度表示称为换相重叠角。（　）

二、单项选择题

1. 三相半波可控整流电路带大电感负载时，其输出直流电压 u_d 波形在（　）的范围内是连续的。

A. $\alpha < 60°$　B. $\alpha < 30°$　C. $0° < \alpha < 90°$　D. $\alpha > 30°$

2. 共阳极接法的三相半波可控整流电路，其自然换相点的位置（　）。

A. 和共阴极接法时相同　B. 和共阴极接法时相差180°

C. 在 $\omega t = 30°$ 处　D. 在三相电源正半周的交点处

3. 三相半波可控整流电路带大电感负载时，每只晶闸管的导通角为（　）。

A. 30°　B. 60°　C. 90°　D. 120°

4. 三相半波可控整流电路，变压器次级相电压为200 V，带大电感负载，无续流二极管，当 $\alpha = 60°$ 时，其输出的直流平均电压为（　）。

A. 100 V　B. 117 V　C. 200 V　D. 234 V

5. 三相半波可控整流电路，变压器次级相电压有效值为100 V，负载中流过的最大电流有效值为157 A，考虑2倍安全裕量，晶闸管应选择（　）。

A. KP200－10　B. KP100－1　C. KP200－5　D. KS200－5

6. 三相半波可控整流电路带电阻负载时，晶闸管承受的最大正向电压是（　）。

A. $2.828U_{2\Phi}$　B. $1.414U_{2\Phi}$　C. $2.45\ U_{2\Phi}$　D. $1.732U_{2\Phi}$

7. 三相半波可控整流电路带大电感负载时，晶闸管承受的最大正向电压是（　）。

A. $2.828U_{2\Phi}$　B. $1.414U_{2\Phi}$　C. $2.45U_{2\Phi}$　D. $1.732U_{2\Phi}$

8. 在三相桥式全控整流电路中，两组三相半波整流电路是（　）工作的。

A. 同时并联　B. 同时串联　C. 不能同时并联　D. 不能同时串联

9. 三相桥式全控整流电路带大电感负载时，晶闸管的导通规律为（　）。

A. 每隔120°换相一次，每只晶闸管导通60°

B. 每隔60°换相一次，每只晶闸管导通120°

C. 同一相中两只晶闸管的触发脉冲相隔120°

D. 同一组中相邻两只晶闸管的触发脉冲相隔60°

10. 三相桥式全控整流电路带电阻负载，当其交流侧的相电压有效值为$U_{2\Phi}$，控制角$\alpha>60°$时，其输出直流电压平均值U_d=（　　）。

A. $1.17U_{2\Phi}\cos\alpha$　　B. $0.675U_{2\Phi}[1+\cos(30°+\alpha)]$

C. $2.34U_{2\Phi}[1+\cos(60°+\alpha)]$　　D. $2.34U_{2\Phi}\cos\alpha$

11. 三相桥式全控整流电路带电阻负载，当其交流侧的相电压有效值为$U_{2\Phi}$，控制角$\alpha\leqslant60°$时，其输出直流电压平均值U_d=（　　）。

A. $1.17U_{2\Phi}\cos\alpha$　　B. $0.675U_{2\Phi}[1+\cos(30°+\alpha)]$

C. $2.34U_{2\Phi}[1+\cos(60°+\alpha)]$　　D. $2.34U_{2\Phi}\cos\alpha$

12. 三相桥式全控整流电路带大电感负载，已知$U_{2\Phi}=200$ V，$R_d=5$ Ω，则流过负载的最大电流平均值为（　　）。

A. 93.6 A　　B. 57.7 A　　C. 40 A　　D. 23 A

13. 三相桥式全控整流电路，带大电感负载时其移相范围是（　　）。

A. 0°~90°　　B. 0°~120°　　C. 0°~150°　　D. 0°~180°

14. 三相桥式全控整流电路，带电阻负载时其移相范围是（　　）。

A. 0°~90°　　B. 0°~120°　　C. 0°~150°　　D. 0°~180°

15. 三相桥式半控整流电路，一般都由（　　）组成。

A. 6只二极管　　B. 3只二极管和3只晶闸管

C. 6只晶闸管　　D. 6只三极管

16. 三相桥式半控整流电路带大电感负载，一般都由（　　）和3只晶闸管组成。

A. 1只二极管　　B. 2只二极管　　C. 3只二极管　　D. 4只二极管

17. 在三相桥式半控整流电路中，要求共阴极组晶闸管的触发脉冲之间的相位差为（　　）。

A. 60°　　B. 120°　　C. 150°　　D. 180°

18. 三相桥式半控整流电路，带电阻负载时，其移相范围是（　　）。

A. 0°~90°　　B. 0°~120°　　C. 0°~150°　　D. 0°~180°

19. 三相桥式半控整流电路，带电感性负载时，其移相范围是（　　）。

A. 0°~60°　　B. 0°~120°　　C. 0°~180°　　D. 0°~240°

20. 三相桥式半控整流电路带电感负载，每只晶闸管流过的平均电流是负载电流的（　　）。

A. 1倍　　B. 1/2倍

C. 1/3 倍　　D. 1/3 倍或不到 1/3 倍

21. 带平衡电抗器的双反星形可控整流电路带电感负载时，任何时刻有（　　）导通。

A. 1 只晶闸管　　B. 2 只晶闸管同时

C. 3 只晶闸管同时　　D. 4 只晶闸管同时

22. 带平衡电抗器的双反星形可控整流电路带电感负载时，6 只晶闸管按其序号依次（　　）被触发导通。

A. 超前 60°　　B. 滞后 60°　　C. 超前 120°　　D. 滞后 120°

23. 在带平衡电抗器的双反星形可控整流电路中（　　）。

A. 存在直流磁化问题　　B. 不存在直流磁化问题

C. 存在直流磁滞损耗　　D. 不存在交流磁化问题

24. 带平衡电抗器的双反星形可控整流电路的输出电压与三相半波可控整流电路相比（　　）。

A. 脉动增大　　B. 脉动减小

C. 平均值提高　　D. 功率因数降低

25. 变压器存在漏抗是整流电路中换相压降产生的（　　）。

A. 结果　　B. 原因　　C. 过程　　D. 特点

26. 整流电路在换流过程中，（　　）的时间用电角度表示称为换相重叠角。

A. 晶闸管导通　　B. 两个晶闸管同时导通

C. 两个相邻相的晶闸管同时导通　　D. 两个二极管同时导通

27. 相控整流电路对直流负载来说是一个带内阻的（　　）。

A. 直流电源　　B. 交流电源

C. 可变直流电源　　D. 可变电源

28. 在三相桥式全控整流电路中（　　）。

A. 晶闸管上承受的电压是三相相电压的峰值，负载电压也是相电压

B. 晶闸管上承受的电压是三相线电压的峰值，负载电压也是线电压

C. 晶闸管上承受的电压是三相相电压的峰值，负载电压是线电压

D. 晶闸管上承受的电压是三相线电压的峰值，负载电压是相电压

29. 在工业生产中，若需要低压大电流可控整流装置，常采用（　　）可控整流电路。

A. 三相半波　　B. 三相全波

C. 三相桥式　　D. 带平衡电抗器的双反星形

30. 电枢电路由晶闸管可控整流电路供电的直流电动机，当电枢电流断续时，其机械特性发生（　　）的特点。

A. 电枢电压越高，特性硬度越软

B. 理想空载转速不变，特性硬度变软

C. 理想空载转速升高，特性硬度显著变软

D. 随着负载逐渐减小，特性硬度逐步变硬

三、多项选择题

1. 三相半波可控整流电路带电阻负载时，其输出直流电压 u_d 波形有（　　）等特点。

A. 在 $\alpha<60°$ 的范围内是连续的

B. 在 $\alpha<30°$ 的范围内是连续的

C. 在每个周期中有相同形状的 3 个波头

D. 在每个周期中有相同形状的 6 个波头

E. 在 $\alpha>30°$ 时不会出现瞬时负电压

2. 三相半波可控整流电路带电阻负载，在控制角 α 先后为 30°、60°及 90°时，每只晶闸管的导通角分别为（　　）。

A. 120°　　B. 90°

C. 60°　　D. 30°

E. 0°

3. 三相半波可控整流电路分别带大电感负载或电阻负载时，其触发脉冲控制角 α 的移相范围分别为（　　）。

A. 0° ~90°　　B. 0° ~120°

C. 0 ° ~150°　　D. 0° ~180°

E. 90° ~180°

4. 三相半波可控整流电路带大电感负载时，在负载两端（　　）。

A. 必须接续流二极管　　B. 可以接续流二极管

C. 避免负载中电流断续　　D. 防止晶闸管失控

E. 提高输出电压平均值

5. 三相半波可控整流电路，变压器次级相电压有效值为 200 V，负载中流过的最大电流有效值为 157 A，考虑 2 倍安全裕量，晶闸管的额定电压、额定电流应选择（　　）。

A. 500 V　　B. 1 000 V

C. 100 A　　D. 200 A

E. 300 A

6. 三相半波可控整流电路中晶闸管可能承受的最大反向电压与（　　）等因素有关。

A. 变压器初级电压幅值　　B. 负载性质

C. 控制角大小　　D. 变压器变比

E. 晶闸管的通断状态

7. 三相桥式全控整流电路带大电感负载时，晶闸管的导通规律为（　　）。

A. 每隔120°换相一次，每只晶闸管导通60°

B. 每隔60°换相一次，每只晶闸管导通120°

C. 任何时刻都有1个晶闸管导通

D. 同一相中两只晶闸管的触发脉冲相隔180°

E. 同一组中相邻两只晶闸管的触发脉冲相隔120°

8. 三相桥式全控整流电路带大电感负载，已知 $U_{2\Phi}=200$ V，$R_d=10\ \Omega$，则负载上的直流电压平均值和流过负载的最大直流电流平均值为（　　）。

A. 234 V　　B. 468 V

C. 57.7 A　　D. 46.8 A

E. 20 A

9. 三相桥式全控整流电路带大电感负载（无续流二极管），当负载上的电流平均值为 I_d 时，流过每个晶闸管的电流有效值及平均值为（　　）。

A. $0.707I_d$　　B. $0.577I_d$

C. $0.333I_d$　　D. $0.167I_d$

E. $0.866I_d$

10. 三相桥式全控整流电路中的晶闸管应采用（　　）触发。

A. 单窄脉冲　　B. 单宽脉冲

C. 双窄脉冲　　D. 脉冲列

E. 双宽脉冲

11. 三相桥式全控整流电路分别带大电感负载及电阻负载时其移相范围是（　　）。

A. 0°～90°　　B. 0°～120°

C. 0°～150°　　D. 0°～180°

E. φ～180°

12. 三相桥式半控整流电路带电感性负载，当其输出电压为最大值及最小值时对应的控制角是（　　）。

A. 0°　　B. 60°

C. 120°　　D. 180°

E. 240°

13. 三相桥式半控整流电路带电感性负载，变压器次级相电压有效值 $U_{2\Phi}$ 为 100 V，当控制角 α 为 0°及 60°时，输出直流平均电压分别为（　　）。

A. 234 V　　B. 175.5 V

C. 117 V　　D. 100 V

E. 58.5 V

14. 带平衡电抗器的双反星形可控整流电路带电感负载时，（　　）。

A. 6 只晶闸管按其序号依次超前 60°被触发导通

B. 6 只晶闸管按其序号依次滞后 60°被触发导通

C. 6 只晶闸管按其序号依次滞后 120°被触发导通

D. 任何时刻都有 1 只晶闸管导通

E. 任何时刻都有 2 只晶闸管同时导通

15. 带平衡电抗器的三相双反星形可控整流电路中，平衡电抗器的作用是（　　）。

A. 使两组三相半波可控整流电路相串联同时工作

B. 使两组三相半波可控整流电路以 180°相位差相并联同时工作

C. 使两组三相半波可控整流电路互不干扰各自独立工作

D. 降低晶闸管电流的波形系数使得可选用额定电流较小的晶闸管

E. 提高晶闸管电流的波形系数使得可选用额定电流较小的晶闸管

16. 带平衡电抗器的双反星形可控整流电路带大电感负载，每只晶闸管流过的电流平均值及有效值分别是负载电流平均值的（　　）。

A. 0.5 倍　　B. 0.333 倍

C. 0.167 倍　　D. 0.289 倍

E. 0.577 倍

17. 带平衡电抗器的双反星形可控整流电路的输出电压与三相半波可控整流电路的输出电压相比（　　）。

A. 脉动增大　　B. 脉动减小

C. 每周期中波头数增加　　D. 平均值值提高

E. 平均值不变

18. 变压器存在漏抗使整流电路的输出电压（　　）。

A. 波头数增加　　B. 波形中出现缺口

C. 平均值降低　　D. 平均值提高

E. 变化迟缓

19. 对整流电路换相重叠角名称的理解应注意以下几个方面：(　　)。

A. 发生在换流过程中

B. 发生在整流过程中

C. 是晶闸管导通的时间用电角度表示

D. 是两个晶闸管同时导通的时间用电角度表示

E. 是两个相邻相的晶闸管同时导通的时间用电角度表示

20. 三相半波可控整流电路的输出电压与（　　）等因素有关。

A. 变压器次级相电压　　B. 负载性质

C. 控制角大小　　D. 是否接续流二极管

E. 晶闸管的额定电压

四、计算题

1. 三相半波可控整流电路，变压器二次侧相电压为 20 V，带大电感负载，无续流二极管，试计算 $\alpha=45°$时的输出电压，画出输出电压 u_d的波形，如负载电流为 200 A，求晶闸管所承受的最高电压和晶闸管电流的平均值 $I_{T(AV)}$、有效值 I_{VT}。

2. 三相桥式全控整流电路如下图所示：已知：$U_d=220$ V，$R_d=5$ Ω，大电感负载。

求：(1) 变压器二次侧线电压 U_{2l}及变压器容量 S。

(2) 选择晶闸管，并写出型号。(在 $\alpha=0°$时，2 倍裕量)

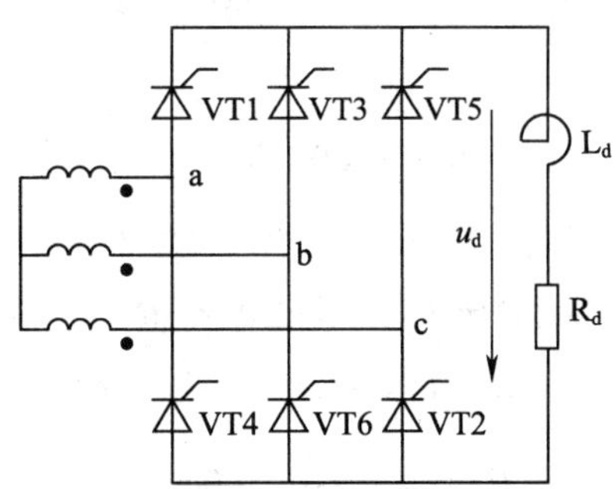

3. 有一三相半控桥式整流电路带电感性负载，整流变压器采用△/Y 接法，一次侧接 380 V 三相交流电。

(1) 当控制角 $\alpha=0°$时，输出平均电压为 234 V，求变压器的二次电压。

(2) 当控制角 $\alpha=60°$时，输出平均电压 U_d为多少？

测试题答案

一、判断题

1. √　2. ×　3. √　4. ×　5. √　6. √　7. ×　8. √　9. ×
10. √　11. √　12. √　13. ×　14. √　15. √　16. √　17. √　18. √
19. √　20. ×

二、单项选择题

1. C　2. B　3. D　4. B　5. C　6. B　7. C　8. B　9. B
10. C　11. D　12. A　13. A　14. B　15. B　16. D　17. B　18. D
19. C　20. D　21. B　22. B　23. B　24. B　25. B　26. C　27. C
28. B　29. D　30. C

三、多项选择题

1. BCE　2. ABC　3. AC　4. BE　5. BD　6. AD　7. BDE
8. BD　9. BC　10. BC　11. AB　12. AD　13. AB　14. BE
15. BD　16. CD　17. BCE　18. BC　19. AE　20. ABCD

四、计算题

1. 解：$U_d = 1.17U_{2\Phi}\cos\alpha = 1.17 \times 20 \times \cos 45° = 16.5\ \text{A}$

$$U_{TM} = \sqrt{6}U_{2\Phi} = \sqrt{6} \times 20 = 4.9\ \text{V}$$

$$I_d = 200\ \text{A}$$

$$I_{VT} = I_d/\sqrt{3} = 200/\sqrt{3} = 115.5\ \text{A}$$

$$I_{dVT} = I_d/3 = 200 \div 3 = 66.7\ \text{A}$$

2. 解：（1）变压器二次侧线电压 U_{2l} 及变压器容量 S：

$$U_d = 2.34U_{2\Phi}\cos\alpha \qquad (\alpha = 0°)$$

$$U_{2\Phi} = \frac{220}{2.34 \times 1} = 94\ \text{V}$$

$$I_d = \frac{U_d}{R_d} = \frac{220}{5} = 44\ \text{A}$$

$$I_2 = \sqrt{\frac{2}{3}}I_d = 0.817 \times 44 = 35.9 \approx 36\ \text{A}$$

所以，变压器的线电压和容量为：

$$U_{21}=\sqrt{3}U_{2\Phi}=\sqrt{3}\times 94=162.8\ \text{V}$$

$$S=\sqrt{3}U_{21}I_2=\sqrt{3}\times 162.8\times 36=10\ 151.2=10.2\ \text{kVA}$$

（2）选择晶闸管：

$$I_{VT}=\sqrt{\frac{1}{3}}I_d=0.577\times 44=25.4\ \text{A}$$

$$I_{T(AV)}=2\times\frac{I_{VT}}{1.57}=2\times\frac{25.4}{1.57}=32.36\ \text{A}$$

取 50 A

$$U_{TM}=\sqrt{6}U_{2\Phi}=2.54\times 94=230\ \text{V}$$

取 2 倍裕量 500 V。

选择晶闸管 KP50—5。

3．解：（1）$U_d=1.17U_{2\Phi}\ (1+\cos\alpha)$

$234=1.17U_{2\Phi}\ (1+\cos 0^\circ)$

$U_{2\Phi}=100\ \text{V}$

（2）

$$U_{2\Phi}=1.17\times 100\ (1+\cos 60^\circ)\ =175.5\ \text{V}$$

第 11 章

晶闸管触发电路

第1节　触发电路概述

一、触发电路及其分类

晶闸管的导通条件除了其阳极须承受正向电压之外，还必须同时满足门极上加正向电压。同时根据普通晶闸管门极的伏安特性，一旦门极加正向电压使晶闸管导通后，门极上电压就失去了作用。因此使晶闸管导通的门极电压可以用交流正半周的一部分，也可用直流，还可用短暂的正脉冲电压。为门极提供触发电压与电流的电路称为触发电路，它决定每个晶闸管的触发导通时刻，是晶闸管装置中的重要部分。

触发电路根据控制晶闸管的通断状况可分为移相触发和过零触发两类。移相触发就是改变晶闸管每周期导通的起始点控制角 α 的大小，以达到改变输出电压、功率的目的；而过零触发是晶闸管在设定的时间间隔内，通过改变导通的周波数来实现电压或功率的控制。在一般常用的整流或逆变电路中，广泛使用的触发电路通常都是移相触发电路。过零触发电路一般只应用于交流调功电路及晶闸管交流开关电路中。在本节中仅讨论移相触发电路。

二、对触发电路的要求

为使晶闸管变流装置能准确无误地工作，对触发电路有如下要求。

1. 触发电路送出的触发信号应有足够大的电压和功率

晶闸管门极的伏安特性如图 11—1 所示，其中可靠触发区为 $A—B—C—D—E—F—G—A$，参数 U_{GT}与 I_{GT}即为元件出厂时给出的触发电压和触发电流，由图中可见，U_{GT}与 I_{GT}不是元件触发允许值，而是指该型号的所有合格元件都能被触发的最小门极电压、电流值。为此，所设置的触发电路的触发电压和触发电流都必须大于晶闸管的给定参数，才能可靠触发导通。此外，元件给出的参数指的是直流值，而实际触发电流送出的触发信号通常是脉冲式的。因此，触发电压和触发电流的幅值允许比给定参数 U_{GT}和 I_{GT}大得多。脉冲越窄，允许的幅值就越大，但只要触发功率不超过规定值即可。

2. 门极正向偏压越小越好

有些触发电路在发出触发脉冲之前，会有正的门极偏压存在，如图 11—2 所示。为了避免晶闸管误触发，要求正向偏压越小越好，最大不得超过晶闸管的不触发电压值。

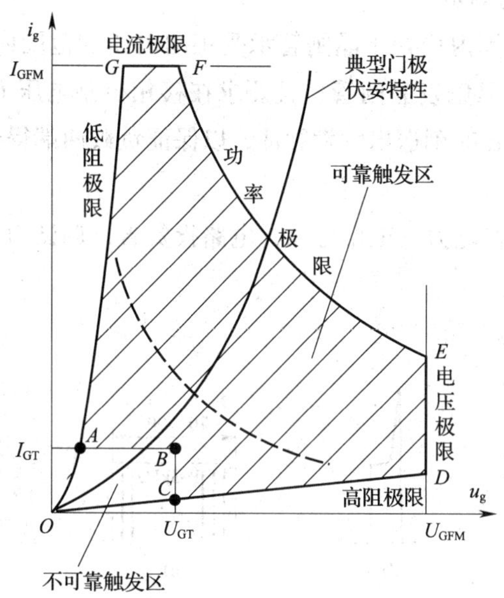

图 11—1　晶闸管门极伏安特性与可靠触发区

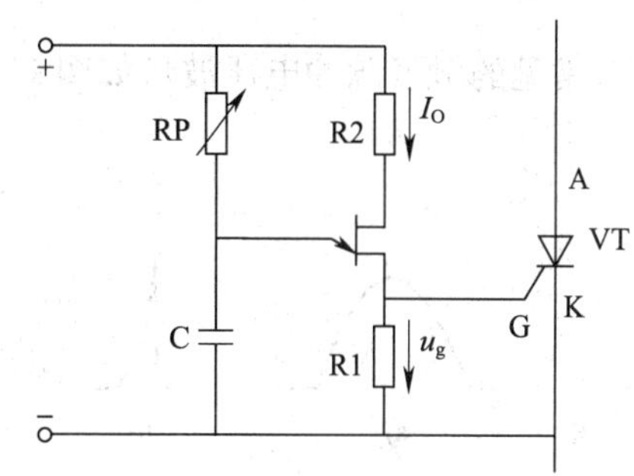

图 11—2　触发前门极所加的正向偏压

3. 触发脉冲的前沿要陡，脉冲宽度应满足要求

触发脉冲的前沿陡，就能更精确地控制晶闸管的导通。由于晶闸管门极特性的不同，同系列的管子其触发电压、电流不尽相同。如果触发脉冲不陡，就会造成各个管子导通的时刻有先后，使整流输出电压 u_d 波形不均匀，如图 11—3 所示。所以要求触发脉冲前沿要陡，一般要求脉冲上升时间小于 10 μs。

触发脉冲的宽度应该大于被触发晶闸管的阳极电流达到擎住电流所需要的时间。否则当触发脉冲一消失，晶闸管就关断了。显然对不同容量的晶闸管和不同的负载，所需要的这段时间也不同，为了保证对各种情况下均能可靠地触发晶闸管，一般在使用单窄脉冲触发时脉宽达到 1 ms 左右（即 50 Hz 时对应 18°电角度）。

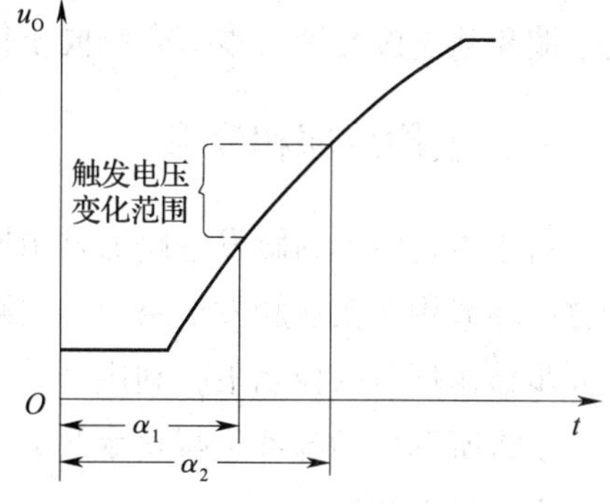

图 11—3　前沿不陡引起各个晶闸管导通时刻不同

4. 满足主电路移相范围的要求

不同形式与不同负载的可控整流电路要求有不同的移相范围。触发电路发出的触发脉冲能移相的范围应超过所要求的移相范围。如三相半控桥式整流电路要求移相范围为 0°～180°；三相全控桥式整流电路在带电感负载时只要求移相范围为 0°～90°，触发电路脉冲的移动范围应能满足这些要求。

5．触发脉冲必须与晶闸管的阳极电压取得同步

所谓同步，即要求触发脉冲在整个移相范围内均处于晶闸管承受正向电压的范围内，这样才能使触发脉冲加到晶闸管门极上时能可靠触发晶闸管；且要求在移相控制电压 U_C 不变时，触发电路都能在每周期相同的控制角 α 时刻送出触发脉冲，以保证负载两端得到稳定不变的输出整流电压。

此外，要求触发电路还应具有较强的抗干扰能力，工作可靠，电路投资省，调试简便等。

常见的触发脉冲电压波形如图 11—4 所示。

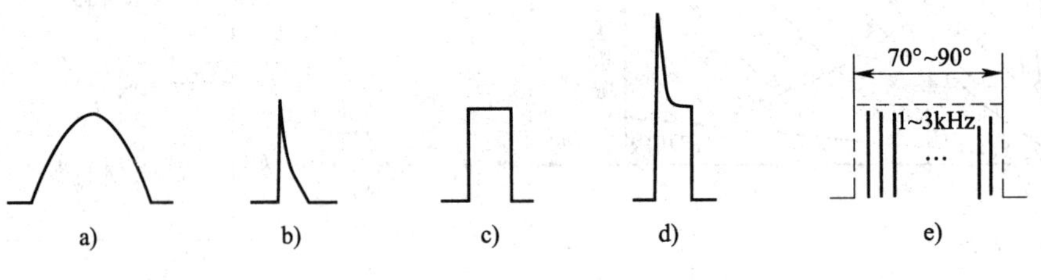

图 11—4　常见触发脉冲电压波形

a）正弦波　b）尖脉冲　c）方脉冲　d）强触发脉冲　e）脉冲列

第 2 节　正弦波同步晶体管触发电路

由于大中容量三相晶闸管装置要求触发脉冲宽度宽、移相范围和触发功率大等特点，需要采用晶体管触发电路。晶体管触发电路的形式很多，其中最常用的有同步信号波形为正弦波和锯齿波两种。本节介绍同步信号波形为正弦波的触发电路。

一、工作原理和波形

由晶体管组成的触发电路通常由同步移相、脉冲形成及脉冲放大输出三部分组成。同步移相环节用于实现触发电路与主电路的同步及控制发出触发脉冲的时刻；脉冲形成环节在同步移相环节的控制下，利用开关电路与电容的充放电产生触发脉冲；而脉冲放大输出环节则将所形成的脉冲进行功率放大后通过脉冲变压器等元器件将脉冲送到晶闸管的门极上去进行触发控制。

1．同步移相环节

正弦波同步晶体管触发电路的同步移相一般都是采用正弦波同步信号与一个控制电压

或几个电压的叠加，通过改变控制电压的大小，从而改变晶体管翻转时刻，这种方式称为垂直控制或正交控制。在实际应用中，经常需要几个信号加以综合，最简单的是一个同步信号 u_s 与一个控制电压 U_c 的叠加。根据信号叠加的方式，垂直控制又可分为串联垂直控制和并联垂直控制两种。

串联垂直控制又称为电压的叠加控制，其原理如图 11—5 所示。

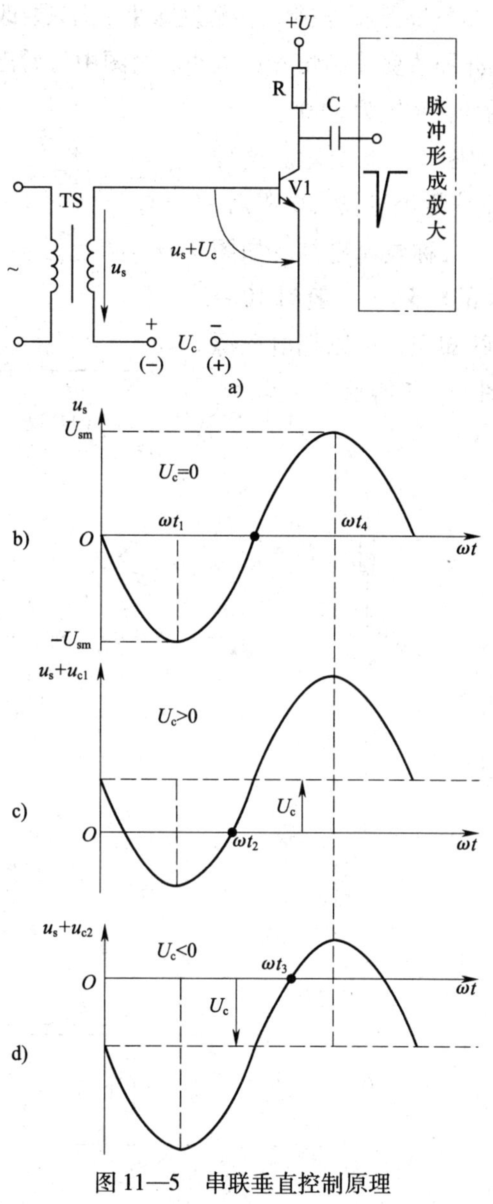

图 11—5　串联垂直控制原理

a）电路图　b）$U_c=0$ 时合成波形　c）$U_c>0$ 时合成波形　d）$U_c<0$ 时合成波形

同步信号 u_s 为正弦电压，由同步变压器 TS 的二次绕组供给，与直流控制电压 U_c 串联连接，因此也称为电压叠加。当 u_s 与 U_c 合成后的信号电压由负变正时去控制晶体管 V1 翻转导通。如图 11—5 所示，当控制电压 U_c 改变其大小时，u_s 与 U_c 合成后的正弦波上下浮动，使其由负变正的过零点左右移动，亦即晶体管 V1 由截止而变为导通的时刻前后变化。控制电压 U_c 增大时晶体管 V1 导通时刻提前；控制电压 U_c 减少时晶体管 V1 导通时刻移后。若以晶体管 V1 从截止变导通的时刻去控制产生触发脉冲，则只要改变控制电压 U_c 的大小就可改变脉冲发出的先后，亦即改变控制角 α 的大小。由图中可看出，当 U_c 从 $-U_{sm}$ 到 $+U_{sm}$ 之间变化时，控制角 α 的变化范围为 ±90°。

并联垂直控制原理如图 11—6 所示。这种控制方式实际上是将电压信号经过较大电阻后，变换为电流再进行叠加，故称电流叠加。如图中 R_s、R_c 均为阻值较大的电阻（一般为 10 ~ 20 kΩ），应用电工基础的知识，可以把电压源变换为电流源形式，如图 11—7 所示。

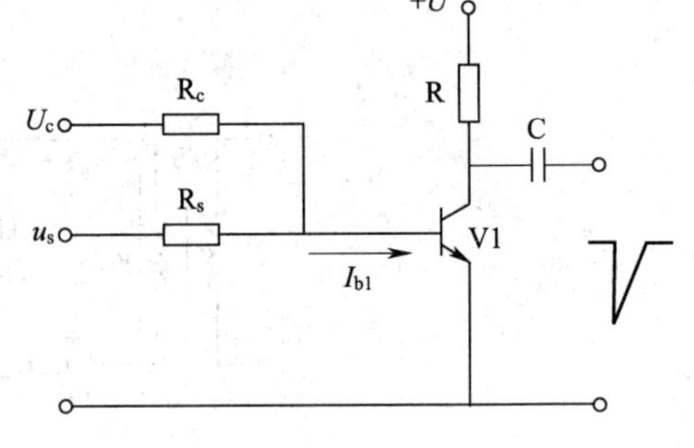

图 11—6　并联垂直控制原理

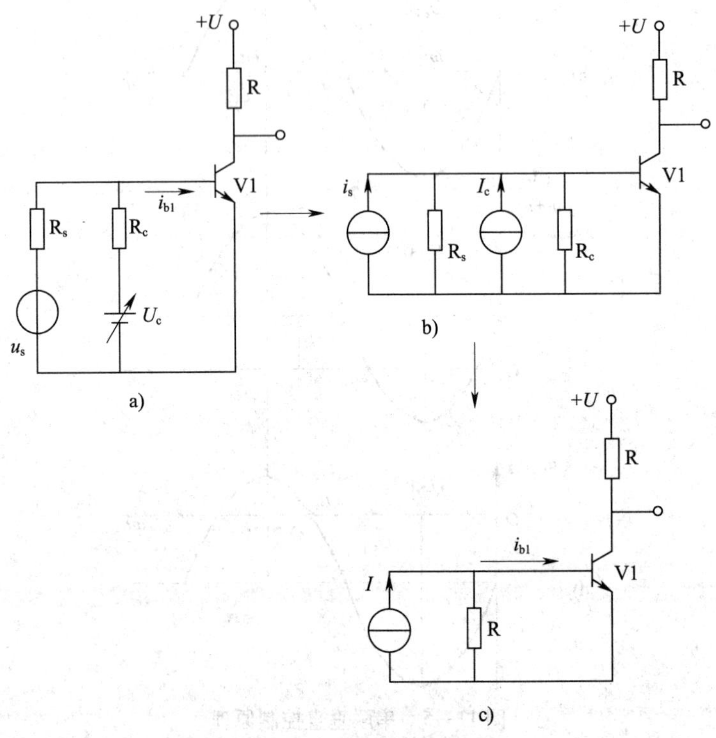

图 11—7　电压源变换为电流源形式

图 11—7 中，电流 $i_s = u_s/R_s$，　$i_c = U_c/R_c$

$$I = i_s + i_c = u_s/R_s + U_c/R_c$$

当 $R_s = R_c = R'$时，有：$I = (u_s + U_c)/R' = k(u_s + U_c)$

$$R = R_s//R_c = R_sR_c/(R_s + R_c) = R'/2$$

当满足 $R > r_{be1}$（V1 发射结电阻）时，可忽略 R 对 I 的分流作用，$i_{b1} \approx I = k(u_s + U_c)$。

对于 NPN 型晶体管 V1 来说，$i_{b1} > 0$ 翻转导通，$i_{b1} \leqslant 0$ 则截止。因此 V1 的导通与否仍取决于 u_s 与 U_c 两个电压信号的叠加，与串联叠加形式相同。

并联垂直控制实现比较简单而且有公共接点，同时由于各信号串联了较大电阻，调整时互不影响，因此实际中使用较多。

同步电压为正弦波的晶体管触发电路如图 11—8 所示。它可用于触发 200A 以下的晶闸管。同步移相环节由控制电压 U_c、同步信号电压 u_{s1} 与偏移电压 U_b（极性与 U_c 相反的直流电压）组成。同步电压 u_{s1} 来自同步变压器二次侧，经 RC 滤波后即为 u_s，与 U_c 和 U_b 进行并联垂直控制移相。偏移电压 U_b 作为触发脉冲初始相位的调整用，调整完毕后即固定不变。控制电压 U_c 作移相控制使用，改变 U_c 的大小即可改变控制角 α 的大小。

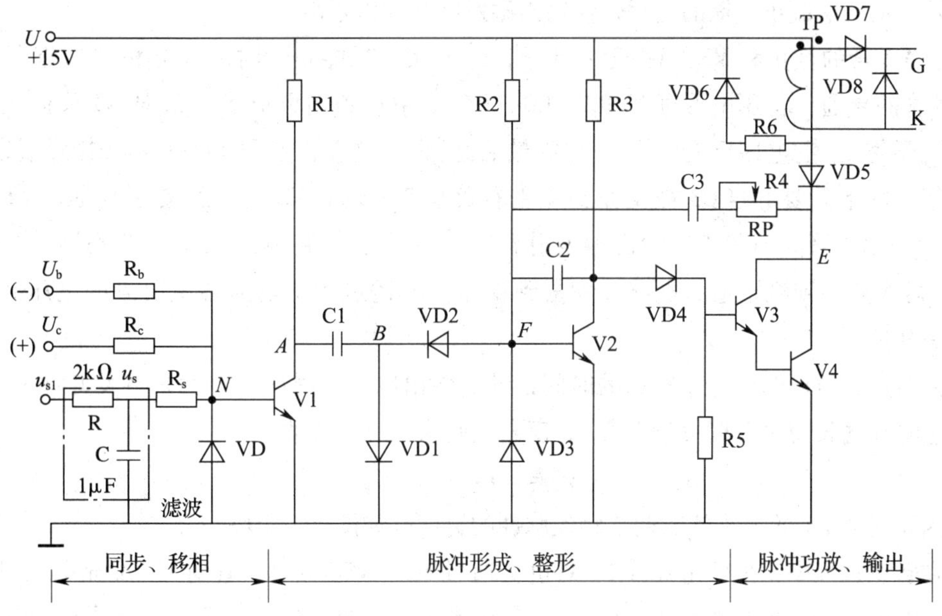

图 11—8　同步电压为正弦波的晶体管触发电路

2. 脉冲形成整形及放大输出环节

脉冲形成及整形环节实际上是一个分立元件的集基耦合单稳态脉冲电路。V2 的集电极通过 VD4 耦合到 V3、V4 基极，V3、V4 的集电极又通过 RP、C3 回耦到 V2 的基极。在同步移相环节送出负脉冲时（即 V1 由截止变为导通，U_{c1}由高电平变为低电平），单稳态电路翻转，输出脉宽可调的、前沿很陡的、幅值足够的触发脉冲。其工作过程如下：

（1）稳态。当 V1 管截止时，由 R2、VD2 与 VD1 组成的分压电路使 V2 管可靠饱和导通，V3 与 V4 组成的复合管可靠截止，电路无脉冲输出。与此同时，稳压电源 +15 V 通过 R1、C1 和 VD1 对 C1 充电，充电结果为 C1 上电压呈右负左正，电压可达 14.3 V。这期间稳压电源 +15 V 还通过脉冲变压器的一次绕组、VD5、R4、C3 和 V2 管的基极到地对 C3 充电，充电结果使 C3 呈右正左负，电压可达 14.3 V。电路的这种状态可以保持稳定，称为“稳态”。

（2）暂态。当同步移相环节中并联叠加的各电压使 V1 管由截止变为导通时，通过 C1 向 V2 基极输出负脉冲，使 V2 管导通变为截止，接着 V3 和 V4 管由截止变为导通，于是通过脉冲变压器二次绕组输出触发脉冲。与此同时，电路还通过 R4、C3 将 V4 管集电极电位下降的变化传递给 V2 的基极，迫使 V2 更迅速地截止，V3 与 V4 管也随之迅速向导通翻转，从而形成正反馈的过程，使输出触发脉冲前沿很陡。

但 V2 管的截止和 V3、V4 管的导通，这种状态只能是暂时的（亦称“暂态”）。因为 V4 管的导通，稳压电源通过 R2、C3、R4、V4 管到地形成了一条对 C3 反向充电的通路，要使 C3 上电压反充到左正右负最后达到 14.7 V，如图 11—9 u_F 中虚线波形所示。但实际上只要电容 C3 被反充到左正右负 0.7 V 时，V2 管又恢复了导通。V2 管导通，V3 和 V4 管立即截止，输出触发脉冲就终止了。电路就结束了“暂态”，电容 C1 和 C3 再次充电到稳定值，电路又恢复到稳态。上述过程中电路各主要点的电压波形如图 11—9 所示。

由上述分析可知，电路暂态的时间，就是输出脉冲的时间，也就是触发脉冲的宽度。而暂态时间的长短主要取决于电容 C3 反充电回路的时间常数：

$$\tau_3 = (R_2 + R_4)C_3$$

因而调节 R4 的大小就能调节触发脉冲的宽度，如图 11—10 所示。

在暂态过程中，虽然电压 +15 V 也会通过 R2、VD2 和 V1 管对 C1 反充电，但由于 $\tau_1 = C_1R_2 < \tau_3$，使 B 点电路比 F 点电位上升得快，如图 11—8 所示，VD2 承受反压而截止。所以 V2 管基极电路的变化，主要取决于 C3 反充电时间常数的变化。电路中电容 C2 是起本级微分负反馈作用，用于提高抗干扰能力。设置 VD5 是为了防止由于稳压电源电压不

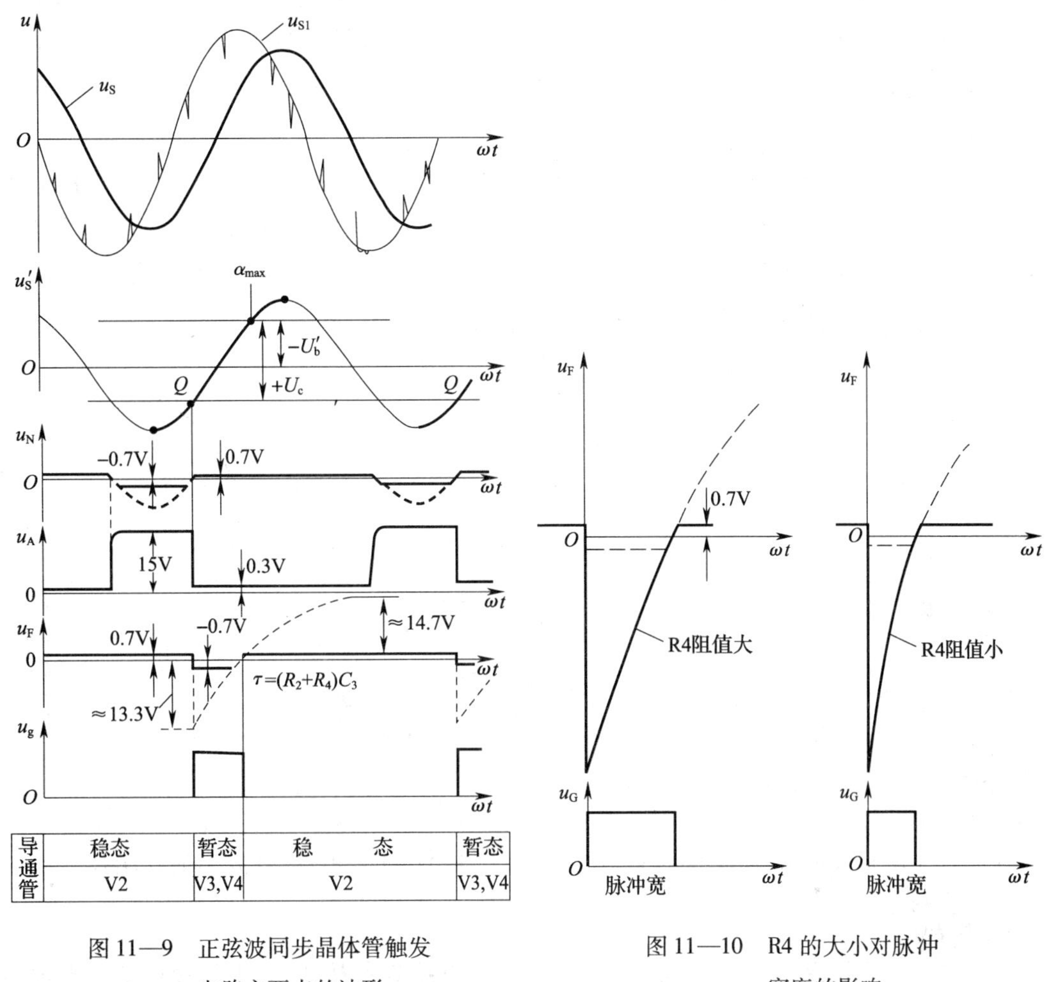

导通管	稳态	暂态	稳 态	暂态
	V2	V3,V4	V2	V3,V4

图 11—9 正弦波同步晶体管触发电路主要点的波形

图 11—10 R4 的大小对脉冲宽度的影响

稳发生下跌时，原来已充电的电容 C3 经过 R4、TP、电源、VD3 产生放电，而引起 V2 管的截止，造成误输出触发脉冲。VD 与 VD3 是对 V1 和 V2 管的基极反压限幅保护，以免 V1 和 V2 损坏。

二、正弦波同步晶体管触发电路的优缺点

1. 优点

（1）采用正弦波触发器时，可控整流装置的输出整流电压 U_d 与控制电压 U_c 呈线性关系。图 11—11 所示在 u_s 和 U_c 叠加后的波形中，如坐标原点取在 $\alpha=0°$，即 u_s 的负峰值点处，则 $u_s=U_{sm}\cos\omega t$。当 $\omega t=\alpha$ 时，$u_s=U_c$，即 $U_c=U_{sm}\cos\alpha$，$\cos\alpha=U_c/U_{sm}$。而当可控整

流电路在负载电流连续时，$U_d = U_{do}\cos\alpha = U_{do}(U_c/U_{sm}) = KU_c$。上式说明，用正弦波触发器的可控整流装置，控制电压 U_c 与输出直流电压 U_d 呈线性关系，装置可以看成一个线性放大器，放大倍数为 K，当它被用于闭环控制系统中时，对于闭环控制系统是十分有利的。

（2）能部分补偿电源电压波动对输出电压 U_d 的影响。如图 11—12 所示，如电源电压下降，则同步电压 u_s 也随之下降为 u_s'。当 U_c 不变时，过零点由 Q 移至 Q'点，控制角由 α 缩小为 α'。由可控整流电路原理可知，α 变小时 U_d 增大，则 α 缩小为 α'时，使 U_d 有所回升，补偿了电源电压下降使 U_d 的下降，使输出电压基本保持不变。

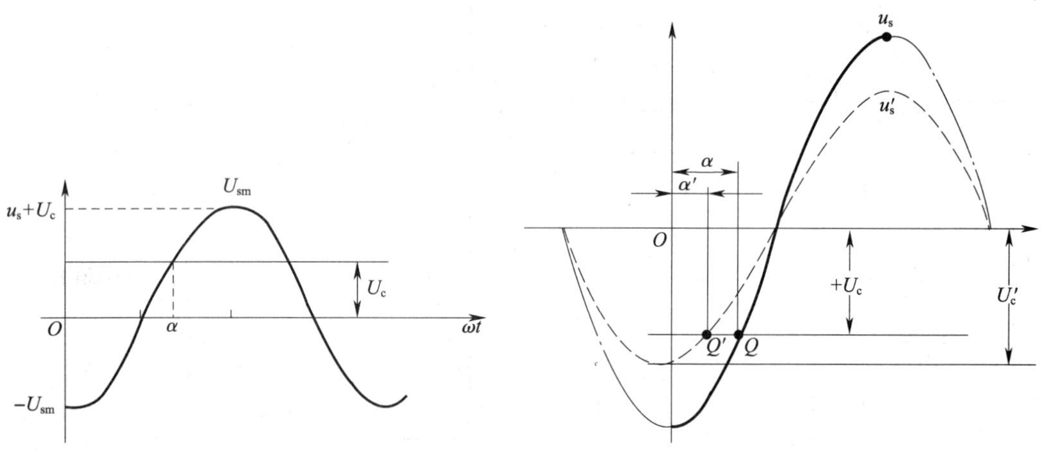

图 11—11　同步电压 u_s 与控制电压 U_c 的关系　　图 11—12　电网电压波动的自动补偿

2. 缺点

（1）同步电压易受电网电压波形畸变的影响，以致造成 U_c 与 u_s 波形交点 Q 不稳定而导致整个装置工作不稳定。因此触发电路对引入的同步电压 u_{s1} 须经阻容滤波环节再送入触发器输入端，以消除同步电压中所包含的高次谐波及高频“毛刺”，使同步电压 u_s 成为光滑的正弦波。

（2）正弦波同步晶体管触发电路在理论上分析移相范围可达 0° ~ 180°，但实际上由于正弦波波峰平坦与 U_c 交点不稳定无法工作。另外，如图 11—12 所示，当 $U_c = U_c'$ 时，若电源电压波动使同步电压变为 u_s' 或更小时，将导致 U_c' 与同步电压无交点，无触发脉冲输出，使系统可靠性下降，这是不允许的。所以，实际正弦波同步晶体管触发电路移相范围只能达 150°（应扣除波峰附近各 15°）。同时，为了防止可能出现的意外情况，电路中须设置波峰附近最小控制角 α_{min} 和最大控制角 α_{max}（也就是最小逆变角 β_{min}）的限制措施，如图 11—13 所示。

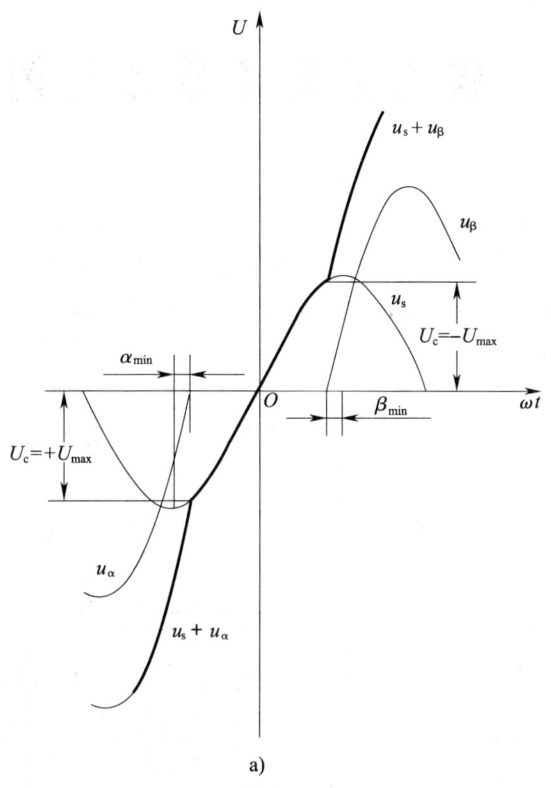

a)

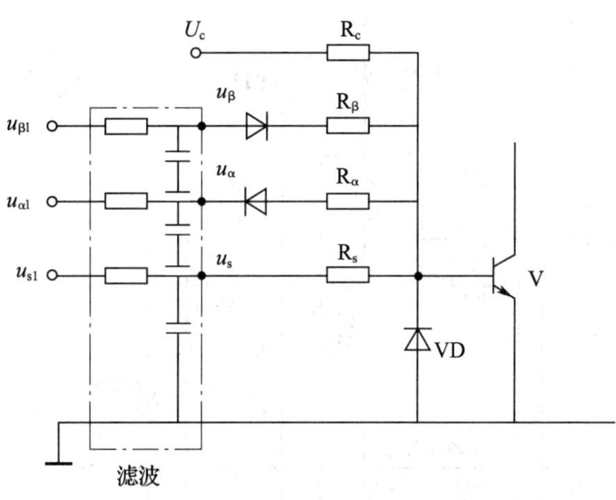

b)

图 11—13　α_{min} 与 β_{min} 的限制

a）波形图　b）电路图

第3节　锯齿波同步晶体管触发电路

锯齿波同步晶体管触发电路如图11—14所示，其基本构造与正弦波同步晶体管触发电路类似，同样包含同步移相、脉冲形成与脉冲输出三大基本部分。其不同之处仅在于以锯齿波同步信号电压代替正弦波同步信号电压，以及增设了双窄脉冲环节、脉冲封锁环节及强触发环节等辅助环节。

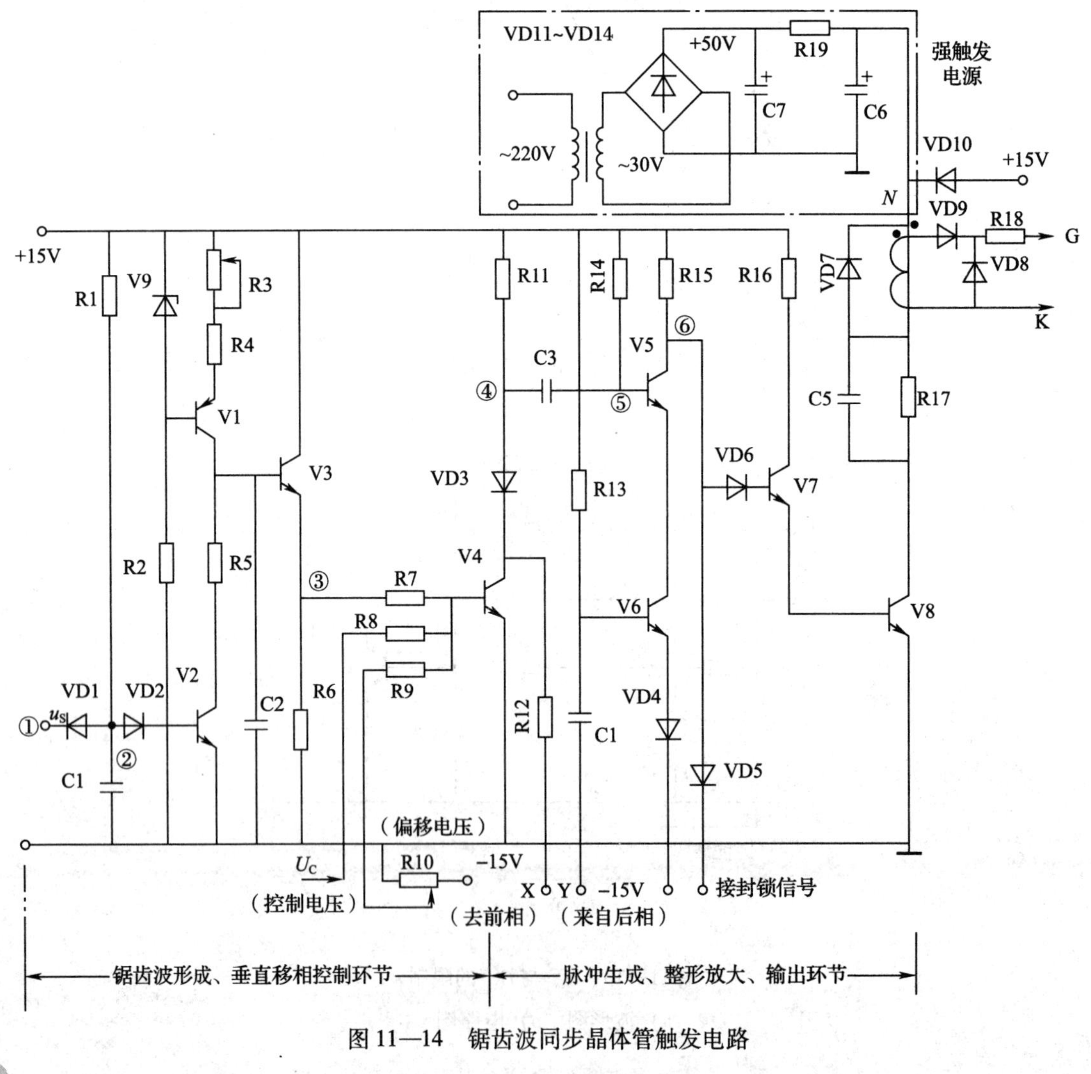

图11—14　锯齿波同步晶体管触发电路

一、锯齿波形成、同步移相环节

锯齿波同步晶体管触发电路的移相原理与正弦波同步晶体管触发电路相似，即以锯齿波电压为基础，再叠加上直流偏置电压 U_b（与控制电压 U_c 极性相反的直流电压，为调整触发脉冲初始相位而设置，调整完毕即固定不变）和控制移相电压 U_c，通过改变 U_c 的大小改变触发脉冲发出的时刻（即改变控制角 α）。

与正弦波同步晶体管触发电路不同的是，在正弦波触发电路中是直接以同步变压器的二次侧绕组所输出的同步电压与 U_c、U_b 叠加来进行移相控制的，而锯齿波触发电路则是通过锯齿波形成电路将正弦波同步电压变成锯齿波同步信号电压，再以锯齿波同步信号电压与 U_c、U_b 叠加来进行移相控制的。

锯齿波形成电路由图 11—14 中的恒流源（V9、R2、R3、R4、V1）及电容 C2 和开关管 V2 所组成。

由 V9、R2 组成的稳压电路对 V1 管设置了一个固定基极电压，则 V1 发射极电压也恒定，R3、R4 中的电流也恒定。从而形成恒定电流对 C2 充电，使 C2 上电压以恒定斜率线性上升。调节电位器 R3 则可改变 V1 集电极电流，从而改变 C2 上电压上升的斜率。

u_s 是来自同步变压器的交流电压，用于控制对 V2 管周期性地开关。当 V2 导通时，电容 C2 经过 V2 集电极对地放电，而当 V2 截止时，C2 上电压线性上升。当 V2 周期性通断变化时，在电容 C2 上就产生周期变化的锯齿波。锯齿波的宽度由 V2 基极电压确定。在 u_s 负半周下降段，VD1 导通对 C1 反压充电，由于充电回路时间常数较小，所以②点的电压在此区间与 u_s 相同，如图 11—15 所示，而在 u_s 负半周上升段，C1 上电压变化要比 u_s 的变化缓慢（由稳压电源 +15 V 通过 R1 对 C1 充电，时间常数为 R_1C_1），故 VD1 截止，②点的电压波形按 RC 充电时的指数规律变化缓慢上升，从而使 V1 基极承受负电压的时间被延长，V1 截止的时间在一周期中达到 240°以上，即锯齿波的底宽被加宽到 240°以上，触发脉冲可以移相的范围被加宽了。V3 管是射极跟随器，目的是提高带负载的能力，所以③点的电压也是锯齿波，它与 C2 两端的电压仅相差 0.7 V。

电路脉冲移相原理以及并联垂直控制电路的分析与正弦波同步晶体管触发电路相同。触发脉冲发出的时刻由 V4 管从截止翻转到导通的时刻所决定。

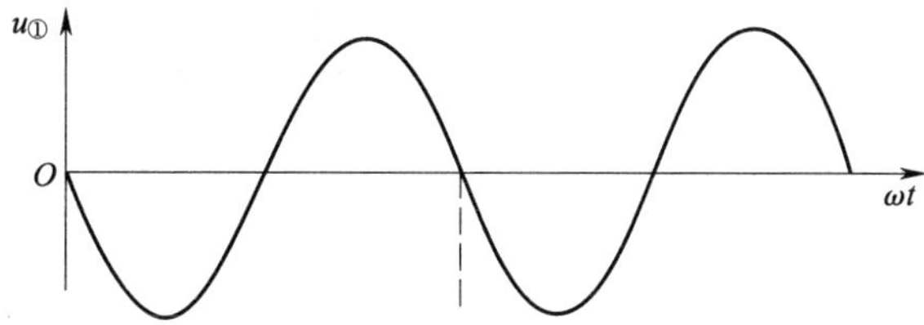

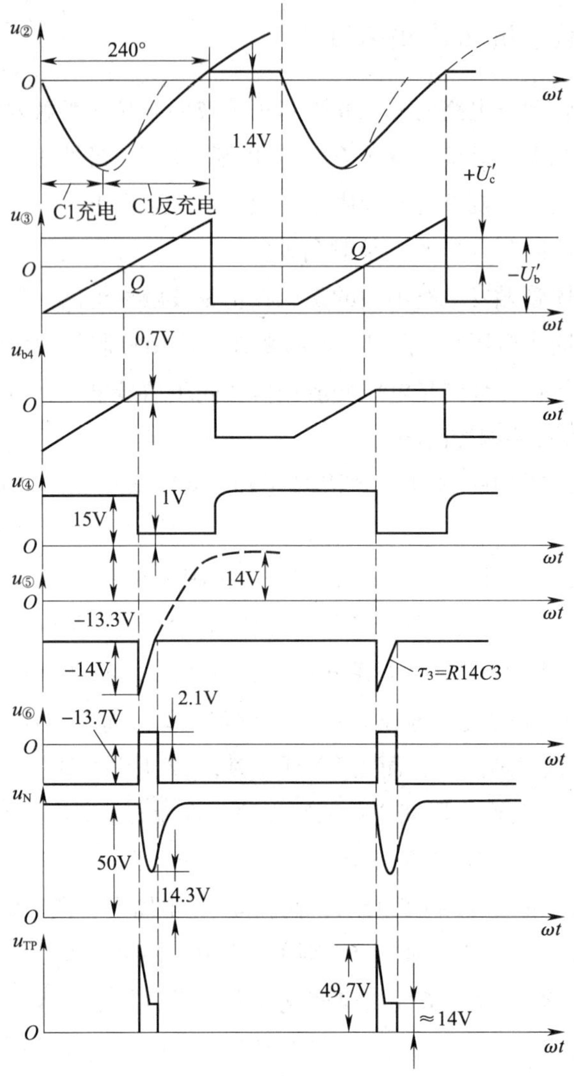

图 11—15　锯齿波同步晶体管触发电路的电压波形

二、脉冲形成整形和放大输出环节

当 V4 管截止时，电源（+15 V）分别经 R13 和 R14 向 V6 管与 V5 管供给足够大的基极电流，使 V5、V6 管饱和导通。⑥点电位对地为 -13.7 V，使 V7、V8 管处于截止状态，电路无输出脉冲。与此同时，电源（+15 V）经 R11、V5 管基极、发射极、V6 管及电源（-15 V）对 C3 充电，充电结果使 C3 上电压呈左正右负，电压为 28.3 V，这期间电路处于“稳态”。

当 V4 管由截止翻转为导通时，其集电极电位迅速下跌，④点电位从 +15 V 下跳到

1 V，由于C3上电压不能突变，使⑤点电位也下跳了14 V，从原来的 -13.3 V突降到 -27.3 V，使V5管基极处于反偏而立即截止，V5集电极（即⑥点）电位迅速上升，到 +2.1 V时被箝位。V7、V8管饱和导通，电路通过脉冲变压器的二次绕组输出触发脉冲。但是这种状态只是暂时的（称为“暂态”），因为与此同时，C3经 +15 V电源、R14、VD3和V4管反向充电，⑤点电位随着C3的反向充电而不断升高，并力图要达到 +15 V。但当⑤点电位从 -27.3 V上升到 -13.3 V时，V5管与V6管又被导通，⑥点电位又突降到 -13.7 V。于是V7、V8管子又被截止，输出触发脉冲被终止，电路又恢复到“稳态”。电路的暂态时间亦即输出触发脉冲的宽度是由C3的反充电回路时间常数 $\tau_3 = R_{14}C_3$ 所确定，调节R14或C3的参数即可调整输出脉宽。按图中所示参数可获得输出脉宽约为1 ms（相当于18°）的窄脉冲。

三、其他环节

1. 强触发环节

一方面，采用强触发脉冲可以缩短晶闸管开通的时间，以用来提高晶闸管承受电流变化率的能力。另一方面，强触发脉冲也有利于改善晶闸管串联或并联使用时动态均压或动态均流，以提高系统的可靠性。一些大中容量系统的触发电路往往带有强触发环节。强触发环节实际就是一个电压较高的触发电源。如图11—14中所示，触发电源由单相桥式整流电路供电，使C7两端获得电压为50 V的强触发电源，在V8导通前，50 V电源经R19对C6充电，使 N 点电位为50 V。当V8管导通时，C6经过脉冲变压器、R17和V8迅速放电，由于C6容量很小，仅1 uF，放电回路电阻又很小，因此 N 点电位迅速下降，一旦 N 点电位下降到14.3 V，VD10导通，脉冲变压器就改由 +15 V稳定电源供电。加上强触发环节后脉冲变压器一次侧电压 u_{TP} 波形如图11—15所示。

2. 脉冲封锁环节

在事故情况下或在逻辑无环流可逆系统中，系统要求当一组整流桥工作时，另一组整流桥要封锁，这时可将脉冲封锁信号置于零地位或负电位，于是⑥点电位通过VDS被箝位于零电位或负电位，使V7、V8管无法导通，触发电路无脉冲输出，整流桥就被封锁而停止工作，达到了保护或逻辑控制的要求。串联VD5是为了当封锁信号用接零电位来封锁电路时，可用VD5来切断零电位经V5、V6、VD4到 -15 V的通路以防止短路。

3. 双窄脉冲环节

双窄脉冲是三相全控桥式整流电路或三相双反星形可控整流电路的特殊要求。实现双窄脉冲控制可有两种方法：一种是“外双窄脉冲电路”，每一触发单元在一个周期内仅产生一个脉冲，通过脉冲变压器的两个二次绕组，同时去触发本相和前相的晶闸管。这种电路脉冲变压器的二次绕组数要增多，每单元触发电路输出功率也要增大；另一种是“内双窄脉冲电路”，每一触发单元经过脉冲变压器输出的触发脉冲只触发本相的晶闸管，而双窄脉冲的形成是通过对触发单元电路作一些改动，并通过各触发单元的适当连接，就可在一周期内发出间隔60°的两个窄脉冲，这种电路所需触发功率较小，故目前常被采用。图11—14所示电路中就是在V5管的发射极通路上串联了一个V6管，并从V4管集电极和V6管基极分别引出X和Y接头，供各触发单元进行连接而构成“内双窄脉冲电路”的。

在图11—14中，V5与V6管是相串联的，任何一只管子处于截止状态都能使⑥点电位被升高而使V7、V8管导通，输出触发脉冲。因此只要用适当的信号控制V5及V6管能在一周期内间隔60°分别被截止一次就可以获得双窄触发脉冲。第一个主脉冲是由本相触发电路的控制电压U_c控制同步移相环节使V1从截止向导通翻转，使V5截止一次而产生的。而相隔60°的第二个辅脉冲则是当后相的触发电路在发出自相的触发脉冲时，通过后相触发电路的X端将一个下跳的电位输入到本相触发电路的Y端，控制本相触发电路的V6管截止一次而产生的。触发单元之间的连接（以三相全控桥整流电路为例）及双窄脉冲的波形如图11—16所示。图中1CF～6CF分别为三相全控桥VT1～VT6所对应的触发单元。每个触发单元的同步电压均为依次滞后60°，因此当所有触发单元的控制电压U_c都相等时，各个触发单元所发出的触发脉冲依次滞后60°，且控制角α都相同。每个触发单元由本相的同步电压及控制电压作用下发出一个主脉冲，同时给其前相的触发单元一个控制信号，使其发出一个与本相主脉冲相隔60°的辅助脉冲。

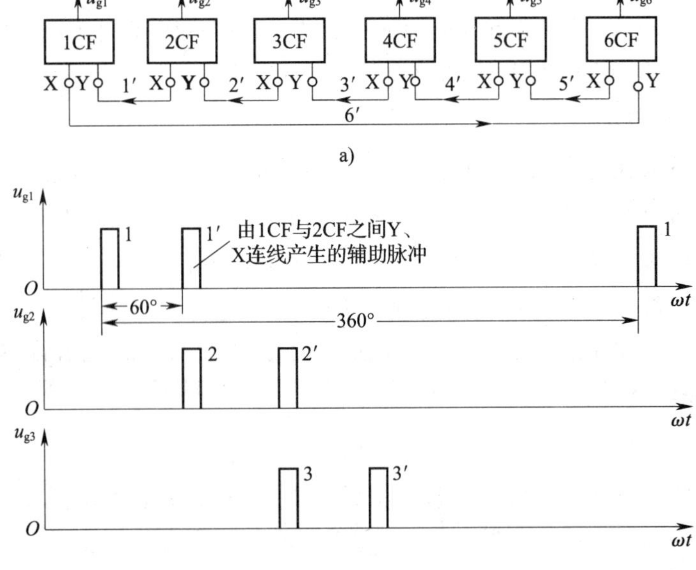

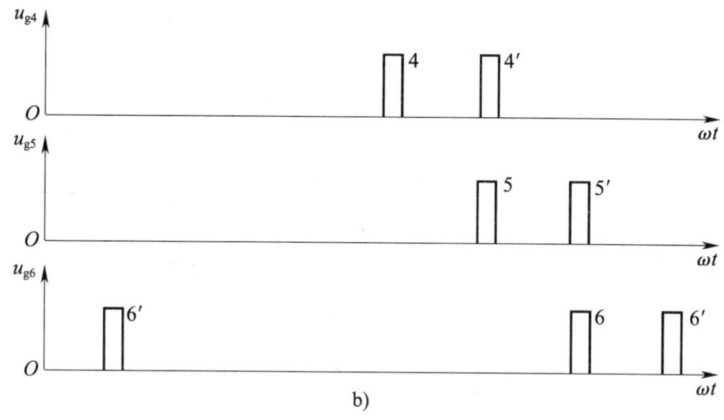

图 11—16　双窄脉冲的产生

a）X、Y 间连接　b）脉冲排列

第 4 节　集成触发器

随着电力电子技术的不断发展，对变流装置的可靠性提出了更高的要求，如何简化调试手段，方便维修等也更引人注目。采用集成电路取代以分立元件构成的触发器，具有体积小、工作可靠、电路简单、使用方便的特点，已被各种变流装置广泛使用。本节简要介绍 KC 系列中的 KC04、KC41C、KC42 组成的三相集成触发电路和功能更强的 TC787 集成触发器。

一、KC04 移相触发电路

KC04 移相触发电路的内部原理图和外形图如图 11—17a 和图 11—17b 所示。引出管脚顺序由缺口起，按逆时针方向排列。它的内部电路与分立元件组成的锯齿波同步晶体管触发电路相似，由锯齿波形成、垂直移相控制、脉冲形成及整形放大输出等基本环节组成。但它在电源的一周期内，在集成电路的①脚和⑮脚分别输出相位差为 180°的两个单窄脉冲，可以作为三相全控桥主电路同一相上下晶闸管的主触发脉冲。⑯脚接 +15 V 电源，⑤脚接 -15 V 电源，⑦脚接地，⑧脚输入同步电压，但在同步电压输入之前，一般都经外接的微调电位器 RP、电阻 5.1 kΩ 和电容 1 μF 组成的滤波电路滤波移相，以减小电网电压畸变和换流缺口的干扰。如图 11—23 所示，按所配的参数使同步电压产生 30°~50°的相位滞后，

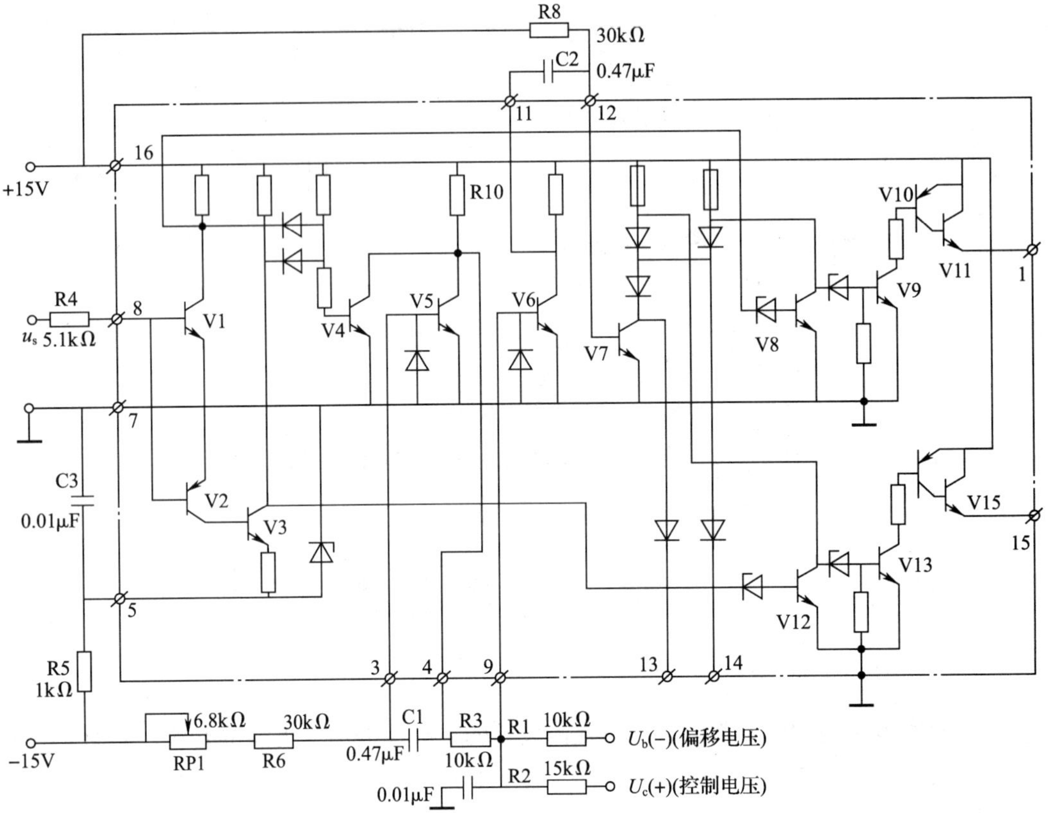

a)

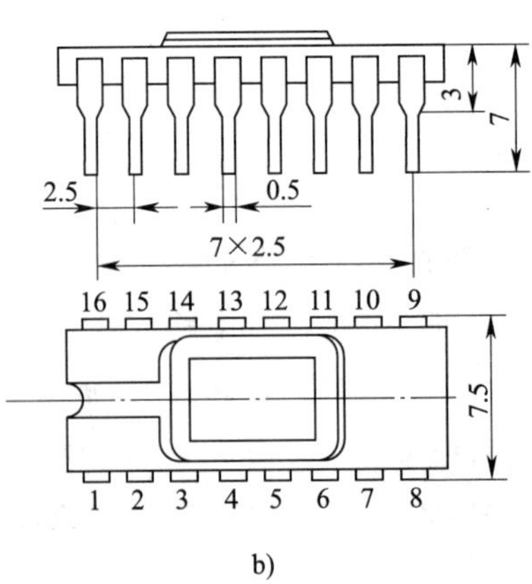

b)

图 11—17　KC04 移相集成触发器

a）电路图　b）外形与管脚

可以通过微调电位器的调整，确保各相输出脉冲间隔均匀。③脚与④脚之间外接的电容 C1 上形成锯齿波，可以通过调节③脚外接的 6.8 kΩ 电位器使三相全控桥所需三片 KC04 的锯齿波斜率一致。锯齿波电压通过电阻 R3 送到⑨脚，与直流偏移电压 U_b 和直流移相控制电压 U_c 进行并联叠加。⑪脚与⑫脚上所接 R8、C2 决定输出脉冲的宽度，⑬脚与⑭脚提供脉冲列调制和脉冲封锁控制端。KC04 主要用于单相或三相全控桥，其脉冲输出幅值可达 13 V 以上，最大输出能力达 100 mA，脉冲宽度可在 0.4～2 ms 之间调节，移相范围不小于 170°。KC04 移相触发电路各脚的波形如图 11—18 所示。

二、KC41C 六路双窄脉冲形成器

KC41C 与 KC04 配合可以组成三相全控桥等所要求具有双窄脉冲输出的触发电路。KC41C 的外形和内部原理电路如图 11—19 所示。

把三片 KC04 移相触发器的①脚、⑮脚产生的 6 个主脉冲分别接到 KC41C 集成电路的①～⑥脚，经内部集成二极管完成“或”运算的功能形成双窄脉冲，再由内部 6 个集成三极管放大，从⑩～⑮脚输出，分别引到外接的 V1～V6 晶体管的基极作为功率放大，可得到 800 mA 的触发脉冲电流，供触发大电流的晶闸管。KC41C 不仅具有双窄脉冲形成功能，而且还具有电子开关控制封锁功能。KC41C 的⑧脚接地。当⑦脚接地或处于低电位时，内部集成开关管 V7 截止，各路正常输出脉冲；当⑦脚接高电位或悬空时，V7 饱和导通，各路无脉冲输出。KC41C 各管脚的脉冲波形如图 11—20 所示。

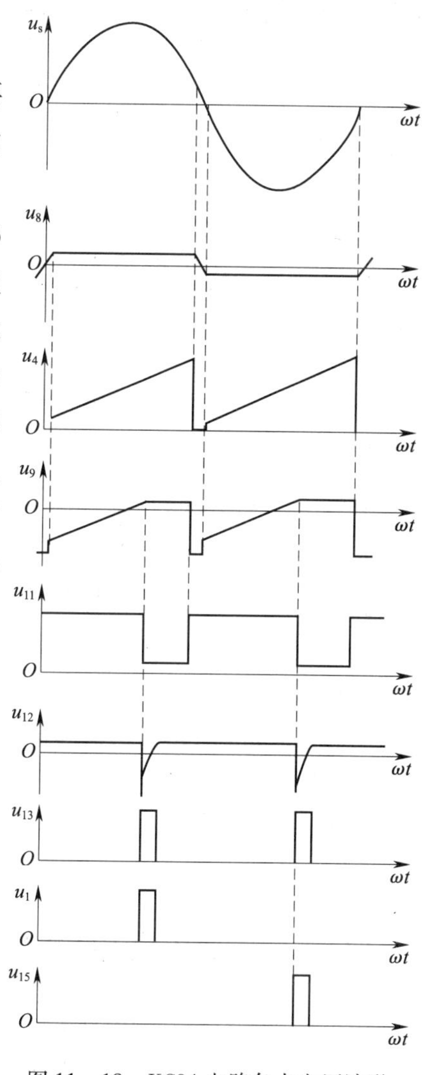

图 11—18　KC04 电路各点电压波形

三、KC42 脉冲列调制电路

在大功率晶闸管触发电路中，为了减少触发电源功率和脉冲变压器体积，提高脉冲前沿陡度，常采用脉冲列式触发器。KC42 为脉冲列调制电路，具有脉冲占空比可调性好、频率调节范围宽、触发脉冲上升沿可与调制信号同步等优点。其电气原理图如图 11—21 所示。

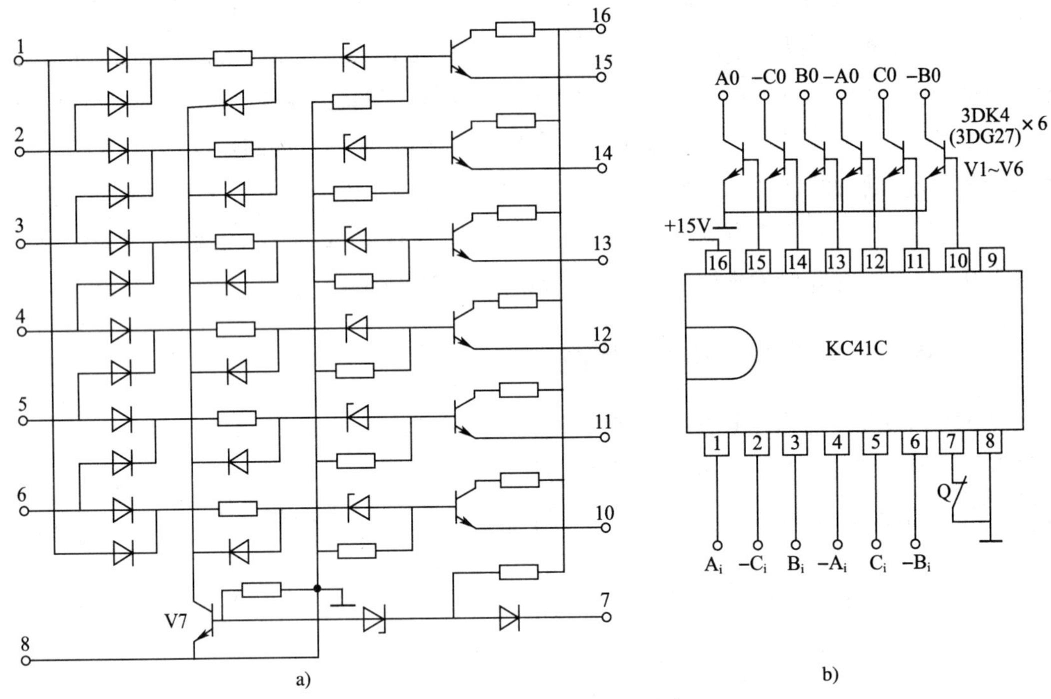

图 11—19 KC41C 六路双窄脉冲形成器

a）电路图 b）外部接线

KC42 是一种脉冲列调制电路，它可以利用 KC04 的⑬脚输出的控制信号来启动片内的振荡电路，产生一系列窄脉冲，回送到 KC04 的⑭脚，对 KC04 输出的触发脉冲进行调制。

以三相全控桥式整流电路为例，来自三块 KC04 触发器⑬脚的脉冲信号分别送入 KC42 的②脚、④脚与⑫脚。电路中 V1、V2、V3 管构成了一个“或非”门电路，只要三个 KC04 触发器中任意一个有输出，则 M 点为低电平，V4 管截止，使 V5、V6、V8 与外接的电阻、电容构成的环形振荡器起振，振荡频率由外接的 R1、R2、C2 等确定。当按图示参数接入时，振荡频率约为 8 kHz。当三个输入全为低电平时，M 点为高电平，V4 管导通，环形振荡器停振。环形振荡器的输出经 V7 整形后由⑧脚输出，可送回三片 KC04 的⑭脚对触发脉冲进行调制。KC42 各管脚的波形如图 11—22 所示。

四、KCZ6 集成化六脉冲触发组件

由三片 KC04、一片 KC41C 与一片 KC42 可组成集成化的六脉冲触发组件 KCZ6，用于要求较高的三相桥式全控整流电路的触发。输出脉冲能可靠驱动大功率晶闸管，其原理接线图如图 11—23 所示。

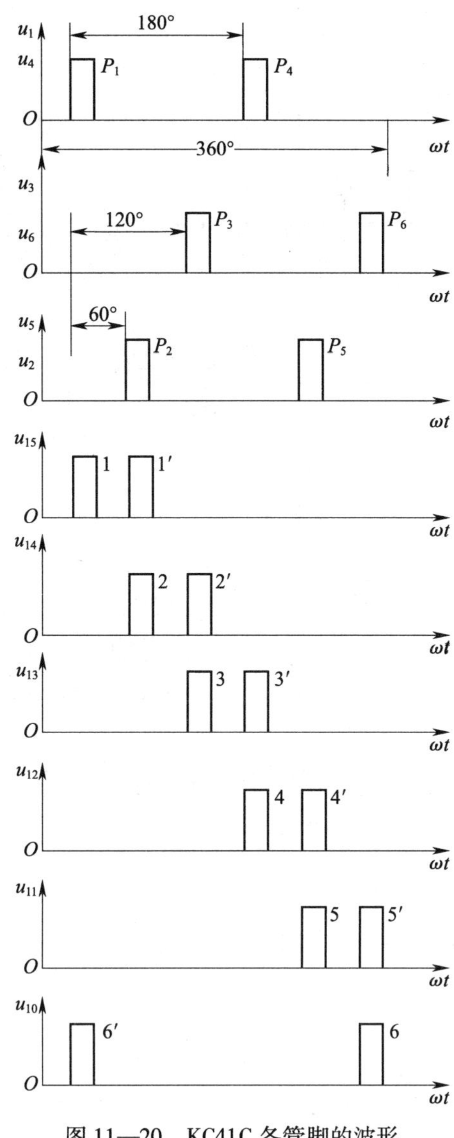

图 11—20　KC41C 各管脚的波形

本组件有以下功能与特点：

（1）同步电压经 RC 滤波电路，不受电网电压波形畸变和换流缺口的干扰，且电位器 RP5、RP6、RP7 可微调各相同步电压的相位，保证六相脉冲间隔均匀。

（2）同步电压值范围较宽且只需三相同步电压。

（3）输出是脉冲列式的双脉冲，脉冲变压器体积小。

（4）能方便地与调节系统匹配，只需调节输入信号的上下限即可调整最小控制角与最小逆变角。

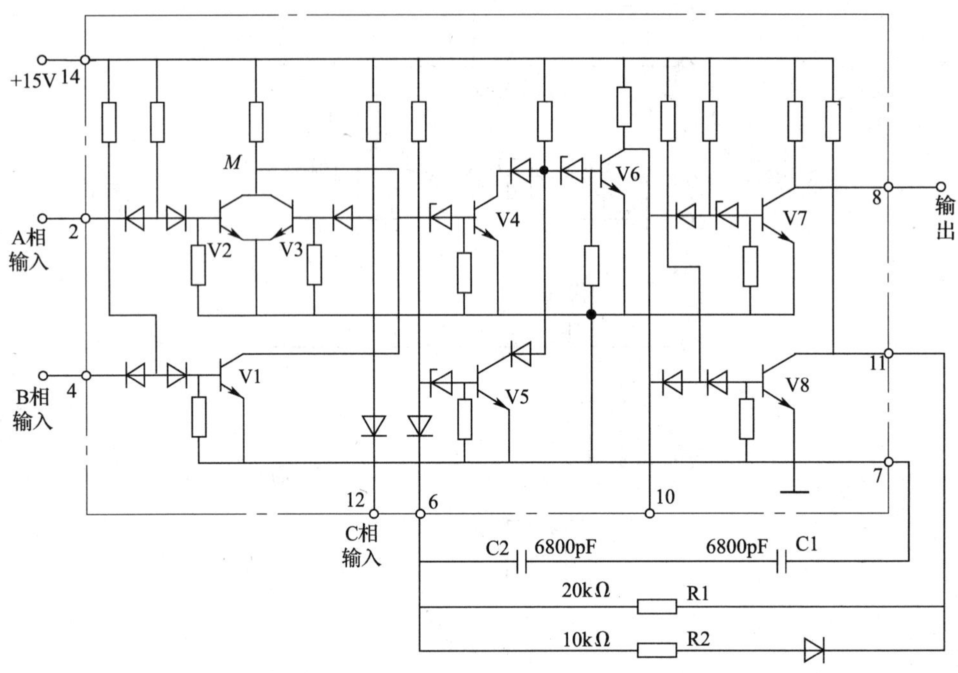

图 11—21　KC42 电气原理图

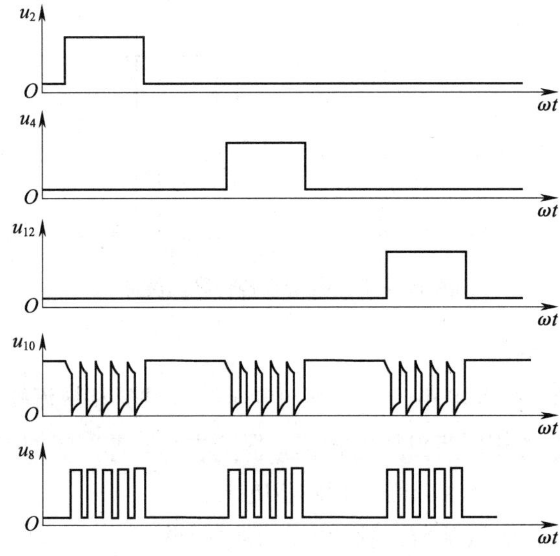

图 11—22　KC42 各管脚的波形

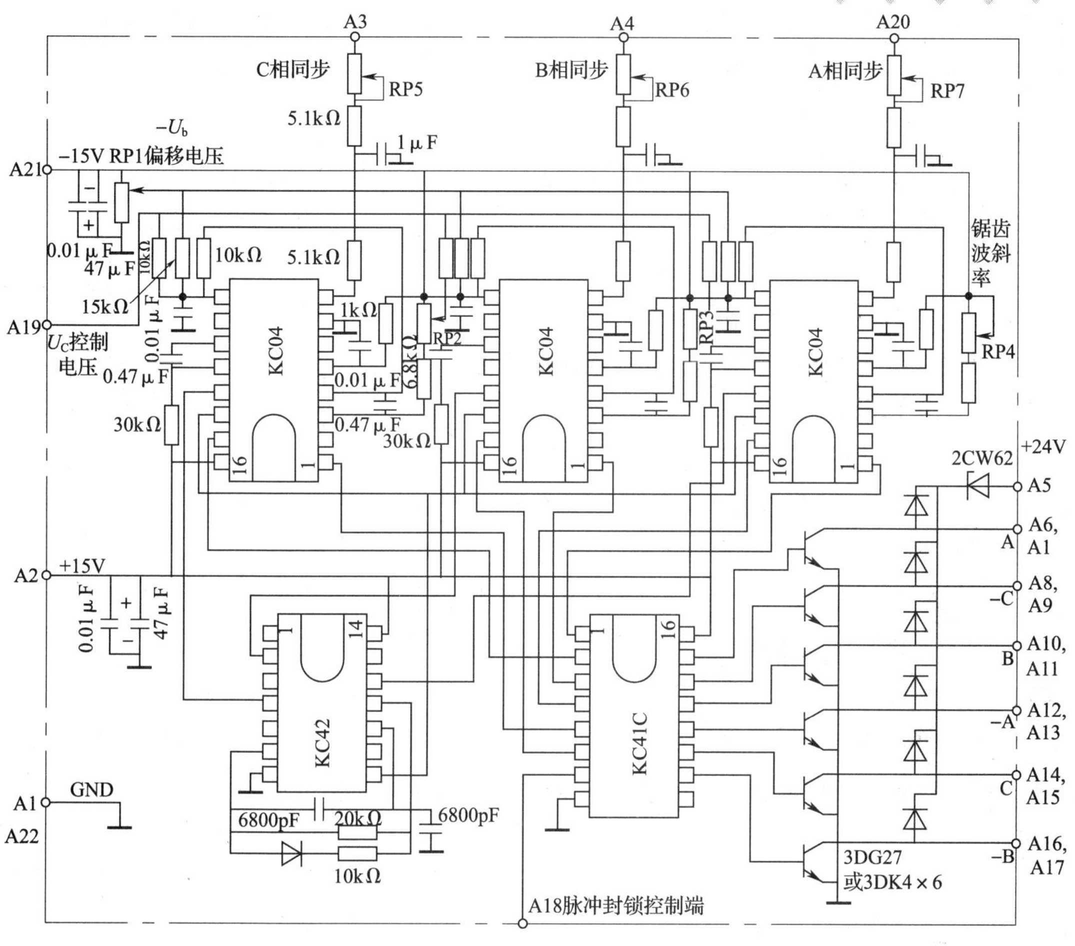

图 11—23　KCZ6 集成六脉冲触发组件原理接线图

（5）具有脉冲输出控制端（A18），用以控制脉冲的输出并可用于逻辑控制可逆系统中作逻辑切换控制。

（6）体积小，调整维修方便，一片组件板就可对三相全控桥式整流电路或三相双反星形可控整流电路进行触发控制。电路稍加修改，即可用于双向晶闸管或反并联晶闸管的三相交流调压电路。

组件的电路原理可根据本节前述的 KC04、KC41C、KC42 集成电路的原理与管脚号自行读图分析。

五、TC787

TC787 是采用先进 IC 工艺设计制作的单片集成电路，与 KC 系列触发电路相比，具有功耗小、功能强、输入阻抗高、抗干扰性能好、移相范围宽、外接元件少等优点，而且装调简便，使用可靠。主要适用于三相晶闸管移相触发电路和三相晶体管脉宽调制电路，以构成多种调压调速和变流装置。

1. TC787 管脚图

TC787 是标准双列直插式 18 引脚的集成电路，它的引脚排列如图 11—24 所示。

2. TC787 各管脚的功能及用法

（1）同步电压输入端。引脚 1（Vc）、引脚 2（Vb）及引脚 18（Va）为三相同步输入电压连接端。应用中，分别接经输入滤波后的同步电压，同步电压的峰值应不超过 TC787 的工作电源电压 V_{DD}。

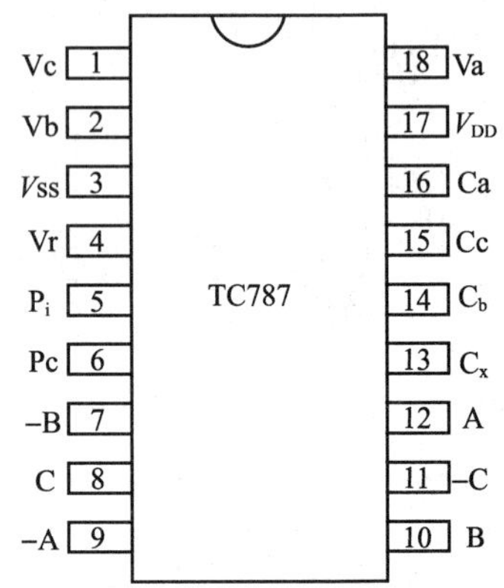

图 11—24　TC787 的管脚图

（2）脉冲输出端。在半控单脉冲工作模式下，引脚 8（C）、引脚 10（B）、引脚 12（A）分别为与三相同步电压正半周对应的同相触发脉冲输出端，而引脚 7（–B）、引脚 9（–A）、引脚 11（–C）分别为与三相同步电压负半周对应的反相触发脉冲输出端。当 TC787 被设置为全控双窄脉冲工作方式时，引脚 8 为与三相同步电压中 C 相正半周及 B 相负半周对应的两个脉冲输出端；引脚 12 为与三相同步电压中 A 相正半周及 C 相负半周对应的两个脉冲输出端；引脚 11 为与三相同步电压中 C 相负半周及 B 相正半周对应的两个脉冲输出端；引脚 9 为与三相同步电压中 A 相同步电压负半周及 C 相电压正半周对应的两个脉冲输出端；引脚 7 为与三相同步电压中 B 相电压负半周及 A 相电压正半周对应的两个脉冲输出端；引脚 10 为与三相同步电压中 B 相正半周及 A 相负半周对应的两个脉冲输出端。应用中，均接脉冲功率放大环节的输入或脉冲变压器所驱动开关管的控制极。

（3）控制端

1）引脚 4（Vr）：移相控制电压输入端。该端输入电压的高低，直接决定着 TC787 输出脉冲的移相范围，应用中接给定环节输出，其电压幅值最大为 TC787 的工作电源电压 V_{DD}。

2）引脚 5（Pi）：输出脉冲禁止端。该端用来进行故障状态下封锁 TC787 的输出，高电平有效，应用中，接保护电路的输出。

3）引脚 6（Pc）：TC787 工作方式设置端。当该端接高电平时，TC787 输出双脉冲列；而当该端接低电平时，输出单脉冲列。

4）引脚 13（Cx）：该端连接的电容 Cx 的容量决定着 TC787 输出脉冲的宽度，电容的容量越大，则脉冲宽度越宽。

5）引脚 14（Cb）、引脚 15（Cc）、引脚 16（Ca）：对应三相同步电压的锯齿波电容连接端。该端连接的电容值大小决定了移相锯齿波的斜率和幅值，应用中分别通过一个相同容量的电容接地。

（4）电源端。TC787 可单电源工作，亦可双电源工作。单电源工作时引脚 3（V_{SS}）接地，而引脚 17（V_{DD}）允许施加的电压为 8 ~ 18 V。双电源工作时，引脚 3（V_{SS}）接负电源，其允许施加的电压幅值为 -9 ~ -5 V，引脚 17（V_{DD}）接正电源，允许施加的电压为 +5 ~ +9 V。

3. TC787 工作原理

TC787 的内部结构及工作原理框图如图 11—25 所示。由图可知，在它们内部集成有三个过零和极性检测单元、三个锯齿波形成单元、三个比较器、一个脉冲发生器、一个抗干扰锁定电路、一个脉冲形成电路、一个脉冲分配及驱动电路。它们的工作原理可简述为：经滤波后的三相同步电压通过过零和极性检测单元检测出零点和极性后，作为内部三个恒流源的控制信号。三个恒流源输出的恒值电流给三个等值电容 Ca、Cb、Cc 恒流充电，形成良好的等斜率锯齿波。锯齿波形成单元输出的锯齿波与移相控制电压 Vr 比较后取得交相点，该交相点经集成电路内部的抗干扰锁定电路锁定，保证交相唯一而稳定，使相交点以后的锯齿波或移相电压的波动不影响输出。该相交信号与脉冲发生器输出的调制脉冲信号，经脉冲形成电路处理后变为与三相输入同步信号相位对应且与移相电压大小适应的脉冲信号送到脉冲分配及驱动电路。假设系统未发生过电流、过电压或其他非正常

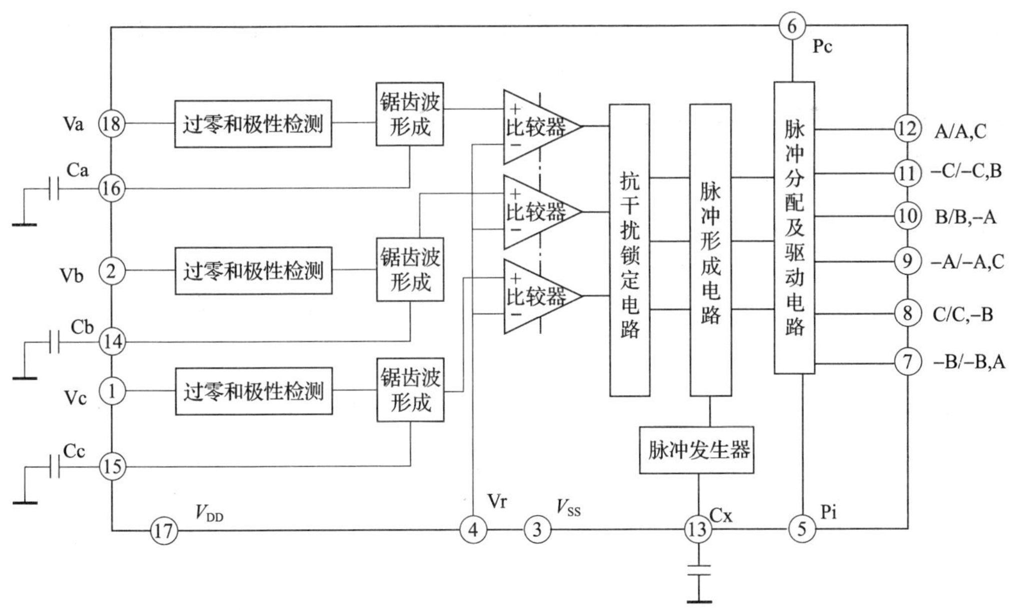

图 11—25　TC787 的内部结构及工作原理框图

情况，则引脚5禁止端的信号无效，此时脉冲分配电路根据用户在引脚6设定的状态完成双脉冲（引脚6为高电平）或单脉冲（引脚6为低电平）的分配功能，并经输出驱动电路功率放大后输出，一旦系统发生过电流、过电压或其他非正常情况，则引脚5禁止信号有效，脉冲分配和驱动电路内部的逻辑电路动作，封锁脉冲输出，确保集成电路的6个引脚12、11、10、9、8、7输出全为低电平。

4. TC787的特点

（1）TC787适用于主功率器件是晶闸管的三相全控桥或其他拓扑结构电路的系统中作为晶闸管的移相触发电路。也适用于以电力晶体管（GTR）或绝缘栅双极型晶体管（IGBT）为功率单元的三相全桥或其他拓扑结构电路的系统中作为脉宽调制波产生电路，且任一种芯片均可同时产生六路相序互差60°的输出脉冲。

（2）TC787在单、双电源下均可工作，使其适用电源的范围较广泛，它们输出三相触发脉冲的触发控制角可在0°～180°范围内连续同步改变。它们对零点的识别非常可靠，使它们可方便地用作过零开关，同时器件内部设计有移相控制电压与同步锯齿波电压交点（相交）的锁定电路，抗干扰能力极强。电路自身具有输出禁止端，使用户可在过电流、过电压时进行保护，保证系统安全。

（3）TC787分别具有A型和B型器件，使用户可方便地根据自己应用系统所需要的工作频率来选择（工频时选A型器件，中频100～400 Hz时选B型器件）。同时，TC787输出为脉冲列，适用于触发晶闸管及电感性负载；输出为方波，适用于驱动晶体管。因两种集成电路引脚完全相同，故增加了用户控制用印制电路板的通用性，使同一印制电路板只需要互换集成电路便可用于控制晶闸管或晶体管。

（4）TC787可方便地通过改变引脚6的电平高低，来设置其输出为双脉冲列还是单脉冲列。

5. TC787主要电参数和限制

（1）工作电源电压V_{DD}：8～18 V或±5 V～±9 V。

（2）输入同步电压有效值：$\leqslant\left(\frac{1}{2\sqrt{2}}\right)V_{DD}$。

（3）输入控制信号电压范围：0～V_{DD}。

（4）输出脉冲电流最大值：20 mA。

（5）锯齿波电容取值范围：0.1～0.15 μF。

（6）脉宽电容取值范围：3 300 pF～0.01 μF。

（7）移相范围：0°～177°。

（8）工作温度范围：0～+55℃。

6. TC787 的应用

由 TC787 构成的三相六脉冲触发电路如图 11—26 所示。380 V 三相交流电经过同步变压器变压为 30 V 的同步信号 u_a、u_b、u_c 后，经过电位器 RP1、RP2、RP3 及阻容 T 型网络滤波接入到 TC787 的同步电压输入端，通过调节 RP1、RP2、RP3 可微调各相电压的相位，以保证同步信号与主电路的匹配。C_a、C_b、C_c 为积分电容，TC787 芯片锯齿波的线性、幅值由 C_a、C_b、C_c 电容值决定，因此，为了保证锯齿波有良好的线性及三相锯齿波斜率的一致性，选择 C_a、C_b、C_c 时要求其 3 个电容值的相对误差要非常小，

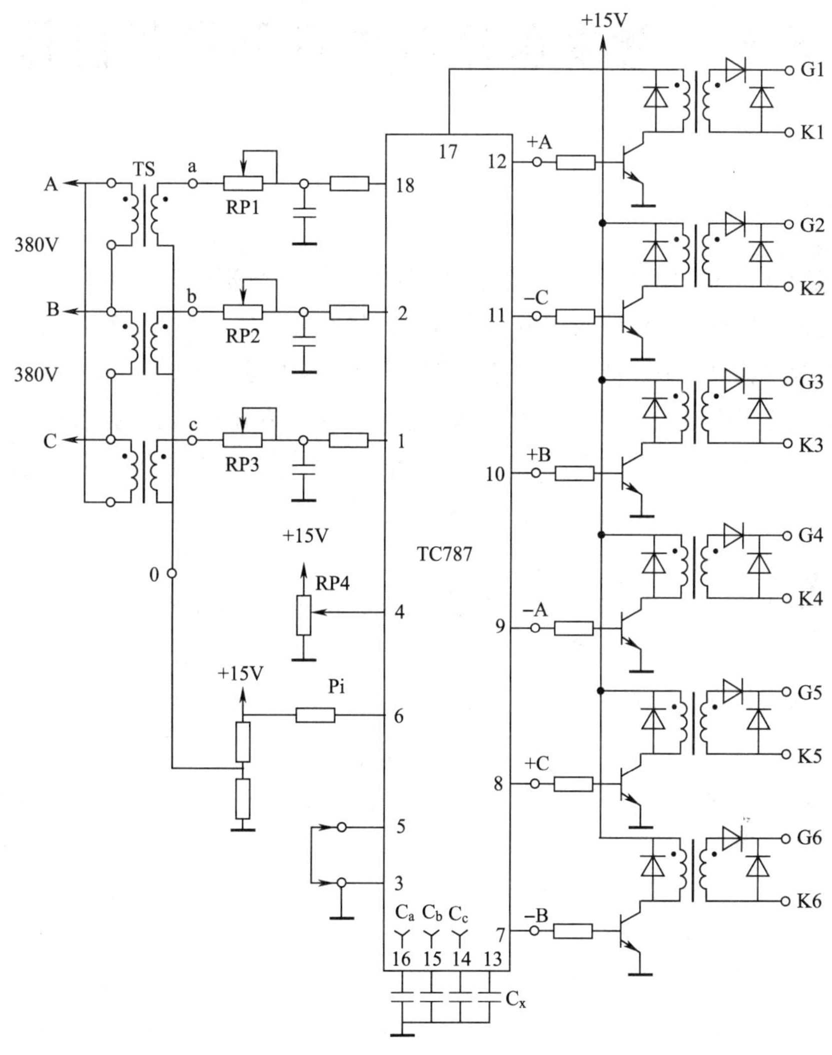

图 11—26　TC787 构成的集成触发电路

以产生的锯齿波线性好、幅值大且不平顶为宜。C_a、C_b、C_c 电容量的参考值为0.15 μF。连接在13脚的电容 C_x 决定输出脉冲的宽度，C_x 越大，脉冲越宽，可得到0°~80°范围的方波，不过脉冲太宽会增大驱动级的损耗。C_x 参考值为0.1~3 300 μF。调节RP4可以使输入4脚的电压0~12 V之间连续变化，从而使输出脉冲在0°~180°之间变化，7~12脚的输出端有大于25 mA的输出能力，采用6只驱动管扩展电流，经脉冲变压器隔离后将脉冲接到晶闸管的控制极（G）和阴极（K）之间，以触发晶闸管。

第5节　触发脉冲与主电路电压的同步

一、同步的概念

在晶闸管电路的应用过程中，有时会出现这种现象：分别检查主电路和各相触发电路单元一切正常，但将触发电路与主电路连接后，却发生工作不正常，输出的 u_d 波形很不规则，甚至根本就没有输出波形的情况。究其原因，很可能就在于触发电路与主电路不同步，造成晶闸管工作时控制角不一致，甚至个别晶闸管在阳极电压为反向电压时才被触发，那当然不能工作。因此，在三相变流装置中，如何理顺触发电路的同步电压与主电路电压的相位关系是很重要的，故也将触发电路的同步称为定相。

所谓同步（定相），就是要求触发脉冲和加于晶闸管的电源电压之间必须保持频率一致和相适应的相位。从主电路对触发脉冲的相位要求来看，首先要求触发脉冲在晶闸管阳极承受正向电压时加到门极；其次要求触发脉冲移动的范围要与主电路的移相范围相适应；再次要求应每隔360°发一次脉冲；最后各相触发电路单元发触发脉冲的次序要与主电路晶闸管的导通顺序一致。

触发电路中脉冲发出的时刻是由加在其上的同步电压 u_s 来定位的，由偏移电压 U_b 来调整初始相位，由控制移相电压 U_c 来实现移相。因此要使主电路与触发电路相适配，就要根据被触发晶闸管的阳极电压相位（称为主电压或桥臂电压），通过正确提供各触发电路单元特定相位的同步电压来实现。正确选择同步电压相位以及得到不同相位同步电压的方法，称为晶闸管装置的同步或定相。

这里需要指出的是，同步电压和同步信号电压在概念上稍有差别：同步电压是指同步变压器二次侧相电压，而同步信号电压是指对同步电压经过不同处理后得到的信号电压。如正弦波同步晶体管触发电路的正弦波同步信号电压，就是同步电压经过RC滤波移相后得到的信号电压；锯齿波同步晶体管触发电路的同步信号电压就是正弦波同步电压经过锯齿波形成环节后得到的锯齿波信号电压。

二、实现同步的方法

三相变流装置要实现同步主要是要解决两个问题：一是如何保证各个晶闸管上的控制角一致，即各相晶闸管上的触发脉冲严格保持一定的相位差。以三相全控桥式整流电路为例，就是如何保证6只晶闸管上的触发脉冲依次相隔60°的相位差。二是如何保证同步电压相位的相适应。

对于前一个问题，解决的方法是采用一只三相同步变压器，其一次绕组电压相位为A、B、C时（与整流变压器TR一致），二次绕组的6个绕组上分别产生6个相位不同的电压：u_{sa}、u_{sb}、u_{sc}与$u_{s(-a)}$、$u_{s(-b)}$、$u_{s(-c)}$，其向量图如图11—27d所示，6个电压相位依次相差60°。

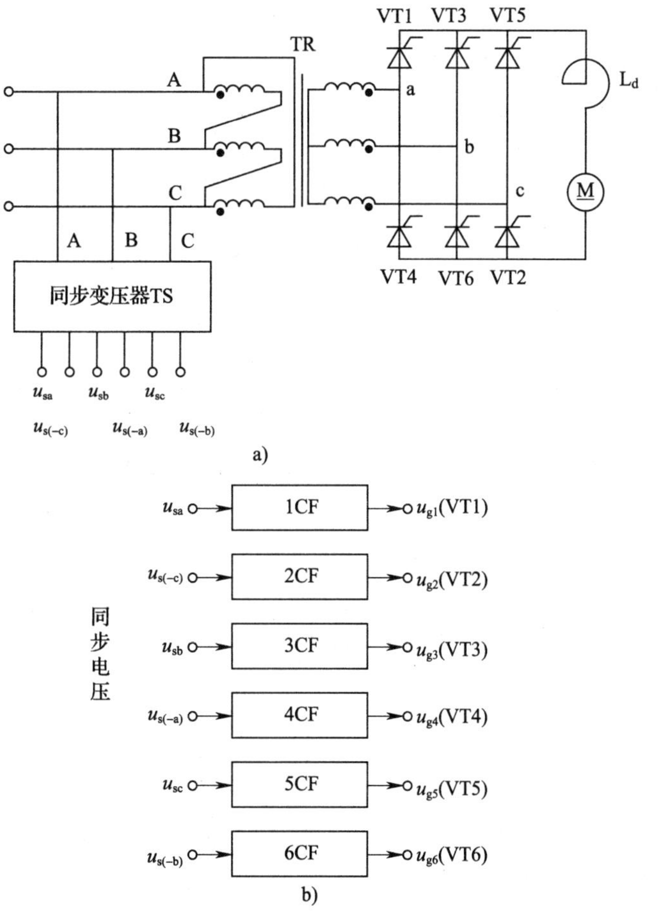

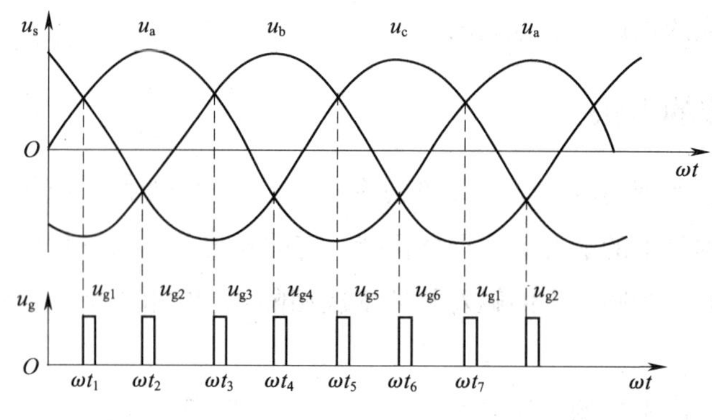

c)

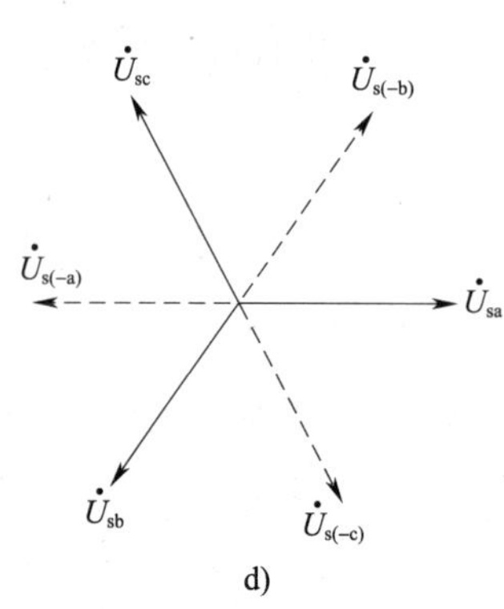

d)

图 11—27　同步变压器所产生的 6 相电压

a）三相全控桥式整流电路　b）触发电路单元

c）三相电压波形　d）同步电压的向量图

只要将此 6 个同步电压分别加到 6 个触发电路单元上，就可保证 6 个触发电路单元所发出的脉冲保持严格的相位差，依次相差 60°。若使 6 个触发电路单元的控制移相电压 U_c 一样大小，则 6 个触发脉冲的控制角也总是一样。

这样，同步的问题就归结为如何来确定哪一个触发电路单元应选择什么相位的同步电压。显然，我们可只选择某一个触发电路单元来进行讨论，因为只要一个触发电路单元的同步电压能符合相位要求，其余五个触发电路单元的同步电压只要依次相差 60°即可。

同步电压相位的确定，取决于不同的主电路形式、不同的负载性质、不同的移相要求及采用不同的触发电路。比如主电路为三相全控桥式整流电路，带大电感负载，在整流时移相范围为 0°～90°即可。但若要求同时还要考虑用于可逆系统，则移相范围需要

以 $\alpha=90°$ 为中心，正、负向都移相 90°，即 0°～180°的移相范围。因此，我们在确定某一触发电路单元的同步电压相位时，要根据主电路的形式、整流变压器的联结组别、负载性质及要求的移相范围以及所使用的触发电路形式，经过简便的方法来确定同步电压的相位，然后通过同步变压器的不同联结组别或再配合阻容移相来得到要求相位的同步电压。

三相变压器的联结组别共有 24 种，即△/△、Y/Y、△/Y、Y/△各 6 种联结组别，以 30°为一个单位均匀地分布在一个周期中。通常形象地以钟点数来表示。因同步变压器二次侧电压要分别接到各触发电路单元，而各触发电路单元的印制电路板又均有公共“接地”端点，所以，同步变压器二次侧只能是星形联结，即只要考虑△/Y和Y/Y共 12 种接法。我们可以用简单的方法来帮助自己对这 12 种联结组别的记忆，如图 11—28 所示。

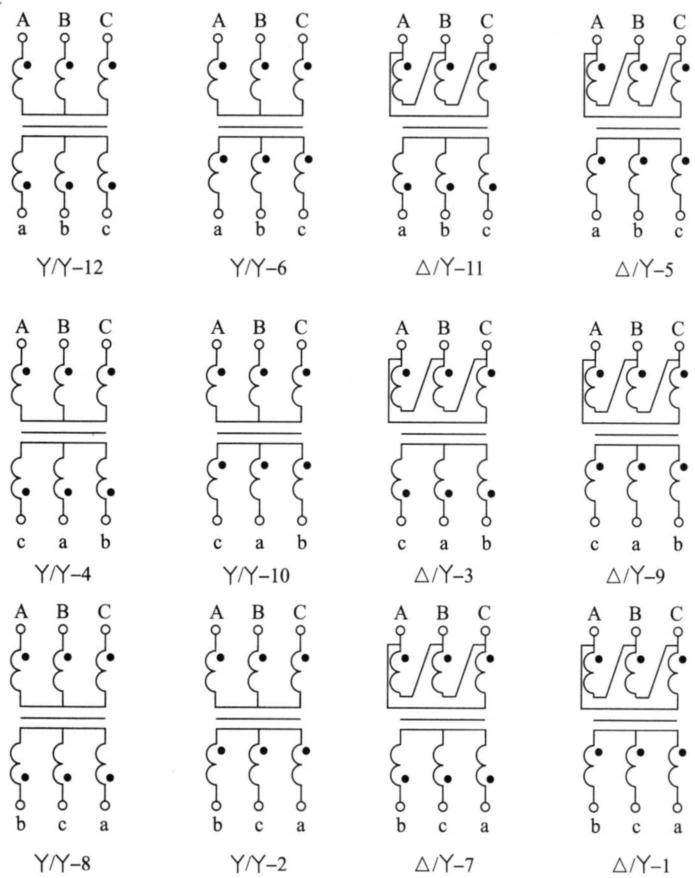

图 11—28　三相变压器的 12 种联结组别

首先记住Y/Y－12和△/Y－11（△为顺相序连接时的）两种联结组别，在此基础上，将一次绕组的接法固定不动，二次绕组的相序向右移动一个位置，其联结组别就按顺时针的方向滞后4个小时；再移动一个位置，就再滞后4个小时，这样就得到Y/Y－4、Y/Y－8和△/Y－3、△/Y－7共6个联结组别。然后将二次绕组的同名端全部反接，就又可得到与前述6个联结组别各自相差6个小时（即反相）的另6个联结组别：Y/Y－6、Y/Y－10、Y/Y－2和△/Y－5、△/Y－9、△/Y－1。

对同步电压相位的确定，可采取下述简便的步骤：

步骤一，根据触发电路的工作原理和主电路所要求的移相范围，画出当 $U_c=0$ V时，反映同步电压与输出脉冲之间相位关系的波形图。

步骤二，根据主电路的形式和负载的性质，画出晶闸管桥臂电压与使 $U_d=0$ 的触发脉冲波形图。

步骤三，将上述两图以脉冲为基准重叠在一起，从而可确定触发电路上的同步电压与主电路上桥臂电压之间的相位关系。

步骤四，根据整流变压器的联结组别及在第三步中确定的相位关系，确定同步变压器的联结组别及加到1号触发单元上的同步电压的相位。

步骤五，将相隔60°（或120°）的6个（或3个）同步电压依次加到6个（或3个）触发单元上。

三、同步举例

【例11—1】 三相全控桥式整流电路，带直流电动机负载，串接电抗器，不要求可逆运行，整流变压器为△/Y－11接法，采用如图11—14所示的锯齿波同步晶体管触发电路。试确定同步变压器的联结组别及各触发电路单元上同步电压的接法。

解：同步定相的方法如图11—29所示。

确定同步电压的步骤如下：

1. 画出锯齿波触发电路中，同步电压 u_s，锯齿波同步信号电压及当 $U_c=0$ 时触发脉冲的波形图。考虑主电路三相全控桥式整流电路在带大电感负载时，移相范围为0°～90°，锯齿波前端再留出30°的余量，则触发脉冲的初始相位应在锯齿波起点120°处的位置，如图11—29a所示。

2. 画出主电路桥臂电压和使 $U_d=0$（即 $\alpha=90°$）的触发脉冲波形图，如图11—29b所示。

3. 将上述两图以脉冲为基准重叠，可看出同步电压 u_s 应与桥臂电压为反相关系（相位差为180°），如图11—29c所示。

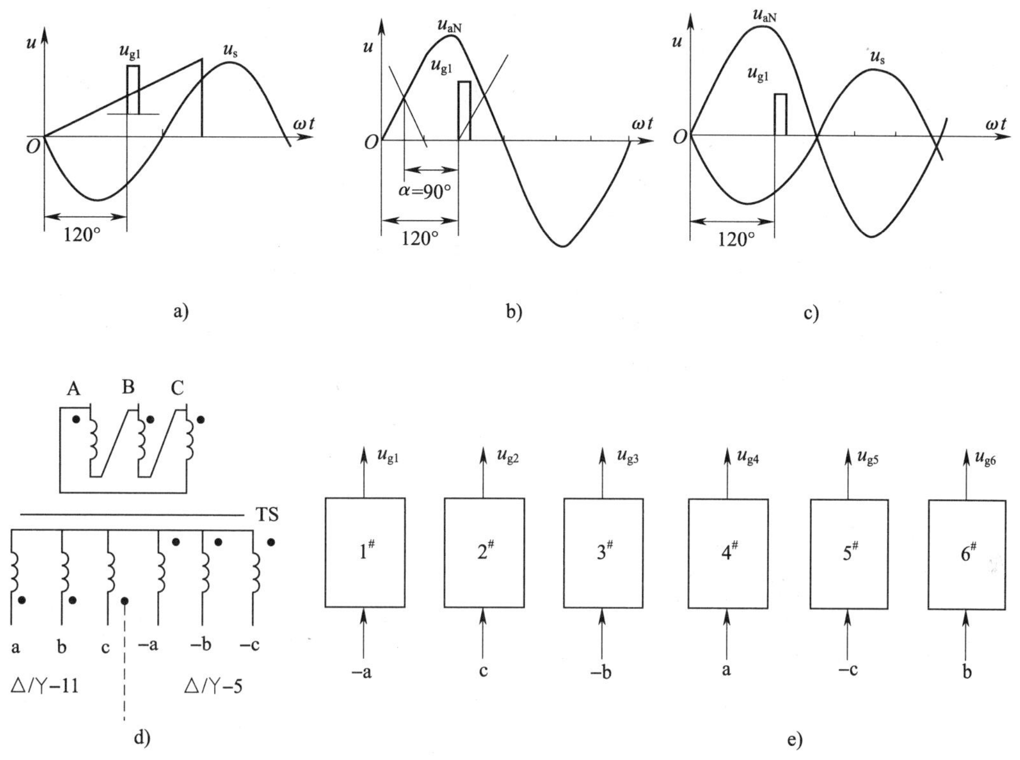

图 11—29　例 11—1 同步定相方法

a）触发电路同步电压 u_s 波形　b）主电路桥臂电压 u_{aN} 波形

c）同步电压与桥臂电压的相位关系　d）同步变压器的联结组别与同步电压的接法

e）各触发单元上同步电压的接法

4. 整流变压器为△/Y－11 接法，若触发单元和桥臂电压均以 1 号晶闸管为例，则同步变压器的接法应与整流变压器的接法相差 6 个小时（反相关系），为△/Y－5 接法且 1 号触发单元上的同步电压 u_{s1} 应接同步变压器二次侧电压 $u_{(-a)}$，如图 11—29d 所示。

5. 按 60°的相位差依次将 u_c、$u_{(-b)}$、u_a、$u_{(-c)}$、u_b 分别接到 2、3、4、5、6 号触发单元作为同步电压。

【例 **11—2**】　三相全控桥式整流电路，带电阻性负载。整流变压器为Y/Y－12 接法，采用 KCZ6 集成六脉冲触发组件，试确定同步变压器的接法及三路同步电压的相位。

解：同步定相的方法如图 11—30 所示。

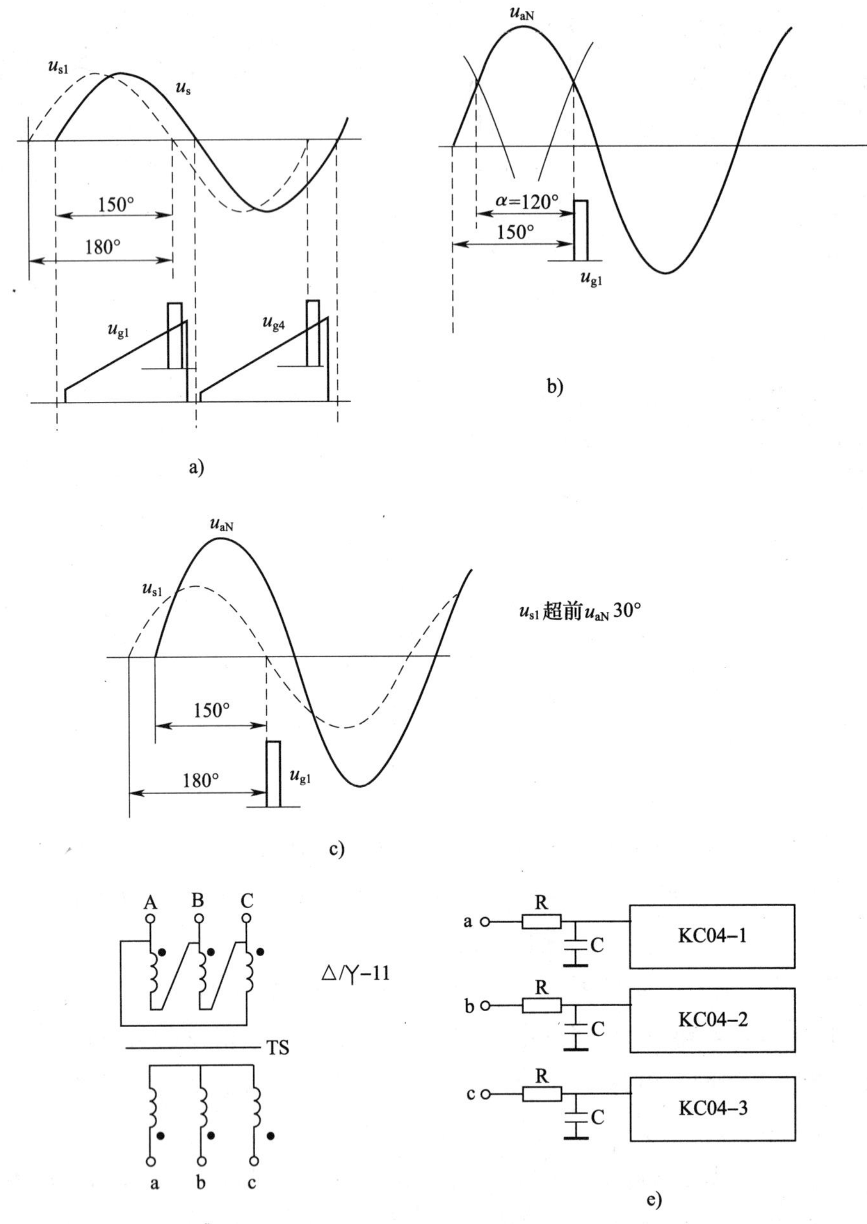

图 11—30　例 11—2 同步定相方法

a）触发电路波形　b）主电路桥臂电压波形　c）同步电压与桥臂电压关系

d）同步变压器的联结组别及同步电压接法　e）同步电压与触发电路关系

确定同步电压的步骤如下：

1. 画出触发电路中同步电压 u_s，锯齿波同步信号电压及触发脉冲波形图。注意加到组件上的同步电压 u_{s1} 经过滤波移相后再加到 KC04 上，相位滞后约 30°。三相全控桥式整流电路带电阻负载时移相范围为 120°锯齿波前端留出 30°余量，故触发脉冲在同步电压 u_{s1} 过零点后 180°位置，如图 11—30a 所示。

2. 画出主电路桥臂电压与使 $U_d=0$ 的触发脉冲波形图。因 $U_d=0$ 时 α 应为 120°，故触发脉冲的初始相位应在桥臂电压过零点后 150°处，如图 11—30b 所示。

3. 将上述两图重叠，可看出同步电压 u_{s1} 应超前桥臂电压 30°相位，如图 11—30c 所示。

4. 以 1#晶闸管上桥臂电压和触发单元为例，因整流变压器为Y/Y－12 接法，故同步变压器应为△/Y－11 接法（超前 30°），且接到第 1 片 KC04 的同步电压应为 a 相，如图 11—30d 所示。

5. 将相位差为 120°的另二路同步电压 b 相、c 相分别接到第 2 片、第 3 片 KC04 上作为同步电压。

测　试　题

一、判断题

1. 常用的晶体管触发电路按同步信号的形式不同，分为正弦波及锯齿波触发电路。（　）

2. 同步信号为锯齿波的晶体管触发电路，以锯齿波为基准，再加入脉冲信号以实现晶闸管触发脉冲的移相。（　）

3. 采用正弦波同步晶体管触发电路的可控整流装置可看成一个线性放大器。（　）

4. 锯齿波同步晶体管触发电路具有强触发、双脉冲、脉冲封锁等辅助环节。（　）

5. 用 TC787 集成触发器组成的六路双脉冲触发电路具有低电平有效的脉冲封锁功能。（　）

6. 在大功率晶闸管触发电路中，常采用脉冲列式触发器，其目的是减少触发电源功率、减少脉冲变压器的体积及提高脉冲前沿陡度。（　）

7. 晶闸管整流电路中“同步”的概念是指触发脉冲与主回路电源电压在频率和相位上具有相互协调配合的关系。（　）

8. 晶闸管整流电路中通常采用主电路与触发电路使用同一电网电源及通过同步变压

器不同的联结组别并配合阻容移相的方法来实现同步。（　　）

9. 触发电路中脉冲变压器的作用是传输正弦波信号。（　　）

10. 晶闸管门极与阴极之间并接 0.01 ~ 0.1 μF 小电容，可起到防止整流电路中晶闸管被误触发的作用。（　　）

二、单项选择题

1. 晶体管触发电路一般由脉冲形成、脉冲放大输出及（　　）等基本环节组成。

A. 同步触发　　B. 同步移相　　C. 同步信号产生　　D. 信号综合

2. 同步信号为锯齿波的晶体管触发电路，以锯齿波为基准，再加入（　　）以实现晶闸管触发脉冲的移相。

A. 交流控制电压　　B. 直流控制电压

C. 脉冲信号　　D. 锯齿波电压

3. 在晶体管触发电路中，直接与直流控制电压进行叠加实现脉冲移相的是（　　）。

A. 直流偏移电压　　B. 锯齿波信号

C. 同步信号　　D. 同步电压

4. 同步信号是由同步电压进行变换而产生的，（　　）。

A. 二者是同一个概念　　B. 二者不是同一个概念

C. 二者没有任何关系　　D. 二者可以互换

5. 正弦波同步晶体管触发电路可实际使用的移相范围是（　　）。

A. 90°　　B. 120°　　C. 150°　　D. 180°

6. 锯齿波同步晶体管触发电路具有（　　）的脉冲封锁功能。

A. 低电平有效　　B. 高电平有效

C. 上升沿有效　　D. 下降沿有效

7. 用 TC787 集成触发器组成的六路双脉冲触发电路在 Pi 端口具有高电平有效的（　　）功能。

A. 脉冲开放　　B. 脉冲封锁　　C. 双脉冲　　D. 脉宽调整

8. 触发电路中脉冲变压器的主要作用是（　　）。

A. 提供脉冲传输的通道　　B. 阻抗匹配，降低脉冲电流增大输出电压

C. 电气上隔离　　D. 输出多路脉冲

9. 晶闸管触发电路输出的触发脉冲波形一般不采用（　　）波形。

A. 矩形脉冲　　B. 强触发脉冲　　C. 脉冲列　　D. 锯齿波

10. 三相全控桥式整流电路，其触发电路采用单宽脉冲方案时，触发脉冲的脉宽应在（　　）。

A. 30°～60°　　B. 60°～120°　　C. 120°～180°　　D. 30°～120°

11. 在晶闸管可控整流电路所用的触发电路中，控制角的改变通常是以（　　）的方法来实现的。

A. 改变同步信号的大小　　B. 改变电源电压的大小

C. 改变直流偏移电压的大小　　D. 改变直流控制电压的大小

12. 晶闸管相控整流电路采用（　　）电路

A. 过零触发　　B. 移相触发　　C. 同步触发　　D. 计数触发

13. 脉冲变压器传递的是（　　）。

A. 前沿陡峭、顶部平坦的矩形波信号　　B. 正弦波电压信号

C. 能量的变换　　D. 电压的变换

14. KC04 锯齿波移相触发电路在每个周期中能输出（　　）脉冲。

A. 1 个　　B. 相隔 60°的 2 个

C. 相隔 120°的 2 个　　D. 相隔 180°的 2 个

三、多项选择题

1. 晶体管触发电路一般由（　　）等基本环节组成。

A. 同步触发　　B. 同步移相

C. 脉冲形成　　D. 脉冲移相

E. 脉冲放大输出

2. 同步信号为锯齿波的晶体管触发电路，以（　　）的方法实现晶闸管触发脉冲的移相。

A. 锯齿波为基准　　B. 加入直流控制电压

C. 叠加脉冲信号　　D. 正弦波同步电压为基准

E. 串入脉冲封锁信号

3. 同步信号与同步电压（　　）。

A. 有密不可分的关系　　B. 二者的频率是相同的

C. 二者没有任何关系　　D. 二者是同一个概念

E. 二者不是同一个概念

4. 采用正弦波同步晶体管触发电路的可控整流装置具有（　　）等优缺点。

A. 可看成一个线性放大器

B. 可实际使用的移相范围达 150°

C. 可实际使用的移相范围达 180°

D. 能对电网电压波动的影响自动进行调节

E. 同步电压易受电网电压波形畸变的影响

5. 用TC787集成触发器组成的六路双脉冲触发电路具有（　　）的脉冲封锁功能。

A. 在Pc端口　　B. 在Pi端口

C. 在Cx端口　　D. 低电平有效

E. 高电平有效

6. 在大功率晶闸管触发电路中，常采用脉冲列式触发器，其目的是（　　）。

A. 减少触发电源功率　　B. 减少脉冲变压器的体积

C. 提高脉冲前沿陡度　　D. 扩展移相范围

E. 减少触发电路元器件数量

7. 晶闸管整流电路中"同步"的概念是指触发脉冲与主回路电源电压之间必须保持（　　）。

A. 相同的幅值　　B. 频率的一致性

C. 相适应的相位　　D. 相同的相位

E. 相适应的控制范围

8. 晶闸管整流电路中通常采用主电路与触发电路并配合（　　）的方法来实现同步。

A. 使用同一电网电源　　B. 同步变压器采取不同的联结组别

C. 阻容移相　　D. 中心抽头

E. 同步电压直接取自于整流变压器

9. 触发电路中脉冲变压器的作用是（　　）。

A. 阻抗匹配，降低脉冲电压增大输出电流

B. 阻抗匹配，降低脉冲电流增大输出电压

C. 电气上隔离

D. 可改变脉冲正负极性

E. 必要时可同时送出两组独立脉冲

10. 防止整流电路中晶闸管被误触发的措施有（　　）等。

A. 门极导线用金属屏蔽线

B. 脉冲变压器尽量靠近主电路，以缩短门极走线

C. 触发器电源采用RC滤波以消除电网高频干扰

D. 同步变压器及触发器电源采用静电屏蔽

E. 门极与阴极之间并接0.01～0.1 μF小电容。

四、简答题

1. 在三相全控桥式整流电路中每个晶闸管在一个周期中出现几个脉冲？为什么？如

何实现?

2. 触发电路中同步电压与同步信号有何区别?

3. 为保证晶闸管装置能正常可靠地工作，触发电路应满足哪些要求？三相桥式全控整流电路对触发电路又有哪些特殊要求?

4. 如何防止晶闸管整流电路被误触发?

5. 触发电路输出脉冲变压器 TP 的作用与特点如何?

6. 三相桥式全控整流电路中原主变压器为Y/Y－12，同步变压器为△/Y－11 接法，如果同步变压器错接成△/Y－1 或Y/Y－12 接法，对整流电路的工作有何影响?

测试题答案

一、判断题

1. √　2. ×　3. √　4. √　5. ×　6. √　7. √　8. √　9. ×　10. √

二、单项选择题

1. B　2. B　3. C　4. B　5. C　6. A　7. B　8. C　9. D　10. B　11. D　12. B　13. A　14. D

三、多项选择题

1. BCE　2. AB　3. AE　4. ABDE　5. BE　6. ABC　7. BC　8. ABC　9. ACDE　10. ABCDE

四、简答题

1. 答：晶闸管在一个周期中出现两个间隔为 60°的触发脉冲，即双脉冲。

三相全控桥式整流电路采用双脉冲的原因是为了保证在电路启动或电流断续时能有两个晶闸管同时导通。

双脉冲可以通过：

(1) 采用带两组绕组的脉冲变压器使每个触发电路去触发两个桥臂上的晶闸管（即外双脉冲）;

(2) 采用电子线路使每个触发电路在一个周期中产生两个触发脉冲（即内双脉冲）。

目前广泛采用的是内双脉冲的方法。

2. 答：(1) 同步电压是同步变压器副边所取出的电压，同步信号是对同步电压经过变换所得到的信号。

（2）同步电压为正弦波，而同步信号可以是正弦波，也可是锯齿波等其他波形。

3．答：对触发电路要求：①触发脉冲要有一定的触发功率。②脉冲的波形（如脉宽、前沿）有一定要求。③输出脉冲相位要与主电路电压同步。④移相范围要大于主电路的移相要求。

三相桥式全控整流电路对触发电路要求：①采用单宽脉冲（脉冲宽度在60°～120°）或双窄脉冲（在每个周期中对每个晶闸管连续输出二个相隔60°相位差的窄脉冲）。②按1—2—3—4—5—6的顺序依次滞后60°对6个晶闸管输出触发脉冲。

4．答：晶闸管被误触发的原因主要是干扰侵入晶闸管门极回路引起晶闸管误导通。

防干扰措施有：

（1）门极导线用金属屏蔽线。

（2）脉冲变压器尽量靠近主电路，以缩短门极走线。

（3）同步变压器及触发器电源采用静电屏蔽。

（4）在门极与阴极之间并接0.01～0.1 μF小电容。

（5）触发器电源采用RC滤波以消除电网高频干扰。

5．答：TP的作用：①使触发电路与主电路隔离以保证安全。②起阻抗匹配作用，降低脉冲电压幅值，增大输出电流，以使晶闸管可靠导通。③可改变脉冲正负极性或同时送出两组独立脉冲。

TP的特点：①传递方波脉冲，频带宽。②单向脉冲使铁心利用率低，剩磁较大。③铁心截面要求大一些，材料要好些，磁导率要高。④脉冲前沿陡，要求漏感小，绕组圈数不宜太多。

6．答：同步变压器错接后，同步电压与主电路不再能保持正确的相位关系，会使整流电路出现输出电压缺相、移相范围变小、输出电压不能平滑地连续调节等现象。

若同步变压器错接为△/Y－1点接法时变为u_a滞后主电路电压30°，与正确的同步关系u_s超前主电压30°相比较相位移增加了60°，从而造成：①脉冲移相范围减小了60°。②导通角减小，输出电压降低，得不到额定电压U_{dN}值。③输出电压调到零后，继续减小控制电压时会出现输出电压突然增大的现象。若错接成Y/Y－12接法，则u_s与主电压同相，移相范围减小了30°，U_d降低的情况比错接成△/Y－1的情况好一些。

第 12 章

晶闸管有源逆变电路

在实际应用中，有些场合需要将交流电变为直流电，这就是前面所研究的可控整流电路。而有些场合则需要将直流电变为交流电，这就是下面要研究的逆变电路。逆变电路又分成有源逆变和无源逆变，将直流电变为和电网同频率的交流电反送到电网去的过程称为有源逆变；而将直流电变为某一频率或可变频率的交流电直接供给负载应用的过程称为无源逆变。本章讨论有源逆变。有源逆变在生产上应用很多，如直流电动机的可逆调速、绕线转子异步电动机的串级调速、高压直流输电等。

第1节　有源逆变的基本工作原理

一、功率的传递

晶闸管变流器接直流电动机电枢系统，如图12—1所示。

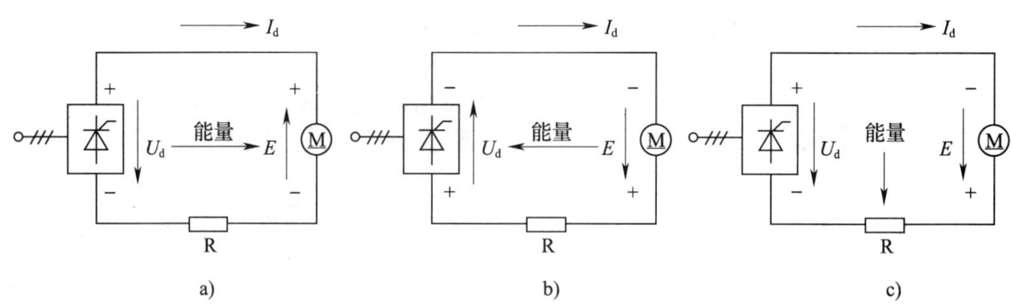

图12—1　晶闸管变流器与直流电动机之间的能量传递

a）直流电动机处电动状态　b）直流电动机处发电制动状态　c）短路状态

如图12—1a所示，变流器输出电压U_d上正下负，供直流电动机电枢，直流电动机得电运转，电枢产生反电势E，极性为上正下负，$U_d > E$，电路中电流$I_d = (U_d - E)/R$。从接线方式来看，相当于两电源反极性相连，电流从电位高的变流器输出电压U_d正端流出，流向电位低的直流电动机电枢反电势E的正极。电源供给能量，直流电动机吸收能量，即直流电动机运行在电动状态。

如图12—1b所示，直流电动机电动势E的极性下正上负，晶闸管在E的作用下在电源的负半周导通，变流器输出电压U_d的极性为下正上负，$E > U_d$，$I_d = (E - U_d)/R$，由于晶闸管的单向导电性，电流方向与图12—1a中相同。但此时直流电动机供给能量，变流器将直流电动机供给直流能量的一部分变换为与电网同频率的交流能量送回电网，电阻消耗另一部分能量，即直流电动机运行在发电制动状态。

如图 12—1c 所示，若直流电动机电动势 E 的极性为下正上负，而变流器输出电压 U_d 的极性为上正下负，这种情况是两电源同极性顺接，电流方向仍同前，但 $I_d = (E + U_d)/R$。很明显，电流都是从两电源正极流出，两电源都是供给能量，消耗在电阻上。由于电路电阻很小，将有很大的电流，相当于短路，故在实际工作中这是不允许的。

二、有源逆变的工作原理

如图 12—2 所示，两组单相全控桥式整流电路，开关 Q 的初始位置是接通 1 的，I 组晶闸管的控制角 $\alpha_I < 90°$，u_{dI} 波形如图 12—2b 所示，输出电压 u_{dI} 上正下负，直流电动机作电动运行，流过电枢的电流为 i_1，直流电动机产生的反电动势 E 极性为上正下负。这时电源供给能量，直流电动机吸收能量。

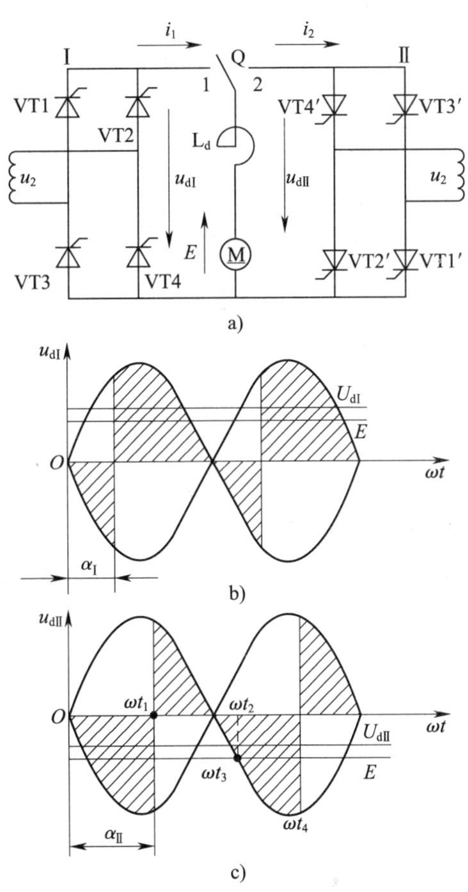

图 12—2　有源逆变工作原理示意图

a）有源逆变原理电路　b）整流状态 u_{dI} 波形　c）有源逆变状态 u_{dII} 波形

如果此时给Ⅱ组晶闸管加触发脉冲，而且 $\alpha_{Ⅱ}>90°$。与此同时将开关Q快速掷向2位置，这时由于机械惯性，直流电动机的转速暂不变，因而 E 也不变，Ⅱ组晶闸管在 E 和 u_2 的作用下导通，Ⅱ组输出电压 $U_{dⅡ}=U_{do}\cos\alpha_{Ⅱ}$，而且有 $|U_{dⅡ}|<|E|$，产生电流 i_2，$u_{dⅡ}$ 波形如图12—2c所示。此时，直流电动机供给能量，运行在发电制动状态；而Ⅱ组晶闸管吸收能量送回交流电网，这就是有源逆变。

如果在Q掷向位置2时给Ⅱ组晶闸管加触发脉冲 $\alpha_{Ⅱ}<90°$，则Ⅱ组晶闸管处于整流状态。$U_{dⅡ}$ 极性为下正上负，而 E 的极性是上正下负；则两电源反极性顺接，直流电动机与Ⅱ组晶闸管都供给能量，电路中将出现很大的短路电流，很容易造成事故。

由上述分析可知，对晶闸管变流装置来说，$\alpha<90°$ 时，处于整流状态，而当 $\alpha>90°$ 时，变流装置吸收能量，处于逆变状态。而为了要使晶闸管在 $\alpha>90°$ 时仍能导通，且能输出极性与电流方向相反的电压，让电流从电源正极流进，从而使变流装置能吸收直流电动机发出的能量，必须满足如下两个实现有源逆变的条件：

第一，直流侧要有直流电源 E，其方向要使晶闸管承受正向电压，其大小要大于由 α 决定的整流输出电压 U_d，以提供逆变能量。这个条件亦称为实现有源逆变的外部条件。

第二，变流器须工作在 $\alpha>90°$ 区域，能保证晶闸管大部分时间在电源负半周导通，变流器的输出电压 $U_d<0$。这个条件亦称为实现有源逆变的内部条件。

对于半控桥式晶闸管电路或接有续流二极管的电路来说，由于它们不可能输出负电压，而且也不允许在直流侧接上反极性的直流电源，因而这些电路不能实现有源逆变。

三、逆变角

当变流器运行于逆变状态时，控制角 $\alpha>90°$，整流输出电压平均值 U_d 为负值。为计算方便，若令 $\alpha=180°-\beta$，则 $\cos\alpha=\cos(180°-\beta)=-\cos\beta$，于是，整流输出电压就可写成 $U_d=U_{d0}\cos\alpha=-U_{do}\cos\beta$。当 $\alpha>90°$ 时，$\beta=180°-\alpha<90°$，则用 $U_d=-U_{do}\cos\beta$ 来计算就方便了。因为 $\alpha>90°$（$\beta<90°$）是处于逆变状态，用 β 来计算时总是在逆变状态下，所以 β 称为逆变角。

如图12—3a所示，画出了三相半波整流电路在四种不同的控制角 α 时的波形。在 ωt_1 时刻触发晶闸管时 $\alpha_1=60°$，如果分别在 ωt_2、ωt_3、ωt_4 时触发晶闸管，则对应 $\alpha_2=90°$、$\alpha_3=120°$、$\alpha_4=180°$，则根据 $\alpha=180°-\beta$，可得 $\beta=180°-\alpha$，因此和 α_1、α_2、α_3、α_4 分别对应的逆变角应为 $\beta_1=120°$、$\beta_2=90°$、$\beta_3=60°$、$\beta_4=0°$。由此我们把 $\alpha=180°$ 处作为计算 β 的起点，即 $\beta=0°$（ωt_4 处），然后向左计算出 β 的大小。从图中可以看出，α 和 β 是从两个方向来表示晶闸管触发导通的时刻，从自然换相点 M 向右计算得到控制角 α，如 ωt_1 处 $\alpha_1=60°$；而从 N 点（与自然换相点相差180°）向左计算到 ωt_1 处，得到的就是 $\beta_1=$

120°。不论用 α_1 表示还是用 β_1 表示，触发晶闸管的时刻是同一个。如图 12—3b 所示的是单相可控整流电路中逆变角 β 的表示法，它与三相可控整流电路相同，也是以 $\alpha=180°$ 处作为计算 β 的起点，方向向左。

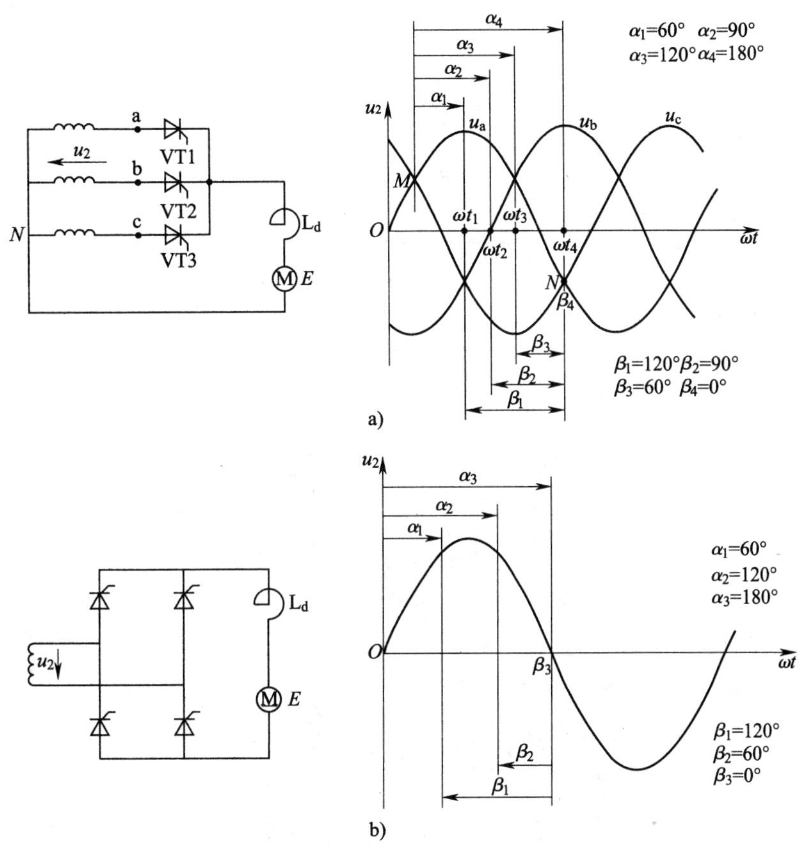

图 12—3　逆变角 β 的表示法

a）三相逆变电路中逆变角 β 的表示　b）单相逆变电路中逆变角 β 的表示

第 2 节　常用的晶闸管有源逆变电路

在生产中常用的有源逆变电路有三相半波和三相全控桥式有源逆变电路。

一、三相半波有源逆变电路

三相半波有源逆变电路的主电路和工作波形图如图 12—4 所示。根据有源逆变的条

件，晶闸管 VT1、VT2、VT3 的控制角必须 $\alpha>90°$，即 $\beta<90°$。整流输出电压 $U_d=-U_{do}\cos\beta$，u_d在图中的实际极性为下正上负，即输出为负电压。电动势的方向为下正上负，大小为 $|E|>|U_d|$，同时电路中串接大电感 L_d，变压器的二次相电压 u_a、u_b、u_c即为有源逆变的交流电源，因而图示电路具备了有源逆变的条件。下面以 $\beta=30°$来分析其工作过程。

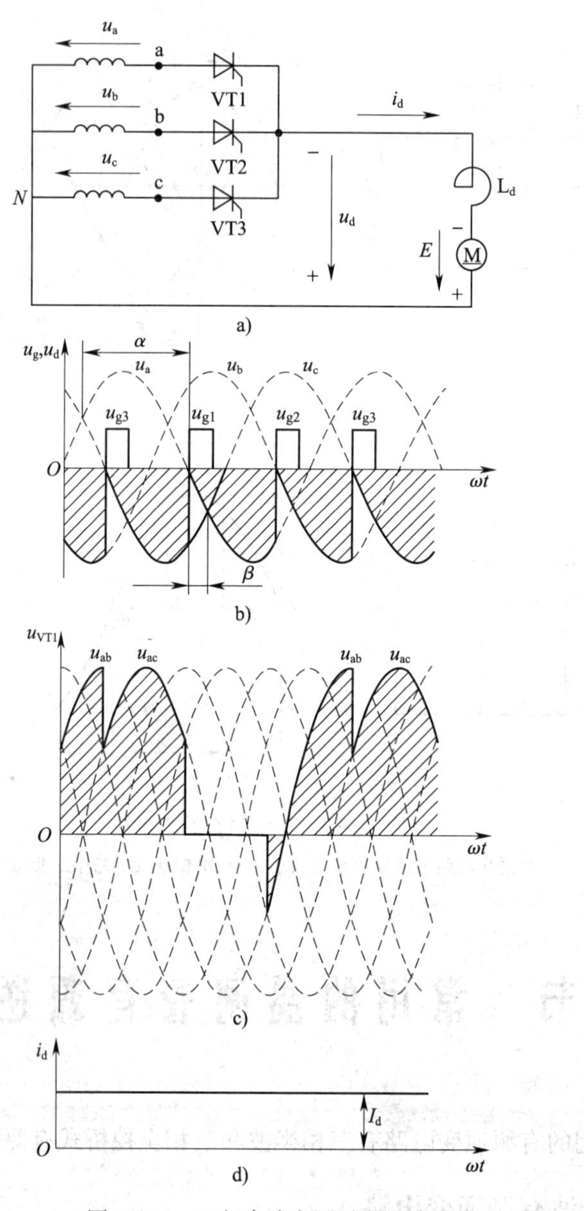

图 12—4　三相半波有源逆变电路

a）主电路　b）$\beta=30°$时 u_d波形　c）晶闸管 VT1 两端 u_{VT1}的波形　d）电流 i_d波形

当$\beta=30°$时，给 VT1 触发脉冲，此时 a 相电压正好过零，$u_a=0$，但由于电动机电势 E 使晶闸管 VT1 承受正向电压，晶闸管满足导通条件，VT1 导通，$u_d=u_a$（负半波）。由 E 提供能量，有电流 i_d流过晶闸管 VT1。三个晶闸管上的触发脉冲是相隔 120°轮流顺序发出的，因此三个晶闸管轮流导通，在负载上得到阴影部分的 u_d波形，其直流平均值 U_d为负值。由于电动机电枢回路上串联平波电抗器 L_d，因而 i_d为平直连续的直流电流 I_d。

在整流电路中晶闸管的关断是靠承受反压或电压过零来实现的，在逆变电路中晶闸管是如何关断的呢？在图 12—4 中，当$\beta=30°$时触发 VT1，因在此之前是 VT3 导通，VT1 阴极上电压为 u_c，此时 VT1 上阳极电压为 $u_a>u_c$，故 VT1 承受正向电压 u_{ac}，可以触发导通。一旦 VT1 导通后，若不考虑换相重叠角的影响，则 VT3 承受反向电压 u_{ca}而被强迫关断，完成了由 VT3 向 VT1 的换相过程。总的换相规律还是同整流电路类似，依照一定的换相次序，使阳极处于高电平的晶闸管导通，形成反向电压去关断处于低电位的晶闸管。

逆变时晶闸管两端的电压波形的画法与整流时相同，图 12—4c 中画出了 $\beta=30°$时，VT1 两端的电压 u_{VT1}的波形，在一个周期内自身导通 120°，紧接着后面的 120°VT2 导通，VT1 关断，$u_{VT1}=u_{ab}$，最后 120°内 VT3 导通，VT1 承受 u_{ac}电压，$u_{VT1}=u_{ac}$，晶闸管所承受的最大电压为$\sqrt{6}U_{2\Phi}$。

三相半波有源逆变电路直流侧电压平均值计算公式为：

$$U_{d\beta}=U_{do}\cos\alpha=-U_{do}\cos\beta=-1.17U_{2\Phi}\cos\beta$$

和整流时计算公式相同，但用β计算（$\beta<90°$），多了一个负号说明输出的整流电压是负电压，电压极性为上负下正，与整流时相反。

输出电流平均值的计算公式为：

$$I_d=(E-U_{d\beta})/R_d$$

由于晶闸管的单向导电性，电流方向仍与整流时相同，但由于电压极性已反向，故电流是流进电源正极的，交流电源吸收能量，而电流是从直流电动机电动势的正极流出的，直流电动机电势是供给能量的。实际上此时直流电动机电枢电流的方向是对直流电动机转子产生制动转矩，直流电动机转速制动下降，故此时实际上是通过逆变电路将直流电动机转子上的机械能量转换成交流能量回送给交流电网。

二、三相全控桥式有源逆变电路

三相全控桥式有源逆变电路及其工作波形，如图 12—5 所示。

该电路实际就是一个三相全控桥式电路，但其工作在 $\alpha>90°$（$\beta<90°$）的范围内。负载为直流电动机电枢，串联大电感 L_d。但为了满足有源逆变的条件，将直流电动机的反电势 E 已反接，极性为下正上负，对晶闸管而言是加上正向电压。

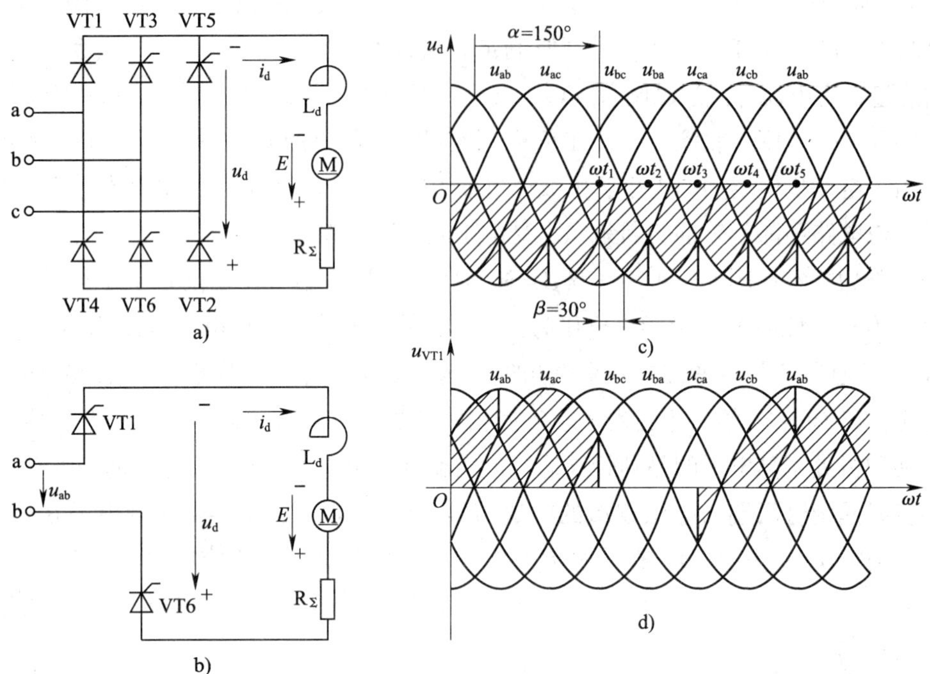

图 12—5　三相全控桥式有源逆变电路

a）主电路　b）VT1、VT6 导通时的等效电路　c）$\beta=30°$时 u_d波形　d）晶闸管两端电压 u_{VT1}的波形

以$\beta=30°$分析三相全控桥式逆变电路的工作原理，如图 12—5b 所示。为形成电流通道，在工作时要求共阴极组与共阳极组的晶闸管各有一只同时导通，输出电压为线电压。由图 12—5c 可见，为满足每隔 60°换相一次，每次都由阳极电位较低的晶闸管向阳极电位较高的晶闸管换相，六个晶闸管导通的次序仍与整流时相同，为：6、1—1、2—2、3—3、4—4、5—5、6—6、1……，因此同整流时一样，触发脉冲需要采用宽度大于 60°的单宽脉冲或双窄脉冲。每个晶闸管导通 120°，输出直流电压 u_d波形一周期为六个波头，但输出电压 u_d波形大部分时间均在负半波，输出电压平均值 U_d为负值，计算公式为：

$$U_{d\beta} = -2.34U_{2\Phi}\cos\beta$$

因$|U_d|<|E|$，输出电流从直流电动机反电动势正极流出，流进电源正极，直流电动机供给直流能量经三相全控桥式逆变电路转换成交流能量回送到电网中去，实现了有源逆变。

晶闸管 VT1 承受的电压波形如图 12—5d 所示中，和三相半波的情况相同，晶闸管承受的最大电压为$\sqrt{6}U_{2\Phi}$。

三相全控桥式电路工作于有源逆变状态，不同逆变角时的输出电压波形如图 12—6 所示。

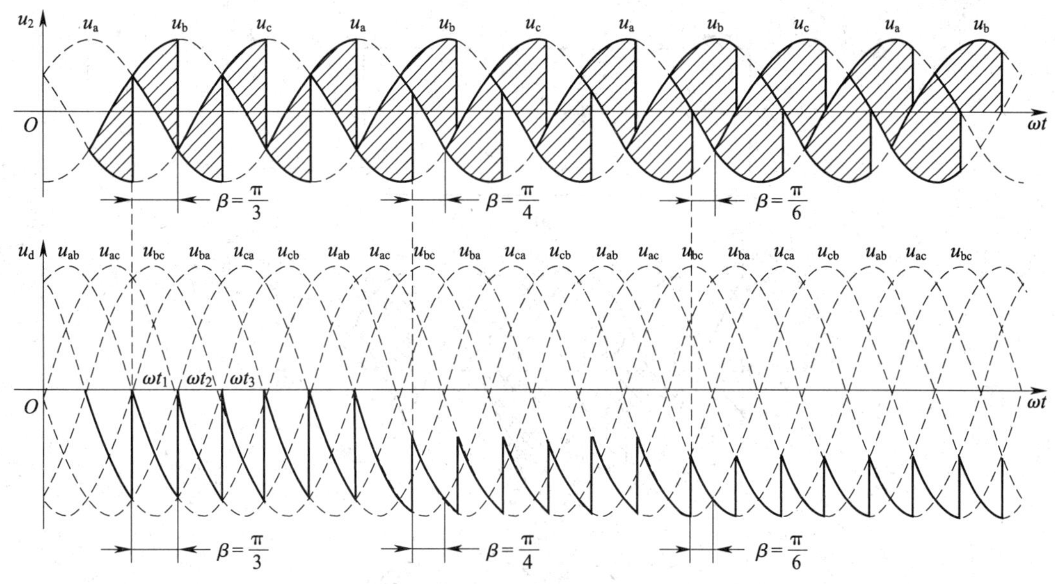

图 12—6　三相全控桥式电路工作于有源逆变状态时的电压波形

第 3 节　逆变失败与最小逆变角的确定

一、逆变失败的原因

逆变失败也称逆变颠覆。在逆变过程中，若出现变流装置输出的直流电压 U_d与直流侧电动势 E 顺极性串接时，将在电路中出现很大的短路电流 I_d，即 $I_d=(U_d+E)/R_d$，这种短路状态即为逆变失败或逆变颠覆，它将使逆变不能正常进行，烧毁晶闸管或其他元件，造成短路事故。

造成逆变失败的原因很多，下面从四个主要的方面进行分析。

1. 触发电路故障引起触发脉冲丢失或滞后

如图 12—7 所示为三相半波逆变电路及逆变失败的波形。

在正常工作条件下，u_{g1}、u_{g2}、u_{g3}触发脉冲间隔 120°，轮流触发 VT1、VT2、VT3 晶闸管，每当一个晶闸管被触发导通，就使前一个晶闸管承受反向电压而被关断。

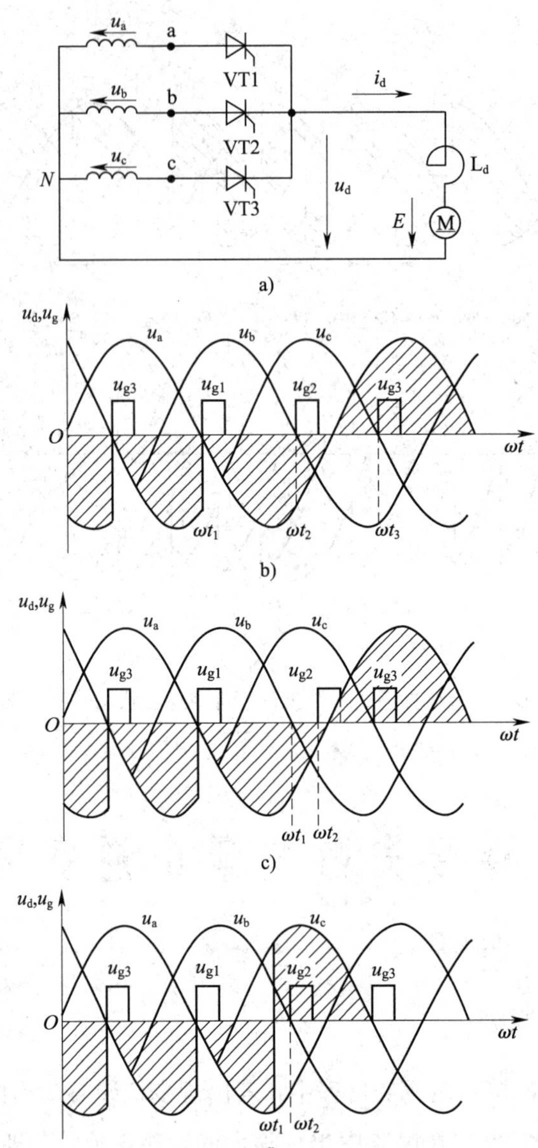

图 12—7　三相半波逆变电路的逆变失败波形

a）逆变电路　b）触发脉冲丢失引起逆变失败　c）触发脉冲滞后引起逆变失败　d）VT3 误导通引起逆变失败

当触发脉冲丢失，如图 12—7b 所示，假设 u_{g2} 丢失，则 VT2 不能被触发导通，原来导通的 VT1 未受到反向电压，将继续导通直到正半周，即使到 ωt_3 时刻 u_{g3} 来到，但这时因 VT1 导通，VT3 所承受的阳极电压为 u_c 低于 u_a 而不能被触发导通，则 VT1 将一直导通下去，输出电压 $u_d = u_a$，当 u_a 为正半周时，输出电压变为上正下负，与电动势 E 顺接性串联，出现逆变失败。

当触发脉冲发生滞后时，如图 12—7c 所示，假设 u_{g2}滞后，因 u_{g2}出现时（ωt_2时刻）VT2 的阳极电压 u_b已变为低于 u_a，故 VT2 承受反向电压无法被触发导通，VT1 继续导通，直到导通至正半波，形成短路，造成逆变失败。

2. 晶闸管发生故障

无论是整流还是逆变，晶闸管都在按规律关断或导通，电路处于正常工作状态。若晶闸管本身没有按预定的规律工作，就可能造成逆变失败。例如，应该导通的晶闸管因管子故障未导通（这和前面说的触发脉冲丢失的效果是一样的），会造成逆变失败。在关断状态下误导通，也会造成逆变失败。如图 12—7d 所示，VT2 本应在 ωt_2时刻导通，但由于某种原因在 ωt_1时刻 VT3 导通了，则 $u_d=u_c$。这样到 ωt_2时刻虽然 VT2 被触发，但因 VT2 阳极电压 $u_b<u_c$而不能导通，则 VT3 继续导通，使逆变发生失败。除晶闸管本身不导通或误导通外，晶闸管连接线的松脱、保护器件的动作等原因也能引起逆变失败。

3. 交流电源发生异常

三相交流电源有时因某种原因（如一相熔丝熔断引起缺相、突然断电等）也会造成逆变失败。交流电源缺一相的情况如同一相晶闸管不导通一样，导通的前一相晶闸管就会继续导通到正半波，形成逆变失败。交流电源突然断电虽然变压器的二次侧无电压，输出直流电压为零，但在一般情况下，直流电动机带动生产机械都存在一定的惯性，即不可能立即停车，反电动势在瞬间也不会为零，这样，在 E 的作用下晶闸管继续导通，但因$U_d=0$，这时电流 $I_d=E/R$ 仍然会很大，因而造成事故，使逆变失败。另外，交流电源电压有时不稳定波动很大，如果采用的触发电路对此没有保护措施，就会工作不可靠而造成触发脉冲故障，引起逆变失败。

4. 逆变角β太小

如果触发电路没有保护措施，在移相控制时，β 角太小也可能造成逆变失败，如图 12—8 所示。由于整流变压器存在漏抗，当晶闸管换相时，存在换相重叠角 γ。假设原来 VT1 导通，当 u_{g2}发出时，由于换相重叠角 γ 的存在，使 VT1、VT2 同时导通，VT1 中的电流 i_{VT1}下降，VT2 中的电流 i_{VT2}上升，到换相结束时，$i_{VT1}=0$，VT1 关断；$i_{VT2}=I_d$，VT2 完全导通。若逆变角足够大，则到三相交流电源负半周交点时（图 12—8a 中 A 点）换相过程已完成，$i_{VT1}=0$、$i_{VT2}=I_d$、$u_d=u_b$，如图 12—8a 所示。

若β太小，当$\beta<\gamma$，则在换相重叠角之内，即换相过程未完成之前，已到达 A 点，即交流电源电压将变为 $u_a>u_b$。而此时 VT1 中电流 i_{VT1}尚大于零，在 $u_a>u_b$的情况下，VT1 承受正向电压 u_{ab}继续导通，i_{VT1}随之增大，而 VT2 却因承受反向电压 u_{ba}在被触发导通短时间后又重新被关断，造成换相失败，VT1 未能换相到 VT2，则和丢失触发脉冲 u_{g2}时的效果一样，造成逆变失败。

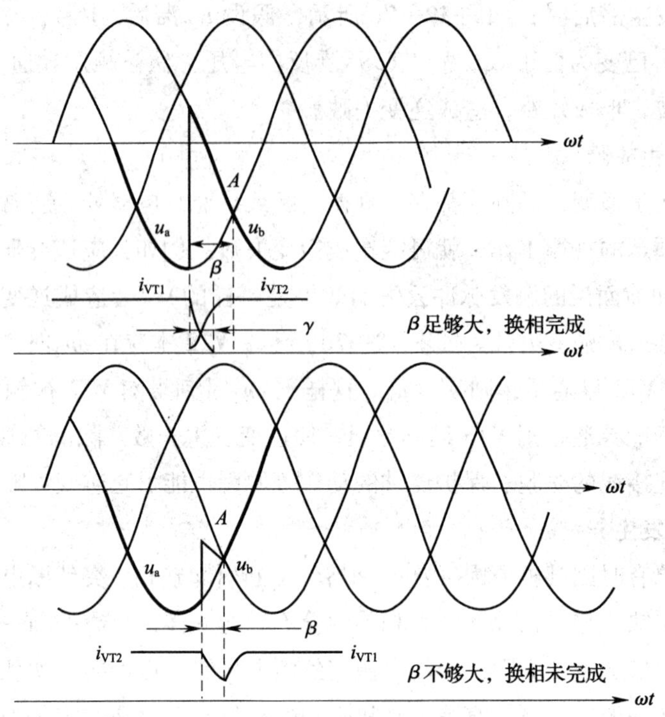

图12—8　逆变角β太小引起逆变失败

若增大β，使β=γ，到A点，u_a开始大于u_b时换相已结束，i_{VT1}已为零，但对于晶闸管来说，当阳极电流减少到零时，还需经过一段时间（即关断时间t_q），晶闸管内部的载流子才能完成复合，恢复正向阻断能力。否则当阳极电压重新为正时，即使控制极上无触发脉冲，晶闸管也会重新自行导通，而使换相失败。因此，若在A点之前未留有t_q这段时间，即使β=γ，仍会造成逆变失败。故对逆变角β的最小值要加以限制。

二、最小逆变角的限制

由前面所讲的各种逆变失败原因中，可以总结出这样一条规律：对于三相半波逆变电路而言（可以推广到其他逆变电路），晶闸管的换相必须在交流相电压负半周换相点之前完成，否则逆变就可能失败。那么要保证在交流相电压换相点之前完成换相，触发脉冲应该超前多大角度给出，即最小逆变角β_{min}应多大？确定最小逆变角β时要考虑哪些因素？

从前述对β太小造成逆变失败的分析中看出，在确定最小逆变角时，首先要考虑换相重叠角γ的影响。因换相重叠角γ随变流装置、负载情况、工作电流等因素的不同而不一样，一般需考虑15°～25°电角度。

其次需考虑晶闸管关断时间 t_q，而 t_q 由晶闸管的参数决定，对普通晶闸管来说 t_q 一般为0.2～0.3 ms，这段时间折合为电角度 δ_0 为4°～5°。

由于触发的各元件的工作状态（如温度的影响等）会发生变化，使触发脉冲的间隔出现相隔不均匀现象，即触发脉冲不对称的现象。在系统安装调试中也可能由于调试未调好而留有触发脉冲不对称的隐患。这样就可能出现间隔距离大的那相触发脉冲滞后，造成晶闸管不能顺利换相。再考虑到交流电源电压波动、交流电源电压波形畸变等因素，还必须留有一定的安全裕角 θ_a，一般取 $\theta_a=10°$左右。

综合考虑上述各种因素，所需要的最小逆变角 β_{min} 为：$\beta_{min}\geqslant\gamma+\delta_0+\theta_a=30°$。

对最小逆变角 β_{min} 的限制能保证晶闸管具有可靠的换相时间，在这段时间中，晶闸管在相邻管触发后能承受反向电压，恢复阻断能力，可靠地完成换相。从安全角度看 β_{min} 越大越好，但 β_{min} 取得大了，会使输出电压调节范围变小，这也是不希望出现的。因而最小逆变角的限制既要保证电路工作的安全，又要考虑输出电压调节范围不致太小。在实际直流调速可逆系统中，为保证 $\beta\geqslant\beta_{min}$，必须采取各种保护措施，如采用附加安全脉冲装置、控制电压限幅电路、保护电路等。

第4节　绕线转子异步电动机的串级调速

三相绕线转子异步电动机的调速，以往用得较多的是在转子回路中串联三相电阻，通过改变电阻值以改变转子电流，从而改变转子的电磁转矩而实现调速。这种调速方法虽然设备简单、投资少、维护容易，但转子电阻及其切换设备体积较大，电阻上消耗大量的电功率，且为有级调速，其调速性能和节电性能都很差。后来发展为在转子回路中引入附加电动势来实现调速，这就是串级调速。本节主要介绍由整流器—晶闸管逆变器组成的低同步速串级调速，同时简单介绍超同步速串级调速的原理。

一、低同步速串级调速的基本原理

三相绕线转子异步电动机的转子电动势 $S\dot{E}_2$ 其大小与频率都随电动机转速变化而变化。如果在转子回路中串入一个与转子电动势 $S\dot{E}_2$ 频率一致、相位相反的交流附加电动势 $\dot{E}_{fj}$，如图12—9所示，则转子电流：

$$I_2=\frac{SE_2-E_{fj}}{|Z_2|}\quad（|Z_2|为转子阻抗）$$

当附加电动势增大时，交流电动机转子电流要减小，交流电动机产生的电磁转矩减小而使其转速降低；若附加电动势减小，则交流电动机转子电流会增大，交流电动机转速上升。可见只要改变附加电动势 E_{fj} 的大小，就可进行无级调速。

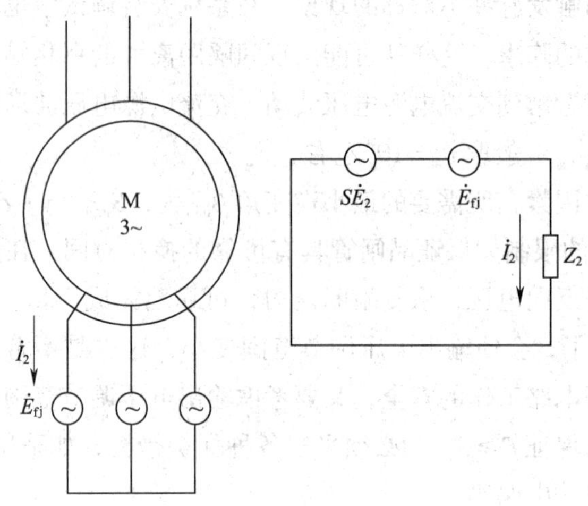

图 12—9　三相绕线转子异步电动机串联附加电势调速

但问题在于要引入频率与相位有特定要求的交流电动势是十分复杂的，因此人们采用将转子电动势整流为直流，引入直流附加反电动势的办法，图 12—10 即为运用这种方法的串级调速系统主电路原理图，图中 U_d 是转子电动势经整流后的直流电压，其值为：$U_d = 1.35SE_{20}$。

式中　E_{20}——转速 $n=0$ 时转子的开路线电动势；

　　　S——电动机的转差率。

由晶闸管组成的三相全控桥式有源逆变电路将转子能量回送到电网，逆变电路的输入电压 $U_{d\beta}$ 即为引入的附加反电动势。当电动机转速稳定时，忽略直流回路电阻，则整流电压 U_d 与逆变电压 $U_{d\beta}$ 大小相等、方向相反。当逆变变压器 TI 二次线电压为 U_{2L} 时，则逆变电压数值为：

$$U_{d\beta} = 1.35U_{2L}\cos\beta$$

因转速稳定时 $U_{d\beta} = U_d$，有 $1.35U_{2L}\cos\beta = 1.35SE_{20}$，所以 $S = \frac{U_{2L}\cos\beta}{E_{20}}$。

上式说明，改变逆变角 β 的大小即可改变交流电动机的转差率 S 而实现调速。这种调速方法的实质是逆变电压 $U_{d\beta}$ 可看成转子电路的反电动势，改变 β 就改变了反电动势的大小，从而改变了转子中的电流大小，转差功率不像转子串电阻时那样被消耗掉，而是被回送到电网，返送到电网的功率随着 β 角的变化而变化。

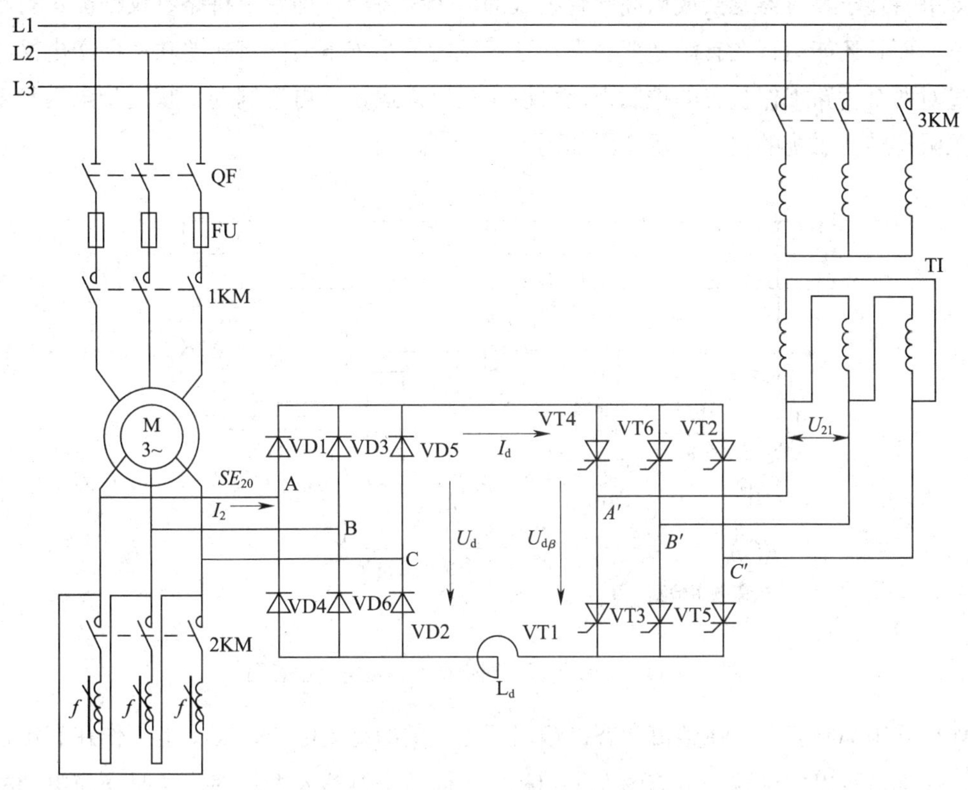

图 12—10　串级调速系统主电路原理图

串级调速的过程大致如下：当负载一定时，交流电动机稳定运行在某一转速，此时有 $U_d=U_{d\beta}$。如果增大 β 角，$U_{d\beta}$ 减小，I_d 增大 $[I_d=(U_d-U_{d\beta})/R_\Sigma]$，转子电流 I_2 增大，交流电动机产生的电磁转矩大于负载转矩，使转速升高，转差率 S 减小，U_d 减小。到 $U_d=U_{d\beta}$ 时，交流电动机又稳定运行在较高的转速上。反之减小 β 角，交流电动机转速下降。当 $\beta=90°$ 时，$U_{d\beta}=0$，相当于转子电路经二极管整流桥短接，交流电动机运行接近自然特性，转速最高（但总是低于同步转速）。

串级调速适用于调速范围较小的场合，如用于风机、水泵等装置上，是一种有效的节能措施。

二、超同步速串级调速简介

前面介绍的是目前采用比较多的串级调速的方法。它只能将转差功率回送电网，而不能从电网吸收转差功率，以实现超同步运转和反向运转，也就是只能工作在第一象限，单向运转，转速总是低于同步转速，调速范围较小。

如果将转子整流器也换成以晶闸管组成的可控整流器，即两个桥路不仅都能运行在整流状态，而且还能运行在有源逆变状态。这样就能使系统不但能将转差功率回送电网，而且通过对两个桥路工作状态的控制，还可以实现反向运转、再生制动、超同步电动和发电四个象限运转。系统的主电路示意图如图 12—11 所示。

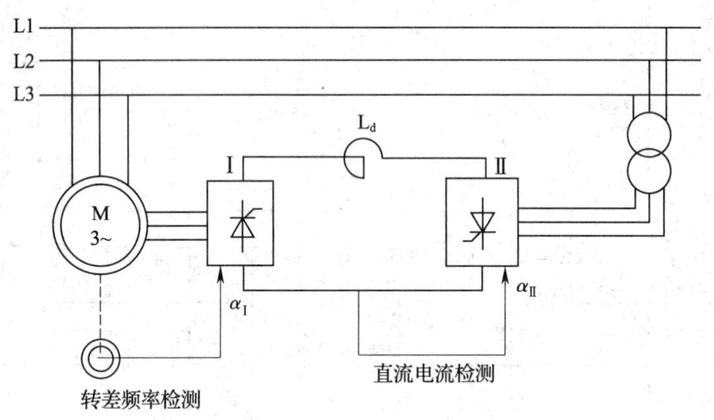

图 12—11　能够实现超同步调速的主电路示意图

如果Ⅱ组晶闸管工作在整流状态，输出下正上负的直流电压，而Ⅰ组工作在有源逆变状态，这样就可以控制转子电流的大小和相位，向转子倒输入电功率。这时交流电动机运行于双馈状态，即转子和定子同时供电，交流电动机的转速可以高于同步转速。

由于转子电动势的频率是随转速变化而变化的，Ⅰ组晶闸管的触发控制及整个系统比低同步调速要复杂得多，因此目前国内使用推广较少。

第 5 节　晶闸管直流可逆拖动的工作原理

直流电动机可逆拖动系统是指能够控制直流电动机正反转的自动控制系统。例如：轧钢机轧辊的正反转运行、龙门刨床工作台的往复运行、电梯的上升下降运动、起重机提升和下放重物的运动等，都是通过直流电动机的正反转来实现的。本节从晶闸管电路应用的角度来认识直流可逆拖动的工作原理，对变流装置在可逆拖动系统中可能出现的环流问题进行讨论，并通过可逆系统的工作过程来了解变流装置的整流状态和逆变状态是如何进行转换的。

一、实现直流可逆拖动的途径

由直流电动机的工作原理可知，要改变直流电动机的转向，就必须改变直流电动机产生转矩的方向。由直流电动机的电磁转矩 $T=C_M\varphi I_a$，可见改变直流电动机转矩的方向有两种方法：一是改变电枢电流 I_a 的方向，则需改变直流电动机电枢供电电压 U_a 的极性；另一种方法是改变直流电动机励磁磁通 Φ 的方向，即改变励磁电流的方向，则需要改变励磁电压 U_f 的极性。与这两种方法相适应，晶闸管可逆自动调速系统也有两类：一类是电枢可逆自动调速系统，用改变直流电动机电枢供电电压 U_d 极性的方法来改变直流电动机的转向；另一类是磁场可逆自动调速系统，用改变直流电动机励磁电流方向的方法来改变直流电动机的转向。

不论是电枢可逆自动调速系统，还是磁场可逆自动调速系统，都面临一个如何改变控制对象上电流方向的问题。而从晶闸管变流装置在解决这个问题上所采用的方法和碰到的问题对两种系统来说都是相似的，因此下面仅讨论电枢可逆系统。在讨论中得出的结论和采取的措施，对磁场可逆系统也基本上是适用的。

由于晶闸管电路中电流只能单方向流动，因此要使控制对象上的电流方向改变，就必须采取一定的措施。对于只采用一组晶闸管装置供电时，如需要直流电动机实现制动和反转，可采取用两只接触器来切换直流电动机电枢电流的方向，这称为接触器切换电枢可逆电路，如图 12—12 所示（图中励磁电路未画出）。

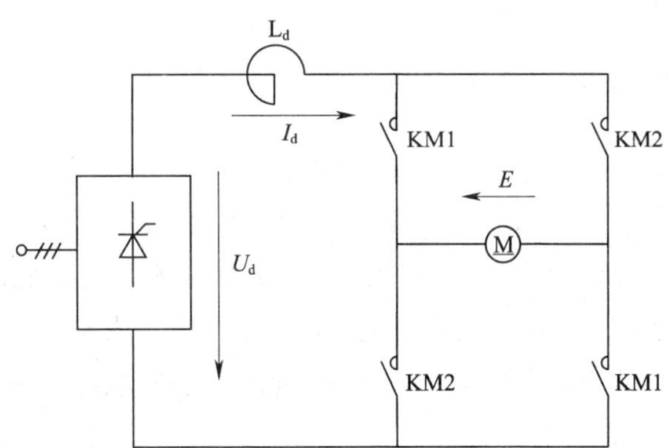

图 12—12　用接触器控制的可逆电路

其工作过程为：当晶闸管桥路工作在整流状态时，接触器 KM1 触点闭合，直流电动机正转；KM1 断开 KM2 闭合时直流电动机反转。当直流电动机从正转到反转时，为了实现快速制动与反转，缩短过渡过程时间以及限制过大的反接制动电流，可将桥路触发脉冲

移到 $\alpha>90°$，即工作在逆变状态。此时 KM1 触点尚未断开，在电抗器中的感应电动势作用下，电路进入有源逆变状态，将电抗器中的能量逆变为交流能量返送电网。此时电流 I_d 快速下降，当 I_d 下降到接近零时，断开 KM1，闭合 KM2，此时由于直流电动机反电动势的作用仍满足有源逆变的条件，将直流电动机转子的机械能逆变为电能返送电网，同时电枢电流的方向已改变，产生制动转矩，使直流电动机转速下降。随着转速的下降，直流电动机反电势 E 也随之下降，这时可相应增大 β 角，使桥路逆变电压 U_d 随 E 同步下降，则流过直流电动机电枢的电流 $I_d=(E-U_d)/R_\Sigma$ 基本不变。当触发脉冲移到了 $\alpha<90°$ 时，桥路由逆变状态变为整流状态，直流电动机迅速反向启动，随着反转速度的增高，控制角不断减小，使 U_d 增大，直流电动机反转加速，直到达到反向稳定转速。

采用接触器切换的可逆系统电路比较简单经济，但是由正向接触器 KM1 断开到反向接触器 KM2 闭合，需要 0.2 ~ 0.5 s，这段时间内直流电动机脱离电源，直流电动机转矩为零，称为“死区”，它会使反转过程延缓。另外接触器动作噪声较大，触头寿命较短，因此这种电路只适用要求不高、动作不频繁的小容量的拖动系统中，如车床、磨床等。

为了避免有触点电器的缺点，可以采用晶闸管开关代替接触器触点，即在图 12—12 中将四只接触器用四只晶闸管来代替，成为无触点开关。这种电路虽克服了接触器触点所具有的缺点，工作可靠性比较高，调整维护比较方便，但是作为开关用的四只晶闸管的耐压值和电流容量的要求比较高，与下面讨论的采用两组晶闸管供电的可逆电路比较，在经济上并不节省，性能价格比不高。

二、采用两组变流桥的可逆电路

对于卷扬机这样的位能负载，直流电动机正反转时电流的方向是不变的，亦即总是运行在Ⅰ、Ⅳ象限，可采用一组晶闸管变流桥。但对于不同于位能负载的情况，当直流电动机由电动状态转为发电制动状态时，相应的变流器由整流转为逆变，电流也必须改变方向，亦即要求能运行于四个象限，这是不能在同一组变流桥内实现的，因此必须采用两组变流桥，将其按极性相反连接，一组工作在直流电动机正转状态，另一组工作在直流电动机反转状态。

两组变流桥反极性连接有两种供电方式：一种是两组变流桥由一个交流电源或通过整流变压器供电，称为反并联连接，如图 12—13 所示。另一种称交叉连接，两组变流桥分别由一个整流变压器的两组二次侧绕组供电，也可用两只整流变压器供电，如图 12—14 所示。两种连接的工作情况是相似的，下面以常用的反并联电路为例进行分析。

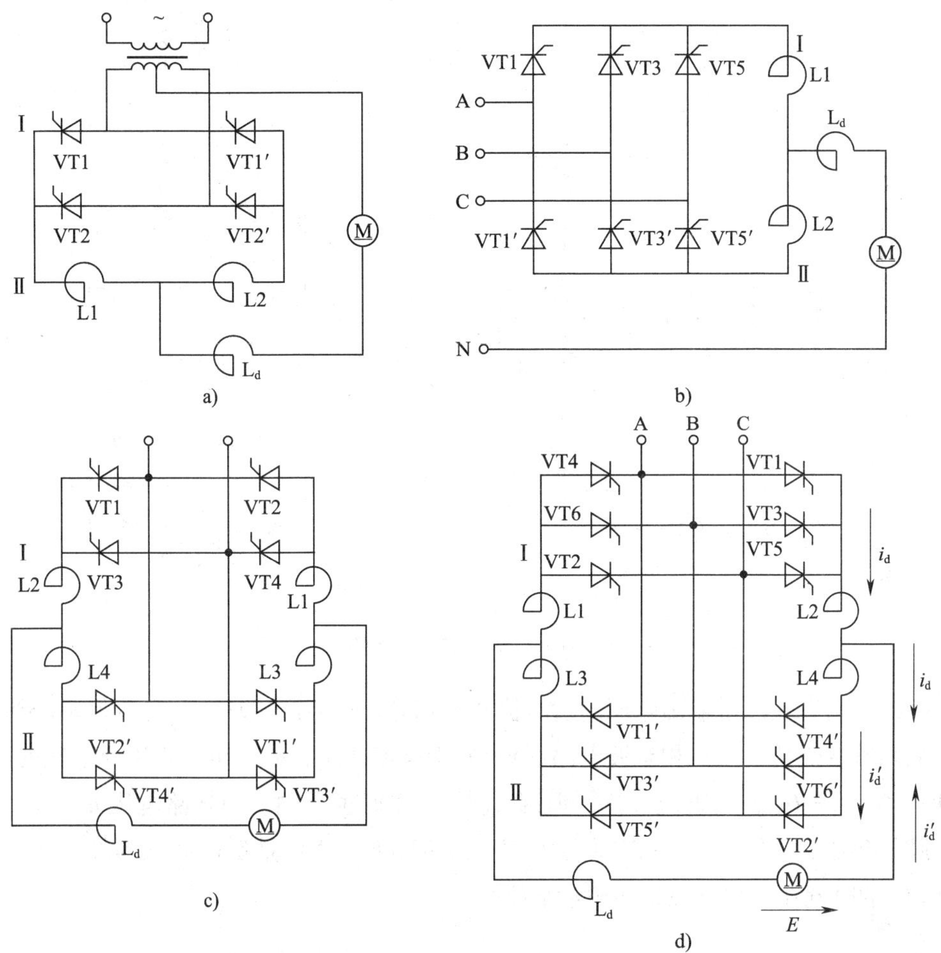

图 12—13　两组晶闸管反并联的可逆电路

a）单相全波　b）三相半波　c）单相桥式　d）三相桥式

三、环流及对环流的处理

当使用两组晶闸管变流桥组成可逆系统时，首先应该注意的是环流问题。所谓环流，是指不流过负载而只在两组晶闸管变流桥之间形成的电流，又称均衡电流。由于处理环流的方法不同，就出现了各种不同的可逆系统。

环流产生的原因是由于两组晶闸管的输出电压不等而引起的。如图 12—15a 所示为两组晶闸管反并联连接时出现环流的情况。当正组变流桥 VF 的输出电压 U_{df}大于反组变流桥 VR 的输出电压 U_{dr}时，在两组晶闸管变流桥之间就会产生环流 I_h，这种因两组变流桥输出电压平均值不相等而产生的环流称为直流环流。若设法使 $U_{df}=U_{dr}$，则直流环流就可消除。

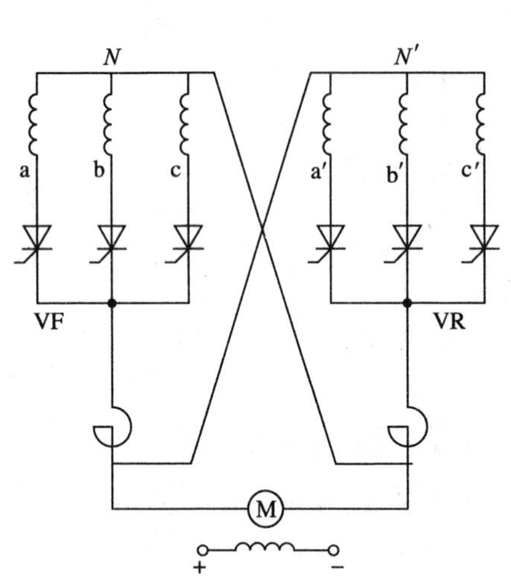

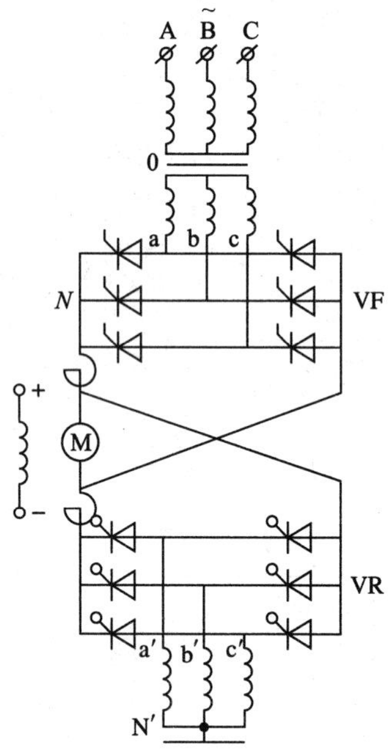

图 12—14　两组晶闸管交叉连接的可逆电路

但这时两组晶闸管变流桥输出电压的瞬时值并不相等，仍会产生环流，称为脉动环流。假设两组晶闸管变流桥采用三相半波电路，VF 处于整流状态，$\alpha_f=60°$；VR 处于逆变状态，$\beta_r=60°$，则 $U_{df}=U_{dr}$，无直流环流，但因 u_{df} 与 u_{dr} 瞬时值不同，由环路电压 $u_h=u_{df}-u_{dr}$，将产生脉动环流 i_h，如图 12—15b 所示（注意：因 VF 与 VR 是反向并联连接，故反组晶闸管 $\beta=0°$ 的时刻在三相电源相邻相正半周的交点）。

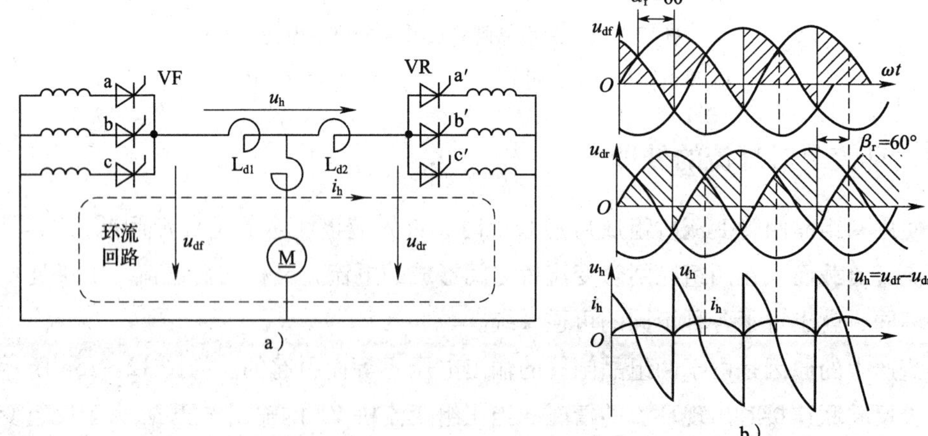

图 12—15　反并联可逆线路中的环流

a）反并联连接的电路及环流　b）脉动环流的波形图

由于环流回路中电阻值很小，如不加限制，环流将很大，因而必须采取措施加以限制。限制环流的办法是采用均衡电抗器，图 12—15a 中所示电路上加了两只均衡电抗器 L_{d1} 与 L_{d2}。加两只均衡电抗器的原因是因为其中总有一只会流过很大的直流负载电流而饱和，失去限流作用。当两组晶闸管变流桥均采用三相全控桥式电路时，因每组桥路同时都有两只晶闸管导通，会形成两条环流通道，故这样的均衡电抗器要采用四只，如图 12—16 所示（图中因环流不流经负载，故负载未画出）。

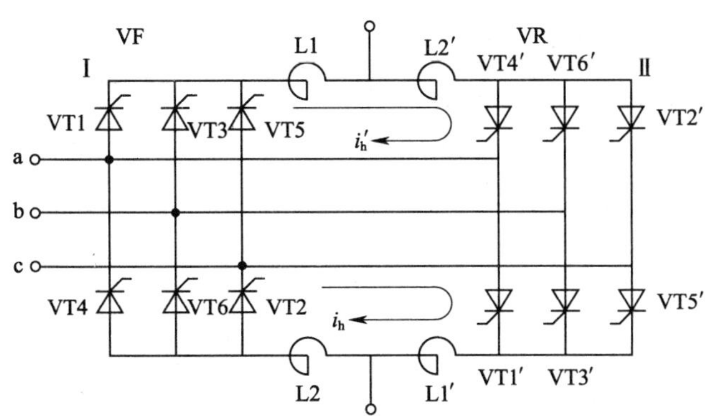

图 12—16　三相全控桥式反并联电路的环流通道

在可逆系统中，环流的出现增加了变流装置的损耗，造成元件的发热，当环流过大时还可能造成元件的损坏。为限制环流需设置均衡电抗器，这无疑增大了系统的体积，增加了投资。但环流并非一无是处，当系统处于轻载小电流状态时，电流可能出现断续，从而晶闸管导通角减小，直流电动机机械特性发生上翘，使系统正反转之间的切换过程中出现“死区”，减慢了切换速度。而适量的环流存在，可使电流连续，改善了系统的动态品质，使系统的正反转切换平滑过渡，加快了动态响应。因此对于环流的处理存在不同的态度，形成了各种不同的可逆直流拖动系统：配合控制有环流系统采取 $\alpha_f=\beta_r$，使 $U_{df}=U_{dr}$，则消除了直流环流，但存在脉动环流；若使 $\alpha_f<\beta_r$或 $\alpha_f\leqslant\beta_r$，就形成环流给定或环流可控直流可逆调速系统，可利用适量的环流来改善系统的动态性能。特别是环流可控系统，在轻载时保持适量的环流以改善动态性能，而在重载时则将环流消除以减小损耗。若要将环流完全消除，则可以采用以逻辑控制的方法在一组晶闸管工作时将另一组晶闸管封锁，从而完全切断环流的通道，称为逻辑控制无环流系统；或采取使 $\alpha_f>\beta_r$的方法，使直流环流和脉动环流都不能产生，称为错位控制无环流系统。

四、电枢反并联可逆系统的四象限运行工作状态分析

有些生产设备，如龙门刨床工作台工作时需做往复直线运动。正向运行时进行零件切

削加工，反向运行时不进行切削，只使工件快速退回，准备下一次的切削，在整个工作过程中需要频繁正、反转运行，这就要求电动机在四个象限内都能工作。电枢反并联可逆系统四象限运行如图12—17所示。

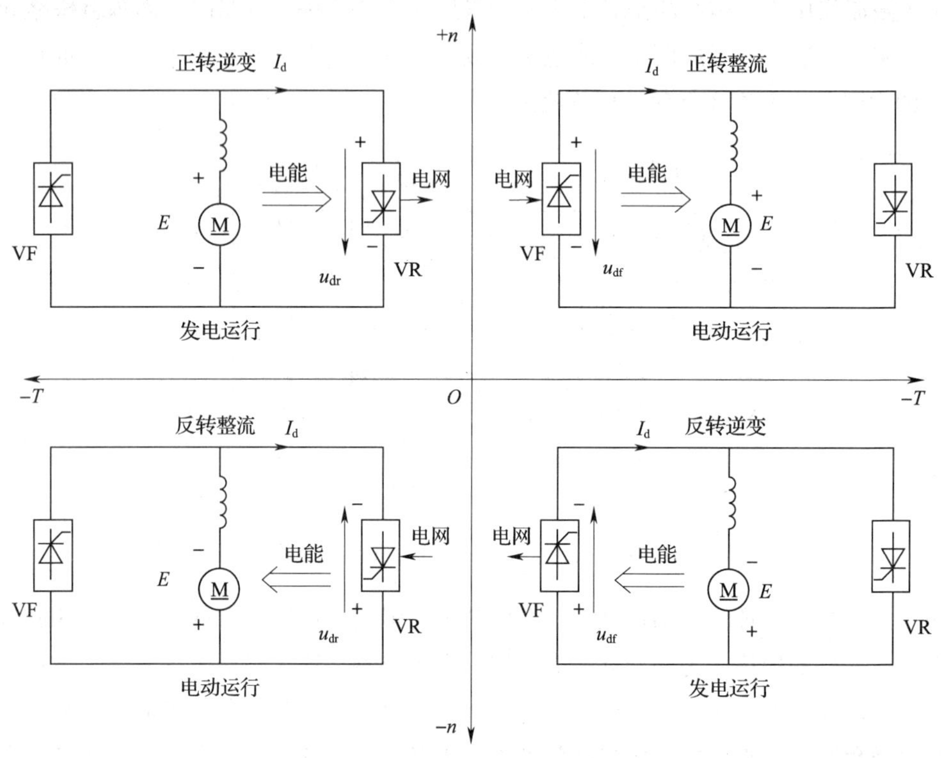

图12—17　电枢反并联可逆系统的四象限运行

由图12—17可知，当系统在第一象限运行时，正向组晶闸管VF的控制角$\alpha<90°$，工作在整流状态，直流电动机处于正转电动状态。交流电能通过正向组晶闸管VF变换为直流电能供给直流电动机，直流电动机将电能变换成机械能带动负载。

系统在第二象限运行时，反向组晶闸管VR的控制角$\alpha>90°$（即$\beta<90°$）处于逆变状态，直流电动机仍正转，但电流反向，直流电动机处于回馈制动状态。机械能通过直流电动机变换成电能再经反向组晶闸管VR变换成交流电能回送交流电网。

系统在第三象限运行时，反向组晶闸管VR的控制角$\alpha<90°$，工作于整流状态，直流电动机处于反转电动状态。交流电能通过反向组晶闸管VR变换成直流电能供给直流电动机，直流电动机的电能变换成机械能带动负载。

系统在第四象限运行时，正向组晶闸管VF的控制角$\alpha>90°$（即$\beta<90°$）处于逆变状态，直流电动机仍反转，但电流反向，直流电动机处于回馈制动状态。机械能通过直流电

动机变换成电能再经正向组晶闸管 VF 变换成交流电能回送交流电网。

由上述分析可知，直流电动机从正转到反转是由第一象限经第二象限到第三象限。直流电动机从反转到正转是由第三象限经第四象限到第一象限。直流电动机从正转到停止，则由第一象限到第二象限，直流电动机从反转到停止，则由第三象限到第四象限。

有些生产设备仅是单方向运行，直流电动机并不要求反转，但要求快速减速和快速停车，即需要快速回馈制动，此时仍需采用两组晶闸管变流器组成的可逆系统。在这种场合下，正向组晶闸管 VF 工作于整流状态，直流电动机在第一象限运行，工作在电动状态。当要快速减速或快速停车时，反向组晶闸管 VF 处于逆变状态，直流电动机工作在发电回馈制动状态，直流电动机在第二象限运行。

测 试 题

一、判断题

1. 在分析晶闸管三相有源逆变电路的波形时，逆变角的大小是从自然换相点开始向左计算的。 (　　)

2. 触发脉冲丢失是晶闸管逆变电路造成逆变失败的原因。 (　　)

3. 在晶闸管组成的直流可逆调速系统中，为使系统正常工作，其最小逆变角 β_{min} 应选 15°。 (　　)

4. 在晶闸管可逆线路中的静态环流一般可分为瞬时脉动环流和直流平均环流。 (　　)

5. 电枢反并联配合控制有环流可逆系统，当直流电动机正向电动运行时，正组晶闸管变流器处于整流工作状态，反组晶闸管变流器处于逆变工作状态。 (　　)

6. 三相全控桥式整流电路带电动机负载时，当控制角移到 90°以后，即进入逆变工作状态。 (　　)

7. 晶闸管逆变电路在工作过程中，若某一晶闸管发生断路，就会造成逆变颠覆。 (　　)

8. 线绕式异步电动机串级调速电路中定子绕组与转子绕组要串联在一起使用。 (　　)

9. 串级调速就是利用一个或 n 个辅助电动机或者电子设备串联在绕线式异步电动机转子回路里，把原来损失在外串电阻的那部分能量加以利用，或者回收到电网里，既能达到调速的目的，又能提高电动机运行效率，这种调速方法叫串级调速。 (　　)

10. 在有环流可逆系统中，若正组晶闸管处于整流状态，则反组晶闸管处于逆变状态。（　　）

二、单项选择题

1. 实现有源逆变的必要条件之一是晶闸管变流器的控制角 $\alpha > 90°$，（　　）。

A. 输出正的直流电压　　B. 输出电压为零

C. 输出负的直流电压　　D. 输出电流为负值

2. 在分析晶闸管三相变流电路的波形时，控制角的大小是按下述（　　）方法计算的。

A. 不论是整流电路还是逆变电路，都是从交流电压过零点开始向右计算

B. 不论是整流电路还是逆变电路，都是从自然换相点开始向右计算

C. 整流电路从自然换相点开始向右计算，逆变电路从自然换相点开始向左计算

D. 整流电路从自然换相点开始向左计算，逆变电路从自然换相点开始向右计算

3. 在晶闸管组成的直流可逆调速系统中，为使系统正常工作，其最小逆变角 β_{min} 应选（　　）。

A. 60°　　B. 45°　　C. 30°　　D. 15°

4. 在晶闸管组成的直流可逆调速系统中，为使系统正常工作，防止逆变失败，其（　　）应选30°。

A. 最小控制角 α_{min}　　B. 最小逆变角 β_{min}

C. 最小导通角 θ_{min}　　D. 最小阻抗角 φ_{min}

5. 在晶闸管可逆电路中的静态环流除直流平均环流外，还有（　　）。

A. 瞬时脉动环流　　B. 动态环流

C. 直流瞬时环流　　D. 稳态环流

6. 电枢反并联配合控制有环流可逆系统，当直流电动机正向电动运行时，正组晶闸管变流器处于整流工作状态，反组晶闸管变流器处于（　　）。

A. 整流工作状态　　B. 逆变工作状态

C. 待整流工作状态　　D. 待逆变工作状态

7. 电枢反并联配合控制有环流可逆系统，当直流电动机反向电动运行时，正组晶闸管变流器处于待逆变工作状态，反组晶闸管变流器处于（　　）。

A. 整流工作状态　　B. 逆变工作状态

C. 待整流工作状态　　D. 待逆变工作状态

8. 以下（　　）情况不属于有源逆变。

A. 直流可逆拖动系统　　B. 晶闸管中频电源

C．线绕异步电动机串级调速系统　　D．高压直流输电

9．采用线绕异步电动机串级调速时，要使电动机转速高于同步转速，则转子回路串入的电动势要与转子感应电动势（　　）。

A．相位超前　　B．相位滞后

C．相位相同　　D．相位相反

10．在有环流可逆系统中，均衡电抗器所起的作用是（　　）。

A．限制脉动的环流　　B．限制直流环流

C．使主回路电流连续　　D．用来平波

三、多项选择题

1．实现有源逆变的条件是（　　）。

A．直流侧必须外接与直流电流 I_d 同方向的直流电源 E

B．$|E| > |U_d|$　　C．$|E| < |U_d|$

D．$\alpha > 90°$　　E．$\alpha < 90°$

2．在分析晶闸管三相变流电路的波形时，控制角及逆变角的大小是按下述（　　）方法计算的。

A．α 从自然换相点开始开始向右计算

B．α 从自然换相点开始向左计算

C．α 从距自然换相点 180°处开始向右计算

D．β 从距自然换相点 180°处开始向左计算

E．β 从距自然换相点 180°处开始向右计算

3．能实现有源逆变的晶闸管电路为（　　）。

A．单相桥式全控电路　　B．单相桥式半控电路

C．三相桥式半控电路　　D．三相半波电路

E．带续流二极管的三相桥式全控电路

4．晶闸管变流电路工作在逆变状态时，造成逆变失败的主要原因有（　　）。

A．晶闸管损坏　　B．触发脉冲丢失

C．快速熔断器烧断　　D．逆变角 β 太小

E．负载太重

5．在晶闸管组成的直流可逆调速系统中，为使系统正常工作，在确定最小逆变角 β_{min} 时应考虑（　　）。

A．晶闸管导通角 θ　　B．换相重叠角 γ

C．关断时间 t_q 对应的电角度 δ_0　　D．开通时间 t_g 对应的电角度

E．安全裕量角 θ_a

6．在晶闸管可逆线路中的环流有（　　）等。

A．瞬时脉动环流

B．动态环流

C．直流平均环流

D．直流瞬时环流

E．交流平均环流

7．在电枢反并联配合控制有环流可逆系统中，晶闸管变流器处于待逆变工作状态是指（　　）。

A．变流器工作在控制角 $\alpha > 90°$

B．变流器输出电压 $U_d < 0$

C．直流侧存在与电流 I_d 同方向的直流电势 E

D．$|E| < |U_d|$

E．$|E| > |U_d|$

四、简答题

1．什么叫有源逆变？哪些电路可实现有源逆变？

2．实现有源逆变的条件是什么？逆变角 β 如何计算？一般 β 应取多少？

3．三相全控桥式整流电路在运行中，当晶闸管触发脉冲丢失或电源缺相，将会出现什么现象？如果是逆变电路又将如何？

测试题答案

一、判断题

1．×　2．√　3．×　4．√　5．×　6．√　7．√　8．×　9．√　10．×

二、单项选择题

1．C　2．B　3．C　4．B　5．A　6．D　7．A　8．B　9．C　10．A

三、多项选择题

1．ABD　2．AD　3．AD　4．ABCD　5．BCE　6．ABC　7．ABCD

四、简答题

1．答：将直流电变换为和电网同频率的交流电并返送到交流电网去的过程称为有源逆变。除了所有的半控桥式电路和带续流二极管的电路之外，其余的可控整流电路如单相全控桥式整流电路、三相半波可控整流电路、三相全控桥式整流电路等都可实现有源逆变。

2. 答：（1）实现有源逆变的条件是：①直流侧有一个直流电源 E，其方向应能使晶闸管阳极承受正压，其幅值应满足 $|E| > |U_d|$。②可控电路应能工作在控制角 $\alpha > 90°$ 范围，即能输出负电压。③直流侧串联足够大电感 L_d，使电流能够连续。

（2）逆变角 $\beta = 180° - \alpha$。

（3）逆变角一般取为 $30° < \beta < 90°$，最小逆变角 $\beta_{min} \geqslant 30°$。

3. 答：在三相全控桥式电路工作在整流状态时，当触发脉冲丢失或电源缺相时，会出现输出电压波形缺相和电压幅值减小的现象。

丢失一只晶闸管上的触发脉冲时：

（1）会使输出电压波形缺少 2 个波头，在电流连续的情况下输出电压约降低 1/3。

（2）某一已导通的晶闸管会关不断而失控，长期导通而可能过载损坏。

交流电源缺一相时：会使输出电压波形缺少 4 个波头，在电流连续的情况下输出电压约降低 2/3。

如果是逆变电路，将造成短路故障，使逆变失败。

第 13 章

变频电路与直流斩波电路

在前面各章讨论的可控整流、有源逆变电路中，晶闸管都工作在50 Hz的交流电压，并在要求的时刻触发导通，实现能量的不同形式的转换。而管子的关断是依靠交流电压过零反向来实现的，不需要采取其他措施，这种换流关断形式通常称为自然换流关断。而本章所要讨论的变频电路与斩波电路中，开关器件始终承受正向电压，因此在任何需要的时刻只要输入触发脉冲就可以使晶闸管触发导通。但是，如何使已导通的晶闸管可靠关断是电路能否正常工作的关键，也是本章所要讨论的主要内容。如果还是采用普通晶闸管组成变频、斩波电路，通常要采取电感、电容等元件组成的辅助电路来实现强迫换流关断。这样不仅电路复杂，而且电路耗能大。随着电力电子技术的飞速发展，已在变流技术的领域中成功地应用了电力晶体管（GTR）、可关断晶闸管（GTO）、电力场效应晶体管（MOSFET）以及绝缘栅双极型晶体管（IGBT）等全控型（自关断）电力电子器件。如果采用这些自关断器件来组成变频、斩波等电路，将使主电路结构简单、控制灵活方便、耗能小。因此，这类变流技术得到了迅速发展和广泛应用。

第1节　变频电路的基本概念

在现代化生产和生活中常需要各种变频的交流电源，主要用途是：

- 标准50 Hz电源，用于人造卫星、大型计算机等特殊要求的电源设备，对其频率、电压波形和幅值及电网干扰等参数均有很高要求。
- 不间断电源（UPS），平时电网对蓄电池充电，当电网发生故障停电时，将蓄电池的直流电逆变为50 Hz交流电，对设备作临时供电。
- 中频装置，广泛用于金属冶炼、感应加热及机械零件的表面淬火等。
- 变频调速，用三相变频器产生频率、电压可调的三相变频电源，对三相交流异步电动机和同步电动机进行变频调速。

一、变频器及其分类

变频器的任务是把直流电或工频交流电变换成频率可调的交流电，供给需要变频的负载。

变频器从变频过程看可分为两大类：第一类，交流—交流变频，它将50 Hz的交流电直接变成其他频率的交流电，称为直接变频器。直接变频器输出的最高频率仅为电网频率的1/3，适用于低频大容量交流供电系统。第二类，交流—直流—交流变频，它将

50 Hz 交流先整流为直流，再由直流逆变为所需频率的交流。由直流逆变为交流的装置称为逆变器。这种逆变器与前面所叙述的有源逆变不同，不是把逆变得到的交流电压返送电网，而是直接供给负载使用，因此也称为无源逆变。交流—直流—交流变频器又称为间接变频器，不论是民用还是工业都被广泛应用，所以本章讨论的变频器是间接变频器。

上述两大类变频器又可细分如下：

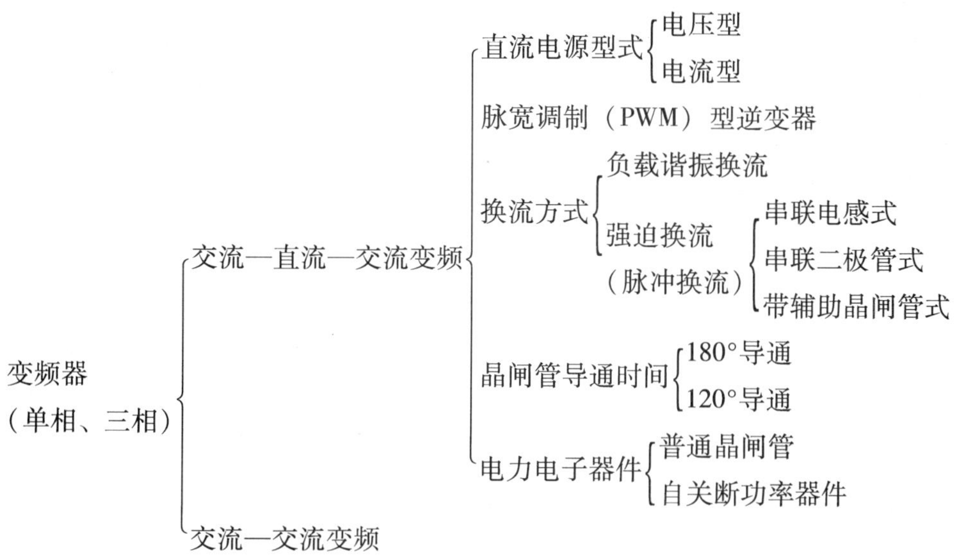

间接变频器的一般结构为：整流器、滤波器、逆变器，其中滤波器是变频器的中间环节，对整流后得到的直流电中所包含的无功分量进行处理，滤波方式有电容滤波和电感滤波两种方法。变频器作为交流电网与负载之间的接口，对交流工频电源进行变频，产生频率、电压可以调节的变频电源以供负载使用，因此我们又常常把既能调压、又能调频的变频器称为 VVVF 变频器。VVVF 变频器现广泛用于工业与民用设备，如电梯等。

二、无源逆变器的简单工作原理

三种典型的单相逆变电路如图 13—1 所示，其中图 13—1a 为单相零式电路，晶闸管 VT1、VT2 按某一频率交替导通关断，通过变压器就可得到该频率的交流电压，只要改变晶闸管的触发频率，就可得到各种不同频率的交流电压；图 13—1b 是单相桥式电路，两对晶闸管交替导通关断，在输出端 A、B 处得到交流电压，其波形为方波，幅值为 U_d，频率与晶闸管交替导通关断的频率相同；图 13—1c 为单相电压型半桥式逆变器，它只有两个导电桥臂，称为半桥。在每个桥臂上有一个晶闸管，有的电路采用电力晶体管（GTR）

作开关元件时，则每个桥臂由一个电力晶闸管（GTR）和一个反并联的二极管组成。在直流侧并联有两只大容量电容，电容之间为串联，两只电容起到对直流电压分压的作用，每个电容上分压值为 $U_d/2$。在 VT1 和 VT2 轮流导通时，在 A、O 两端之间输出幅值为 $\pm U_d/2$，波形为方波的交流电压，频率与两只晶闸管交替导通的频率相同。

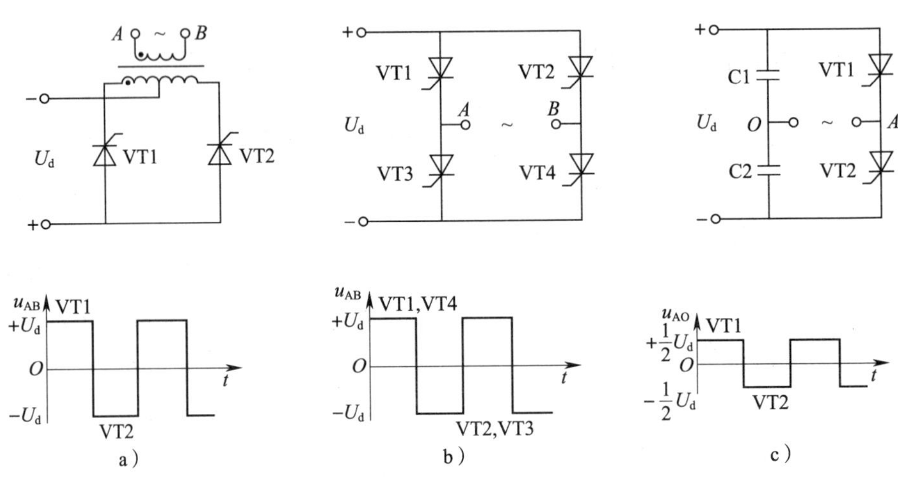

图 13—1　单相逆变电路

a）单相零式电路　b）单相桥式电路　c）单相电压型半桥式逆变器

要保证逆变器正常工作，必须有效地解决电路中各晶闸管通断时的换流，要把已导通的管子关断并恢复其正向阻断状态。常用的办法是对晶闸管加反压，使阳极电流下降到零，加反压的时间 t_0 必须大于晶闸管的关断时间 t_q。

常用的换流方法有以下两类。

1. 负载换流

它又称自然换流，主电路不需要附加换流环节。它是利用逆变器输出电流超前电压（即带电容性负载时）一段时间，当电流过零后，再经过一段时间电压才过零。若利用过零前的电压为反压加到要关断的晶闸管上，则只要这段超前的时间大于晶闸管的关断时间 t_q，晶闸管就能保证可靠关断。负载谐振式逆变器就属于这种换流方法，比如目前国内生产的晶闸管中频电源装置就是采用此类并联或串联的谐振式换流电路。

2. 强迫换流

强迫换流也称脉冲换流。当电路的负载是电感性时，便不能采用负载换流，只能采用强迫换流。即在主电路中另外设置一个专门的换流电路，利用电感、电容、二极管、小容量晶闸管等，在需要关断晶闸管时，使换流回路产生一个脉冲，加到主晶闸管上让其承受反压并持续一段反向电压时间，迫使晶闸管可靠关断。简单的脉冲换流电路如图 13—2 所示，电路中 VT2、C 和 R1 为附加的换流环节，R 为负载，VT1 为主晶闸管。当 VT1 被触发导通后，负载 R 被接通。同时直流电源经电阻 R1 对换流电容 C 充电，直到电容电压 $u_C=-U$，极性为右正左负。当要关断主晶闸管 VT1 时，可先触发导通辅助晶闸管 VT2，这时电容电压 u_C 通过 VT2 加到 VT1 管两端，迫使 VT1 承受反压而关断，此时电容 C 还经过 R、VT2 及直流电源 U 放电并反向充电。u_C 反充电波形如图 13—2b 所示，由波形图可见，从 VT2 触发导通开始到 t_0期间，VT1 均承受反向电压，在这期间内 VT1 必须已恢复到正向阻断状态。只要适当选取换流电容 C 值，使主晶闸管 VT1 承受反向电压的时间 t_0大于 VT1 的关断时间 t_q，就能确保可靠关断。

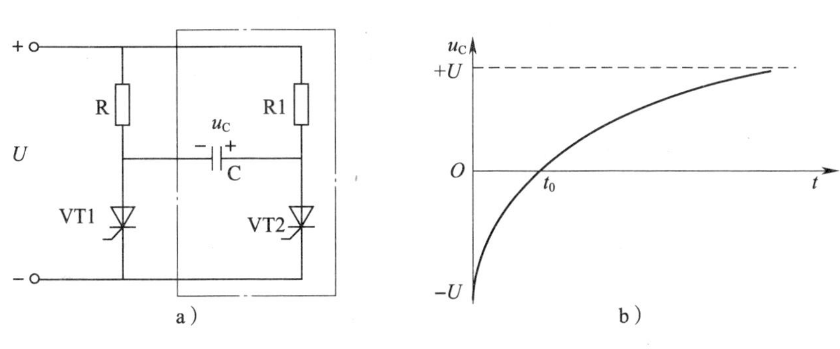

图 13—2　强迫换流原理

a）电路图　b）u_C 反充电波形图

三、电感性负载与反馈二极管

在上述分析中，逆变器负载都是电阻，则负载电流与负载电压都是方波。但在实际应用中大多数负载是电感性负载，这时采用恒定电压 U_d供电的电压型电路将无法工作。这是因为当关断一对晶闸管并导通另一对晶闸管时，由于负载是电感性，负载电流会滞后于电压，故此时电流还未到零，若瞬时使两对晶闸管切换，迫使负载上电流立即改变方向，则在负载电感上将感应出极大的反电压，使晶闸管损坏。为此必须在每个晶闸管两端反并联一个二极管（称为反馈二极管），电路才能正常工作，电路如图 13—3a 所示。

并联反馈二极管后，当电路 VT1、VT4 换流关断，VT2、VT3 触发导通时，负载电流由于电感的续流作用仍保持从 A 点流向 B 点，则此时电感上感应电动势使二极管 VD2、VD3 导通，提供通路如图 13—3a 中虚线所示，电感上能量返送电源，负载两端立即承受反压。由于 VD2、VD3 的导通，使晶闸管 VT2、VT3 承受反压无法导通，直到负载电流衰减到零时，反馈续流才结束，VD2、VD3 关断，VT2、VT3 才能触发导通，从电源供给负载反向电流。其电路各处电流波形如图 13—3b 所示。

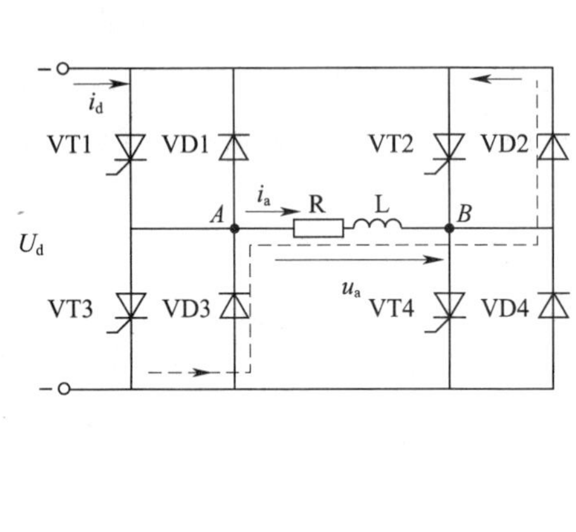

a）

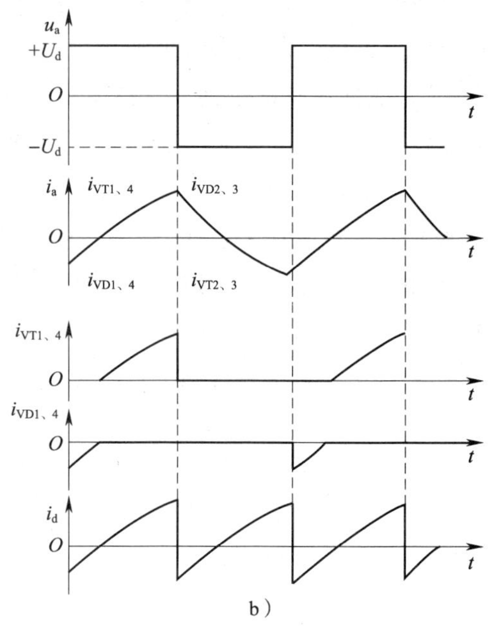

b）

图13—3　电感负载电路分析

a）电路图　b）波形图

由此可见，并联反馈二极管后，逆变器输出的方波电压只与晶闸管触发脉冲控制状态有关而不受负载性质的影响。当负载电流 i_a 与负载电压 u_a 极性一致时，电流从直流电源流出，供给逆变能量；当 i_a 与 u_a 极性相反时，电流流进二极管，能量返送电源。

第2节　变频电路中的逆变器

一、负载谐振式逆变器

负载谐振式逆变器是利用负载电路的谐振来实现负载换流的。换流电容与负载并联，换流基于谐振原理，称为并联谐振逆变器，简称并联逆变器。中频电源装置就属于并联逆变器，它在金属熔炼、中频淬火等场合广泛应用。另一种换流电容与负载串联，换流基于串联谐振原理，称为串联谐振逆变器，简称串联逆变器，适用于高频淬火、弯管等场合。

1. 并联谐振逆变器

KGS－100－1型中频电源装置上所采用的并联谐振逆变器电路如图13—4所示，它由三相可控整流电路获得电压连续可调的直流电源 U_d，经 L_d 滤波，通过并联逆变电路将直流电逆变为 1 000 Hz 的中频交流电，供给负载（如冶炼炉的感应线圈）。由于用电感滤波，所以并联谐振逆变器属于电流型逆变器。

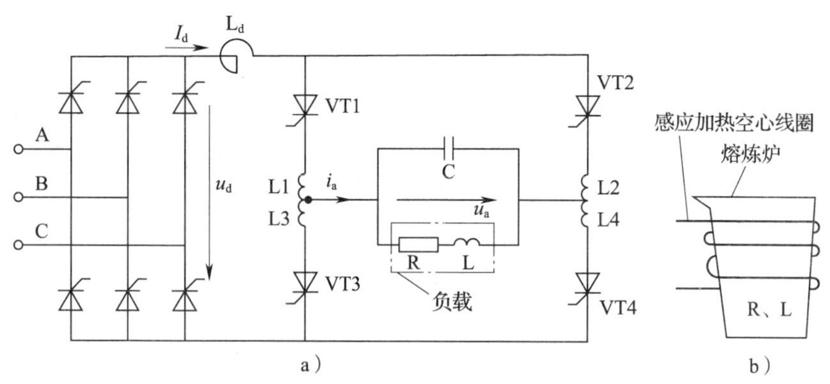

图 13—4　并联谐振逆变电路与负载

a）电路图　b）负载——熔炼炉

逆变桥由 4 个快速晶闸管桥臂组成，L1 ~ L4 为限制 di/dt 的小电感。与负载并联的 C 是换流电容，它的主要作用是：第一，与感性负载构成并联谐振电路，为负载提供无功功率，提高了装置的功率因数；第二，C 的值一般要求过补偿，使等效负载呈电容性，这样 i_a 就会超前 u_a 一定角度，达到自然换流及可靠关断晶闸管的目的。

当逆变桥对角的晶闸管 VT1、VT4 或 VT2、VT3 以接近电路谐振的频率交替触发导通时，流进负载线圈的中频电流便产生了中频交变磁通。熔炼炉中的金属在交变磁场作用下产生涡流，使金属发热熔化。

并联逆变器各点波形如图 13—5 所示。

由图 13—5 可见，流进并联谐振电路的电流 i_a 为梯形交流波形，可分解为基波分量正弦电流 i_{a1}，以及其他高次谐波电流；而电路谐振频率恰好就是基波分量正弦电流 i_{a1} 的频率。由于并联谐振时电路对谐振频率呈现高阻抗，对其他频率呈低阻抗，则基波分量电流 i_{a1} 在负载回路上产生的电压 u_a 波形是很好的中频正弦波，其他高次谐振在负载上产生的电压均可忽略。负载两端的电压 u_a 为正弦波，且滞后 i_{a1} 一定角度 φ（因等效负载呈容性），可对要换流关断的晶闸管施加一定时间的反向电压，达到可靠换流关断晶闸管的目的。

并联谐振逆变器一个周期内的工作过程大致可以分为导通和换流两个阶段，如图 13—6所示。

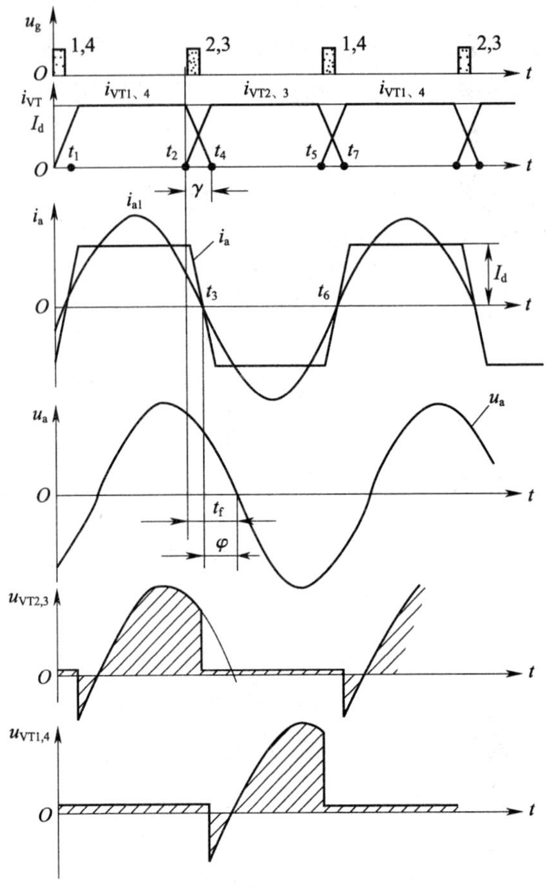

图 13—5　并联谐振逆变器的电压、电流波形

（1）VT1、VT4 导通时，电流经 VT1、VT4 流过负载，电容上电压极性左正右负，如图 13—6a 所示。

（2）图 13—6b 对应于图 13—5 波形中 $t_2 \sim t_4$换流阶段。为使 VT1、VT4 可靠关断，负载回路应呈容性，i_{a1}应超前 u_a一定的相角 φ。当 t_2时刻触发导通 VT2、VT3 开始换流，u_a极性为正，此电压通过 VT2、VT3 加到 VT1、VT4 上，使其受到反压而关断。这时 $i_{VT1、4}$减少，$i_{VT2、3}$增大，4 只晶闸管同时导通，即为换相重叠角 γ 时段。在负载电压过零前，VT1、VT4 一直承受反压，由于管子关断后还要经过一段关断时间 t_q才能使管子恢复正向阻断能力，所以在 u_a过零前，只要保证已经经过了换相重叠角 γ 对应时间 t_γ 及 t_q，就能保证 VT1、VT4 可靠关断。这就要求触发脉冲应在 u_a过零前 t_f时刻加到 VT2、VT3 上，t_f称为触发引前时间。为保证可靠换流，应使 $t_f = t_\gamma + kt_q$，$k > 1$，一般取 2 ~ 3，为安全系数，如图 13—5 中波形图中相角 φ 对应时间为 $t_\gamma/2 + kt_q$。

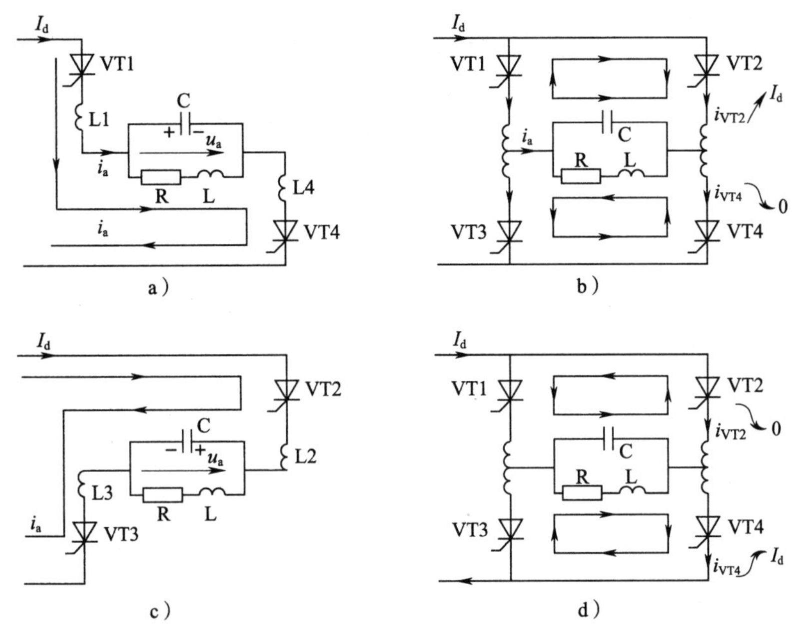

图 13—6　并联谐振逆变器的工作过程

a）VT1 与 VT4 导通工作　b）VT1 与 VT4 换流关断　c）VT2 与 VT3 导通工作　d）VT2 与 VT3 换流关断

（3）VT2、VT3 稳定导通，电流经 VT2、VT3 流过负载，u_a也反向，电容上电压极性左负右正，为下一次换流做好准备，如图 13—6c 所示。

（4）在 t_5时刻，触发导通 VT1、VT4，对 VT2、VT3 进行换流，其过程与图 13—6b 相同，工作过程如图 13—6d 所示。

2. 串联谐振逆变器

串联谐振逆变电路如图 13—7a 所示，它有如下的特点：

（1）U_d是由三相不可控整流桥整流再经大电容 C2 滤波后获得的平稳的直流电压，由于是用电容对 U_d滤波，故该电路属于电压型逆变器，逆变器输出电压为双极性矩形波。

（2）电路为了续流，设置了 VD1 ~ VD4 反馈二极管，逆变器输出功率只能靠小范围调节触发的频率进行，所以它仅适用于不变的固定负载。

（3）电路依靠串联谐振原理来关断晶闸管，当负载满足 $R \leqslant 2\sqrt{L/C}$时，C 与电感线圈构成串联谐振电路，触发晶闸管 VT1、VT4，电路对产生 L、R、C 直流充电，当 u_C 增大到最大值时，流过负载的电流 i 正半周结束过零，VT1、VT4 自行关断。接着电容 C 通过负载、反馈二极管 VD1 与 VD4 向电源放电，u_C 下降，i 反向增大，当 u_C 下降到与 U_d相等，i 负半周结束过零，VD1、VD4 关断。在这段时间内，负载两端 A、B 间得到幅值为 U_d

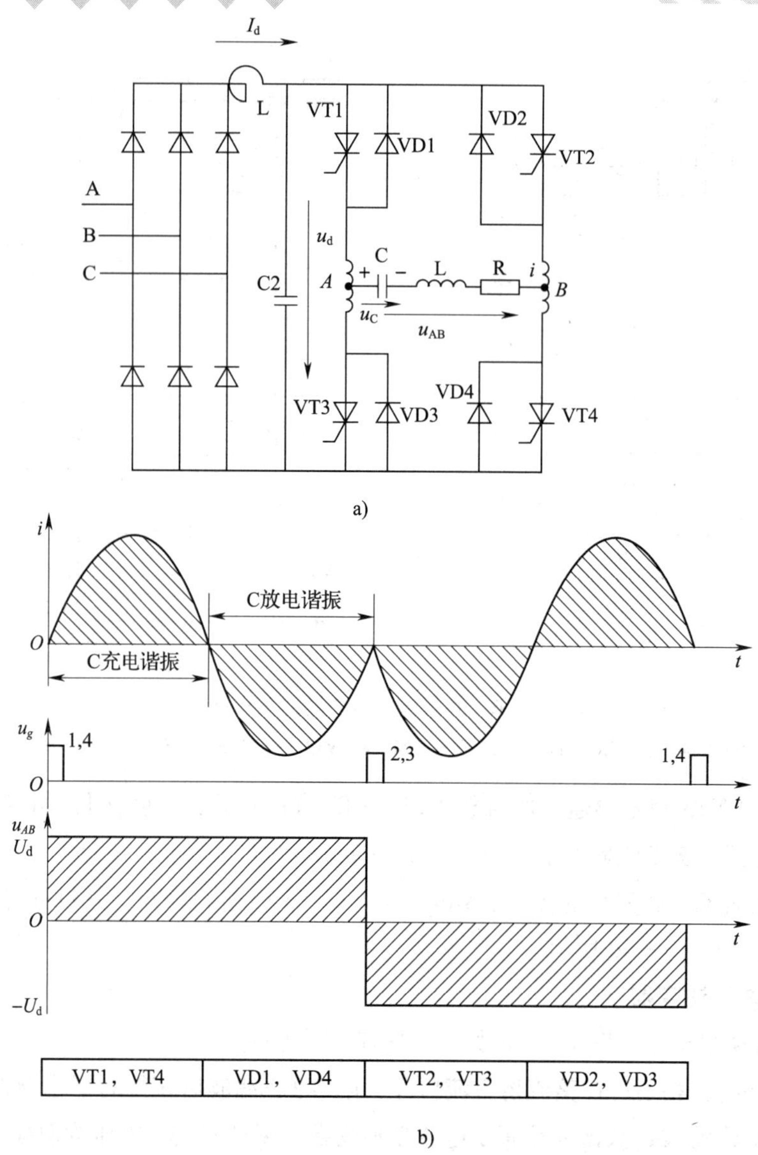

VT1，VT4	VD1，VD4	VT2，VT3	VD2，VD3

b)

图 13—7　串联谐振逆变器及其输出的电压、电流波形图

a）电路图　b）输出电压、电流的波形图

的矩形电压。紧接着又触发 VT2、VT3，负载两端得到为 $-U_d$ 的矩形电压，方向与上一时刻相反，负载电流 i 反向对电容 C 充电，u_C 电压反向增大，到 u_C 反向增大到最大值时，电流 i 负半周结束，VT2、VT3 自行关断；电容 C 又通过二极管 VD2、VD3 续流放电，如此重复进行。电路工作频率要略高于谐振频率。

（4）由于电路工作于串联谐振，而串联谐振时电路对谐振频率呈低阻抗，而对其他非谐振频率呈很高的阻抗，故负载电流的基波分量可自由通过，高次谐波不能通过，即负载电流为正弦波。这点与并联谐振时恰好相反。串联谐振逆变器输出的电压，电流波形如图13—7b 所示。

二、三相逆变器

在变频调速系统中所用的变频器，其逆变电路的负载是交流电动机绕组，为电感性负载，不能采用负载换流方式，只能采用强迫换流的方法。这里仅以应用较广的三相电压型逆变电路——串联电感式逆变电路为例介绍三相逆变器的工作原理。

在变频器中，根据中间环节采用直流滤波方式的不同，将逆变器分为电压型和电流型。用电容滤波的为电压型逆变器，因电压不能突变，故负载电压为近似交变矩形波，而负载电流为正弦波。用电感滤波的为电流型逆变器，因电流不能突变，故负载电流为交变矩形波，而负载上电压为近似正弦波。

在电压型逆变器中，常采用在晶闸管上串联电感的方法进行换流。串联电感式逆变电路如图13—8 所示。每个桥臂的主晶闸管导通角为180°，即180°导电方式，同一相上下两桥臂晶闸管交替通断，各相导通的时间依次相差120°，比如 VT1 触发导通后经过 120°，VT3 触发导通，再过120°后 VT5 触发导通。这种180°导电的工作方式在任一瞬间电路总是有三个桥臂管子同时导通工作。若是上面一个桥臂的管子与下面两个桥臂的管子配合工作，这时上面桥臂的相电压为 $2U_d/3$，而下面并联桥臂的每相负载的相电压为 $-U_d/3$。若是上面两个桥臂的晶闸管与下面一个桥臂的晶闸管配合工作，那么这时三相负载的相电压正好相反，上面桥臂负载的相电压为 $U_d/3$，而下面桥臂负载相电压为 $-2U_d/3$，如图13—9所示（图中 N 为三相负载的中性点，Z_A、Z_B、Z_C为三相电动机的三相绕组阻抗）。

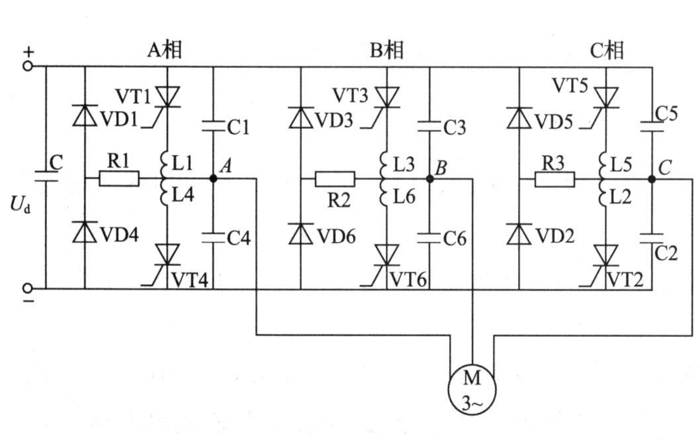

图 13—8　三相串联电感式逆变电路

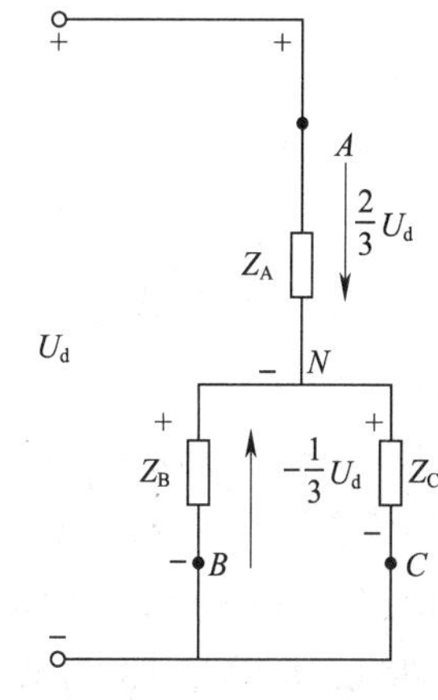

图 13—9　三相负载相电压的分析

按上述原则，不难得到如图 13—10 所示的三相负载的相电压和线电压波形，图中 V1 ~ V6 阴影部分表示 VT1 ~ VT6 导通的时刻。

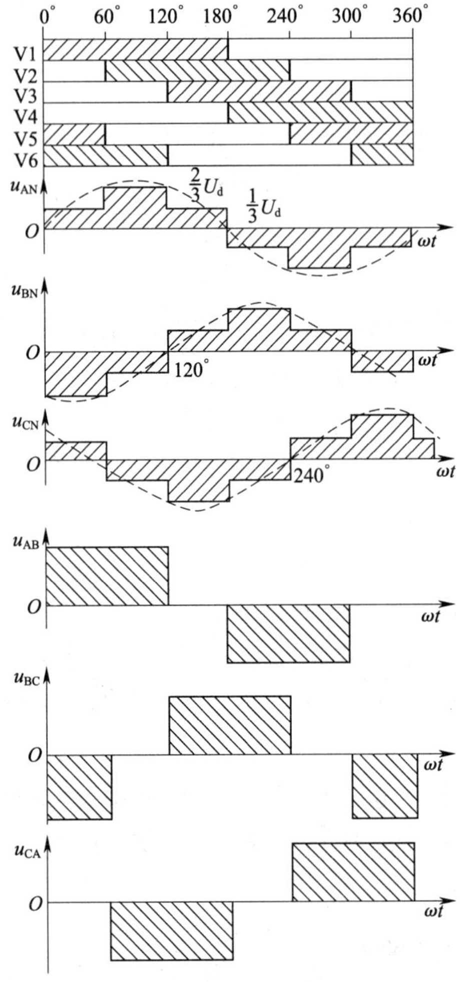

图 13—10　电压型三相逆变电路的输出波形

下面对串联电感式逆变电路的换流过程进行分析，以 VT1 换流到 VT4 为例，其换流过程如图 13—11 所示。

如图 13—11a 所示，VT1 导通时，$i_{VT1} = i_A$，C1 被 VT1 旁路可视作短路，C4 上充电电压极性上正下负，幅值为 U_d。

如图 13—11b 所示，触发 VT4 换流开始。C4 经 L4、VT4 放电；L4 上瞬时电压为 U_d，因电路中 L1 与 L4，L3 与 L6，L5 与 L2 均为全耦合的电感，故 L1 上感应出电压 $U_{L1} = U_{L4} = U_d$，极性上正下负。这时 C1 上电压为零，因 C1 上电压不能突变，故 U_{L1}通过 C1 全部加到 VT1 上，使 VT1 承受反压而关断。随着 C4 的放电，U_{C4}逐渐下降，而 C1 在 VT1 关断后开始由电源进行充电，U_{C1}逐渐增大。到 $U_{C4}=U_{C1}=U_d/2$ 时，$U_{L4}=U_{C4}=U_d/2$，耦合到 L1 上使 $U_{L1}=U_d/2$，则 VT1 上承受电压为零，不再承受反压。在 VT1 关断到不再承受反压这段时间内，应使晶闸管 VT1 完全恢复阻断能力，保证 VT1 可靠关断。随着进一步充放电的进行，VT1 上开始承受正向电压，但这时 VT1 已可靠关断。

如图 13—11c 所示，L4 释放能量。在刚才 C4 放电的过程中，C4 上的电场能量全部被 L4 吸收成为 L4 中的磁场能量，到 C4 放电结束时，L4 中电流达到最大，接着 L4 要释放能量，L4 上产生感应电动势极性为下正上负，使反馈二极管 VD4 导通，L4 通过 VD4、R1 放电，将能量消耗在电阻 R 上。

如图 13—11d 所示，换流结束，L4 能量释放完，VD4 关闭，VT4 中流过的电流为 A 相负载的反向电流，C4 被 VT4 旁路视作短路，C1 上被充电至上正下负，大小 U_d，为下一次换相做好准备。

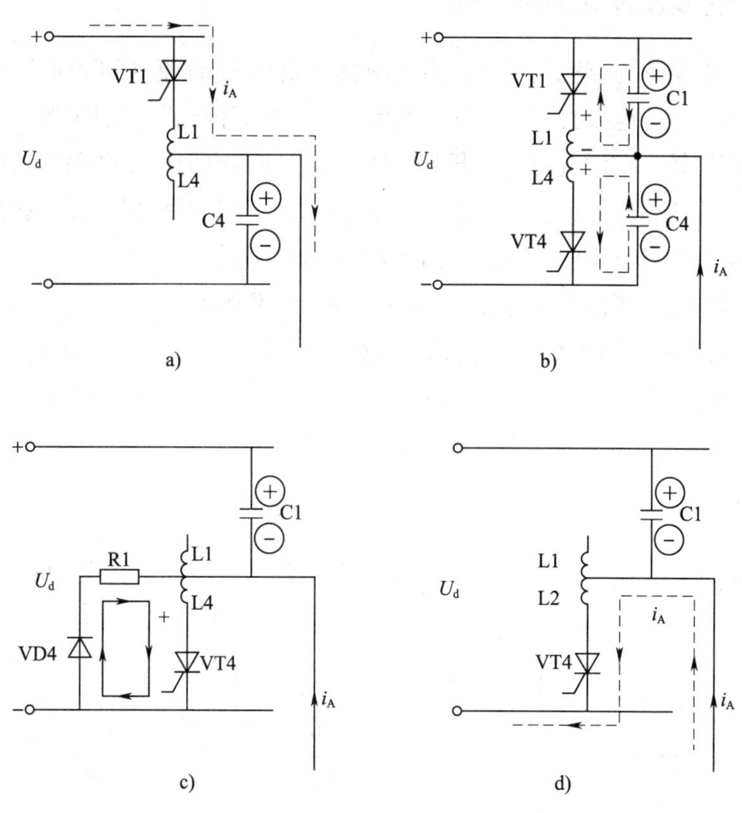

图 13—11　串联电感式逆变电路的换流过程

a）VT1 导通　b）触发 VT4 开始换流　c）L4 释放能量　d）换流结束

第3节　直流斩波电路

将直流电源的恒定直流电压，通过电力电子器件的开关作用，变换为可调直流电压的装置称为直流斩波器。斩波器分为升压型与降压型两大类，本节仅讨论降压型直流斩波器。

斩波器中晶闸管工作在直流阳极电压下，触发导通很容易，但如何使已导通的晶闸管可靠关断，是斩波电路能否正常工作的关键。因此在普通晶闸管直流斩波电路中，都必须设置换流关断电路，强迫导通的晶闸管在反压脉冲作用下可靠关断。

一、直流斩波器及其控制方式

直流斩波电路又称为直流调压器、直流断续器或直流/直流（DC/DC）变换器，较多用于直流牵引调速，如电力机车、地铁、城市电车、电瓶搬运车和铲车等。与传统的电阻调压调速方法相比较，它以电力电子开关实现调速，改变电力电子开关的通断比，就可以实现无级调速，能获得较好的启动、制动、调速特性，而且可以省去操作频繁、体积庞大的直流接触器装置及耗电大的电阻器，因此得到广泛应用。

典型的晶闸管直流斩波器原理如图13—12所示，晶闸管VT作为电力电子开关，串联在直流电源与负载中间，VT触发导通时，负载上电压 $u_d=U$；当VT断开时，$u_d=0$。控制VT使其周期性导通与断开，负载上便得到一系列电压脉冲。改变VT导通和断开时间的比例，负载上电压平均值的大小便被改变。

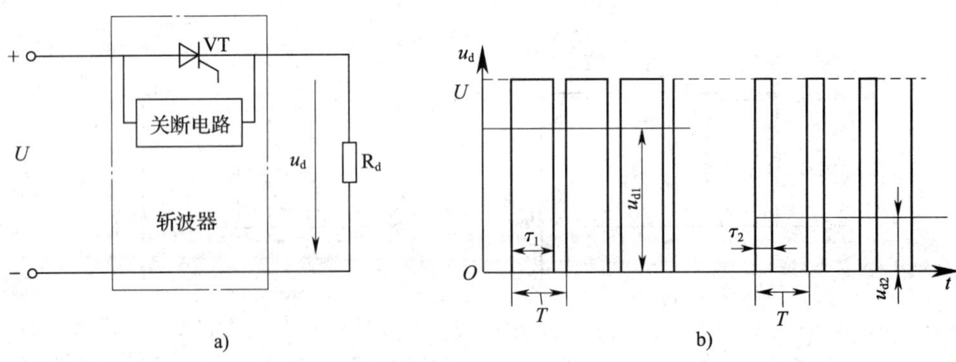

图13—12　直流斩波电路原理图

a）电路图　b）波形图

降压型直流斩波器常用的控制方式有三种：定频调宽控制方式、定宽调频控制方式与调频调宽控制方式。

1. 定频调宽控制方式

这种控制方式，其主晶闸管的触发频率不变，即周期 T 不变，改变主晶闸管导通时间 τ（即改变输出脉冲宽度），就可改变斩波器输出电压平均值 U_d。脉宽 τ 值在 0 ~ T 之间变化，负载电压在 0 ~ U 之间变化，如图 13—13a 所示。

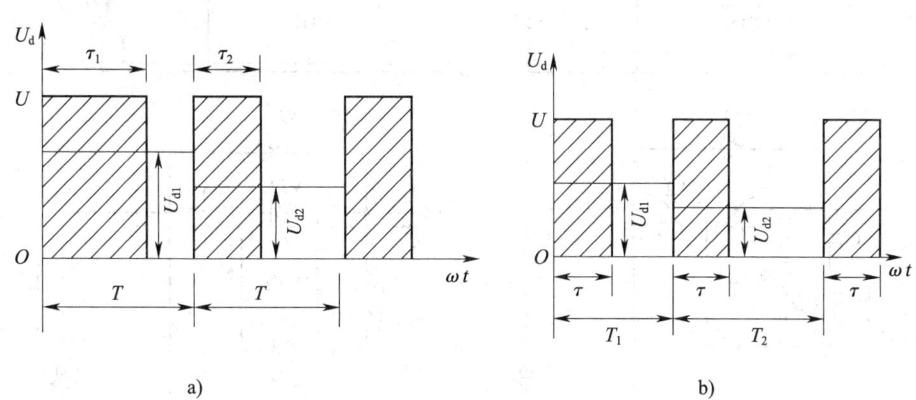

图 13—13　直流斩波器的控制方式

a）定频调宽控制　b）定宽调频控制

2. 定宽调频控制方式

主晶闸管在每个周期中导通的时间不变（即脉宽 τ 不变），改变主晶闸管的触发频率（即改变周期 T），从而改变斩波的输出电压平均值 U_d。当 $T=\tau$ 时电路全导通，$U_d=U$；频率降低使 T 增大时，U_d减少，如图 13—13b 所示。

3. 调宽调频控制方式

调宽调频控制方式既调周期 T，又调脉宽 τ，来达到改变输出电压平均值的目的。

不论哪一种控制方式，直流斩波器总是通过通、断时间的变化来改变输出电压平均值大小的，可以实现无级调压，但总是由电源电压 U 往下调压。

二、定频调宽式直流斩波电路

定频调宽式直流斩波电路如图 13—14 所示，其中图 13—14a 是 TGC－1 型城市电车斩波调速简化的主电路。电路中 VT1 为斩波电路主晶闸管，以斩波频率定时触发，VT2 为辅助晶闸管。以 VT2、C 与 L1 组成放电振荡器回路，VD1、VD2、L2 等组成为关断 VT1 而设置的换流关断电路。直流电源 U 由架空线引入，通常 $U=600$ V，斩波频率为 100 ~ 200 Hz，工作过程可分解成如图 13—14a 至图 13—14f 所示。

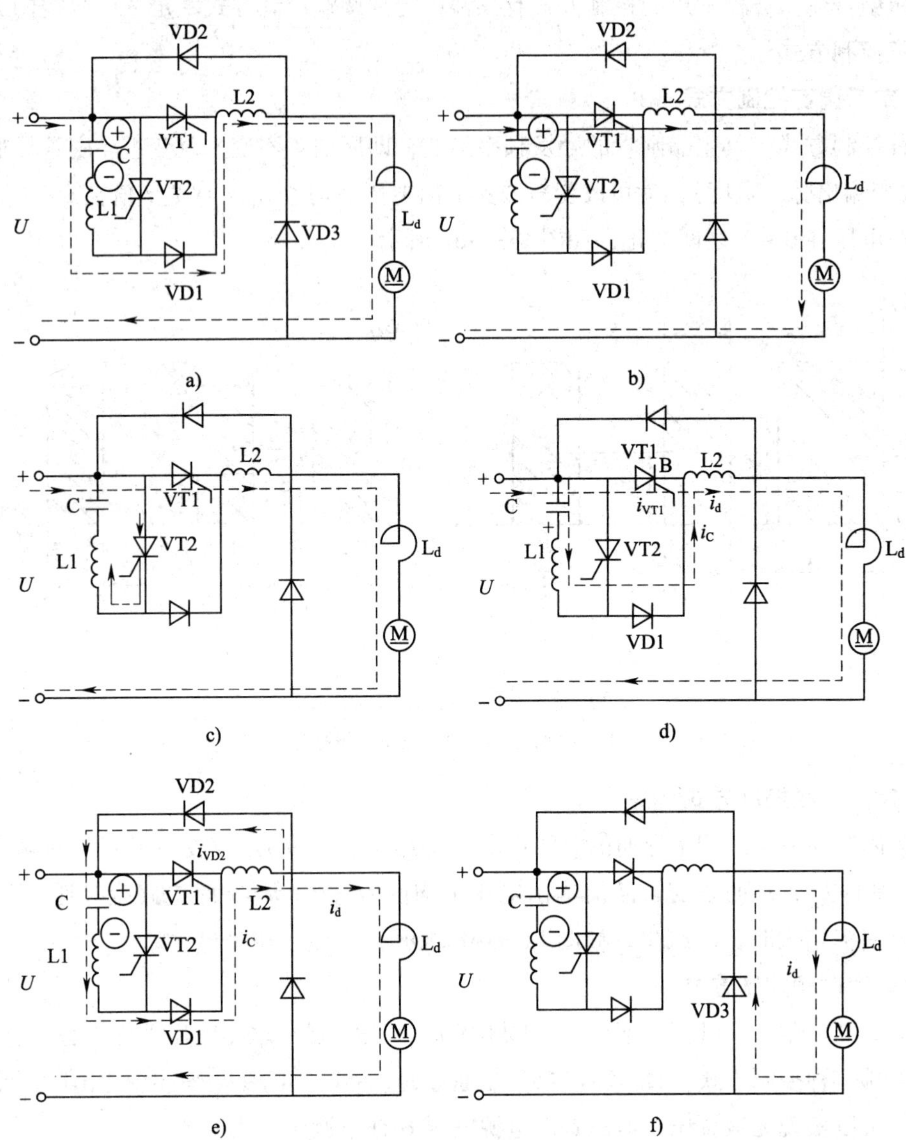

图 13—14　定频调宽式斩波电路工作过程

a）电容预充电　b）VT1 导通　c）触发导通 VT2 开始换流

d）电容反向放电，i_{VT1}减小　e）VT1 关断　f）换流结束，等待下一次触发 VT1

如图 13—14a 所示，接通电源，VT1、VT2 均未触发，电源经 L1、VD1、L2 和负载对 C 充电，直到 $U_C=U$。

如图 13—14b 所示，触发 VT1 导通，电源加到负载两端，斩波器工作，电动机转动。这时虽然 VT1 导通，但因 VD1 反向阻断，电容 C 无法放电。

如图 13—14c 所示，要关断 VT1 时，先触发导通 VT2，C 经过 VT2 与 L1 构成放电振荡回路，使电容上电压先减小然后反向充电，U_C 改变为下正上负，当 $U_C = -U$ 时，振荡回路电流过零，VT2 自行关断。这期间 VT1 仍维持导通，斩波器仍有输出电压给负载。

如图 13—14d 所示，当电容反充电到 $U_C = -U$ 时，电容 C 经过 VD1 和 L1 并通过仍导通的 VT1 反向放电。由于 VT1 的单向导电性，这放电电流并不是真的从 VT1 的阴极流进，而是抵消了 VT1 中的负载电流，使 VT1 中电流减小。当 C 放电电流 i_C 增大到 I_d值时，流过 VT1 的正向电流 i_{VT1}减小到零，VT1 自行关断。在这期间电源仍向负载供电。

如图 13—14e 所示，VT1 关断后，电容改道经 L1、VD1、L2 和 VD2 构成放电振荡回路继续放电，另一方面直流电源仍可以通过 C、L1、VD1、L2 向负载继续供电。当电容电压极性又变成上正下负，而且数值等于 U 时，振荡回路电流过零改变方向，于是 VD1 与 VD2 均关断，斩波器停止向负载供电。

如图 13—14f 所示，VD1 关断后，负载电流经续管 VD3 续流。等待下一次对 VT1 的触发。

从斩波器工作过程可见，输出电压的脉宽是通过 VT2 触发导通的时刻来控制的。若斩波器工作周期为 T、VT2 触发时间距 VT1 触发时间越远，则输出电压的脉宽 τ 越大，输出直流电压的平均值越高；反之则 τ 小，脉冲窄，电压平均值也就减小。

三、定宽调频式直流斩波电路

脉宽恒定、斩波频率可调的直流斩波调速电路的工作过程如图 13—15 所示。图中 VT 为主晶闸管，VD2 为续流二极管，C、L1、L2、VD1 构成换流关断电路。该电路的工作过程可分 4 个阶段来进行说明：

如图 13—15a 所示，接通电源，电容按虚线路经充电到 $+U$，电压极性为左正右负。

如图 13—15b 所示，VT 触发导通，负载得电的同时电容电压经 L1、VT 放电产生振荡，振荡周期为 $T = 2\pi\sqrt{L_1C}$。

如图 13—15c 所示，经过半个周期的振荡，电容电压从 $+U$ 反充为 $-U$，然后通过 VT 反向放电，VT 中正向电流减小。当电容反向放电电流增大到与负载电流 I_d相等时，VT 断流而关断。VT 关断后，电容电流经 L2、VD 继续反向放电，此放电电流流经 L2，在 L2 上产生的感应电动势使 VT 继续承受反压而可靠关断。

如图 13—15d 所示，等到电容 C 上反向放电到又是左正右负、电压等于 U 时，反向充电电流过零，VD1 关断等待下一次 VT 再次导通。负载电流经二极管 VD2 续流。

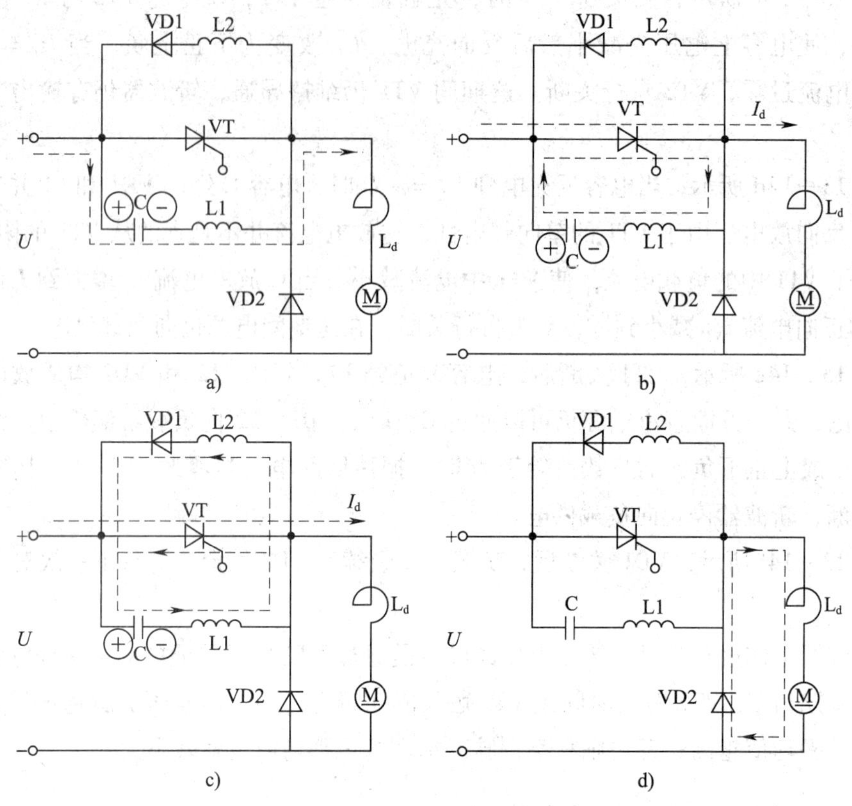

图 13—15　定宽调频式直流斩波电路工作原理

a）电容预充电　b）VT 导通的同时开始换流　c）电容反向放电　d）换流结束

在本电路中，斩波器输出电压的脉宽是固定的，近似为振荡电路的半个周期。如 VT 的触发频率增大即周期减小，则负载平均电压 $U_d = U\ (\tau/T)$ 增大，电动机转速增高，反之电动机转速减小。

测　试　题

一、判断题

1. 单相半桥逆变器（电压型）的输出电压为正弦波。　（　　）

2. 在并联谐振式晶闸管逆变器中，负载两端电压是正弦波电压，负载电流也是正弦波电流。　（　　）

3. 电压型逆变器适宜于不经常启动、制动和反转的拖动装置中。　（　　）

4. 在电压型逆变器中，是用大电感来缓冲无功能量的。 （ ）

5. 以电力晶体管组成的斩波器适于特大容量的场合。 （ ）

6. 斩波器用于直流电动机调速时，可将直流电源断续加到直流电动机上，通过通、断的时间变化来改变电压的平均值，从而改变直流电动机的转速。 （ ）

7. 晶闸管斩波器的作用是把可调的直流电压变为固定的直流电压。 （ ）

8. 在斩波器中，采用电力场效应管后可降低对滤波元器件的要求，减少了斩波器的体积和重量。 （ ）

9. 晶闸管斩波器是应用于直流电源方面的调压装置，但输出电压只能下调。 （ ）

10. 把直流变交流的电路称为变频电路。 （ ）

二、单项选择题

1. 变频调速系统中的变频器一般由（ ）组成。

A. 整流器、滤波器、逆变器　　B. 放大器、滤波器、逆变器

C. 整流器、滤波器　　D. 逆变器

2. 逆变器的任务是把（ ）。

A. 交流电变成直流电　　B. 直流电变成交流电

C. 交流电变成交流电　　D. 直流电变成直流电

3. 逆变器根据对无功能量的处理方法不同，分为（ ）。

A. 电压型和电阻型　　B. 电流型和功率型

C. 电压型和电流型　　D. 电压型和功率型

4. 电压型逆变器的直流端（ ）。

A. 串联大电感　　B. 串联大电容

C. 并联大电感　　D. 并联大电容

5. 单相半桥逆变器（电压型）有（ ）个导电臂。

A. 1　　B. 2

C. 3　　D. 4

6. 单相半桥逆变器（电压型）的输出电压为（ ）。

A. 正弦波　　B. 矩形波

C. 锯齿波　　D. 尖顶波

7. 单相半桥逆变器（电压型）的每个导电臂由一个电力晶体管和一个（ ）的二极管组成。

A. 串联　　B. 反串联

C. 并联　　D. 反并联

8．单相半桥逆变器（电压型）的直流端接有两个相互串联的（　　）。

A．容量足够大的电容　　B．大电感

C．容量足够小的电容　　D．小电感

9．晶闸管逆变器输出交流电的频率由（　　）来决定。

A．一组晶闸管的导通时间　　B．两组晶闸管的导通时间

C．一组晶闸管的触发脉冲频率　　D．两组晶闸管的触发脉冲频率

10．在并联谐振式晶闸管逆变器中，为求得较高的功率因数和效率，应使晶闸管触发脉冲的频率（　　）负载电路的谐振频率。

A．远大于　　B．大于

C．接近于　　D．小于

11．直流电动机用斩波器进行调速时，当电压降低后，机械特性硬度（　　）。

A．变软　　B．变硬

C．不变　　D．可能变软也可能变硬

12．在晶闸管斩波器中，保持晶闸管触发频率不变，改变晶闸管导通的时间从而改变直流平均电压值的控制方式叫（　　）。

A．定频调宽法　　B．定宽调频法

C．定频定宽法　　D．调频调宽法

13．直流电动机用斩波器调速时，可实现（　　）。

A．有级调速　　B．无级调速

C．恒定转速　　D．分档调速

14．在简单逆阻型晶闸管斩波器中，（　　）晶闸管。

A．只有一只　　B．有两只主

C．有两只辅助　　D．有一只主晶闸管，一只辅助

15．斩波器也可称为（　　）交换。

A．AC/DC　　B．AC/AC

C．DC/DC　　D．DC/AC

16．晶闸管斩波器是应用于直流电源方面的调压装置，其输出电压（　　）。

A．是固定的　　B．可以上调，也可以下调

C．只能上调　　D．只能下调

17．简单逆阻型晶闸管斩波器的调制方式是（　　）。

A．定频调宽　　B．定宽调频

C．可以人为地选择　　D．调宽调频

18. 直流电动机调速所用的斩波器主要起（　　）作用。

A. 调电阻　　B. 调电流

C. 调电抗　　D. 调电压

19. 直流电动机利用斩波器调速的过程中（　　）。

A. 有附加能量损耗　　B. 没有附加能量损耗

C. 削弱磁场　　D. 增强磁场

20. 在直流电动机调速方法中，能实现无级调速且能量损耗小的是（　　）。

A. 直流发电机——直流电动机机组　　B. 改变电枢回路电阻

C. 斩波器　　D. 削弱磁场

测试题答案

一、判断题

1. × 2. × 3. √ 4. × 5. × 6. √ 7× 8. √ 9. √ 10. ×

二、单项选择题

1. A 2. B 3. C 4. D 5. B 6. B 7. D 8. A 9. D 10. C 11. C 12. A 13. B 14. D 15. C 16. D 17. C 18. D 19. B 20. C

第 14 章

晶闸管交流开关与交流调压

第1节　晶闸管交流开关

晶闸管交流开关是一种理想的快速交流开关，与传统的接触器—继电器系统相比，其主电路甚至包括控制电路都没有触头及可动的机械机构，因而，不存在电弧、触头磨损和熔焊等问题。晶闸管交流开关可以用很小的功率去控制大功率的主电路，适用于操作频繁、可逆运行及有易燃气体的场合。晶闸管交流开关由于具有上述优点而得到广泛应用，并取得了良好的效果。

一、晶闸管交流开关中的常用触发电路

晶闸管交流开关有晶闸管反并联组成的交流开关和双向晶闸管组成的交流开关。原则上，用于晶闸管电路的各种触发电路均可用于双向晶闸管电路。但晶闸管和双向晶闸管的触发方式有所区别。

双向晶闸管有 I_+、I_-、III_-、III_+ 四种触发方式，常用的触发方式有 I_+、I_-、III_- 三种。因此，设计双向晶闸管的触发电路时，应使其能满足各种触发方式对灵敏度的要求，以防止产生半周不导通或导通不充分的现象。

晶闸管交流开关经常采用本相电压强触发电路，如图14—1所示。

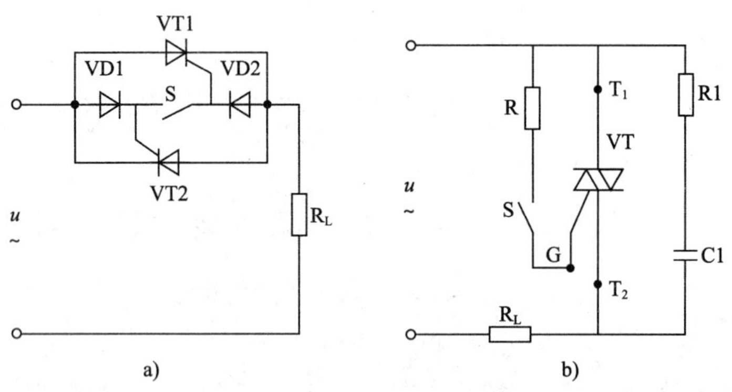

图14—1　本相电压强触发电路

a）晶闸管反并联电路　b）双向晶闸管电路

图14—1a为晶闸管反并联的交流开关的本相电压强触发电路。此触发电路的工作过程为：触点S闭合（接通）后，在交流电源正半周时晶闸管VT1的A、K极之间的瞬时电

压通过 VD1 使 VT1 导通。同理，交流电源负半周时晶闸管 VT1 的 A、K 极瞬时电压通过 VD2 使 VT2 导通。

图 14—1b 为双向晶闸管交流开关的本相电压强触发电路。本相电压强触发电路采用 I_{+}、III_{-}触发方式。此触发电路的工作过程为：触点 S 闭合（接通）后，在交流电源正半周时双向晶闸管 VT 的 T1、T2 之间的瞬时电压经电阻 R 加到门极 G 与 T2 之间。此时 G 与 T2 之间的电压将随交流电源电压上升而增高，这样便使触发电流增大，直至元件导通。元件导通后，T1、T2 之间的电压立即降至 1 ~ 2 V，从而使门极不会受强电压的威胁。同理，在交流电源负半周时双向晶闸管 VT 的 T1、T2 之间的瞬时电压经电阻 R 加到 T2 与 G 之间使 VT 导通。本相电压强触发电路中，双向晶闸管的门极上往往串联限流电阻 R。限流电阻 R 不能选得过大，因为限流电阻选得过大时，需要有较大的本相触发电压才能使元件得到所需的触发电流，元件的导通将相应滞后。试验表明，R 以取为 20 ~ 150 Ω 为宜。

本相电压强触发电路不但具有强触发功能，对触发电流很大的元件也能可靠触发，而且本相触发电压本身就是同步电压，解决了触发脉冲与主电路电压同步问题，从而使电路简单可靠，调试维修方便。

二、正反向可逆晶闸管交流开关

正反向可逆晶闸管交流开关适用于正反向频繁可逆运行场合。正反向可逆晶闸管交流开关的电气原理图如图 14—2 所示。

1. 主电路

主电路采用 5 只双向晶闸管 VT1 ~ VT5。三相交流电源经自动开关 QS、快速熔断器 FU、双向晶闸管 VT1 ~ VT5，接至交流电动机。当 VT1、VT2、VT3 触发导通时，交流电动机正转，运转指示灯（HL2、HL3、HL4）亮；当 VT2、VT4、VT5 触发导通时，交流电动机反转，运转指示灯（HL2、HL3、HL4）亦亮；VT2 在交流电动机正反转时均导通。为了保证正向组 VT1、VT3 与反向组 VT4、VT5 不同时导通，设置了延时电路 YS，以防止交流电动机正反换向时相间短路。延时时间为 60 ~ 100 ms。

在主电路中，双向晶闸管两端并联的 R—C 吸收装置，对双向晶闸管起过电压保护和抑制 $\mathrm{d}u/\mathrm{d}t$ 的作用；用快速熔断器对双向晶闸管进行过电流保护。

2. 控制电路

在控制电路中采用本相电压强触发电路。在图 14—2 中，LK 为主令开关，4K 为零位继电器。合上自动开关和电源开关后，若 LK 在零位，则 4K 得电吸合并自保；当电源断电后又重新来电时，要待 LK 回到零位，使 4K 重新得电吸合并自保，交流电动机才能重新启动、运行。这样便不会在电源供电或供电中断后又重新来电时，因 LK 的手柄放在“开”

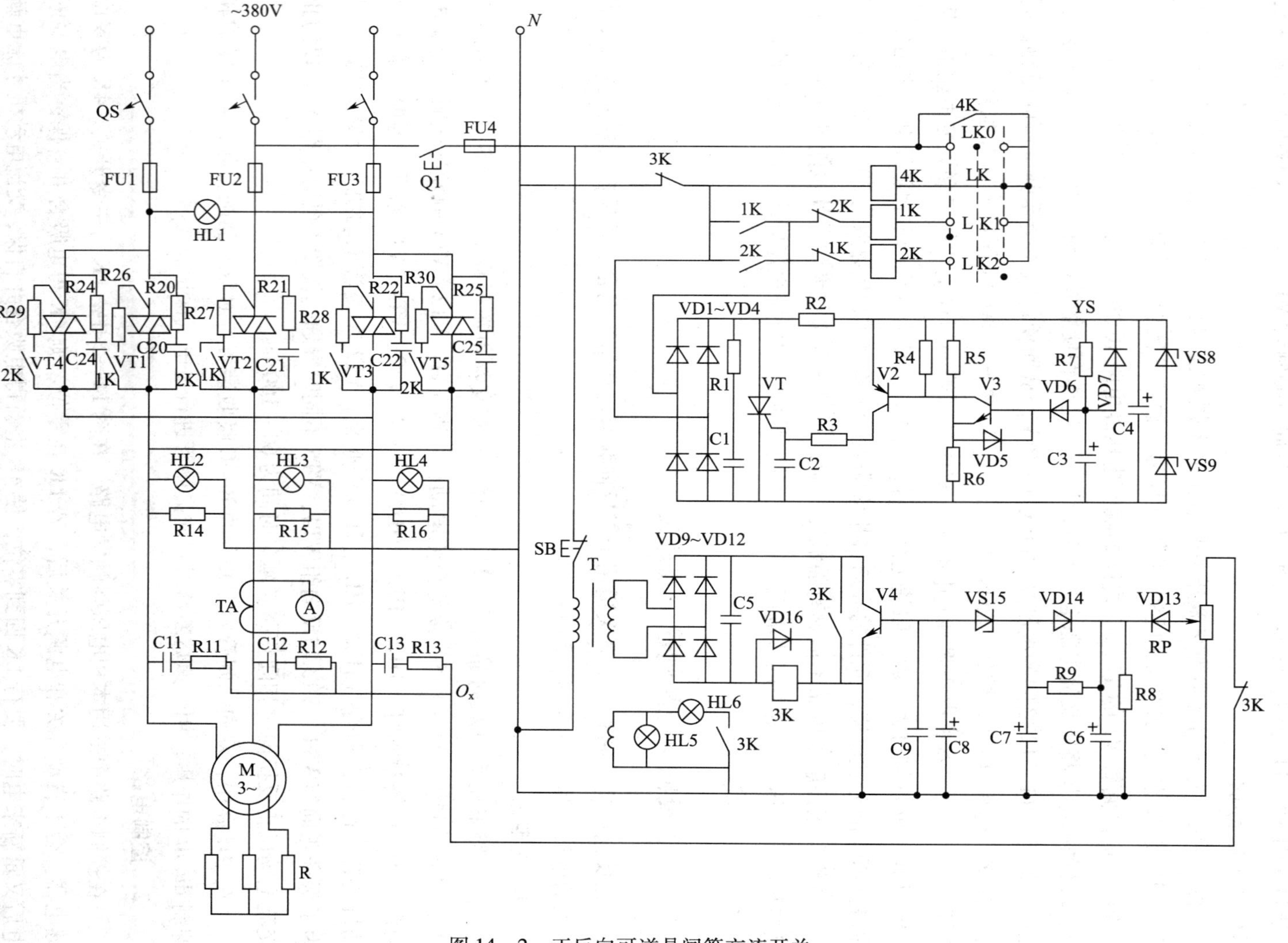

图 14—2　正反向可逆晶闸管交流开关

的位置而出现交流电动机自行启动的不安全情况，从而实现了零位保护。当采用按钮或自动复位主令开关，不需要零位保护时，继电器 4K 可以取消。

当 LK 的手柄转到“正”位置时，LK1 闭合；经延时电路 YS 延时后，1K 吸合并自保，将延时电路 YS 短接；与此同时，1K 的常开接点接通正向组双向晶闸管 VT1、VT2、VT3 的触发电路，使 VT1、VT2、VT3 导通，交流电动机正向运转。当 LK 的手柄转到“反”位置时，LK1 断开，1K 释放，VT1、VT2、VT3 断电，LK2 闭合；经 YS 延时后 2K 吸合并自保，短接 YS 电源；与此同时，2K 的常开接点接通反向组双向晶闸管 VT2、VT4、VT5 的触发电路，使 VT2、VT4、VT5 导通，交流电动机先后经反接制动、反向启动，最后转入稳定运行。

延时电路 YS 的工作原理如下：

当 LK 的手柄转到“正”或“反”位置时，LK1 或 LK2 闭合，三极管 V3、V2 截止，小晶闸管 VT 截止，这样，在 1K（2K）线圈自身阻抗和限流电阻 R2 的作用下，1K（2K）线圈中只有很小电流流过，所以 1K（2K）不吸合。此时，电流经 1K（2K）的线圈送到整流桥 VD1～VD4 进行整流，而后再通过稳压管 VS8 和 VS9 进行稳压；稳压输出的电压，经电阻 R7 对电容 C3 充电。C3 的电压升高，三极管 V3、V2 导通、小晶闸管开关 VT 亦随之导通，从而使继电器 1K（2K）吸合，其常开接点闭合并自保，将延时电路 YS 的工作电源短接掉，使小晶闸管开关 VT 的电流过零关断，电容 C3 经两路即 VD7—R5—R6 和 VD6—V3 的 be 结—R6 放电，YS 复原，准备投入下次工作。

图 14—2 所示断相保护电路的工作原理如下：

断相保护信号取自 C11—R11、C12—R12、C13—R13 三条支路的公共交点 O_X。当三相交流电源输出无断相时，O_X与电源零线 N 之间的电压 U_{OX}理论上为零。实际上，三相交流电源本身或负载不平衡，C11—R11、C12—R12、C13—R13 三条支路的参数不对称等情况都可能出现。这时，即使三相交流电源无断相，U_{OX}也会不为零，但一般只有几伏。三相交流电源中有一相或两相断相时，U_{OX}将显著升高，其值随负载交流电动机等的参数变化而变化。U_{OX}经整流后作用于稳压管 VS15 上，使之击穿；VS15 击穿，使三极管 V4 导通，继电器 3K 吸合并自保，其常闭接点断开，切断继电器 1K、2K 的控制电路，并同时发出“缺相”事故信号，此时，双向晶闸管过零关断，切断交流电动机的电源，从而避免了交流电动机因缺相运行而烧毁。

第 2 节　交流调压电路

晶闸管组成的交流调压电路广泛应用于电炉温度控制、灯光控制、电解、电镀交流侧调压控制、交流电动机启动和调速等场合。交流调压电路中晶闸管控制方式有两种。

（1）相位控制。通过移相触发改变晶闸管每周期导通的起始点即控制角 α 的大小，来达到改变输出电压或功率的目的。

（2）通断控制。把晶闸管作为开关，在设定时间内将负载与交流电源接通几个周期，然后断开几个周期，通过改变晶闸管在设定时间内通断时间的比例来达到改变输出电压或功率的目的。

采用相位控制的交流调压电路输出电压为缺角正弦波，其谐波分量较大，但电路简单，使用方便，在交流调压电路中应用较多。采用通断控制的交流调压电路输出电压为完整的正弦波，不存在相位控制时的高次谐波干扰，但其通断频率比电源频率低，特别是通断比例太小时会出现低频干扰，适用于热惯性比较大的电热负载。下面主要分析相位控制的交流调压电路。

一、单相交流调压电路

1. 单相交流调压主电路

单相交流调压主电路如图 14—3 所示。图 14—3a 所示电路采用两只反并联的普通晶闸管，图 14—3b 所示电路采用一只双向晶闸管。现以图 14—3a 所示晶闸管反并联电路为例进行分析。

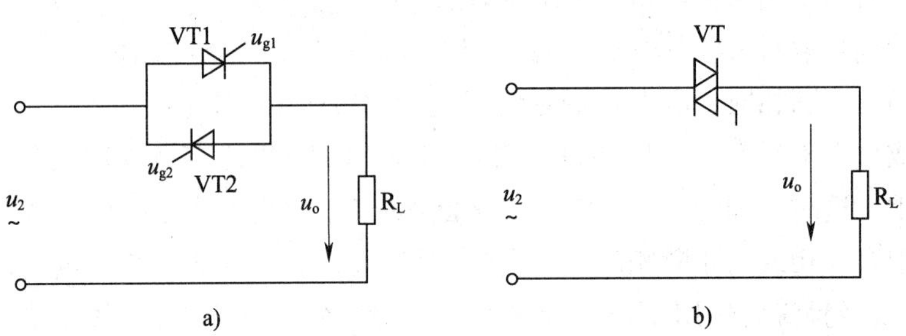

图 14—3　单相交流调压主电路

a）晶闸管反并联电路　b）双向晶闸管电路

（1）电阻负载。在单相交流调压电路中，相电压过零点为 $\alpha=0°$。在交流电源电压 u_2 的正半周，晶闸管 VT1 加上正向阳极电压，但在 α 前由于未加触发脉冲，所以晶闸管 VT1 无法导通，电阻负载 R_L 中没有电流流过，负载电阻两端电压 $u_o=0$。在 α 时，晶闸管 VT1 门极加上触发脉冲导通，交流电源电压 u_2 全部加在负载电阻 R_L 上。晶闸管 VT2 因承受反压而阻断。u_2 正半周过零时，晶闸管 VT1 因流过它的电流随之降至零，小于晶闸管的维持电流而关断。同理，在交流电源电压 u_2 的负半周 α 时，晶闸管 VT2 门极加上触发脉冲导通，u_2负半周过零时 VT2 关断。电阻负载交流调压电路及其波形如图 14—4 所示。

由图可知，输出电压波形为正负半周缺角的正弦波。电阻负载 R_L上交流电压有效值 U_o 与控制角 α 的关系为：

$$U_o = \sqrt{\frac{1}{\pi}\int_{\alpha}^{\pi}(\sqrt{2}U_2\sin\omega t)^2 d\omega t} = U_2\sqrt{\frac{1}{2\pi}\sin 2\alpha + \frac{\pi-\alpha}{\pi}}$$

负载电流有效值 $I_o = \frac{U_o}{R}$。

由上式可知改变控制角 α 可以改变负载 R_L上交流电压。当控制角从0°增大到180°时，负载上交流电压有效值从最大值 U_2下降到零。电阻负载时移相范围为 0°～180°，晶闸管导通角 $\theta = 180° - \alpha$。

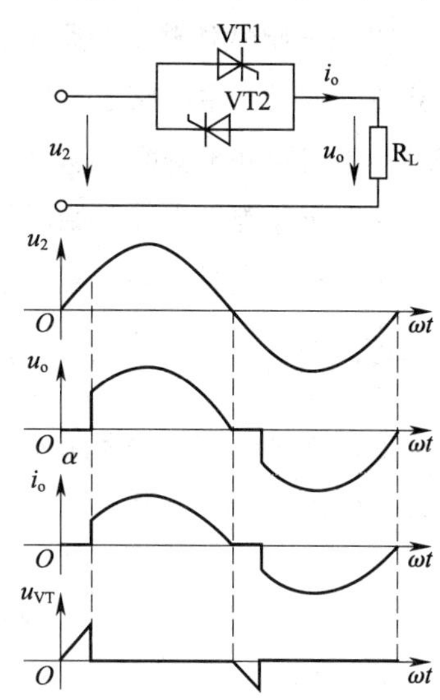

图 14—4 电阻负载交流调压电路及其波形

电阻负载上平均功率与最大负载平均功率之比 P/P_m 与控制角 α 的关系为：

$$\frac{P}{P_m} = 1 - \frac{\alpha}{\pi} + \frac{\sin 2\alpha}{2\pi}$$

式中：α——控制角；

P——电阻负载上 $\alpha \neq 0°$时平均功率；

P_m——$\alpha = 0°$时最大负载平均功率。

上式所对应的控制特性如图 14—5 所示。

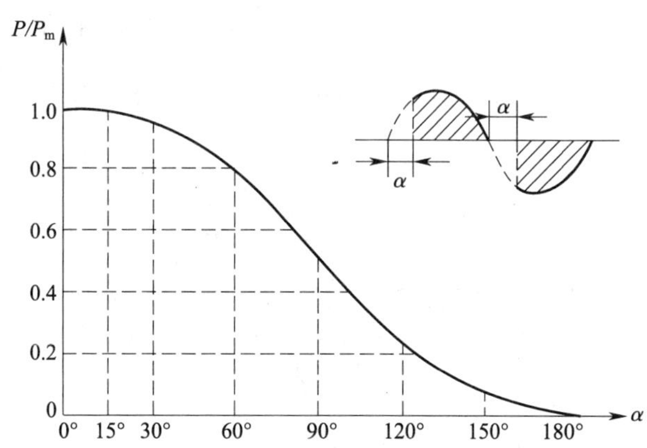

图 14—5 电阻负载上 P/P_m 与控制角 α 的关系曲线

由控制特性可以看出，控制角 α 在 20°～160°变化时，负载上相对应的平均功率的变化为 1%～99%。

（2）电感性负载。当交流调压电路的负载为线圈、交流电动机、变压器一次侧绕组等电感性负载时，主电路工作情况与可控整流电路带电感性负载相类似。当交流电源电压过零时，晶闸管并不关断，这是由于电感负载在电流下降时在电感两端产生感应电动势使晶闸管在交流电源负半周开始后的一段时间内仍处于正向偏置的工作状态，直到电流过零晶闸管才关断。此时，晶闸管导通角 θ 的大小，不但与控制角 α 有关，而且与负载阻抗角 φ $\left(\varphi = \tan^{-1}\dfrac{\omega L}{R}\right)$有关。

电感性负载时，导通角 θ、控制角 α、负载阻抗角 φ 的关系曲线如图 14—6 所示。下面分三种情况进行分析：

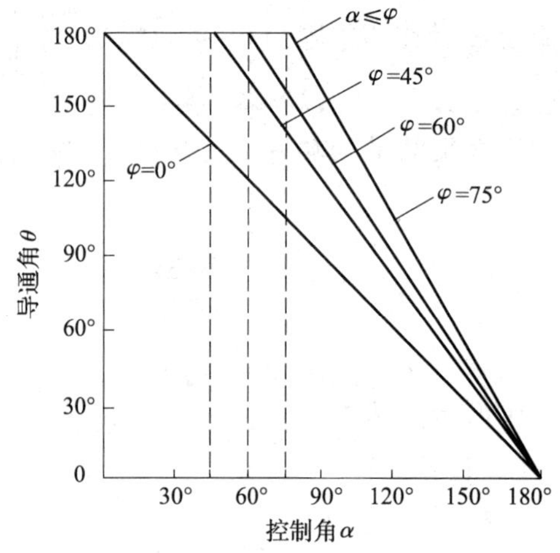

图 14—6　电感性负载时，导通角 θ、控制角 α、负载阻抗角 φ 的关系曲线

1）当 $\alpha > \varphi$ 时，$\theta < 180°$，从而使负载电流出现断续状态，如图 14—7 所示。

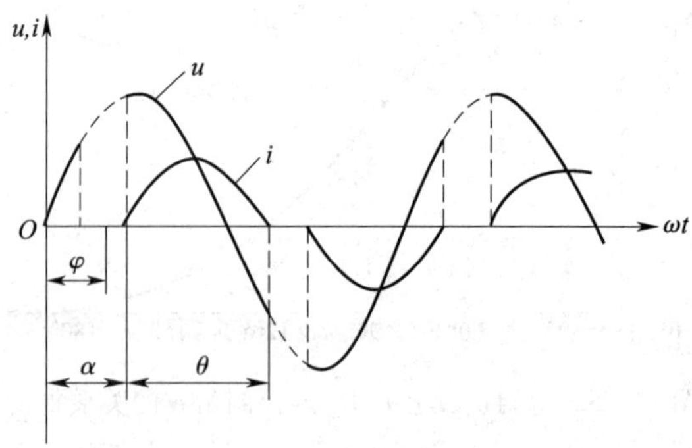

图 14—7　$\alpha > \varphi$ 时输出电压、电流波形

2）当 $\alpha=\varphi$ 时，$\theta=180°$，这时两个晶闸管中一个关断时，也正是另一个被触发导通的时刻，相当于全导通的情况，负载上得到全电压获得最大功率，如图 14—8 所示。

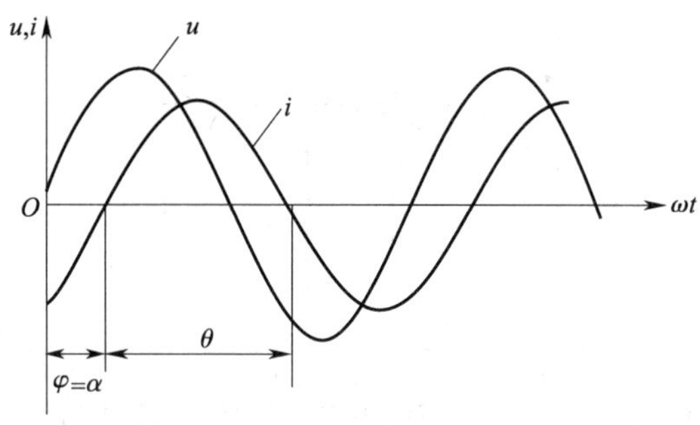

图 14—8　$\alpha=\varphi$ 时输出电压、电流波形

3）当 $\alpha<\varphi$ 时，θ 仍维持 180°，电路已不起调压作用，如图 14—9 所示。带电感性负载时，最小控制角 $\alpha_{min}=\varphi$，电路移相范围为 $\varphi\sim180°$。在电感性负载时，晶闸管不能用窄脉冲触发，要采用宽脉冲或脉冲列触发，否则 $\alpha<\varphi$ 会发生一个晶闸管无法导通，电流出现很大的直流分量，甚至使电路不能正常工作。

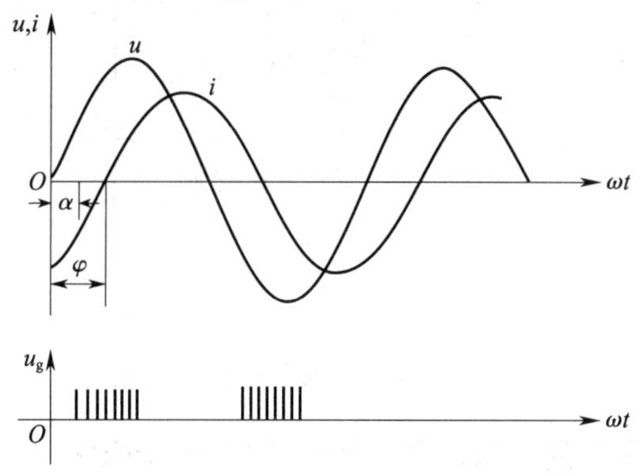

图 14—9　$\alpha<\varphi$ 时输出电压、电流波形

2．单相交流调压电路

单相交流调压电路用于小功率调节，广泛用于民用电气控制，如灯光调节、温度控制等。单相交流调压主电路常采用双向晶闸管。

（1）触发双向二极管及其交流调压电路。触发双向二极管是三层结构的元件，它相当于一个基极开路的晶体管。元件的两个 PN 结是对称的，其符号及其伏安特性如图 14—10 所示。

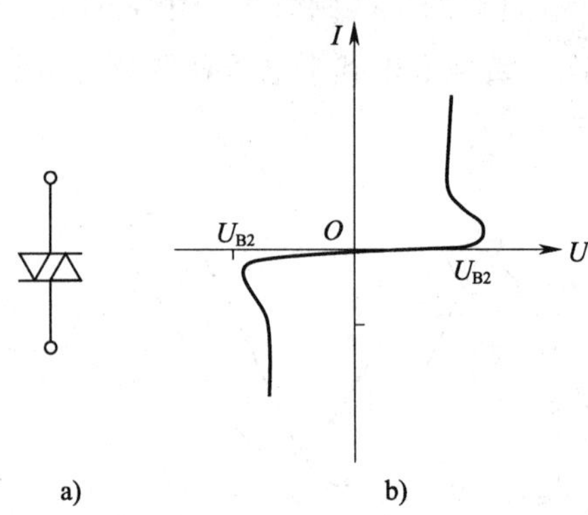

图 14—10　触发双向二极管的符号及其伏安特性

a）符号　b）伏安特性

元件通常击穿电压为 30 V 左右。触发双向二极管用于交流调压电路时电路简单，整个移相电路总共才三、四个元件，即触发双向二极管、电阻、电容。触发双向二极管单相交流调压电路如图 14—11 所示。

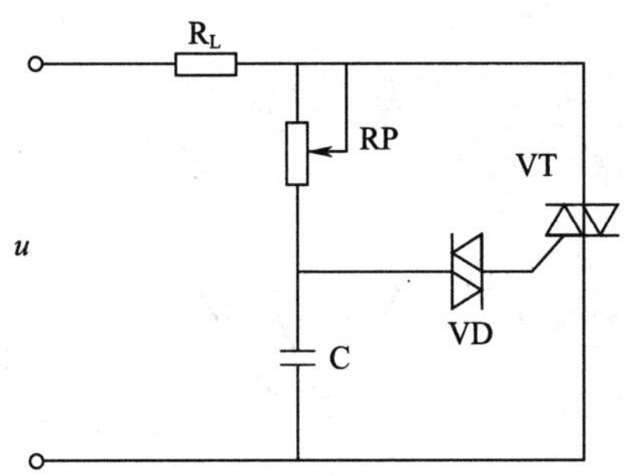

图 14—11　触发双向二极管单相交流调压电路

在交流电源电压的每半周开始，双向晶闸管 VT 处于阻断状态。电容 C 经电位器 RP 充电，当电容器 C 上的电压达到一定值时，触发双向二极管击穿导通，双向晶闸管 VT 也触发导通。改变 RP 的阻值就改变了电容器 C 的充电时间，即改变了控制角 α。该电路的双向晶闸管 VT 的采用 I_+、III_- 触发方式。

这种简易的移相控制电路的移相范围为 15°～150°，过大的 RP 阻值使电容 C 充电缓慢，同时由于此时移相控制电路交流电源电压已经过峰值并降到很低，造成电容 C 上的充电电压过小不足以击穿触发双向二极管，触发双向二极管就不能导通。同时在 RP 阻值较大时，该移相控制电路存在着一个双值区问题，对应于同一 RP 阻值在此双值区内可有不同的控制角 α，使交流调压电路输出电压产生突跳现象。

为了改进图 14—11 所示简易移相控制电路的缺点，可采用图 14—12 所示改进移相控制电路。

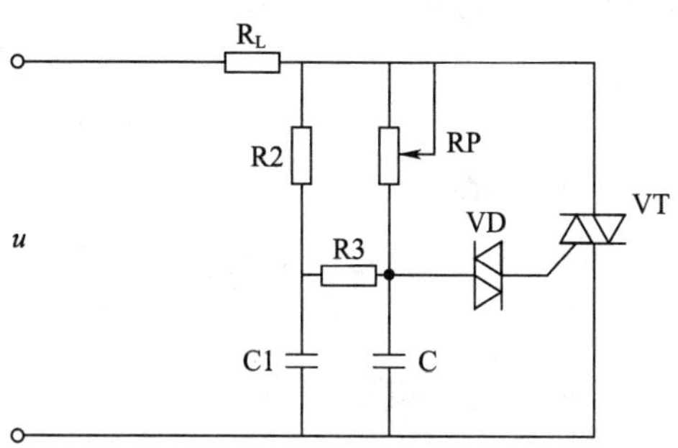

图 14—12　改进型触发双向二极管单相交流调压电路

在改进电路中增设 R2、R3、C1 组成移相环节，当在大控制角 α 工作状态时，滞后电压 U_{C1} 可给电容 C 增加一个充电电路，以保证触发双向二极管 VD 和晶闸管 VT 导通，扩大了交流调压电路的移相范围，减小双值区。

（2）程控单结晶体管（PUT）及其交流调压电路。程控单结晶体管（PUT）具有四层（PNPN）三端结构，实质上是一个 N 门极晶闸管。PUT 与 KP 晶闸管相比，两者的不同点在于 PUT 的门极从 N1 区引出，而 KP 晶闸管的门极从 P2 区引出。PUT 的三个引出端分别称为阳极（A）、阴极（K）与门极（G），如图 14—13 所示。PUT 既具备晶闸管的功能又可作为单结晶体管使用。程控单结晶体管组成的振荡电路如图 14—14 所示。

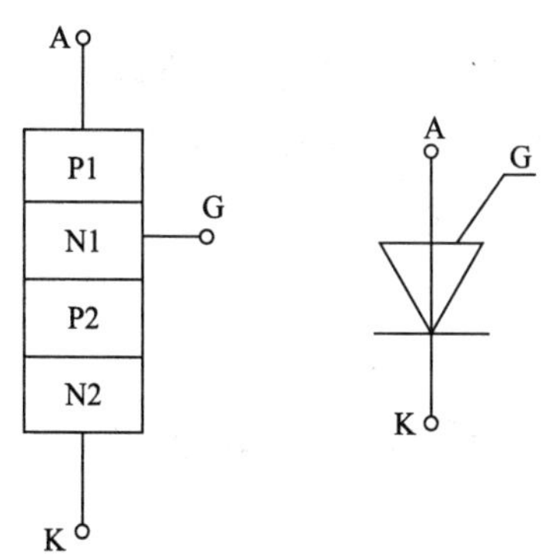

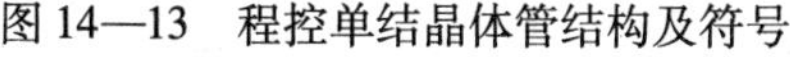
图 14—13　程控单结晶体管结构及符号

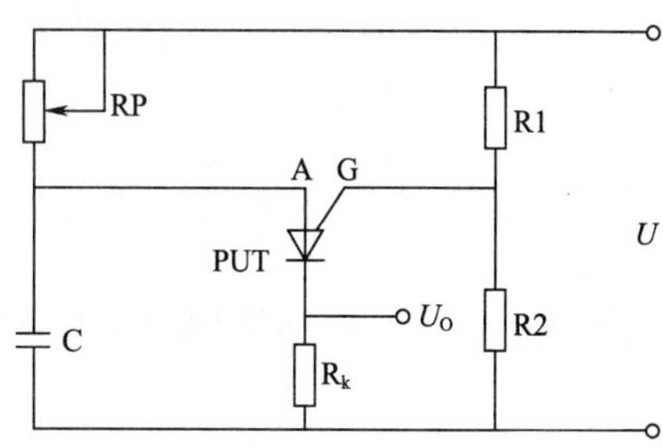

图 14—14　程控单结晶体管组成的振荡电路

由图 14—14 可知，该电路与单结晶体管组成的电路相似，只是输出部分在程控单结晶体管的阴极端。电路中 G 极电位由电阻 R1、R2 分压决定，PUT 的导通与否取决于阳极 A 点的电位 U_A，当阳极电位 U_A 上升到 $U_G+0.7$ V 时，PUT 被触发导通，电容 C 通过 PUT

放电在阴极电阻 R_k 上输出脉冲。PUT 一旦导通，跟普通晶闸管一样，门极 G 就失去控制作用，必须等到电容 C 放电电流小于 PUT 的维持电流时，PUT 才关断。电容 C 再充电，重复上述过程，与单结晶体管一样形成一个振荡电路。

PUT 的振荡周期为 $T = RC\ln\dfrac{1}{1-\eta}$。

式中　η——分压比：$\eta = R_2/(R_1 + R_2)$。

改变 RP 的阻值可调节振荡频率，可通过改变 R1 和 R2 的阻值来改变分压比从而达到改变输出脉冲幅值的目的。

采用 PUT 触发的单相交流调压电路如图 14—15 所示。

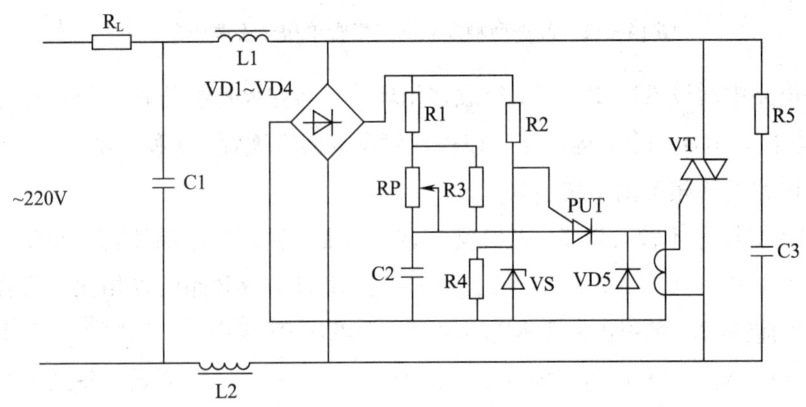

图 14—15　程控单结晶体管触发的单相交流调压电路

主电路采用双向晶闸管，R2、R4 和稳压管 VS 组成的分压电路使 PUT 的门极电压稳定。R1、R3、RP 和电容 C2 组成移相电路，通过改变 RP 阻值来改变移相控制角 α，从而改变负载 R_L 上交流电压。电感 L1、L2 与电容 C1 用来抑制高次谐波的影响。

二、三相交流调压电路

单相交流调压电路一般用于小容量负载。为此，当负载容量较大时通常采用三相交流调压电路。

1. 三相交流调压电路接线方式

（1）带中性线的星形联结的三相四线交流调压电路如图 14—16 所示。这种三相交流调压电路实际上就是三个单相交流调压电路的组合。其工作原理及波形与单相交流调压电路相同。

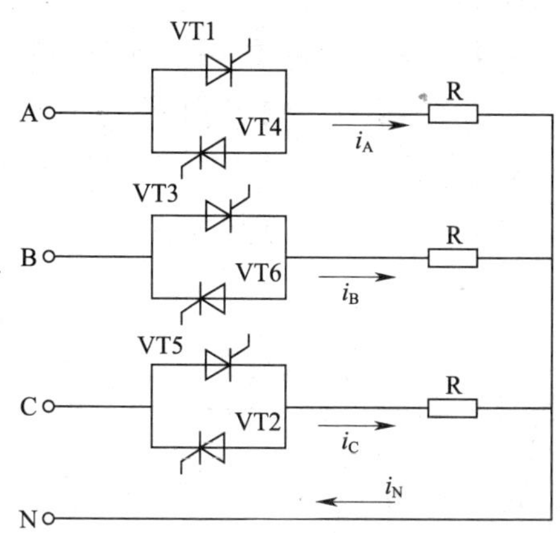

图 14—16　带中性线的星形联结的三相交流调压电路

当控制角 $\alpha=0°$时，各相电压电流对称，中性线电流 $i_N=i_A+i_B+i_C=0$，随着控制角 α 增大，每相负载电流为正负对称的缺角正弦波，该负载电流含有较大的奇次（如 3、5、7、9 次）谐波电流，其中三次谐波电流最大。三次谐波电流数值大小与控制角 α 有关，当控制角 $\alpha=90°$时，三次谐波电流最大。在三相电路中各相三次谐波是同相的，中性线中三次谐波电流值为各相三次谐波电流值的代数和，当 $\alpha=90°$时，中性线中三次谐波电流很大。

由于该交流调压电路存在中性线三次谐波电流问题，仅适用于小容量可接中性线的各种负载。

（2）三相三线交流调压电路。这种电路可用三对反并联晶闸管，也可以用三个双向晶闸管，负载可以接成星形也可以接成三角形，如图 14—17、图 14—18 所示。

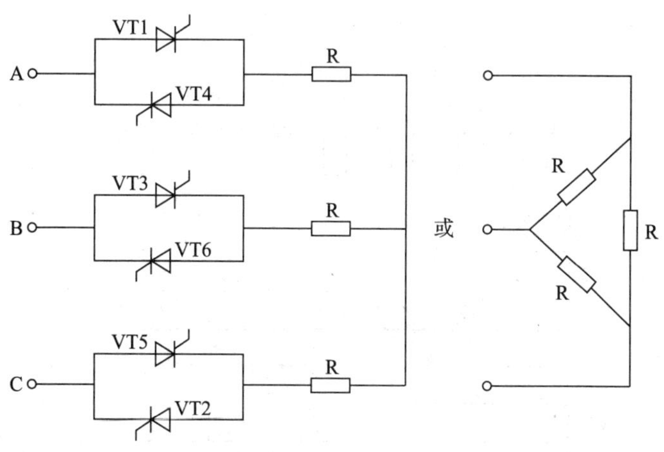

图 14—17　三对反并联晶闸管三相三线交流调压电路

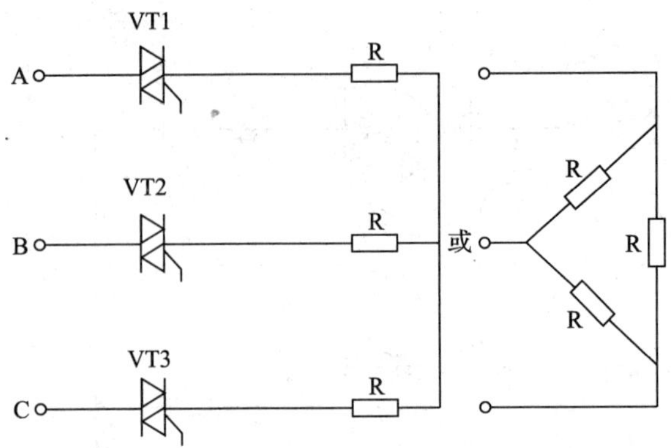

图 14—18　三个双向晶闸管三相三线交流调压电路

下面以电阻负载接成星形为例对该接线方式三相交流调压电路进行分析：由于没有中性线，每相电流必须和另一相构成回路。触发脉冲方式与三相全控桥式整流电路一样，应采用大于60°的宽脉冲或双窄脉冲触发。同向不同相的晶闸管 VT1、VT3、VT5 的触发脉冲相位依次相差 120°，同相不同向的晶闸管 VT1 与 VT4、VT3 与 VT6、VT5 与 VT2 触发脉冲相位相差 180°。即六只晶闸管触发脉冲相位自 VT1 至 VT6 依次滞后间隔 60°，各相电压过零点为 $\alpha=0°$。下面对不同控制角 α 的工作状态加以分析。

1）当控制角 $\alpha=0°$时。晶闸管处于全导通状态，晶闸管导通情况如图 14—19 所示。

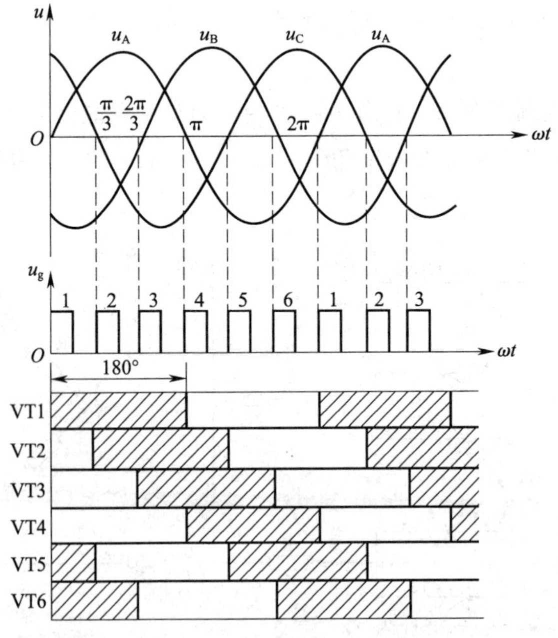

图 14—19　$\alpha=0°$时晶闸管工作状态（图中斜线区表示导通）

在 $\alpha=0°$时，除了换流点外的任何时刻都有三只晶闸管导通，每相都有一只晶闸管导通。例如：$\omega t=0\sim\frac{\pi}{3}$期间内 A、C 相电压为正，B 相电压为负，在此区间内晶闸管 VT1、VT5、VT6 导通。$\omega t=\frac{\pi}{3}\sim\frac{2\pi}{3}$期间 A 相为正，B 相、C 相为负，晶闸管 VT1、VT2、VT6 导通。三相电压、电流对称，晶闸管导通顺序为 VT1—VT2—VT3—VT4—VT5—VT6，每只晶闸管导通角为 180°。相当于一般的三相交流电路，三相电源中性点 N 与三相负载中点电位相等。各相电流 $I_{\Phi}=U_{2\Phi}/R$。

2）当控制角 $\alpha=30°$时，晶闸管工作状态如图 14—20 所示。

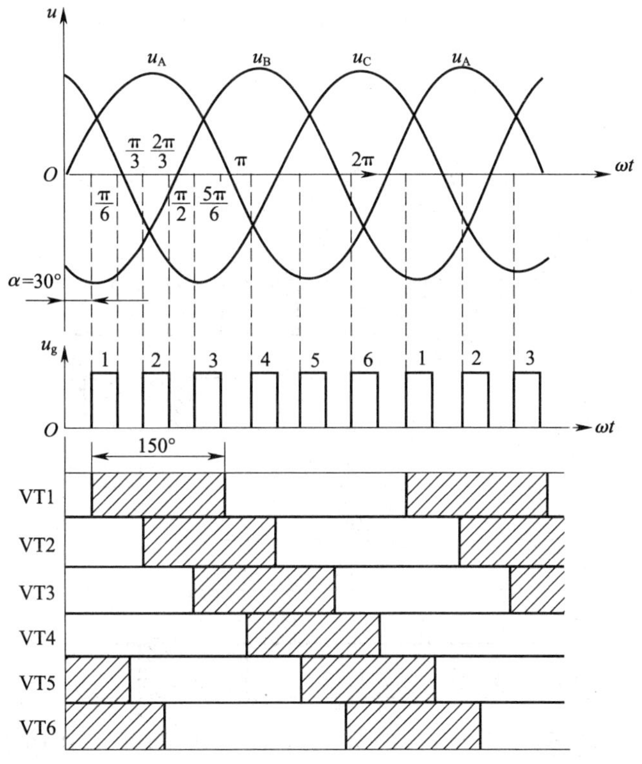

图 14—20　$\alpha=30°$时晶闸管工作状态（图中斜线区表示导通）

$\omega t=\frac{\pi}{6}\sim\frac{\pi}{3}$期间时，VT1、VT5、VT6 导通，负载得到相电压。当 $\omega t=\frac{\pi}{3}$时，C 相电压变负，VT5 关断，因此在 $\omega t=\frac{\pi}{3}\sim\frac{\pi}{2}$期间 VT1、VT6 导通，电路回路由 A 相经 VT1、负载 R_A（A 相的电阻）、R_B（B 相的电阻）、VT6 到 B 相，负载 R_A上的电压为$\frac{U_{AB}}{2}$，$I_A=$

$\frac{U_{AB}}{2R}$。$\omega t=\frac{\pi}{2}\sim\frac{2\pi}{3}$期间 VT6、VT1、VT2 导通，$\omega t=\frac{2\pi}{3}\sim\frac{5\pi}{6}$期间 VT1、VT2 导通，依此类推。由上述分析可知，某一 30°期间内有三只晶闸管导通，每一相有一只晶闸管导通，负载得到相电压。在另一 30°期间内有一相两只晶闸管均不导通，另两相各有一只晶闸管导通，相当于两相负载电阻串联，然后接上线电压，负载上的电压为线电压的一半。上述两个工作状态每隔 30°交替，每个晶闸管导通 150°。

3）当控制角 $\alpha=60°$时，晶闸管工作状态如图 14—21 所示。

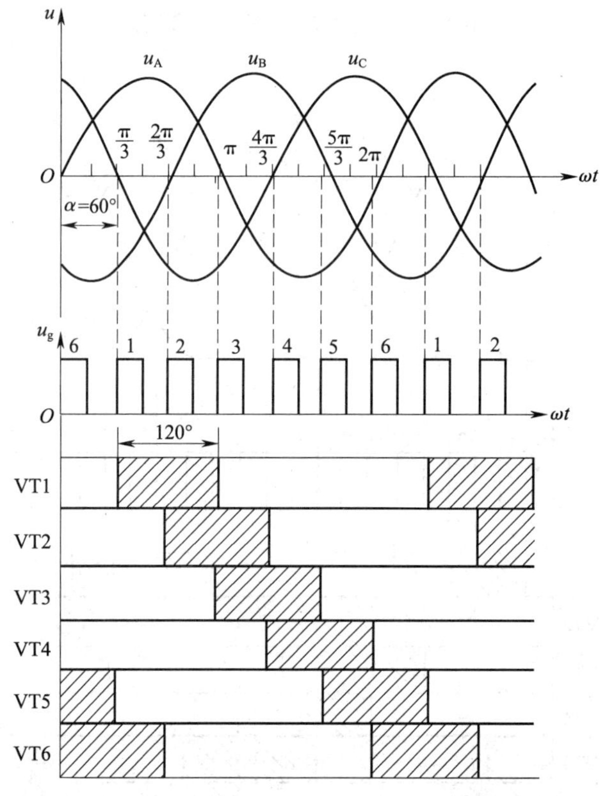

图 14—21　$\alpha=60°$时晶闸管工作状态（图中斜线区表示导通）

$\omega t=\frac{\pi}{3}\sim\frac{2\pi}{3}$期间，VT1 与 VT6 导通，负载 R 电压为$\frac{U_{AB}}{2}$，$I_A=\frac{U_{AB}}{2R}$。$\omega t=\frac{2\pi}{3}\sim\pi$ 期间，VT1 与 VT2 导通，负载 R 电压为$\frac{U_{AC}}{2}$，$I_A=\frac{U_{AC}}{2R}$。当 $\omega t=\pi$ 时，A 相电压过零变负，VT1 关断，VT4 尚未被触发导通。$\omega t=\pi\sim\frac{4\pi}{3}$期间，VT1 与 VT4 阻断，$I_A=0$。$\omega t=\frac{4\pi}{3}$时，VT4 被触发导通，由于采用脉宽大于 60°的宽脉冲或双窄脉冲触发，故 VT3 仍有触发脉冲而导

通。$\omega t=\frac{4\pi}{3}\sim\frac{5\pi}{3}$期间，VT3 与 VT4 导通，负载 R 电压$\frac{U_{AB}}{2}$，$I_A=\frac{U_{AB}}{2R}$。$\omega t=\frac{5\pi}{3}\sim 2\pi$ 期间，VT4 与 VT5 导通，负载 R 电阻为$\frac{U_{AC}}{2}$，$I_A=\frac{U_{AC}}{2R}$。每个晶闸管导通 120°。

同理，可得到 B 相、C 相电流 I_B、I_C的波形。由图 14—22 可知，除了换流点，在同一时刻有一相两只晶闸管均不导通，另两相各有一只晶闸管导通，相当于两相负载电阻串联，然后接上线电压，只能在导电的两相间构成回路，负载电流 $I_R=\frac{U_1}{2R}$。

4）当控制角 $\alpha=120°$时，晶闸管工作状态如图 14—22 所示。

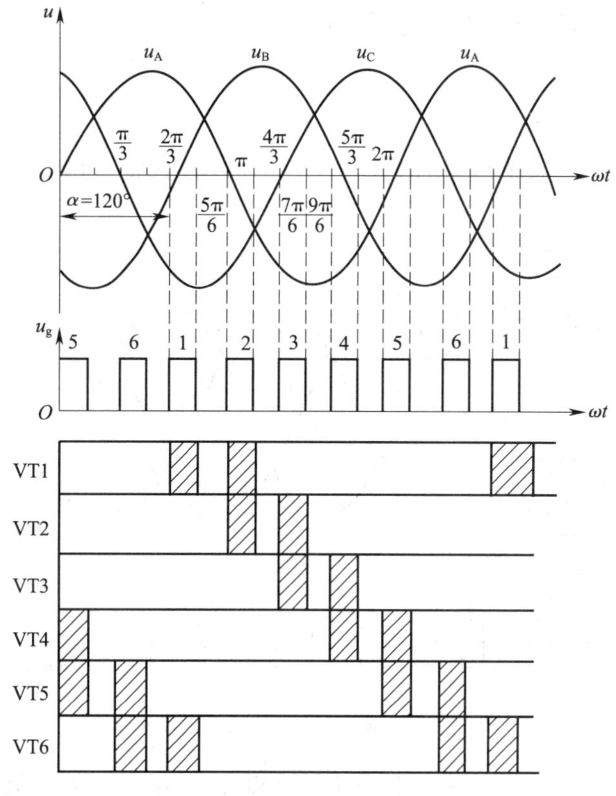

图 14—22　$\alpha=120°$时晶闸管工作状态（图中斜线区表示导通）

由图可知，当 $\omega t=\frac{2\pi}{3}$时，$u_A>u_B$，VT1 被触发导通，由于采用脉宽大于 60°的宽脉冲或双脉冲触发，故 VT6 仍有触发脉冲而导通。$\omega t=\frac{2\pi}{3}\sim\frac{5\pi}{6}$期间，VT1 与 VT6 导通，负载 R 电压$\frac{U_{AB}}{2}$，$I_A=\frac{U_{AB}}{2R}$。当 $\omega t>\frac{5\pi}{6}$时，由于 $u_A<u_B$，VT6、VT1 关断。$\omega t=\frac{5\pi}{6}\sim\pi$ 期间 VT1 ~

VT6 均不导通。当 $\omega t=\pi$ 时，VT2 触发导通，VT1 仍有触发脉冲导通，在线电压 u_{AC} 作用下经 VT1、VT2 构成电流回路。$\omega t=\pi\sim\frac{7\pi}{6}$ 期间，VT1 与 VT2 导通。$\omega t=\frac{7\pi}{6}\sim\frac{4\pi}{3}$ 期间，VT1 ~ VT6 均不导通。$\omega t=\frac{4\pi}{3}\sim\frac{9\pi}{6}$ 期间，VT2 与 VT3 导通，$\omega t=\frac{9\pi}{6}\sim\frac{5\pi}{3}$ 期间，VT1 ~ VT6 均不导通。

由上述分析可知，在某一 30°内，一相两只晶闸管均不导通，另两相各有一只晶闸管导电，在另一 30°内 VT1 ~ VT6 晶闸管均不导通。上述两种工作状态每隔 30°交替。每个晶闸管先导通 30°，阻断 30°，又重新导通 30°。

5）当控制角 $\alpha=150°$ 时，以 A 相为例，当 $\omega t=\frac{5\pi}{6}$ 时，VT1 有触发脉冲，VT6 仍有触发脉冲，但由于 $\omega t=\frac{5\pi}{6}$ 时，$u_A=u_B$ 之后，$u_A<u_B$，因而 VT1、VT6 无法导通，如图 14—23 所示。同理，其他晶闸管也不会导通，各相输出电压和电流为零。

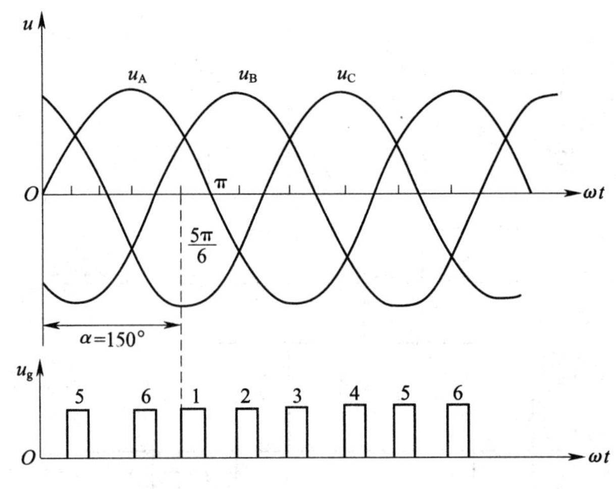

图 14—23　$\alpha=150°$ 时晶闸管工作状态

带电阻性负载时，该电路移相范围为 0° ~ 150°，当 α 由 0°增大到 150°时，输出交流电压可以连续由最大调到零。该电路无中性线，不存在三次谐波电流，负载可成三角形联结或星形联结，在三相交流调压电路中应用最多。

（3）晶闸管与负载联结成内三角形的三相交流调压电路如图 14—24 所示。

该电路实际上是三个由线电压供电的单相交流调压电路的组合，但晶闸管控制角 $\alpha=0°$ 点应定在线电压的过零点，VT1 ~ VT6 的触发脉冲依次相差 60°。该电路晶闸管串联在负载三角形内部，流过的电流为相电流，在同样线电流情况下晶闸管电流容量可降低。由于

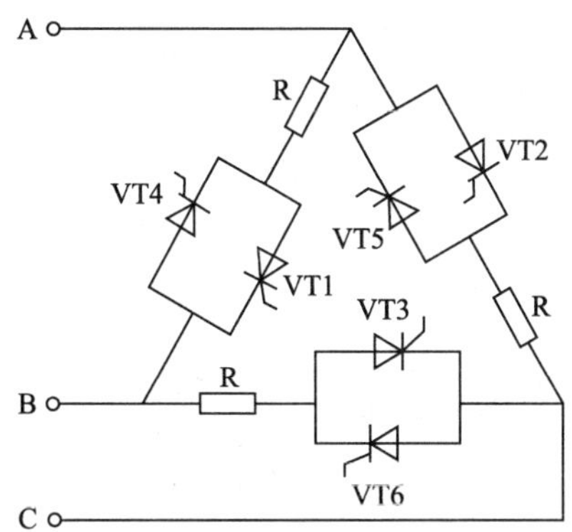

图 14—24　晶闸管与负载联结成内三角形的三相交流调压电路

负载是三角形联结，负载电流中三次谐波电流在三角形环路中流通，三相线电流中则不存在三次谐波分量，对电源影响较小，适用于负载能分析成三相联结成内三角形的场合。

2. 三相交流调压电路应用实例——异步电动机软启动器（智能电动机控制器）

异步电动机有很多种启动方式，如直接启动、星/三角形启动、自耦变压器启动等。近几年来异步电动机软启动器（亦称为智能电动机控制器）应用越来越广泛。

软启动器主电路就是采用上面所述三组反并联晶闸管组成的三相三线交流调压电路。如图 14—25 所示。

通过控制三组反并联晶闸管的控制角 α 来控制异步电动机定子端电压。由于异步电动机的启动电流与异步电动机定子端电压成正比，异步电动机的启动转矩与异步电动机定子端电压的平方成正比，所以控制异步电动机定子端电压就可以控制异步电动机的启动电流和启动转矩。

异步电动机软启动器有很多种类，现以 SMC Plus 智能控制器为例简要加以说明。该控制器电流范围为 1 ~ 1 000 A，输入电压分为三相 200 ~ 480 V 50 Hz /60 Hz 和三相 200 ~ 600 V 50 Hz/60 Hz 两种。该控制器具有可选择快速启动的软启动、限流启动和全压启动三种启动方式，同时具有泵控制、智能电动机制动、预置低速准确停车、软停止等可选功能。该控制器还具有 RS232、RS485 通信功能，可方便地应用到自动控制系统中。

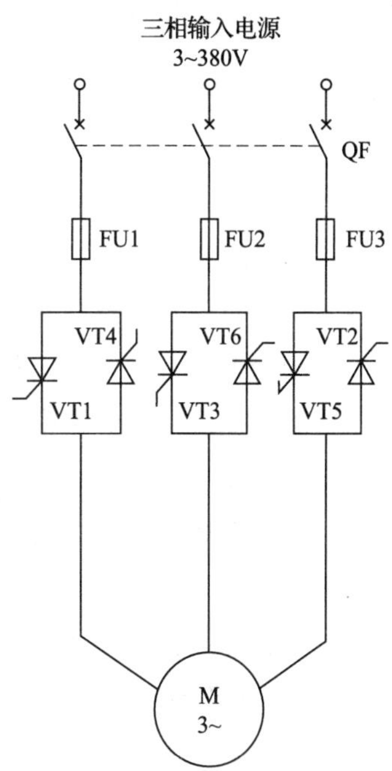

图 14—25　异步电动机软启动器主电路

该智能电动机控制器典型接线图如图 14—26 所示。

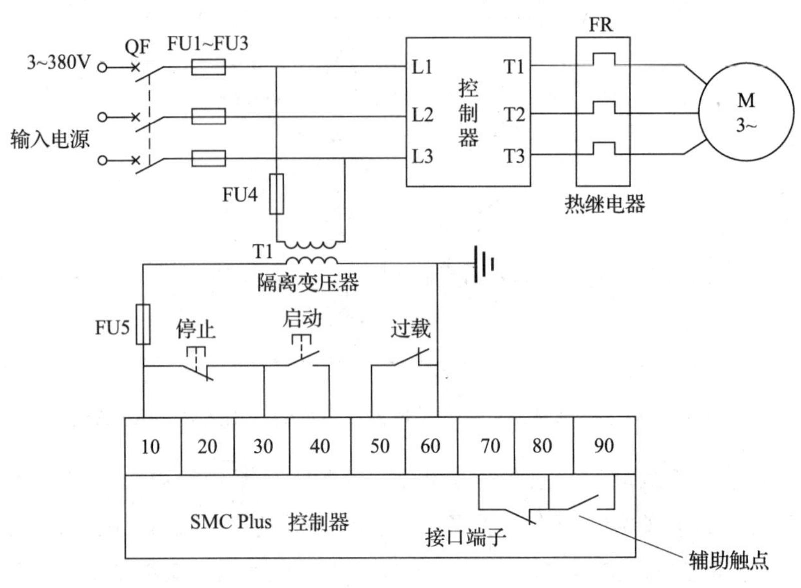

图 14—26　智能电动机控制器典型接线图

图中控制电源的电压为单相 100 ~ 240VAC、50/60Hz，控制电源线连接控制器的接线端子 10 与 60，控制功率为 30VA。

测　试　题

一、判断题

1. 交流开关可用双向晶闸管或者两只普通晶闸管反并联组成。（　）
2. 调功器通常采用双向晶闸管组成，触发电路采用过零触发电路。（　）
3. 单相交流调压电路带电阻负载时移相范围为 0° ~ 180°。（　）
4. 单相交流调压电路带电感性负载时，可以采用宽脉冲或窄脉冲触发。（　）
5. 带中性线的三相交流调压电路，可以看作是三个单相交流调压电路的组合。（　）
6. 三相三线交流调压电路对触发脉冲的要求与三相全控桥式整流电路相同，应采用单宽脉冲或双窄脉冲触发。（　）
7. 两个晶闸管反并联后串联在交流电路中，通过对晶闸管的控制就可控制交流电力。（　）
8. 交流调功电路是将负载与交流电源接通几个周期，再断开几个周期，通过通断周

波数的比值来调节负载所消耗的平均功率。 ( )

二、单项选择题

1. 交流开关可用（ ）或者两只普通晶闸管反并联组成。

A. 单结晶体管 B. 双向晶闸管 C. 二极管 D. 双向触发二极管

2. 调功器通常采用双向晶闸管组成，触发电路采用（ ）。

A. 单结晶体管触发电路 B. 过零触发电路

C. 正弦波同步晶体管触发电路 D. 锯齿波同步晶体管触发电路

3. 单相交流调压电路带电阻负载时移相范围为（ ）。

A. 0°~90° B. 0°~120° C. 0°~180° D. φ~180°

4. 单相交流调压电路带（ ）时，只能采用宽脉冲触发。

A. 电感性负载 B. 电阻负载 C. 电加热负载 D. 照明负载

5. 带中性线的三相交流调压电路，可以看作是（ ）的组合。

A. 三个单相交流调压电路

B. 二个单相交流调压电路

C. 一个单相交流调压电路和一个单相可控整流电路

D. 三个单相可控整流电路

6.（ ）交流调压电路，可以看作是三个单相交流调压电路的组合。

A. 三对反并联的晶闸管三相三线 B. 负载接成星形接法的三相三线

C. 三个双向晶闸管的三相三线 D. 负载接成三角形接法的三相三线

7. 三相三线交流调压电路不能采用（ ）触发。

A. 单宽脉冲 B. 双窄脉冲 C. 单窄脉冲 D. 脉冲列

8. 三相三线交流调压电路可采用（ ）触发。

A. 脉宽为30°的宽脉冲 B. 间隔为120°的双脉冲

C. 间隔为60°的双窄脉冲 D. 单窄脉冲

三、多项选择题

1. 交流开关可选择由（ ）等器件组成。

A. 两只单结晶体管反并联 B. 两只普通晶闸管反并联

C. 两只二极管反并联 D. 双向晶闸管

E. 两只IGBT反并联

2. 调功器通常采用双向晶闸管组成，（ ）。

A. 触发电路采用单结晶体管触发电路

B. 触发电路采用过零触发电路

C. 触发电路采用正弦波同步晶体管触发电路

D. 通过改变在设定的时间周期内导通的周波数来调功

E. 通过改变在每个周期内触发导通的时刻来调功

3. 单相交流调压电路带电阻或电感负载时移相范围分别为（　　）。

A. 0°～90°
B. 0°～120°
C. 0°～150°
D. 0°～180°
E. φ～180°

4. 单相交流调压电路带电感性负载时，可以采用（　　）触发。

A. 窄脉冲
B. 宽脉冲
C. 双窄脉冲
D. 双宽脉冲
E. 脉冲列

5. （　　）交流调压电路，都可以看作是三个单相交流调压电路的组合。

A. 三对反并联的晶闸管三相三线
B. 带中性线的三相四线
C. 三个双向晶闸管的三相三线
D. 负载接成三角形接法的三相三线
E. 晶闸管与负载接成内三角形接法的三相

6. 三相三线交流调压电路可采用（　　）触发。

A. 单宽脉冲
B. 间隔为120°的双脉冲
C. 间隔为60°的双窄脉冲
D. 单窄脉冲
E. 大于60°的脉冲列

测试题答案

一、判断题

1. √　2. √　3. √　4. ×　5. √　6. √　7. √　8. √

二、单项选择题

1. B　2. B　3. C　4. A　5. A　6. A　7. C　8. C

三、多项选择题

1. BDE　2. BD　3. DE　4. BE　5. BE　6. ACE

第 15 章

电力电子技术技能操作实例

第1节　电力电子技术实训装置简介

上海市职业技能鉴定中心的电力电子技术实训台采用模块化设计，如图15—1所示：双层布局，配置有三相电源变压器、同步变压器、双脉冲控制器、晶闸管、二极管、负载、测量仪表等挂箱。学员可根据实训题目，选用不同的挂箱组合来完成，下面对实训台中高级工实训所用到的挂箱进行逐个介绍。

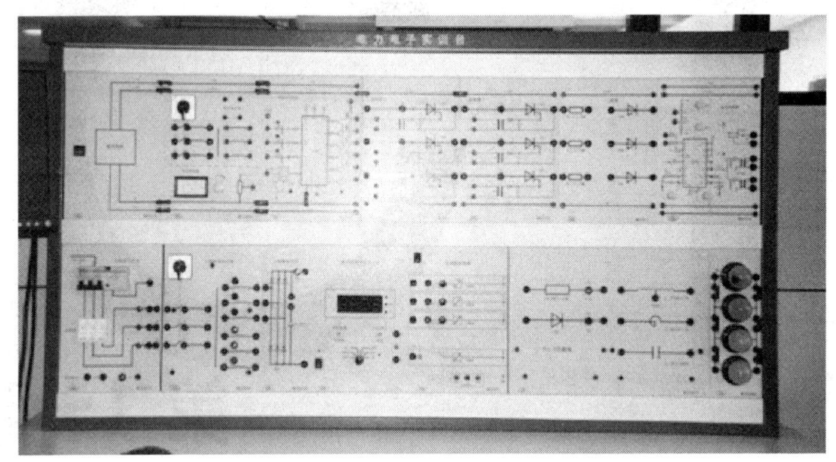

图15—1　电力电子技术实训台

一、电力电子技术实训台中下层的挂箱

1. 三相低压断路器挂箱

如图15—2所示，装有三相低压断路器（空气开关）和熔断器（保险丝），输出L1、L2、L3三相电源。在实训台左侧，有一个换向开关，它的作用是将三相电源相序顺、逆转换。它的下半部红蓝插座提供220 V/1 A的直流输出，作为直流电动机的励磁电源。

2. 三相电源变压器挂箱

如图15—3所示，该变压器有一组一次绕组和两组二次绕组，把变压器一次绕组、二次绕组的各个接头分别引到面板上。学员可根据整流变压器的不同联结组别进行接线。在三相电源变压器原边上方，设主电路电源开关，开关打到O，表示开关断开，打到I，表示开关合上。

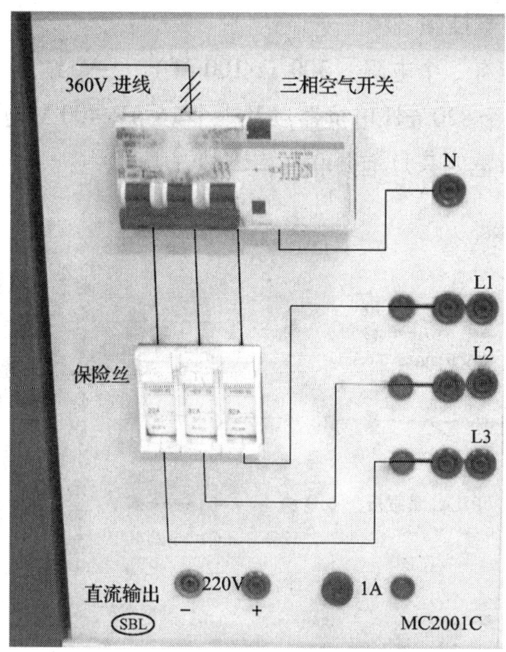

图 15—2　三相低压断路器挂箱

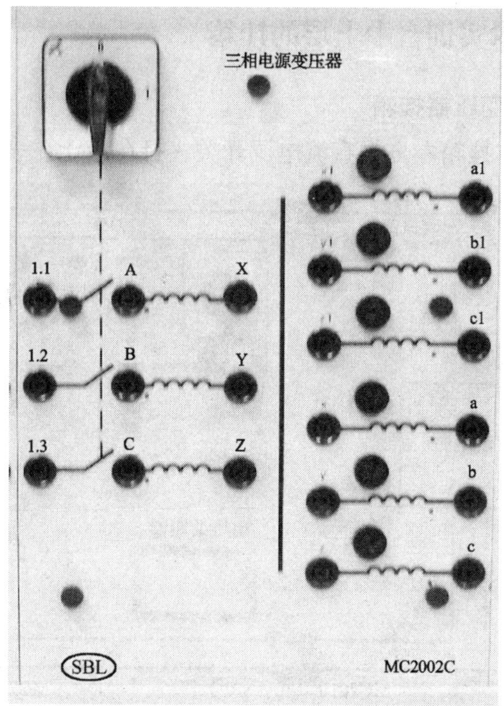

图 15—3　三相电源变压器挂箱

3. R/L/C 和灯泡负载挂箱

如图 15—4 所示，配有一个电阻（300 Ω/100 W），一个续流二极管，一个带有中间抽头的 820 mH 电感和一个 820 mH 电抗器以及一个 16 μF/400 V 电容。四只灯泡，作为电阻性负载，可通过短接桥把四只灯泡并联。

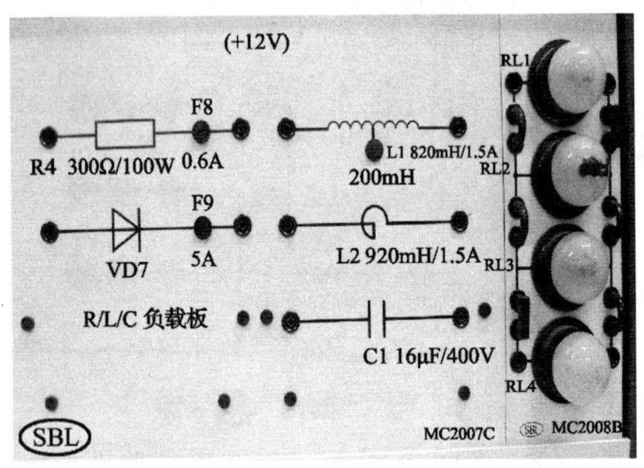

图 15—4　R/L/C 和灯泡负载挂箱

二、电力电子技术实训台中上层的挂箱

1. 直流电源和同步变压器挂箱

如图 15—5 所示，在挂箱左方设直流电源开关，打在 O 上，表示开关断开，打在 I 上，

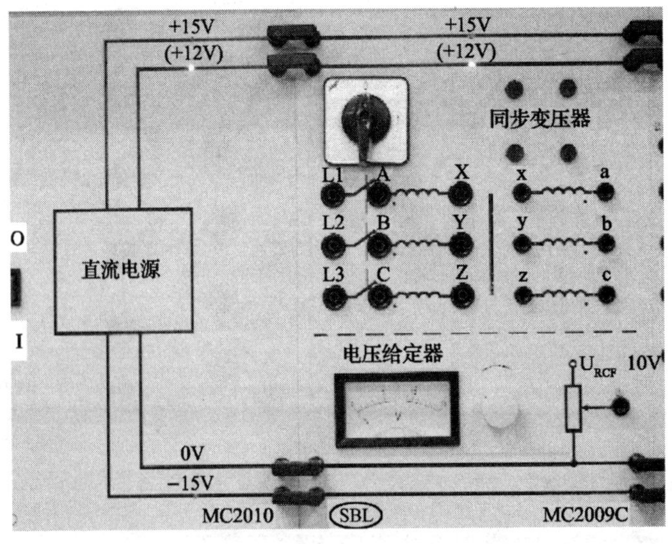

图 15—5　直流电源和同步变压器挂箱

表示开关闭合。它提供一路 +15 V、一路 −15 V 和一路 +12 V 电源，其中 ±15 V 为 TC787 的工作电源，+12 V 为故障设置电源。

三相同步变压器的一次侧和二次侧各个接头分别引到面板上。学员可根据同步变压器不同联结组别，进行接线。在同步变压器原边上方，设触发电路电源开关，打在 O 上，表示开关断开，打在 I 上，表示开关闭合。同时此挂箱用短接桥与前面直流电源的 +15 V、−15 V、0 V、+12 V 相连。挂箱的下半部分是电压给定器，它输出 0～10 V 的可调直流电压，作为双脉冲控制器的移相控制电压 U_c，它输出的电压显示在电位器左侧指针式电压表上。

2. 双脉冲控制器挂箱

如图 15—6 所示，内部采用 TC787 集成芯片，产生六路相位各间隔 60°的输出调制脉冲，用于各种形式的三相晶闸管移相触发电路。面板上 ±15 V 作为 TC787 的工作电源；a、b、c 端是同步电压的输入端，其右边三个电位器可调节同步电压的相移；U_c控制端是移相控制电压的输入端；偏移电位器的输出是偏移电压（$-U_b$），其作用是在移相控制电压 U_c 为零时，调节偏移电位器（$-U_b$）确定整流电路的脉冲初始相位。TC787 上方三个测试孔 Ca、Cb、Cc 是三个锯齿波电压的观测点。Pi 为输出脉冲的禁止端，该端用来封锁 TC787 的输出，高电平有效。Pc 为控制方式端，通过开关引出，开关向上（Pc 为低电平）输出单脉冲，开关向下（Pc 为高电平）输出双脉冲。

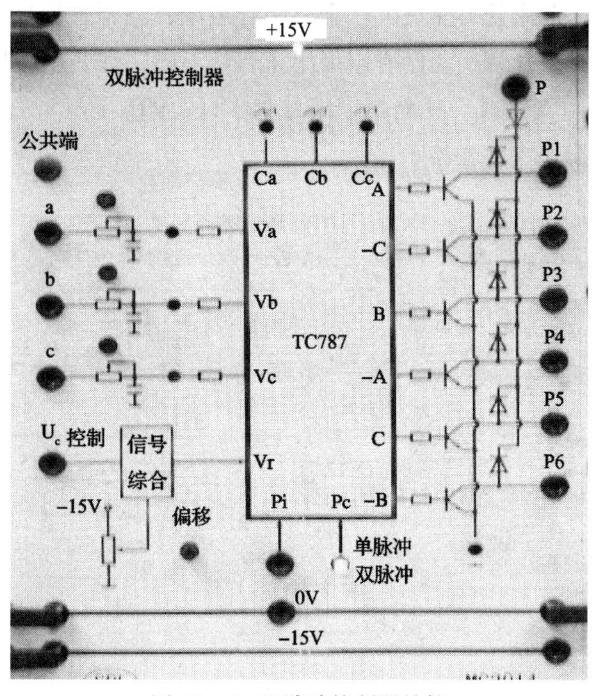

图 15—6　双脉冲控制器挂箱

3. 二极管挂箱

如图 15—7 所示，上有三个二极管和三个 1 Ω/10 W 的电阻。

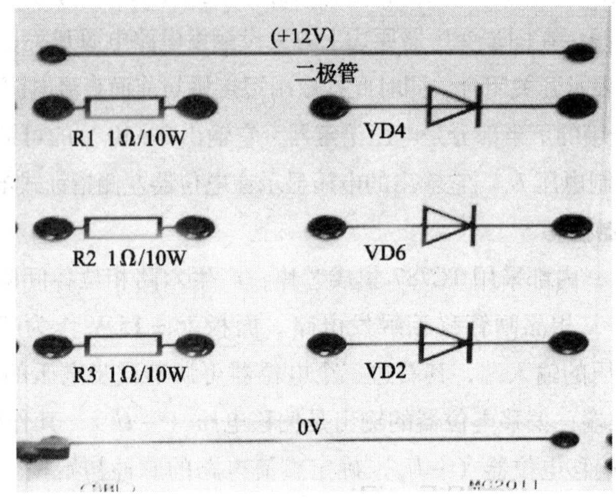

图 15—7　二极管挂箱

4. 晶闸管挂箱

如图 15—8 所示，晶闸管 I 模块由三个晶闸管组成，晶闸管编号为 VT4、VT6、VT2，它们的触发端带有脉冲变压器，晶闸管阳极串了快熔。晶闸管 Ⅱ 模块挂箱和晶闸管 I 模块相同，也是由三个晶闸管组成，其晶闸管编号为 VT1、VT3、VT5，它们的触发端也带有脉冲变压器，晶闸管阳极串了快熔。

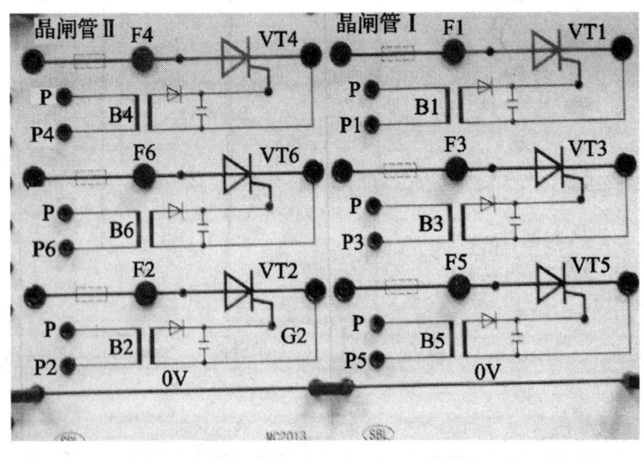

图 15—8　晶闸管挂箱

第 2 节　TC787 集成触发电路调试与分析

一、技能培训要求

（1）熟悉并掌握 TC787 集成触发电路的原理及其接线、调试。

（2）熟悉并掌握 TC787 集成触发电路主要点的波形测量与分析。

二、实训设备和测量仪器仪表

（1）TC787 集成触发电路板 1 套（包括辅助电源）。

（2）三相同步变压器 1 台。

（3）给定板 1 块。

（4）稳压电源（0～15 V）1 台。

（5）双踪示波器 1 台。

（6）万用表 1 只。

三、TC787 集成触发电路接线图及其说明

TC787 集成触发电路接线图如图 15—9 所示。图中三相同步变压器的联结组别和钟点数可按要求进行连接，本实例采用△/Y－11。TC787 集成触发电路板主要由一块 TC787

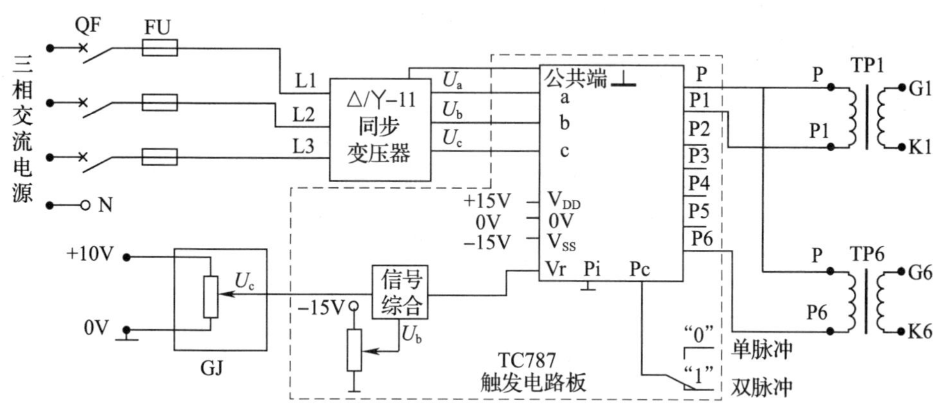

图 15—9　TC787 集成触发电路接线图

集成芯片、阻容滤波电路、功放管驱动电路组成，a、b、c 端为 TC787 集成触发电路板的三相同步电压输入端，分别接三相同步变压器二次侧三相同步电压 u_{sa}、u_{sb}、u_{sc}，每相同步电压经阻容移相滤波后接 TC787 的同步电压输入端，电位器 RP1、RP2、RP3 微调各相同步电压的相位，用以保证六相脉冲间隔的均匀，然后经内部的同步过零和极性检测、锯齿波形成和锯齿波比较，再与移相控制电压 U_c、偏移电压 U_b 的综合信号 Ur 进行综合比较，在输出端输出一定宽度的触发脉冲，最后通过功放管 V1 ~ V6 放大输出 300 ~ 800 mA 的驱动电流。P_i端为脉冲封锁控制端，P_i接地或低电位时，可正常输出脉冲；P_i接高电位或悬空时，无脉冲输出。P 端为 TC787 集成触发电路 +15 V 电源端，接 TP1 ~ TP6 脉冲变压器一次绕组连接公共端。P1 ~ P6 端为 TC787 集成触发电路板功放管 V1 ~ V6 集电极输出端，分别接 TP1 ~ TP6 脉冲变压器一次绕组的另一端。U_c端为移相控制电压输入端，Pc 端为工作方式设置端，当该端接高电平时，TC787 输出双脉冲；接低电平时，输出单脉冲。GJ 为给定板，提供移相控制电压 U_c（正电压）。

TC787 触发电路板的各点工作波形如图 15—10 所示。

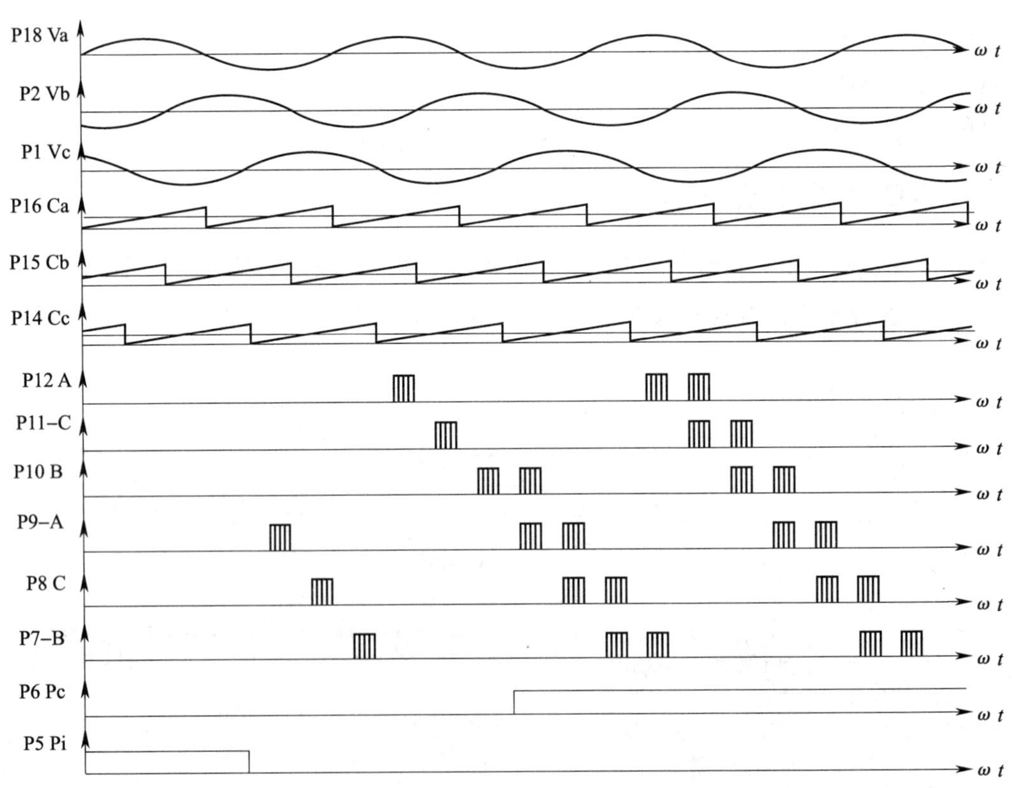

图 15—10　TC787 触发电路板的各点工作波形

四、实训内容及步骤

1. TC787 集成触发电路接线

在电力电子技术实训装置上按图 15—9 要求完成 TC787 集成触发电路的接线。

2. 测定三相交流电源的相序

测定三相交流电源相序可以采用相序鉴别器或双踪示波器。相序鉴别器有各种形式，较简单实用可采用电容和灯泡组成的相序鉴别器，该相序鉴别器由 1 个电容、两个灯泡接成星形，三个端点分别接到三相交流电源，则一个灯泡较亮，一个灯泡较暗，如图 15—11 所示。可以把接电容的一相作为 A 相，则接灯泡较亮的一相作为 B 相，接灯泡较暗的一相作为 C 相。

采用双踪示波器，可任意指定一相电压为 A 相电压，测量该 A 相电压波形。测量时示波器 Y 轴探头接 A 相线，示波器 Y 轴探头公共端接三相电源中性点，调整 X 轴扫描旋钮使 A 相电压波形稳定，一个周波在 X 轴上占整数格，并计算出各格代表的角度，一般可用相电压的一个周期在示波器荧屏上正好跨六个格来确定，这样每格为 60°，半格为 30°。然后依次测量另两相相电压的波形，滞后 A 相相电压 120°的相电压为 B 相，滞后 A 相相电压 240°的相电压为 C 相。如果电源进线没有中性线，则可测量线电压 u_{AB}、u_{BC}、u_{CA} 的相位，依次相差 120°，如图 15—12 所示。如果测出相序不对，则只要将三相电源进线中的任意两相调换，重新测定。

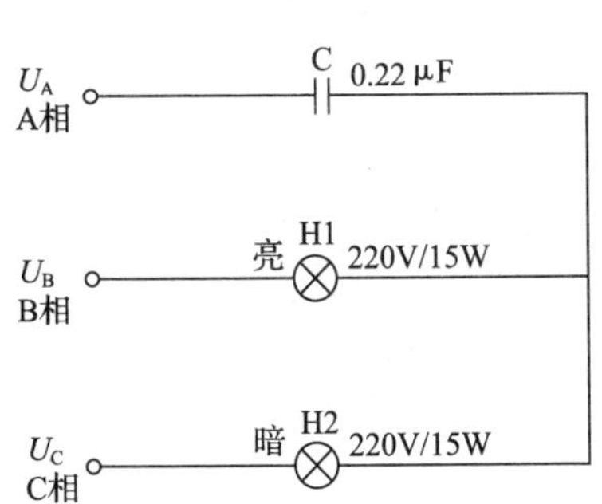

图 15—11　电容和灯泡组成的相序鉴别器

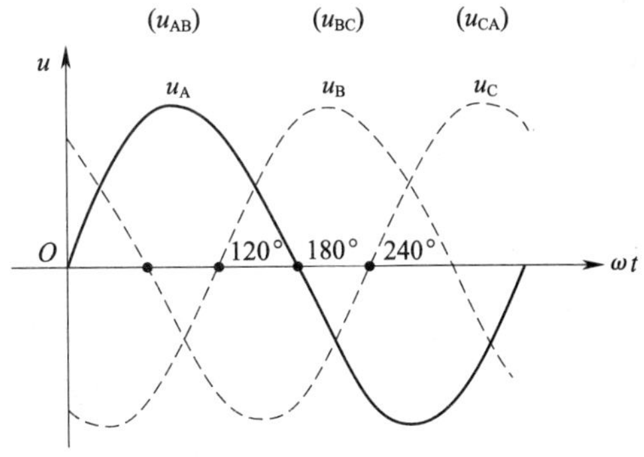

图 15—12　双踪示波器测量三相交流电源相序

使用双踪示波器时应注意以下几点：

（1）双踪示波器 Y1、Y2 两个探头的地端与示波器外壳相连，所以测量时必须将 Y1、Y2 两个探头的地端接在电路的同一电位中，否则会造成被测电路短路事故。测量时示波器的外壳因有被测电压而带电，要注意安全。

（2）被测电压幅值不能超过示波器允许范围。当被测电压过高时，应采用分压电路测量。测量时要注意Y探头衰减比例及Y轴增幅旋钮衰减开关比例，使被测电压波形有一合适大小。

3. TC787集成触发电路调试及分析

（1）用双踪示波器依次测量（U_a、U_b、U_c）三相的锯齿波电压波形，并调整各相电位器RP，使各相锯齿波电压相互间隔为120°，如图15—13所示。并画出各相锯齿波电压波形。

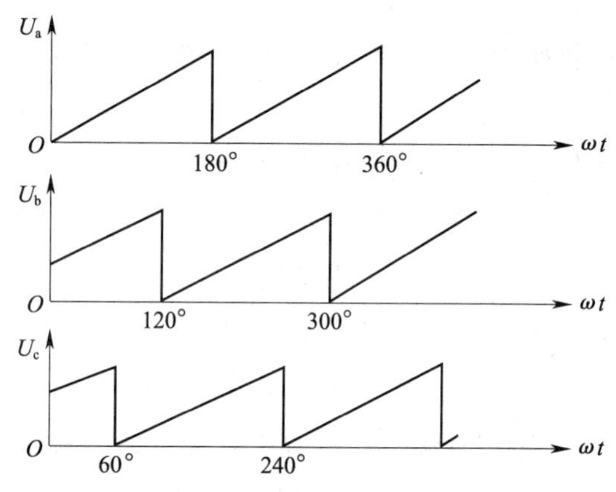

图15—13　三相的锯齿波电压波形

（2）用双踪示波器依次测量各相触发电路功放管V1～V6集电极电压u_{P1}～u_{P6}波形，相互间隔是否为60°，如图15—14所示。调节移相控制电压U_c或偏移电压U_b，观看u_{P1}～u_{P6}波形的移动变化情况。

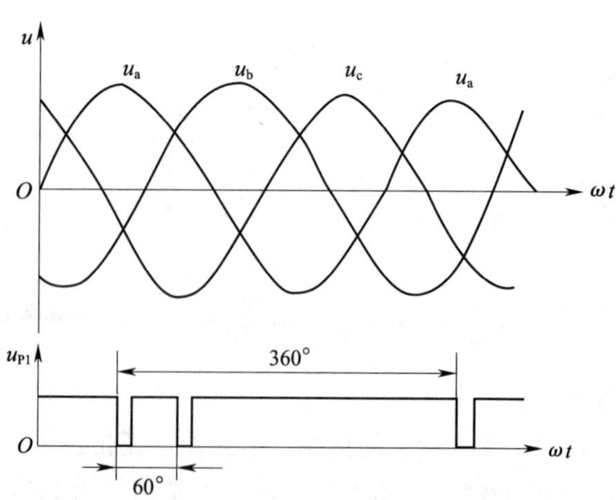

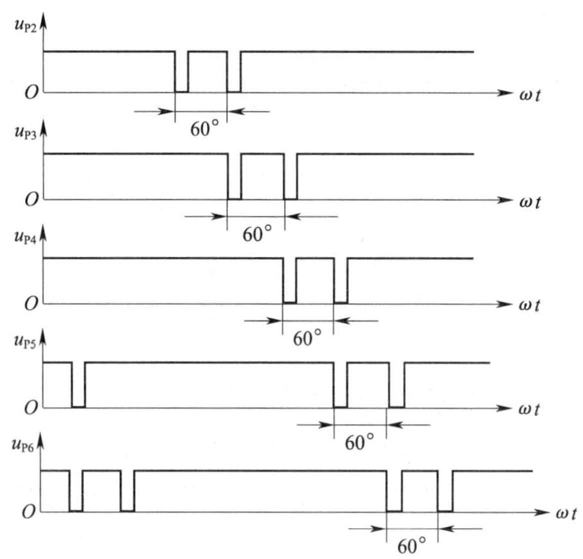

图 15—14　当 $\alpha=60°$ 时 $u_{P1}\sim u_{P6}$ 波形

（3）用双踪示波器依次测量各相输出触发脉冲 $u_{g1}\sim u_{g6}$ 波形是否为双脉冲或单脉冲，相互间隔是否为 60°，如图 15—15 所示。调节移相控制电压 U_c 或偏移电压 U_b，用示波器观察测量各输出触发脉冲 u_g 波形移动变化情况。

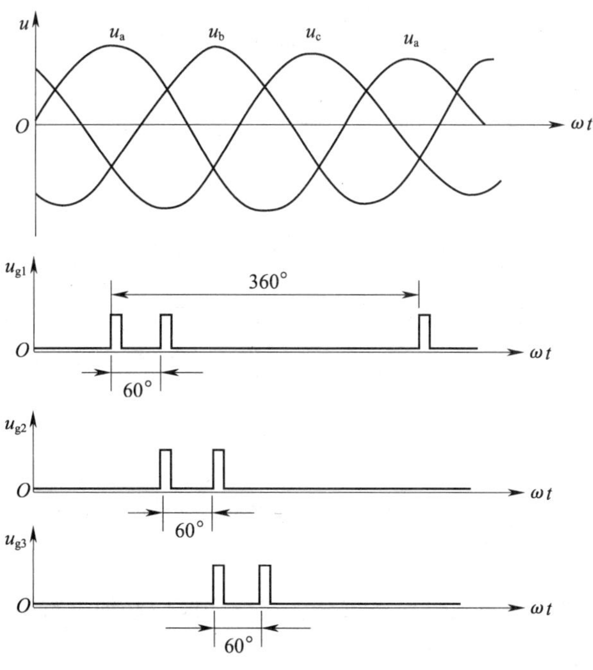

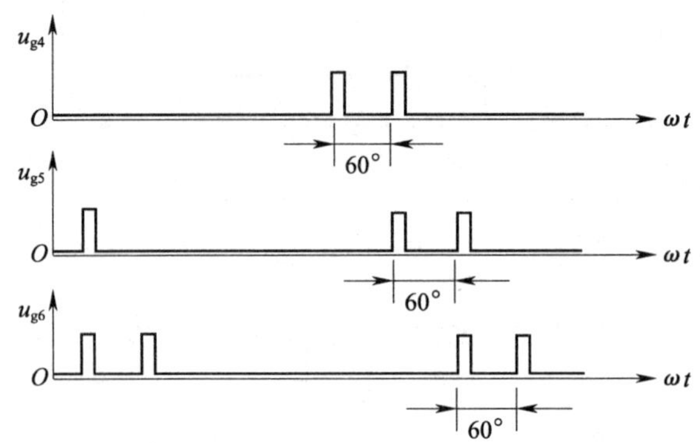

图 15—15　当 $\alpha=60°$ 时双脉冲 $u_{g1}\sim u_{g6}$ 波形

（4）用双踪示波器依次测量各相同步信号电压和锯齿波电压波形，如 a 相同步信号电压 u_{sa} 和 a 相锯齿波电压 U_a 波形，如图 15—16 所示。图中 φ 的角度取决于 TC787 集成触发电路板中同步电压回路阻容移相角度（具体可调节电位器 RP 的值）。其他各相如 u_{sb} 和 b 相锯齿波电压，u_{sc} 和 c 相锯齿波电压等相位可类似进行检查。画出 a、b、c 相同步信号电压和对应相的锯齿波电压的波形。

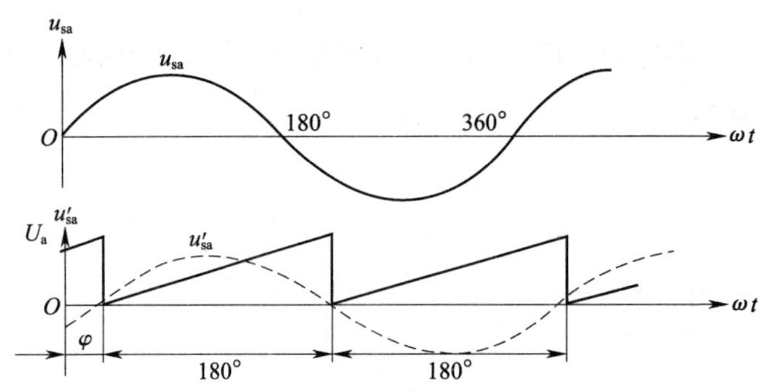

图 15—16　同步电压和锯齿波电压相位关系

（5）调节移相控制电压 U_c 或偏移电压 U_b 用双踪示波器观察测量各相同步电压信号、锯齿波电压及触发脉冲，画出 $\alpha=30°$ 时 u_{sa}、U_a、u_{P1}、u_{P1P} 等各点波形并分析相互之间关系。

五、技能实训时注意事项

（1）技能实训时必须注意人身安全，杜绝触电事故发生。在接线和拆线过程中必须在断电情况下进行。

（2）技能实训时必须注意实训设备安全，接线完成后必须进行检查，防止出现三相交流电源、直流电源等短路，损坏实训设备。

第3节　三相半波可控整流电路

一、技能培训要求

（1）熟悉三相半波可控整流电路的工作原理。

（2）熟悉并掌握三相半波可控整流电路的接线和调试步骤与方法。

（3）熟悉并掌握三相半波可控整流电路带电阻负载、电感性负载时整流输出电压 u_d、晶闸管两端电压 u_{VT}以及触发脉冲 u_P等有关波形测量与分析。

（4）熟悉三相半波可控整流电路故障分析与处理。

二、实训设备和测量仪器仪表

1. 电力电子技术实训装置

（1）TC787 集成触发电路板 1 套（包括辅助电源）。

（2）三相同步变压器 1 台。

（3）三相整流变压器 1 台。

（4）给定板 1 块。

（5）晶闸管主电路板 1 块。

（6）灯泡板 1 块。

（7）电抗器 1 只。

2. 测量仪器仪表

（1）双踪示波器 1 台。

（2）直流电压表、直流电流表各 1 块。

（3）万用表 1 只。

（4）稳压电源（0 ~ 15 V）1 台。

三、三相半波可控整流电路原理接线图及其说明

三相半波可控整流电路原理接线图如图 15—17 所示。三相电源从三相低压断路器开关板的 L1、L2、L3 上引出，连接到三相整流变压器的三相输入端。三相整流变压器的一次侧、二次侧根据题目要求接成 Y/Y－12 接法，二次侧输出分别连接到晶闸管模块 I 的三

个晶闸管阳极，三个阴极连起来后再接到灯泡负载，之后从灯泡返回三相整流变压器二次侧的公共端，至此主电路接线完成。从三相低压断路器开关板上引出三相电源连接到三相同步变压器的三个输入端，三相同步变压器根据题目要求接成△/Y－11 接法，二次侧三个输出端和公共端分别接到双脉冲触发电路的 a、b、c 端和公共端，另外电压给定器的输出 U_c端连接到双脉冲触发电路的 U_c端，作为移相控制电压。双脉冲触发电路的 Pi 端用短接桥接地，Pc 控制端开关打到单脉冲状态、P 端连到三个晶闸管触发端的脉冲变压器的 P 端，P1、P3、P5 连到晶闸管模块 I 相应的 P1、P3、P5 端，至此控制电路接线完成。另外 D1、D2 为三相半波可控整流电路直流输出端。

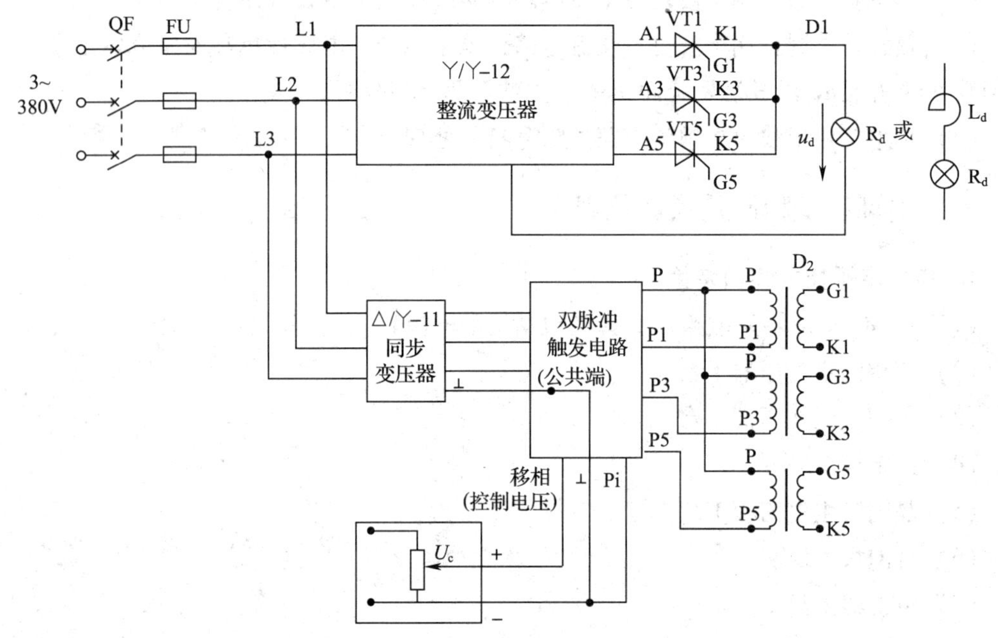

图 15—17　三相半波可控整流电路原理接线图

三相变压器连接时注意事项：

（1）三相变压器一、二次侧出线端标记要正确，一、二次绕组同名端不要搞错。当三相变压器一、二次绕组出线端标记不清楚时，要进行变压器极性检测，重新对三相变压器一、二次侧出线端进行标记。只有标记正确才能进行三相变压器组别连接。

（2）三相变压器一、二次侧出线端 A、B、C 编号和相序不能搞错，否则变压器联结组别将会改变。

接线使用导线的注意事项：

主电路导线用保护插头，控制电路导线用普通插头，插头与插头连接以两只为宜。

四、实训内容及步骤

1. 合总电源开关 QF，测定三相交流电源的相序

先将示波器调整到正常测试状态，根据所用的探头按下 CH1 或 CH2 键，扫描源为电源，扫描时间为 2 ms，扫描方式为自动。然后将示波器探头接地端接 N 端，探头端接 L1 端，调节示波器的扫描微调旋钮、水平位移旋钮和 Y 轴输入开关，使 u_{L1N}波形起点在示波器显示屏最左端，一个周期占示波器刻度 6 格（目的是每格自定义为 60°），幅度适中，波形稳定（电平旋钮配合），后测 u_{L2N}、u_{L3N}相位依次滞后 120°（2 格）、240°（4 格），测量完毕后扫描及扫描微调旋钮和水平位移旋钮严禁再动。

2. 合直流电源开关，为触发电路提供 ±15 V 的直流电源

3. 合触发电路电源开关，进行触发电路调试

（1）检查三相同步变压器的联结组别。本例中，三相同步变压器联结组别为△/Y－11，变压器绕组接法如图 15—18 所示，用双踪示波器分别测量 u_{AB}和 u_{ab}波形，二次电压（如 u_{ab}）滞后对应的一次侧线电压（u_{AB}）330°。

（2）TC787 集成触发电路调试

1）分析晶闸管主电路电压和触发电路同步电压的相位关系。在本实例中，根据整流变压器 Y/Y－12 和同步变压器△/Y－11，可画出其电压向量图，由图 15—19 可知 u_{sa}与 u_{ab}同相。

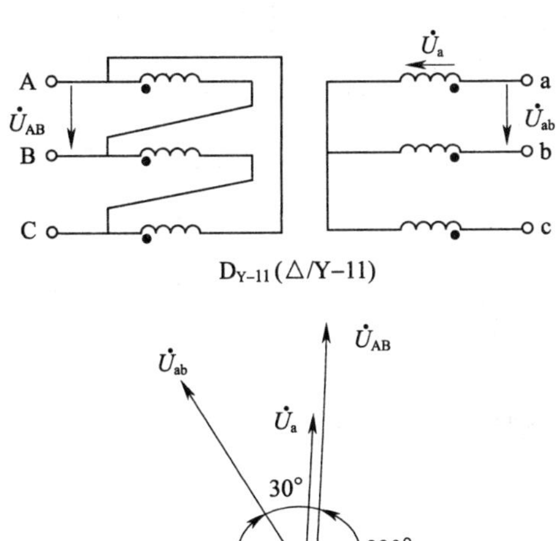

图 15—18　三相同步变压器绕组接法和向量图

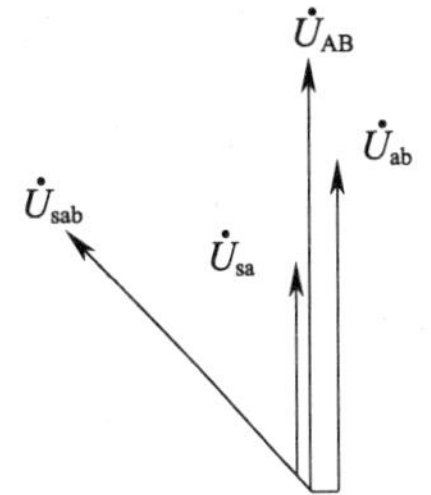

图 15—19　整流变压器 Y/Y－12 和同步变压器△/Y－11 的向量图

2）根据 u_{sa} 与 u_{ab} 同相的关系，用示波器测 u_{sa} 波形确定 Y 轴（$\omega t=0°$），即可确定 $\alpha=0°$（$\omega t=30°$）位置，如图 15—20 所示。

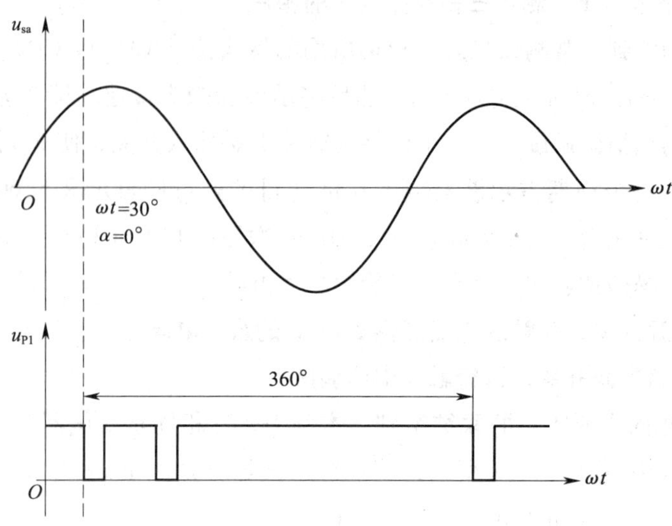

图 15—20　测 u_{sa} 波形确定 Y 轴即确定 $\omega t=0°$ 位置

3）用示波器测 u_{P1} 波形，通过 Pc 控制开关选择单脉冲。

4）确定触发脉冲的初始相位并观察移相：用示波器测 u_{P1} 波形，当移相控制电压 $U_c=0$ 时，调节偏移电压 U_b 使触发脉冲的初始相位 $\alpha=150°$（带电阻负载）或 90°（带电感性负载）后，保持偏移电压 U_b 不变，调节移相控制电压 U_c，观察触发脉冲 α 从 150°→0°（或 90°→0°）变化。

4. 主电路调试

（1）先将移相控制电压 U_c 调到 0 V，再合上主电路电源开关。

（2）检查三相整流变压器的联结组别，本例中，三相整流变压器联结组别为 Y/Y－12，变压器绕组接法如图 15—21 所示，用双踪示波器分别测量 u_{AB} 和 u_{ab} 波形，二次侧线电压（如 u_{ab}）与对应的一次侧线电压（u_{AB}）同相。

（3）调节移相控制电压 U_c，使 α 从 150°→0°（或 90°→0°）变化，用示波器观察整流输出电压 u_d 波形，要求不缺相并且波形整齐。

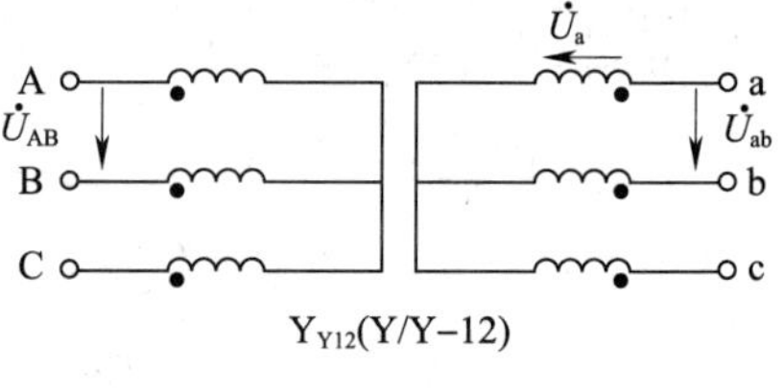

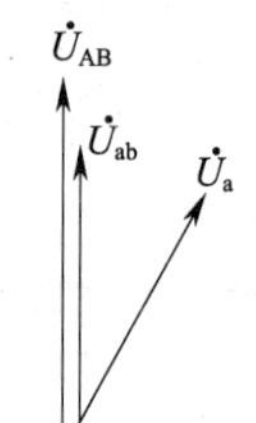

图 15—21　三相整流变压器绕组接法和向量图

（4）测量三相半波可控整流电路带电阻负载时，在不同控制角 α 时的 u_d、u_{VT} 等波形，如图 15—22 所示。

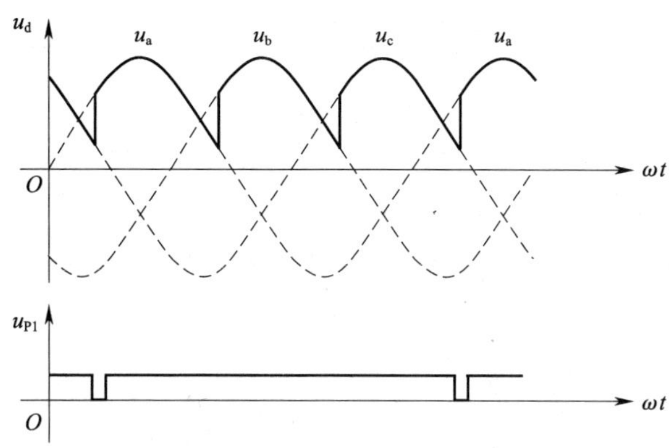

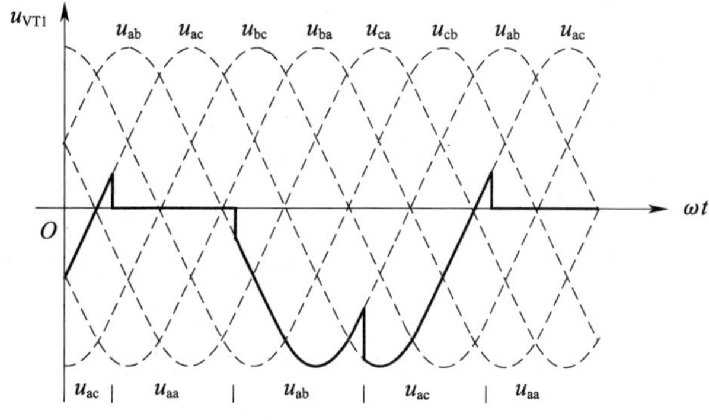

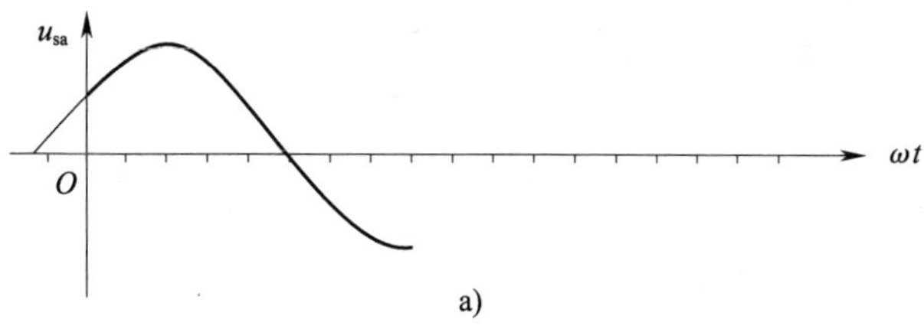

a)

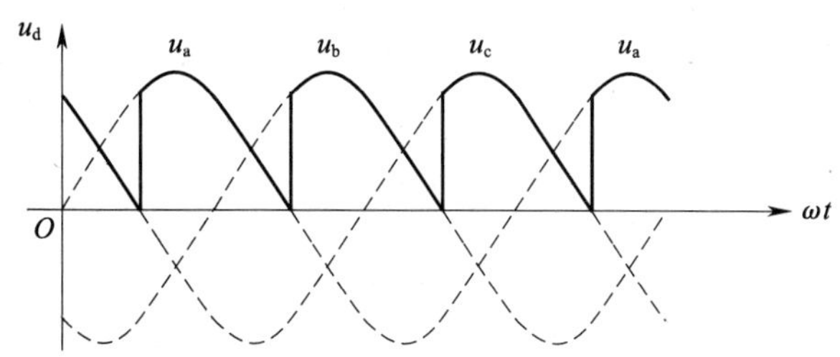

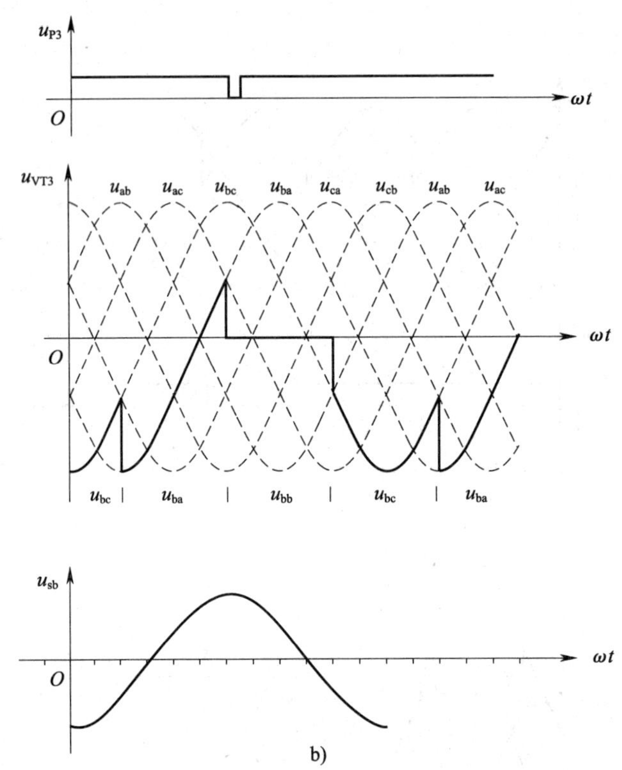

图 15—22　带电阻负载的三相半波可控整流电路在不同控制角 α 时波形图

a）$\alpha=15°$　b）$\alpha=30°$

（5）测量三相半波可控整流电路带电感性负载时，在不同控制角 α 时的 u_d、u_{VT} 等波形，如图 15—23 所示。

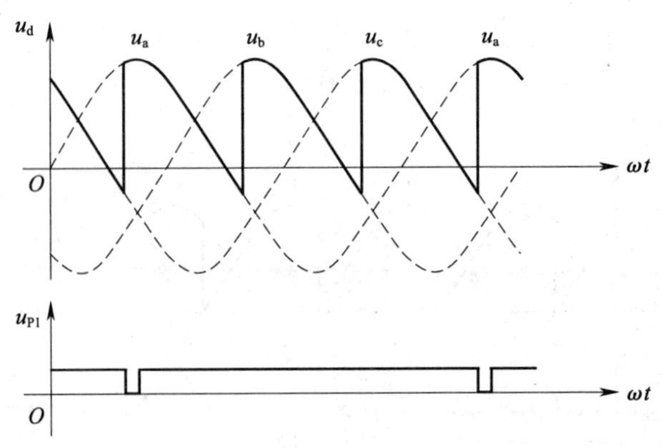

u_{VT1}
u_{ab} u_{ac} u_{bc} u_{ba} u_{ca} u_{cb} u_{ab} u_{ac}
ωt
O
u_{ac} u_{aa} u_{ab} u_{ac} u_{aa}

u_{sc}
ωt
O

a)

u_d
u_a u_b u_c u_a
ωt
O
u_{P3}
ωt
O

u_{VT3}
u_{ab} u_{ac} u_{bc} u_{ba} u_{ca} u_{cb} u_{ab} u_{ac}
ωt
O
u_{bc} u_{ba} u_{bb} u_{bc} u_{ba}

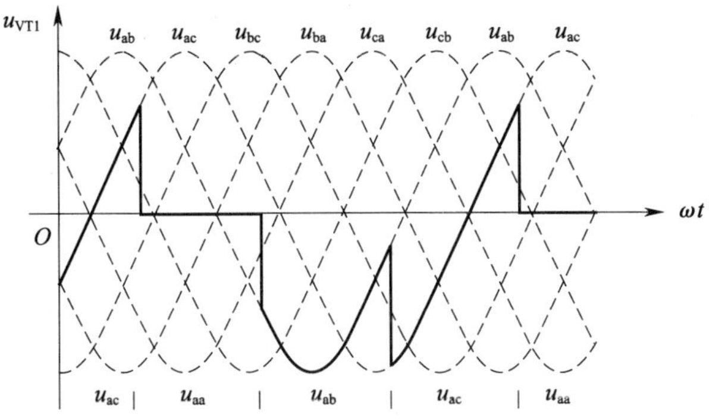

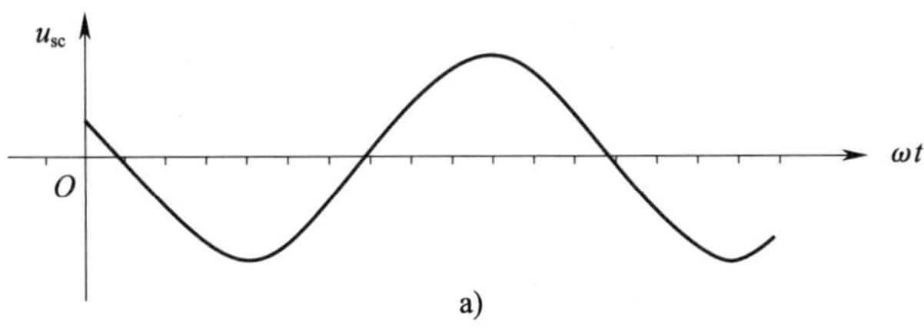

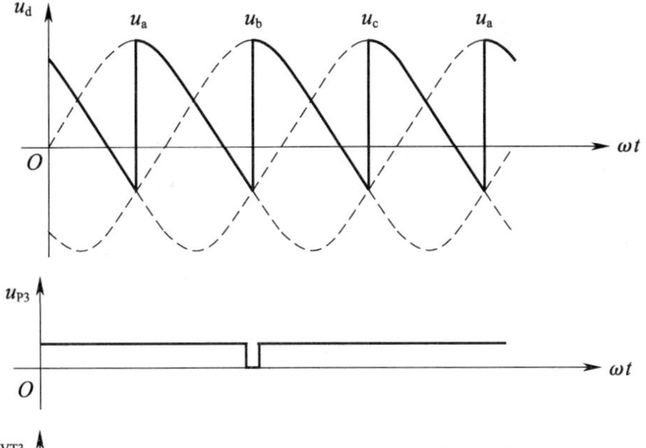

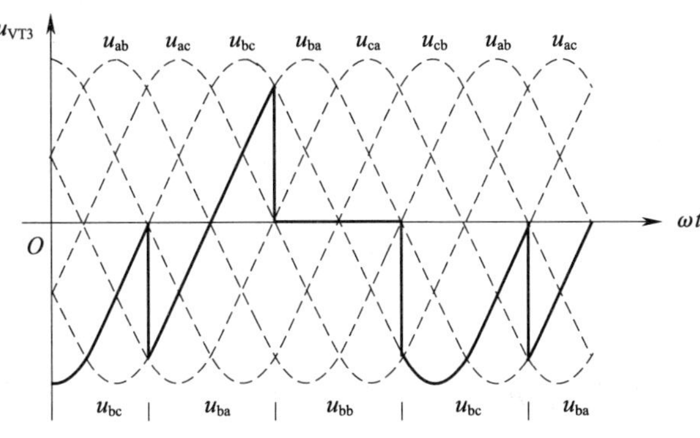

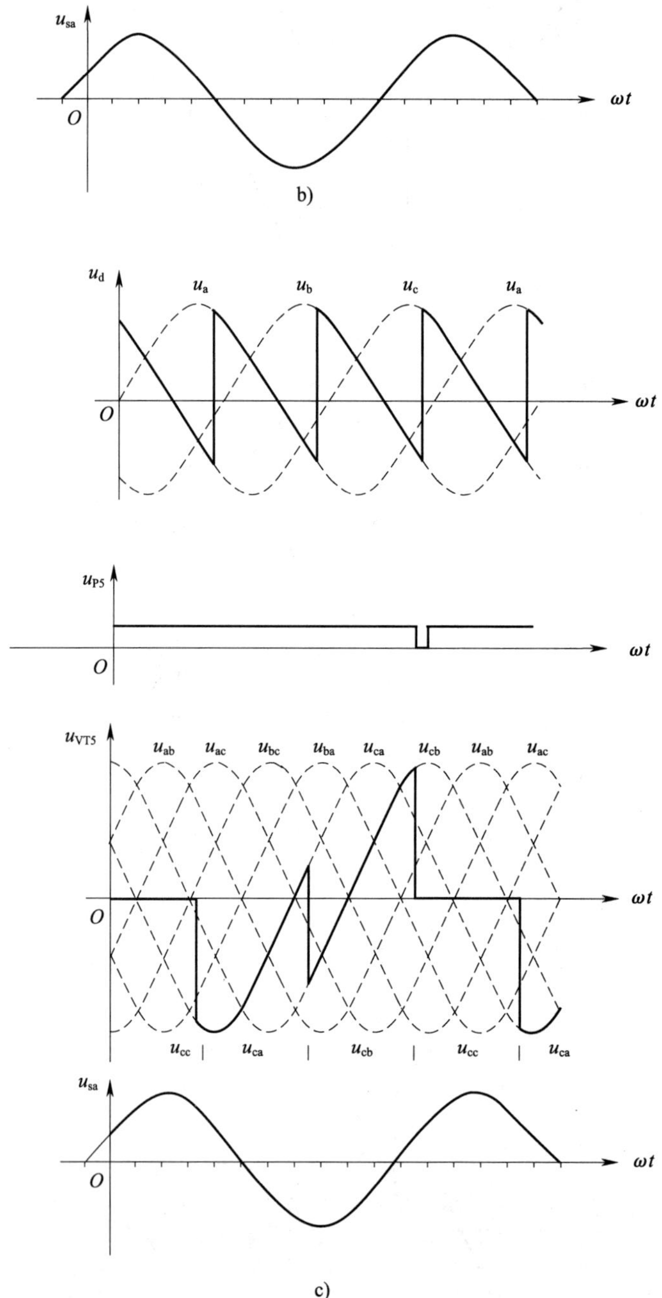

图 15—23　带电感性负载的三相半波可控整流电路在不同控制角 α 时波形图

a）$\alpha=45°$　b）$\alpha=60°$　c）$\alpha=75°$

五、三相半波可控整流装置缺相工作故障分析与处理

实际应用与技能实训中，三相半波可控整流装置会遇到各种各样的故障。本实例以三相半波可控整流电路（带电阻负载）的缺相工作故障为例加以分析与说明。通常整流装置缺相工作时整流输出电压调不到最大值，此时可用示波器观察测量整流输出电压 u_d 的波形。如整流输出电压 u_d 的波形如图 15—24 所示。则可由 u_d 的波形图分析判断整流电路存在缺相工作故障。缺相工作故障原因通常有快速熔断器熔断、触发脉冲丢失和晶闸管主电路电源电压缺相等原因。

通常可用万用表和示波器观察测量晶闸管主电路电压、晶闸管两端电压 u_{VT}、触发脉冲 u_g 等波形和快速熔断器通断情况，从而判断出缺相原因。用示波器观察测量整流电路缺相工作故障时整流输出电压 u_d 波形，并与整流电路正常工作时 α 相对应角度的整流输出电压波形相比较有何不同。

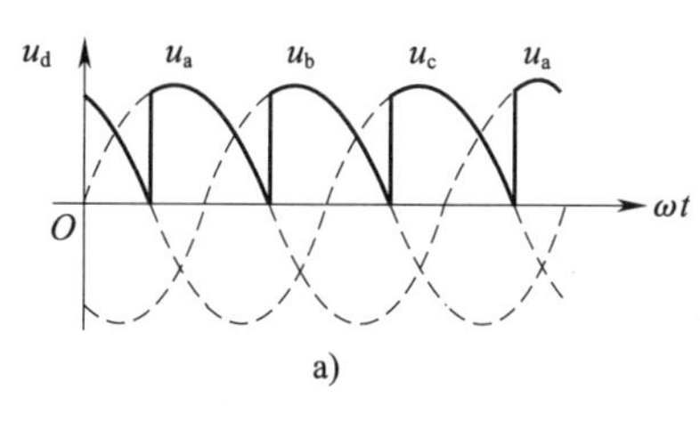

a)

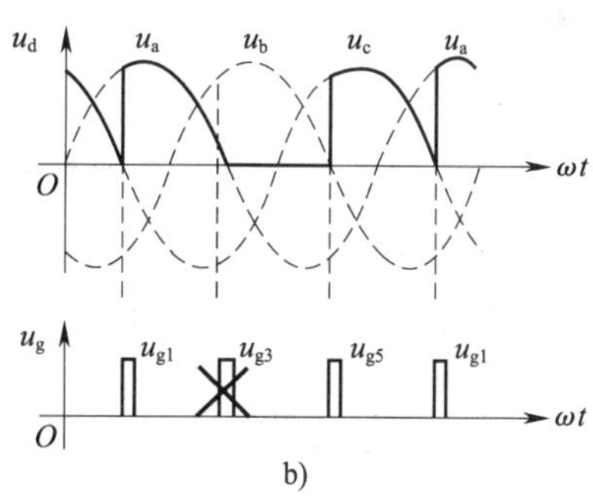

b)

图 15—24　α = 30°时缺相和不缺相整流输出电压 u_d 的波形

a）不缺相时 u_d 的波形　b）缺相时 u_d 的波形

第 4 节　共阳极接法的三相半波可控整流电路

一、技能培训要求

（1）熟悉共阳极接法的三相半波可控整流电路的工作原理。

（2）熟悉并掌握共阳极接法的三相半波可控整流电路的接线和调试步骤与方法。

（3）熟悉并掌握共阳极接法的三相半波可控整流电路带电阻负载、电感性负载时整流

输出电压 u_d、晶闸管两端电压 u_{VT} 以及触发脉冲 u_P 等有关波形测量与分析。

（4）熟悉共阳极接法的三相半波可控整流电路故障分析与处理。

二、实训设备和测量仪器仪表

1. 电力电子技术实训装置

（1）TC787 集成触发电路板 1 套（包括辅助电源）。

（2）三相同步变压器 1 台。

（3）三相整流变压器 1 台。

（4）给定板 1 块。

（5）晶闸管主电路板 1 块。

（6）灯泡板 1 块。

（7）电抗器 1 只。

2. 测量仪器仪表

（1）双踪示波器 1 台。

（2）直流电压表、直流电流表各 1 块。

（3）万用表 1 只。

（4）稳压电源（0～15 V）1 台。

三、共阳极接法的三相半波可控整流电路原理接线图及其说明

共阳极接法的三相半波可控整流电路原理接线图如图 15—25 所示。三相电源从三相低压断路器开关板的 L1、L2、L3 上引出，连接到三相整流变压器的三相输入端。三相整流变压器的一次侧、二次侧根据要求接成 Y/Y－12 接法，二次侧输出分别连接到晶闸管模块 I 的三个晶闸管阴极，三个阳极连起来后再接到 R/L/C 负载板上的 L，再接灯泡负载，之后从灯泡返回三相整流变压器二次侧的公共端，至此主电路接线完成。从三相低压断路器板上引出三相电源连接到同步变压器的三个输入端，同步变压器根据题目要求接成△/Y－11 接法，二次侧三个输出端和公共端分别接到双脉冲触发电路的 a、b、c 端和公共端。另外电压给定器的输出 U_c 端连接到双脉冲触发电路的 U_c 端，作为移相控制电压。双脉冲触发电路的 Pi 端用短接桥接地，Pc 控制端开关打到单脉冲状态，P 端连到三个晶闸管触发端的脉冲变压器的 P 端，P4、P6、P2 连到晶闸管模块 I 相应的 P1、P3、P5 端，至此控制电路接线完成。

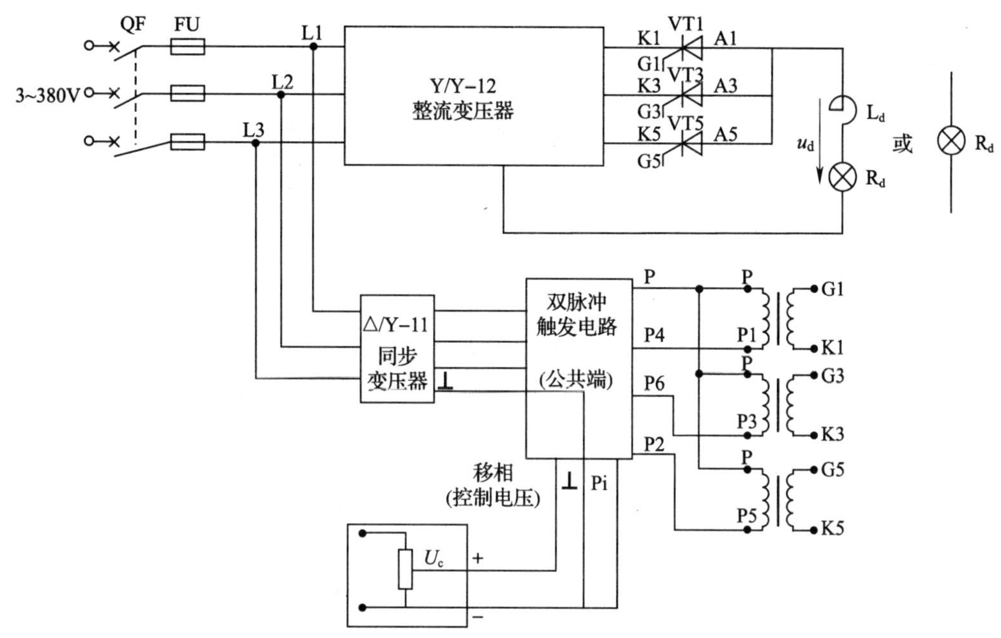

图 15—25 共阳极接法的三相半波可控整流电路原理接线图

四、实训内容及步骤

1. 合总电源开关 QF，测定三相交流电源的相序

2. 合直流电源开关，为触发电路提供 ±15 V 的直流电源

3. 合触发电路电源开关，进行触发电路调试

（1）检查三相同步变压器的联结组别。本例中，三相同步变压器联结组别为△/Y－11，二次电压（如 u_{ab}）滞后对应的一次侧线电压（u_{AB}）330°。

（2）TC787 集成触发电路调试。

1）分析晶闸管主电路电压和触发电路同步电压的相位关系。在本实例中，整流变压器 Y/Y－12 和同步变压器△/Y－11，则 u_{sa}与 u_{ab}同相。

2）根据 u_{sa}与 u_{ab}同相的关系，用示波器测 u_{sa}波形确定 Y 轴（$\omega t=0°$），即可确定 $\alpha=0°$（$\omega t=30°$）位置。

3）用示波器测 u_{P4}波形，通过 Pc 控制开关选择单脉冲。

4）确定触发脉冲的初始相位并观察移相。用示波器测 u_{P4}波形，当移相控制电压 $U_c=0$时，调节偏移电压 U_b使触发脉冲的初始相位 $\alpha=90°$（带电感性负载）或 150°（带电阻负载），如图 15—26 所示，然后保持偏移电压 U_b不变，调节移相控制电压 U_c，观察触发脉冲 α 从 90°→0°（或 150°→0°）变化。

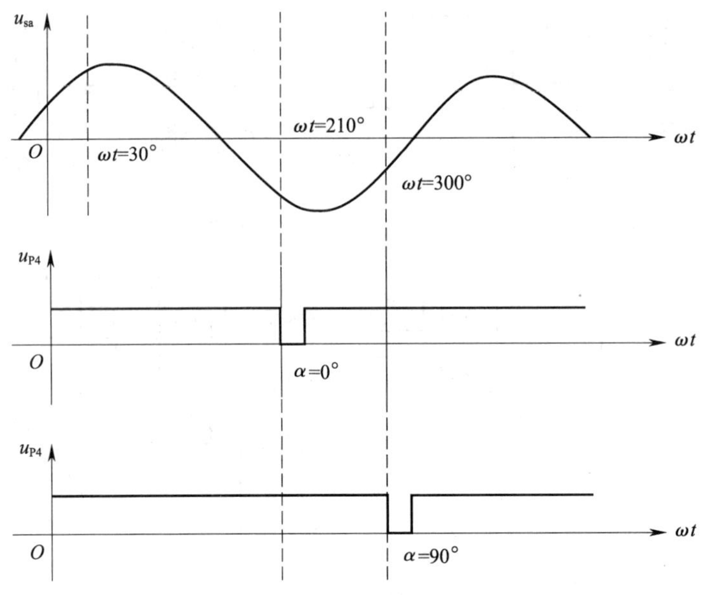

图 15—26　当 $\alpha=90°$ 时 u_{P4} 波形

4. 主电路调试

（1）先将移相控制电压 U_c 调到 0 V，再合上主电路电源开关。

（2）检查三相整流变压器的联结组别，本例中，三相整流变压器联结组别为 Y/Y－12，变压器绕组接法如图 15—21 所示，二次侧线电压（如 u_{ab}）与对应的一次侧线电压（u_{AB}）同相。

（3）调节移相控制电压 U_c，使 α 从 90°→0°（或 150°→0°）变化，用示波器观察整流输出电压 u_d 波形，要求不缺相并且波形整齐。

（4）测量共阳极接法的三相半波可控整流电路带电感性负载时，在不同控制角 α 时的 u_d、u_{VT} 波形，如图 15—27 所示。

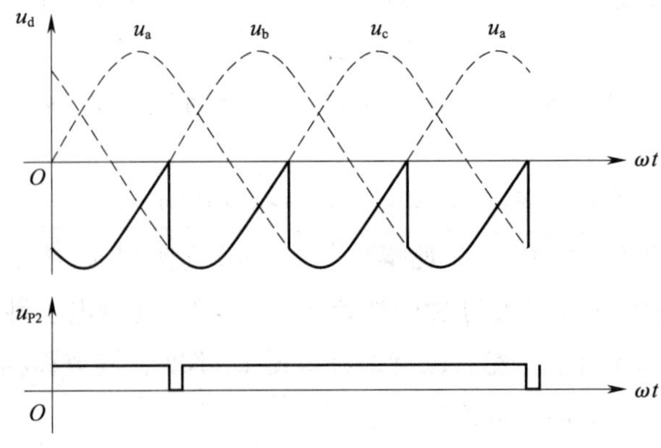

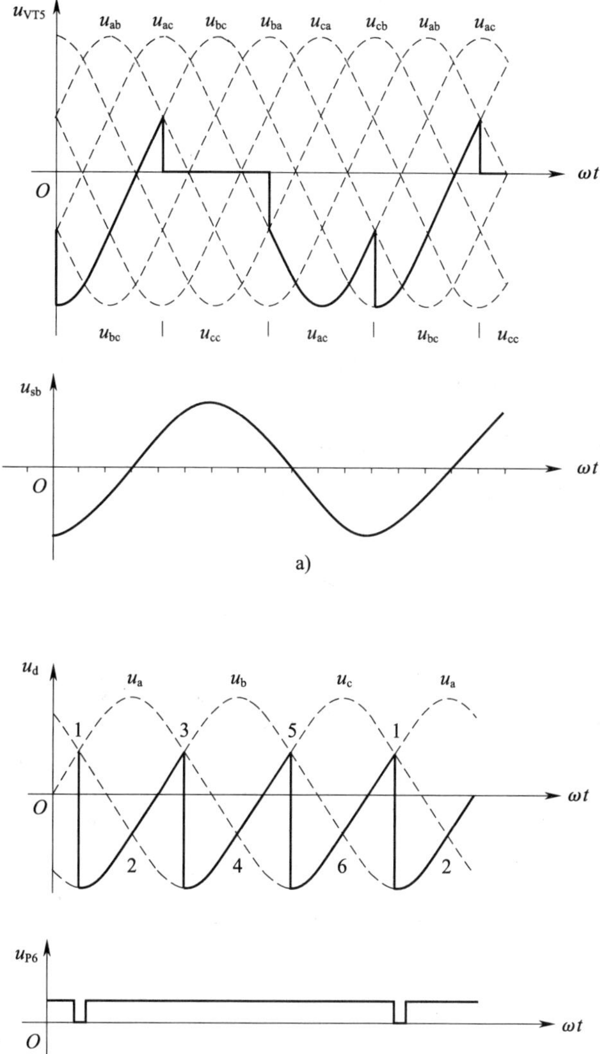

a)

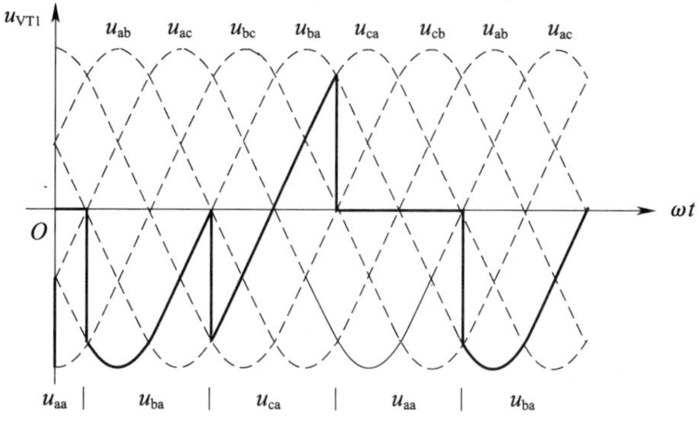

u_{VT1}

u_{ab} u_{ac} u_{bc} u_{ba} u_{ca} u_{cb} u_{ab} u_{ac}

ωt

O

u_{aa} u_{ba} u_{ca} u_{aa} u_{ba}

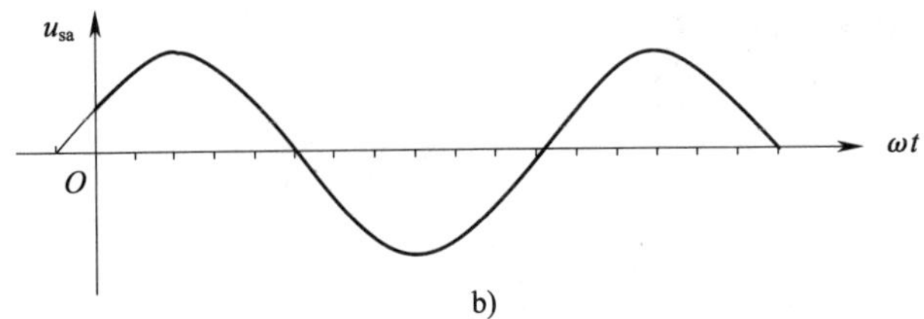

图 15—27　带电感性负载的共阳极接法的三相半波可控整流电路在不同控制角 α 时波形图

a）$\alpha=30°$　b）$\alpha=60°$

五、共阳极接法的三相半波可控整流装置缺相工作故障分析与处理

本实例以共阳极接法的三相半波可控整流电路带电感性负载的缺相工作故障为例。用示波器观察测量整流输出电压 u_d 的波形，整流输出电压 u_d 的波形如图 15—28 所示。

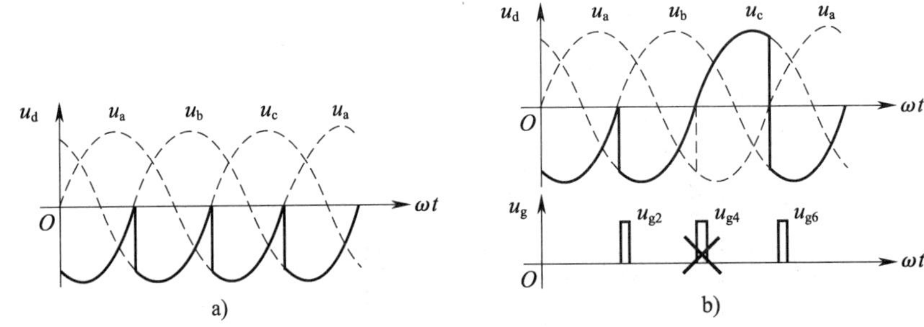

图 15—28　$\alpha=30°$时缺相和不缺相直流输出电压 u_d 的波形

a）不缺相时 u_d 的波形　b）缺相时 u_d 的波形

第 5 节　三相桥式全控整流电路

一、技能培训要求

（1）熟悉三相桥式全控整流电路的工作原理。

（2）熟悉并掌握三相桥式全控整流电路的接线和调试步骤与方法。

（3）熟悉并掌握三相桥式全控整流电路带电阻负载、电感性负载时整流输出电压 u_d、晶闸管两端电压 u_{VT} 以及触发脉冲 u_P 等有关波形测量与分析。

（4）熟悉三相桥式全控整流电路故障分析与处理。

二、实训设备和测量仪器仪表

1. 电力电子技术实训装置

（1）TC787 集成触发电路板 1 套（包括辅助电源）。

（2）三相同步变压器 1 台。

（3）三相整流变压器 1 台。

（4）给定板 1 块。

（5）晶闸管主电路板 2 块。

（6）灯泡板 1 块。

（7）电抗器 1 只。

2. 测量仪器仪表

（1）双踪示波器 1 台。

（2）直流电压表、直流电流表各 1 块。

（3）万用表 1 只。

（4）稳压电源（0 ~ 15 V）1 台。

三、三相桥式全控整流电路原理接线图及其说明

三相桥式全控整流电路原理接线图如图 15—29 所示。

1. 主电路接线

三相电源从三相低压断路器开关板的 L1、L2、L3 上引出，连接到三相整流变压器的三相输入 L1、L2、L3 上，三相整流变压器的一次侧、二次侧根据要求接成 Y/Y－12 接法，二次侧输出分别连接到晶闸管模块 I 的三个晶闸管阳极，三个阴极连起来后再接到 R/L/C 负载板上的 L，再接灯泡负载，之后从灯泡返回晶闸管模块 II 的三个晶闸管阳极，最后将晶闸管模块 I 的三个晶闸管和晶闸管模块 II 的三个晶闸管串联，即完成了三相桥式全控整流电路主电路的接线。

2. 控制电路接线

从三相低压断路器开关板上引出三相电源 L1、L2、L3 连接到同步变压器的三个输入端 L1、L2、L3 上，同步变压器根据要求接成△/Y－11 接法，二次侧三个输出端（a、b、c）和（x、y、z）连接处分别接到双脉冲触发电路的 a、b、c 端和公共端。另外电压给定器的输出 U_C端连接到双脉冲触发电路的 U_C端，作为移相控制电压。双脉冲触发电路的 Pi 端用短接桥接地，Pc 控制端开关打到双脉冲状态，P 端连到六个晶闸管触发端的脉冲变压

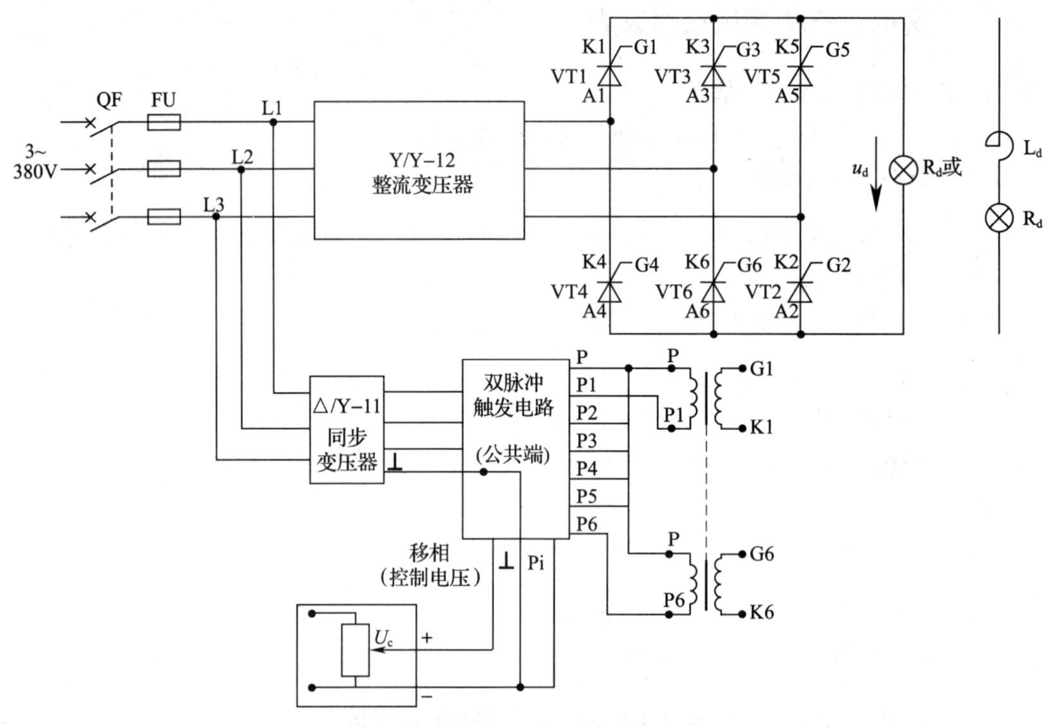

图 15—29　三相桥式全控整流电路原理接线图

器的 P 端，P1、P3、P5 连到晶闸管模块 I 相应的 P1、P3、P5 端，P2、P4、P6 连到晶闸管模块 II 相应的 P2、P4、P6 端。

四、实训内容及步骤

1. 合总电源开关 QF，测定三相交流电源的相序

2. 合直流电源开关，为触发电路提供 ±15 V 的直流电源

3. 合触发电路电源开关，进行触发电路调试

（1）检查三相同步变压器的联结组别：本例中，三相同步变压器联结组别为△/Y－11，二次电压（如 u_{ab}）滞后对应的一次侧线电压（u_{AB}）330°。

（2）TC787 集成触发电路调试

1）分析晶闸管主电路电压和触发电路同步电压的相位关系：本实例中 u_{sa}与 u_{ab}同相。

2）根据 u_{sa}与 u_{ab}同相的关系，用示波器测 u_{sa}波形确定 Y 轴（$\omega t=0°$），即可确定 $\alpha=0°$（$\omega t=30°$）的位置，如图 15—30 所示。

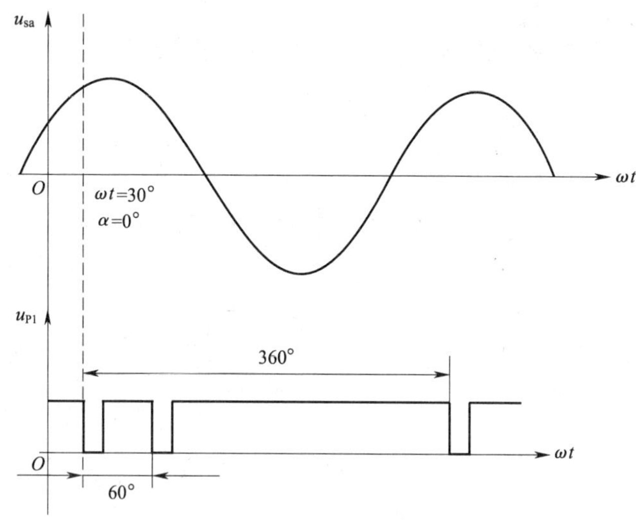

图 15—30　测 u_{sa}波形确定 Y 轴即确定 $\omega t=0°$位置

3）用示波器测 u_{P1}波形，通过 Pc 控制开关选择双窄脉冲。

4）确定触发脉冲的初始相位并观察移相。用示波器测 u_{P1}波形，当移相控制电压 $U_C=0$时，调节偏移电压 U_b使触发脉冲的初始相位 $\alpha=120°$（带电阻负载）或 90°（带电感性负载）后，保持偏移电压 U_b不变。调节移相控制电压 U_c，观察触发脉冲 α 从 120°→0°（或 90°→0°）变化。

4. 主电路调试

（1）先将移相控制电压 U_c 调到 0 V，再合上主电路电源开关。

（2）检查三相整流变压器的联结组别。本例中，三相整流变压器联结组别为 Y/Y－12，二次侧线电压（如 u_{ab}）与对应的一次侧线电压（u_{AB}）同相。

（3）调节移相控制电压 U_c，使 α 从 120°→0°（或 90°→0°）变化，用示波器观察整流输出电压 u_d波形，要求不缺相并且波形整齐。

（4）测量三相桥式全控整流电路带电阻负载时，在不同控制角 α 时的 u_d、u_{VT}等波形，如图 15—31 所示。

（5）测量三相桥式全控整流电路带电感负载时，在不同控制角 α 时的 u_d、u_{VT}、u_p等波形，如图 15—32 所示。

五、三相桥式全控整流电路缺相工作故障分析与处理

实际应用与技能实训中，三相桥式全控整流电路会遇到各种各样的故障。本实例以三相桥式全控整流电路（带电阻性负载）发生单只晶闸管和两只晶闸管故障为例加以分析与说明。

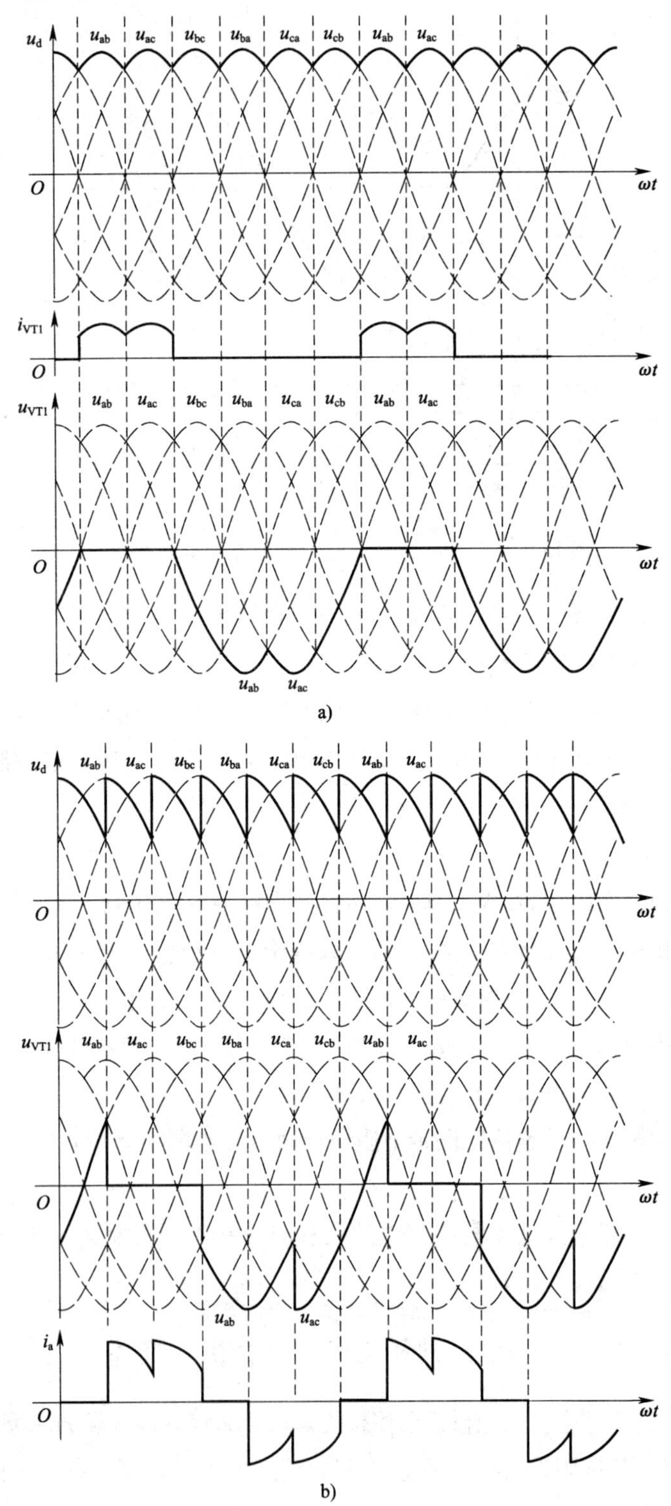

u_d
u_{ab} u_{ac} u_{bc} u_{ba} u_{ca} u_{cb} u_{ab} u_{ac}
O
ωt
i_{VT1}
O
ωt
u_{VT1}
u_{ab} u_{ac} u_{bc} u_{ba} u_{ca} u_{cb} u_{ab} u_{ac}
O
ωt
u_{ab} u_{ac}
a)
u_d
u_{ab} u_{ac} u_{bc} u_{ba} u_{ca} u_{cb} u_{ab} u_{ac}
O
ωt
u_{VT1}
u_{ab} u_{ac} u_{bc} u_{ba} u_{ca} u_{cb} u_{ab} u_{ac}
O
ωt
u_{ab} u_{ac}
i_a
O
ωt
b)

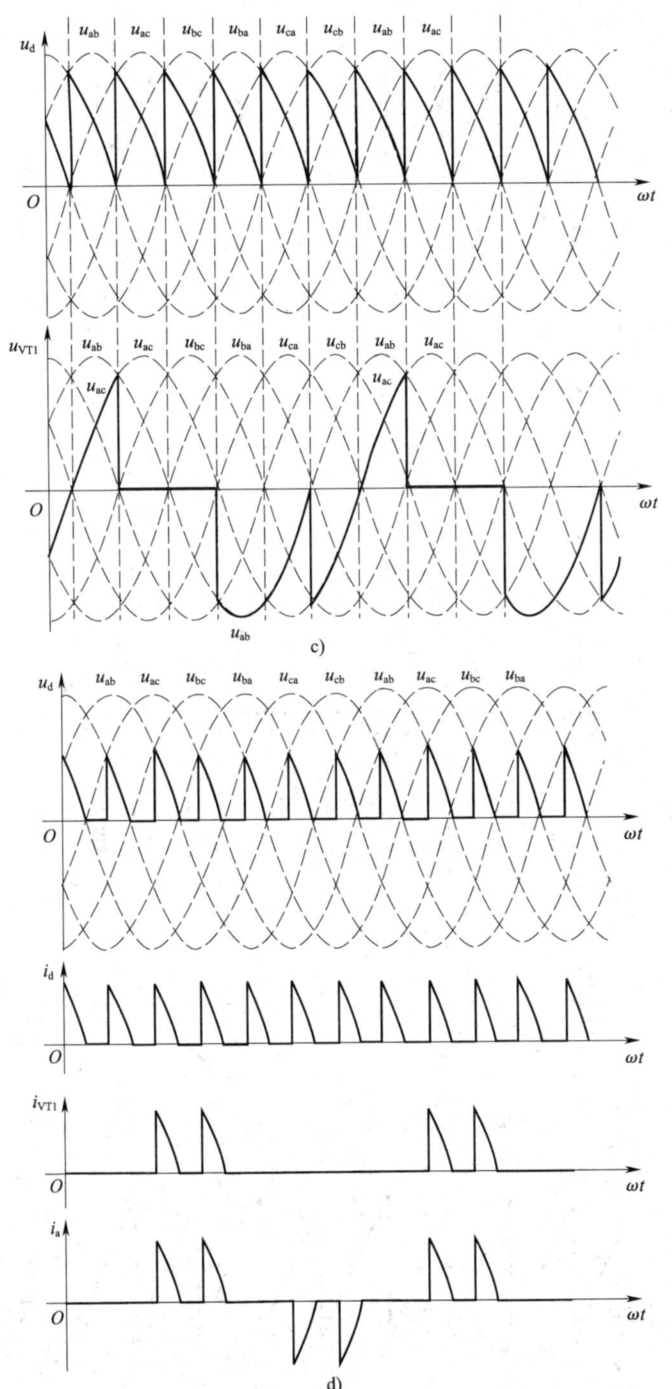

图 15—31 带电阻负载的三相桥式全控整流电路在不同控制角 α 时波形图

a） $\alpha=0°$ b） $\alpha=30°$ c） $\alpha=60°$ d） $\alpha=90°$

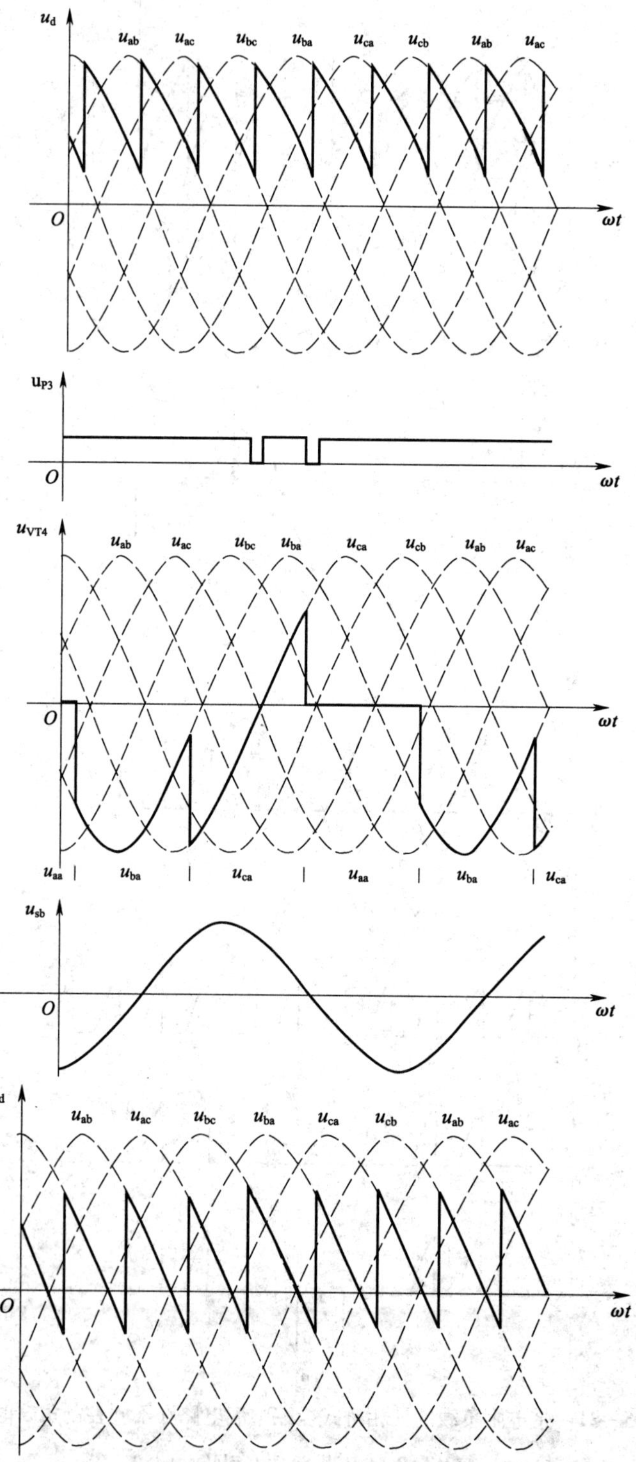
u_d
u_{ab}
u_{ac}
u_{bc}
u_{ba}
u_{ca}
u_{cb}
u_{ab}
u_{ac}
O
ωt
u_{P3}
O
ωt
u_{VT4}
u_{ab}
u_{ac}
u_{bc}
u_{ba}
u_{ca}
u_{cb}
u_{ab}
u_{ac}
O
ωt
u_{aa}
u_{ba}
u_{ca}
u_{aa}
u_{ba}
u_{ca}
u_{sb}
O
ωt
u_d
u_{ab}
u_{ac}
u_{bc}
u_{ba}
u_{ca}
u_{cb}
u_{ab}
u_{ac}
O
ωt

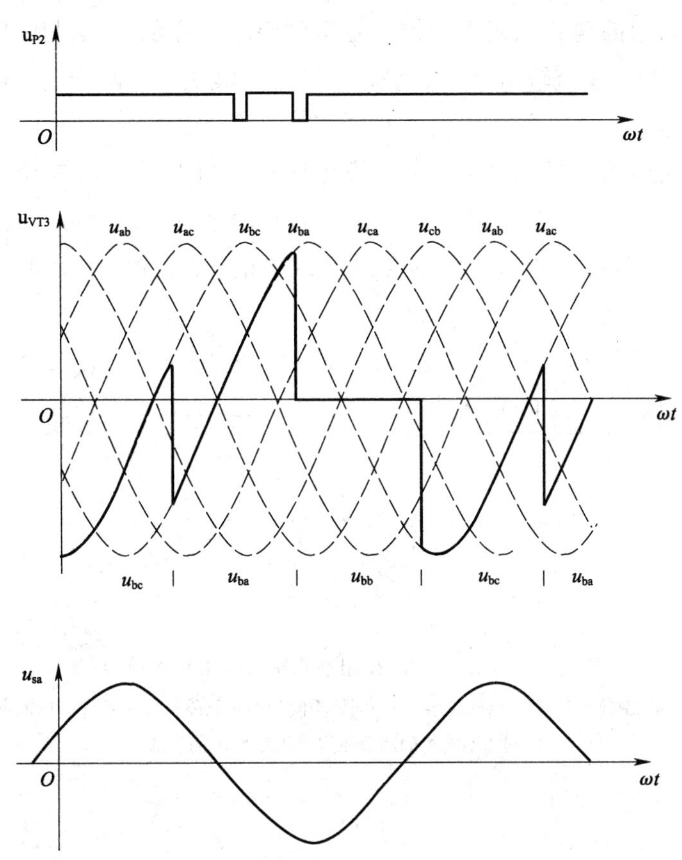

图 15—32　带电感性负载的三相桥式全控整流电路在不同控制角 α 时波形图

a）$\alpha=45°$　b）$\alpha=75°$

1．三相桥式全控整流电路发生单只晶闸管故障

当三相桥式全控整流电路发生单只晶闸管故障时，反映在整流输出电压上是较正常电压低 1/3，输出波形少 2 个波头。假设 VT5 发生开路故障，则整流输出电压将从 U_0下降为 U_1，整流输出电压 u_d波形中的 u_{ca}、u_{cb}将丢失，如图 15—33a 所示。如果发生故障的晶闸管不是 VT5 而是其他晶闸管时，只要依照上面的方法找到对应的波头，就可以很方便地查到是哪一个晶闸管故障，以便有针对性地进行处理。这里需要指出的是，使用示波器进行检测时，应保证示波器的同步方式与信号系统的同步状态，以便准确地对每一相电压波形进行定相。当示波器无法与信号系统同步时，也应保持示波器在同步状态下工作，否则很难检查出准确的相位关系。

2．三相桥式全控整流电路装置发生两只晶闸管故障

有两种情况：

（1）同组不同相的两只晶闸管故障。发生同组不同相的两只晶闸管故障时（假设VT1、VT3开路故障），整流输出电压 u_d 波形仅有两个波头，且两个波头连在一起，如图15—33b所示。

（2）同相不同组的两只晶闸管故障。发生同相不同组的两只晶闸管故障时（假设VT1、VT4开路故障），整流输出电压 u_d 波形也只有两个波头，但两个波头不连在一起，如图15—33c所示。因此，它们的整流输出电压仅为正常整流输出电压的1/3。

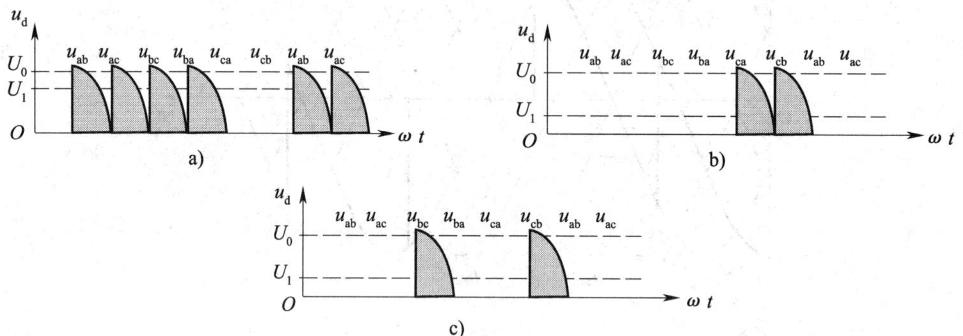

图15—33　$\alpha=60°$ 时缺相整流输出电压 u_d 的波形

a）单只晶闸管故障时 u_d 的波形　b）同组不同相的两只晶闸管故障时 u_d 的波形

c）同相不同组的两只晶闸管故障时 u_d 的波形

第6节　三相桥式半控整流电路

一、技能培训要求

（1）熟悉三相桥式半控整流电路的工作原理。

（2）熟悉并掌握三相桥式半控整流电路的接线和调试步骤与方法。

（3）熟悉并掌握三相桥式半控整流电路带电阻负载、电感性负载时整流输出电压 u_d、晶闸管两端电压 u_{VT} 以及触发脉冲 u_P 等有关波形测量与分析。

（4）熟悉三相桥式半控整流电路故障分析与处理。

二、实训设备和测量仪器仪表

1. 电力电子技术实训装置

（1）TC787集成触发电路板1套（包括辅助电源）。

（2）三相同步变压器 1 台。

（3）三相整流变压器 1 台。

（4）给定板 1 块。

（5）晶闸管主电路板 1 块。

（6）灯泡板 1 块。

（7）电抗器 1 只。

（8）二极管主电路板 1 块。

2. 测量仪器仪表

（1）双踪示波器 1 台。

（2）直流电压表、直流电流表各 1 块。

（3）万用表 1 只。

（4）稳压电源（0 ~ 15 V）1 台。

三、三相桥式半控整流电路原理接线图及其说明

三相桥式半控整流电路原理接线图如图 15—34 所示。本实训采用的原理接线图与三相桥式全控整流电路实训线路基本相同，仅将共阳极组 VT4、VT6、VT2 的晶闸管元件改为

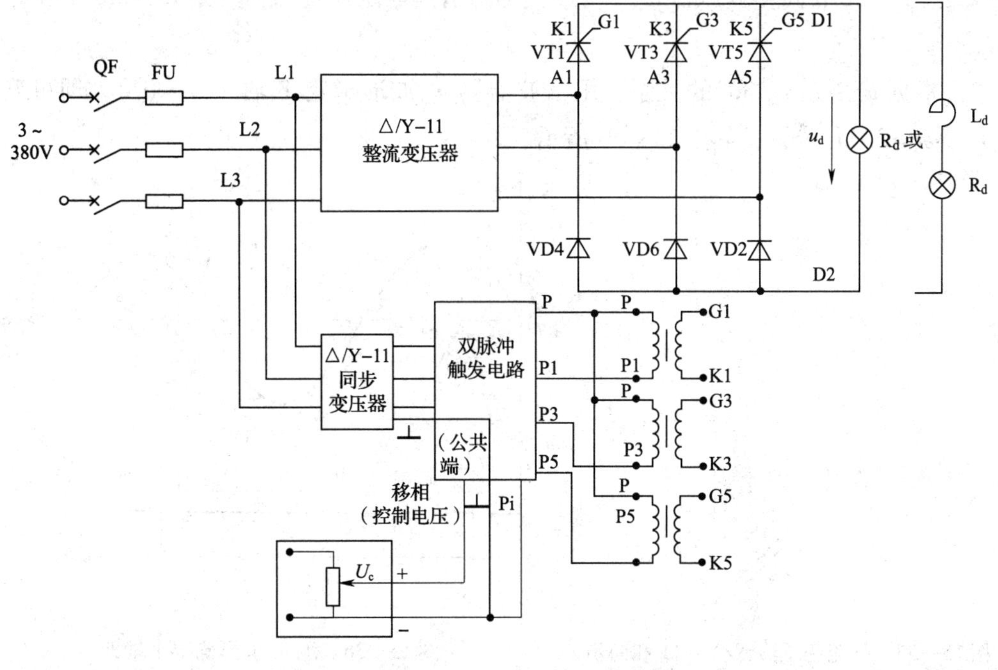

图 15—34　三相桥式半控整流电路原理接线图

VD4、VD6、VD2整流二极管，以构成三相桥式半控整流电路。D1、D2为三相桥式半控整流电路直流输出端。三相整流变压器和三相同步变压器，其联结组别和钟点数可按要求进行选择，本实例都采用△/Y－11。三相同步变压器的二次侧三个输出端和公共端分别接到双脉冲触发电路的a、b、c端和公共端，另外电压给定器的输出U_C端连接到双脉冲触发电路的U_C端，作为移相控制电压。双脉冲触发电路的Pi端用短接桥接地，Pc控制端开关打到单脉冲状态，P端连到三个晶闸管触发端的脉冲变压器的P端，P1、P3、P5连到晶闸管模块I相应的P1、P3、P5端。

四、实训内容及步骤

1. 合总电源开关QF，测定三相交流电源的相序。

2. 合直流电源开关，为触发电路提供±15 V的直流电源。

3. 合触发电路电源开关，进行触发电路调试。

（1）检查三相同步变压器的联结组别：本例中，三相同步变压器联结组别为△/Y－11，二次电压（如u_{ab}）滞后对应的一次侧线电压（u_{AB}）330°。

（2）TC787集成触发电路调试

1）分析晶闸管主电路电压和触发电路同步电压的相位关系。在本实例中，根据整流变压器△/Y－11和同步变压器△/Y－11，可画出其电压矢量图，由图15—35可知u_{sa}滞后u_{ab}30°。

2）根据u_{sa}滞后u_{ab}30°的关系，用示波器测u_{sa}波形确定Y轴（$\omega t=0°$），即可确定$\alpha=0°$（$\omega t=30°$）位置，如图15—36所示。

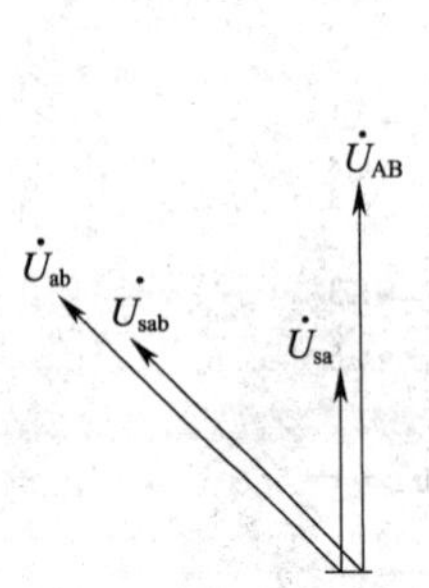

图15—35　整流变压器△/Y－11和同步变压器△/Y－11的向量图

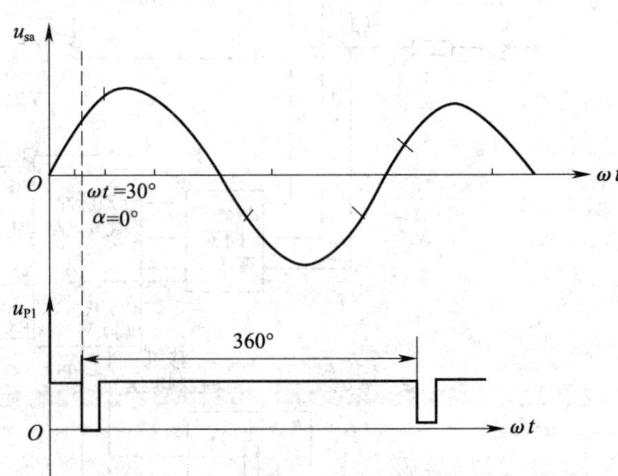

图15—36　测u_{sa}波形确定Y轴即确定$\omega t=0°$位置

3）用示波器测 u_{P1} 波形，通过 Pc 控制开关选择单脉冲。

4）确定触发脉冲的初始相位并观察移相。用示波器测 u_{P1} 波形，当移相控制电压 $U_c=0$ 时，调节偏移电压 U_b 使触发脉冲的初始相位 $\alpha=180°$ 后，保持偏移电压 U_b 不变。调节移相控制电压 U_c，观察触发脉冲 α 从 180°→30°变化。

4. 主电路调试

（1）先将移相控制电压 U_c 调到 0 V，再合上主电路电源开关。

（2）检查三相整流变压器的联结组别。本例中，三相整流变压器联结组别为△/Y－11，用双踪示波器分别测量 u_{AB} 和 u_{ab} 波形，二次侧电压（如 u_{ab}）滞后对应的一次侧线电压（u_{AB}）330°。

（3）调节移相控制电压 U_c，使 α 从 180°→30°变化用示波器观察整流输出电压 u_d 波形，要求不缺相并且波形整齐。

（4）测量三相桥式半控整流电路带电阻负载时，在不同控制角 α 时的 u_d、u_{VT} 等波形，如图 15—37 所示。

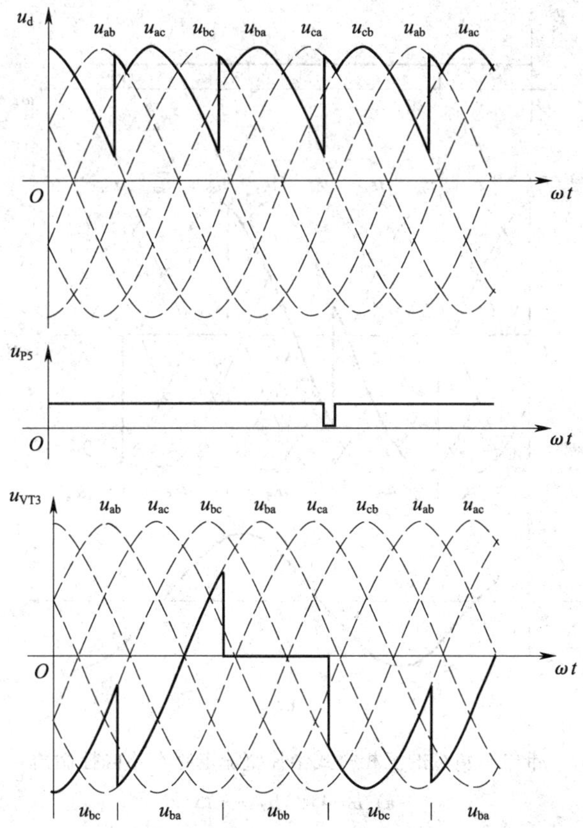

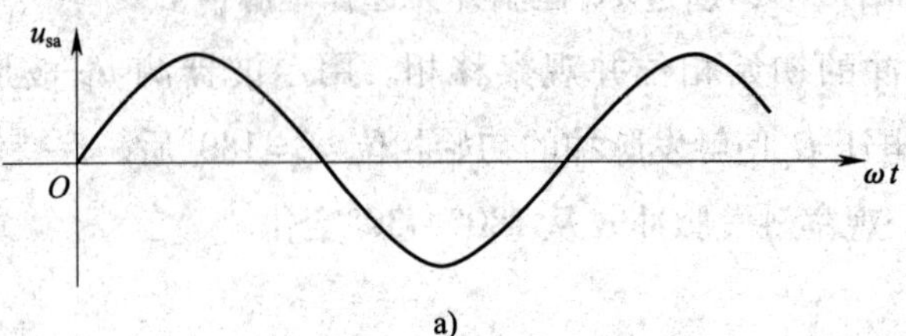

a）

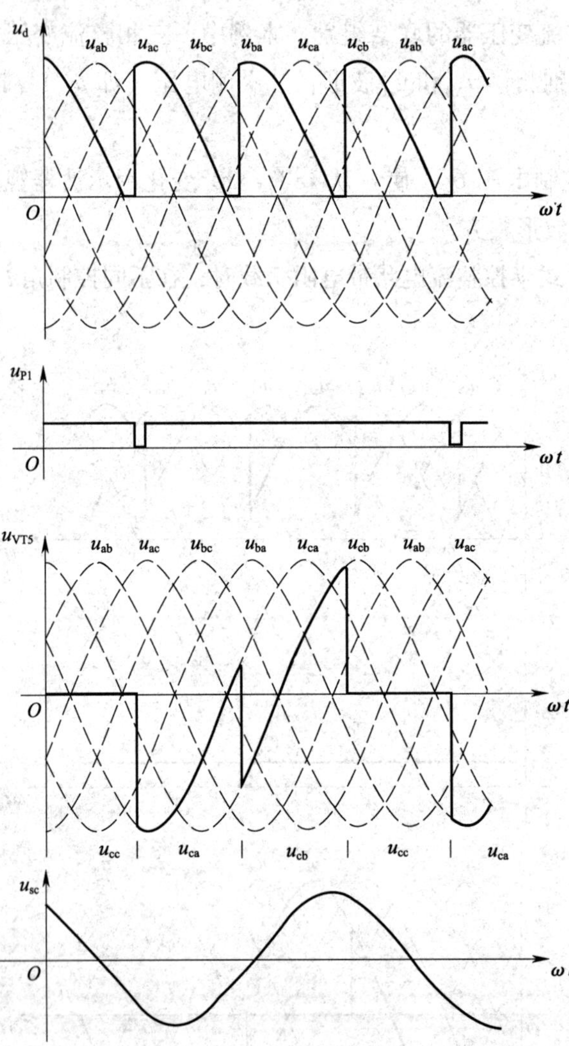

b）

图15—37　带电阻负载的三相桥式半控整流电路在不同控制角 α 时波形图

a）$\alpha=45°$　b）$\alpha=75°$

（5）测量三相桥式半控整流电路带电感性负载时，在不同控制角 α 时的 u_d、u_{VT} 波形，如图 15—38 所示。

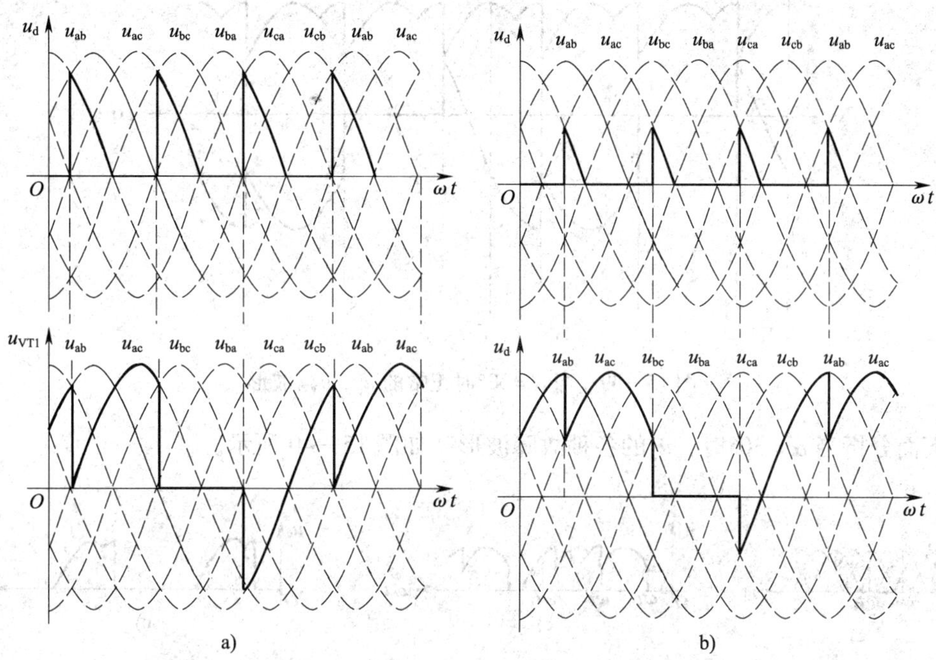

图 15—38　带电感性负载的三相桥式半控整流电路在不同控制角 α 时波形图

a）$\alpha=120°$　b）$\alpha=150°$

五、三相桥式半控整流电路装置缺相工作故障分析与处理

三相桥式半控整流电路的工作正常与否，只需用双踪示波器检测该整流电路的输出电压 u_d 及晶闸管两端电压 u_{VT} 的波形便可得知。如果出现异常，可根据 u_d、u_{VT} 的波形快速地分析故障所在，以便将故障迅速地排除。

如图 15—39 所示为三相桥式半控整流电路带大电感负载，当 $\alpha=30°$ 时，正常情况下的 u_d、u_{VT1} 波形。由图可知 u_d 波形由 u_{ab}、u_{ac}、u_{bc}、u_{ba}、u_{ca}、u_{cb} 六个波头组成，从图中形状可以看出共阴极的晶闸管输出电压是可控的，共阳极的二极管输出电压是自然换相的。例如：u_{ab}、u_{ac}，下表前一字母表示共阴连接组接 a 相的晶闸管 VT1 所在桥臂，在 VT1 导通后若输出线电压 u_{ab}，则说明 VT1 与 VD6 管所在桥臂导通，当相电压自然换相由 b 相到 c 相时，输出电压为 u_{ac}，说明 VT1 与 VD2 配合导通。在实际运行过程中，如发现整流电路输出的直流平均电压 U_d 值下降时，首先用示波器检查输出 u_d 的波形，根据 u_d 波形波头情况进行分析判断后，再做进一步的检查，即可查找出故障所在处。

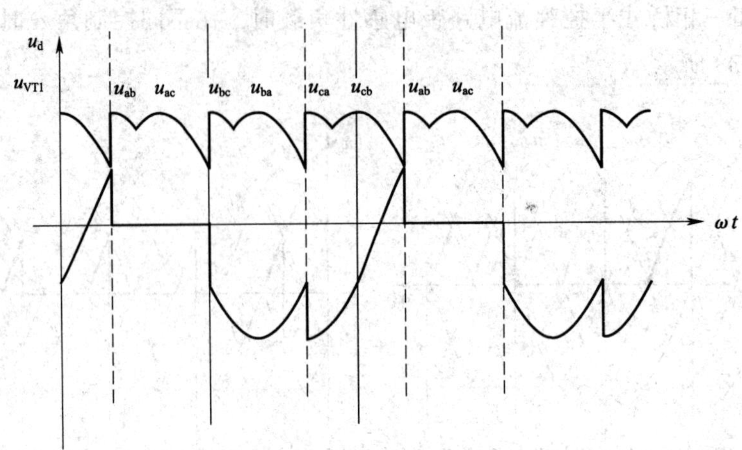

图 15—39　当 $\alpha=30°$时正常的 u_d、u_{VT1}波形

下面分析当 $\alpha=30°$时，u_d的各种故障波形，如图 15—40 所示。

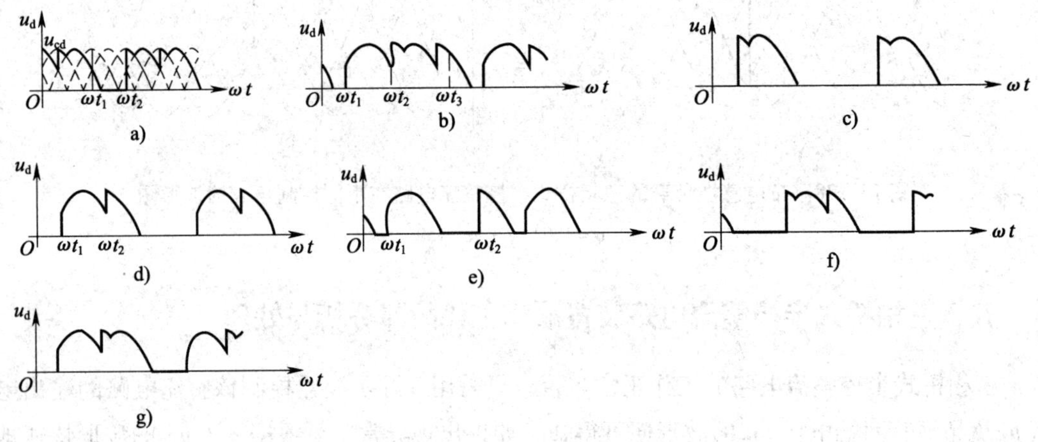

图 15—40　当 $\alpha=30°$时，u_d的各种故障波形

a）~b）u_d波形每周期少了两个波头　c）~e）u_d波形每个周期内只有两个波头输出

f）~g）u_d波形每个周期内少了三个连续的波头

1. 故障现象 1：u_d波形每周期少了两个波头

如图 15—40a 所示，u_d波形每周期少了两个波头，u_d波形在 ωt_1不能正常换相，到 ωt_2时刻才恢复正常换相。$\omega t_1 \sim \omega t_2$之间为 120°，在正常情况下三相半控桥式整流电路输出的 u_d波形在连续时每个周期内有六个波头即：u_{ab}、u_{ac}、u_{bc}、u_{ba}、u_{ca}、u_{cb}，而现在 u_d波形少两个波头正好是 120°，正常运行时每个桥臂导通 120°，波形可以自然换相，只是可控波形的某一相在 ωt_1时不能换相，因而无论少哪两个波头均可以判断出有一可控桥臂发生断

路，然而因为示波器测得的 u_d 波形并没有标明标号，要找出具体是哪一桥臂断路还需按下例步骤做进一步的检查：

（1）用示波器检测各 u_{VT} 的波形，哪个 u_{VT} 波形上没有导通段，即该桥臂断路。

（2）检查各可控桥臂上的快速熔断器是否熔断。

（3）检查各可控桥臂上晶闸管的门极触发脉冲是否正常。

（4）检查各可控桥臂上连接线是否有断线或接头脱落。

上述检查若全部正常，则必然是晶闸管已损坏。

2. 故障现象 2：u_d 波形每周期少两个波头且波形形状也发生了变化

如图 15—40b 所示，此波形与图 15—40a 相比较，虽然都是 u_d 波形每周期少两个波头，但是有所不同的是 u_d 波形的形状也发生了变化，其中一波头提前输出，并且 u_d 波形在 ωt_1、ωt_3 时刻均不能正常换相，ωt_2 时刻可以正常换相。根据故障现象 1 的分析，可初步判断为一个桥臂发生断路，根据如图 15—40b 所示的 u_d 波形又可以排除可控桥臂发生断路，即此现象可判断为不可控桥臂发生断路，假设是 b 相 VD6 管所在桥臂发生断路，在 ωt_1 时刻 VT1 导通，而 VD6 不能与之配合，此刻 VD2 自然导通与 VT1 配合，输出电压为 u_{ac}，再到 ωt_2 时正常换相，到达 ωt_3 时刻由于 VD6 不能导通，u_{ca} 不能自然换相到 u_{cb}，所以在此 u_d 波形中，无论少了哪两个波头都可以判断出，存在共阳极的不可控桥臂发生断路。

3. 故障现象 3：u_d 波形每个周期内只有两个波头输出

如图 15—40c 所示，u_d 波形每个周期内只有两个波头输出，与图 15—40a 所示波形相比较，u_d 波形连续少了四个波头，且输出波形的触发时刻及自然换相点均正确，所以无论少哪四个波头都可以说明是共阴极可控桥臂上有两个桥臂断路。

4. 故障现象 4：u_d 波形每个周期只有两个波头输出且其中一个波形提前输出

另一波头在规定的触发时刻输出，但波形不能自然换相。如图 15—40d 所示，u_d 波形每个周期仍只有两个波头输出，但其中一个波形提前输出，另一波头在规定的触发时刻输出，而且波形不能自然换相，直至 u_d 波形输出到过零时结束，此后 u_d 波形连续少了四个波头，则说明是共阳极连接组的不可控的某两个桥臂断路。如缺少 u_{ab}、u_{ac}、u_{bc}、u_{ba} 四个波头，则说明 VT1 和 VT3 管所在桥臂断路。但输出波形中具体是哪两个桥臂断路，可参见（1）的方法进行检查。

5. 故障现象 5：u_d 波形每个周期内少不是连续的四个波头

如图 15—40e 所示，虽然 u_d 波形每个周期内还是少四个波头，但却不是连续少四个波头，而是一个波头提前到 ωt_1 时刻导通，但不能自然换相直至 u_d 波形过零结束，连续少两个波头后，后一个波头在正常触发时刻 ωt_2 导通，仍不能自然换相直到波形过零结束。如果出现上述情况不难分析出是两相导电，故障为交流侧某相缺相或某同一相上的两桥臂断路。比如 u_d波形仅有 u_{ac}、u_{ca}两波头，说明 b 相缺相或 b 相上的两桥臂断路；若 u_d波形仅有 u_{ab}、u_{ba}两波头，则是 c 相缺相或 c 相上两桥臂断路。具体是哪一相，应先检查交流电源有无缺相，并查出缺相相。如果电源正常，则按（1）中的步骤检查出故障并排除。

6. 故障波形 6：u_d波形每个周期内少了三个连续的波头

如图 15—40f 和图 15—34g 所示，u_d波形每个周期内少了三个连续的波头。三相半控桥式整流电路输出的 u_d波形在连续时每个周期内有六个波头。u_d波形无论少了哪三个波头都可以判断为是两个不同相的桥臂发生断路，且一个在共阴极的可控桥臂上，一个在共阳极的不可控桥臂上。如果可控桥臂断路所在相的相电压超前不可控桥臂断路所在相的相电压，则会出现如图 15—40f 波形，如波形中缺 u_{cb}、u_{ac}、u_{bc}，则说明是 VT1 和 VD6 所在桥臂发生断路。如果可控桥臂上所在相的相电压滞后不可控桥臂所在相的相电压，则有一相将会提前导通输出，则会出现如图 15—40g 波形。

第 7 节　带平衡电抗器的双反星形可控整流电路

一、技能培训要求

（1）熟悉带平衡电抗器的双反星形可控整流电路的工作原理。

（2）熟悉并掌握带平衡电抗器的双反星形可控整流电路的接线和调试步骤与方法。

（3）熟悉并掌握带平衡电抗器的双反星形可控整流电路带电感性负载时整流输出电压 u_d、晶闸管两端电压 u_{VT}以及触发脉冲等有关波形测量与分析。

二、实训设备和测量仪器仪表

1. 电力电子技术实训装置

（1）TC787 集成触发电路板 1 套（包括辅助电源）。

（2）三相同步变压器 1 台。

（3）三相整流变压器 1 台。

（4）给定板 1 块。

（5）晶闸管主电路板 2 块。

（6）灯泡板 1 块。

（7）电抗器 1 只。

（8）平波电抗器 1 只。

2. 测量仪器仪表

（1）双踪示波器 1 台。

（2）直流电压表、直流电流表各 1 块。

（3）万用表 1 只。

（4）稳压电源（0 ~ 15 V）1 台。

三、带平衡电抗器的双反星形可控整流电路原理接线图及其说明

平衡电抗器的双反星形可控整流电路原理接线图如图 15—41 所示，其中三相同步变压器和三相整流变压器接法如图 15—42 所示。

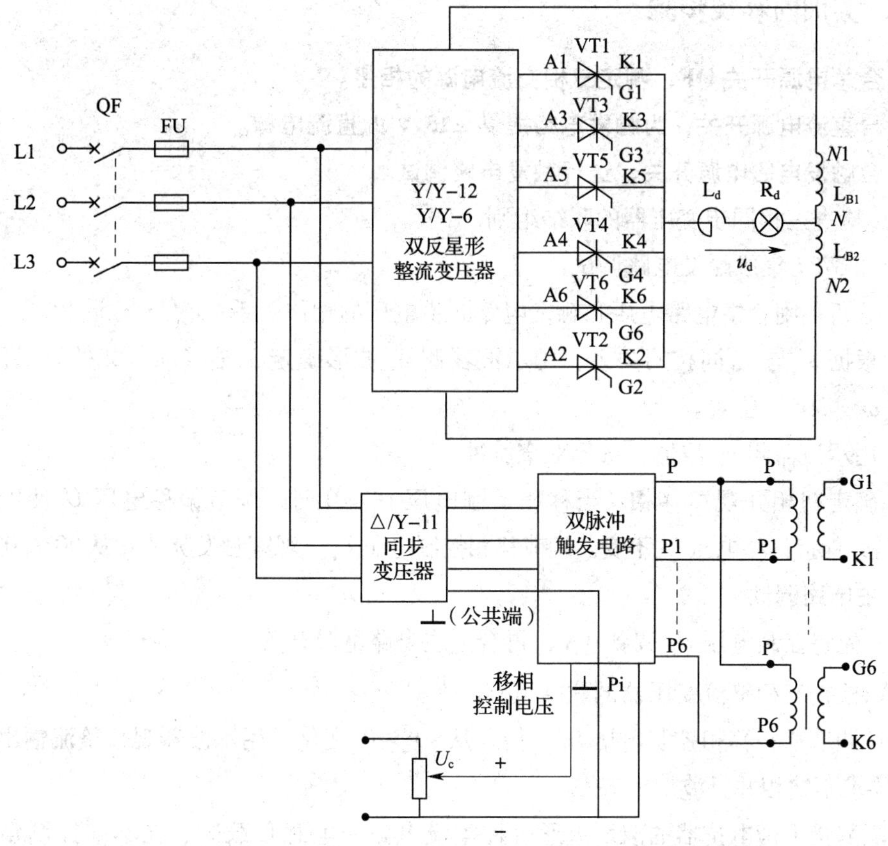

图 15—41　平衡电抗器的双反星形可控整流电路原理接线图

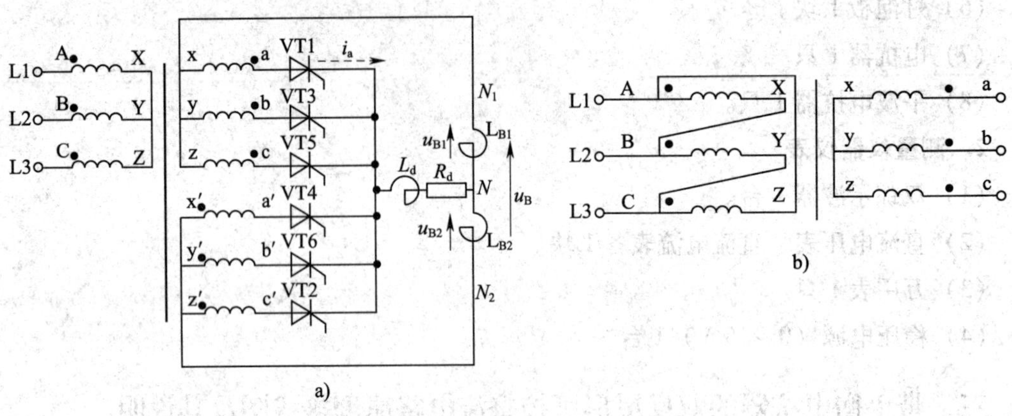

图 15—42　三相整流变压器和三相同步变压器的接法

a）三相整流变压器接法　b）三相同步变压器接法

四、实训内容及步骤

1. 合总电源开关 QF，测定三相交流电源的相序。

2. 合直流电源开关，为触发电路提供 ±15 V 的直流电源。

3. 合触发电路电源开关，进行触发电路调试。

（1）检查三相同步变压器的联结组别

（2）TC787 集成触发电路调试

1）分析晶闸管主电路电压和触发电路同步电压的相位关系：u_{sa}与u_{ab}同相。

2）根据u_{sa}与u_{ab}同相的关系，用示波器测u_{sa}波形确定 Y 轴（$\omega t=0°$处），即可确定$\alpha=0°$（$\omega t=30°$）位置。

3）用示波器测u_{P1}波形，选择双窄脉冲。

4）确定初相并观察移相：当移相控制电压 $U_c=0$ 时，调节偏移电压 U_b使触发脉冲$\alpha=90°$后，保持偏移电压 U_b不变。调节移相控制电压 U_c，观察触发脉冲 α 从 90° ~0°变化。

4. 主电路调试

（1）先将控制电压 U_c 调到 0 V，再合上主电路电源开关。

（2）检查三相整流变压器的联结组别。

（3）调节移相移相控制电压 U_C，使 α 从 90° ~0°变化，用示波器观察整流输出电压 u_d波形，要求不缺相并且波形整齐。

（4）测量平衡电抗器的双反星形可控整流电路带电感负载时，在不同控制角 α 时的u_d波形，如图 15—43 所示。

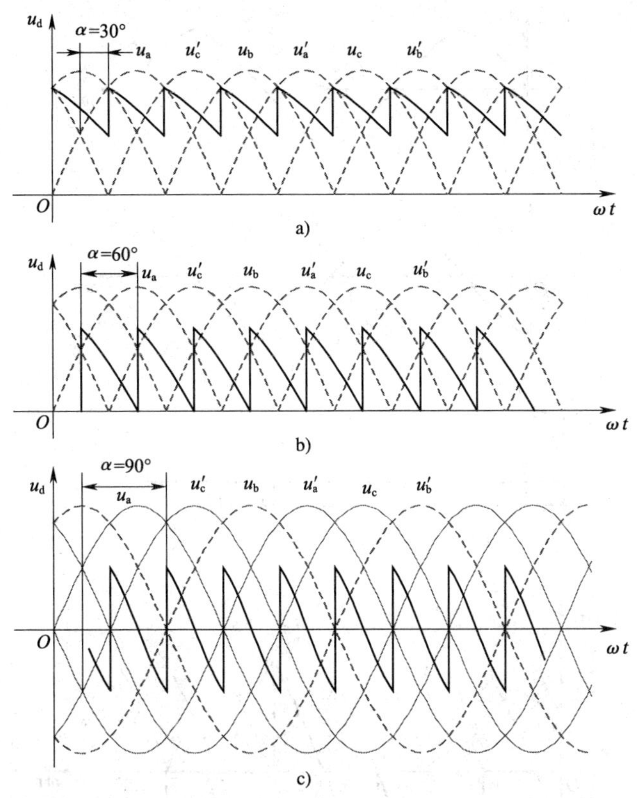

图 15—43　带电感性负载的平衡电抗器的双反星形可控整流电路在不同控制角 α 时 u_d 波形图

a）$\alpha=30°$　b）$\alpha=60°$　c）$\alpha=90°$

（5）测量并记录平衡电抗器的双反星形可控整流电路带电感性负载时，在不同控制角 α 时的晶闸管触发电路功放管集电极电压 u_P 波形、晶闸管两端电压 u_{VT} 波形、主电路电源电压波形及同步电压波形，如图 15—44 所示。

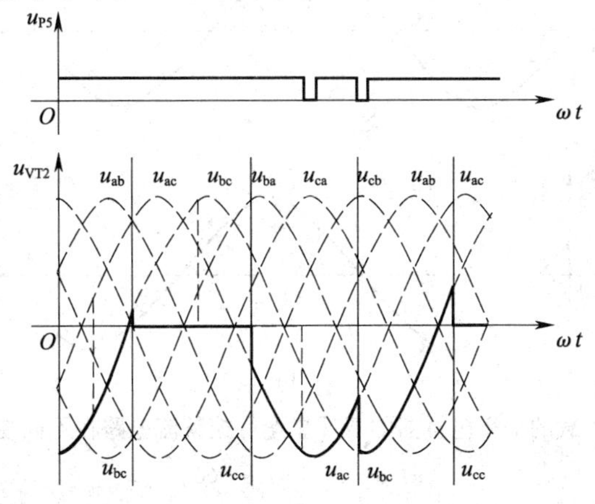

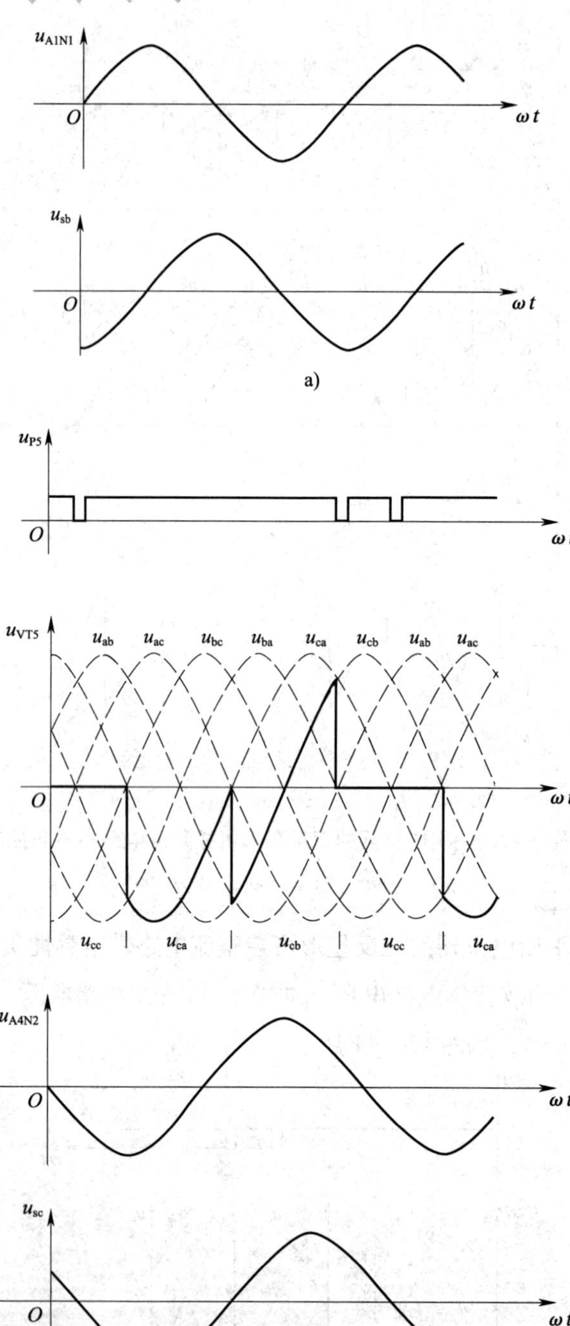

图 15—44　带电感性负载的平衡电抗器的双反星形可控整流电路在不同控制角 α 时相关波形图

a）$\alpha=15°$　b）$\alpha=60°$